Baedeker

Allianz  Reiseführer

USA
Nordwesten

**California (North) · Idaho · Montana ·
Oregon · Washington · Wyoming**

LEWIS AND CLARK
TRAIL

www.baedeker.com

Verlag Karl Baedeker

TOP-REISEZIELE ★ ★

Der Nordwesten der USA: von der Pazifikküste im Westen über die Kettengebirge nach Osten bis in die Prärien, von Seattle im Norden bis hinab nach San Francisco. Das Gebiet ist riesig und hat jede Menge Schätze der Natur zu bieten. Doch im »Land der unbegrenzten Möglichkeiten« gibt es auch viel Spektakuläres zu sehen, was Menschen geschaffen haben. Wir zeigen Ihnen, was Sie bei Ihrer Reise nicht verpassen sollten.

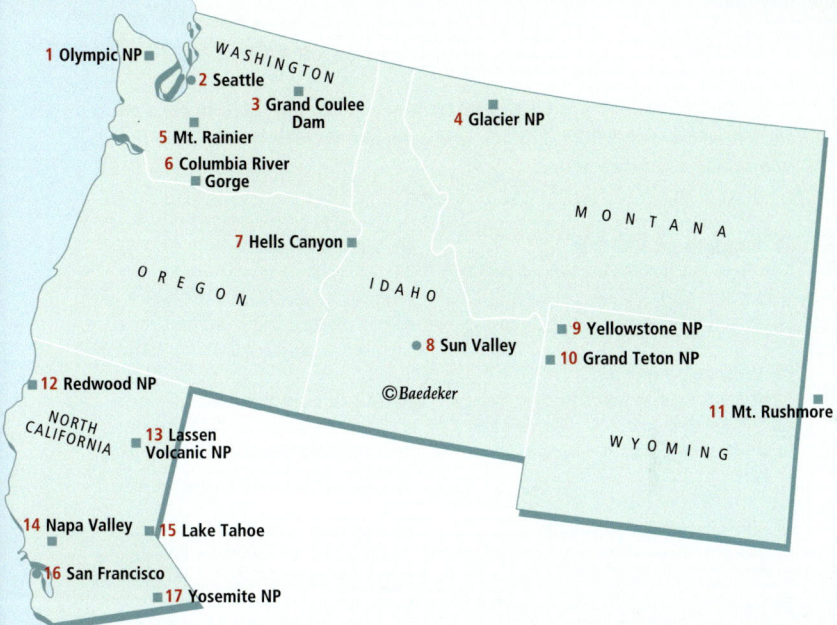

WASHINGTON

1 Olympic NP ■
2 Seattle ■
3 Grand Coulee Dam ■
4 Glacier NP ■
5 Mt. Rainier ■
6 Columbia River Gorge ■

M O N T A N A

7 Hells Canyon ■

O R E G O N

I D A H O

8 Sun Valley ●

9 Yellowstone NP ■
10 Grand Teton NP ■

12 Redwood NP ■

©Baedeker

11 Mt. Rushmore ■

NORTH CALIFORNIA

13 Lassen Volcanic NP ■

W Y O M I N G

14 Napa Valley ●
15 Lake Tahoe ■

16 San Francisco ●
17 Yosemite NP ■

Valley für den Ski-Jet-Set in der Neuen Welt. ▶ **Seite 214**

9 ★★ Yellowstone National Park
Blubbernde Schlammlöcher, brodelnde Thermalquellen und zischende Geysire
▶ **Seite 470**

10 ★★ Grand Teton National Park
Wie Teufelshörner ragen sie in den Himmel: die scharf gezackten Gipfel der Teton Range. ▶ **Seite 447**

11 ★★ Mount Rushmore
Die in den Fels gehauenen Konterfeis von vier US-Präsidenten machen diesen Berg zu einer vielbesuchten Attraktion.
▶ **Seite 423**

12 ★★ Redwood Empire
Hier gibt es noch mehrere Hundert Jahre alte und über 100 Meter hohe Mammutbäume zu bestaunen. ▶ **Seite 162**

13 ★★ Lassen Volcanic Park
Schwankender Boden mit Schwefelquellen und Geysiren ▶ **Seite 150**

14 ★★ Napa Valley
Das berühmteste Weinbaugebiet der USA ist zugleich eines der beliebtesten Reiseziele in Kalifornien. ▶ **Seite 157**

15 ★★ Lake Tahoe
Das »schönste Gesicht der Erde« nannte Mark Twain diesen saphirblauen Hochgebirgssee. ▶ **Seite 146**

16 ★★ San Francisco
Hippies & Flower Power: S. F. besitzt eine geradezu magische Anziehungskraft.
▶ **Seite 171**

17 ★★ Yosemite National Park
Wahrlich ein Top-Reiseziel für Liebhaber von Naturschönheiten und Aktiv-Urlauber ▶ **Seite 184**

DIE BESTEN BAEDEKER-TIPPS

Von allen Baedeker-Tipps in diesem Buch haben wir hier die interessantesten für Sie zusammengestellt. Erleben und genießen Sie den Nordwesten der USA von seiner schönsten Seite!

⚡ Indianer und Rodeo
Das Crow Fair Indian Pow Wow & All Star Indian Rodeo ist eine der bedeutendsten Veranstaltungen ihrer Art. ▶ **Seite 81**

⚡ Wellness-Paradies...
...bekommt man im kalifornischen Napa County geboten und und zwar im Calistoga Massage Center & Day Spa.
▶ **Seite 134**

⚡ Ein feuchtes Vergnügen...
...ist eine Rafting- oder Kajak-Tour auf dem Südarm des American River bei der kalifornischen Ortschaft Coloma.
▶ **Seite 145**

⚡ Vulkan-Hopping
Der »Volcanic Legacy Scenic Byway« verbindet einige imposante Feuerberge im nördlichen Kalifornien und südlichen Oregon. ▶ **Seite 151**

⚡ Musik vom Feinsten...
...gibt es alljährlich im kalifornischen Bohème-Städtchen Mendocino zu hören.
▶ **Seite 154**

⚡ Schaurig und faszinierend...
...zugleich ist die einstmals berüchtigte Gefängnisinsel Alcatraz in der Bucht von San Francisco. ▶ **Seite 178**

⚡ Fähre nach Sausalito
Lohnend ist ein abendlicher Abstecher mit der Golden Gate Ferry von San Francisco hinüber ins weltbekannte Hippie-Nest Sausalito. ▶ **Seite 183**

⚡ Wie Cowboys...
...dürfen Gäste auf der »Lonesome Spur Guest Ranch« bei Billings, MT arbeiten.
▶ **Seite 224**

⚡ Edle Saphire...
...finden Kundige im Gelände rund um Philipsburg. ▶ **Seite 236**

⚡ Kunst hautnah
In Livingston finden im Sommer »Art Walks« statt, im Rahmen derer man mit Künstlern ins Gespräch kommen kann.
▶ **Seite 254**

Einmal Cowboy sein...
...kann man auf vielen Ranches, u.a. auf der »Lonesome Spur Ranch« bei Billings.

⚠ Gute Tropfen...
...probiert man im »Bridgeview Vineyard« bei Cave Junction, zu Füßen der Siskiyou Mountains. ► **Seite 303**

⚠ Im Frühtau zu Berge...
...so heißt es im Sommer in der »Timberline Lodge« am Mount Hood in Oregon. Allerdings sollte man schon über etwas Bergsteiger-Erfahrung verfügen.
► **Seite 313**

⚠ Wale gucken
Von Depoe Bay bei Newport fahren Walbeobachtungsschiffe aufs Meer hinaus, wo man den Meeressäugern in ihrem eigenen Element begegnen kann.
► **Seite 318**

⚠ Petri Heil
Ab Waldport kann man per Boot zu Angelausflügen auf dem Alsea River aufbrechen, in dem sich reichlich Lachse und Forellen tummeln. ► **Seite 319**

⚠ Erdnussbutterkuchen...
...und viele andere Leckereien gibt es »Palio Coffee & Dessert House«, Portlands gemütlichstem Kaffeehaus.
► **Seite 332**

⚠ Ausflug per Raddampfer
In Oregon City legt ein Raddampfer ab zu Rundfahrten auf dem Willamette River, wobei man auch die Willamette Falls zu Gesicht bekommt. ► **Seite 335**

⚠ Per Heli über den Feuerberg
Am Mt. St. Helens besteht die Möglichkeit zu einem Hubschrauberflug über den aktiven Vulkan und die nach dem letzten großen Ausbruch verwüstete Landschaft.
► **Seite 373**

⚠ Gutes vom Farmer
Wohl der schönste »Farmers Market« weit und breit wird in Olympia, der Hauptstadt des Bundesstaates Washington, ausgerichtet. ► **Seite 379**

⚠ Outdoor-Ausrüstung
Der bekannteste Outfitter der USA betreibt seinen »Flagship Store« in Seattle.
► **Seite 398**

⚠ Bilderbuch-Bergwelt
Ein Highlight für Landschaftsfotografen ist die Flussschlinge namens Oxbow Bend im Grand Teton National Park, wo sich der Mt. Moran im Wasser spiegelt.
► **Seite 451**

⚠ Dinos ausgraben...
...lernt man unter kundiger Anleitung im Rahmen einer »Dig Site Tour« des Wyoming Dinosaur Center in Thermopolis.
► **Seite 132**

⚠ Neues von Meister Isegrim...
...erfährt man in Pinedale, wo sich eine Expertin mit Wölfen beschäftigt.
► **Seite 461**

Petri Heil...
...heißt es an vielen Seen, Flüssen und Bächen, wo passionierte Angler nicht nur Forellen, sondern auch Lachse und andere Fische fangen können.

Fast unwirklich zeigt sich
Cannon Beach in Oregon
im Mondlicht.
▸ Seite 10

HINTERGRUND

PRAKTISCHE INFORMATIONEN

PREISKATEGORIEN

▸ **Hotels**
Luxus: über 200 $
Komfortabel: 100 – 200 $
Günstig: 40 –100 $
(Doppelzimmer pro Nacht ohne Frühstück)

▸ **Restaurants**
Fein & teuer: über 20 $
Erschwinglich: 10 –20 $
Preiswert: unter 10 $
(Hauptgericht ohne Getränke)

Junge Krieger beim Crow Fair Indian Pow Wow, dem größten Indianertreffen im Nordwesten
► **Seite 81**

Mit dem Raddampfer, mit Ausflugsschiffen oder mit dem Tretboot geht's über den Lake Tahoe
▸ **Seite 146**

Spektakuläres Naturschauspiel im Yellowstone National Park: Bis zu 50 m hoch schießen die Fontänen des Geysirs »Old Faithful«.
▶ Seite 476

nachdenken · klimabewusst reisen

Hintergrund

DER NORDWESTEN DER USA:
SEINE PHANTASTISCHEN LAND-
SCHAFTEN, SEINE INDIANISCHEN
KULTUREN, SEINE WIRTSCHAFTS-
KRAFT – UND EINIGE PIONIERE
VON GESTERN UND HEUTE

AMERIKAS FERNE NORDWESTECKE

Lange war es doch so: Wer Westküste sagte, meinte Kalifornien oder, genauer, die Küste zwischen Los Angeles und San Francisco. Westküste hieß das Gelobte Land des USA-Reisenden. Man kam zurück mit Bildern vom Highway No. 1, den Cable Cars in San Francisco und dem Hollywood-Schriftzug hoch über der Traumwerkstatt.

← Cannon Beach in Oregon

Es jedoch ist etwas in Bewegung geraten. Südkalifornien wird nicht länger ausschließlich mit Surfer Dudes und Baywatch-Nixen in Verbindung gebracht, sondern zunehmend auch mit Waldbränden, gesichtslosem Siedlungsbrei, Wassermangel und ausufernder Kriminalität. In einer immer schnelleren und von Hiobsbotschaften geschüttelten Welt haben sich die Gewichte verschoben. Statt Action und Superlativen sind zunehmend Seelenruhe und das unverfälschte Naturerlebnis gesucht. Und von beidem hat der Nordwesten mehr als genug.

Der Reiz der Leere

Dieses Buch stellt die Bundesstaaten Oregon, Washington, Idaho, Montana, Wyoming und den Norden Kaliforniens vor. So unterschiedlich diese Staaten auch sind, sie haben eines gemeinsam: Sie sind ziemlich leer, sieht man von Seattle und Portland als den einzigen Ballungszentren ab. Noch eine Handvoll weiterer Städte verdient diese Bezeichnung – zumindest machen sie mit ihren 50- oder 60 000 Einwohnern nach Stunden oder Tagen unterwegs in dieser Leere einen solchen Eindruck. Ansonsten ist man relativ allein auf den Straßen.

Cowboys zeigen ihre Fertigkeiten beim Rodeo – rau und authentisch in Montana und Wyoming.

Im Outddoor-Paradies

Wer sich in den Nordwesten aufmacht, verzichtet bewusst auf Strandleben und Glamour und nimmt auch hin und wieder Regenwetter in Kauf. Hart ist dieser Verzicht jedoch nicht: Der Lohn ist ein wahres Füllhorn unterschiedlichster Landschaften. Im Westen donnert der Pazifik an Oregons unbebaute Küste. Klippen und Vorgebirge, oft nebelverhangen und von November bis März sturmumtost, prägen sie bis zur Olympic Peninsula. Dort wuchern Nordame-

Phantastische Küstenlandschaften
*Olympic Peninsula in Washington
mutet fast archaisch an.*

Phantastische Architektur
*Ein echter Gehry:
das Experience Music Project in Seattle*

Phantastische Binnenlandschaften
Farbenspiel im Yellowstone National Park

Träume werden wahr
Einmal über die Golden Gate Bridge...

Naturerlebnis
*Per Kanu, zu Fuß, zu Pferd oder auf Schneeschuhen –
der Nordwesten ist ein Outdoor-Paradies*

Wildwestromantik
erleben in Städtchen wie Jackson Hole

rikas letzte Regenwälder. Den Westen vom Osten Oregons und von Washington trennend, ragt die Cascade Range auf. Als Teil des pazifischen »Ring of Fire« wird sie von einigen der aktivsten Vulkane des Kontinents überragt: Mt. St. Helens, Mt. Rainier, Mt. Hood, Mt. Baker, Mt. Adam, Mt. Shasta – jeder von ihnen wunderschön und dunkel mahnend. Weiter östlich dann die trockenen Plateaus von Idaho, von Schluchten wie dem Snake Canyon geritzt und von trockenen Höhenzügen gezeichnet, dann die runden, dicht bewaldeten Foothills, und schließlich: die Rocky Mountains. Sind sie einmal überquert, hält nichts den Blick mehr auf. In den Great Plains von Wyoming und Montana, die von den Trappern einst »Meer aus Gras« genannt wurden und Lebensraum von Millionen von Büffeln waren, kann man nur raten, wie weit es bis zum Horizont ist.

Diese herrlichen Landschaften sind natürlich nicht nur zum Fotografieren da. Das Zauberwort im Nordwesten heißt Outdoor. Die National Forests, Berge und Vulkane, Plateaus und Canyons, sie alle können auf Wanderwegen für einen Tag, eine Woche oder noch länger erkundet werden. Die reißenden Gebirgsflüsse zählen zu den besten Paddel- und Raftingrevieren Nordamerikas, der mächtige Columbia River ist ein Paradies für Windsurfer. Und natürlich die Strände – Baden kann man zwar nicht, dazu ist der Pazifik zu kalt. Doch breit und endlos lang, laden sie zu Spaziergängen ein, auf denen man der Brandung bei der Arbeit zuschauen kann. Einige sind bei Surfern beliebt, weil dort die Wellen gleichmäßig brechen – am Straßenrand geparkte Autos geben sie preis.

Lifestyle vs. Big Sky

Die Großstädte an den Küsten geben sich modern, trendy und weltoffen. Seattle hat Microsoft, Starbucks und Boeing, Portland den Outdoor-Ausstatter Columbia und weitere namhafte, Lifestyle pflegende und verkaufende Unternehmen.

Landeinwärts werden indes Cowboystiefel statt Sneaker getragen. Dort lebt man noch mit Rindern und Pferden und fiebert dem nächsten Rodeo, der nächsten Rinderauktion, dem nächsten Pow Wow entgegen. Nicht nur die endlose Weite ist es und der »big sky«, die hier zutiefst beeindrucken. Es sind auch die Menschen, ihr Sinn für Humor und ihre ehrliche Gastfreundschaft. Den urbanen Lifestyle vermisst man da ganz und gar nicht.

Indianer
Crow, Blackfoot, Lakota, Assiniboine – jeder Wildwestfan kennt diese Stämme. Im Nordwesten sind sie heute zu Hause.

Fakten

Der Nordwesten der USA bietet vor allem großartige Landschaften: wilde Küsten, weites Grasland, Felsengebirge und Vulkanketten. Städtische Zentren gibt es wenige, diese aber sind Motoren der Wirtschaft und ein Aushängeschild des liberalen Amerika.

Naturraum

Das im vorliegenden Band beschriebene Gebiet erstreckt sich von der Pazifikküste etwa 1600 km landeinwärts bis an den Ostabfall der Rocky Mountains bzw. den Westrand der Plains. Die Nord-Süd-Ausdehnung beträgt zwischen 1200 km an der Pazifikküste und knapp 1000 km in den Rocky Mountains.

Geografische Lage

Die sechs genannten Bundesstaaten nehmen eine Fläche von rund 1,43 Mio. km² ein. Dies ist knapp ein Fünftel der räumlich zusammenhängenden USA. In dem beschriebenen Gebiet leben heute rund 25 Mio. Menschen, d. h. fast ein Zehntel der US-Bevölkerung.

Großlandschaften

Über weite Strecken wildromantisch präsentiert sich die nördliche Pazifikküste, hinter der ziemlich abrupt die teils noch von dichten Nebelwäldern bestandene **Coast Range** (Küstengebirge) bis zu 1500 m ü. d. M. aufragt. Meist ist der Küstensaum recht schmal, an dem die starken Brecher einer oftmals sturmgepeitschten See nagen. Zwischen schroffen und stark erodierten Steilküstenabschnitten weiten sich immer wieder von Treibholz übersäte Sand- und Kiesstrände. An einigen Stellen öffnen sich auch siedlungsfreundliche Küstenhöfe. Dies gilt insbesondere für den Ästuar des Columbia River, der nordwestlich von Portland in den Pazifik mündet. Entlang der Küste schlängelt sich der US Highway 101 als traumhafte Panoramastraße.

Pazifikküste und Küstengebirge

Zwischen dem Küstengebirge und dem weiter landeinwärts ebenfalls in Nord-Süd-Richtung verlaufenden, vulkanisch geprägten Kaskadengebirge erstreckt sich eine Senkungszone, beginnend im **Puget Sound** im Bundesstaat Washington über das **Willamette Valley** im Bundesstaat Oregon bis zum **Sacramento Valley**, dem nördlichen Teil des Kalifornischen Längstals. In diesen Talschaften mit ihren fruchtbaren Böden kann eine höchst lukrative Landwirtschaft betrieben werden. Auf weiten Flächen werden Wein, Obst und Gemüse angebaut. Durch die Längstäler verläuft der Interstate 5 als wichtigste Nord-Süd-Verkehrsachse.

Längstäler

Östlich der Längstäler erhebt sich die vulkanisch geprägte **Cascade Range** (Kaskadengebirge) mit ihren bis 4395 m ü. d. M. aufragenden und oftmals von Gletscherhauben bedeckten Vulkankegeln. Diese ebenfalls küstenparallel in Nord-Süd-Richtung verlaufende, ca. 1100 km lange Gebirgskette ist Teil des vulkanisch sehr aktiven und den gesamten Pazifischen Ozean umspannenden **Ring of Fire**. Die Feuerberge der Cascade Range, darunter der **Mount Rainier**, der Mount St. Helens, Mount Shasta und Lassen Peak, machen von Zeit zu Zeit

Kaskadengebirge

← *In den Heiligen Hallen der IT-Branche: das Foyer von Microsoft*

durch spektakuläre Ausbrüche von sich reden. Noch nicht vergessen ist der Ausbruch des **Mount St. Helens** vom 18. Mai 1980, als dieser seinen Gipfel absprengte und Asche und Gaswolken 18 km hoch in die Stratosphäre schoss. Die heute noch stark bewaldete Gebirgskette ist auch die Hauptwetterscheide zwischen dem feuchten Westen und dem trockenen Osten des hier beschriebenen Großraums.

Sierra Nevada Südlich des noch dem Kaskadengebirge zuzuordnenden Lassen Peak zieht sich die einstmals wegen ihrer reichen Goldvorkommen geschätzte **Sierra Nevada** durch Nordkalifornien. Ihre höchste Erhebung ist der 4417 m hohe Mount Whitney.

Columbia Plateau Innerhalb der nordamerikanischen Kettengebirge sind auch einige Plateaus ausgebildet, so das 300–1800 m hohe Columbia Plateau, das den **Kernraum des Nordwestens** bildet. Es erstreckt sich von Oregon über Idaho bis Washington, ist weithin ziemlich eben und wird vom Columbia River und vom Snake River strukturiert. Am Ostrand des Columbia-Plateaus hat der Snake River den Hells Canyon, den mit 2438 m tiefsten Canyon Nordamerikas, geschaffen.

Felsengebirge Als östlichster Strang der nordamerikanischen, von Nord nach Süd verlaufenden Kettengebirge erheben sich die Rocky Mountains (Felsengebirge), deren höchste von Eis und Schnee bedeckte Gipfel bis 4401 m hoch aufragen. Auf dem Scheitel der Rockies verläuft auch die **Continental Divide** (kontinentale Wasserscheide). Im Nordwesten der USA bilden sie keine durchgehende Kordillere, sondern gliedern sich in mehrere Gebirgszüge. So erhebt sich im Bundesstaat Montana bzw. im Bereich des Glacier National Park die **Lewis Range** mit ihren markanten eis- und schneebedeckten Dreitausendern. Im Grenzbereich der Bundesstaaten Montana, Idaho und Wyoming breitet sich das 2100–2400 m hohe **Yellowstone Plateau** aus, das sich über einem gewaltigen Hot-Spot-Vulkan aufwölbt. An vielen Stellen treten Schlammvulkane, Geysire, Fumarolen, Thermalquellen etc. aus. Das Plateau wird von mehreren bis zu 3300 m hohen Hochgebirgszügen umrahmt, deren landschaftlich reizvollste die an die europäischen Alpen erinnernde und bis zu 4198 m hohe **Teton Range** im Süden ist. Südöstlich vom Yellowstone Plateau verläuft die **Wind River Range** mit dem 4207 m hohen Gannett Peak als höchstem Gipfel. Weiter östlich erstrecken sich die bis zu 4100 m hohen **Bighorn Mountains**. Im Südosten von Wyoming sind die bis zu 3661 m hohen **Medicine Bow Mountains** sowie die im 3131 m hohen Laramie Peak gipfelnden **Laramie Mountains** die nördliche Fortsetzung der von Colorado heraufziehenden und bis zu 4350 m hohen **Front Range**.

Rocky Mountains ▶

Große Ebenen Östlich der Rocky Mountains breiten sich die **Great Plains** (Große Ebenen) aus. Im vorliegenden Reiseführer wird ein Teil der sog. High Plains beschrieben, die als wellige, streckenweise auch tischebene Grassteppe bis an den Fuß der Rockies heranreicht und zwischen

Grandiose Landschaft: die Lower Falls im Yellowstone National Park

1200 und 1600 m ü. d. M. liegt. Zu den High Plains zählt man auch das **Wyoming Basin**, eine durchschnittlich 2000 m ü. d. M. gelegene Beckenlandschaft, die zwischen der Wind River Range und den Medicine Bow Mountains eingetieft ist.

Ganz im Nordosten hat der Bundesstaat Wyoming Anteil an den waldreichen **Black Hills** (Schwarze Berge), die auch ein Stück weit in den östlichen Nachbarstaat South Dakota hineinreichen. Diese den Plains-Indianern heilige, ca. 160 km lange Bergkette ist 760 – 2350 m hoch und reich an Bodenschätzen. (u.a. Gold, Eisenerz, Kohle). Ihre beiden bekanntesten Attraktionen sind der Mount Rushmore und das ebenfalls aus dem anstehenden Fels herausgemeißelte Crazy Horse Memorial.

Schwarze Berge

Ein Blick in die Erdgeschichte

Noch vor rund 200 Mio. Jahren war Nordamerika Teil des Urkontinents **Pangäa**, zu dem seinerzeit auch die heutigen Landmassen von Eurasien, Südamerika und Afrika gehörten. Den Sockel der **Nordamerikanischen Landmasse** bildete bereits damals der Laurenti-

Plattentektonik, Vulkanismus und Erdbeben

Plattentektonik, Erdbeben Orientierung

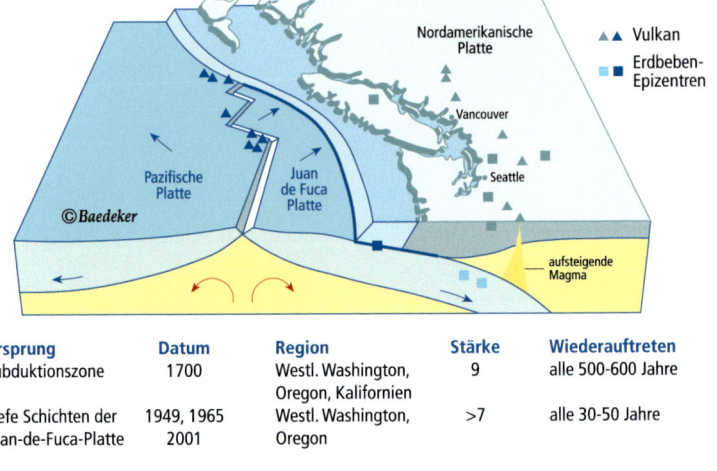

Ursprung	Datum	Region	Stärke	Wiederauftreten
■ Subduktionszone	1700	Westl. Washington, Oregon, Kalifornien	9	alle 500-600 Jahre
■ Tiefe Schichten der Juan-de-Fuca-Platte	1949, 1965 2001	Westl. Washington, Oregon	>7	alle 30-50 Jahre
■ Verwerfungen der Erdkruste	900 v.Chr. 1872	Washington, Oregon, Kalifornien	>7	mehrere Hundert Jahre

sche (Kanadische) Schild mit seinen bis zu 4 Mrd. Jahre alten Grani-
ten und Gneisen. Pangäa breitete sich in Äquatornähe aus und drifte-
te langsam nach Norden. Infolge eines klimatisch bedingten Meeres-
spiegelanstiegs bildeten sich im Norden des Urkontients Flachmeere,
in denen in mehreren Perioden mächtige Sedimentschichten abgelagert wurden. Schon damals wurden die Grundzüge für das heutige
Landschaftsbild festgelegt, wie man heute in den ausgedehnten Sedimentschichten der Great Plains nachvollziehen kann. Vor rund 180
Mio. teilte sich der Super-Ur-Kontinent Pangäa in einen Nordkonti-
nent namens **Laurasia**, zu dem auch die Nordamerikanische Landmasse gehörte, und einen Südkontinent namens **Gondwanaland**. Im
Verlauf der nachfolgenden 120 Mio. Jahre öffnete sich der Nordatlantik, der nunmehr die Nordamerikanische von der Eurasischen
Landmasse trennte. Die Nordamerikanische Platte driftet seither mit
einer Geschwindigkeit von bis zu 3 cm pro Jahr westwärts. Während
sich östlich der Nordamerikanischen Platte der Nordatlantik ständig
verbreitete und neuer Meeresboden entstand und entsteht, schob
und schiebt sich bis heute die physisch leichtere kontinentale **Nordamerikanische Platte** über die physisch schwerere ozeanische **Pazifische Platte** und drückt deren östlichen Rand in die Tiefe. Diesen
Vorgang nennt man **Subduktion**. Dabei wird ursprünglich festes Gestein in die Tiefe gedrückt und aufgeschmolzen. Im Laufe der Zeit
kam es auch zur Kollision mit vulkanischen Inselbögen bzw. »Hot
Spots« genannten ortsfesten Durchschlagsröhren von heißer Magma

aus dem Erdinnern, die sich heute beispielsweise im Vulkanismus des Kaskadengebirges und des Yellowstone-Plateaus bemerkbar machen. Zudem entstanden an den Plattenrändern tektonische Brüche und Risse in der Erdkruste, im Rahmen derer sich Plattenbruchstücke bildeten, die in der Folgezeit mit der Nordamerikanischen Landmasse verschmolzen. Eine besonders dramatische Folge der Kollision von Nordamerikanischer und Pazifischer Platte war die Entstehung von Hochgebirgen, die vor ca. 70 Mio. Jahren einsetzte. Damals begannen sich die von Nord nach Süd streichenden **Rocky Mountains** herauszuheben. Nach mehr oder weniger langen Ruhephasen und der weiteren Westdrift der Nordamerikanischen Platte wurden auch die **Sierra Nevada** im heutigen Kalifornien, dann das **Kaskadengebirge** (Cascade Range) und zuletzt das **Küstengebirge** (Coast Range) an der Pazifikküste herausgehoben, begleitet von bis heute anhaltendem Vulkanismus und häufigen Erd- bzw. Seebeben.

Das Relief der nordwestamerikanischen Hochgebirge wurde von mächtigen Gletschern der letzten vier großen Eiszeiten geschaffen, die vor etwa 3 Mio. Jahren begannen und vor etwa 12 000 Jahren abklangen. Die eiszeitlichen Gletscher hobelten tiefe U-förmige Täler aus, schufen scharfe Berggrate und schliffen lehnstuhlartige Kare in die Berghänge, die oft von kleinen Seen erfüllt sind. In den großen Gletscherabflussrinnen bildeten sich Gletscherzungenbecken, in denen sich bis heute Seen ausbreiten. Viele dieser Gewässer sind durch Moränen aufgestaut, jene Schuttmassen, die die Gletscher einstmals vor sich herschoben. — **Eiszeitalter**

Klima

Der gesamte Nordwesten der USA liegt in der kühl-gemäßigten Klimazone. Hier bestimmen das ganze Jahr über wandernde Hoch- und Tiefdruckgebiete mit ihrem Wechsel von kalten und warmen Luftmassen, mehr oder weniger dichten Wolkenfeldern sowie heiterem Himmel das Wettergeschehen. Dabei zeigen sich hinsichtlich der Niederschlagsmengen bemerkenswerte Unterschiede. So verursacht der von Norden nach Süden gerichtete Verlauf der Kordilleren (Kettengebirge) ganz im Westen einen hohen Grad an Ozeanität, verbunden mit beträchtlichen Niederschlagsmengen im Küstengebirge am Pazifik und weiter landeinwärts am Westabfall des Kaskadengebirges. Die ozeanische Feuchte lässt jedoch rasch nach, je weiter man landeinwärts kommt. So sind die Lee-Seiten des Kaskadengebirges sowie die intermontanen Becken und Plateaus im Bereich der Kordilleren sowie Great Plains (Großen Ebenen) östlich der Rocky Mountains ausgesprochene Trockengebiete, in denen nur die Hochgebirgszüge größere Niederschlagsmengen erhalten. Die Grenze zum feuchteren Osten der USA verläuft in etwa entlang des 100. Längengrades, d. h. östlich von Montana und Wyoming mitten durch die Präriestaaten Nord- und Süd-Dakota. — **Kühl-gemäßigte Klimazone**

Niederschläge Die meisten Niederschläge fallen im Küstengebirge am Pazifik mit jährlich 2000 – 3000 l/m². Eine küstennahe südwärts fließende kalte Meeresströmung lässt zusätzlich von Frühling bis Herbst lang anhaltende Nebelbänke entstehen. Landeinwärts nehmen die Niederschläge rasch ab. In trockenen Leelagen der Gebirge sowie in den intermontanen Becken und den Grasländern östlich der Gebirgsketten werden nicht selten weniger als 250 l/m² erreicht.

Temperaturen Während an der Pazifikküste ganzjährig ein kühl-gemäßigtes Klima mit kühlen Sommern und relativ milden Wintern herrscht, ist es im Landesinnern im Winter recht kalt und im Sommer ziemlich heiß. Die im Gegensatz zu Europa nicht von West nach Ost, sondern von Nord nach Süd gerichtete Anordnung der Gebirge hat einen kaum behinderten Austausch von Luftmassen zwischen polaren und tropischen Breiten zur Folge. Dadurch kann kanadische Kaltluft weit nach Süden vorstoßen und insbesondere in den High Plains für niedrige Temperaturen sorgen, die nicht selten weit **unter die -30 °C-Marke** absinken. Solche Kaltluftvorstöße sorgen in den Gebirgen und entlang von Luftmassengrenzen für ergiebige Schneefälle und danach für länger anhaltende Frostperioden. Andererseits bringt es die ausgeprägte Kontinentalität des Klimas östlich der Kordilleren mit sich, dass die sommerlichen Höchstwerte infolge stabiler Hochdruckwetterlagen in den Grassteppen von Montana und Wyoming mühelos die **+35 °C-Marke übersteigen** und sog. hot waves weit nach Norden vorstoßen können.

Der Pazifik bestimmt das Klima westlich der Rockies: Küste der Olympic-Halbinsel.

Winterliche Kaltluftausbrüche aus nördlichen Breiten können mitunter auch im Nordwesten der USA Extremwetterlagen heraufbeschwören, die sich in Gestalt schlimmer, »Blizzards« genannter Winterstürme mit heftigen Schneefällen entladen können. Da es keine entsprechenden Gebirgsbarrieren gibt, können solche Tiefdruckgebiete schnell und weit nach Süden vorstoßen und einen heftigen Temperatursturz verursachen.

Blizzards

Durch das Aufeinanderstoßen sehr unterschiedlich temperierter ursprünglich ozeanischer und kontinentaler Luftmassen können sich **vor allem im Frühling und Frühsommer** über den Steppen und Graslandern östlich der Kettengebirge gewaltige Gewitterzellen bilden, die sintflutartige Sturzregen und zerstörerische Hagelschläge verursachen. Nicht selten bilden sich bei solchen schweren Gewittern zwar kleinräumige, aber wegen ihrerer extremen Windstärken sehr gefürchtete wandernde Wirbel, die dann als Tornados oder Windhosen ganze Landstriche verwüsten.

Sommergewitter, Tornados

Eine Besonderheit im winterlichen Wettergeschehen ist der Chinook. Dieser von den Indianern stammende Begriff bedeutet wörtlich übersetzt **»Schneefresser«** und ist in etwa mit dem aus dem bayerischen Alpenvorland bekannten Föhn vergleichbar. Ein Chinook kann entstehen, wenn eine Luftmasse die Kettengebirge im Nordwesten von West nach Ost überquert. Sie steigt an den Westflanken der Gebirgszüge auf, wird kühler und verliert dabei Feuchtigkeit. Im Lee der Gebirge sinkt sie als trockener Fallwind wieder ab, nimmt stark an Temperatur zu und bringt Schnee und Eis zum Schmelzen. Besonders dramatisch ist dieser Effekt am Ostabfall der Rocky Mountains, wo die Lufttemperaturen binnen weniger Stunden von tiefsten Minusgraden auf frühlingshafte Plusgrade ansteigen können. Ebenso wie der alpenländische Föhn verursacht der Chinook bei wetterfühligen Menschen starke Kopfschmerzen.

Chinook

Pflanzen und Tiere

Flora

In den nebelreichen Küstengebieten Oregons und Washingtons gedeihen üppige **Nebel- und Regenwälder** mit Mammutbäumen und mehreren hohen Tannen- und Fichtenarten (u. a. Pazifische Weißtanne, Douglasie, Westliche Hemlockstanne), deren Wetterseiten mit dichten Moospolstern und Flechten bewachsen sind. Am Boden wuchern Moose und Farne. Typisch für diese Wälder sind auch ganze Vorhänge von **Epiphyten** (Aufsitzerpflanzen), die sich an die hohen Bäume heften, um genügend Licht und Feuchtigkeit zu erhalten.

Küstengebirge

An der Küste Nordkaliforniens und Süd-Oregons gibt es noch größere Bestände bis zu 100 m hoher und sehr widerständiger **Redwoods** (Sequoia sempervirens), deren rötliches und kaum schädlingsanfälliges Holz sehr begehrt ist. Ebenfalls entlang der Küste wachsen örtlich dicht an dicht Lodgepole Pines (Drehkiefern) mit bis zu 25 m hohen, an Ästen armen Stämmen und tief zerforchten Borken. Im Gegensatz zu den robusten Mammutbäumen sind diese Nadelbäume stark brandgefährdet.

Kaskaden-gebirge, Sierra Nevada

Eine besonders bunte Palette vor allem von Nadelbäumen gedeiht an den Westhängen des Kaskadengebirges. Die Bestände variieren jedoch nach Höhenlage und Niederschlagsmengen. Weit verbreitet sind **Tannen** (bes. Rottanne/Red Fir und Edeltanne/Noble fir), Douglasien, Engelmannfichten und Gebirgshemlock. An den Hängen der Sierra Nevada wachsen bis zu 90 m hohe **Riesensequoien**, die mächtigsten Bäume der Erde, die über 3500 Jahre alt werden können und denen auch Waldbrände kaum schaden.

An den trockenen Leeseiten der Gebirge trifft man in erster Linie auf große Bestände von genügsamen Ponderosa Pines (Gelbkiefern). Auch die Western White Pine (Pinus Monticola) mit ihreren charakteristischen bis zu 30 cm langen Zapfen ist hier gut vertreten.

An der Küste Nordkaliforniens und Süd-Oregons gedeihen die mächtigen Redwoods.

Hier bestimmen Temperaturen und Niederschläge in besonderem Maße das Bild der Vegetation. Während in den kühleren und niederschlagsreicheren höheren Lagen nicht nur dichte Nadel-, sondern auch bunte Laubmischwälder anzutreffen sind, ist das Pflanzenkleid in den tieferen Lagen eher eintönig und vergleichsweise arm an Arten. Typische Gewächse sind hier Ponderosa Pine (Gelbkiefer) und Western Larch (Westliche Lärche).

Intermontane Becken und Plateaus

Artenreiche Nadel- und Laubmischwälder sind charakteristisch für die Rocky Mountains. Gebirgshemlock, Westliche Lärche, Ponderosapinie und diverse Tannenarten gehören hier ebenso zum Landschaftsbild wie Birke, Pappel, Beifuß und Lupine. In den Hochlagen trifft man auf Gebirgstannen (Alpine fir) und weißstämmige Zirbelkiefern (Whitebark pine). Zwei typische Hochgebirgs-Blütenpflanzen sind die Akelei (Rocky Mountain columbine) und die Gebirgssonnenblume (Alpine sunflower).

Felsengebirge

Ein botanisches Charakteristikum der High Plains ist die **Kurzgrassteppe** mit dürrebeständigem **Büffelgras** (Buffalo grass), Beifuß-Gewächsen und vereinzelt auftretenden höher wüchsigen Präriegräsern. Auf besonders trockenen Flächen im Regenschatten von Gebirgszügen sieht man oft nur noch Dorngestrüpp und Kakteen. Von Einwanderern aus Eurasien eingeschleppt wurde der Tumbleweed (Salsola tragus), ein kugelförmiger Busch, der im Herbst durch einen Windstoß von seiner Wurzel geblasen werden kann und dann meilenweit durch die Prärie rollt.

High Plains

Fauna

Ähnlich vielfältig wie die Pflanzenwelt präsentiert sich die Tierwelt im Nordwesten der räumlich zusammenhängenden USA. Wer durchs Gebirge reist, wird mit einiger Sicherheit die zur Familie der Rothirsche gehörenden **Weißwedelhirsche** (Elk) und Großohr- bzw. **Maultierhirsche** (Mule Deer) sehen. Auch **Elche** (Moose) tauchen mit etwas Glück vor der Kameralinse auf. In höheren Berglagen bekommt man auch Schneeziegen und Dickhornschafe zu Gesicht. In den High Plains von Wyoming und anderen Steppengebieten kann man noch **Pronghorn-Antilopen** beobachten.

Hirsche, Elche und Bergziegen

Das größte, manchmal bis zu 1000 kg schwere Landtier Nordamerikas ist der Bison (Buffalo), dessen Hauptlebensraum in erster Linie die Großen Ebenen (Great Plains) samt den Beckenlandschaften zwischen den Gebirgsketten des amerikanischen Westens war. Millionen dieser Tiere weideten einstmals in großen Herden die Grasländer des Westens ab. Zu Beginn des 20. Jh.s waren die meisten dieser Wildrinder abgeschlachtet, es gab nur noch ein paar hundert Exemplare. Inzwischen ist ihre Zahl dank restriktiver Schutzmaßnahmen und Aufzuchtprogramme wieder auf einige Hunderttausend angestiegen.

Bison

Bisons sind die Herren der Prärie.

Bären, Wölfe und Kojoten Wer gerne Wanderungen in wenig berührter Natur unternimmt, sollte sich vor **Schwarzbären** (Ursus americanus) und in abgelegeneren Gebieten auch vor **Grizzlybären** (Amerikanischer Braunbär, Ursus horibilis) in Acht nehmen, der über 2 m groß und über 350 kg schwer werden kann. Die Parkverwaltungen im »Bärenland« halten aktuelle Bulletins und Hinweise zum Verhalten bei Bären-Kontakt bereit. Praktisch allgegenwärtig – vor allem im Umfeld von Abfallkörben – sind **Waschbären**. In einigen sehr abgelegenen Gebieten gibt es noch Wölfe. In wärmeren Regionen und in den Plains streifen noch zahlreiche Kojoten und Füchse umher.

Puma ▶ Obwohl sehr selten geworden, kommt es immer wieder zu Zwischenfällen mit amerikanischen **Berglöwen** (Puma, Cougar), die nicht nur für Bergwanderer in abgelegenen Bergregionen eine Gefahr sind, sondern die gelegentlich auch in bewohntes Gebiet vordringen.

Nagetiere Während einer Wanderung sieht man ganz bestimmt Streifen- und Backenhörnchen oder hört in höheren Berglagen Murmeltiere und Pfeifhasen (Pikas) pfeifen. An einigen Flüssen und Seen sind noch **Biber** heimisch, die dort ihre Dämme und Burgen bauen.

Vögel Im Nordwesten der USA zählt man über 700 Vogelarten. Viele von ihnen sind Zugvögel, die im Winter in südlichere Regionen ausweichen. Weit verbreitet sind Wasservögel wie Reiher, Enten, Gänse, Kraniche und Pelikane sowie Greifvögel wie Eulen, Falken und Adler. »König der Lüfte« an der Pazifikküste ist der **Weißkopf-Seeadler** (Bald Eagle). In den Wäldern hört man Tannenhäher, Raben und Elstern kreischen. Weit verbreitete Singvögel sind Stärlinge mit auffälliger Zeichnung sowie Waldsänger mit buntem Gefieder.

Weit über 200 Reptilienarten kann man im hier beschriebenen Reisegebiet beobachten. Dazu gehören etliche Schildkrötenarten, Kleinechsen, Leguane und Kröten. Sehr in Acht nehmen sollte man sich besonders in den trockeneren Gebieten vor giftigen **Klapperschlangen** und Krustenechsen.   **Reptilien**

Eine Vielzahl von Fischen bevölkert nicht nur die Gewässer vor der Pazifikküste, sondern auch die Flüsse und Seen im Binnenland. Begehrte Salzwasserfische sind Lachse, Thunfische und Sardinen. Besonders auf Lachse und Forellen haben es die Angler an den Binnengewässern abgesehen.   **Fische**
Die bis zu 1,5 m langen und bis zu 35 kg schweren Lachse steigen bei ihrer Laichwanderung vom Pazifik in die Oberläufe der Flüsse, wo sie im Herbst in kiesigem Grund jeweils bis zu 30 000 Eier ablegen. Die meisten von ihnen sterben dann vor Erschöpfung. Die jungen Lachse halten sich etwa ein bis fünf Jahre im Süßwasser auf und wandern dann flussabwärts ins Meer.   ◄ Pazifiklachs

An der Pazifikküste fühlen sich vielerlei **Robbenarten** wohl, darunter vor allem Seehunde und Seelöwen sowie Seeotter. Im Pazifik tummeln sich mancherlei **Wale**, darunter auch Grau- und Buckelwale. Bei Whalewatchern und Naturfotografen besonders beliebt ist der Schwertwal (Orca) mit seiner typischen schwarz-weißen Zeichnung und seiner hohen Fluke.   **Meeressäuger**

Bevölkerung · Politik · Wirtschaft

Zwei der in diesem Reiseführer beschriebenen Staaten **zählen zu den bevölkerungsärmsten der USA**: Wyoming ist in dieser Disziplin gar der letzte aller 50 US-Bundesstaaten, Montana nimmt Rang 44 ein und auch Idaho reicht es nur für den 39. Platz. Am dichtesten besiedelt ist Washington mit 37,5 Menschen pro Quadratkilometer (Deutschland: 231 Einw. / km²), was zu einem guten Teil dem städtischen Ballungsraum Seattle / Tacoma geschuldet ist. Am dünnsten besiedelt sind Wyoming (2,08 Einw. / km², vorletzter Platz vor Alaska) und Montana (2,51 Einw. / km², Rang 48) und auch Idaho belegt einen der ganz hinteren Plätze (Rang 44 mit 7 Einw. / km²). Mit 593 900 Einwohnern ist Seattle (WA) die größte Stadt des Nordwestens, gefolgt von Portland (OR) mit 533 490 Einwohnern. Auch die weiteren größeren Städte der Region finden sich mit Spokane (WA, 196 800), Tacoma (WA, 195 900) und Salem (WA, 146 120) in den Pazifikküstenstaaten; nur Idaho kann mit Boise (193 160) hier etwas mithalten. Ganz anders sieht es in den Plains aus: Cheyenne, immerhin die größte Stadt Wyomings, bringt es gerade mal auf 55 700 Einwohner.   **Bevölkerungsverteilung**

Bevölkerungs-gruppen

In allen fünf genannten Staaten ist der Anteil der weißen Bevölkerung wesentlich höher als der der übrigen Gruppen. Spitzenreiter ist Idaho mit 92,5 % und auch die anderen liegen jenseits der 85 %. Afro-Amerikaner spielen kaum eine Rolle; mit 3,4 % stellen sie in Washington den größten Anteil und in Idaho mit 0,5 % den niedrigsten. Die zweitstärkste Gruppe sind fast überall die Hispano-Amerikaner (zwischen 10,2 % in Oregon und 2,2 % in Montana). In Montana haben die indianischen Ureinwohner (Assiniboine, Cheyenne, Blackfoot u. a.) mit 6,3 % einen vergleichsweise hohen Bevölkerungsanteil, während er in den anderen Staaten deutlich geringer ist.

Politische und Verwaltungs-struktur

Die Kompetenzen der US-Bundesstaaten reichen erheblich weiter als die der deutschen Bundesländer. So gibt es z. B. von Staat zu Staat verschiedene Verkehrsvorschriften, Steuergesetzgebungen und Regelungen zum Alkoholgenuss. Ähnlich wie auf Bundesebene gibt es ei-

---

Zahlen und Fakten USA Nordwesten

Flächen
- ▸ USA gesamt: 9 161 923 km²
- ▸ Idaho: 216 411 km²
- ▸ Montana: 376 977 km²
- ▸ Oregon: 254 805 km²
- ▸ Washington: 184 673 km²
- ▸ Wyoming: 253 596 km²

Bevölkerung
- ▸ USA gesamt: 304 Mio.
- ▸ Idaho: 1,49 Mio.
- ▸ Montana: 957 800
- ▸ Oregon: 3,63 Mio.
- ▸ Washington: 6,48 Mio.
- ▸ Wyoming: 515 000

Jährliches Pro-Kopf-Einkommen (2007)
- ▸ USA gesamt: 38 564 $
- ▸ Idaho: 31 703 $
- ▸ Montana: 33 145 $
- ▸ Oregon: 35 027 $
- ▸ Washington: 41 062 $
- ▸ Wyoming: 47 038 $

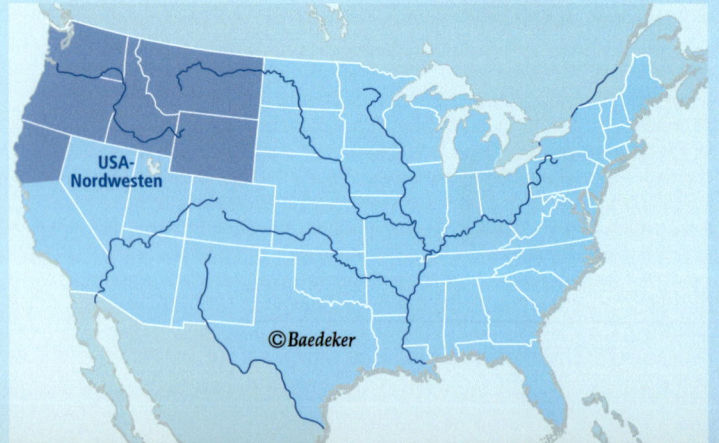

USA-Nordwesten

©Baedeker

nen aus Senat und Abgeordnetenhaus bestehenden Kongress als gesetzgebende Gewalt. An der Spitze eines jeden Bundesstaats steht ein direkt von der Bevölkerung gewählter **Gouverneur**. Er ist den Beschlüssen seines Kongresses verpflichtet. Untere Verwaltungsebene sind die den deutschen Landkreisen vergleichbaren Counties.

Wirtschaft

Auch wenn die Holzindustrie in den vergangenen Jahren eine Krise durchmachte und der Einschlag deutlich zurückgegangen ist, gehören Washington, Oregon und Nordkalifornien zu den größten Holzproduzenten der USA. Einige der größten Holzfirmen der Welt, u. a. Weyerhaeuser und Canfor, operieren in den Wäldern der Küste. Aus dem Meer davor werden Heilbutt, Hering, Lachs und Schalentiere als begehrteste Fänge gezogen. Die Landwirtschaft ist noch immer sehr produktiv: Idaho steht für Kartoffeln (ein Drittel der US-Produktion – selbst auf den Autokennzeichen ist **»Famous Potatoes«** zu lesen), Washington für Obst (vor allem Äpfel und Apfelprodukte, Kirschen), Oregon für Käse, Wein und Haselnüsse (95 % der US-Produktion). Montana und Wyoming zeigen sich seit Wildwestzeiten als klassisches Rancherland, in dem die Rinderzucht dominiert und die Schafzucht im Gegensatz zu früheren Zeiten, in denen Cowboys nur voller Verachtung auf Schafhirten herabschauten, mittlerweile ebenfalls ein wichtiges Standbein der Rancher geworden ist. Die Farmer erzeugen hier vor allem Weizen und Futtermittel.

Land- und Forstwirtschaft, Fischerei

Immer noch sind die Plains das klassische Rinder- und Cowboy-Land.

? WUSSTEN SIE SCHON …?

■ Montana ist die Nr. 3 in den USA bei der Zahl der Kleinbrauereien (microbreweries). In Idaho steht die weltgrößte Fabrik für Schmelzkäse mit einem Ausstoß von 120 000 t pro Jahr. Außerdem hat Idaho die Menschheit auch mit den Tiefkühl-Pommes beglückt: Erfunden hat sie Ray L. Dunlap von der J. R. Simplot Company, die 1953 das Patent anmeldete.

Riesendämme wie der Grand Coulee Dam und der Bonneville Dam liefern Trinkwasser und produzieren Strom. Durch Wyoming und Montana zieht sich der sog. **Western Overthrust Belt** mit großen Erdöl- und Erdgasfeldern, deren Ausbeutung allerdings sehr teuer ist; dennoch steht z. B. Wyoming auf Platz 5 der heimischen Rangliste der Ölproduzenten. Dank großer Vorkommen im Powder River Basin und im Green River Basin nimmt Wyoming wiederum die Spitzenposition unter den US-Kohleproduzenten ein. Auch der Goldrausch ist noch nicht ganz vorbei: Hoch spezialisierte Hightech-firmen wie Goldcorp und Cominco aus Kanada machen in den alten Minen Montanas und Idahos noch Gewinn mit Edelmetall.

Industrie Neben den klassischen Industrien, die Holz und andere Naturprodukte verarbeiten, stellen die neuen Industrien der Nordweststaaten international bekannte Produkte her. Allen voran zu nennen sind die **Boeing Corp.** in Seattle, die sich mit Airbus den Weltmarkt in der Produktion von Passagierflugzeugen mehr oder weniger teilt und dazu einer der größten Hersteller von Militärflugzeugen und Waffensystemen weltweit ist; Computer auf der ganzen Erde benutzen Software von **Microsoft** aus Redmond bei Seattle ebenso wie Halbleiter von **Intel** (Santa Clara, Kalifornien). Bücherwürmer aller Kontinenten bestellen ihren Lesestoff bei amazon.com (Seattle), Millionen von Menschen buchen ihre Reisen online bei Expedia (Bellevue bei Seattle). Auch nach Idaho greift die IT-Welle über, wo u. a. in Boise Chips produziert werden und Dell und Hewlett Packard Werke betreiben. Zahlreiche Hersteller weltweit vertriebener Textilmarken, u. a. Columbia in Portland und **Nike** in Beaverton (Oregon), haben ihr Hauptquartier im Nordwesten, und auch der in Seattle beheimatete Kaffeehändler **Starbucks** ist weltweit aktiv. Insgesamt produziert allein der rund 600 km lange, von Seattle bis Eugene (Oregon) reichende und von acht Millionen Menschen bewohnte Korridor jährlich Güter im Wert von über 250 Milliarden Dollar.

Strukturwandel Für den Reisenden ist der derzeit stattfindende Übergang von traditionellen zu Zukunftsindustrien durchaus sichtbar. Der Nordwesten der Gegenwart, das ist vor allem eine grandiose Natur mit schneebedeckten Gebirgen und endlosen Pazifikstränden einerseits und sonnengebräunten Computer-Spezialisten mit luxuriösen Wochenendhäuschen am Meer oder in den Bergen andererseits. Vor allem in Oregon und Washington, in geringerem Maß aber auch in Idaho, Wyoming und Montana, hat sich in nur einer Generation die Lebensweise der Menschen von Grund auf verändert. Motor dieses

Weltmarktführer in der Zvil- und Militärluftfahrt: Boeing

Wandels war der **Niedergang der tradionellen Erwerbszweige**. Seit Anfang der 1980er-Jahre haben nicht weniger als 500 Sägewerke und Papierfabriken zwischen Nordkalifornien und Seattle dichtgemacht. Ebenso wurden 8000 Fischerboote eingemottet, gaben 15 000 Farmen und Ranches auf, meist in Montana und Wyoming.

Doch während viele Gegenden im Mittleren Westen, die von einer ähnlichen Entwicklung betroffen sind, mit Bevölkerungsschwund kämpfen, verzeichnen viele ländliche Gebiete im Nordwesten einen wenn auch leichten Zuwachs. Er wurzelt in typischen Verhaltensmustern des Informationszeitalters. So wollen die in Zukunftsindustrien Beschäftigen und ihre Familien der Natur so nah wie möglich sein und Rentner ziehen nach anstrengendem Berufsleben ins Grüne – sie sind inzwischen einer der größten neuen »Industriezweige« im Nordwesten. Von dieser Entwicklung profitieren vor allem Gegenden, die **Natur- und Umweltschutz** von jeher großschreiben, wie Bend (Oregon): In der am schnellsten wachsenden Stadt des Bundesstaats tat sich neben hinzugezogenen jungen Familien und wohlhabenden Rentnern dank der reizvollen Umgebung mit dem Tourismus eine weitere interessante Einnahmequelle auf.

Natürlich gibt es auch kritische Stimmen zu dieser Entwicklung. Die »new economy« biete ihnen zufolge nicht nur die Chance auf eine grüne Zukunft, sondern vertiefe auch die Kluft zwischen Reich und Arm. Tatsächlich verdienen Angestellte in der Tourismusindustrie weniger als einst Fischer und Holzfäller, weist das Ballungsgebiet rund um den Puget Sound landesweit die meisten Milliardäre pro Kopf der Bevölkerung auf. Auswüchse dieser Entwicklung sind längst entlang der Küste Oregons und auf den San Juan Islands zu sehen: Für die Landschaft viel zu große Wochenendhäuser, dazu nur zwei, drei Wochen im Jahr belegt, verschandeln dort die Landschaft.

Geschichte

Bis in den Beginn des 19. Jh.s hinein war der Nordwesten – für die Europäer – terra incognita. Heute ist er eine der fortschrittlichsten Regionen der USA. Wie es dazu kam und wer dafür bluten musste, schildert dieses Kapitel.

Vor der Ankunft der Europäer

15 000 v. Chr. Erste Spuren menschlicher Besiedlung

Archäologische Funde belegen die Anwesenheit von Menschen im Nordwesten der USA bereits für den Zeitraum ab 15 000 v. Chr. Eine populäre Lehrmeinung vertritt gar die Ansicht, dass der **Nordwestküste** eine wichtige Rolle bei der paläoindianischen Landnahme zukam: Für die asiatischen Vorfahren der heutigen Indianer war sie eine der Hauptmigrationsrouten auf den neuen Kontinent. Ihr Reichtum an Holz, Wild und vor allem Fisch bildete die ideale Voraussetzung für die Entstehung sesshafter, kulturell hochstehender Stammesgesellschaften, die über weitreichende Handelsbeziehungen nach Süden und landeinwärts verfügten.

Unterschiedliche Lebensbedingungen

An den Hängen der Rocky Mountains und in den **Great Plains** schufen Klima und Terrain gänzlich andere Lebensbedingungen: So führte zum Beispiel der saisonale Zug der Lachse bei vielen Stämmen zu einer halbnomadischen Lebensweise und zwang die Migration der Büffelherden die in den Plains lebenden Stämme zum alljährlichen Wechsel zwischen Sommer- und Winterlagern.

Als sie gegen Ende des 18. Jh.s erstmals auf der Bildfläche erschienen, lernten die Weißen vor allem eines: Im Nordwesten gab es viele Definitionen für »den Indianer«. Die **Salish, Tlingit, Makah und Nootka** an der Küste lebten in großen Langhäusern und schickten ihre hochseefähigen Kanuflotten auf Handelsmissionen nach Norden und Süden und zum Fischfang. Die **Sioux, Cheyenne und Arapahoe** der Great Plains dagegen wohnten in Tipi-Dörfern, die sie im Handumdrehen abzubrechen vermochten, wenn es galt, den Büffelherden zu folgen oder Feinden auszuweichen. Nicht minder vielfältig und den jeweiligen Bedingungen aufs Beste angepasst waren die indianischen Kulturen auch im Norden Kaliforniens. Zum Zeitpunkt des ersten Kulturkontakts mit Europäern gab es dort allein 30 in sechs Sprachgruppen zerfallende Stämme, darunter die Pomo, Maidu und Miwok; in Oregon waren es sogar 80.

Vielfältige indianische Kulturen

Vielfältige indianische Kulturen: Wolfsmaske der pazifischen Nootka (links) und Büffeljagddarstellung auf Bisonhaut der Shoshone (oben)

Kontakt und Erforschung

seit 1540	Spanische Seefahrer erkunden die amerikanische Pazifikküste.
1592	Juan de Fuca entdeckt die Passage zwischen Vancouver Island und der Olympic-Halbinsel.
1776	Gründung von San Francisco
1792	George Vancouver entdeckt den Puget Sound.

Erste Erkundungen

Nordkalifornien war das erste Ziel der weißen Entdecker. Seit den 1540er-Jahren segelten spanische Schiffe von Mexiko aus an der Pazifikküste entlang nach Norden. **Juan de Fuca** entdeckte 1592 die heute nach ihm benannte Wasserstraße zwischen Vancouver Island und der Olympic-Halbinsel. Die Engländer hatten schon 1579 den königlichen Freibeuter **Sir Francis Drake** geschickt, der mit der »Golden Hind« an der Nordwestküste entlangsegelte, nördlich des heutigen San Francisco an Land ging und die Region als »Nova Albion« für die englische Krone beanspruchte.

Spanier, Briten und Amerikaner

Folgen hatte jedoch erst die 150 Jahre später einsetzende Kolonisierung, die von der Errichtung zahlreicher Missionsstationen entlang des von San Diego nach Sonoma führenden »Camino Real« ausging. 1776 wurde so auch San Francisco gegründet und alsbald stießen spanische Bauern und Viehzüchter, die **Californios**, auch ins Innere Nordkaliforniens vor. Ihre Wege kreuzten sich im Central Valley und in der Sierra Nevada um 1820 mit denen amerikanischer Trapper. **Oregon und Washington** gerieten erst später ins Visier der europäischen Mächte. Neben Spanien entsandten im späten 18. Jh. auch Großbritannien – James Cook segelte 1778 die Küste bis hinauf nach Alaska und ankerte einen Monat im Nootka Sound; George Vancouver entdeckte 1792 den Puget Sound – und die jungen USA Schiffe an die nebelverhangenen Gestade.

Begehrlichkeiten

Die legendäre, von allen damaligen Seemächten fieberhaft gesuchte Nordwest-Passage fand zwar keine von ihnen, doch die mit jedem zurückkehrenden Schiff detailliertere Kenntnis der Nordwestküste mündete schon bald in handfestes Geschäftsinteresse. Auch die ersten, wenig später erfolgenden Überlandexpeditionen schwärmten bei ihrer Heimkehr: Biber, Otter, Füchse, Marder und andere Pelztiere in Hülle und Fülle – der Nordwesten, **ein Königreich der Pelze**! Bis 1840 sollte der Pelzhandel die Interessen Großbritanniens und der USA – und in geringerem Ausmaß auch Russlands – in dieser Region dominieren, sollten amerikanische und franko-kanadische Pelzhändler in Montana, Wyoming, Oregon und Washington die letzten weißen Flecke auf der Landkarte mit genauesten Informationen füllen.

Lewis & Clark und die Folgen

1803	Louisiana Purchase
1804 – 1806	Expedition von Lewis und Clark
bis 1840	Große Zeit des Pelzhandels

1801 wurde Thomas Jefferson Präsident der Vereinigten Staaten. Sein lange gehegter Traum von der West-Expansion nahm Gestalt an, als Napoleon Bonaparte dem amerikanischen Gesandten in Paris das damals zu Frankreich gehörende Louisiana Territory für 15 Millionen Dollar zum Kauf anbot. Mit 3 Cents pro Acre (1 Acre = 4047 m²) war dies **der beste Immobiliendeal aller Zeiten**: Neben dem heutigen Bundesstaat Louisiana umfasste das Territory auch alles Land westlich des Mississippi, namentlich sämtliche zukünftigen Bundesstaaten des Mittleren Westens sowie Montana und Wyoming. Um Oregon und Washington, das Großbritannien als Columbia District, die USA jedoch als Oregon Country bezeichneten, wurde noch gestritten. Am 30. April 1803 unterzeichnete Jefferson den Louisiana Purchase und verdoppelte so das amerikanische Staatsgebiet mit einem einzigen Federstrich.

Griff nach Westen

◄ Louisiana Purchase

Wie es jedoch in der Neuerwerbung aussah, wer dort lebte und was dort wuchs, davon hatten weder Jefferson noch seine Zeitgenossen eine Vorstellung. Noch im gleichen Sommer brachte der Präsident deshalb eine Expedition auf den Weg, »intelligente Offiziere mit zehn oder zwölf Männern [...] um [das Land] bis zum westlichen Ozean zu erkunden«. Die von Meriwether Lewis und William Clark (beide ►Berühmte Persönlichkeiten) geführte Expedition, die als »**Corps of Discovery**« in die US-Geschichte einging, bestand aus 33 Mitgliedern, darunter zwei frankokanadischen, als Dolmetscher angeheuerten Trappern. Ihr Auftrag: Kontakt zu unbekannten Stämmen aufnehmen (wozu sich die Shoshone-Indianerin **Sacajawea**, Frau des Trappers Toussaint Charbonneau,

Aufbruch ins Unbekannte

 WUSSTEN SIE SCHON …?

■ Das Porträt einer Indianerin auf der Ein-Dollar-Münze ist von Sacajawea inspiriert.

als unentbehrlich erweisen sollte), die Pflanzen- und Tierwelt sowie die Geologie studieren, Handelsmöglichkeiten ausloten und einen schiffbaren Wasserweg zur Pazifikküste finden.

Im Frühjahr 1804 brachen Lewis und Clark auf, folgten von St. Louis zunächst dem Missouri flussaufwärts und erreichten im Herbst 1804 die Plains von South Dakota. Nach einem Winter bei den Mandan-Indianern in der Nähe des heutigen Bismarck (North Dakota) ging es im folgenden Frühjahr auf dem Missouri weiter bis nach dem heutigen Great Falls (Montana). Die von hier aus bereits sichtbaren Rocky Mountains wurden im Sommer 1805 erreicht und am 26. Au-

Expedition von Lewis und Clark

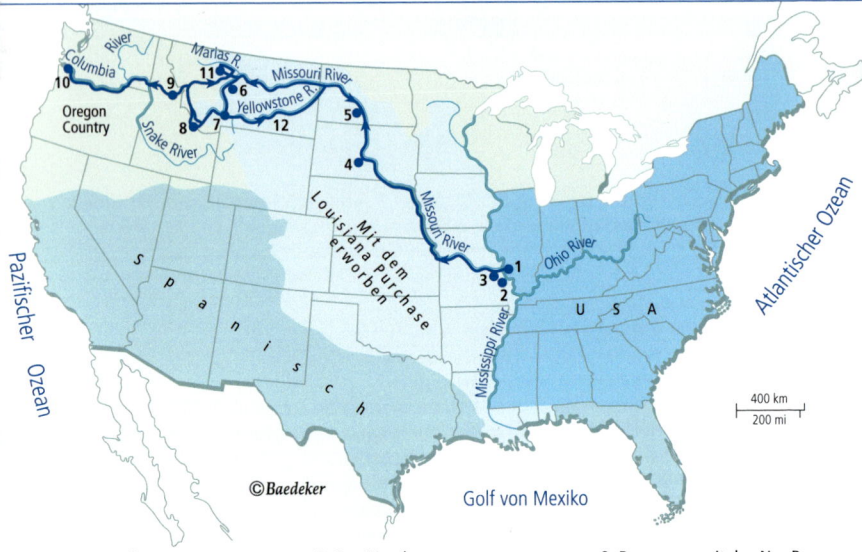

©Baedeker

1 Camp Wood:
   Winterlager 1803/1804
2 St. Louis: Bevorratung 1804
3 St. Charles:
   letzter Ort der Zivilisation
4 Begegnung mit den Sioux

5 Fort Mandan:
   Winterlager 1804/1805
6 Great Falls: Beginn des Landwegs
7 Three Forks: Beginn der Überquerung
   der Rocky Mountains
8 Begegnung mit den Shoshonen

9 Begegnung mit den Nez Perce
10 Fort Clatsop: Winterlager 1805/1806
11 Rückweg von Lewis zur Erforschung
   des Marias River
12 Rückweg von Clark am
   Yellowstone River

gust mit letzter Kraft über den Lemhi Pass überquert. Bei der Durchquerung Idahos folgten Lewis und Clark dem in westlicher Richtung
fließenden Clearwater River. Dort trafen sie erstmals auf Indianer
vom Stamm der Nez Perce, die ihnen den Weg zum Snake und Columbia River wiesen. Am 7. November erreichte die Expedition, erschöpft und halb verhungert auf dem Columbia River flussabwärts
reisend, den Pazifik. Clarks Tagebuchnotiz kennt in Oregon und Washington jedes Schulkind: **»Ocean in view. Oh! The Joy.«**

**Eine neue
Blickrichtung**

Was Lewis und Clark im Herbst 1806 zurück nach St. Louis brachten, konnte sich sehen lassen. Mehrere Hundert bislang unbekannte
Tier- und Pflanzenarten waren entdeckt worden, zu fast 50 Stämmen, allen voran den Mandan, Arikara, Assiniboine, Blackfoot, Shoshone, Sioux, Nez Perce, Walla Walla, Tillamook und Chinook hatte
man Kontakt aufgenommen. Auch die Verläufe der wichtigsten Flüsse und Gebirge waren nun in etwa bekannt. Vor allem aber lenkte
die erfolgreiche Expedition die Aufmerksamkeit Amerikas, das sich
zuvor fast nur auf den Osten und Süden konzentrierte, nun endgültig auf den Westen.

Die Kunde vom pelzreichen Nordwesten sprach sich in Windeseile herum. Noch auf dem Rückweg begegneten Lewis und Clark zahlreichen westwärts ziehenden Trappern und Jagdgesellschaften. Bald waren es fast 4000 dieser unerschrockenen **»Mountain Men«**, die, teils als Angestellte der 1808 von John Jacob Astor gegründeten American Fur Company, teils als freie Unternehmer, während der nächsten 40 Jahre in den Rocky Mountains Pelztieren nachstellten und wichtige Wege durch diese Wildnis quasi nebenbei entdeckten. Namen wie Jim Bridger (1804 bis 1881), Jedediah Smith (1799 bis 1831), Kit Carson (1811 – 1868), John Colter (1775 – 1813), Benjamin Bonneville (1796 – 1878) und William Sublette (1799 – 1845) wurden im gesamten Nordwesten als Ortsnamen verewigt und werden bis heute mit großem Respekt erwähnt. Ihr alljährliches Treffen, das Grand Rendezvous, pflegte bei Pinedale (Wyoming) am Green River stattzufinden. Der gnadenlose

Ein unerschrockener Mountain Man, ausnahmsweise in Zivil: Kit Carson

Wettstreit mit der Pelzhandelskonkurrenz, allen voran der Montréaler Northwest Company und der Hudson Bay Company, und das Ende der Pelzhutmode in Europa bereitete dem Pelzhandel um 1840 jedoch ein Ende.

Amerikanische Expansion

1818	Londoner Vertrag
1839	Der erste Siedlertreck erreicht Oregon.
1848	Oregon-Vertrag
1848	Goldrausch in Kalifornien
1850	Kalifornien wird 31. Bundesstaat der USA.
1859	Oregon wird 33. Bundesstaat der USA.

**Einigung mit
Großbritannien**

Bis zu diesem Zeitpunkt gab es kaum nennenswerte Städte im Nordwesten. Sowohl Großbritannien als auch die USA beanspruchten den Columbia District bzw. das Oregon Country, also das heutige Washington und Oregon sowie Teile von Idaho, Montana und Wyoming, für sich. Im Londoner Vertrag von 1818 einigte man sich zunächst auf die gemeinschaftliche Nutzung des Territoriums. Nutznießer war jedoch hauptsächlich die **Hudson Bay Company**, die von ihrem Hauptquartier in Fort Vancouver am Nordufer des Columbia River den Pelzhandel im gesamten Nordwesten kontrollierte und aggressiv gegen die US-Konkurrenz vorging.

Londoner Vertrag ▶

Doch der immer stärkere Einwandererstrom in den 1840er-Jahren sowie ein expansionslüsterner US-Senat, der die Annektierung forderte, notfalls auch mit Gewalt, führte zu einer Neuverhandlung des Vertrags. 1846 einigte man sich im Oregon-Vertrag auf den 49. Breitengrad als neue Grenze verbunden mit dem Rückzug der Hudson Bay Company. 1848 wurden Oregon und Washington zum Oregon Territory erhoben, auch Idaho, Montana und Wyoming gehörten bis zu ihrer Ernennung ebenfalls dazu. Auch in Kalifornien löste ein langsam anschwellender Strom amerikanischer Siedler aus dem Osten eine Entwicklung aus, an dessen Ende Mexiko im Jahr 1848 Kalifornien an die USA abgab. 1850 trat Kalifornien der Union als 31. Bundesstaat bei.

Oregon-Vertrag ▶

Go West!

Die Pelzhändler gingen, die Siedler kamen: Die Pionierzeit begann. Auf mehreren von Indianern, Forschern und Trappern geebneten Überlandrouten zogen zwischen 1842 und 1869 mehrere Hundert-

Siedlertreck in den Black Hills

tausend Menschen gen Westen. Der **Oregon Trail** war eine von drei Hauptrouten. Bereits 1839 erreichte auf dieser Strecke die erste, als Peoria Party in die Geschichte eingegangene Planwagen-Kolonne Oregon. 3200 km lang, begann sie in Independence (Missouri), folgte zunächst dem Platte River durch Nebraska nach Fort Laramie (Wyoming), dann dem North Platte und Sweetwater River zum South Pass in der bereits zu den Rocky Mountains gehörenden Wind River Range. Über Fort Bridger (Wyoming) ging es dann nach Fort Hall (Idaho) und am Snake River entlang nach Boise (Idaho). Wenig später berührte der Trail erstmals Oregon, passierte das Grand Ronde Valley, überquerte die Blue Mountains und erreichte den Columbia River. Offizieller Endpunkt war das flussabwärts liegende, bereits 1829 von Pelzhändlern gegründete Oregon City.

Die Reise pflegte **vier bis sechs Monate** zu dauern. Die Männer, Frauen und Kinder in ihren von Ochsen gezogenen Planwagen trotzten unterwegs Staub- und Schneestürmen, Krankheiten, wilden Tieren und Indianerüberfällen. 1843 schafften es dennoch fast 1000 Auswanderer und 3000 Stück Vieh auf dem Trail bis nach Oregon. Der Goldrausch von 1848 / 1849 in Kalifornien und der Montana-Goldrausch etwas später vergrößerte diese Zahl um ein Mehrfaches. Allein auf dem **California Trail**, der in Fort Hall vom Oregon Trail abzweigte, gelangten zwischen 1848 und 1868 eine Viertelmillion Menschen nach Kalifornien. Die Ankunft der Eisenbahn aber beendete diese heute mythisch verklärte, den Stoff für unzählige Filme liefernde »Go West«-Phase.

Die Indianerkriege

ab 1850	Zwangsumsiedlung der Indianer in Reservate
1863	Goldfunde in Montana
1866 – 1868	Red Cloud's War
1876 – 1877	Great Sioux War
25. Juni 1876	Schlacht am Little Bighorn
1877	Nez Perce War

Das Verhältnis zwischen Weißen und Indianern war in den ersten Jahren der Begegnung noch von einem gewissen Gleichgewicht geprägt. Die Expeditionen engagierten ortskundige Ureinwohner als gutbezahlte Kundschafter, indianische Jäger waren gleichberechtigte Partner im Pelzhandel und ohne das Einverständnis eines Stammes konnten weiße Trapper auf dessen Territorium ihrem Handwerk nicht nachgehen. Das änderte sich dramatisch mit dem Vorrücken der Frontier, der Siedlungsgrenze.

*Die indianische Verhandlungs-
delegation für den zweiten
Vertrag von Fort Laramie.
In der Mitte: Red Cloud*

SOLANGE GRAS WÄCHST...

»Den Indianern soll mit höchstmöglicher Redlichkeit gegenüber gehandelt werden: Land und Eigentum sollen ihnen niemals ohne ihr Einverständnis genommen werden; und in ihrem Besitz, ihren Rechten und Freiheiten, sollen sie niemals beeinträchtigt oder eingeschränkt werden, außer in gesetzlich gerechtfertigten, vom Kongress autorisierten Kriegen.«

Mit diesen Worten bestätigte noch zu Beginn des 19. Jh.s der Vorsitzende des Supreme Court John Marshall (1755–1835) ausdrücklich den Nationenstatus der Indianervölker. Auf dieser Grundlage schlossen die USA Verträge mit den Ureinwohnern ab, von denen beinahe alle im Lauf der Zeit gebrochen wurden.

Mit dem **Indian Removal Act** wurde ab 1837 fast die gesamte indianische Bevölkerung der östlichen USA zum Teil gewaltsam in das »Indian Territory« auf dem Gebiet des heutigen Bundesstaats Oklahoma verbracht. Im Südwesten hatten die Indianer seit 1680 die Spanier aufgehalten. Nach der Gründung des Staates Texas begann ein rücksichtsloser Feldzug, so dass bis 1855 alle Indianerstämme der Region aufgaben. Nur die Comanchen sicherten ihre nackte Existenz durch zahllose Rückzugsgefechte bis in die äußersten Wüstenecken des Texas-Panhandles. Auch der Widerstand der Apache-Guerilla in Neu-Mexiko und Arizona wurde erst 1886 gebrochen.

Schicksal der Präriestämme

Die Interessen der Europäer am Pelzreichtum der Prärien und die der Plainsstämme an den Waffen und Werkzeugen der Weißen gestatteten relativ friedliche Handelsbeziehungen während der Pelzhandelsära von 1740 bis 1840. Verträge zwischen der US-Regierung und verschiedenen Stämmen hatten alles Gebiet westlich der Mississippi-Missouri-Linie als ewiges Indianerland bestätigt. Um jedoch die Überlandwege zu sichern, berief das 1824 gegründete **»Bureau of Indian Affairs«** 1851 einen Friedensrat für alle Präriestämme nach Fort Laramie ein. Es wurden Geschenke im Wert von hunderttausend Dollar verteilt und die Grenzen der Jagdgebiete vertraglich festgehalten: für die südlichen Lakota, Cheyenne und Arapahoe das Gebiet zwischen Arkansas River und North Platte, ganz Colorado östlich der Rocky Mountains sowie Teile des heutigen Kansas und den ganzen Süden Nebraskas; für die nördlichen Lakota, Cheyenne und Arapahoe das ganze Big-Bend-Gebiet innerhalb des

großen nördlichen Missouribogens; für die Crow, Assiniboine, Gros Ventre und Minnetaree Montana und halb Wyoming. Im Gegenzug verpflichteten die Indianer sich zu freundschaftlich-friedlichen Beziehungen untereinander, zur Anerkennung des Rechts der USA auf Bau von Überlandstraßen und Posten und zu der Erklärung, in Zukunft für alle Schäden, die von Indianern an Bürgern der USA oder deren Eigentum begangen werden sollten, Schadenersatz und Genugtuung zu leisten. Dafür versprachen die USA, die Indianer zu schützen, **»solange Gras wächst und Wasser fließt.«**

Brüchiger Frieden

Die US-Regierung überwachte rigoros die Einhaltung des Vertrags, was immer wieder zu Scharmützeln führte. So 1854 bei Fort Laramie, als zwei Teton-Lakota eine Kuh stahlen und daraufhin ein kleines Armeekommando in ihr Lager eindrang und getötet wurde. Die Lakota begannen nun, die Siedlertrecks anzugreifen. Als Antwort marschierte die Armee ins Tal des Platte River und zerstörte das Dorf des Brulé-Häuptlings Little Thunder. Die Überlandwege waren nun sicher – bis 1862, als die Regierung mit dem **Bozeman Trail** zu den Goldfeldern von Montana einen weiteren Weg durch Indianergebiet eröffnete. Die Cheyenne wurden vom Gold- und Silberboom aus den Gebieten, die ihnen im Vertrag von 1851 zugesprochen worden waren, allmählich verdrängt. Es kam zu zahlreichen Auseinandersetzungen, die sich bis 1864 hinzogen.

Massaker am Sand Creek

Die südlichen Cheyenne hatten es bis zu diesem Jahr ihren besonnenen Häuptlingen **Black Kettle** und **White Antelope** zu verdanken, dass sie unbehelligt leben konnten. Da es nur die Alternative gab, mit den USA in Frieden zu leben und Nahrung zu erhalten oder aber sich durch Überfälle zu ernähren und Krieg zu wählen, stellte sich dieser Stammesteil unter den Schutz von Fort Lyon. Die Indianer akzeptierten das Diktat des Kommandanten, am Sand Creek zu lagern, Waffen und Munition abzugeben und von Gefangenenrationen zu leben. Dafür erhielten sie die schriftliche Bestätigung, dass sie »friedliche Indianer unter dem Schutz der USA« seien und ein Sternenbanner, das sie weithin sichtbar über dem Lager wehen ließen. Doch am 29. November 1864, als »kein Gras mehr grünte« und wegen Frost auch »kein Wasser mehr floss«, erschien **Colonel Chivington** mit der 1. und 3. Colorado-Kavallerie und einer Haubitzenbatterie. 700 Milizsoldaten griffen die 500 Menschen im Lager an, unter denen sich kaum waffenfähige Krieger befanden. Die Soldaten hatten den Befehl, keine Gefangenen zu machen und auch Kinder nicht zu schonen. 26 Krieger und 274 Frauen, Kinder und Alte wurden ermordet. Das Massaker am Sand Creek wurde zum **Fanal der Indianerkriege**.

Red Cloud's War

Von 1866 an widersetzte sich der Oglala-Sioux **Red Cloud** erfolgreich den Regierungsbemühungen, den Durchgang zu den Goldfeldern Montanas aufrecht zu erhalten. Nach zwei Jahren zäher Kämpfe räumten die Soldaten schließlich ihre drei Forts am Bozeman Trail und Red Cloud sowie der Hunkpapa-Kriegshäuptling Gall unterzeichneten im Auftrag Sitting Bulls 1868 den **zweiten Vertrag von Laramie**, der alles Gebiet westlich des Missouri in Süddakota, die Powder-River-Jagdgründe und das Land um die Bighorn Mountains für Weiße sperrte und die heiligen Black Hills den Indianern zusprach.

Great Sioux War

Doch schon 1872 wurde eine Bahnlinie der Northern Pazific Railroad durch dieses Gebiet vermessen. 1874 erkundete **Lieutenant Colonel Custer** die Black Hills. Als auch dort Gold gefunden wurde, entstanden vertragswidrig Siedlungen.

Am 3. Dezember 1875 befahl das Innenministerium allen Stämmen, sich bis zum 31. Januar 1876 bei ihren Agenturen einzufinden. Die Indianer aber weigerten sich, ihre Familien dem besonders strengen Winter auszusetzen. Truppen wurden in Marsch gesetzt: Das Jahr der Indianerkriege begann. Im März griff **General Crook** ein Dorf der Oglala und Cheyenne im Gebiet des **Powder River** an; die Gegenattacke von **Crazy Horse** zwang die 1400 Soldaten zum Rückzug. Im Juni überschritt Crook mit neuformierten Truppen trotz Warnung den Tongue River. Die 1400 Soldaten wurden von einer gleichen Anzahl Cheyenne, Arapahoe und Oglala unter Crazy Horse am **Rosebud** in ein eintägiges Gefecht verwickelt. Am 26. Juni 1876 traf Custer am **Little Bighorn** mit 600

Bleiche Knochen bedeckten wenige Jahre nach der Schlacht am Little Bighorn »Custer's Last Stand«.

Soldaten und 44 indianischen Scouts auf ein riesiges Lager der Lakota und Cheyenne. Ohne sich über die Stärke des Gegners zu unterrichten, griff er an und wurde vernichtet.

Abgesang

Der Indianerfeldzug war zwar gescheitert, doch die Indianer konnten sich nicht als Sieger betrachten, denn durch das gezielte Abschlachten der Büffelherden war ihnen die Nahrungsgrundlage entzogen worden. Indianische Führer, darunter Crazy Horse und Dull Knife, kehrten mit ihren Stämmen in die Reservationen zurück; Crazy Horse wurde im September 1877 in Camp Robinson erstochen. Sitting Bull und Gall flüchteten nach Kanada; erst 1881 kehrte Sitting Bull mit den letzten 187 Stammesmitgliedern wieder zurück und ergab sich bei Fort Buford.
Der **General Allotment Act** von 1887 teilte das Reservationsland unter die Indianer auf und machte aus Kollek-tiv- nun persönliches Eigentum. Aus Not und Unwissenheit verkauften viele indianische Landbesitzer ihren Grund für einen Spottpreis an weiße Spekulanten.
Letztes Aufbegehren war die seit 1890 von dem Paiute Wovoka verbreitete **Geistertanzreligion**. Nach seiner Vision sollte eine große Flut die Weißen wegwaschen, die Büffel würden zurückkehren und die Indianer wieder wie in alten Zeiten leben. Bis dieses Ereignis eintraf, sollten die Indianer tanzen und dann ihre Verwandten und Ahnen bei deren Rückkehr aus dem Jenseits begrüßen. 60 000 Angehörige verschiedenster Stämme schlossen sich an. Die Lakota kleideten sich in »kugelsichere« Geistertanzhemden und ihre Heiligen Männer predigten die Vertreibung der Weißen. Die Indianer bewaffneten sich. Sitting Bull wurde 1890 in Standing Rock von Indianerpolizisten getötet; Häuptling Big Foots Gruppe, 146 Frauen, Männer und Kinder, am Wounded Knee massakriert. Als letzte Besatzungstruppe im Indianerland verließ am 3. September 1903 eine Kavallerie-Abteilung Fort Yates. Um diese Zeit lebten noch etwa 250 000 Menschen indianischer Abstammung in den USA.

Expansion schafft Unfrieden

Die Goldfunde von Kalifornien, Oregon, Montana und Idaho und die in den 1840er-Jahren für Siedler eröffneten Überlandtrails lockten Weiße in von den Stämmen nie zuvor gesehener Zahl herbei. Immer häufiger entzündeten sich Reibereien vor allem um Land- und Nutzungsrechte. Zwischen den Stämmen und der Bundesregierung im fernen Washington geschlossene Verträge, die den Siedlungsdruck entschärfen und die Integrität traditioneller Territorien schützen sollten, schafften nur vorübergehend Frieden oder wurden oft noch während der Unterzeichnung von Abenteurern und Siedlern, die illegal auf Stammesterritorium nach Edelmetall suchten oder sich dort niederließen, unterlaufen. Der Umstand, dass die Bleichgesichter dort gefährlich lebten, diente der Regierung wiederum als Vorwand für die Errichtung von Forts und von Reservaten, in die die Indianer des Nordwestens von etwa 1850 an mehr oder weniger freiwillig umgesiedelt wurden – wie zuvor schon Stämme aus dem Osten.

Aus Reibereien wird Krieg

Bis 1877 erlebte der Nordwesten daher eine endlos scheinende Serie von Gefechten, Hinterhalten, Massakern und Schlachten, bei denen es immer wieder um Land, gebrochene Verträge und Unzufriedenheit mit den Lebensbedingungen in den Reservaten ging. Trotz vieler Siege waren **die Indianer am Ende die Verlierer**: Entwurzelt und entrechtet, nahmen sie ihren Platz am Rand der sich unaufhaltsam ausbreitenden US-Gesellschaft ein. In Nordkalifornien und Süd-Oregon endeten die Indianer-Kriege mit dem Modoc War (1872 / 1873). Im Oregon Country / Territory konnten der Cayuse War (1848 – 1855), der Rogue River War (1855 / 1856) und der Yakima War (1855 bis 1858) die Erschließung ebensowenig aufhalten wie der Puget Sound War (1855 / 1856) in Washington. Der Nez Perce War (1877) wurde symbolhaft für den Freiheitswillen der indianischen Völker (▶Lewiston, ID). Den erfolgreichsten Widerstand leisteten die Plains-Indianer (▶Baedeker Special S. 40 ff.).

Der Weg ins 21. Jahrhundert

ab 1860er-Jahre	Erschließung durch die Eisenbahn
1872	Gründung des Yellowstone-Nationalparks
1889	Montana wird 41. Bundesstaat der USA.
1889	Washington wird 42. Bundesstaat der USA.
1890	Idaho wird 43. Bundesstaat der USA.
1890	Wyoming wird 44. Bundesstaat der USA.
1962	Expo in Seattle
1999	»Battle of Seattle«

Nach der Abschiebung der Ureinwohner in Reservate konnten auch **Endgültige** die letzten Landstriche zur Erschließung freigegeben werden. Die **Ei- Erschließung senbahn** sorgte für die Anbindung des Nordwestens an die Märkte im Osten; Hafenstädte wie Seattle, Portland und San Francisco öffne- ten neue Märkte in Asien. In den 1920er-Jahren trat das Automobil seinen Siegeszug an und rollte bald auch durch die entlegensten Win- kel der Rocky Mountains.

Den größten Sprung nach vorn machte Kalifornien: Bis 1970 stieg **Kalifornien** die Bevölkerung auf 20 Millionen. Dabei blieb der rauere, dünn be- siedelte Norden lange im Schatten des vom warmen Klima begüns- tigten Südens. Erst in den 1990er-Jahren vollzog sich eine Trendwen- de. Bei Südkaliforniern wurde der saubere Norden als Wohnort be- liebt, Touristen entdeckten die weitgehend intakte Natur seiner grandiosen Nationalparks.

Architektonische Meilensteine auf dem Weg ins 21. Jahrhundert:
Space Needle und Experience Music Project in Seattle

Was 1999 friedlich begann, endete im »Battle of Seattle«.

Oregon und Washington Auch in Oregon und Washington stellte sich eine unberührte Natur als Trumpfkarte heraus. Beide Staaten boomten, teils dank massiver Regierungsprojekte in Zeiten des New Deal wie dem Bau des Bonneville Dam (1937) und des Grand Coulee Dam (1941) am Columbia River, teils dank einer florierenden Holz- und Fischereiwirtschaft. In Oregon wurde jedoch dem drohenden Kahlschlag mittels der damals progressivsten Landnutzungsgesetze rechtzeitig ein Riegel vorgeschoben und damit beispielsweise auch die Küste vor einer Bebauung ähnlich der in Kalifornien bewahrt. Ein Lieblingsthema der Oregonians ist die Begrünung öffentlicher Plätze. So unterstützt die Stadt Portland entsprechende Initiativen großzügig und unbürokratisch.

Fortschrittlicher als der Rest des Landes ist die Nordwestküste, deren Gewerkschaften auf eine lange Tradition zurückblicken, auch in der Sozial- und Gesundheitspolitik. Soziale Reformen werden hier weiter voran getrieben als in den meisten anderen Bundesstaaten der USA und die Globalisierung ist hier wie auch beim Nachbarn Washington ein heiß diskutiertes Thema. Nicht umsonst erlebte Seattle während der Konferenz der Wirtschaftsminister der WTO 1999 die bislang heftigsten Krawalle von Globalisierungsgegnern überhaupt: Mehr als 40 000 Demonstranten konnten damals nur mit Mühe von Polizei und Nationalgarde davon abgehalten werden, während den weltweit als **»Battle of Seattle«** bekannt gewordenen Auseinandersetzungen das Konferenzzentrum zu stürmen.

Idaho, vor allem aber **Montana** und **Wyoming**, schritten ruhiger voran. Nach den Boomzeiten um Gold, Silber und Kupfer wurden viele Städte wieder aufgegeben und man besann sich auf Ranching und Rinderzucht, das traditionelle Standbein dieser in und jenseits der Rocky Mountains liegenden Staaten. Eine gewisse mit den alten Cowboytraditionen einhergehende wertkonservative Grundhaltung und **Ablehnung jeglicher Einmischung der fernen Bundesregierung** hat die Zeitläufte überstanden – auch wenn viele Cowboys in vollklimatisierten Büros sitzen und coole Software entwickeln oder über den Budgets für neue Ferienresorts brüten.

? WUSSTEN SIE SCHON ...?

■ Im Frühjahr 1996 war das FBI endlich am Ziel: Die Nachricht von der Verhaftung des berüchtigten »Una-Bombers« in einer Hütte in den Bergen Montanas ging um die Welt. 18 Jahre lang hatte man nach dem Absender jener Briefbomben gesucht, die drei Menschen getötet und mehrere Dutzend verletzt hatten. Adressaten waren meist Universitäten und Airlines gewesen, daher der Name: **Una-Bomber**. Ted Kaczynski, Mathematiker, Harvard-Absolvent, Einsiedler und Bombenbauer, hatte einen Kreuzzug gegen das bestehende System gestartet. Er verbüßt eine lebenslange Haftstrafe in Colorado.

Kunst und Kultur

Ein liberaler Geist prägt die Kulturszene des Nordwestens – zumindest westlich der Rockies: Hier ist man neugierig und experimentierfreudig. Östlich des Felsengebirges geht es etwas konservativer zu – dort hat die Coywboy- und Ranchkultur einen hohen Stellenwert.

In dem Zukunftsroman »Ökotopia« (1975) von Ernest Callenbach **Ein besonderer** spaltet sich die Nordwestküste von den USA ab, um einen auf ökolo- **Geist** gischen Prinzipien fußenden Staat zu gründen. Was Callenbach da- mals inspirierte, gibt es hier noch immer: die Liebe zur Natur und auch den Willen, sich für ihren Schutz einzusetzen.

Gleichermaßen erlebten Oregon, Washington, Idaho, Wyoming und Montana Episoden von Rassismus und Regierungen, die soziale Re- formen im Keim erstickten. Der kleinste gemeinsame Nenner der Menschen im Nordwesten hat jedoch überlebt – die Einsicht, dass die verschwenderische Natur und die von der Nähe zur Wildnis ge- prägte Lebensweise nicht mehr selbstverständlich sind. US-Journalis- ten beschreiben den Nordwesten bereits als die erste Region Ameri- kas, in der sich sogar die Mittelklasse dazu durchgerungen hat, für eine Hebung des Lebensstandards auf einen Teil ihres Einkommens zu verzichten. Anders formuliert: Mehr Zeit draußen als im Büro, auch wenn es dem Konto weh tut. Lebensqualität wird groß ge- schrieben, seit die ersten Siedler ankamen, vielleicht auch, weil sie von Anfang an vom Land leben wollten, anstatt es, wie in Kalifornien während des Goldrausches, zu unterwerfen. Auch die Ideen der Ge- genkultur der 1960er- und 1970er-Jahre – freie Liebe, Allgemeinbe- sitz und legaler Drogenkonsum – wurden nicht zufällig zunächst hier ausprobiert und bis heute sind vor allem in Oregon und Washington doppelt so viele japanische Kleinwagen wie amerikanische Benzin- schleudern unterwegs. Egal aber, ob sie demokratisch oder republi- kanisch wählen, alle folgen dem gleichen Impuls: Sie sind sich der Schönheit ihrer Heimat bewusst und jederzeit bereit, für ihre Erhal- tung auf die Straße zu gehen. Auch ihre Kultur reflektiert das.

Bildende Kunst

Masken, Skulpturen, Totempfähle, aufwändig dekorierte Zeremonial- **Indianische** kanus: Die Kunst der Nordwestküsten-Indianer gilt als die höchst- **Kunst** entwickelte unter den indigenen Völkern Nordamerikas. Eine neue Generation indianischer Künstler, u. a. Stan Greene (Salish) und Ma- rie Watt (Seneca), integriert die alten Ausdrucksformen wie geome- trische Ornamente und stilisierte Orcas und Raben in ihre mit zeit- genössischen Materialien geschaffenen Arbeiten. Kräftige Farben do- minieren die von alten Mythen und Legenden inspirierten Themen.

Anders als in vielen anderen Regionen der USA, wo man während **Westlich der** der ersten zwei, drei Generationen vor allem damit beschäftigt war, **Rockies** am Leben zu bleiben, kümmerten sich die Pioniere im Nordwesten

← *Dale Chihuly, eine der wichtigsten Glaskünstler der Welt, lebt und arbeitet in Washington.*

um Kunst, sobald sie von ihren Planwagen geklettert waren. Schon 1847 gab eine gewisse Mrs. Nancy M. Thornton in Oregon City Kunstkurse und 1856 finanzierte die Washington County Agricultural Society die erste Kunstausstellung der Region. 1859 wurden erstmals Preise für Künstler ausgeschrieben und 1867 eröffnete **William T. Shanahan** in Portland die erste Kunstgalerie im Nordwesten. Die erste Künstlervereinigung fand sich 1885 im Portland Art Club und 1915 präsentierten Maler aus dem Nordwesten sich erstmals gemeinsam auf der Panama-Pacific International Exhibition in San Francisco. Während der nächsten Jahrzehnte schlossen sich auch in kleineren Städten wie Eugene und Salem Künstler zusammen.

Heutige Kunstszene ▶ Heute gibt es florierende Kunstszenen in Seattle, Portland, Ashland, Spokane und entlang der Küste Oregons. Identifizierbare Trends aber gibt es nicht. Die Palette der Ausdrucksformen reicht vom konservativen Stillleben, maritimen Themen und Tieren in der Wildnis bis zu Sperrholz und Alt-Glas verwendender Mixed Media Pop Art. Als einer der Wegbereiter der Kunst im Nordwesten gilt der Impressionist **Carl Morris** (1911–1993), der während der Depression das Spokane Art Center eröffnete. Morris gehörte zu der jungen Kunstszene, die sich in den 1950er-Jahren in Portland u. a. um die Porträtmalerin **Sally Haley** (1908–2007) entwickelte. Aus der gegenwärtigen Szene ragt **Tom Cramer** heraus. Berühmt für seine komplizierten, detailreich geschnitzten Holz- und Wandreliefs, hängen seine Werke an vielen öffentlichen Plätzen in Portland. **Dan Attoe** (geb. 1975) verarbeitet die Schattenseiten des Lebens in der Stadt und auf dem Land zu einem düsteren Surrealismus. **Laura Fritz** ist bekannt für ihre laborartigen Installationen und gilt als die vielversprechendste Video-Künstlerin des Landes. Ganz der Kunst des Glasblasens und -formens hat sich **Dale Chihuly** (geb. 1941) verschrieben, der mit seinen Objekten und Installationen als einer der wichtigsten Glaskünstler weltweit gilt. Sein Atelier »The Boathouse« steht am Lake Union.

Östlich der Rockies Östlich der Rockies schuf der alltägliche Umgang mit Rindern und Leder in Form von Sätteln, Stiefeln und Leggings eine talentierte Künstler-Spezies, die sich **Cowboys Artists** nennt. Der Mythos des Wilden Westens ist ihr Leitmotiv, das, romantisch verklärt und mit fotografischem Realismus, in zahllosen Varianten präsentiert wird. Besonders beliebt sind Szenen vom Alltag auf der Ranch und Darstellungen historisch inspirierter Szenen wie die Treffen der Mountain Men und ihrer indianischen Handelspartner oder gefasst dreinblickende Kavalleristen vor der Schlacht am Little Bighorn. Vorläufer dieser heute teilweise arg kommerzialisierten Kunstrichtung waren u. a. **Carl Rungius** und **Charles Russell**. Der in Berlin geboren Rungius (1869–1959) machte mit seinen Bildern der Tiere Wyomings die Wildnis des Westens einem breiten amerikanischen Publikum bekannt. Russell (1864–1926), der seine ersten Dollars als Cowboy verdiente, schuf außer rund 2000 Bildern von Cowboys und Indianern auch zahlreiche Bronzeskulpturen und Wandgemälde.

Allgegenwärtig in den Kunstmuseen der Plains: Werke von Charles Russell wie »Roundup on the Musselshell«

Architektur

Pionierzeit

Lange ist es her: In den Plains überstanden die Pioniere die Stürme des ersten Winters in Erdlöchern, an der Küste verkrochen sie sich unter ihren umgestürzten, zu Hütten umfunktionierten Planwagen. Auch die im Jahr darauf gebauten Behausungen sahen nicht viel besser aus – die Fotos in den kleinen Stadtmuseen der Region zeigen trotzig die Arme vor der Brust verschränkende Männer vor wenig Vertrauen erweckenden Hütten, daneben Frau, Kind, Kuh und Hühner. Es dauerte jedoch nicht lange, bis man sich eingerichtet hatte, Geld verdient wurde und die Ansprüche stiegen. Nun wurde **gebaut, wie man es noch aus dem Osten kannte**. Dort herrschte zu jener Zeit eine bunte Stilvielfalt: Formensprachen wie der verspielte Queen Ann Style, der strenge Gothic Revival und der herrschaftliche Beaux Arts Style kamen so auch in den Nordwesten und mit ihnen, meist um das Kap Hoorn geschifft, Möbel, Tapeten und Accessoires.

Kaum Experimente

In **Seattle und Portland**, den Zentren der Region, sind alle Baustile vertreten, denen man unterwegs im Nordwesten begegnen kann. Doch über die Stränge geschlagen haben die Architekten selten oder gar nicht. Während etwa Chicago, New York und selbst Milwaukee mit kühn designten Gebäuden Architekturgeschichte schrieben, blieb vor allem Seattle merkwürdig zurückhaltend, fast uniform. Lediglich der **Smith Tower** (506 2nd Ave.) von 1914, der mit seiner Dachpyramide zumindest andeutungsweise etwas Schrulligkeit zeigt, und die extravagante **Space Needle** von 1962 fallen etwas aus der Rolle. In der jüngeren Vergangenheit fielen allerdings doch zwei Gebäude auf: Frank Gehrys **EMP** (Experience Music Project) von 2002, eine wellenförmige, entfernt an Gehrys Guggenheim Museum in Bilbao erinnernde Hausskulptur (▶Abb. S. 13 und 45), und Rem Kolhaas' 2004 neu eröffnete **Central Library**, eine Art gläserner Rubik-Würfel mit ungleichen Seiten. Ob es, wie Kritiker spötteln, die häufig graue Wolkendecke ist, die den Verantwortlichen die Lust am Risiko nimmt? Oder die mit zunehmender Bedeutung wachsende Furcht vor Experimenten?

Wohnarchitektur Für den Nordwesten mehr oder weniger typische Architektur findet man deshalb – und dies gilt auch für die übrigen Städte der Region – eher **in den Wohnvierteln Seattles**. Deren über 120-jährige Baugeschichte reicht von eleganten, im Queen Anne Style errichteten Villen (u. a. William H. Thompson House, 3119 S Day St.) in Capitol Hill bis zu postmodernen und neomodernistischen Strukturen an den Hängen der Außenbezirke. Um 1900 populär und zahlreich in Capitol Hill vertreten war die »Seattle Box«, ein gedrungenes, zweistöckiges Haus mit großen Eckfenstern, einer großen Veranda und elegantem, an der Seite emporstrebenden Schornstein. Um 1910 erreichte die aus England stammende Arts-and-Crafts-Architektur die Stadt: Schwere Säulen stützten nun die Veranden, weit vorkragende Dachvorsprünge spendeten Schatten und auf Ornamentik wurde weitgehend verzichtet. In den 1930er-Jahren waren lichtdurchflutete, dem neogotisch inspirierten Tudor-Stil angelehnte Backsteinhäuser in Mode, in den 1940er-Jahren waren es die Platz für Vorgärten lassenden, schindelgedeckten Cape-Cod-Häuschen. In den 1950er- und 1960er-Jahren kamen Flachdachbungalows mit großzügigen Fensterfronten und dem obligatorischen Sandsteinkamin auf.

Northwest Regionalism ▶ Ende der 1970er-Jahre schälte sich ein experimentierfreudigerer Stil heraus, der mit Namen wie »Northwest Contemporary«, »Westcoast Contemporary« oder »Northwest Regionalism« belegt wird. Anfänglich war ein sparsames, minimalistisches Äußeres typisch und ein in mehrere Wohnebenen unterteiltes Interieur. Für kurze Zeit revoltierten postmodern bauende Firmen mit erneuter, leicht stilisierter Ornamentik gegen diesen oft als langweilig und unpersönlich empfundenen Stil. Inzwischen scheint sich jedoch eine neo-modernistische, Transparenz und menschenfreundliches Wohnen betonende Variante durchzusetzen. Aus umweltfreundlichen Materialien gebaut, mit riesigen Fensterfronten und viel hellem Holz im Innenleben, suchen diese Häuser mit ihrer Umgebung zu verschmelzen und so naturnahes wie komfortables Wohnen zu ermöglichen. Auch öffentliche Gebäude werden zunehmend im »Northwest Regionalism Style« gebaut. Bestes Beispiel: die 2005 eröffnete **Ballard Library** (5614 22nd Ave.

NW) in Seattle, deren nach Norden aufgestelltes Dach nicht nur Licht in alle Räume lässt, sondern auch noch mit Gras und rund 18 000 wenig Wasser benötigenden Blumen bepflanzt ist.

Literatur

Lesefreude

Es wird gern darüber spekuliert, weshalb gerade die Menschen im Nordwesten **die eifrigsten Leser Amerikas** sind. Die grauen, regnerischen Winter westlich der Cascades wirken sich wohl ebenso aus wie die Einsamkeit der Ranches und Städtchen in den Plains. Sicher ist auch, dass das Bücherangebot eine Rolle spielt. Oregon, Washington, Idaho und Montana beherbergen beispielsweise **die meisten Kleinverlage des Landes**. Sie produzieren jährlich Hunderte von Titeln, die oft auch wenig Erfolg versprechende Nischenthemen behandeln. Abnehmer finden auch die zahlreichen Spezialmagazine. Jede gesellschaftliche Gruppe scheint ihr eigenes Medium zu besitzen. Geschrieben wird im Nordwesten natürlich auch.

Westlich der Rockies

Die ersten Niederschriften waren die Berichte der Forschungsreisenden, der Pelzhändler und der Missionare. Doch tatsächlich stießen die **Pioniersfrauen** die Literatur des Nordwestens an. Anfangs heftig kritisiert, später jedoch für ihren ehrlichen Stil gelobt, beschrieb z. B. **Margaret Jewett Bailey** (1812? – 1882) in »Ruth Rover« (1854) unverblümt, wie Männer im Alkoholrausch mit ihren Frauen umgingen. Eine frühe Autorin und Feministin war auch **Frances Fuller Victor** (1826 bis 1902), die sich mit ihren Büchern über die »Mountain Men« und die Geschichte Oregons einen Namen machte. Auch später inspirierten Natur und Geschichte: Bücher von **Frederick Homer Balch** (1861 – 1891) und **Eva Emery Dye**, überzeugte Suffragette (1856 bis 1947), gab es in allen Haushalten, besonders »The True Story of Lewis & Clark« (1902), worin sie die Rolle der Indianerin Sacajawea würdigte. Viele packten schon damals kontroverse Themen an.

Welterfolg mit »Einer flog über das Kuckucksnest«: Ken Kesey

Charles Erskine Scott Wood (1852 – 1944) trat für die Gleichberechtigung der Ureinwohner ein und schrieb in anarchistischen Blättern gegen den US-Imperialismus an. Der in Portland geborene **John Reed** (1887 – 1920) berichtete in »Zehn Tage, die die Welt erschütterten« von der russischen Revolution und ist der einzige Amerikaner, der in der Kremlmauer begraben wurde. Über die USA hinaus berühmt wurde **Opal Whitely** (1899 – 1991) mit ihren Beiträgen im Magazin Atlantic Monthly. Für seinen Roman über das Pionierleben in Oregon, »Honey in the Horn«, erhielt **H. L. Davis** (1894 – 1960) 1936 den Pulitzerpreis. Während der Depression wurden die brotlosen Schriftsteller und Journalisten der Region in das Federal Writers' Project eingespannt: Jeder Staat sollte ein Reisehandbuch produzieren – das über Oregon findet noch immer Abnehmer.

Nach dem Zweiten Weltkrieg wandte sich der für die Szene typische Pioniergeist auch nach innen. Der berühmteste ist wohl **Ken Kesey** (1935 – 2001). Die Verfilmung seines Romans »Einer flog über das Kuckucksnest« (1962) wurde 1975 mit Jack Nicholson ein Welterfolg, ebenso sein Buch »Manchmal ein großes Verlangen« (1964) über den Kampf zweier feindlicher Brüder, das mit Paul Newman (1970) verfilmt wurde. **Don Berry** (1931 – 2001) beschrieb in »Trask« (1960) den Kulturzusammenstoß zwischen Indianern und Siedlern um 1845 an der Tillamook Bay und war einer der ersten amerikanischen Schriftsteller, die ausschließlich im Internet veröffentlichten. Auch **Walt Curtis**' (geb. 1941) bekanntestes Buch »Mala Noche« wurde ein Film: 1985 brachte Mit-Oregonian Gus Van Sant die autobiografische Geschichte eines schwulen Ladenangestellten und zweier junger Mexikaner in die Kinos. Der zuletzt auf der Olympic Peninsla lebende, oft mit Hemingway verglichene **Raymond Carver** (1938 – 1988) erneuerte das Short-Story-Genre; **Tom Robbins**' (geb. 1936) wurde mit Gegenkultur-Romanen wie »Even Cowgirls get the Blues« (1976) und »Another Roadside Attraction« (1971) berühmt.

Literatur östlich der Rockies Legendäre Revolverduelle, Cowboys und Indianer, die brutalen Weidekriege: Das ist der Stoff, aus dem vor allem in Wyoming die Schriftsteller ihre Geschichten bezogen und von denen viele auch verfilmt wurden. Das Westerngenre brachte **Owen Wister** (1860 bis 1938) mit seinem Buch »The Virginian« (1902) auf den Weg, das von einem nach strengem Ehrenkodex lebenden Vormann einer Ranch handelte. In den 1940er-Jahren schuf **Mary O'Hara** (1885 bis 1980) mit der Flicka-Trilogie über die Abenteuer eines Jungen und seines Pferdes einen Unterhaltungsklassiker. »Shane« (1954) von **Jack Schaefer** (1907 – 1991) basierte auf dem blutigen Johnston County War und war die Geschichte eines mysteriösen Fremden, der einer Siedlerfamilie bei ihrem Kampf gegen reiche Rancher beistand. **Mari Sandoz** (1896 – 1966) schrieb eine Biografie über den Sioux-Oglala-Häuptling Crazy Horse (1942) und den berühmten Roman »Cheyenne Autumn« (1953), der von einer Gruppe aus ihrem Reservat in Oklahoma geflohener Cheyenne handelt.

Musik

Musikalisch weltweit bekannt wurde der Nordwesten in den 1980er-Jahren durch Bands wie Nirvana und Pearl Jam, die mit einer dröhnenden Punk-Heavy Metal-Mischung namens **Grunge** internationale Erfolge feierten. Dabei waren Nirvana-Leadsänger Kurt Cobain & Co. nur die Spitze des Eisbergs.

Eigene Wege

Der relativen Isolation des Nordwestens wegen ging die hiesige Musikszene einen interessanten Sonderweg. Beispielsweise spielte der afro-amerikanische Einfluss von Jazz, Blues und Rhythm&Blues lange Zeit nur eine untergeordnete Rolle. Seit den 1960er-Jahren erlebte die Region den ungebürstet aufspielenden **Garage Rock** (The

> **!** *Baedeker* TIPP
>
> **Musikszene**
>
> Im Internet kursieren zahlreiche Webseiten über die Musikszene. **www.pnwbands.com** listet rund 2500 Bands und Solisten auf, die seit den 1950er-Jahren bis heute in der Region aktiv sind.

Kingsmen), den wüsten Punkrock (The Wipers, The Lewd), Grunge und eine feministische Variante namens Riot Grrrl (u. a. Bikini Kill, Huggy Bear) und schließlich den ausschließlich von kleinen, unabhängigen Labels produzierten und höchst kreativen **Indie Rock** (The Shins, Stephen Malkmus). Zentren dieser vom Stil- und Sounddiktat der großen Produktionsgesellschaften unbehelligten Musikszene sind Portland und Seattle und in, weit geringerem Maß, auch Eugene und Spokane.

Nirvana: brave Buben oder böse Jungs?

Berühmte Persönlichkeiten

Furchtlose Pioniere, stolze Häuptlinge, Helden und Heldinnen der Leinwand, Helden und Heldinnen im wahren Leben, ein Versager (?), einige Selfmademen und ein Gitarrengott – der Nordwesten hat die unterschiedlichsten Charaktere hervorgebracht.

William Edward Boeing (1881–1956)

William Edward Boeing, geboren am 1. Oktober 1881 in Detroit als **Flugzeug-** Sohn des aus dem Sauerland eingewanderten Wilhelm Böing, machte **konstrukteur** aus einem kleinen Hangar **die größte Flugzeugfirma der Welt**. Auf Geschäftsreise für die Holzfirma seines Vaters sah er 1909 in Seattle zum ersten Mal ein Flugzeug; am 4. Juli 1915 flog er zum ersten Mal selbst mit und noch im Dezember desselben Jahres begann er in seinem Hangar am Lake Union zusammen mit George C. Westervelt mit dem Bau des B & W-Wasserflugzeugs, das am 15. Juni 1916 zum Jungfernflug startete. Westervelt schied bald aus und Boeing gründete noch im Juli 1916 die Pacific Aero Products Co., die er 1917, nach dem Eintritt der USA in den Ersten Weltkrieg, zur Boeing Airplane Co. umtaufte. Große Aufträge der Armee legten den Grundstein für den Ausbau der Firma. In den folgenden Jahrzehnten baute Boeing (seit 1929 United Aircraft and Transportation Corp.) nicht nur Flugzeuge, sondern richtete auch einen Luftpost- und Passagierdienst ein, was 1934 schließlich die US-Regierung auf den Plan rief: Boeing musste nach den Antitrust-Gesetzen seine Firma teilen (in die Boeing Airplane Co., die United Aircraft Corporation und die United Airlines) und vom Vorstandsposten zurücktreten, worauf er sich auf das Züchten von Rennpferden verlegte. Er starb am 27. September 1956 an einem Herzinfarkt auf seiner Yacht im Yachtclub von Seattle.

Gary Cooper (1901–1961)

Als schweigsamer Held spielte sich der am 7. Mai 1901 in Helena **Schauspieler** (Montana) geborene Cooper in die Herzen der Zuschauer. Taten statt Worte sprechen lassen lernte er auf der väterlichen Seven-Bar-Nine, einer Ranch mit 450 Stück Vieh. »Um fünf Uhr morgens aufstehen und bei eisiger Kälte das Vieh füttern und Mist schaufeln ist nicht romantisch«, pflegte der Mann, der für viele das amerikanische Ideal verkörperte, gern zu sagen. Mit seiner Darstellung des pflichtbewussten Marshall Will Kane in **»Zwölf Uhr mittags«** (1952) hob er das Westerngenre auf ein neues Level. Auf dem Höhepunkt seiner Karriere war er der bestverdienende Schauspieler der Welt – und so beliebt, dass selbst die Klatschpresse ihm anerkennend auf die Schulter klopfte.

Bing Crosby (1903–1977)

»I'm dreaming of a white christmas« – wahrscheinlich ist dieses **Sänger und** Weihnachtslied mittlerweile mindestens so populär wie »Stille Nacht, **Schauspieler** Heilige Nacht«. Geschrieben von Irving Berlin, wurde es durch den samtweichen Bariton von Bing Crosby zum Welterfolg. Der kam am

← *Der Gitarrengott aus Seattle: Jimi Hendrix*

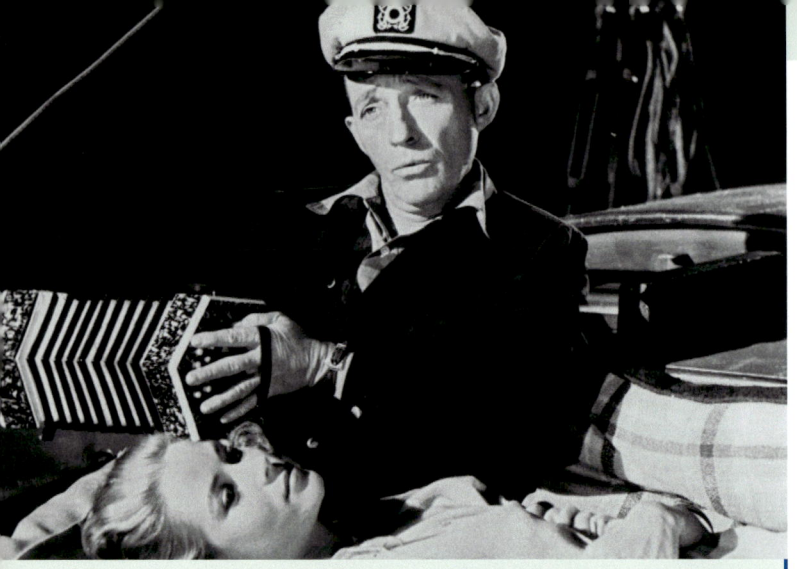

Bing Crosby schwor Grace Kelly »True Love«.

3. Mai 1903 als Harry Lillis Crosby in Tacoma (WA) zur Welt. Als er drei Jahre alt war, zog die Familie nach Spokane. Schon während des Studiums dort spielte und sang er so erfolgreich in einer Band, dass er auf den Abschluss verzichtete und ins Showbusiness ging. 1926 entdeckte der Bandleader Paul Whiteman ihn und seinen Partner Al Rinker. Innerhalb weniger Jahre schaffte er es zum **populärsten Sänger der USA**. Nicht minder erfolgreich war Bing Crosby als Schauspieler, was ihm 1944 einen Oscar (für »Going My Way«) einbrachte – doch den meisten Kinogängern fällt eher das wunderbare Duett »True Love« mit Grace Kelly ein.

Crosby, dessen großes Vorbild Al Jolson war, hob als einer der ersten US-Sänger die Trennline zwischen klassischem Gesang und Vaudeville auf. Mit seinem phrasierenden Gesangsstil, seiner vermeintlichen Leichtigkeit und seiner Intonationskunst beeinflusste er maßgeblich Sänger wie Frank Sinatra oder Dean Martin. Er war zudem ein außergewöhnlich guter Golfspieler – so ereilte ihn der Tod fast »standesgemäß«: Er starb am 14. Oktober 1977 in der Nähe von Madrid an einer Herzattacke nach einer Golfpartie.

George Armstrong Custer (1839 – 1876)

Kavallerist Eine verheerende Niederlage machte ihn berühmt: George Armstrong Custer verlor sein Leben am 25. Juni 1876 in der Schlacht am Little Bighorn und mit ihm 268 Soldaten und Offiziere des 7. US-Kavallerieregiments. Einer der größten Erfolge der Indianer wird heute dem taktischen Geschick ihrer Anführer zugeschrieben, aber auch der Überheblichkeit des gegnerischen Kommandeurs – Custer.

Der von deutschen Vorfahren abstammende Custer wurde in Ohio geboren und besuchte ab 1857 die Militärakademie von West Point, wo er durch **Disziplinlosigkeit und Extravaganz** auffiel. Als Kavallerist im Bürgerkrieg erwarb er sich aber den Ruf eines unerschrockenen Offiziers. 1874 führte er die 7. US-Kavallerie in die Black Hills, wo einer seiner Trupps Gold entdeckte, was er rasch bekannt machte. Nun legte die US-Regierung die Hand auf das Gebiet. Am 17. Mai 1876 verließ Custers Regiment Fort Lincoln, um Indianer aufzuspüren und in Reservate zu bringen. Die Warnungen seiner indianischen Späher missachtend, griff er mit seinen ca. 600 Mann, die er zudem in drei Kolonnen aufgeteilt hatte, am 25. Juni 1876 ein Lager der Sioux und Cheyenne am Little Bighorn an. Er traf auf über 1000 Krieger, die in Crazy Horse einen gewieften Führer hatten. Custers Abteilung wurde vollständig aufgerieben.

Seine Frau Elizabeth sorgte mit mehreren Büchern maßgeblich für die Legendenbildung, die in Custer einen strahlenden, untadeligen Soldaten sah. Heute wird er wesentlich kritischer beurteilt.

Frances Farmer (1913 – 1970)

Jessica Lange spielte sie in »Frances« (1982) und machte ihr Schicksal auch außerhalb Amerikas bekannt. Frances Farmer, in Seattle am 19. September 1913 geboren und dort zur Schauspielerin ausgebildet, war **Hollywoods tragisches Enfant terrible**. 1935 unterzeichnete sie bei Paramount, doch schon bald rebellierte die ebenso talentierte wie temperamentvolle Schauspielerin, die schon mit Tyrone Power und Bing Crosby vor der Kamera gestanden hatte, gegen die ihr zugewiesenen stereotypen Rollen, das glamouröse Partyleben in Hollywood und eine sensationsgierige Presse. Ihre Dauerfehde mit den allmächtigen Studios hinterließ immer tiefere Spuren – Beziehungen gingen in die Brüche, ihr Alkoholkonsum zerstörte Ruf und Karriere. Nach Aufenthalten in mehreren Nervenkliniken fing sie in den 1950er-Jahren als Wäscherin in Seattle ganz von vorne an. Während eines Mini-Comebacks bei einer lokalen Fernehstation in Indiana starb sie am 1. August 1970 im Alter von 56 Jahren.

Schauspielerin

Gretchen Fraser (1919 – 1994)

Gretchen Fraser, am 11. Februar 1919 in Tacoma (WA) geboren, gewann als erste US-Amerikanerin eine **olympische Goldmedaille** im alpinen Skiwettbewerb. Ihre norwegische Mutter hatte sie zum Skilaufen gebracht und neben sportlichem Erfolg verdiente sie sich ih-

Skiläuferin

ren Lebensunterhalt auch als Ski-Stuntfrau in Hollywood-Filmen. Schon Mitglied der US-Mannschaft für die Winterolympiade 1940, die nicht stattfand, triumphierte sie dann 1948 in St. Moritz.

William (Bill) H. Gates (geb. 1955)

Gründer von Microsoft

Er ist **einer der einflussreichsten Männer der Welt** und Prototyp des visionären Computer-Freaks: Bill Gates. So gut wie jeder Computer benutzt wenigstens eines der Software-Progamme von Microsoft, was ihn mit einem Gesamtvermögen von 58 Milliarden Dollar auch zum (derzeit) drittreichsten Mann der Welt macht. Am 28. Oktober 1955 in Seattle geboren, brach Gates sein Harvard-Studium vorzeitig ab und gründete mit Paul Allen die Firma Microsoft. Mit Software wie MS-DOS machte Gates den Computer der Allgemeinheit zugänglich. Indem er das Lizenzgeschäft aggressiv gegen Piraterie schützte, sicherte er Microsoft einen beispiellosen wirtschaftlichen Erfolg. 2008 zog sich Gates aus dem Tagesgeschäft zurück, um sich seinen philantropischen Aktivitäten zu widmen. Allein die Bill and Melinda Gates Foundation stiftet jährlich eine Milliarde US-Dollar für wohltägige Zwecke.

Matt Groening (geb. 1954)

Comic-Zeichner

Comics zeichnen, hat der in Portland (Oregon) geborene Groening einmal gesagt, ist für Menschen, die weder vernünftig schreiben noch malen können. Kombiniere man diese beiden Semi-Talente jedoch, kommt zumindest eine Karriere dabei heraus. In Groenings Fall eine ganz hervorragende: Ende der 1970er-Jahre zog er nach Los Angeles und schuf dort eine Comic-Serie namens »Life in Hell«. Darin diskutierten Figuren mit Hasenköpfen die Fallgruben des Alltags, v. a. Sex, Tod und Entfremdung. Mitte der 1980er-Jahre landete er mit **»The Simpsons«** seinen größten Coup. Die 1987 erstmals als Zeichentrickfilm auf Sendung gegangene Comicreihe gilt heute als – selten schmeichelhafter – Spiegel der amerikanischen Gesellschaft. Familienoberhaupt Homer ist faul, übergewichtig und ordinär, seine Familie liebt er jedoch über alles. Zusammen mit seiner Frau Marge und den Kindern Bart, Lisa und Maggie beißt er sich durch die Tücken des Alltags in Suburbia – zur Freude eines inzwischen weltweiten Publikums.

Jimi Hendrix (1942–1970)

Gitarist

Jimi Hendrix, geboren am 27. November 1942 in Seattle – was wären die Sixties ohne ihn gewesen? Im London Astoria zündete er 1967 zum ersten Mal seine Gitarre an, seine Version des »Star Spangled Banner« auf dem Woodstock Festival zwei Jahre später ist Legende, endete sie doch im per E-Gitarre erzeugten Heulen der Granaten des Vietnamkriegs. Nach Gigs als Session-Musiker für Little Richard und

Sam Cooke ging er 1966 nach London, wo er mit Noel Redding und Mitch Mitchell die **Jimi Hendrix Experience** gründete. London verfiel dem virtuosem, noch nie zuvor gehörten Gitarrenspiel des Linkshänders – gerne auch hinter dem Rücken, mit der Zunge und mit den Zähnen und kreischenden Rückkopplungen. Stücke wie »Hey Joe«, »Purple Haze« und »The Wind Cries Mary« von seinem erstem Album »Are you experienced?« wurden Rock-Klassiker. Tourneen durch Europa und die USA folgten. Der Erfolg mit seiner im Herbst 1969 gegründeten »Band of Gypsys« hielt sich jedoch in Grenzen und Hendrix schloss sich mit Billy Cox und Mitch Mitchell zusammen, aber das Album »First Rays of the Rising Sun« wurde nie fertig, denn am 18. September 1970 starb der drogensüchtige Hendrix in London an zuviel Alkohol und Schlaftabletten – er erstickte an seinem Erbrochenen. Er ist auf dem Greenwood Cemetery von Renton (südöstlich von Seattle) begraben; eine Erinnerungsplakette ist auf der 5th Ave. in Seattle ins Pflaster eingelassen.

Evel Knievel (1938–2007)

Weltweit wurde Evel Knievel 1974 bekannt, als er versuchte, mit einem raketengetriebenen Motorrad bei Twin Falls (ID) über den Snake River Canyon zu springen. Der Sprung schlug fehl, weil sich der Fallschirm unplanmäßig öffnete. Knievel kam mit dem Schrecken davon. Am 17. Oktober 1938 in Butte (MT) geboren und bei seinen Großeltern aufgewachsen, war er wegen seiner Motorrad-Kunststücke schon früh Stammgast auf der örtlichen Polizeiwache. Später tourte er mit seinen **Motorcycle Daredevils** durchs Land. Mit einem

Stuntman

Das tat weh: Evel Knievel landet unsanft nach der Überquerung von 13 Doppeldecker-Bussen in London.

live übertragenen 30-Meter-Sprung in Las Vegas schaffte er den Durchbruch und wurde ein gefragter Stuntman. Auf den Sprung über den Snake River Canyon folgten weitere spektakuläre Aktionen, u. a. über 13 Doppeldecker-Busse im Londoner Wembley-Stadion. Ende der 1970er-Jahre war er als Stuntman nicht mehr gefragt und so verdiente er sein Geld fortan mit der Vemarktung seines Namens. Knievel starb am 30. November 2007 in Florida.

Meriwether Lewis und William Clark

Expeditions-reisende

Mit ihrer von 1804 bis 1806 durchgeführten Expedition haben Lewis und Clark nicht nur ersten Kontakt zu bis dato vielen unbekannten Indianerstämmen hergestellt, sondern auch maßgeblich die Erschließung des Nordwestens der USA für Siedler vorbereitet (s. S. 37).

Meriwether Lewis, 1774 in Virginia geboren, kam 1801 als Privatsekretär zu Präsident Thomas Jefferson. Dieser beauftragte den erfahrenen Soldaten mit Planung und Ausführung der Expedition. Nach deren erfolgreichem Abschluss ernannte Jefferson ihn zum Gouverneur des Lousiana-Territoriums mit Sitz in St. Louis. Beschwerden über seine Amtsführung wollte er persönlich in Washington erwidern. Unterwegs übernachtete er in der Taverne Grinder's Stand südlich von Nashville / Tennessee, wo er am 11. Oktober 1809 unter bis heute ungeklärten Umständen erschossen wurde.

Ganz anders verlief das Leben des 1770 ebenfalls in Virginia geborenen **William Clark**. Er wurde von Lewis in die Expedition berufen und stellte sich als der tatkräftige Co-Leiter heraus, während Lewis abwägender agierte. Jefferson machte ihn nach der Expedition zum General der Miliz des Louisiana-Territoriums. 1813 ernannte ihn Präsident Madison zum Gouverneur des Missouri-Territoriums, doch als Missouri 1820 der Union beitrat, scheiterte Clark bei den Gouverneurswahlen. Präsident Monroe ernannte ihn daraufhin zum Superintendenten für Indianer-Angelegenheiten. Dieses Amt – seit 1829 zum Leiter des Bureau of Indian Affairs umgewidmet – behielt Clark bis zu seinem Tod am 1. September 1838.

Myrna Loy (1905 – 1993)

Schauspielerin

Myrna Adele Williams wurde am 2. August 1905 in Radersburg (MT) geboren. Als Myrna Loy ging sie nach Hollywood und erlebte 1934 in **»Der Dünne Mann«** an der Seite von William Powell ihren Durchbruch. Danach spielte sie mit allen großen Hollywood-Stars und gehörte zu den Topverdienern der Filmindustrie. Mit Ausbruch des Zweiten Weltkriegs widmete sie sich voll und ganz der Unterstützung der US-Soldaten, indem sie Spendengelder sammelte und für das Rote Kreuz tätig war. Nach Kriegsende sprang ihre Karriere kurzzeitig noch einmal an, doch schon in den 1950er-Jahren wurde es stiller um sie. Unvergessen bleibt sie in Hollywood aber für ihr politisches Engagement u. a. für schwarze Schauspieler.

Myrna Loy mit William Powell (und Asta) in ihrer größten Rolle

Tom McCall (1913 – 1983)

Politiker

McCall gehört bis heute zu den populärsten Politikern im Nordwesten. In Portland (OR) aufgewachsen, begann er seine Karriere als Reporter und Fernsehjournalist und erregte 1962 großes Aufsehen mit einer Fernsehdokumentation über Umweltprobleme in Oregon. 1966 erstmals zum Gouverneur gewählt (und 1970 bestätigt), konnte er während seiner Amtszeit viele Erfolge für den Umweltschutz verzeichnen. Dazu gehörten u. a. **das erste Pfandflaschengesetz der USA** (1971), die Säuberung des Willamette River – und die so genannte **Beach Bill**, ein Gesetz, das jegliche Art der Erschließung der Strände an Oregons Küste bis zur obersten Gezeitengrenze untersagt und sich bis heute, trotz vieler Bebaungsinitiativen, in der weitgehenden Abwesenheit von »Private«- und »Keep out«-Schildern manifestiert.

Jackson Pollock (1912 – 1956)

Künstler

Als erster abstrakter Maler Amerikas, der in Europa ernst genommen wurde, war Pollock der Wegbereiter der ihm nachfolgenden amerikanischen Abstrakten. Inspiriert von den Sandgemälden der Indianer mit ihren dünnen, mehrfarbigen Linien, schuf der am 28. Januar 1912 in Cody (WY) geborene Künstler in den 1940er-Jahren seine auf dem Boden ausgebreiteten **»action paintings«**, indem er die Farben mittels verschiedenster Instrumente auf die Leinwand tropfen ließ oder schwungvoll darauf warf. Sein Ziel, die traditionellen Vorstellungen von Kunst zu Grabe zu tragen, verstanden nicht alle Zeitgenossen – das Time Magazine nannte ihn »Jack the Dripper«, doch seine Anhänger und Mäzene, darunter Peggy Guggenheim, hielten ihm unbeirrt die Stange. Am 11. August 1956 kam der von vielen als bedeutendster US-Künstler des 20. Jhs. angesehene Pollock bei einem Autounfall in New York ums Leben.

Chief Seattle (1786 – 1866)

Legendärer Redner

Im Namen der Stadt hat der zum Stamm der Duwamish gehörende Häuptling Sealth die Zeiten überlebt. Richtig berühmt aber machte ihn die Ökologie-Bewegung der 1970er- und 1980er-Jahre, indem sie eine von ihm gehaltene Rede (**»Wie kann man Land kaufen und verkaufen?«**) zu einem Manifest der Ökologie erhob. Allein – der Text ist umstritten: Sicher ist, dass Seattle 1854 dem Gouverneur des Washington-Territoriums in einer halbstündigen Rede auf dessen Ansinnen, Land von den Indianern zu kaufen, antwortete. Die erste Aufzeichnung allerdings nahm 30 Jahre später der Ohrenzeuge und Amateurschriftsteller Dr. Henry A. Smith vor, der jedoch Seattles Sprache nicht sprach und den Text sehr blumig ausstaffierte. Die heutige populär gewordene Version schrieb der texanische Professor Ted Perry als Skript für einen Film über Ökologie.

Sitting Bull (1831 – 1890)

Legendärer Sioux-Führer

Sitting Bull, am Grand River in South Dakota geboren, »Heiliger Mann« der Hunkpapa-Lakota-Sioux, war wohl der legendärste Indianerführer. Seit den 1860er-Jahren nahm er an den Auseinandersetzungen zwischen US-Truppen und den nördlichen Prärieindianern teil, die ihren Höhepunkt in der Vernichtung einer Abteilung der 7. US-Kavallerie unter General Custer am 25. Juni 1876 am **Little Bighorn** in Montana fanden.

Sitting Bull selbst nahm nicht direkt am Kampf teil, denn als Heiliger Mann kümmerte er sich um die Unterstützung der Krieger durch die Geister – was ihm wohl gelang, sagte er doch den Sieg voraus. Dieser wiederum ist v. a. auf das taktische Geschick von **Crazy Horse**, dem Anführer der Oglala, zurückzuführen. Vor der darauf noch schärfer werdenden Verfolgung musste Sitting Bull nach Kanada fliehen; erst nach einer Amnestie kehrte er 1881 in die USA in die Standing Rock Reservation zurück.

1885 trat er vier Monate lang in Buffalo Bills Wildwestshow auf. Als sich 1890 die Geistertanzbewegung ausbreitete, fürchtete die US-Regierung die Popularität des Häuptlings: Beim Versuch, ihn zu verhaften, wurden am 15. Dezember 1890 Sitting Bull und sein Sohn Crow Foot erschossen. Sein Grab befindet sich heute in Mobridge in South Dakota.

Levi Strauss (1829 – 1902)

Der aus dem fränkischen Buttenheim stammende Levi Strauss kam als 14-Jähriger nach Amerika. Vor Antritt einer dreimonatigen Schiffsreise um das Kap Hoorn hatte er sich in der brüderlichen Textilhandlung in New York mit Stoffen und einigen Ballen Segeltuch für die Planwagen eingedeckt. Noch ehe er in San Francisco ankam, war er seine Ware losgeworden – mit Ausnahme des Segeltuchs.

Erfinder der Jeans

Eines Tages beschwerte sich ein Goldgräber, dass bei der anstrengenden Arbeit die Hosen so leicht zerrissen. Strauss ließ nun aus seinem bislang nutzlosen Segeltuch Hosen anfertigen, die sofort ein Verkaufsschlager wurden. 1853 gründete er mit seinen Brüdern die heute noch bestehende Firma **Levi's**. Die Idee, die Hosentaschen mit Kupfernieten zu verstärken, kam allerdings von einem ortsansässigen Schneider (1873 patentiert). Statt des Segeltuchs wurde später widerstandsfähiger Drillich benutzt, nach seinem französischen Herkunftsort »serge de Nîmes« genannt, woraus »denim« wurde.

Johann August Sutter (1803 – 1880)

Angesichts einer unglücklichen Ehe und dem Konkurs seines Kurzwarengeschäfts entschloss sich der in der Schweiz aufgewachsene, im badischen Kandern geborene Sutter, nach Amerika auszuwandern. 1839 kam er in Kalifornien an. Er wurde mexikanischer Staatsürger und erhielt vom Vizekönig ein riesiges Stück Land im Sacramento-Tal, das er nach Vertreibung der Indianer als »Nueva Helvetia« in sein Reich verwandelte und ihm den Namen »Kaiser von Kalifornien« eintrug, erst recht, nachdem er auch die russischen Besitzungen in Fort Ross und Bodega Bay gekauft hatte. Weil er die Amerikaner bei der Eroberung Kaliforniens unterstützte, zog er als Delegierter in die verfassunggebende Versammlung ein und nannte sich nun John Augustus Sutter. Als 1848 in der Nähe der von ihm gegründeten Hauptstadt Sacramento Gold entdeckt wurde, begann der kalifornische Goldrausch. Bei der

»Kaiser von Kalifornien«

> ### ? WUSSTEN SIE SCHON ...?
>
> ■ Hochspringer überqueren heutzutage die Latte mit dem Rücken zuerst. Erfunden hat diesen Stil Dick Fosbury, geboren 1947 in Portland (Oregon). Er gewann damit auch gleich die Goldmedaille bei den Olympischen Spielen in Mexico City 1968.

Errichtung einer Sägemühle auf Sutters Grund wurde 1849 ebenfalls Gold gefunden. Bald überrannten Glücksritter seinen Besitz und zerstörten, was nicht niet- und nagelfest war. Sutter verlor alles und lebte 16 Jahre lang in Pennsylvania von einer kleinen Pension, die ihm der Senat aussetzte, doch seine Schadenersatzansprüche wurden nie anerkannt. Er starb völlig verarmt am 18. Juni 1880.

Praktische Informationen

WIE KOMME ICH IN DEN NORDWESTEN? WO ÜBERNACHTET MAN? WAS SIND BAKED POTATOS? WIE VIELE LITER SIND EINE GALLONE? AN WEN WENDE ICH MICH BEI PROBLEMEN UNTERWEGS? INFORMIEREN SIE SICH – AM BESTEN SCHON VOR DER REISE!

Anreise · Reiseplanung

Mit dem
Flugzeug

Flugtarife ▶

← *Auf der Crow*
Indian Fair
in Montana

Air Pass ▶

Die wichtigsten **Flughäfen** im Nordwesten der USA sind Seattle, Portland und San Francisco sowie Vancouver (Kanada) und Salt Lake City. Die Flugpreise sind so unterschiedlich, dass es sich lohnt, bei verschiedenen Fluggesellschaften und Reiseveranstaltern (z. B. Airtours, DER, Meier's Weltreisen, TUI) nachzufragen. Online-Reisebüros haben oft günstigere Angebote als die Fluglinien selbst (u. a. www.expedia. de, www.opodo.de, www.statravel.de – für Auszubildende und Studierende –, www.travel-overland.de und www.travelocity.de). Manche günstigen Tickets innerhalb der USA bekommt man in Europa nur zusammen mit einem internationalen Flugticket. Verschiedene US-Fluggesellschaften (u. a. Delta, American) bieten einen »Air Pass« an. Meist erhält man ein Couponheft für weitere, verbilligte Flüge innerhalb der USA und Kanada. Voraussetzung ist, dass der Flug aus Europa ebenfalls mit dieser Gesellschaft erfolgt.

Ein- und Ausreisebestimmungen

Vorab-
Information

Wer eine Reise in die USA plant, sollte vorab unbedingt die tagesaktuellen Informationen und Bestimmungen z. B. beim Auswärtigen Amt oder bei der US-Botschaft im Heimatland (▶ Auskunft, Botschaften) einholen.

Reisedokumente
VWP ▶

Deutschland, Österreich und die Schweiz nehmen am visumfreien Reisen teil (**Visa Waiver Program, VWP**): Reisende aus diesen Ländern benötigen für die Einreise in die USA (bei einem Aufenthalt bis zu 90 Tagen) kein Visum, sondern einen maschinenlesbaren Reisepass, der noch mindestens ein halbes Jahr gültig sein muss, und ein Rückflugticket. Kinder brauchen einen eigenen maschinenlesbaren Ausweis. Eine Visumpflicht besteht nur, wenn man länger als 90 Tage im Land bleiben, arbeiten oder studieren will.

ESTA ▶

Die Genehmigung zur visumfreien Einreise muss online im Reisegenehmigungssystem **ESTA** (Electronic System for Travel Authorization) beantragt werden. Die Beantragung über Dritte (z. B. Reisebüro) ist möglich. Die erteilte Einreiseerlaubnis ist maximal zwei Jahre gültig. Die erteilte Reisegenehmigung stellt jedoch keine Garantie für die Einreiseberechtigung dar! Die Internet-Adresse von ESTA lautet: **https://esta.cbp.dhs.gov**

Einreise ▶

Bei der Einreise werden von jedem Reisenden außerdem digitale Abdrücke aller Finger sowie ein digitales Porträtfoto angefertigt. Auch bei der Ausreise werden Fingerabdrücke genommen. Der Tag, an dem man spätestens die USA wieder verlassen muss, wird bei der Einreise in den Pass eingestempelt.

Visumpflicht ▶

In folgenden Fällen ist ein **Visum** erforderlich: Personen, die nicht mit einem regelmäßig verkehrenden Verkehrsmittel einreisen (z. B. per Auto via Kanada oder Mexiko); Personen, die eine Ausbildung

WICHTIGE ADRESSEN ANREISE

FLUGGESELLSCHAFTEN

▶ **American Airlines**
Tel. (069) 50 98 50 70 (D)
1-800-433-73 00 (USA)
www.aa.com/de

▶ **British Airways**
Tel. (0 18 05) 26 65 22 (D)
1-800-AIRWAYS (USA)
www.ba.com

▶ **Continental**
Tel. (0 18 05) 21 26 10 (D)
1-800-231-08 56 (USA)
www.continental.com

▶ **Delta Air Lines**
Tel. (0 18 03) 33 78 80 (D)
1-800-241-41 41 (USA)
www.delta.com

▶ **Lufthansa**
Tel. (0 18 03) 83 84 26 (D)
1-800-399-58 38 (USA)
www.lufthansa.com

▶ **Air Berlin**
Tel. (0 18 05) 73 78 00 (D)
1-866-266-55 88 (USA)
www.airberlin.com

▶ **KLM/Northwest Airlines**
Tel. (0 18 05) 21 42 01 (D)
1-800-692-69 55 (USA)
www.klm.com
www.nwa.com

▶ **Swiss**
Tel. (0 18 03) 00 03 37 (D)
1-877-359-79 47 (USA)
www.swiss.com

▶ **United Airlines**
Tel. (069) 50 07 03 87 (D)
1-800-538-29 29
www.unitedairlines.de

▶ **US Airways**
(0 18 03) 00 06 09 (D)
1-800-428-43 22 (USA)
www.usairways.com

machen wollen; Teilnehmer an Austauschprogrammen; Personen, die eine (auch nur vorübergehende) Tätigkeit ausüben wollen (auch Journalisten und Au-Pair-Mädchen); Personen, die eine Forschungsarbeit durchführen; Personen, die in den USA heiraten und anschließend dort wohnen wollen.

Bei der Grenzkontrolle müssen genügend finanzielle Mittel nachgewiesen werden, um den Aufenthalt bestreiten bzw. ein Weiter- oder Rückreiseticket besorgen zu können. **Ausreichende Finanzmittel**

Ein Impfzeugnis wird nur dann verlangt, wenn man aus gefährdeten Gebieten einreist. **Impfbestimmungen**

Reisende mit Hund müssen ein tierärztliches Gesundheits- und Tollwutimpfzeugnis vorlegen, das mindestens einen Monat bzw. maximal zwölf Monate vor der Abreise ausgestellt wurde. Für alle anderen Haustiere wird ein tierärztliches Gesundheitszeugnis verlangt. **Haustiere**

Nationaler Führerschein

Wer in den USA ein Auto steuern will, muss einen gültigen nationalen Führerschein vorweisen können. Der internationale Führerschein wird nur zusammen mit dem nationalen Führerschein anerkannt.

Kfz-Haftpflichtversicherung

In den USA besteht Versicherungspflicht. Allerdings wird die heimische Haftpflichtversicherung nicht anerkannt. Man sollte sich also noch vor der Abreise in die USA um eine Risikodeckung durch eine in den USA anerkannte Versicherung kümmern.

Sicherheitskontrollen

Flüssigkeiten an Bord ▶

Im Luft- und Seeverkehr werden penible Sicherheitskontrollen durchgeführt. Daher sollte man genügend Zeit einplanen. Wichtiger Hinweis: Fluggäste dürfen maximal 0,1 l Flüssigkeit mit an Bord nehmen. Auskünfte erteilen Fluggesellschaften und Reisebüros.

Zollbestimmungen

Einreise in die USA

Bei der Einreise sind eine Immigration Card (Einreiseerlaubnis) und eine Customs Declaration (Zollerklärung) auszufüllen. **Zollfrei eingeführt** werden dürfen Gegenstände des persönlichen Bedarfs (u. a. Kleidungsstücke, Toilettenartikel, Schmuck, Fotoapparate, Filme, Fernglas, tragbares Radio-, Tonband- und Fernsehgerät, Sportausrüstung). Erwachsene können 1 l alkoholische Getränke, 200 Zigaretten oder 50 Zigarren oder 2 kg Tabak einführen. Zusätzlich können pro Person Geschenke bis zum Gegenwert von 100 US-$ mitgebracht werden. Die Einfuhr von **Lebensmitteln** (auch Süßigkeiten und Obst!) und Pflanzen **ist verboten**.

Wiedereinreise in EU-Staaten

Zollfrei sind alle bereits in die Vereinigten Staaten mitgenommenen persönlichen Gebrauchsgegenstände, zudem 200 Zigaretten oder 100 Zigarillos oder 50 Zigarren oder 250 g Tabak, 1 l Spirituosen über 22 Vol.-% Alkoholgehalt oder 2 l Spirituosen unter 22 Vol.-% Alkoholgehalt oder 2 l Schaumwein. Ferner 2 l Wein, 500 g Kaffee oder 200 g Kaffee-Extrakt (Pulverkaffee), 100 g Tee oder 40 g Tee-Extrakt, 50 g Parfüm, 0,25 l Toilettenwasser (Tabakwaren und Alkohol nur bei Personen über 17 Jahre, Kaffee nur bei Über-15-Jährigen). Darüber hinaus dürfen (sonstige) Waren bis zu einem Wert von 430 Euro zollfrei eingeführt werden.

Wiedereinreise in die Schweiz ▶

Für die Schweiz gelten folgende **Freimengengrenzen**: 250 g Kaffee, 100 g Tee, 200 Zigaretten oder 50 Zigarren oder 250 g Tabak, 2 l Wein oder andere Getränke bis 15 Vol.-% Alkoholgehalt oder 1 l Spirituosen mit mehr als 15 Vol.-% Alkoholgehalt. Souvenirs dürfen in die Schweiz bis zu einem Wert von 300 sfr zollfrei eingeführt werden.

Reiseversicherungen

Kranken- und Unfallversicherung

Problematisch für Touristen aus Europa können die Kosten für eine medizinische Behandlung werden. Vor allem ein Krankenhausaufenthalt kann extrem teuer werden. Behandlungen erfolgen gegen Vorkasse oder direkte Bezahlung. Eine Krankenversicherung unter Einschluss der USA wird ebenso dringend empfohlen wie eine belastbare Kreditkarte. In vielen Fällen ist es günstiger, nach Hause zurückzufliegen und sich dort behandeln zu lassen. Vor einer USA-Reise sollte man also unbedingt mit seiner Kranken- und Unfallversicherung Rücksprache halten, wie weit sich deren Schutz erstreckt. In den allermeisten Fällen empfiehlt sich der Abschluss einer Reisekranken- und einer Reiseunfallversicherung.

Auskunft

Die USA betreiben kein zentrales Fremdenverkehrsbüro in Deutschland, Österreich oder der Schweiz, doch gibt es einige Marketing-Büros, die über die in diesem Reiseführer beschriebenen Bundesstaaten informieren.

Keine Zentrale

 AUSKUNFTSADRESSEN

IN DEUTSCHLAND
▶ **California**
PELA Touristikservice
Ludwigstr. 14
63801 Kleinostheim
rp.lang@t-online.de
www.visitcalifornia.com

▶ **Idaho, Montana, Wyoming**
Division of Travel Promotion and Tourism
Rocky Mountain International
Scheidswaldstr. 73
60385 Frankfurt
Tel. (0 69) 2 55 38-230
www.rmi-realamerica.com

▶ **Oregon**
Oregon Fremdenverkehrsamt
Scheidswaldstr. 73
60385 Frankfurt
Tel. (0 69) 2 55 38-240
www.traveloregon.de

▶ **Washington State**
Washington State Fremdenverkehrsamt

Scheidswaldstr. 73
60385 Frankfurt
Tel. (0 69) 2 55 38-240
www.experiencewa.com

IN DEN USA
▶ **Welcome Centers**
Jeder Bundesstaat unterhält an seinen Grenzen an den wichtigsten Zufahrtsstraßen Informationszentren, die Kartenmaterial und Broschüren ausgeben und in jeglicher Weise weiterhelfen. Regionale oder örtliche Auskunftsstellen: ▶Reiseziele von A bis Z

DIPLOMATISCHE VERTRETUNGEN
▶ **US-Botschaft in Deutschland**
Pariser Platz 2
10117 Berlin, Tel. (030) 2 38 51 74
www.us-botschaft.de

Visaabteilung:
Clayallee 170
14195 Berlin

Tel. (09 00) 1 85 00 55
www.usvisa-germany.com

▶ **US-Botschaft in Österreich**
Boltzmanngasse 16
1090 Wien
Tel. (01) 3 13 39-0
www.usembassy.at

Konsularabteilung, Visa
Parkring 12a
1010 Wien
Tel. (09 00) 51 03 00
ConsulateVienna@state.gov

▶ **US-Botschaft in der Schweiz**
Sulgeneckstrasse 19
3007 Bern, Tel. (031) 3 57 70 11
http://bern.usembassy.gov

▶ **Deutsche Vertretungen
in den USA**
Botschaft der Bundesrepublik
Deutschland
4645 Reservoir Road N.W.
Washington, DC 20007-1998
Tel. (202) 298-40 00
www.germany.info

Generalkonsulat
1960 Jackson Street
San Francisco, CA 94109
Tel. (415) 7 75 10 61
www.germany.info/sanfrancisco

Honorarkonsulate in Portland
und Seattle

▶ **Österreichische Vertretungen
in den USA**
Botschaft der Republik Österreich
3524 International Court N.W.
Washington, DC 20008
Tel. (202) 895-67 00
www.austria.org

Honorarkonsulate in Portland,
San Francisco und Seattle

▶ **Vertretungen der Schweiz
in den USA**
Botschaft der Schweizerischen
Eidgenossenschaft
2900 Cathedral Ave. N.W.
Washington, DC 20008-3499
Tel. (202) 745-79 00
www.eda.admin.ch

Generalkonsulat
456 Montgomery St. Suite 1500
San Francisco, CA 94104-1233
Tel. (415) 7 88 22 72
ww.eda.admin.ch.sf

Honorarkonsulat in Seattle

INTERNET
▶ **www.unitedstatesvisas.gov
www.usembassy.de/visa**
Visa-Informationen online, Links
zu tourismusrelevanten Seiten

▶ **www.vusa-germany.de
www.usa.de
www.us-infos.de**
Allgemeine Infos von Visit USA,
dem Zusammenschluss von Mitgliedern der Reisebranche

▶ **www.usacitylink.com**
Zugang zu sehr vielen auch kleineren Städten mit zahlreichen
Möglichkeiten, z. B. Sehenswürdigkeiten, Unterkunft, Veranstaltungen etc.

▶ **www.buspass.de**
Informationen und Verkauf von
Bus- und Zugpässen in den USA

▶ **http://usparks.about.com**
Übersicht über nordamerikanische
National & State Parks

▶ **www.nps.gov**
Alle Nationalparks in den USA

▶ **www.discoveramerica.com**
Ausgesprochen informative
Website des US-Tourismus-
gewerbes

▶ **www.magazinusa.com**
Internet-Reiseportal für die ge-
samten Vereinigten Staaten von
Amerika

▶ **www.usatipps.de**
Tipps und Informationen für
einen gelungenen Aufenthalt

▶ **www.usa-reise.de**
Austauschplattform von USA-Fans
für USA-Fans

Mit Behinderung in den USA

Die USA gelten als sehr behindertenfreundlich. Öffentliche Gebäude,   **Hinweis**
Gehwege, Verkehrsanlagen wie z. B. Flughäfen und Bahnhöfe, öffentliche Verkehrsmittel sowie Beherbergungsbetriebe und Restaurants
sind **meist behindertengerecht** ausgestattet. Auch Museen, Vergnügungsparks und andere Attraktionen bieten spezielle Dienste für
Handicapped People an. Überall gibt es besonders ausgewiesene
Behindertenparkplätze.

 ADRESSEN

▶ **Wheelchair Getaways**
Tel. 1-800-642-20 42
www.wheelchair-getaways.com
Verleih von behindertengerecht
ausgestatteten Fahrzeugen

▶ **»Handicapped Reisen –
Ausland«**
Ivo Escales, FMG Verlag
Postfach 1547, D-53005 Bonn
Hotel- und Reiseratgeber mit
Adressen von behindertengerech-
ten Unterkünften

Elektrizität

In den USA werden 110 Volt Wechselstrom in die Leitungen einge-   **Spannung**
speist (Deutschland 220 Volt), die Frequenz liegt bei 60 Hertz   **110 Volt**
(Deutschland 50 Hz). Mitgebrachte Elektrogeräte nach europäischer
Norm müssen umschaltbar sein. Zudem braucht man für die Steck-
dosen einen Adapter (Appliance), erhältlich an Flughäfen und in
Kaufhäusern.

Essen und Trinken

Essen aus aller Welt
In den Vereinigten Staaten findet man fast alle Küchen der Welt. Am häufigsten vertreten sind »amerikanische«, italienische, chinesische und texanische bzw. mexikanische Küche, aber auch Häuser, in denen koscher, vegetarisch oder arabisch gekocht wird. Neben den gängigen Fast-Food-Ketten mit Pizzas, Burgern oder Tacos findet man auch Restaurants für gehobenere Ansprüche. An der **Küste** empfiehlt sich der Besuch eines Seafood- bzw. Fisch-Restaurants bzw. die Frage nach dem Catch of the Day (Fang des Tages).

Mahlzeiten
Zum Frühstücken geht man am besten in einen **Coffee Shop**. Zum amerikanischen Frühstück gehören ein Glas Ananas-, Grapefruit- oder Orangensaft, Kaffee, Ei (gekocht, gebraten als Spiegel-/»sunny side up« bzw. Rührei/»scrambled« oder Omelette), gebratene Speckscheiben (bacon) oder Bratwürstchen (sausages), Bratkartoffeln (hashbrowns), Maisgrießbrei (grits), Pfannkuchen mit Ahornsirup (pancakes) und natürlich Toastbrot mit Butter und diversen Konfitüren (jam). Auf vielen Frühstücksbüfetts findet man Cornflakes und müsliähnliche Mischungen (cereals) und Milch, frisches Obst und Joghurtsorten. Das sog. **Continental Breakfast** besteht lediglich aus Kaffee (bzw. Tee oder Saft), Toast und Marmelade. Frühstück wird in Coffee Shops, Cafeterias, aber auch in Fast-Food-Lokalen angeboten.

◄ Breakfast

◄ Brunch An Sonn- und Feiertagen ist der Brunch (Verbindung von Frühstück und Mittagessen) beliebt mit vielfältig bestückten Büfetts.

◄ Lunch Zum Mittagessen (Lunch) genügt den Amerikanern meist ein kurzer Imbiss, z. B. Salate, Kurzgebratenes und Gemüse.

◄ Dinner Die **Hauptmahlzeit** ist das Abendessen (Dinner) mit Fleisch- und Fischgerichten mit allerlei Beilagen.

Speisen und Getränke

Fleischgerichte
T-Bone Steak, Porterhouse Steak und Sirloin Steak, »well done« (durch), »medium« oder »rare« (blutig), sind neben dem Hamburger die wichtigsten Fleischgerichte in den USA. Beliebt ist **Barbecue** (BBQ), bei dem Fleisch auf dem Holzkohlengrill gegart wird, Hühnchenfleisch (u. a. Chicken Fingers (gebackene Hühnerbruststücke), Chicken Wings (Hühnerflügel), Schweinefleisch (pork, z. B. als Prime Rib) oder Lammfleisch. Dazu gibt es fast immer eine Baked Potato (Pellkartoffel mit Crème fraîche), Pommes frites (French fries) oder eine gut bestückte Salatbar. Ein traditionelles Festtagsessen – vor allem am Thanksgiving Day – ist **Truthahn** (turkey).

Fischgerichte
Meeres- und Süßwasserfische werden gegrillt, gebacken, geräuchert oder gekocht: Forelle (Trout), Lachs (Salmon), Krebse, Krabben, Garnelen (Shrimps), Muscheln (Clams), Austern (Oysters) und Hummer (Lobster), aber auch Äschen, Barsche und Schnapper.

Beliebte Süßspeisen sind der Cheese Cake (Käsekuchen) und der Blueberry Cake (Blaubeerkuchen); überall werden Doughnuts (Schmalzkringel) und Muffins (Rührkuchen) angeboten.

Süßspeisen

In den **Küstenstaaten** steht natürlich Fisch – und hier vor allem Lachs in mannigfaltigen Variationen – auf dem Speisezettel, u. a. nach uralt indianischer Art auf einem Zedernholzbrett gebraten. Meeresfrüchtespezialitäten sind u. a. frisch gekochte und gleich verzehrte Taschenkrebse (dungeness crabs) und die mit Sahne angereicherte West Coast Chowder, eine Fischsuppe mit Muscheleinlage. Und da vor allem Washington einer der Obstgärten der USA ist, kommen nicht wenige Fisch- und Fleischgerichte mit süß-saurer Begleitung daher, etwa Schweinekoteletts mit Aprikosen oder Lachs mit Pfirsich-Dip. Ganz zus schweigen von den Desserts.

Spezialitäten im Nordwesten

Je weiter man **ins Landesinnere und über die Rockies** vorstößt, desto fleischhaltiger wird die Küche: natürlich Rindfleisch und Lamm, aber auch Bison und Wild (Hirsch, Elch, Fasan). Wenn es sich bei der dazu angebotenen Baked Potato um eine Idaho Russet Burbank handelt – zugreifen, denn man hat eine der besten Idaho-Kartoffeln auf dem Teller. Wer auf Fisch nicht verzichten will, findet wunderbare Forellen und Zander (walleye).

In den Restaurants steht eine Karaffe mit Wasser und Eiswürfeln (umsonst) auf dem Tisch. Wer Mineralwasser möchte, bestellt ein »Spring Water«.

Wasser

Amerikanischer Kaffee ist meist schwach geröstet, oft sehr dünn gebrüht und steht meist lange auf der Elektroplatte. Man bekommt ihn überall angeboten; einmal bestellt, wird er häufig nachgeschenkt (Free Refill). Doch gerade im Nordwesten, der Heimat von Starbucks, hat sich eine **Kaffeekultur nach europäischem Muster** mit Cafés und Espressobars entwickelt, wo Café Latte, Latte Macchiato oder Espresso eine Selbstverständlichkeit sind.

Kaffee

Das stets eisgekühlte Bier (Beer) enthält deutlich weniger Alkohol als deutsche Biere (3–3,5 Vol.-%). Sehr beliebt sind »Light«-Biere mit 1–1,5 Vol.-% Alkohol. Weit verbreitete einheimische Marken sind Budweiser, Busch, Miller, Michelob und Schlitz oder mexikanische Marken wie Corona und Dos Equis. Im Nordwesten gibt es viele **Local oder Micro Breweries** (Mini-Brauereien; die meisten in den USA überhaupt in Montana!), die sehr gutes Bier für den regionalen Markt brauen.

Bier

Die USA gehören zu den **führenden Weinproduzenten der Erde**. Etwa vier Fünftel der Rebfläche befinden sich in Kalifornien, woher

 Gesichtskontrolle

■ Alkohol, auch Bier und Wein, wird in den nordwestlichen Bundesstaaten erst an 21-Jährige ausgeschenkt oder verkauft. Wer zu jung aussieht, muss seinen Ausweis zeigen.

EIN REIZENDES FLECKCHEN ERDE

Die meisten Weine in amerikanischen Regalen stammen aus Kalifornien und die meisten davon wiederum aus dem Napa Valley. Das Tal nördlich der San Francisco Bay Area gehört zu den ältesten und berühmtesten Weinanbaugebieten der Neuen Welt. Und blickt dennoch besorgt in die Zukunft.

Ein reizendes Fleckchen Erde – endlose Reihen sattgrüner Rebstöcke begleiten die Straße, hin und wieder zweigen schmale Zufahrtsstraßen zu Weingütern im Hacienda-Stil ab. Das Licht der langsam hinter der Vaca Mountain Range untergehenden Sonne taucht das Tal in minütlich changierende Bernsteinfarben. Auf Bänken unter alten Bäumen sitzen Menschen mit Picknickkörben und genießen mit frischem Brot und Käse den Wein, den sie soeben auf einem der Weingüter erstanden haben. In aller Öffentlichkeit: Niemand im diesbezüglich sonst so strengen Amerika scheint etwas dagegen zu haben.

Sedimentreiche Böden im Südteil und asche- und lavahaltige Böden im Nordteil, feuchte Nebel von der Bay, dazu verschiedene Mikroklimata, die den Süden des Tals kühlen und den geschützter liegenden Norden wärmer und trockener machen, liefern ideale Rahmenbedingungen. Hinzu kommen moderne, innovative Weinbauern, die jeden Tag, und das ist wohl typisch amerikanisch, von neuem darüber nachzudenken scheinen, wie sie ihren Cabernet Sauvignon, Cabernet Franc, Merlot, Zinfandel, Pinot Noir oder Chardonnay abermals verbessern können.

Auf und ab

1836 pflanzte ein gewisser George Yount hier die ersten Weinstöcke. 1861 gründete Charles Krug, ein junger Einwanderer aus Preußen, in St. Helena das erste, heute von der Mondavi-Familie als Charles Krug Winery geführte kommerzielle Weingut. 1879 baute der finnische Schiffskapitän Gustave Niebaum im Örtchen Rutherford mit der Inglenook Winery auf (1975 von Star-Regisseur Francis Ford Coppola erworben, heute Rubicon Estate Winery). Viele andere folgten. Am Ende des 19. Jh.s produzierten im Napa Valley rund 140 Güter Wein. Neben Krug und Niebaum gehören Beringer, Schramsberg, Far Niente und Beaulieu zu den Weingütern der ersten Stunde.

Auf ihrem Weg zum internationalen Ruhm hatten die Winzer jedoch so manche Katastrophe zu überstehen. Im frühen 20. Jh. vernichtete die

Reblaus die allermeisten Weinstöcke im Tal. Die 1920 verhängte Prohibition und die wenig später folgende Depression erledigten den Rest. Nur eine Handvoll Weingüter überlebte – als Messwein-Lieferanten. Erst nach dem Zweiten Weltkrieg begann eine neue Ära. Dank verbesserter Techniken nahm die Weinherstellung im Valley wieder Fahrt auf. Rückblickend gelten zwei Jahreszahlen als **Wendepunkte**. 1965 trennte sich Robert Mondavi nach einem Familienzwist vom elterlichen Gut, gründete in Oakville die erste industriell betriebene Weinherstellung und förderte den Absatz mit modernem Marketing, darunter der Benennung seiner Weine nach der Rebsorte und nicht, wie traditionell üblich, der Heimatregion. Andere folgten seinem Beispiel. Die internationale Anerkennung folgte 1976. In diesem Jahr platzierte eine aus französischen Wein-Experten bestehende Jury bei einer blind durchgeführten Weinprobe die Chardonnays und Cabernet Sauvignons aus dem Napa Valley vor den französischen Konkurrenten.

Das Klima ändert sich

Heute gibt es rund 200 Weingüter im Napa Valley. Neben dem Wein ist der Wein-Tourismus die größte Einnahmequelle: Über fünf Millionen Touristen pro Jahr machen das Tal **nach Disneyland zum größten Besuchermagneten Kaliforniens**. Doch ist der Erfolg dauerhaft? Wein ist vom Wetter abhängig. Tatsächlich macht die globale Aufheizung des Klimas auch den hiesigen Winzern zu schaffen. Während der letzten 75 Jahre ist es im Tal durchschnittlich um fast zwei Grad wärmer geworden und die Saison ist heute 50 Tage länger als damals. Anstatt im September reifen die Trauben nun schon im August, und immer mehr Winzer ernten nachts, um von der Kühle zu profitieren. Mit den steigenden Temperaturen ist die Trockenheit gekommen. Die Wasser in alle Richtungen verschießenden Sprinkleranlagen gehören längst zum Inventar. Doch noch vor 25 Jahren konnten die Winzer selbst im Sommer auf sie verzichten. Was tun? Die Experten stecken bereits die Köpfe zusammen.

einige weltbekannte Weine kommen. Die bekannteste kalifornische Weinregion liegt mit dem Napa und dem Sonoma Valley im in diesem Reiseführer beschriebenen Gebiet (▸ Baedeker-Special S. 76). Aber auch in Oregon und Washington werden hervorragende Weine hergestellt – Informationen findet man unter **www.oregonwine.org** bzw. **www.washingtonwine.org**.

Fruchtsäfte, Softdrinks Überall erhält man Fruchtsäfte. Soft Drinks (Cola-Getränke, aromatisierte und mit Kohlensäure versehene Getränke) und Root Beer, ein aus Wasser, Zucker, Farbstoff und Gewürzen zubereitetes Getränk, sind beliebte Durstlöscher, desgleichen geeister Tee (Iced Tea).

Spirituosen (Liquor) Bevorzugte Spirituosen, die es nur in sog. Liquor Stores zu kaufen sind und die in Bars nur zu bestimmten Zeiten getrunken werden dürfen, sind Whiskey (Bourbon, Tennessee, Scotch, Canadian, Rye, Irish, Blended), Gin, Wodka, Brandy (Branntwein), Rum, Wermut (Vermouth) und Likör (Cordial).

Restaurants

Preise Eine leckere Mahlzeit kostet keine Unsummen. In vielen Bars werden schmackhafte Snacks serviert wie Chili con Carne, Chicken Fingers, Sandwiches und – gute! – Hamburger. Um seinen Geldbeutel zu schonen, muss man nicht unbedingt in eine der Restaurantketten (z. B. Taco Bell, Pizza Hut, McDonald's, Burger King oder Kentucky Fried Chicken) einkehren, wo man sich zwar relativ billig, aber nicht unbedingt gut ernährt – zu den annehmbaren Ausnahmen zählen Denny's und Friday's. Bessere, zwar nicht zwangsläufig, aber doch mitunter sehr teure Restaurants findet man überall dort, wo viele Touristen auftreten: in den herausgeputzten historischen Stadtzentren, an den Marinas sowie in oder in der Nähe größerer Ferienanlagen bzw. Großhotels. In den allermeisten Lokalen werden außer Bargeld Kreditkarten und Dollar-Reiseschecks akzeptiert.

i **Preiskategorien**

■ Die im Kapitel »Reiseziele von A bis Z« empfohlenen Restaurants sind in folgende Preiskategorien eingeteilt (ein Hauptgericht ohne Getränk):

Fein & teuer: über 20 US-Dollar
Erschwinglich: 10 bis 20 US-Dollar
Preiswert: unter 10 US-Dollar

Wait to be seated! In den meisten Restaurants wartet man auf eine Platzzuweisung durch das Personal (server, waitress). Sehr oft wird man gefragt, ob man Raucher oder Nichtraucher ist und entsprechend platziert.

Rechnung, Trinkgeld In der Rechnung (check) ist lediglich die lokale Verkaufssteuer (sales tax) enthalten, nicht jedoch das Trinkgeld (tip). Je nach Zufriedenheit lässt man üblicherweise 15 % Trinkgeld am Tisch.

Feiertage, Feste und Events

In den USA gibt es relativ wenige offizielle Feiertage (public/legal holidays), und selbst an diesen sind mit Ausnahme von Thanksgiving Day, Ostersonntag, Weihnachten und Neujahr viele Geschäfte geöffnet. Banken, Behörden, Schulen und sogar einige Restaurants bleiben allerdings geschlossen. An hohen christlichen Festen (Ostern, Pfingsten, Weihnachten) gibt es keine zweiten Feiertage. Fällt ein Feiertag auf einen Sonntag, so ist der darauf folgende Montag frei.

Nur wenige Feiertage

 FESTKALENDER

FEIERTAGE

▶ Landesweit

1. Januar: New Year
3. Montag im Januar: Martin Luther King Jr. Day
3. Montag im Februar: President Day (George Washingtons Geburtstag)
Karwoche: Good Friday (Karfreitag; nur regional)
Letzter Montag im Mai: Memorial Day (Heldengedenktag)
4. Juli: Independence Day (Unabhängigkeitstag)
Erster Montag im September: Labor Day (Tag der Arbeit)
2. Montag im Oktober: Columbus Day (Kolumbus-Gedenktag)
11. November: Veteran's Day (Veteranentag)
4. Donnerstag im November: Thanksgiving Day (Erntedankfest)
25. Dezember: Christmas Day (Weihnachten)

FESTE UND EVENTS

▶ Januar/Februar

Chinese New Year: Das chinesische Neujahrsfest wird mit Drachenumzügen und Feuerwerk gefeiert, besonders farbenprächtig u. a. in San Francisco, Portland und Seattle.

▶ Februar

Northwest Garden & Flower Show: Blumenmeer in Seattle (WA)
Oregon Shakespeare Festival: berühmtes Theaterfestival mit klassischen und zeitgenössischen Stücken in Ashland (OR; Mitte Febr. bis Anfang Nov.)

▶ März

Whale-Watching-Fest in Westport (WA): mehrwöchiges Fest, wenn Grauwale aus Alaska auf ihrem Weg nach Süden an der Küste vorbeiziehen.

▶ April

SF International Film Festival: ältestes amerikanisches Filmfestival in San Francisco (CA)
Gene Harris Jazz Festival: Jazz von Meistern in Boise (ID) am ersten Aprilwochenende
Washington State Apple Blossom Festival: Umzüge und Konzerte zum Frühlingsanfang in Wenatchee (WA; Ende April/ Anfang Mai)

▶ Mai

Bloomsday Run:Wettlauf in der Innenstadt von Spokane (WA) über 12 km (1. Sonntag im Mai)

Cinco de Mayo Festival: viertägiges Volksfest mit mexikanischem Essen, Kunst, Musik und Tanz in Portland (OR)
Northwest Folklife Festival: großes Volkskunst-Fest in Seattle (WA)

▶ Mai/Juni
Portland Rose Festival: Umzüge, Konzerte, Wettläufe und ein Karneval zu Ehren der Rose in Portland (OR)

▶ Juni
Sisters Rodeo: Das Rodeo in Sisters (OR) findet seit 1940 statt.

▶ Juni bis August
Summer Nights at the Pier: Hafenkonzerte in Seattle (WA; Ende Juni bis August)

▶ Juli
Oregon Coast Music Festival: Jazz- und Bluegrass-Konzerte in Coos Bay, North Bend und Charleston (OR)
Cheyenne Frontier Days: Zehn Tage lang gibt es in Cheyenne (WY) Rodeos, Konzerte, Flugshows u. a. Die größte Veranstaltung dieser Art (2. Julihälfte)
International Pinot Noir Celebration: Pinot-Noir-Proben und feines Essen in McMinnville (OR)

▶ Ende Juli/August
Seafair:Festival auf dem Wasser in Seattle (WA) mit Flugshow (auch Wasserflugzeuge), Musik und Karneval
Chief Seattle Days: großer Pow Wow in Suquamish (WA)

Auch Cowgirls lassen sich bei den Frontier Days in Cheyenne sehen.

► **August**

International Kite Festival: Drachen in allen Größen und Farben steigen Ende August in den Himmel über Long Beach (WA)

Oregon State Fair: Zwölf Tage lang Shows und Essen mit regionalen Produkten in Salem (OR; Ende Aug. bis Anf. Sept.)

► **September**

Fall Kite Festival: Drachenflieger-Festival in Lincoln City (OR)

Ellensburg Rodeo: größtes Rodeo von Washington (Ende Sept.)

► **Oktober**

Medford Jazz Jubilee mit Spitzenbands in Medford (OR)

► **November**

Seattle Marathon: So. nach Thanksgiving in Seattle (WA)

► **Dezember**

Christmas Lighting Festival: Weihnachtliche Stimmung vor den schneebedeckten Bergen in Leavenworth (WA; erste drei Wochenenden)

! *Baedeker* TIPP

Indianer und Rodeo

Das muss man gesehen haben: Das Crow Fair Indian Pow Wow and All Star Indian Rodeo gilt als die größte Veranstaltung dieser Art weltweit. Es findet um das dritte Augustwochenende in Crow Agency (MT) statt und dauert mehrere Tage (►Abb. S. 66/67).

Geld

Die Währungseinheit der USA ist der US-Dollar (US-$, auch Greenback oder Buck genannt). Außer Geldscheinen im Nennwert von 1, 2, 5, 10, 20, 50 und 100 US-Dollar (im internen Bankverkehr gibt es auch größere Noten) sind Münzen im Wert von 1 (Penny), 5 (Nickel), 10 (Dime) und 25 (Quarter) Cents, seltener von 50 Cents (half-dollar) und 1 Dollar im Umlauf. **Währung**

Bis zu 10 000 USD (US-$) dürfen frei ein- oder ausgeführt werden. Höhere Geldbeträge müssen angemeldet werden. Dies gilt auch für gemeinsam reisende Familien. **Devisenbestimmungen**

Am besten tauscht man das Geld bereits in Europa um, da der Wechselkurs hier günstiger ist als in den USA. Auch empfiehlt es sich, ausreichend Kleingeld (Münzen und kleine Scheine) zu haben. Am besten besteht die Reisekasse aus Kreditkarte, Dollarreiseschecks und Bargeld. Euro oder Reiseschecks (Traveller Checks) kann man problemlos z. B. in Banken eintauschen. **Geldwechsel**

Fast in jedem großen Einkaufszentrum und an Flughäfen findet man zumindest eine Bankfiliale bzw. einen Geldautomaten. Die Banken sind meistens montags bis freitags von 10.00 bis 15.00, donnerstags ◄ **Banken**

i Wechselkurse · Sperr-Notruf

- 1 US-$ = 0,78 EUR
- 1 EUR = 1,30 US-$
- 1 US-$ = 1,16 CHF
- 1 CHF = 0,86 US-$
  (Aktuelle Wechselkurse: www.oanda.com)

- Sperr-Notruf bei Kredit- oder Bankkartenverlust:
  Tel. 011 49 - 116 116 und 011 49 - 30 40 50 40 50
- American Express: Tel. 1-800-297-7672
- Mastercard: Tel. 1-800-MC-ASSIST TDD/TYY
- Visa: Tel. 1-800-847-2911

oder freitags örtlich sogar bis 18.00 Uhr geöffnet. An Wochenenden und Feiertagen haben nur die Bankschalter in den internationalen Flughäfen geöffnet.

Es empfiehlt sich, Dollar-**Reiseschecks** (Travelers Cheques) mit auf die Reise zu nehmen. Sie werden beinahe überall, also auch in Hotels, Restaurants und Geschäften, gegen Vorlage des Reisepasses wie Bargeld akzeptiert. Bei Diebstahl oder Verlust kann man bei den Filialen der ausstellenden Firmen unter Vorlage des Kontrollblatts sofort Ersatz erhalten.

Kreditkarten und Bankkarten **Häufigstes Zahlungsmittel ist die Kreditkarte** (Credit Card). Am weitesten verbreitet sind Mastercard (Eurocard), Visa und American Express. Wer eine Kreditkarte mit Geheimnummer (PIN) besitzt, kann an Geldautomaten (ATM = Automatic Teller Machine) problemlos Geld abheben, mit der heimischen Bankkarte auch an Geldautomaten mit dem blau-roten **Maestro**-Signet.

Gesundheit

Apotheken (Drugstore, Pharmacy) Amerikanische Drugstores und Pharmacies ähneln eher deutschen Drogeriemärkten oder sind gar kleine Kaufhäuser. Frei zugänglich in Regalen findet man oft ein großes Sortiment an Medikamenten, die in Deutschland verschreibungspflichtig sind. USA-Touristen, die regelmäßig ein bestimmtes Medikament einnehmen müssen, sollten eine **Rezeptkopie** mitführen, damit ein amerikanischer Arzt das Rezept notfalls erneuern kann.

Öffnungszeiten ► Drugstores bzw. Pharmacies sind meist 9.00 – 18.00, einige bis 21.00 Uhr oder länger geöffnet. Rund um die Uhr sind Apotheken in den

Notdienst ► durchgehend geöffneten Supermärkten zugänglich. Außerhalb der normalen Ladenöffnungszeiten gibt es keine Not- oder Nachtdienste.

Ärztliche Hilfe ist teuer Ein Krankenhausaufenthalt oder auch nur der Besuch in der Notaufnahme kann das Reisebudget kippen. Man sollte daher tunlichst **vor Antritt einer USA-Reise eine Reisekrankenversicherung abschließen.**

Ärztlicher Notdienst ► Ärzte und Krankenhäuser findet man auf den »Yellow Pages« (Gelbe Seiten) der örtlichen Telefonbücher. In akuten Fällen wählt man die **Notrufnummer 911 oder die Nummer 0 des Operators,** der mit dem nächsten Emergency Room (Notaufnahme) verbindet.

Mit Kindern unterwegs

Fast überall – sei es bei touristischen Attraktionen oder in Hotels und Restaurants – gibt es Kinder- und Familienermäßigungen bzw. entsprechende Arrangements.

Kinder unter 2 fliegen meist umsonst, sofern sie keinen eigenen Sitz beanspruchen. Man erkundige sich nach Ermäßigungen für Kinder.

Alle Autoverleihfirmen halten selbstverständlich auch **Kindersitze** bereit. Man sollte sie jedoch rechtzeitig reservieren.

In Hotels und Motels können **Kinder meist kostenlos im Zimmer der Eltern** übernachten. Extrabetten werden gerne aufgestellt. Man erkundige sich nach der Altersgrenze (durchaus auch 17 oder 18 Jahre!) und sonstigen Bedingungen. In kleineren B & B's und Inns allerdings sind Kinder hin und wieder nicht so gern gesehen.

Essen gehen mit Kindern ist in den USA kein Problem und es müssen auch nicht immer die einschlägig bekannten Fast-Food-Ketten sein. Alternativen sind Diners und die Ketten der Family Restaurants wie Denny's, Wendy's oder Friday's, die Kindermenüs, Kindersitze und familienfreundliche Preise bieten; die »Chuck-E.-Cheese«-Restaurants sind ganz auf Kinder spezialisiert. Auch in den Steakhouse-Ketten und in Chinarestaurants kommt man mitsamt Nachwuchs meist günstig weg. Wer auf sein Budget achten muss, halte Ausschau nach »**All-you-can-eat«**-Angeboten und wenn der Junior nicht alles auffisst, bekommt man den Rest oft in einem »doggie bag« mit auf den Weg.

Ganz klar: Wer mit seinen Kindern in den Nordwesten reist, muss ihnen die Gelegenheit bieten, einmal einem echten Indianer oder Cowboy zu begegnen. Möglichkeiten dazu gibt es auf den Ferienranches in Wyoming oder Montana genug. Echtes Wildwest- und Goldrauschfeeling kommt beim Ausflug in eine Geisterstadt auf. Auch Bisons muss man einmal beobachtet haben, während an der Küste ein Besuch etwa im Seattle Aquarium ansteht.

Vergnügungsparks sind für Amerikaner eine Attraktion ersten Ranges. Allerdings sind sie gerade im Nordwesten nicht so dicht gestreut wie in anderen Regionen. Der größte ist der Silverwood Theme Park mit dem Boulder-Beach-Wasserpark in Athol bei Cœur d'Alene (ID) mit 65 Fahrgeschäften und Attraktionen; in Portland (OR) sorgt seit über 100 Jahren der Oaks Park für Abwechslung.

Die Museumsmacher in den USA denken auch an die kleinen Besucher – viele und darunter namhafte große Museen haben »Hands-on«- oder »Please-Touch«-Abteilungen, wo Kinder alle möglichen Experimente und Tricks aus allen denkbaren wissenschaftlichen und populären Disziplinen selbst ausprobieren können. Der beste Ort hierfür im Nordwesten ist das **Pacific Science Center in Seattle**. In vielen Städten gibt es auch reine Kindermuseen, die in der Regel Naturwissenschaft und Technik nachwuchsgerecht aufbereitet haben.

Kinder-
freundliche
Infrastruktur
◄ Im Flugzeug

◄ Im Mietwagen

◄ Unterkunft

◄ Restaurants

Was tun?

◄ Vergnügungs-
parks

◄ Hands on!
Please touch!

Knigge

Alkohol
Die Bestimmungen sind Sache der einzelnen Bundesstaaten und variieren entsprechend. So darf in einigen Staaten sonn- und feiertags kein bzw. nur zu bestimmten Zeiten Alkohol verkauft werden. Generell wird kein Alkohol an Personen unter 21 Jahren verkauft; grundsätzlich darf **in der Öffentlichkeit kein Alkohol** getrunken werden.
Wein, Bier und sonstige Getränke mit niedrigem Alkoholgehalt sind in vielen Supermärkten und Lebensmittelgeschäften erhältlich, Hochprozentiges bekommt man in der Regel nur in Spezialgeschäften (Liquor Stores).

Alkohol im Straßenverkehr ►
Autofahren unter Alkoholeinfluss wird streng bestraft: Die Grenze liegt je nach Staat und County zwischen 0,0 und 1 Promille! Es ist auch untersagt, angebrochene oder leere Flaschen bzw. Dosen mit Alkohol im Innenraum des Autos mitzuführen – sie müssen im Kofferraum verstaut werden.

Rauchen verpönt
Raucher haben es in den USA nicht leicht. Alle Fluggesellschaften haben Rauchverbote verfügt, in öffentlichen Gebäuden darf ebenfalls nicht mehr geraucht werden. In den Restaurants sind nur noch kleine Bereiche für Raucher ausgewiesen.

Kleidung
Im Geschäftsleben, in gehobeneren Restaurants sowie bei Konzert- oder Theaterbesuchen wird Wert auf formelle Kleidung (Jackett mit Krawatte, Abendkleid, formal wear) gelegt. Ansonsten geht es in den meisten Restaurants und Hotels leger (casual) zu.

Begrüßung
In den USA ist die Begrüßung weniger förmlich als in Mitteleuropa. Man pflegt sich mit dem Vornamen anzureden, wobei jedoch Ältere durchaus registrieren, wenn man das höfliche »Mister« bzw. »Mistress« benutzt. Im Übrigen bedeutet die Nennung des Vornamens keinesfalls den sofortigen vertraulichen Umgang. Amerikaner bleiben Fremden gegenüber zunächst ebenso auf Distanz wie etwa Deutsche.

Smalltalk
»It's a fine day, isn't it?« Egal, ob im Aufzug oder in einer Warteschlange: Wo man unversehens längere Zeit mit Amerikanern zusammen ist, äußern diese sich bald zu belanglosen Themen. Damit soll aber niemand in ein Gespräch verwickelt werden, sondern man empfindet dies einfach als höflich. Gar nichts zu sagen oder gar sich abzuwenden gilt als rüde und unhöflich – übrigens eine Eigenschaft, die in Amerika besonders den Deutschen nachgesagt wird.

Einladungen
»Come and see us some time!« Man trifft nette Amerikaner und verbringt eine schöne Zeit in angeregter Unterhaltung. Zum Schluss wird man mit der eingangs erwähnten Aufforderung zu einem neuen Treffen verabschiedet. Eine solche Einladung sollte man jedoch nicht wörtlich nehmen, denn sie ist nur eine Höflichkeitsfloskel. In Wahr-

heit würden die amerikanischen Gesprächspartner nicht schlecht staunen, käme man tatsächlich irgendwann einmal vorbei, ohne sich vorher rückversichert (»reconfirmed«) zu haben.

Dass Amerikaner naive, unbelesene Zeitgenossen sind, ist ein Gerücht, das sich dank immer wieder öffentlich auftretender Klischee-Amerikaner hält. Die meisten US-Bürger kennen den Unterschied zwischen »Austria« und »Australia« und wissen auch, dass sie nicht im Paradies leben. Die Kritik von Besuchern aus dem »Alten Europa« an amerikanischen Dauerproblemen wie Rassenfragen, Einwanderungspolitik, Schulsystem, Waffen-

Amerikaner sind stolz auf ihr Land.

besitz und Außenpolitik kann als Unhöflichkeit aufgefasst werden. Man wartet besser, bis man nach seiner Meinung gefragt wird. Dann merkt man, dass Amerikaner ebenfalls neugierige und diskutierfreudige Gesprächspartner sind.

Literatur und Film

Werner Arens, **Hans Martin Braun** (Hg.): Die Indianer. Geschichte   Sachbücher
und Kultur der nordamerikanischen Indianer von der präkolumbischen Zeit bis zur Gegenwart. C. H. Beck, 2004
Dee Brown: »Begrabt mein Herz an der Biegung des Flusses« (1970). Brown schilderte zum ersten Mal offen und kenntnisreich das Vordringen der weißen Siedler und Abenteurer in den amerikanischen Westen und das damit verbundene Unrecht an den Indianern. Er ließ die Indianer und ihre großen Häuptlinge zu Wort kommen lässt und setzte ihnen mit diesem Buch ein Denkmal. Droemer Knaur, 2005
Linda Granfield: Die Cowboys, Wahrheit und Legende. Hanser, 1994
R. B.Hassrick: »Das Buch der Sioux« (1964), Weltbild Verlag, 1992
Christian Heeb u. a.: Der Westen. Ein umfassendes Länderporträt. Bruckmann, 2009
Christian Heeb, **Friedrich Horlacher**: Indianerland. Bei den Cheyenne, Lakota und Blackfoot. Die letzten Paradiese der Erde. Bucher, 2006
Meriwether Lewis, **William Clark**: Der Weite Weg nach Westen. Die Tagebücher der Lewis & Clark-Expedition 1804 – 1806. Hg. von Hartmut Wasser. Edition Erdmann, 2007

The Smithsonian Guides to Historic America, Vol. VII, The Pacific States, 1989. The Smithsonian Guides to Natural America, The Pacific Northwest, Washington, Oregon, 1995. Raymond J. DeMallie (Hg.), Handbook of North American Indians, 2001. Anspruchsvolle Buchreihen der renommierten Smithsonian-Institution in Washington D. C. für naturkundlich und kulturhistorisch Interessierte.

Belletristik **Ernest Callenbach**: »Ökotopia« (1975). Drei Weststaaten haben sich von den USA unabhängig gemacht und eine Ökorepublik gegründet, in der die Bewohner alle Möglichkeiten alternativen Lebens ausprobieren. Rotbuch, 2003

Annie Dillard: Am Rand der Neuen Welt. Klett Cotta, 1995. Vor dem Hintergrund der gewalttätigen Schönheit der Natur des pazifischen Nordwestens wird die Geschichte einer verhängnisvollen Beziehung dreier Männer erzählt (nur antiquarisch erhältlich).

David Guterson: Schnee, der auf Zedern fällt. In dem 1999 auch verfilmten Roman geht es um die Aufklärung des Mordes an einem Fischer mit sehr einfühlsamen Schilderungen von Menschen und Natur im amerikanischen Nordwesten. btb 1998

Jack Kerouac: »Dharma Bums«. 1958 erschienene autobiografische Erzählung des Kultautors; die Handlung spielt zum großen Teil an der Westküste.

Annie Proulx: Die in Wyoming lebende Autorin schreibt in ihren Kurzgeschichten und Romanen über das Leben im Westen. »Brokeback Mountain« wurde 2005 von Ang Lee verfilmt.

John Steinbeck: »Meine Reise mit Charlie«. Heitere und kritische Beobachtungen des Autors, der mit Wohnmobil und Hund durch den Nordwesten reist. dtv, 2002

Mark Twain: »Im Gold- und Silberland und andere Erzählungen« (1872), »Der berühmte Springfrosch von Calaveras« (1867) – Erzählungen aus dem fernen Westen.

Filme **In der Mitte entspringt ein Fluss**, Spielfilm von Robert Redford (1992) nach dem gleichnamigen, semiautobiografischen Roman von Norman Maclean aus dem Jahr 1976 (Fischer, 2003). Eine »Hauptrolle« spielt die schöne Landschaft des Bundesstaats Montana.

Schlaflos in Seattle, romantische Komödie von Nora Ephron (1993) mit Tom Hanks und Meg Ryan in den Hauptrollen.

Der Pferdeflüsterer, in Montana gedrehter Spielfilm von 1998 mit Robert Redford, der auch Regie führte, und Kristin Scott Thomas. Er basiert auf dem gleichnamigen Roman von Nicholas Evans (Goldmann, 2004).

Der mit dem Wolf tanzt, mit 7 Oscars ausgezeichneter Western von und mit Kevin Costner (1990). Der Film erzählt die Geschichte eines US-Offiziers, der 1864 auf einen einsamen Posten im Land der Lakota versetzt wird und von der Annäherung zwischen ihm und den Indianern. Sehr authentisch ist die Darstellung der Indianer und ihrer Lebensweise. Gedreht wurde in South Dakota.

Maße · Gewichte · Temperaturen

 MASSEINHEITEN

► **Längenmaße**
1 inch (in; Zoll) = 2,54 cm
1 cm = 0,39 in
1 foot (ft; Fuß) = 12 in = 30,48 cm
10 cm = 0,33 ft
1 yard (yd; Elle) = 3 ft = 91,44 cm
1 m = 1,09 yd
1 mile (mi; Meile) = 1760 yd =
1,61 km
1 km = 0,62 mi

► **Flächenmaße**
1 square inch (in²) = 6,45 cm²
1 cm² = 0,155 in²
1 square foot (ft²) = 9,29 dm²
1 dm² = 0,108 ft²
1 square yard (yd²) = 0,84 m²
1 m² = 1,196 yd²
1 acre = 4840 sqyd = 4046,8 m²
oder 0,405 ha
1 square mile (mi²) = 640 acres =
2,59 km²
1 km² = 0,386 mi²
1 ha = 2,471 acres

► **Raummaße**
1 cubic inch (in³) = 16,38 cm³
1 cm³ = 0,061 in³
1 cubic foot (ft³) = 28,32 dm³
1 dm³ = 0,035 ft³
1 cubic yard (yd³) = 0,765 m³
1 m³ = 1,308 yd³

► **Flüssigkeiten**
1 gill = 0,118 l; 1 l = 8,474 gills
1 pint (pt) = 0,473 l; 1 l = 2,114 pt
1 quart (qt) = 0,946 l; l = 1,057 qt
1 gallon (gal) = 3,787 l
1 l = 0,264 gal

► **Gewichte**
1 ounce (oz; Unze) = 28,35 g
100 g = 3,527 oz
1 pound (lb; Pfund) = 16 oz =
453,59 g
1 kg = 2,205 lb
1 stone = 6,35 kg
10 kg = 1,57 stone
1 ton = 2000 lb = 907 kg

► **Temperaturen**

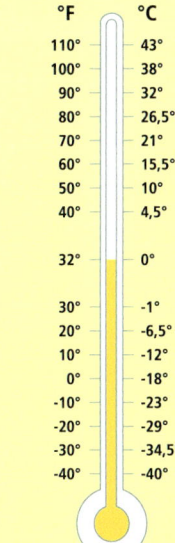

°F	°C
110°	43°
100°	38°
90°	32°
80°	26,5°
70°	21°
60°	15,5°
50°	10°
40°	4,5°
32°	0°
30°	-1°
20°	-6,5°
10°	-12°
0°	-18°
-10°	-23°
-20°	-29°
-30°	-34,5°
-40°	-40°

Umrechnung:
Fahrenheit = 1,8 x Celsius + 32
Celsius = $\dfrac{5 \,(\text{Fahrenheit} - 32)}{9}$

Medien

Fernsehen und Radio
In jedem Hotelzimmer steht ein Fernsehapparat zum Empfang der großen Fernsehanstalten NBC, ABC und CBS und vieler kleinerer und regionaler Sender.

Die amerikanischen Radiosender sind über Mittelwelle (AM) zu empfangen. Sie sind die aktuellsten Informationsquellen über Wetter, Verkehr, Veranstaltungen etc. Auf UKW (FM) hört man Sender, die über die Region, einzelne Städte, Nationalparks etc. berichten.

Zeitungen und Zeitschriften
Bekannte überregionale Tageszeitungen (daily papers) sind »USA Today«, »New York Times«, »Wall Street Journal«, »Los Angeles Times« und »Washington Post«. Interessant sind vor allem die Wochenendausgaben mit **Veranstaltungskalendern**, Wetterbericht, Einkaufstipps sowie Fernseh-, Radio- und Kinoprogrammen der Tageszeitungen von San Francisco (»San Francisco Examiner and Chronicle«), Seattle (»Seattle Times«) und Portland (»The Oregonian«). Wichtige Wochenzeitschriften sind die **Nachrichtenmagazine** »Time« und »Newsweek« sowie die Wirtschaftsmagazine »Business Week« und »Forbes«.

Deutschsprachige Blätter ▸
Deutschsprachige Tageszeitungen und Illustrierte sind meist nur in einigen gut sortierten Kiosken auf den internationalen Flughäfen erhältlich. Sie kommen jedoch oft mit erheblicher Verspätung auf den Markt.

Nationalparks

Naturschutzgebiete
In den Vereinigten Staaten stehen zahlreiche Flächen unter besonderem Schutz. Dabei wird unterschieden in **Naturparks bzw. Naturschutzgebiete** (National bzw. State Park, National bzw. State Forest usw.), **denkmalgeschützte Flächen** (National bzw. State Monument, Historic Site, Archaeological Site) und **Erholungspark** (National bzw. State Recreation Area). Die Schutzgebiete werden von **Parkaufsehern** (Park Ranger) betreut. Die geschützten Areale sind meist gut markiert. Vielerorts sind mitunter recht **hohe Eintrittsgebühren** (4 – 25 $ pro Person bzw. Fahrzeug!) zu bezahlen. Die meisten der National Parks, National Monuments und National Recreation Areas sind im Internet unter folgender Adresse zu finden: **www.nps.gov**.

! **Baedeker TIPP**

America The Beautiful Pass

Der »America The Beautiful Pass« gewährt zwei Insassen eines Fahrzeugs ein Jahr lang Eintritt in alle Nationalparks. Er kostet zur Zeit 80 $ und ist an den Parkeingängen bzw. in den Besucherzentren (Visitor Centers) erhältlich (Infos: http://store.usgs.gov/pass/index.html).

In vielen Parks bestehen Übernachtungsmöglichkeiten in Motels, Lodges und Cabins (»Hütten«). **Rechtzeitige Reservierung** wird vor allem während der Hauptsaison im Juli und August empfohlen.
Übernachtung

Es ist nicht erlaubt, die vorgeschriebenen Wege und Straßen zu verlassen. **Campen** und **Feuer machen** ist nur an den dafür ausgewiesenen Plätzen gestattet; Abfälle dürfen nicht liegen gelassen und Wildtiere nicht gefüttert werden. **Jagen** ist verboten, **Angeln** nur mit Erlaubnis möglich. Es versteht sich von selbst, dass man keine Pflanzen oder gar Tiere mitnimmt.
Verhalten in geschützten Gebieten

Notrufe

 ## WICHTIGE TELEFONNUMMERN

IN DEN USA

▶ **Polizei, Ambulanz, Feuerwehr**
Tel. 911 (alternativ: »0« für den Operator der Telefonzentrale)

Deutschsprachiger Notruf:
Tel. 1-888-222-13 73

▶ **US-Automobilklub AAA**
Tel. 1-800-AAA-HELP
Tel. 1-800-222-4357

▶ **Notrufsäulen**
Entlang viel befahrener Fernverkehrsstraßen (Interstates) sind Notrufsäulen aufgestellt.

NACH DEUTSCHLAND

▶ **ADAC-Notruf München**
Tel. 0 11 49-89-22 22 22

▶ **ACE-Notrufzentrale Stuttgart**
Tel. 0 11 49-18 02-34 35 36

▶ **Deutsche Rettungsflugwacht Stuttgart**
Tel. 0 11 49-711-70 10 70

▶ **DRK-Flugdienst Bonn**
Tel. 0 11 49-228-23 00 23

▶ **Kredit- / Bankkarten-Verlust**
▶Geld

Post · Telekommunikation

Die U. S. Mail ist nur für Brief- und Paketbeförderung (auch Geldsendungen) zuständig. Der Telefon- und Telegrammdienst ist privaten Gesellschaften übertragen.
Postdienst

▶ POST UND TELEFON

PORTO

▶ **innerhalb USA**
Brief / Postkarte: 39 Cents
(je Unze/28 g)

▶ **nach Europa**
Postkarte: 75 Cents
Luftpostbrief; 1 $
(max. 1 Unze/28 g)
Aerogramm: 84 Cents

VORWAHLEN

▶ **von Deutschland, Österreich und der Schweiz**
– in die USA: 001

▶ **von den USA**
– nach Deutschland: 0 11 49
– nach Österreich: 0 11 43
– in die Schweiz: 0 11 41

AUSKUNFT

▶ **national**
Tel. 411

▶ **international**
Tel. 1-555-1212

TELEFONGEBÜHREN

▶ **Ortsgespräch am Münztelefon**
25 Cent

▶ **nach Mitteleuropa**
3 Minuten:
je nach Tageszeit bis zu 15 $
(leicht ermäßigt: 17.00 – 23.00;
stark ermäßigt: 23.00 – 8.00 Uhr
und an Wochenenden)

Briefmarken ▶ — Briefmarken erhält man in Postämtern sowie an Automaten in Flughäfen, Bahnhöfen, Busstationen, Hotel-Lobbys und Drogerien.

Postämter ▶ — Postämter sind zu folgenden Zeiten geöffnet: Mo. – Fr. 9.00 – 17.00 bzw. 18.00, Sa. 8.00 – 12.00 Uhr. Kleinere Postämter halten eine Mittagspause ein. Briefkästen sind an ihrer blauen Farbe mit der weißen Aufschrift »US Mail« und einem stilisierten Adler zu erkennen.

Briefkästen ▶

Telefon, Besonderheiten — Die Telefonwähltasten sind **auch mit Buchstaben** belegt, sodass viele Nummern als leicht zu merkendes Kennwort angegeben sind (z. B. landesweite Pannenhilfe: Tel. 1-800-AAA-HELP).

Öffentliche Telefone — Die meisten öffentlichen Telefone funktionieren nur noch mit Telefon- (Phone Card) oder Kreditkarte. Wenige Münzfernsprecher gibt es noch für Ortsgespräche (Local Calls). Bei Gesprächen **von Hoteltelefonen** fallen deftige Gebühren (surcharges) an.

Gebührenfreie Nummern — Gespräche mit 800- oder 888-Nummern können nur innerhalb der USA geführt werden und sind gebührenfrei (Achtung: Hinter 900-Nummern verbergen sich oft recht teure kommerzielle Dienste).

So geht's — Bei Gesprächen innerhalb eines Telefonbezirks wählt man die »1« und nur die Teilnehmernummer. Innerhalb der USA wählt man zunächst die »1«, dann die Ortsvorwahl (Area Code) und schließlich die Teilnehmernummer. Für **internationale Gespräche** (International Calls) gilt: Von Privatanschlüssen wählt man »011«, dann die Länder- und Ortsnetzkennzahl unter Weglassung der »0« und schließlich die Teilnehmernummer. In öffentlichen Telefonen wählt man die »0«. Es meldet sich der **Operator**, der alle weiteren Instruktionen erteilt. Für ein **R-Gespräch** wird ebenfalls die »0« gewählt, dann folgt die Rufnummer und es meldet sich der Operator.

Für internationale Telefongespräche empfehlen sich im Voraus bezahlte Telefonkarten (prepaid phone cards), die in Einkaufszentren, an Flughäfen, an Tankstellen usw. erhältlich sind.

Telefonkarten

Mobiltelefone heißen in den USA nicht Handy, sondern Cell Phone oder Mobile Phone. Man benötigt ein Tri- oder Quadband-Gerät für 1900 MHz, das bedeutet, dass die meisten europäischen Geräte in den USA nicht funktionieren.

Mobiltelefon

Preise

Auf Preisschildern sind nur die Nettopreise ohne Verkaufssteuer (sales tax), angegeben, die sich von Bundesstaat zu Bundesstaat unterscheidet. Einzelne Städte, Gemeinden und Countys erheben darüber hinaus noch eine **General Sales Tax** (zumeist 1 %), einzelne Orte außerdem eine **Tourism Development Tax**, in etwa der deutschen Kurtaxe vergleichbar.

Nettopreise, Verkaufssteuern

In den Genuss von Vergünstigungen kommen vor allem Kinder, Schüler, Studenten und Personen über 60 Jahre (senior citizen). Die Palette reicht vom preisgünstigen Flug- und Bahnticket bis zu Sondertarifen in Hotels, Vergnügungsparks, National- und Staatsparks. In jedem Fall lohnt es sich, schon bei der Reiseplanung alle Anbieter touristischer Leistungen nach Sonderangeboten abzuklopfen.

Vergünstigungen

Den in Fremdenverkehrsbüros, Besucherzentren, Hotels, Tankstellen und Supermärkten ausliegenden Touristenbroschüren sind oft Coupons mit vielerlei Vergünstigungen beigeheftet, z. B. für besonders günstige Hotelübernachtungen bis zum Schnäppchen im nächsten Factory Outlet. Das lohnt hin und wieder durchaus.

Coupons sammeln!

Trinkgeld ist nicht im Endpreis enthalten. Da das Personal in Restaurants und Hotels nur sehr bescheidene Löhne erhält und auf Trinkgeld angewiesen ist, gibt man üblicher Weise 15 % des Rechnungsbetrags vor Steuern. Der »tip« wird im Restaurant auf dem Tisch liegen gelassen bzw. auf dem Kreditkartenbeleg aufgerundet. Hotelpagen er-

Trinkgeld (tip)

▶ WAS KOSTET WIE VIEL?

Tasse Kaffee
ab 2 $

1 Pint Bier
ab 4 $

Einfache Mahlzeit
ca. 10 $

3-Gang-Dinner
ab 25 $

Doppelzimmer
ab 40 $

1 Gallone (3,8 l) Benzin
um 2,00 $

warten 1 $ pro Koffer; Zimmermädchen bekommen 2 $ pro Tag. Man kann den Endbetrag beim Auschecken in einem Umschlag im Zimmer hinterlassen. Bietet ein Hotel oder Restaurant »valet parking« (Angestellte übernehmen das Parken des Wagens), so erhalten diese 1 $.

Reisezeit

Klimafaktoren Im Nordwesten der USA herrschen im Vergleich zu denselben Breitengraden in Europa größere Temperaturunterschiede. Dafür verantwortlich sind die **Cascade Range** und die **Rocky Mountains**, zwei parallel zur Küste verlaufende Gebirgsketten mit weniger heißen Sommern und schneereichen Wintern, sodass es teilweise bis in den April hinein kalt bleibt. Sie fungieren als »Kamin«: Im Winter stoßen polare Kaltluftmassen aus dem Norden weit nach Süden vor, im Sommer dagegen tropisch-feuchte Warmluftmassen in die umgekehrte Richtung. Sie sind außerdem eine Wetterscheide zwischen der feuchten und der trockenen Hälfte des pazifischen Nordwestens. Die Gebirgsketten sorgen dafür, dass die Niederschlagshäufigkeit von West nach Ost rasch abnimmt. Westlich der Cascade Range fallen noch ergiebige Niederschläge, wobei es in den beiden Städten Portland oder Seattle etwa soviel regnet wie im deutschen Voralpenland. Ganz anders ist das Klima östlich der Gebirgsketten: Jenseits der Rocky Mountains erstrecken sich Grasländer, Steppen und auch wüstenhaft ausgeprägte Areale. Man muss sich hier im Juli und August auf heiße Temperaturen einstellen (jedoch selten über 40 °C), während im Winter vor allem trockene Kälte herrscht mit Temperaturen bis auf -20 °C.

USA **Nordwesten** *Klimastationen*

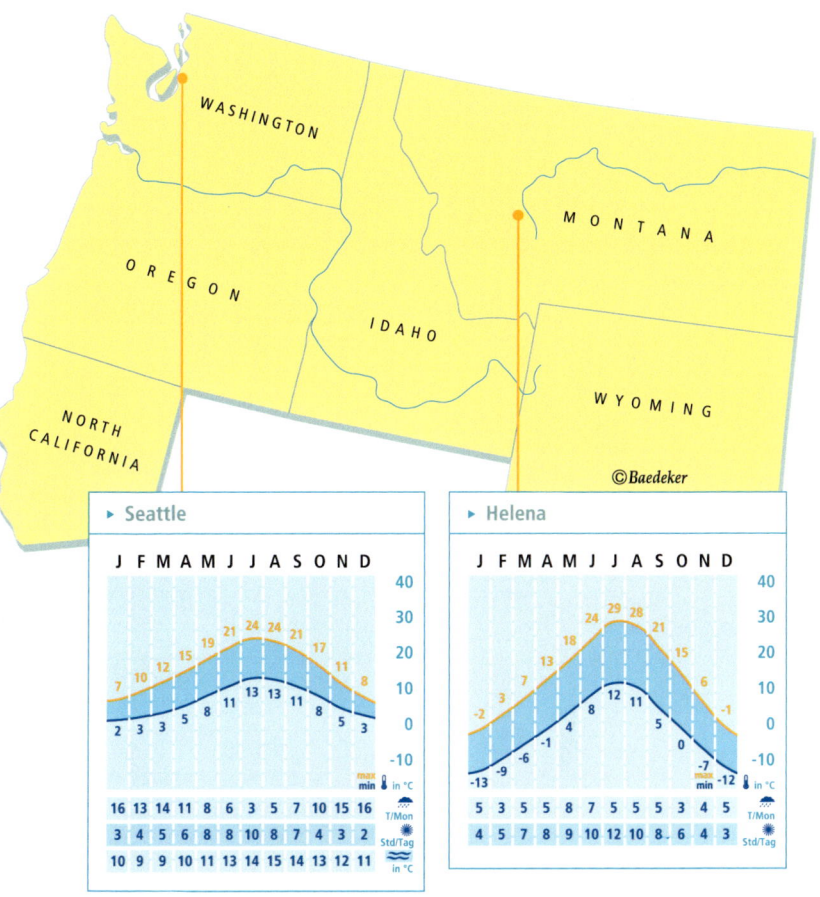

An der Küste spürt man den **ausgleichenden Pazifikeinfluss** mit geringeren Temperaturunterschieden zwischen Tag und Nacht sowie Sommer und Winter. Im Sommer steigen die Temperaturen selten über 30 °C, im Winter sinken sie fast nie unter den Gefrierpunkt. Dafür ist vor allem in den Wintermonaten hier ein ganz leichter Nieselregen typisch. Nur bei Portland (OR) bewirken durch die Schlucht des Columbia River einströmende Luftmassen aus dem Landesinnern eine deutliche Absenkung bzw. Anhebung der Temperaturen. So gibt es hier im Vergleich zu Seattle (WA) im Winter ein paar Frosttage mehr, dafür sind die Sommerabende lauer.

◀ In Küstennähe

Die geeignetste Reisezeit sind das Frühjahr und ganz besonders der Herbst, speziell die Monate Mai bzw. September, Oktober. In den Sommermonaten ist man vor allem westlich der Coast Range vor gelegentlichen Regenschauern und Nebelschwaden nicht gefeit. Je weiter nördlich man kommt, umso häufiger sind zwischen Mitte/Ende Oktober und Ende April/Anfang Mai viele Sehenswürdigkeiten und sogar Hotels geschlossen.

Shopping

Mall, Marketplace, Galleria Jeder Ort hat mindestens eine »Mall«, einen »Marketplace«, eine »Galleria«, einen »Flea Market« oder zumindest einen »General Store« oder »Convenience«, eine Art Gemischtwaren-Laden, anzubieten. Einkaufsstraßen im europäischen Sinne gibt es nur in den Zentren von größeren Städten. **Ausverkäufe** (sales) mit teils erheblichen Preisnachlässen finden meist mehrmals im Jahr statt.

Ein tolles Souvenir, aber nicht billig: ein handgemachter Western-Sattel

KONFEKTIONSGRÖSSEN

▶ **Herrenbekleidung**

Anzüge:

USA	36	38	40	42	44	46	48
D		46	48	50	52	54	56	58

Hemden:

USA	14	14½	15	15½	16	16½
D		36	37	38	39	40	41

Schuhe:

USA	6½	7½	8½	9	10	10½
D		39	40	41	42	43	44

▶ **Damenbekleidung**

Kleider:

USA	6	8	10	12	14	16	18
D		36	38	40	42	44	46	48

Strümpfe:

USA	8	8½	9	9½	10	10½
D		0	1	2	3	4	5

Schuhe:

USA	5½	6	7	7½	8½	9
D		36	37	38	39	40	41

Geschäftszeiten

Geschäfte haben meist Mo.–Fr. 10.00 bis 18.00, größere Shopping Malls auch Sa. und bis 21.00 Uhr geöffnet, einige sogar sonntags (längstens bis 18.00 Uhr). Manche Supermärkte stehen die ganze Woche über rund um die Uhr offen.

Verkaufssteuer (sales tax)

Preisschilder geben nur die Nettopreise ohne Verkaufs- oder Mehrwertsteuer (sales tax) an. Diese beträgt je nach Bundesstaat zwischen **0% und 7,25%** und muss auf den ausgezeichneten Preis aufgeschlagen werden. Oregon und Montana erheben keine Sales Tax.

Fabrikverkäufe (Factory Outlets)

Ziemlich preiswert kann man bisweilen in den Factory Outlets einkaufen, wo verschiedenste Firmen ihre **Markenprodukte**, vor allem Kleidung, direkt verkaufen. Diese liegen meist außerhalb der Städte an einer Interstate oder einem viel befahrenen Highway.

Mitbringsel und Souvenirs

Sehr beliebt sind Souvenirs aus den Shops der Nationalparks, Museen oder Vergnügungsparks wie T-Shirts und Mützen. Relativ preiswert sind **technische Geräte** (Achtung: 110 Volt! Vor dem Kauf sich zu Hause informieren), vor allem Telefone, Anrufbeantworter, I-Pods, Computer sowie Kameras oder CDs. Preisgünstig sind darüber hinaus **Oberbekleidung**, besonders Jeans, Kinderkleidung, Wäsche, Lederwaren, Schuhe und Sportartikel.
Echtes **indianisches Kunsthandwerk** (Lederbekleidung, Schmuck, Adlerfederhauben, Töpferarbeiten, Mokassins, Traumfänger, Medizinbeutel etc.) erkennt man daran, dass es teuer ist. Man bekommt es in Museumsläden, in Handelsposten (trading posts) und Galerien in den Reservaten. Auch **Western-Artikel** (Stiefel, Gürtel, Stetsons, Sporen oder gar Sättel) haben ihren Preis – sind aber tolle Souvenirs. In jeder größeren Stadt findet man ein Geschäft für »Western Wear«. Aus den Nationalparks bringt man auch gerne Mineralien mit.

Sicherheit

Gefahren Reisende laufen generell größere Gefahr, Opfer eines Taschendiebstahls oder eines Raubüberfalls zu werden. Aber abgesehen von den Risiken im Autoverkehr oder durch riskante Sportarten sind die USA ein recht sicheres Reiseland. In einer Notsituation wendet man sich an die nächste Polizeidienststelle, **Tel. 911.**

Einige Tipps Geld am Automaten sollte man möglichst tagsüber und nur in belebten Gegenden abheben, überhaupt meidet man sicherheitshalber bei Dunkelheit schlecht oder gar nicht beleuchtete Viertel. Kameras oder Schmuck trägt man möglichst diskret. Wertsachen und größere Bargeldmengen werden im **Hotelsafe** deponiert (und liegen nicht offen im Zimmer!). Trotz Dollar-Reiseschecks und Kreditkarten empfiehlt es sich, immer eine kleinere Menge Bargeld (10–50 US-$) für den Notfall bei sich zu haben.

Von der Mitnahme von **Anhaltern** ist dringend abzuraten. Auch parkt man sein Fahrzeug am sichersten auf gut ausgeleuchteten und einsehbaren Plätzen. Übernachten im Auto sollte man tunlichst unterlassen. Hat man sich verfahren und sucht Rat, steuert man einen Parkplatz vor einer Tankstelle oder einem Geschäft an. Vorsicht ist auch geboten, wenn man von hinten oder von der Seite angefahren wird. Nach Möglichkeit steuert man den nächsten gut **ausgeleuchteten und einsehbaren Parkplatz** einer Tankstelle oder eines Ladengeschäftes an, um von dort aus die Polizei (Tel. 911) zu rufen.

Sprache

Das amerikanische Englisch unterscheidet sich vom britischen Englisch und vom deutschen Schulenglisch nicht nur in Aussprache und Betonung, sondern auch im Wortschatz.

AMERIKANISCHES ENGLISCH

Auf einen Blick

Ja / Nein	Yes / No
Vielleicht.	Perhaps. / Maybe.
Bitte	Please.
Danke. / Vielen Dank!	Thank you. / Thank you very much.
Gern geschehen.	You're welcome.
Entschuldigung!	Excuse me!
Wie bitte?	Pardon?
Ich verstehe Sie / Dich nicht.	I don't understand.

Ich spreche nur wenig ...	I only speak a bit of ...
Können Sie mir bitte helfen?	Can you help me, please?
Ich möchte ...	I'd like ...
Das gefällt mir (nicht).	I (don't) like this.
Haben Sie ...?	Do you have ...?
Wieviel kostet es?	How much is this?
Wieviel Uhr ist es?	What time is it?
Wie heißt dies hier?	What is this called?

Kennenlernen

Guten Morgen!	Good morning!
Guten Tag!	Good afternoon!
Guten Abend!	Good evening!
Hallo! Grüß Dich!	Hello! / Hi!
Mein Name ist ...	My name is ...
Wie ist Ihr / Dein Name?	What's your name?
Wie geht es Ihnen / Dir?	How are you?
Danke. Und Ihnen / Dir?	Fine thanks. And you?
Auf Wiedersehen!	Goodbye! / Bye-bye!
Gute Nacht!	Good night!
Tschüs!	See you! / Bye!

Auskunft / Unterwegs

links / rechts	left / right
geradeaus	straight ahead
nah / weit	near / far
Bitte, wo ist ...?	Excuse me, where's ..., please?
... der Bahnhof	... the train station
... die Bushaltestelle	... the bus stop
... der Hafen	... the harbour
... der Flughafen	... the airport
Wie weit ist das?	How far is it?
Ich möchte ein Auto mieten.	I'd like to rent a car.
Wie lange?	How long?

Straßenverkehr

Ich habe eine Panne.	My car's broken down.
Gibt es hier in der Nähe eine Werkstatt?	Is there a service station nearby?
Wo ist die nächste Tankstelle?	Where's the nearest gas station?
Ich möchte ...	I want
Liter / Gallonen (3,8 l) ...	... liters / gallons of ...
... Normalbenzin.	... regular.

... Super.	... premium.
... Diesel.	... diesel.
... bleifrei.	... unleaded
Volltanken, bitte.	Full, please.
Hilfe!	Help!
Achtung!	Attention!
Vorsicht!	Look out!
Rufen Sie bitte ...	Please call ...
... einen Krankenwagen.	... an ambulance.
... die Polizei.	... the police.
Es war meine Schuld.	It was my fault.
Es war Ihre Schuld.	It was your fault.
Geben Sie mir bitte Namen und Anschrift.	Please give me your name and address.
Vorsicht vor ...	Beware of ...
Ortsumgehung (mit Straßennummer)	Business (mit Straßennummer)
Umgehungsstraße	Bypass (Byp)
Brücke, Pontonbrücke	Causeway
Achtung! Vorsicht!	Caution!
Bauarbeiten	Construction
Kreuzung, Überweg	Crossing (Xing)
Sackgasse	Dead End
Umleitung	Detour
Straße mit Mittelstreifen	Divided Highway
Einfahrt verboten	Do not enter
Ausfahrt	Exit
Steigung / Gefälle/unübersichtlich (Überholverbot)	Hill
Behindertenparkplatz	Handicapped Parking
Kreuzung, Abzweigung, Einmündung	Junction (Jct)
Abstand halten ...	Keep off ...
Ladezone	Loading Zone
Einmündender Verkehr	Merge (Merging Traffic)
Schmale Brücke	Narrow Bridge
Parken verboten	No Parking
Überholen verboten	No Passing
Rechtsabbiegen bei Rot verboten	No Turn on Red
Wenden erlaubt	U Turn
Wenden verboten	No U Turn
Einbahnstraße	One Way
Ein- und Aussteigen erlaubt	Passenger Loading Zone
Fußgängerüberweg	Ped Xing
Zeitlich begrenztes Parken erlaubt	Restricted Parking Zone
Vorfahrt	Right of Way
Straßenbauarbeiten	Road Construction
Schleudergefahr bei Nässe	Slippery when wet
Langsam fahren	Slow
Straßenbankette nicht befestigt	Soft Shoulders
Geschwindigkeitsbegrenzung	Speed Limit

Benutzungsgebühr, Maut	Toll
Absolutes Parkverbot, Abschleppzone	Tow away Zone
Kreuzung, Überweg	Xing (Crossing)
Vorfahrt beachten	Yield

Einkaufen

Wo finde ich ... eine / ein ..?	Where can I find a ...?
Apotheke	pharmacy
Bäckerei	bakery
Kaufhaus	department store
Lebensmittelgeschäft	food store
Supermarkt	supermarket

Übernachtung

Können Sie mir ... empfehlen?	Could you recommend ... ?
... ein Hotel / Motel	... a hotel / motel
... eine Frühstückspension	... a bed & breakfast
Haben Sie noch ...?	Do you have ...?
... ein Einzelzimmer	... a room for one
... ein Doppelzimmer	... a room for two
... mit Dusche / Bad	... with a shower / bath
... für eine Nacht	... for one night
... für eine Woche	... for a week
Ich habe ein Zimmer reserviert.	I've reserved a room.
Was kostet das Zimmer	How much is the room
... mit Frühstück?	... with breakfast?

Arzt

Können Sie mir einen guten Arzt empfehlen?	Can you recommend a good doctor?
Ich brauche einen Zahnarzt.	I need a dentist.
Ich habe hier Schmerzen.	I feel some pain here.
Ich habe Fieber.	I've got a temperature.
Rezept	prescription
Spritze	Injection / shot

Bank / Post

Wo ist hier bitte eine Bank?	Where's the nearest bank?
Geldautomat	ATM (Automated Teller Machine)

Ich möchte Euros in Dollars wechseln. ... I'd like to change euros into dollars.
Was kostet ... How much is ...
... ein Brief ... ... a letter ...
... eine Postkarte ... ... a postcard ...
nach Europa? to Europe?

Zahlen

1	one	2	two
3	three	4	four
5	five	6	six
7	seven	8	eight
9	nine	10	ten
11	eleven	12	twelve
13	thirteen	14	fourteen
15	fifteen	16	sixteen
17	seventeen	18	eighteen
19	nineteen	20	twenty
21	twenty-one	30	thirty
40	forty	50	fifty
60	sixty	70	seventy
80	eighty	90	ninety
100	hundred	1000	one thousand
1/2	a half	1/3	a third
1/4	a quarter		

Restaurant

Wo gibt es hier ein gutes Restaurant? ..... Is there a good restaurant here?
Reservieren Sie uns bitte Would you reserve us
   für heute Abend einen Tisch!   a table for this evening, please?
Die Speisekarte bitte! The menu please!
Auf Ihr Wohl! Cheers!
Bezahlen, bitte. Could I have the check, please?
Wo ist bitte die Toilette? Where is the restroom, please?

Frühstück / Breakfast

Kaffee (mit Sahne / Milch) coffee (with cream / milk)
koffeinfreier Kaffee decaffeinated coffee
heiße Schokolade hot chocolate
Tee (mit Milch / Zitrone) tea (with milk / lemon)
Rührei scrambled eggs
pochierte Eier poached eggs
Eier mit Speck bacon and eggs

Wer Lachs möchte, bestelle »salmon«.

Spiegeleier	eggs sunny side up
harte / weiche Eier	hard-boiled / soft-boiled eggs
(Käse- / Champignon-)Omelett	(cheese / mushroom) omelette
Pfannkuchen	pancake
Brot / Brötchen / Toast	bread / rolls / toast
Butter	butter
Zucker	sugar
Honig	honey
Marmelade / Orangenmarmelade	jam / marmelade
Joghurt	yoghurt
Obst	fruit

Vorspeisen und Suppen / Starters and Soups

Fleischbrühe	broth / consommé
Hühnercremesuppe	cream of chicken soup
Tomatensuppe	cream of tomato soup
gemischter / grüner Salat	mixed / green salad
frittierte Zwiebelringe	onion rings
Meeresfrüchtesalat	seafood salad
Garnelen- / Krabbencocktail	shrimp / prawn cocktail
Räucherlachs	smoked salmon

Fisch und Meeresfrüchte / Fish and Seafood

Kabeljau	cod
Krebs	crab

Aal	eel
Schellfisch	haddock
Hering	herring
Hummer	lobster
Muscheln	mussels
Austern	oysters
Barsch	perch
Scholle	plaice
Lachs	salmon
Jakobsmuscheln	scallops
Seezunge	sole
Tintenfisch	squid
Forelle	trout
Tunfisch	tuna

Fleisch und Geflügel / Meat and Poultry

gegrillte Schweinerippchen	barbecued spare ribs
Rindfleisch	beef
Hähnchen	chicken
Geflügel	poultry
Kotelett	chop / cutlet
Filetsteak	fillet
(junge) Ente	duck(ling)
Schinkensteak	gammon
Fleischsoße	gravy
Hackfleisch vom Rind	ground beef
gekochter Schinken	ham
Nieren	kidneys
Lamm	lamb
Leber	liver
Schweinefleisch	pork
Würstchen	sausages
Lendenstück vom Rind, Steak	sirloin steak
Truthahn	turkey
Kalbfleisch	veal
Reh oder Hirsch	venison

Nachspeise und Käse / Dessert and Cheese

gedeckter Apfelkuchen	apple pie
Schokoladenplätzchen	brownies
Hüttenkäse	cottage cheese
Sahne	cream
Vanillesoße	custard
Obstsalat	fruit salad

Ziegenkäse .... goat's cheese
Eiscreme .... icecream
Gebäck .... pastries

Gemüse und Salat / Vegetables and Salad

gebackene Kartoffeln in der Schale .... baked potatoes
Pommes frites .... french fries
Bratkartoffeln .... hash browns
Kartoffelpüree .... mashed potatoes
gebackene Bohnen in Tomatensoße ...... baked beans
Kohl .... cabbage
Karotten .... carrots
Blumenkohl .... cauliflower
Tomaten .... tomatoes
Gurke .... cucumber
Knoblauch .... garlic
Lauch .... leek
Kopfsalat .... lettuce
Pilze .... mushrooms
Zwiebeln .... onions
Erbsen .... peas
Paprika .... peppers
Kürbis .... pumpkin
Spinat .... spinach
Mais .... sweet corn
Maiskolben .... corn-on-the-cob

Obst / Fruit

Äpfel	apples	Birnen	pears
Aprikosen	apricots	Orange	orange
Brombeeren	blackberries	Pfirsiche	peaches
Kirschen	cherries	Ananas	pineapple
Weintrauben	grapes	Pflaumen	plums
Grapefruit	grapefruit	Himbeeren	raspberries
Erdbeeren	strawberries	Zitrone	lemon
Preiselbeeren	cranberries		

Getränke / Beverages

Bier (vom Fass) .... beer (on tap)
Apfelwein .... cider
Rotwein / Weißwein .... red wine / white wine
trocken / lieblich .... dry / sweet

Sekt, Schaumwein	sparkling wine
alkoholfreie Getränke	soft drinks
Fruchtsaft	fruit juice
gesüßter Zitronensaft	lemonade
Milch	milk
Mineralwasser	mineral water / spring water

Übernachten

Hotels Die eigentlichen Hotels finden sich meist in den Innenstädten bzw. in den touristischen Zentren. Die größeren und bedeutenderen Häuser unterhalten **Zubringerdienste** zu den nächsten Flughäfen. In den größeren Hotels gibt es neben Restaurants auch Coffee Shops, Snack Bars, kleine Geschäfte, Kosmetik- und Friseursalons sowie Büros von Mietwagenfirmen und Fluggesellschaften.

Hotelketten ▶ Die bekanntesten Hotelketten wie Best Western, Days Inn, Hilton oder Holiday Inn betreiben auch Internetseiten, auf denen man sich genauer informieren kann. Einige unterhalten auch Vertretungen in Deutschland, Österreich und der Schweiz.

Resorts Als luxuriöse Ferienanlagen mit allen erdenklichen Freizeit- und Sportmöglichkeiten bieten sich die Resorts an. Diese oft im **Stil von Ferienklubs** geführten Hotelkomplexe verfügen über eigene Badestrände, Tennis- und Golfplätze, Pferdekoppeln usw., bieten Unterhaltung der gehobenen Art und sind in der Regel sehr teuer.

Motels Für Autotouristen sind Motels zugeschnitten. Sie liegen meist an Ausfallstraßen, verfügen über Parkplätze in Zimmernähe und je nach Komfort auch über Swimming Pools und Sportplätze.

Bed & Breakfast Bed & Breakfast ist in den USA eine eher **teure Angelegenheit** und hat nur sehr wenig mit der vielleicht aus Großbritannien oder Irland bekannten, eher preiswerten Übernachtungsmöglichkeit bei Familien zu tun. In den USA beginnen die Preise bei ca. 60 – 70 $ und können bis zu 200 $ reichen – dafür kommt man aber auch oftmals in einem denkmalgeschützten Gebäude unter, das nur wenige, aber meist sehr geschmackvoll eingerichtete Zimmer besitzt. Rechtzeitige **Reservierung** ist angezeigt. Adressen erhält man bei der Association of American Historic Inns.

Steuern Zu den Übernachtungskosten kommen noch die in den einzelnen Bundesstaaten geltenden Steuern und Abgaben dazu, die **bis zu 15%** des Nettobetrags ausmachen können. Für Kinder, die im Zimmer

▶ ADRESSEN ÜBERNACHTUNG

HOTEL- UND MOTELKETTEN

▶ Günstig

Days Inn
Tel. 1-800-DAYS-INN
www.daysinn.com

Econo Lodge
Tel. 1-800-553-2666
www.econolodge.com

Motel 6
Tel. 1-800-466-8356
www.motel6.com

Super 8 Motel
Tel. 1-800-800-8000
www.super8.com

▶ Komfortabel

Comfort Inn
Tel. 1-877-424-6423
www.comfortinn.com

Holiday Inn
Tel. 1-800-HOLIDAY
www.ichotelsgroup.com

Red Roof Inn
Tel. 1-800-RED-ROOF
www.redroof.com

Sleep Inn
Tel. 1-800-753-3746
www.sleepinn.com

TraveLodge
Tel. 1-800-578-7878
www.travelodge.com

▶ Luxus

Crowne Plaza
Tel. 1-800-227-6963
www.crowneplaza.com

Hilton
Tel. 1-800-HILTONS
www.hilton.com

Hyatt
Tel. 1-800-233-1234
www.hyatt.com

i Preiskategorien

■ Die in diesem Reiseführer empfohlenen Hotels sind in folgende Preiskategorien eingeteilt (Doppelzimmer pro Nacht ohne Frühstück):

Luxus: über 200 US-Dollar
Komfortabel: 100 bis 200 US-Dollar
Günstig: 40 bis 100 US-Dollar

Marriott
Tel. 1-800-228-9290
www.marriott.com

Radisson
Tel. 1-800-333-3333
www.radisson.com

Ramada
Tel. 1-800-272-6232
www.ramada.com

Sheraton
Tel. 1-800-325-3535
www.sheraton.com

Westin
Tel. 1-800-228-3000
www.westin.com

BED & BREAKFAST

▶ American Historic Inns

Tel. 1-949-497-2232
www.bnbinns.com

▶ **Bed & Breakfast online**
www.bbonline.com

JUGENDUNTERKÜNFTE

▶ **YMCA/YWCA**
Tel. 1-888-477-9622
www.ymca.net, www.ywca.org

▶ **Hostelling International USA**
Tel. 1-301-495-1240
www.hiyayh.org

RANCHAUFENTHALT

www.duderanches.com
www.duderanch.org
www.guestranches.com
www.workingranches.com
www.coolworks.com

CAMPING

▶ **Kampground of America (KOA)**
Tel. 1-406-248-7444
www.koakampgrounds.com

der Eltern wohnen, fallen keine weiteren Kosten an; für zusätzliche Erwachsene beläuft sich der Zuschlag auf 8 bis 20 $. Viele, auch sehr luxuriöse Hotels bieten **Wochenendtarife** an, die z. T. erheblich unter den Normalpreisen liegen – nachfragen lohnt sich! Es ist ratsam, Hotel- bzw. Motelübernachtungen **im Voraus** zu buchen.

Auskunft ▶ **Unterkunftsverzeichnisse** (Accommodation Guide) gibt es z. B. bei den örtlichen Fremdenverkehrsbüros (Welcome oder Visitors Centers), manchmal wird sogar die Reservierung gleich vorgenommen.

Jugend-herbergen Wie überall gibt es auch unter den Jugendherbergen »schwarze Schafe«, die in keiner Weise den **HI-AYH-Normen** entsprechen und dem Verband auch nicht angehören. Die echten Jugendherbergen erkennt man am dreieckigen HI-Logo mit dem Haus-und-Baum-Symbol.
Der US-amerikanische Jugendherbergsverband Hostelling International – American Youth Hostels (HI-AYH) ist dem Internationalen Jugendherbergsverband angeschlossen. Die Herbergen sind i. d. R. von 7.30 – 10.00 und 16.30 – 23.00 Uhr geöffnet, in Großstädten länger. Die Preise bewegen sich zwischen 10 und 20 $ pro Nacht. Ein **internationaler Jugendherbergsausweis** wird nicht immer verlangt, um sicher zu gehen, sollte man sich dennoch einen solchen besorgen.

YWCA In allen größeren Städten unterhalten die dem deutschen CVJM entsprechenden Verbände YMCA (Young Men's Christian Association) und YWCA (Young Women's Christian Association) Beherbergungsbetriebe. Sie sind oft ausgebucht und auch nicht ganz preiswert.

Studenten- und Dozenten-wohnheime Während der **Hochschulferien** kann man verschiedenenorts oftmals recht preisgünstig in Studenten- und Dozentenwohnheimen logieren. Detaillierte Informationen halten die Fremdenverkehrsstellen bzw. die Hochschulverwaltungen der jeweiligen Orte bereit.

Ranchaufenthalt Ranchaufenthalte sind möglich auf sog. **Dude Ranches**, die sich ganz auf den Tourismus verlegt haben, oder auf **Working Ranches**, auf denen Freizeit-Cowboys mithelfen können.

In den USA gibt es zahllose Campingplätze. Standard ist dabei eine Parzelle mit Stellplatz, Tisch, Bank und Feuerstelle. Auf privaten Campingplätzen (organisiert bei Kampground USA) sind **gepflegte sanitäre Anlagen** selbstverständlich. Oft sind zusätzliche Einrichtungen wie Lebensmittelmärkte, Snack Bars, Waschräume, Fernsehräume, Swimming Pools und Saunen vorhanden. Auf vielen Plätzen kann man auch kleine Blockhütten mieten. Auf staatlichen Campingplätzen, beispielsweise in National Parks und State Parks, kann man **sehr preiswert** und zudem meist in schöner Umgebung übernachten. Dafür müssen manchmal allerdings erhebliche Abstriche bei Ausstattung und Komfort hingenommen werden. Die Campingplätze werden vor allem in den Hauptferienzeiten sowie an verlängerten Wochenenden stark frequentiert. Eine rechtzeitige Buchung von Stellplätzen wird dringend angeraten. Freies oder **wildes Kampieren** ist verboten. Ausnahmebewilligungen müssen bei den infrage kommenden Kommunalverwaltungen beantragt werden

Camping

◄ Dringend reservieren!

Urlaub aktiv

Zuschauersport

Die beliebtesten Zuschauersportarten sind Football, Baseball und Basketball. Der mit Abstand größte Publikumsrenner ist **American Football** mit dem Höhepunkt der Saison im Januar, dem Spiel um die **Super Bowl**, die Krone des Football. Teams aus dem Nordwesten in National Football League sind die Oakland Raiders, die San Francisco 49ers und die Seattle Seahawks (www.nfl.com). Auf Platz 2 der Beliebtheitsskala rangiert **Baseball**. In der Major League Baseball sind die Oakland Athletics, die San Francisco Giants und die Seattle Mariners vertreten (www.mlb.com). Schließlich **Basketball**: In der National Basketball League spielen die Oakland Golden State Warriors, die Seattle SuperSonics, die Portland Trails Blazers und die Sacramento Kings (www.nba.com).

Ballsportarten

Starke Publikumsmagneten sind außerdem Autorennen (in erster Linie Stock Car Races der Nascar-Serie), Pferderennen, Tennis, Ringen, Golf, Lacrosse (aus dem baskischen Pelota abgeleitet) und natürlich das Rodeo.

Weitere Publikumsmagneten

Aktivsport

Die wunderschönen Landschaften im Nordwesten laden zu einer Vielzahl von Sportmöglichkeiten ein, die von Angeln, Drachenfliegen, Heißluftballonfahrten oder Fallschirmspringen, über Wandern, Reiten, Skifahren und Schneeschuhwandern bis zu Tauchen und

Wildwasser-Rafting oder Wahlbeobachtung reichen. Informationen über Anbieter, Ausrüstung, Kurse oder Führungen erhält man bei den lokalen Tourismusbüros oder in Reisebüros.

Angeln, Fischen Der Nordwesten ist ein Paradies für Angler und Fliegenfischer. Die lokalen Fremdenverkehrsstellen informieren über geeignete Reviere. Lizenzen geben u. a. Parkbehörden, Gemeinde- oder Touristenbüros oder Sportgeschäfte aus. An der Pazifikküste werden auch Hochseeangeltouren angeboten.

> ## ! Baedeker TIPP
>
> **Infos über Urlaub aktiv**
> Eine fast unendliche Informationsquelle zu den Themen Urlaub in der Natur und Aktivurlaub sind die Great Outdoors Recreation Pages (www.gorp.com) und Outside (http://outside.away.com).

Golf ist in den USA sehr populär, das gilt auch für den Nordwesten, wo man dank des milden Klimas in vielen Gegenden ganzjährig abschlagen kann. Die meisten Golfplätze in Städten sind öffentlich, die in Ferienorten privat. Viele Klubs lassen auch Nichtmitglieder auf ihren Plätzen spielen.

Wandern, Trekking, Bergsteigen Zum Wandern (Trekking) oder Bergsteigen sind die verschiedenen **National Parks, State Parks** und **Recreational Areas** bestens geeignet. Zu den schönsten und interessantesten Punkten solcher Gebiete führen gut markierte Pfade und Wege (Hiking Trails). Informationen erhält man in den Besucherzentren und Informationsbüros der Park- und Forstverwaltungen. In den meisten Nationalparks werden auch geführte Wanderungen angeboten.

Radfahren Radfahrern steht u. a. die 600 km lange, entsprechend beschilderte **Coast Bike Route** in Oregon (Highway 101) zur Verfügung. Da der Wind im Sommer meist aus Nordwest bläst, sollte man die Strecke am besten von Norden nach Süden fahren. Bei Radtouristen ebenfalls sehr beliebt ist der **Rockefeller Parkway** vom Yellowstone National Park zum Grand Teton National Park.

Reiten Dass man im Lande der Indianer und Cowboys gern reitet, versteht sich von selbst. Reitunterricht, für Anfänger oder Fortgeschrittene, längere oder kürzere Ausritte stehen z. B. auf allen **Guest Ranches** auf dem Programm (▶Übernachten).

Wassersport Zahlreiche Flüsse und Seen sowie der Pazifik bieten verschiedene Möglichkeiten zu Kajak-, Kanu- oder Floßfahrten. Die landschaftlich schönen **Strände** im Nordwesten laden wegen der kühlen Meerestemperaturen vor allem zu ausgiebigen Spaziergängen ein. **Badefreuden** genießt man eher in Seen oder Flüssen. Aber Vorsicht: Nacktbaden ist in den prüden USA verpönt. Wer von der Polizei erwischt wird, hat mit einer beachtlichen Geldstrafe zu rechnen.

In Washington und Oregon finden Freunde des Skilanglaufs und rasanter alpiner Abfahrten sowie Snowboarder Dutzende, teils bis in den April schneesichere Skigebiete. Die **populärsten Reviere** erstrecken sich von der kanadischen Grenze beim Mount Baker in der Nähe von Bellingham (WA) bis an die Südgrenze von Oregon bei Ashland, u. a. Hurricane Ridge im Olympic National Park, Stevens Pass bei Leavenworth, Crystal Mountain nahe beim Mount Rainier National Park (WA), die Gebiete um den Mount Hood östlich von Portland sowie Mount Bachelor westlich von Bend (OR). Zwei Top Ski-Adressen sind Sun Valley (ID) und Jackson Hole (WY).

Wintersport

Verkehr

Die größten Flughäfen im Nordwesten sind San Francisco, Seattle-Tacoma und Portland. Von den letzen beiden bestehen meist tägliche Verbindungen nach Spokane (WA), Boise (ID), Billings (MT) und Gallatin Field (Bozeman, MT). Jackson Hole im Grand Teton NP ist der wichtigste Flughafen in Wyoming; er wird aber nicht direkt von der Nordwestküste aus angeflogen.   Alle größeren Flughäfen sind bestens in die Straßennetze eingebunden und haben gute Nahverkehrsanschlüsse in die Stadtzentren bzw. in wichtige Orte des Hinterlands. Viele Hotels, Mietwagenfirmen usw. unterhalten einen **Airport Shuttle Service**. An den größeren Flughäfen sind alle namhaften Autovermieter vertreten.

Flughäfen

Den Bahnverkehr organisiert das Service-Unternehmen **Amtrak**, das für die Fahrgastbetreuung und die Fahrplangestaltung zuständig ist. Für das Streckennetz und das rollende Material sind diverse Gesellschaften verantwortlich. Mit dem **USA Rail Pass**, angeboten mit 15, 30 oder 45 Tagen Gültigkeit, kann man das gesamte Streckennetz in den USA befahren. Aletrantiv dazu gibt es auch Mehrfahrtenkarten (Multi Ride Tickets).
Im Nordwesten betreibt Amtrak drei Züge: den **Amtrak Cascades** (Vancouver / BC – Seattle – Tacoma – Portland –Salem – Eugene), den **Coast Starlight** (Seattle – Portland – Los Angeles) und den **Empire Builder**. Er fährt von Chicago nach Seattle bzw. Portland und hält an Stationen in Montana, Idaho, Oregon und Washington.

Mit der Bahn

◀ Amtrak im Nordwesten

Busse der Firma **Greyhound** Inc. befahren Linien zwischen allen wichtigen Städten und Touristenzentren. Der **Greyhound Discovery Pass**, gültig für 7, 15, 30 oder 60 Tage ist auch für Rundreisen im Nordwesten geeignet.

Mit dem Bus

Den Nordwesten erkundet man am besten mit einem Mietwagen. Einige Vermieter bieten ihre Fahrzeuge zu interessanten Preisen an,

Mietwagen

wobei die Wochenpauschalen besonders günstig sind. Man lasse sich jedoch nicht von den extrem niedrigen Grundmieten blenden. Vielmehr sollte man auf **ausreichenden Versicherungsschutz** (Haftpflicht, Kasko, Selbstbeteiligung) und Freimeilen achten. Versicherungspakete können recht teuer sein. Zudem fallen noch die Steuern des jeweiligen Staates und eventuell sogar Flughafensteuern (airport taxes) an, letztere jedoch nur bei Benutzung eines Airport Shuttle (Zubringerdienst) vom Flughafen zum Autohof des Vermieters. **Am besten: von zu Hause aus mieten!**

Führerschein, Mindestalter ▶ Wer ein Fahrzeug anmieten will, muss einen nationalen oder international anerkannten Führerschein (driver's licence) vorlegen können und in der Regel mindestens 21 Jahre alt sein.

Übergabe ▶ Zwar hat jede Mietwagenfirma ihren Schalter am Flughafen, das Auto selbst erhält man jedoch meist woanders. Vom Flughafen zur Mietstation wird man mit einem Shuttle Bus gebracht. Ist das bestellte Auto nicht verfügbar, hat man Anrecht auf ein Fahrzeug der nächsthöheren Klasse.

Kaution ▶ Die Fahrzeuge werden nur gegen eine Kaution abgegeben, die bei den meisten Vermietern nur durch Vorlage einer Kreditkarte als geleistet gilt.

Versicherungen ▶ Die Autovermieter bieten einen Wirrwarr unterschiedlicher Versicherungen an, die alle abzuschließen nicht unbedingt nötig ist: **CDW** (Collision Damage Waiver): Haftungsbefreiung für Unfallschäden am Fahrzeug (dringend empfohlen); **LDW** (Loss Damage Waiver): Haftungsbefreiung bei Verlust des Fahrzeugs; **PAI** (Personal Accident Insurance): Insassenunfallversicherung; **PEC** (Personal Effect Coverage): Reisegepäckversicherung; **LIS** bzw. **SLI**: Haftpflicht-Zusatzversicherung, mit der die Haftpflichtsumme der ohnehin bestehenden gesetzlichen Haftpflichtversicherung erhöht wird.

Mit dem Auto unterwegs

Wichtige Regeln ▶ Jeder US-Bundesstaat hat neben bundesweiten auch eigene Verkehrsgesetze. Gegenüber den Bestimmungen in Europa bestehen ein paar Unterschiede. Nachstehend einige zu beherzigende Regelungen:

Vorfahrt ▶ Trotz allgemeinem Rechtsverkehr hat an ungeregelten Kreuzungen derjenige Vorfahrt, der zuerst da war. Nötigenfalls muss man sich verständigen. An vielen Kreuzungen sind alle Einmündungen mit Stoppschildern versehen (**4-Way Stop**). Jeder Verkehrsteilnehmer muss hier anhalten.

Gurtpflicht ▶ In den meisten Bundesstaaten ist das Anschnallen zumindest auf den Vordersitzen Pflicht. Kinder unter vier Jahren dürfen in allen Staaten nur in einem speziellen Kindersitz mitfahren.

In verkehrsberuhigten Innenstädten und Wohngebieten liegen die zulässigen **Höchstgeschwindigkeiten** zwischen 20 mph / 32 km / h und 35 mph / 56 km/h; in der Nähe von Schulen, Altenheimen oder Krankenhäusern kann die Höchstgeschwindigkeit nur 15 mph / 24 km / h betragen! Auf Ausfallstraßen und Überlandstraßen mit Gegenverkehr darf man in der Regel bis zu 45 mph / 72 km/h schnell sein. Führt die Straße durch Gebiete mit Wildwechsel, sind bei Nacht nur noch 35 mph / 56 km/h erlaubt. Auf mehrspurigen Straßen und Autobahnen (Highways) darf man bis zu 55 mph / 88 km/h schnell sein, auf verkehrsarmen Abschnitten auch bis 70 mph / 112 km/h.

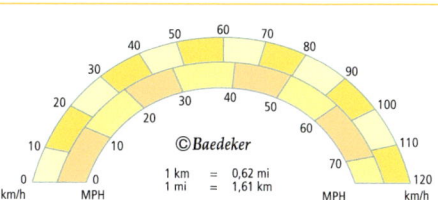

Geschwindigkeiten Umrechnung

1 km = 0,62 mi
1 mi = 1,61 km

© Baedeker

Die Promillegrenze liegt je nach ◀ Promillegrenze
Staat und County zwischen 0,0 und 1 Promille! »Driving under influence« wird hart geahndet. Angebrochene alkoholische Getränke dürfen nur im Kofferraum transportiert werden, in Wohnmobilen außerhalb der Reichweite des Fahrers. Unter 21-Jährige dürfen keine alkoholischen Getränke mit sich führen.

Auf einer Straße mit Gegenverkehr muss man anhalten, wenn ein ◀ Schulbusse
signalgelber Schulbus Kinder ein- und aussteigen lässt. Hält ein Schulbus auf einer durch einen breiten Grünstreifen bzw. durch eine nicht überwindbare Barriere vom Gegenverkehr getrennten Fahrbahn, so gilt diese Regelung nur für den in derselben Richtung fließenden Verkehr.

In den USA **hängen Verkehrsampeln hinter (!) der Kreuzung**. Rechts- ◀ Ampeln
abbiegen trotz roter Ampel ist nach vollständigem Anhalten und bei Beachtung der Vorfahrt erlaubt. Verboten ist das Rechtsabbiegen bei Rot durch das Verkehrsschild »No turn on red«.

Bei tief stehender Sonne, bei Sichtweiten unter 300 m, bei Regen so- ◀ Abblendlicht
wie auf langen, schnurgeraden Straßen mit Gegenverkehr muss mit eingeschaltetem Abblendlicht gefahren werden.

An Fernverkehrsstraßen außerhalb von Siedlungen, vor Hydranten ◀ Parken
und an Bushaltestellen ist Parken verboten.

Wenden ist auf den meisten Straßen verboten und durch das Ver- ◀ Wenden
kehrszeichen mit der Aufschrift »No U Turns« markiert.

Auf Interstates und auch manchen Highways ist **rechts überholen ge-** ◀ Rechts überholen
stattet.

Durchgezogene Doppellinien dürfen nicht überfahren werden, eben- ◀ Durchgezogene
so einfache durchgezogene Linien auf der Fahrerseite. Auf vielen Linien
Straßen sind Abbiegekorridore markiert.

Auf mehrspurigen Straßen in Ballungsräumen sind Fahrspuren mar- ◀ Rush-Hour-
kiert, die im morgendlichen und abendlichen Stoßverkehr nur von Spuren
Fahrzeugen mit zwei und mehr Insassen benutzt werden dürfen.

Das englische »Crossing« (dt. = überqueren) wird sehr oft mit ◀ Xing (Crossing)
»Xing« abgekürzt. Ein Verkehrsschild mit der merkwürdigen Aufschrift »Ped Xing« (»Pedestrian Crossing«) kündigt also einen Fußgängerüberweg an.

Autostopp ist zwar erlaubt, aber auf Interstates und deren Zufahrten ◀ Anhalter
ist Anhalten per Handzeichen streng untersagt.

Entfernungen im Nordwesten der USA

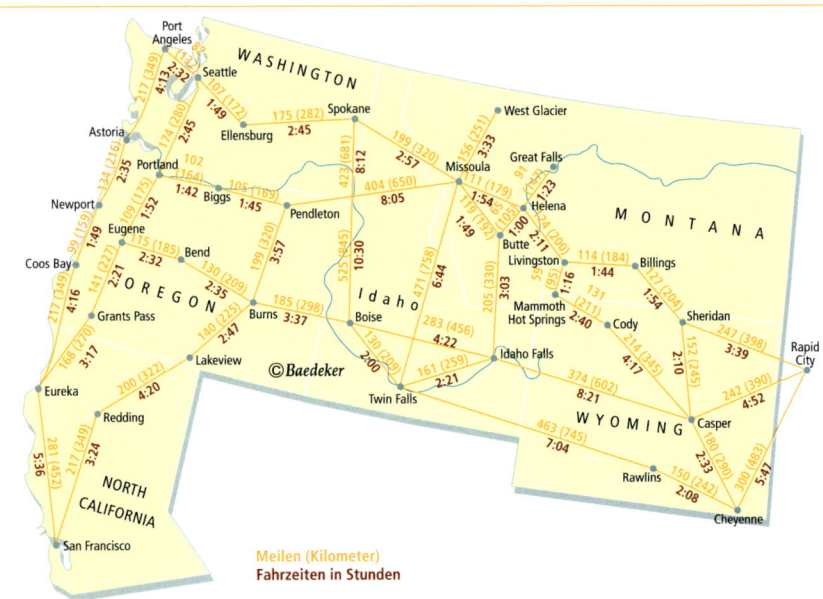

Meilen (Kilometer)
Fahrzeiten in Stunden

Fernstraßen Die mehrspurigen Interstates entsprechen den deutschen Autobahnen und unterscheiden sich durch blau-weiß-rote Beschilderung von den normalen Highways. Interstates mit geraden zweistelligen Nummern verlaufen in Ost-West-Richtung, solche mit ungeraden zweistelligen Nummern in Nord-Süd-Richtung. Dreistellige Nummern bezeichnen Schnellstraßen-Ringe und Stadtumfahrungen.

Interstates ▶

Highways ▶ Die Highways sind das Pendant zu den deutschen Bundesstraßen, im Gegensatz zu diesen jedoch in den meisten Fällen mehrspurig ausgebaut. Weiße Schilder kennzeichnen sie als Bundes- (z. B. US 6) oder Staatsstraßen (State Roads; z. B. OR 28 bzw. WA 28). Auch bei ihnen definiert die Nummer die grobe Himmelsrichtung. Mit »ALT« (alternative) oder »BUS« (business) werden Umgehungsstraßen bezeichnet. Der wichtigste Unterschied zwischen Highways und Interstates besteht darin, dass erstere – als mehrspurige Straßen – in den meisten Fällen **nicht kreuzungsfrei** sind. Bei Einmündungen und beim Linksabbiegen ist daher besondere Vorsicht geboten.

Toll ▶ »Toll« steht für eine Straßengebühr, die auf einigen Interstates und Highways sowie für die Benutzung von Brücken, Dammstraßen und Tunnels bzw. Unterführungen erhoben werden kann.

Ausfahrten ▶ Auf Straßen mit baulich getrennten Fahrstreifen liegen die Ausfahrten normalerweise rechts. Bei beengten Verhältnissen kann sie sich aber durchaus auch auf der linken Seite befinden.

Zeitzonen in den USA

Alaska Time
Washington
MEZ -10
Oregon
Idaho
Montana
Wyoming
Pacific Time
California
MEZ -9
Mountain Time
MEZ -8
Hawaii Time
MEZ -11
Central Time
MEZ -7
Eastern Time
MEZ -6
Atlantic Time
MEZ -5
Mitteleuropäische Zeit
MEZ zum Vergleich
Pacific Ocean
Atlantic Ocean
Gulf of Mexico
© Baedeker
200 mi
400 km

Angeboten werden **Diesel (»gasoil«)** und **bleifreies Benzin (»gas un-** **Benzin** **leaded«)** in den Sorten **»Regular« (Normal)** und **»Premium« (Super)**. Um die Zapfsäule betriebsbereit zu machen, muss ein Hebel umgelegt oder eine Halterung nach oben gezogen werden. An vielen Tankstellen wird vor allem abends und nachts Vorauskasse verlangt.

Zeit

Für die in diesem Reiseführer behandelten Staaten gelten die beiden **Zeitzonen** Zeitzonen Mountain Time (Montana, Wyoming) bzw. Pacific Time (California, Oregon, Washington, Idaho).

Die Sommerzeit (Daylight Saving Time), während der die Uhren um ◄ Sommerzeit eine Stunde vorgestellt sind, gilt in der Regel vom ersten Aprilsonntag bis zum letzten Oktobersonntag. In den Indianerreservaten gibt es keine Sommerzeit.

In den USA werden die Stunden nicht bis 24 durchgezählt. Von 0.00 ◄ a.m./p.m. Uhr (Midnight) bis 12.00 Uhr mittags (Noon) werden sie mit a. m. Datum (ante meridiem) bezeichnet, ab 12.00 Uhr mittags bis Mitternacht mit p. m. (post meridiem). Das Datum wird in der Reihenfolge Monat-Tag-Jahr angegeben, z. B. July 4, 2008 oder kurz 7-4-08.

Touren

DREI TOUREN ZU DEN HIGHLIGHTS
DER NORDWESTLICHEN USA –
VOM PAZIFIK IN GROSSARTIGE
WILDNIS BIS ZU DEN SCHAU-
PLÄTZEN DER INDIANERKRIEGE

TOUREN DURCH DEN NORDWESTEN DER USA

Die vorgeschlagenen Touren sind allesamt sehr lang – kein Wunder in einem solch weiten Land. Deshalb: viel Zeit einplanen oder nur Etappen auswählen, denn die Touren sind so angelegt, dass sich unterwegs gut abkürzen lässt.

━━ **TOUR 1** **Durch die Cascade Mountains zum Pazifik**
Ein repräsentativer Querschnitt des Besten, was der Nordwesten zu bieten hat. ▸ **Seite 118**

━━ **TOUR 2** **Über die Berge und in die Prärie**
Zwei völlig unterschiedliche Welten: von der Lifestyle-Metropole Seattle zu den Rindern und Cowboys der Great Plains. ▸ **Seite 121**

━━ **TOUR 3** **Zwei enge Verwandte**
Der Norden Kaliforniens und der Westen Oregons, verbunden durch den legendären Highway No. 1. ▸ **Seite 124**

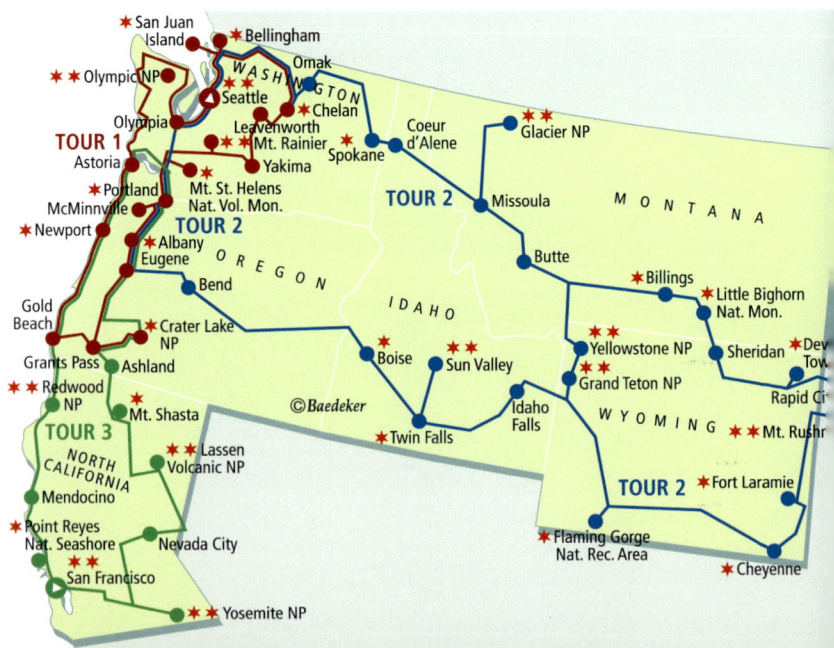

Unterwegs im Nordwesten der USA

Das Schönste an der Region in der linken oberen Ecke der USA: Die große Mehrheit der touristisch interessanten Ziele kennt weder Staus noch Smog noch Parkplatzprobleme. Nette Überraschungen am Straßenrand wie »Drive-Thru-Espresso«-Stände und altmodische Diner versüßen die großen Entfernungen.

Tatsächlich halten sich ermüdende Fahrerlebnisse in Grenzen. Zähflüssig erweist sich höchstens der Verkehr in den drei Ballungsräumen San Francisco, Portland und Seattle. Während der Hochsaison im Juli und August melden auch die Nationalparks Glacier, Yosemite und Yellowstone Stop-and-Go, bieten aber zugleich umweltfreundliche Shuttlebusse als Fortbewegungsalternative an. Außerhalb der Zentren und Hauptreisezeiten geht es auf dem Asphalt jedoch überwiegend gemütlich zu: Welch ein Genuss, nicht lange nach einem Parkplatz suchen zu müssen, sondern den Wagen einfach am Straßenrand abstellen und umgehend die Erkundung eines neuen Städtchens beginnen zu können! Welch ein Hochgefühl, vor allem in den Plains von Montana und Wyoming, die Straße mit niemandem teilen zu müssen! Und welch schönes Reisen im klassischen Sinn: am Endes des Tages problemlos einzukehren, in B & B's und kleinen Inns mit freundlichen Gastgebern zusammenzusitzen und mit Tipps für den nächsten Tag überschüttet zu werden. **Entspannt vorankommen**

Im Nordwesten ist man liberal oder konservativ, aufe jeden Fall aber umweltbewusst. Wen die Menschen hier auch an die Hebel der Macht wählen, das Bewusstsein, dass eine Kleinstadt in Naturnähe Lebensqualität bedeutet, teilen sich Anhänger unterschiedlichster politischer Couleur. Dem berühmt-berüchtigten »Anywhere USA«, dem gesichtslosen Einerlei aus Neubausiedlungen, Malls und Parkplätzen, wird man deshalb nicht allzu oft begegnen. Die meisten Städte und Städtchen stemmen sich erfolgreich gegen die Vereinnahmung durch Main Stream America, indem sie ihre alten Main Streets und Historic Districts restaurieren, kleine Unternemen fördern und sich mit Hightech-Industrien und modernen Dienstleistern für junge Familien attraktiv machen. **Jede Menge Lokalkolorit** ist das Resultat und der mit offenen Augen und Ohren Reisende wird mit vielen detaillierten Erinnerungen nach Hause zurückkehren.

Im bereits daheim gebuchten Mietwagen (► Praktische Informationen, S. 111) bleibt man **flexibel und unabhängig** und gelangt auch in entlegene Gebiete sowie in die National Parks und State Parks. Das Navigieren ist denkbar einfach, auch in den Großstädten: Auf dem Autofahrer-Kontinent sind die Straßen gemeinhin in gutem Zustand und alle Destinationen allgemein verständlich ausgeschildert. Vor dem Besuch der Ballungsräume um Portland, die Bay Area um San Francisco und den Puget Sound im Großraum Seattle sollte man al- **Mit dem Auto** lerdings zuvor gründlich die Karte studieren und sich eine Route zurechtzulegen. Vor allem in der Bay Area ist dies notwendig: Eine falsche Abfahrt kann leicht auf die falsche Brücke über die Bay und damit zu zeitraubenden Umwegen führen.

Mit dem Wohnmobil

Mit den eigenen vier Wänden huckepack unterwegs ist noch immer symbolhaft für die große Freiheit – besonders wenn man in einem Land wie den USA unterwegs ist. In Zeiten unaufhaltsam kletternder Benzinpreise sollte man sich allerdings genau überlegen, ob man einem dieser durstigen Camper – **Tanken für 300 Dollar ist nicht jedermanns Sache** – den Zuschlag geben mag. Auch kommt man vor allem im Gebirge mit den Ungetümen nicht überall hin: Einige der schönsten Panoramastraßen durch die Rocky Mountains sind ausdrücklich nur für Pkw ausgewiesen.

Tourenplanung mit dem Wetter

Die Reisezeit hängt natürlich davon ab, was man unterwegs zu unternehmen gedenkt – wobei alle Jahreszeiten etwas zu bieten haben. Von Oktober bis März erhält die Nordwestküste zwei Drittel ihres jährlichen Niederschlags. Wetterfeste Touristen haben jedoch die Winterstürme am Pazifik als Attraktion entdeckt und erholen sich beim »storm watching«; in den Gebirgen landeinwärts ist derweil Wintersport angesagt. Für Wanderer, Paddler und Camper ist die Zeit von Ende Mai bis Ende Juni, wenn die Wildblumen blühen und das Schmelzwasser die Gebirgsflüsse anschwellen lässt, am besten. Fotografen bevorzugen den Spätsommer mit seinen warmen, klaren Tagen und kühlen Nächten. Auch östlich der Rocky Mountains sind Frühjahr und Herbst für alle, die ein launisches Wetter nicht stört, interessante Alternativen: In den Nationalparks ist dann weniger los und Hotels sind erheblich preiswerter.

Tour 1 Durch die Cascade Mountains zum Pazifik

Start und Ziel: Seattle   **Länge :** 2150 mi / 3460 km

Seattle und Portland, die beiden Trendsetter der Region, Regenwälder, die Vulkane der Cascade Range und unverbaute, wilde Pazifikküste: Diese Tour bietet einen repräsentativen Querschnitt durch das Beste, was der Nordwesten zu bieten hat.

Von ❶ ✶✶ **Seattle** aus geht es zunächst auf der I-5 Richtung Norden nach der schönen und für ihre Kulturszene bekannten Hafenstadt ❸ ✶ **Bellingham**. Unterwegs bietet sich ein Abstecher nach den ❷ ✶ **San Juan Islands** via Anacortes an. Dann jedoch geht es endgültig in das bergige Innere von Washington.

Olympic National Park
*Wilde Küstenlandschaft und
Regenwald des Nordens*

Portland
*Zweitwichtigste Metropole
des Nordwestens*

Von Bellingham aus führen die Highways 542 und 9 zunächst wieder südlich nach Burlington, wo die geradewegs durch den North Cascades National Park führende Panoramastraße 9 in den Highway 20 mündet. Diese Wildnis an der Grenze zu Kanada wird auch »Alpen der USA« genannt. Die schönste Gelegenheit, sich dieser grandiosen Kulisse zu nähern, bietet eine Bootsfahrt von ❹ ✳ **Chelan** aus, dass man via Highway 153 und 97 erreicht. Denn nur das Boot schafft von hier aus die Verbindung nach Stehekin, der einzigen Siedlung im Nordwesten ohne Straßenanschluss. An der Ostflanke der Central Cascade Mountains strebt der Highway 92/2 von Chelan weiter nach Süden. In Wenatchee bietet sich die Möglichkeit zu einem Abstecher in das Wenatchee Valley mit seinen Apfelplantagen im Südostabschnitt und dem auf »Old Bavaria« getrimmten Städtchen ❺ **Leavenworth** tiefer im Tal. In Leavenworth folgt man dem Highway 97 über die faltenreichen Hänge der Central Cascades nach Ellensburg und das bereits in der trockenen High Sierra liegende ❻ **Yakima**.

**In die Alpen
der USA**

Ins Land der Vulkane

Von dort aus strebt der Highway 12 als schöne Aussichtsstraße über die Central Cascades in den sichtlich feuchteren Westen. Unterwegs ermöglicht der Highway 123 einen interessanten Abstecher zum ❼ ✶✶ **Mt. Rainier National Park**. Mit 4392 m ist der Vulkan Mt. Rainier der höchste Berg der Cascade Range und ein wunderbares Hikingrevier. Es folgt via Highways 12 und 25 der nächste Vulkan, der ❽ ✶ **Mt. St. Helens**, dessen Ausbruch 1982 über 50 Menschenleben forderte. Wer allerdings zum Besucherzentrum auf der Johnson Ridge und den dramatischen Blick von hier aus in den Krater genießen will, muss einen Umweg auf dem Highways 122, der I-5, und den Highways 505 und 504 in Kauf nehmen. Nach diesem Abstecher geht es auf der I-5 direkt nach ❾ ✶ **Portland** am Willamette River, nach Seattle das zweite kulturelle Zentrum im Nordwesten.

Von Portland in den Süden

Aus dem Ballungsraum um Portland führt die I-5 danach weiter Richtung Süden ins weitläufige Willamette Valley. Einen netten Ausflug garantiert zuvor der nach Südwesten abzweigende Highway 18, denn rund um das Städtchen ❿ **McMinnville** formieren sich ca. 100 Weingüter zum Zentrum der Weinproduktion Oregons. Danach sind ⓫ ✶ **Albany**, bekannt für seine schönen überdachten Brücken, das liberale ⓬ **Eugene** und das als Outdoor-Zentrum bekannte ⓭ **Grants Pass** weitere Stationen an der I-5. Einmal in Grants Pass, sollte man auch einen Blick in den ⓮ ✶ **Crater Lake National Park** (via Highways 234 und 62) werfen.

An der Küste zurück

Von Grants Pass geht es schließlich über Merlin auf dem Highway 23 durch die in diesem Abschnitt nicht allzu hohen, als Kalmiopsis Wilderness geschützten Coast Mountains zum Pazifik. In ⓯ **Gold Beach** mündet der bei Raftern und Paddlern beliebte Rogue River. Von hier aus folgt man dem Highway 101, der Fortsetzung des kalifornischen Highway 1, die nächsten 400 km bis nach Astoria. Klippen, Brandung und immer wieder gelbe, menschenleere Strände begleiten diese wunderbare Küstenstraße. Höhepunkte dieses Abschnitts sind der über 400 m hohe Humbug Mountain, das Resortstädtchen Bandon mit seinem fotogenen Felsenstrand, die aufeinander folgenden Orte Yachats mit dem gewaltigen Cape Perpetua, Waldport und ⓰ ✶ **Newport**, Oregons schönster Fischerhafen. Lincoln City mit seinem breiten Sandstrand, Pacific City mit dem schönen Cape Kiwanda und das ländliche Tillamook sind weitere interessante Stopovers. In ⓱ **Astoria**, das sich der meisten viktorianischen Häuser nördlich von San Francisco rühmt, überquert der 101 den breiten Columbia River nach Washington. Das Ferienresort Long Beach und die kleinen Städtchen von Gray Harbor lohne kurze Stops.

 NICHT VERSÄUMEN

- Seattle: Die Lifestyle-Metropole am Puget Sound ist Amerikas Kaffeehauptstadt.
- Mount Rainier National Park: Der über 4000 m hohe Vulkan ist immer noch aktiv.
- Olympic National Park: urzeitlicher Regenwald des Nordpazifiks

Zuletzt führt der Highway 101 auf die Olympic Peninsula rund um den ⑱ ✱✱ **Olympic National Park** im Inneren der Halbinsel. Das kunstsinnige Hafenstädtchen Port Angeles und die Haupstadt des Bundesstaats Washington, ⑲ **Olympia**, sind die letzten Stationen auf dem Rückweg nach ❶ ✱✱ **Seattle**.

Tour 2 Über die Berge und in die Prärie

Start und Ziel: Seattle

Länge: 3350 mi / 5390 km (ohne Abstecher)

Zwei Welten, jede unvergesslich: Von Seattle, der Lifestyle-Metropole, geht es über die Cascade Range und die Rocky Mountains zu den Rindern und Cowboys der Great Plains. Absolute Highlights dieser ebenso langen wie einzigartigen Tour: Glacier und Yellowstone, zwei der schönsten Nationalparks der Welt.

Von ❶ ✱✱ **Seattle** geht es anfangs auf der in Tour 1 beschriebenen Route bis nach ❷ ✱ **Chelan**. Nach der Bootstour nach Stehikin führt der Highway 97 zunächst nach Pateros zurück und von dort aus weiter nach Okanogan und ❸ **Omak**, zwei für die einmal im Jahr hier stattfindende Omak Stampede berühmte Städtchen in der trockenen High Desert. Nördlich von Omak zweigt der als Aussichtsstraße ausgewiesene Highway 20 nach Kettle Falls und Colville ab, von wo der Highway 395 nach dem sympathischen ❹ ✱ **Spokane** weiterzieht, der größten Stadt zwischen Seattle und Minneapolis. Etwas östlich von Spokane liegt bereits in Idaho das schöne Ferienresort ❺ **Cœur d'Alene** am See gleichen Namens.

Von Washington nach Idaho

Danach geht es zeitsparend auf der I-90 weiter nach dem weltoffenen, von Capuccino-Duft umwehten ❻**Missoula**, der für viele schönsten Stadt Montanas. Zuvor sollte man aber ein paar Extratage im ❼ ✱✱ **Glacier National Park** verbringen. Der beste Weg in diese alpine Wildnis an der kanadischen Grenze sind die Highways 135 und 28. Deer Lodge, ebenfalls an der I-90 von Missoula weiter nach Osten, empfängt dagegen mit weitläufigen Ranches, traditioneller Cowboykultur und hervorragenden Heimatmuseen. Um ❽ **Butte**, einer bis heute vom Bergbau gepräg-

In Montana

✔ **NICHT VERSÄUMEN**

- Glacier National Park: alpine Wildnis an der Grenze zu Kanada
- Yellowstone National Park: Heimat der Bisons und der Geysire
- Mount Rushmore: vier große Präsidenten der USA, in Stein gemeißelt
- Grand Teton National Park: Wildnis mit hohem Freizeitwert
- Sun Valley: berühmtes Skiresort

218 mi/ 351 km

65 mi/ 105 km

1 ★★ Seattle

Omak

3

139 mi/ 224 km

8 mi/ 13 km

52 mi/ 84 km

28 Olympia

112 mi/ 180 km

2

★ Chelan

50 mi/ 81 km

4

★ Spokane

Coeur d'Alene

5

176 mi/ 283 km

27 ★ Portland

80 mi/ 129 km

26 ★ Albany

41 mi/ 66 km

115 mi/ 185 km

25 **24** Bend

Eugene

319 mi/ 514 km

★ Boise

★ ★ Sun Valley

23

22

126 mi/ 203 km

83 mi/ 134 km

164 mi/ 264 km

21

★ Twin Falls

Shoshone Falls
*Die »Niagarafälle des
Westens« stürzen bei
Twin Falls in die Tiefe.*

ten Stadt, bieten sich Möglichkeiten zu Abstechern nach Montanas
Hauptstadt Helena im Norden und nach Dillon, einem echten Westernstädtchen in der Südwestecke des Staats. Kurz vor Bozeman
zweigt dann von der I-90 der Highway 191 zum Westeingang des
9 ★★ Yellowstone National Park ab. Die Interstate führt indes weiter nach Osten, passiert das sorgsam restaurierte, historische Livingston und erreicht schließlich **10 ★ Billings**, mit etwas über 100 000
Einwohnern Montanas einzige Großstadt. Hinter Billings dreht die
I-90 nach Süden ab und strebt quer durch die Crow Indian Reservation südwärts nach Wyoming. Unweit der Crow Agency erinnert das
11 ★ Little Bighorn Battlefield National Monument an die Niederlage der 7. US-Kavallerie unter Custer.

**In Wyoming und
South Dakota**

Mit **12 Sheridan** und Buffalo, freundlichen Städtchen an der I-90 am
Osthang der Bighorn Mountains, begrüßt Wyoming den Reisenden.
Die blutige Geschichte der Indianer- und Weidekriege findet sich

7 ✱✱ Glacier NP

160 mi/ 258 km

6 Missoula

123 mi/ 198 km

8 Butte

109 mi/ 175 km

119 mi/ 192 km

10

122 mi/ 196 km

63 mi/ 101 km

✱ Little Bighorn
Nat. Mon.

11

✱ Billings

9 ✱✱ Yellowstone NP

70 mi/ 113 km

✱ Devils Tower

13

12

131 mi/ 211 km

Sheridan

32 mi/ 52 km

113 mi/ Rapid City
182 km

14

50 mi/ 81 km

19 ✱✱ Grand Teton NP

24 mi/ 39 km

15

✱✱
Mt. Rushmore

118 mi/ 190 km

20

Idaho Falls

205 mi/ 330 km

191 mi/ 308 km

✱ Fort Laramie **16**

60 mi/ 97 km

255 mi/ 411 km

111 mi/ 179 km

18 ✱ Flaming Gorge
Nat. Rec. Area

17 ✱ Cheyenne

Little Bighorn
*Ort einer legen-
dären Schlacht*

hier in guten Museen und auf zahlreichen historischen Schlachtfeldern dokumentiert. Danach führt die I-90 durch das »Outback« des
Nordwestens, eine leere Landschaft, in der das Auge erst weit am
Horizont einen Halt findet: am sich 265 m über die Ebene erheben-
den **13** ✱ **Devils Tower**, ein von den Indianern als heilig betrachteter
Monolith aus dunklem Vulkangestein. Etwas weiter östlich schließen
die bereits nach South Dakota reichenden Black Hills an, heilige Erde
für die Lakota-Sioux. **14** **Rapid City**, das touristische Gravitationszentrum der Hills, ist der östlichste Punkt dieser Tour. Wieder nach
Westen führen die Highways 16 und 385 zum weltberühmten
15 ✱✱ **Mt. Rushmore National Memorial** und zum gigantischen
Crazy Horse Memorial unweit von Custer. Von dort sind es drei, vier
einsame Autostunden auf dem Highway 18/85 nach dem ländlichen
Torrington im Südosten Wyomings. In der Umgebung, v. a in **16**
✱ **Fort Laramie** und Guernsey, warten zahlreiche historische Sehenswürdigkeiten. Auf den Highways 85 oder 87 erreicht man schließlich

das in der äußersten Südostecke liegende ⑰ ✳ **Cheyenne**, die freundliche Hauptstadt Wyomings. Von hier strebt die I-80 mehr oder weniger schnurgerade durch die Plains nach Westen. Laramie, Rawlins und Rock Springs sind lohnenswerte Stopover. In Rock Springs sollte man etwas Zeit für den Besuch der ⑱ ✳ **Flaming Gorge National Recreation Area** einplanen. Wieder nach Norden geht die Reise schließlich auf dem Highway 191 durch menschenleere Wildnis nach Pinedale an der Westflanke der schönen Wind River Mountains, einem erholsamen Zwischenstopp unterwegs zum herrlichen ⑲ ✳✳ **Grand Teton National Park**. Von Jackson, erreichbar auf den Highways 191 und 89, lassen sich sowohl dieser als auch der nördlich anschließende ❾ ✳✳ **Yellowstone National Park** erkunden.

Durch Idaho und Oregon zurück nach Washington

Danach geht es auf den Highways 22, 33, 31 und 26 nach dem urbanen ⑳ **Idaho Falls** am Snake River. Die in großem Bogen durch den Süden Idahos führende I-86/84 ist fortan der rote Faden durch diesen Teil des Bundesstaats. Sehenswert sind das ländliche Blackfoot, das moderne und doch traditionelle Pocatello und das in einem tiefen Canyon liegende ㉑ ✳ **Twin Falls**, von wo aus der Highway 75 einen Abstecher nach dem welberühmten Skiresort ㉒ ✳✳ **Sun Valley** ermöglicht. Von Idahos Hauptstadt ㉓ ✳ **Boise** nach ㉔ **Bend** am Ostrand des Deschutes National Forest in Oregon vergehen einige ereignislose Stunden auf dem Highway 20. Spannend wird es jedoch bald im vom ewigem Schnee bedeckten Three-Sisters-Massiv, durch das der Highway 242 nach ㉕ **Eugene** im fruchtbaren Willamette Valley führt. Nun auf der I-5 via ㉖ ✳ **Albany** und ㉗ ✳ **Portland** rasch zurück nach ❶ ✳✳ **Seattle**.

Tour 3 Zwei enge Verwandte

Start und Ziel: San Francisco   **Länge:** 1950 mi / 3140 km

San Francisco ist San Francisco. Weitere Namen, die keiner Erklärung bedürfen: Yosemite National Park, Portland, Highway 1, eine der Traumstraßen der Welt. Die übrigen Namen gehören den stilleren Stars, sind aber nicht minder sehenswert. Nordkalifornien und West-Oregon erweisen sich als enge Verwandte.

Durch das Land des Goldrauschs

Von ❶ ✳✳ **San Francisco** geht es zunächst über Stockton und den Highway 120 Richtung ❷ ✳✳ **Yosemite National Park**. Diese Wildnis in der Sierra Nevada gehört zu den schönsten Nordamerikas. Der zweispurige, in beiden Richtungen gleichermaßen interessante Highway 49 in den Foothills führt durch die alten Boomtowns des California Gold Rush von 1848 / 1849. Nach ❸ **Nevada City** nimmt man

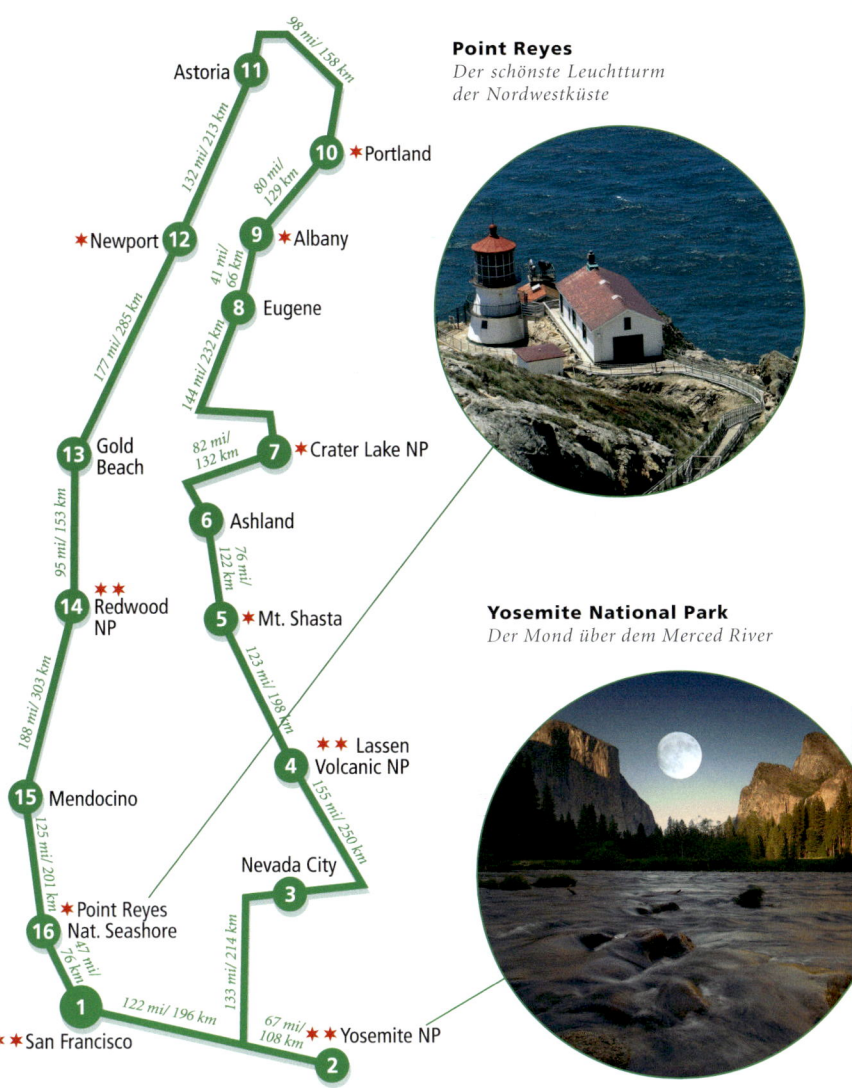

Point Reyes
*Der schönste Leuchtturm
der Nordwestküste*

Yosemite National Park
Der Mond über dem Merced River

Astoria **11**
98 mi/ 158 km
10 ＊Portland
132 mi/213 km
80 mi/ 129 km
＊Newport **12**
9 ＊Albany
41 mi/ 66 km
8 Eugene
177 mi/ 285 km
144 mi/232 km
Gold **13** Beach
82 mi/ 132 km
7 ＊Crater Lake NP
95 mi/ 153 km
6 Ashland
76 mi/ 122 km
14 Redwood NP ＊＊
5 ＊Mt. Shasta
188 mi/ 303 km
123 mi/ 198 km
＊＊ Lassen Volcanic NP
4
155 mi/ 250 km
15 Mendocino
Nevada City
3
125 mi/ 201 km
133 mi/ 214 km
＊Point Reyes **16** Nat. Seashore
47 mi/ 76 km
1
122 mi/ 196 km
67 mi/ 108 km
＊＊ Yosemite NP
＊＊San Francisco
2

kurz die I-80 in östlicher Richtung und verlässt sie kurz vor Truckee
wieder, um auf dem als Aussichtsstraße ausgezeichneten Highway 89
Richtung Norden zu reisen. Im **4**＊＊ **Lassen Volcanic National
Park** verlocken wunderschöne Wanderwege zum Beinevertreten; der
leichte, 8 km lange Lassen Peak Trail führt sogar auf den Gipfel des

Vulkans. Die nächste Station am Highway 89 ist ebenfalls ein Vulkan: Einsam stehend und schneebedeckt, bietet der 4317 m hohe ❺ ✷ **Mount Shasta** den eindrucksvollsten Anblick im Norden Kaliforniens.

Weiter geht die Reise auf der I-5 über die Grenze nach Oregon. ❻ **Ashland**, kultiviert, lockt mit Bohème und schöner Umgebung. Etwas nördlich von Medford sollte man auf dem Highway 62 den Abstecher zum ❼ ✷✷ **Crater Lake National Park** unternehmen und den stahlblauen Kratersee umrunden. Danach setzt man die Reise auf dem als Aussichtsstraße ausgewiesenen Highway 138 durch die Cascade Range ins Willamette Valley fort. Auf der schnellen I-5 geht es danach durch das progressive ❽ **Eugene**, das viktorianische ❾ ✷ **Albany**, die schläfrige Hauptstadt Salem und das Weinangebaut Oregons rund um McMinnvillle schließlich nach ❿ ✷ **Portland**.

Nach Portland

In Portland dreht man bei und steuert auf dem Highway 30, der dem Columbia River flussabwärts folgt, dem Pazifik entgegen. Der alte Pelzhandelsposten ⓫ **Astoria** an der Mündung des Columbia River in den Pazifik ist der nördlichste Punkt dieser Tour. Von hier aus folgt man der alten, an der kalifornischen Grenze in die 1 übergehenden Küstenstraße 101 bis nach San Francisco. Die Highlights der 400 km langen Oregon-Küste – etwa ⓬ ✷ **Newport** und ⓭ **Gold Beach** – finden sich in umgekehrter Reihenfolge in der Beschreibung von Tour 1. Kurz hinter Brookings überquert der Highway 101 die kalifornische Grenze und wird zum berühmten Highway 1. Allzu viele Stellen lohnen das Aussteigen. Die schönsten: das an Nova Scotia erinnernde, raue Fischernest Trinidad, die ⓮ ✷✷ **Redwood National und State Parks** rund um das nette Collegestädtchen Arcata, die Lost Coast zwischen Ferndale und Honeydew, die Künstlerkolonie ⓯ **Mendocino**, der seit dem Hitchcock-Film »Die Vögel« raubeinig gebliebene Fischerhafen Bodega Bay und, als letzter Höhepunkt vor der Überquerung der Golden Gate Bridge nach San Francisco, die ⓰ ✷ **Point Reyes National Seashore** mit einem der wohl schönsten Leuchttürme der Nordwestküste.

Auf dem Highway 1

NICHT VERSÄUMEN

- San Francisco: Traumstadt in Traumlage
- Yosemite National Park: die höchste Steilwand der Welt
- Lassen Volcanic National Park: Schwefelquellen und Schlammtöpfe
- Redwood National Park: jahrhundertealte Baumriesen

← *Baumriesen im Redwood National Park*

Reiseziele von A bis Z

OREGON, WASHINGTON, IDAHO, MONTANA, WYOMING UND DER NORDEN KALIFORNIENS: EIN FÜLLHORN UNTERSCHIEDLICHSTER LANDSCHAFTEN UND DAZU AUSSERGEWÖHNLICHE METROPOLEN

CALIFORNIA (NORTH)

Fläche: 411 000 km²
Einwohnerzahl: 37,7 Mio.
Hauptstadt: Sacramento
Beiname: The Golden State

Schneebedeckte Berge und bizarre Vulkanlandschaften statt in der Hitze backende Wüsten, gischtumtoste Steilküsten statt endloser Sandstrände und Einwohner, die Rollkragenpullis und Gummistiefel statt Polohemden und Golfschuhe tragen: Nördlich von San Francisco beginnt das andere, weniger bekannte Kalifornien.

»It never rains in …« Doch halt! Albert Hammond schrieb die Feel-Good-Hymne des Jahres 1972 mit Blick auf Südkalifornien. Der Norden hätte den Songwriter wohl auch kaum inspiriert, befinden sich hier doch drei Viertel der kalifornischen Wasservorräte. Und ja, hier regnet es viel und häufig, und viele Städte, allen voran ► San Francisco, sind berühmt-berüchtigt für ihre Regengüsse und Nebelbänke. Warum also den Norden anvisieren, wenn der Süden so viel angenehmer erscheint? Für die Antwort reicht ein Satz: Weil er leerer ist. Und, würden Naturfreunde und gestresste Stadtneurotiker hinzufügen, natürlicher und weniger prätentiös. »What you see is what you get«, sagen die Amerikaner in so einem Fall. Was Du kriegst, ist keine Mogelpackung. Was Du siehst, ist echt.

Landschaftlich ist Nordkalifornien ein abwechslungsreiches Büfett mit – letztlich ist auch hier Amerika – einem Faible für Superlative. Es gibt Sandstrände – leider, oder Gott sei Dank, ist der Pazifik hier bereits zum Baden zu kalt – und aus dem Küstennebel ragende Steilküsten mit den höchsten und ältesten Bäumen der Welt. Gleich dahinter ragt die steile und oft spektakuläre **Coast Range** auf. Sie begleitet die Küste von Santa Barbara bis nach Washington und lässt sich in San Francisco von einer riesigen, ihrerseits wiederum arg zerbeulten Bay unterbrechen. Nur hier öffnet sich die kalifornische Küste der weitläufigen Ebene des **Central Valley**, die den Staat beinahe der Länge nach durchquert. 60 km × 600 km groß, reicht dieses Becken von Bakersfield im Süden bis hinauf nach Redding und ist dank seines fruchtbaren Schwemmlandes eines der produktivsten Agrargebiete der Erde.

Nördlich von Redding beginnt die vulkanische **Cascade Range** mit ihrer schönsten und zugleich höchsten Visitenkarte: dem 4317 m

Ausführlich beschrieben im »Baedeker Allianz Reiseführer Kalifornien«

← *Mit Tretboot, Ausflugsschiff oder altem Raddampfer geht's auf große Fahrt über den Lake Tahoe, den »schönsten See der Welt« (M. Twain).*

Highlights California (North)

Lake Tahoe
Umrahmt von schneebedeckten Bergen, ist der tiefblau schimmernde See eines der beliebtesten Ferienziele des Landes.
▶ **Seite 146**

Lassen Volcanic National Park
Rund um den über 3000 m hohen Lassen Peak lockt eine faszinierende Vukanlandschaft mit brodelnden Schlammtöpfen und heißen Quellen.
▶ **Seite 150**

Napa Valley
Das berümteste Weinanbaugebiet der USA ist zugleich ein herrliches Ausflugsziel.
▶ **Seite 157**

Redwood Empire
Auf dem Highway 101 geht's durch die schönsten Mammutbaumwälder der Pazifikküste.
▶ **Seite 162**

San Francisco
Die »City by the Bay« gehört noch immer zu den »magischen« Reisezielen der Vereinigten Staaten.
▶ **Seite 171**

Yosemite National Park
Der in der Sierra Nevada gelegene Nationalpark bietet einige der spektakulärsten Naturschauspiele der Welt.
▶ **Seite 184**

hohen ▶Mount Shasta. Etwas weiter östlich endet das Central Valley vor dem bis weit in den Sommer hinein schneebedeckten Viertausendern der **Sierra Nevada**. Mit domartigen Granitgipfeln, grandiosen Wasserfällen und gewaltigen Canyons ist diese hochalpine Bergwelt eine der schönsten Landschaften der Welt.

Geschichte Bei der Ankunft der ersten Europäer war die Westküste eines der ethnisch vielfältigsten Gebiete Nordamerikas. Dreißig in sechs Sprachgruppen zerfallende, insgesamt etwa 300 000 Menschen zählende Stämme lebten hier.

Im Jahr 1542 erkundete der portugiesische Seefahrer Juan Rodriguez Cabrillo die Küste bis hinauf nach Oregon. Doch erst rund 200 Jahre später begann die Kolonisierung von **»Alta California«**. 1770 gründeten spanische Priester die Missionsstation Monterrey, 1776 ▶ San Francisco. Landeinwärts siedelten sich spanische Rancher und Farmer an, die **»Californios«**. Dort stießen sie bald auf amerikanische Abenteurer: 1821 hatte der Trapper **Jedediah Smith** Kalifornien als erster Weißer auf dem Landweg erreicht. Im gleichen Jahr wurde Mexiko von Spanien unabhängig, setzte aber die Besiedlung Kaliforniens fort. Die russische Einflusssphäre reichte in dieser Zeit von Alaska bis hinab nach ▶ Fort Ross, blieb aber auf die Küste beschränkt.

Im Jahr 1841 erreichte der erste Planwagen-Treck von Missouri aus die Bay Area und läutete damit die Westwanderung der amerikanischen Siedler ein. Im Mai 1846 brach der um Texas geführte Amerikanisch-Mexikanische Krieg aus, der am 2. Februar 1848 mit dem

Der Fund eines solchen Nuggets in der Sierra Nevada im Januar 1848 löste den kalifornischen Goldrausch aus.

Frieden von Guadalupe Hidalgo und der Abtretung »Alta Californias« an die USA endete.

Mit diesem Jahr beginnt für Kalifornien die moderne Zeitrechnung: Goldfunde in der Sierra Nevada lockten mehr als 300 000 Menschen in die Foothills östlich von ▶ Sacramento. 1850 trat Kalifornien als 31. Bundesstaat der Union bei. Der **kalifornische Goldrausch** dauerte bis 1855 und verwandelte das bislang unscheinbare San Francisco in eine blühende Großstadt. Die Ureinwohner allerdings fielen der Boomzeit zum Opfer: Der Modoc-Krieg von 1872/1873 war der letzte Landkonflikt mit den in Reservate abgeschobenen Indianern Kaliforniens.

Das 20. Jh. begann mit einem großen Knall: Am 18. April 1906 legte ein verheerendes Erdbeben 80 Prozent San Franciscos in Schutt und Asche. Der Aufbruchstimmung in Kalifornien tat dies jedoch keinen Abbruch. Während der Weltwirtschaftskrise baute die Regierung, als Arbeitsbeschaffungsmaßnahme, die Golden Gate Bridge.

Kalifornien boomte: Bis 1970 schwoll die Bevölkerung auf 20 Mio. an. Der inzwischen entstandene Mythos vom paradiesisch leichten Leben in subtropischer Wärme lockte auch Künstler und Freidenker hierher – vor allem nach San Francisco, das in den 1960er- und frühen 1970er-Jahren die Wiege zahlreicher sozialer Revolutionen wurde. Der Höhenflug Kaliforniens endete in den 1990er-Jahren. Schwere Rassenunruhen erschütterten Los Angeles, und der Freispruch für den des Mordes angeklagten Footballstar O. J. Simpson vertiefte nicht nur in Kalifornien die Kluft zwischen Schwarz und Weiß. Gegen

Ende des 20. Jh.s meldeten die Statistiken einen neuen Trend: Erstmals in der Geschichte des »Golden State« verließen mehr Menschen Kalifornien als Neuankömmlinge eintrafen. Der Grund: ein allgemein gesunkener Lebensstandard mit Problemen wie Smog, Verkehrschaos und Kriminalität vor allem im Großraum Los Angeles. So ziehen immer mehr Kalifornier vom Süden in den als »normaler«, »sauberer« und »sicherer« empfundenen Norden des Bundesstaates oder nach Oregon.

Bevölkerung   Mit 37,7 Mio. Menschen – über zehn Prozent der Gesamtbevölkerung – ist Kalifornien der bevölkerungsreichste US-Bundesstaat. Rund 45 Prozent der Bevölkerung sind Weiße, 36 Prozent stammen aus Lateinamerika, meist aus Mexiko, und bezeichnen sich als »Hispanics«. 12 Prozent sind asiatischer, sechs Prozent afroamerikanischer Abstammung und knapp ein Prozent sind Ureinwohner oder haben indianische Wurzeln.

Calistoga

N 5

Region: Napa County   **Einwohnerzahl:** 5300
Höhe: 106 m ü.d.M.

Wein, Wasser, Wellness: drei gute Gründe, um dem Napa Valley bis ans Ende zu folgen. Dort, zu Füßen des Mount St. Helena, empfangen den Besucher heiße Quellen, ein kalifornischer »Old Faithful« und ein etwas schläfriger Tourismus, der mit oft altmodischen Spas und kleinen, aber feinen Restaurants nicht unbedingt fashionabel sein will.

! Baedeker TIPP

Wellness-Paradies

Mitten in Calistoga bietet das »Calistoga Massage Center & Day Spa« ein tropisches, mit Palmen und Palmettogebüsch dekoriertes »Getaway«. Angeboten werden Massagen, Maniküre und verheißungsvoll klingende Programme mit Namen wie »Ultimate Wine Country Package« (1219 Washington St., Tel. 1-707-942-61 93, http://calistogamassage.com).

Vor der Ankunft der Europäer war das Nordende des Napa Valley dank seiner Eichenbestände und heißen Quellen dicht besiedeltes Indianerland. Während des spanisch-mexikanischen Intermezzos ließen sich bereits die ersten amerikanischen Rancher hier nieder, und die heißen Quellen lockten die ersten Erholungsuchenden an. 1859 gründete der Verleger **Sam Brennan** aus ► San Francisco die Stadt als Kurort. Heute sprudeln die heißen Quellen noch immer, und noch immer reisen viele San Franciscans am Wochenende nach Calistoga »to take the waters« – und beschließen den Tag bei einem Glas feinen Weins aus einem der umliegenden Weingüter.

CALISTOGA ERLEBEN

AUSKUNFT

Calistoga Chamber of Commerce
1506 Lincoln Ave.
Calistoga, CA 94515
Tel. 1-707-942-63 33
www.calistogafun.com

ESSEN

► **Erschwinglich**
Flatiron Grill
1440 Lincoln Ave.
Tel. 1-707-942-12 20
Hier gibt's – in urbanem Ambiente –
die besten Steaks der Region.

► **Erschwinglich/Preiswert**
Bosko's Trattoria
1364 Lincoln Ave.
Tel. 1-707-942-90 88

Treffpunkt von Einheimischen und
Auswärtigen mitten in Calistoga. Serviert wird solide italienisch-amerika-
nische Küche, v. a. großzügig belegte
Pizzen und frische Pasta.

ÜBERNACHTEN

► **Luxus/Komfortabel**
Dr. Wilkinson's
Hot Springs Resort
1507 Lincoln Ave.
Tel. 1-707-942-41 02
www.drwilkinson.com
42 Z.
Älteres Motel im Stadtzentrum mit
geschmackvoll eingerichteten Zim-
mern. Dazu gibt's Schwefelbäder,
Schlammbäder, Dampfbad und
Saunazentrum.

Sehenswertes in Calistoga und Umgebung

Der auf Privatgelände liegende Geysir ist einer von dreien auf der
Welt, die ihre Fontänen in regelmäßigen Abständen verschießen. Die
»treue Seele« von Calistoga macht dies alle 30 Minuten, wobei die
Fontänen an guten Tagen bis zu 20 m schaffen. Das unaufgeregte,
gleichwohl interessante Schauspiel wird am besten auf einem der be-
reitstehenden Plastikstühle genossen (1299 Tubbs Lane; Öffnungszeiten: tgl. 9.00 – 18.00 Uhr).

Old Faithful Geyser

⏱

Das von einem früheren Produzenten der Walt-Disney-Studios gegründete Museum widmet sich der Geschichte Calistogas. Dioramen,
historische Fotos und das restaurierte Cottage des Stadtgründers
Sam Brennan sorgen für einen informativen Besuch (1311 Washington St.; Öffnungszeiten: tgl. 11.00 – 16.00 Uhr).

Sharpsteen Museum

⏱

Der 6 mi/10 km nördlich von Calistoga gelegene Wald (in Privatbesitz) schützt einige der schönsten versteinerten Bäume der USA. Ein
lauschiger Spazierweg führt zu besonders fotogenen Stücken, darunter ein 20 m langer Redwood-Stamm. Hin und wieder gibt der Wald
den Blick auf den Vulkan Mount St. Helena frei. Sein Ausbruch vor
drei Millionen Jahren deckte das Tal mit Asche und Lava zu und
sorgte für die Versteinerungen (Petrified Forest Rd.; Öffnungszeiten: tgl. 9.00 – 17.00 Uhr).

★
Petrified Forest

⏱

✴ Eureka

L 3

Region: Humboldt County   **Einwohnerzahl:** 26 200
Höhe: 13 m ü.d.M.

Fast könnte man es vom Highway 101 aus übersehen: Das alte, schöne Eureka versteckt sich hinter einem grellen Einerlei aus Malls und Drive-in-Restaurants. Dabei gehört die am Südufer der Humboldt Bay liegende Old Town zu den besterhaltenen viktorianischen Stadtzentren Amerikas.

Natürlicher Tiefseehafen

Eureka wurde 1850 im Zuge des kalifornischen Goldrauschs von Landerschließungsgesellschaften gegründet – daher das griechische Wort für »Ich hab's gefunden« als Stadtname. Dank seines natürlichen Tiefseehafens wurde der Nachbar Arcata (▶ S. 138) als Seehafen und Verkehrsdrehscheibe schnell überflügelt. Fischfang und Holzindustrie brachten im späten 19. Jh. viel Geld in die Stadt und sind noch immer ihre wichtigsten Einnahmequellen. Allerdings nimmt der Tourismus stetig zu: Immer mehr Reisende machen hier Station, bevor sie zu den Redwood-Wäldern weiter nördlich aufbrechen.

Sehenswertes in Eureka

✴ Old Town

Während nach dem Zweiten Weltkrieg verschönerungswütige Städteplaner über viele andere amerikanische Städte herfielen, blieb Eurekas alte Bausubstanz von Abrissbirnen verschont. Die am Wasser liegende Altstadt kann daher mit schönen Häusern jeglichen damals modischen Baustils an seine Blütezeit um 1900 erinnern. »Queen Ann«, »Colonial Revival« und »Greek Revival« – es ist alles da, was Liebhabern alter Architektur die Herzen höher schlagen lässt, v. a. an der 2nd St., der 15th St. und der O St. Das am meisten fotografierte Haus ist **Carson Mansion** (2nd u. M Sts., nicht zugänglich), 1886 für den Holz-Magnaten William Carson ganz aus Redwood-Holz im verspielten Queen Ann Style erbaut.

Woodley Island Marina

Am Ende der L St. beginnt die Waterfront Eurekas. Von hier aus hat man einen schönen Blick auf den regen Fischerhafen. Der Weg nach Woodley Island führt über die **Samoa Bridge**. Vom dortigen Yachthafen stechen herrliche Segelschiffe in See. Unweit davon steht der historische **Table-Bluff-Leuchtturm**, ein fotogenes viktorianisches Türmchen mit rotem Dach.

Sequoia Park & Zoo

Hübscher kleiner Zoo am Rand eines dichten Redwood-Waldes im Süden der Stadt. Nach dem Besuch der informativen Ausstellung »Secrets of the Forest« im Empfangspavillon kann man auf stillen Spazierwegen ins Halbdunkel der Redwoods eintauchen (3414 W St.; ⏲ Öffnungszeiten: Di. – So. 10.00 bis Sonnenuntergang).

► EUREKA ERLEBEN

AUSKUNFT

Humboldt County Visitors Bureau
1034 2nd St.
Eureka, CA 95501
Tel. 1-707-443-50 97
www.redwoods.info

ESSEN

► Fein & teuer
Restaurant 301
301 L St., (im Carter House Inn)
Tel. 1-707-444-80 62
Bestes Restaurant am Platz. Kreative,
mit den Produkten der Umgebung
arbeitende Küche. Mehrmaliger
Preisträger des »Wine Spectator
Grand Award«.

► Fein & teuer/Erschwinglich
Curley's Grill
400 Ocean Ave. (im Victorian Inn)
Ferndale
Tel. 1-707-786-96 96
Überraschend weltläufige Cuisine:
Portobello-Pilze neben japanischen
Soba-Nudeln, Fish 'n' Chips und
Steaks.

► Erschwinglich/Preiswert
Samoa Cookhouse
Samoa Rd.
Tel. 1-707-442-16 59

Die letzte der einst an dieser Küste
weit verbreiteten Arbeiter-Kantinen
mit deftigen Mahlzeiten.

ÜBERNACHTEN

► Luxus/Komfortabel
Abigail's Elegant Victorian Mansion
1406 C St.
Tel. 1-707-444-31 44
www.eureka-california.com
4 Z. Mit Originalmöbeln, -teppichen,
-vorhängen und zahllosen kostbaren
Details – geschmackvoll – vollge-
stopftes Haus aus dem Jahr 1888.

Victorian Inn
400 Ocean Ave., Ferndale
Tel. 1-707-786-49 49
www.victorianvillageinn.com
12 Z. Herrliches Schmuckstück aus
Omas und Opas Zeiten mit romantischen Zimmern und einnehmend
freundlichem Personal.

► Günstig
Bayview Motel
2844 Fairfield
Tel. 1-707-442-16 73
www.bayviewmotel.com
17 Z. Nettes Motel hoch über Bay und
Pazifik mit geräumigen Zimmern und
schöner Veranda mit Meerblick.

Das Kunstmuseum zeigt neben Arbeiten junger Künstler aus der Region die Werke des Expressionisten Morris Graves, der bis zu seinem Tod im Jahr 2001 in Eureka wohnte (636 F St.; Öffnungszeiten: Mi. – So. 12.00 – 17.00 Uhr). **Morris Graves Museum of Art** ⏱

Das in einem neoklassizistischen Gebäude von 1912 untergebrachte Museum beschäftigt sich in seinem »Native American Wing« mit den traditionellen Kulturen der einst hier lebenden Indianerstämme der Yurok, Karok, Hupa und Wiyot (240 E St.; Öffnungszeiten: Di. bis Sa. 11.00 – 16.00 Uhr). **Clarke Historical Museum** ⏱

Umgebung von Eureka

Arcata Das 1850 gegründete Hafenstädtchen Arcata liegt am Nordende der Humboldt Bay, ca. 12 mi/19 km nördlich von Eureka. Die Hälfte der 17 300 Einwohner sind Studenten der 1913 eröffneten Humboldt State University. Der Alltag in diesem netten College-Städtchen findet deshalb in den Coffee Shops und Restaurants rund um den schönen, mit Palmen bestandenen **Center Square** statt.

Bevor es zu Tagestouren in die nördlich gelegenen Redwood National und State Parks (▶ S. 162) geht, lohnt sich ein Besuch der hiesigen Kunstgalerien im Zentrum und ein Besichtigungsbummel zu den schönsten viktorianischen Gebäuden Arcatas, darunter das 1914 eröffnete **Minor Theatre**, eines der ältesten noch in Betrieb befindlichen Kinos der USA (1001 H St.). Gleich daneben bietet die Secondhand-Buchhandlung **Tin Can Mailman** auf zwei üppig mit Pflanzen dekorierten Etagen mehrere Hunderttausend Bücher an. Schließlich bereitet ein Besuch des **Humboldt State Universty Natural History Museum** mit seinen fachkundigen Ausstellungen auf die Fauna und Flora der Redwood-Wälder vor (1315 G St.; Öffnungszeiten: Di. bis Sa. 10.00 – 17.00 Uhr).

Viktorianische Schönheiten säumen die Main Street von Ferndale.

Es klingt geradezu unglaublich – und doch: Südlich von Eureka sind **Lost Coast** fast 130 km Küste dem Tourismus weitgehend entgangen. Die meisten Besucher lassen sich von der weltberühmten »Avenue of the Giants« (►S. 164) gefangen nehmen und fahren deshalb daran vorbei. Doch man sollte bei **Weott** einen Abstecher zum Pazifik wagen. Unverbaut und naturbelassen, ist die durch vier Stichstraßen – nur zwei davon sind asphaltiert – mit dem Landesinneren verbundene Lost Coast der entlegenste Küstenabschnitt zwischen Alaska und Baja California. Einsame Ranches liegen auf zum Pazifik abfallendem Grasland, bis zu 1200 m hohe, von zwei Dutzend Flüssen zerkerbte Bergrücken ließen in den 1920er-Jahren die Straßenbautrupps nach einer besseren Route für den Hwy. 101 suchen. Glückliche Kühe mampfen sattgrünes Gras, und morgens legt der Pazifik über alles eine Wasserdunstglocke, die sich jedoch im Lauf des Tages verflüchtigt. Am nördlichen Ende dieser wildromantischen Naturlandschaft, ★ knapp 20 mi/32 km südlich von Eureka, liegt das 1852 von dänischen ◄ Ferndale Einwanderern gegründete Städtchen Ferndale (1450 Einw.), das **komplett unter Denkmalschutz** steht. Warum, sieht man, sobald man die Stadtgrenze überquert: Herrliche viktorianische Häuser, meist im Queen-Ann- und neugotischen Stil, aus den 1880er-Jahren säumen die Main Street, Erinnerungen an die Zeit, als eine blühende Milchwirtschaft viel Geld in die Kassen spülte und die »butterfat palaces« genannten Residenzen finanzierte. Das hübsche **Ferndale Museum** konserviert die gute alte Zeit mit Fotos und Haushaltsgegenständen (515 Shaw St.; Öffnungszeiten: Feb. – Dez. Mi. – Sa. 11.00 – 16.00, ☉ So. ab 13.00 Uhr).
Den besten Eindruck von Ferndale allerdings verschafft ein gemütlicher Bummel über die Main Street mit ihren kleinen Geschäften und Restaurants.

Fort Bragg

M 4

Region: Mendocino County   **Einwohnerzahl:** 7000
Höhe: 26 m ü.d.M.

Lange war die herrliche Küste das Schönste an dieser Stadt, die vor allem von der Holzindustrie und vom Fischfang lebt. In den letzten Jahren hat sich Fort Bragg jedoch verstärkt auf Besucher eingerichtet und beherbergt sogar eine blühende Künstlerkolonie.

Fort Bragg wurde 1857 zur Kontrolle des Mendocino-Indianerreservats gegründet. Der Bau eines Sägewerks der Union Lumber Company 1885 schob die Entwicklung der Stadt an: Die vom Highway 1 aus zu sehenden Sägewerke sind bis heute wichtige Arbeitgeber. Eines davon wurde im Jahr 2002 geschlossen – für die Stadtväter ein weiterer Anlass, die Diversifizierung voranzutreiben. **Geschichte**

Sehenswertes in Fort Bragg und Umgebung

Guest House Museum
Im Jahr 1892 ganz aus Redwood-Holz für den Bürgermeister errichtet, der zugleich als Gründer der Union Lumber Company im Holzgeschäft war, diente die dreigeschossige viktorianische Schönheit zunächst als Herberge für Gäste der Holzgesellschaft. Heute beherbergt sie Ausstellungen zur Stadtgeschichte (343 N. Main St.; Öffnungszeiten: Di. – So. 10.30 – 14.30 Uhr).

Triangle Tatoo Museum
Dieses in einem viktorianischen Haus gegenüber vom Guest House Museum untergebrachte Museum ist das vielleicht ungewöhnlichste dieser Küste. 1986 von den Tätowierungskünstlern Mr. G. und Madame Chinchilla gegründet, zeigt es hochinteressante Ausstellungen zur Tätowierkunst verschiedenster Kulturen und Epochen. Auch ihr Missbrauch wird nicht ausgespart. »Tatoos without consent« beschreibt die »Markierung« von Strafgefangenen in totalitären Staaten und deutschen Konzentrationslagern. Aber natürlich kann man sich hier auch einfach nur tätowieren lassen (356 B North Main St.).

▶ FORT BRAGG

AUSKUNFT

Mendocino Coast
Chamber of Commerce
332 N. Main St.
P. O. Box 1141
Fort Bragg, CA 95437
Tel. 1-707-961-63 00
www.mendocinocoast.com

Durch uralte Redwood-Wälder, den tiefen Noyo River Canyon und über sage und schreibe 30 Brücken schaukelt der Skunk Train, dessen Maschinen jedoch schon lange nicht mehr nach Stinktier riechen, Eisenbahnfreunde einmal täglich in das kleine Nest **Willits** 40 mi/64 km landeinwärts (Skunk Depot am Ende der Laurel St.; Betriebszeiten: März – Okt. tgl. 10.00 Uhr).

Glass Beach
Mutter Natur muss viel erleiden, manchmal jedoch gelingt es ihr, Umweltdreck in etwas Schönes zu verwandeln. So wurde der Glass Beach am Ende der Elm Street jahrzehntelang als Müllhalde missbraucht. Was nicht mehr gebraucht wurde – Schrottautos, Haushaltsmüll und jede Menge Glas –, wurde hierher gekippt. 1967 fanden die Stadtväter endlich einen anderen Platz zur Abfallentsorgung. Seitdem hat die Natur den Strand zurückerobert und in vier Jahrzehnten Brandungsarbeit die gläsernen Abfallprodukte zu buntem Schrot zermahlen. Was dort also bei Sonnenschein glitzert, ist keineswegs Müll, und die bunten, rundgehobelten Glasstückchen mitzunehmen ist verboten.

Mendocino Coast Botanical Gardens
Zwei Kilometer südlich von Fort Bragg erfreuen, begünstigt von milden, feuchten Wintern und nebligen Sommern, Kamelien, Dahlien, Fuchsien, Rosen und bis zu sieben Meter hohe Rhododendren in

mehr als **20 verschiedenen Gartenanlagen** das Auge. Schöne Spazierwege führen durch die zwischen dem Hwy. 1 und dem Pazifik liegende Märchenlandschaft zu herrlichen Aussichtspunkten über die brandungsumtosten Klippen am Pazifik (18220 N. Hwy. 1; Öffnungszeiten: März – Okt. tgl. 9.00 – 17.00, sonst bis 16.00 Uhr).

MacKerricher State Park

Fünf Kilometer nördlich von Fort Bragg liegt dieser fotogene, 13 km Küste schützende State Park. Den besten Blick auf Meer und Klippen hat man vom Aussichtspunkt **Laguna Point** aus. Mit etwas Glück sieht man auf den Felsen dösende Seelöwen.

✱ Fort Ross (State Historic Park)

N 4

Region: Sonoma County   **Höhe:** 31 m ü.d.M.

Bei Nebel wirkt das graue Fort Ross noch wehmütiger, noch »russischer«: »Rossiyanin« nannten seine Bewohner dieses palisadenbewehrte Fort, das, einen Rest nordkalifornischen Waldes im Rücken, noch immer von einer hohen Klippe auf den Pazifik blickt und einst der südlichste Vorposten des Zarenreichs in Nordamerika war.

Geschichte

Der Standort war ideal gewählt: Von bewaldeten Hügeln geschützt auf einem Vorgebirge hoch über einer kleinen Bucht gelegen, lieferte Fort Ross fast 30 Jahre lang die im russischen Chinahandel begehrten Otterfelle und versorgte die russischen Handelsposten in Alaska mit Nahrungsmitteln. 1812 von Ivan Kuskov, einem Pelzhändler im Dienst der russisch-amerikanischen Gesellschaft, gegründet, arbeiteten hier Russen, Esten, Finnen, Polen und Ukrainer als Fallensteller, Manager, Fischer, Bürokräfte und Bauern an der Seite von Aleuten aus Alaska und einheimischen Pomo-Indianern. Die

▶ FORT ROSS

19005 Hwy. 1
(12 mi/19 km nördlich von Jenner)
Tel. 1-707-847-32 86
Öffnungszeiten: tgl. von Sonnenaufgang bis Sonnenuntergang

Ausrottung der Seeotterbestände in diesem Abschnitt und der misslungene Versuch, eine Viehwirtschaft zu begründen, trugen 1841 zu dem Entschluss bei, Fort Ross aufzugeben.
Alle Gebäude, darunter die erste russisch-orthodoxe Kapelle in den USA, sind Repliken. Nur das **Rotchev House**, das Wohnhaus des letzten Managers des Forts, überstand die Zeitläufte unbeschadet. Ein gutes Museum bereitet auf den Rundgang vor. Am letzten Wochenende im Juli finden im Fort die **»Living History Days«** statt: In zeitgenössischen Kostümen werden Schlüsselszenen aus der Geschichte des Forts nachgespielt.

Eine orthodoxe Kirche durfte auch in Fort Ross nicht fehlen.

Umgebung von Fort Ross

Gualala
Bereits in den 1960er-Jahren haben Städter aus dem Süden Gualala (1900 Einw.), 18 mi/29 km nordwestlich von Fort Ross gelegen, als Ferienziel entdeckt. U. a. der niedrigen Lebenshaltungskosten wegen ließen sich schließlich auch Künstler und Lebenskünstler in dem Städtchen an der Mündung des Gualala River in den Pazifik nieder. Unterstützt von der 1961 gegründeten »Gualala Arts Association«, eröffneten sie Workshops und Galerien und brachten so den Fremdenverkehr auf den Weg. Heute bietet das **Gualala Arts Center** seinen Besuchern den besten Überblick über die künstlerischen Aktivitäten in der Gemeinde (46501 Old State Hwy.; Öffnungszeiten: Mo. – Fr. 9.00 – 16.00, Sa. u. So. ab 12.00 Uhr).

Der **Gualala River** ist ein beliebter, durch unberührten Wald fließender Paddelfluss. Kanus und Kajaks verleiht »Adventure Rents« (Hwy. 1, im Cantamare Center).

Point Arena Lighthouse and Museum
Rund 15 mi/24 km nordwestlich von Gualala liegt das Fischernest **Point Arena** (500 Einw.). Sozialer Mittelpunkt ist hier noch immer die kleine Pier, an der Fischer ihrer Arbeit nachgehen und die Dorfjugend den Surfern beim Wellenreiten zuschaut. Die Attraktion ist jedoch der strahlend weiße Leuchtturm am äußersten Ende der schmalen, fast vier Kilometer in den Pazifik reichenden Landzunge. Der Blick auf die wie von Riesenhänden geformte Küstenlinie ist phantastisch. Eine kleine Ausstellung erläutert die Funktion des Leuchtfeuers (Öffnungszeiten: tgl. 10.00 – 15.30 Uhr).

Gold Country

Region: Nevada, Placer, El Dorado, Amador und Calaveras Counties

Welch eine Ironie der Geschichte! Kaum hatte Mexiko Kalifornien 1848 an die USA verloren, fanden die »Gringos« in den Foothills der Sierra Nevada Gold. Und zwar so viel, dass der Golden State einen Blitzstart ins amerikanische Kollektivbewusstsein hinlegte.

Der zweispurige Hwy. 49 kurvt vorsichtig durch unübersichtliches Terrain: Schneller als mit 45 mi/h (70 km/h) geht es nicht; Bergfalten, Canyons und Flüsse bremsen den Reisenden aus. In den Foothills der **Sierra Nevada** kommt man dem Klischee des Wilden Westens recht nahe – mit längst stillgelegten Minen und Stollen in durchlöcherten Berghängen, Ranches mit Windrädern und Staubwolken aufwirbelnden Pferden, Geisterstädte und kleine Ortschaften, die mit ihren Boardwalks und Saloons locker als Spielplätze für John Wayne und James Stewart durchgehen könnten. Von **Sierra City** im Norden bis nach **Mariposa**, 560 km weiter südlich vor den Toren des ▶Yosemite National Park, erlebte dieses Gebiet zwischen 1848 und 1855 einen bis dahin nicht dagewesenen Goldrausch. Rund 300 000 Männer und Frauen suchten nach dem gelben Edelmetall und entrissen den Bächen, Flüssen und Hängen Gold im Wert vieler Milliarden Dollar. Für Kalifornien hatte der Goldrausch weitreichende Folgen: Über Nacht entstanden neue Städte, Straßen und Eisenbahnlinien wurden gebaut und ▶San Francisco verwandelte sich von einem Dorf in eine moderne Großstadt.
Viele der Boomtowns überlebten den Goldrausch nicht. Sie verschwanden so schnell, wie sie entstanden waren; andere hingegen entdeckten ihre fotogene Goldrausch-Kulisse als neue Einnahmequelle und sind mit netten Hotels und Restaurants auf Stopovers vorbereitet. Ein Roadtrip auf dem Highway 49 ist deshalb eine Reise zurück in die Kindertage des modernen Kaliforniens.

Sehenswertes im Gold Country

Die beiden Städtchen liegen am nördlichen Ende des Gold Country und rund 100 km nordöstlich von Sacramento. Beide beherbergten um 1850 die ergiebigsten Goldvorkommen der Region und sicherten mit einer rechtzeitigen Diversifizierung ihr Fortbestehen nach dem Goldrausch. Heute gehören die beiden dank ihres nahezu intakt aus Goldrauschzeiten hinübergeretteten Stadtbilds zu den **Hauptattraktionen im Gold Country**.
Das alte, um die Main Street konzentrierte Stadtzentrum von Nevada City (3000 Einw.) steht komplett unter Denkmalschutz und bietet mit seinen schönen viktorianischen Häusern und Wildwest-Fassaden eine veritable Zeitreise zurück, als der Ort mit 10 000 Einwohnern

Nevada City, Grass Valley

★
◀ Nevada City

▶ GOLD COUNTRY ERLEBEN

AUSKUNFT

Gold Country
Visitors Association
P. O. Box 637
Angels Camp, CA 95222
Tel. 1-800-225-37 64
www.calgold.org

AKTIVITÄTEN

»Tributary Whitewater Tours« in Grass Valley gehört zu den profilierten Anbietern von Kajak- und Rafting-touren und bietet Halbtages- bis 3-Tage-Trips aller Schwierigkeitsgrade (20480 Woodbury Dr., Tel. 1-530-346-68 12, www.whitewatertours.com).

ESSEN

▶ Fein & teuer

Citronée Bistro
320 Broad St.
Nevada City
Tel. 1-530-265-56 97
Französisch inspirierte Cuisine mit Produkten aus der Region. Drinnen feines Ambiente, draußen etwas relaxter.

▶ Erschwinglich

Stonehouse Restaurant
107 Sacramento St.
Nevada City
Tel. 1-530-265-50 50
So solide wie die Küche – gute amerikanische Steaks, großzügige Portionen – ist das aus Granit und schweren Hölzern erbaute Gebäude.

Tofanelli's
302 W. Main St.
Grass Valley
Tel. 1-30-272-14 68
Kein Italiener, sondern der kulinarische Nachbarschaftstreff der Stadt seit vielen Jahren. Burger, Pasta, Steaks in familiärer Atmosphäre.

ÜBERNACHTEN

▶ Komfortabel

The Holbrook Hotel
212 W. Main St.
Grass Valley
Tel. 1-530-273-13 53
www.holbrooke.com
Typisch Gold Country: vom Saloon und Stundenhotel zur prestigeträchtigen Herberge, in der schon vier US-Präsidenten abgestiegen sind, mit 28 kleinen, aber gemütlichen Zimmern.

▶ Komfortabel/Günstig

City Hotel & Fallon Hotel
22768 Main St.
Columbia
Tel. 1-800-532-1479
http://foreverresorts.com
10 bzw. 19 Z. Historisch detailgetreu restaurierte Hotels im Historic State Park mit kleinen, relativ nüchtern eingerichteten Zimmern.

Kaliforniens drittgrößte Stadt war. Sehenswert sind vor allem das niedliche, mit einem Glockenturm versehene **Firehouse No. 1 Museum** mit interessanten Ausstellungen zu Indianern (215 Main St.; Öffnungszeiten: Mai – Okt. Fr. – So. 13.00 – 16.00 Uhr), das 1865 eröffnete und noch immer aktive **Nevada Theatre** (401 Broad Street), das von Mark Twain bis Mötley Crüe amerikanische Kulturschaffende jeglicher Couleur erlebt hat, und das herrliche, mit

Nostalgie vollgestopfte **National Hotel** (211 Broad St.) mit seiner Bar aus Goldrauschzeiten und den filigran gearbeiteten Balkonen zur Straße hin.

46 km nordöstlich der Stadt, in der San Juan Ridge, liegt die »raison d'être« der Stadt. Damals hochmoderne hydraulische Schürftechniken wuschen hier bis 1884 einen halben Berg weg, um das begehrte Edelmetall zu fördern. Heute bewahrt der **Malakoff Diggins State Historic Park** das übrig gebliebene, 200 m tiefe Loch, diverse rekonstruierte Gebäude und ein informatives Museum (23579 N. Bloomfield Rd.; Öffnungszeiten: Juni – Sept. tgl. 9.00 – 17.00, sonst Sa. und So. 10.00 – 16.00 Uhr).   ◄ San Juan Ridge   🕑

Das größere Grass Valley (11 000 Einw.) ist das wirtschaftliche Zentrum der Region und wirkt daher weniger touristisch. 1851 war Grass Valley die reichste Stadt Kaliforniens; seine heutigen Lebensgrundlagen sind Handel, Verwaltung, Tourismus und etwas Landwirtschaft. Ihre Goldrauschattraktionen präsentiert die Stadt auch ungleich nüchterner. Sehenswert ist v. a. das **North Star Mining Museum**, das über die damals modernsten Fördertechniken informiert und auch einige Goldklumpen ausstellt (Allison Ranch Rd.; Öffnungszeiten: Mai – Okt. tgl. 10.00 – 17.00 Uhr).   ◄ Grass Valley   🕑

Die Hauptsehenswürdigkeit Grass Valleys ist die vor den Toren der Stadt gelegene Empire Mine. Von 1850 bis 1956 ließ sie sich knapp sechs Millionen Unzen Gold entreißen und ist damit die **ergiebigste Goldmine Kaliforniens**. Heute ein Historic State Park, kann man sich die restaurierten Minen und Gebäude im Rahmen von geführten Touren anschauen. Führungen unter Tage – es gibt dort mehrere Hundert Kilometer Schächte und Stollen – werden ab 2010 angeboten (10791 E. Empire St., www.empiremine.org; Öffnungszeiten: Mai bis Aug. tgl. 9.00 – 18.00, sonst tgl. 10.00 – 17.00 Uhr).   ◄ Empire Mine   🕑

In dem heute von dichten Wäldern und Wildblumenwiesen umgebenen 300-Seelen-Nest fing alles an. Am 24. Januar 1848 fand James W. Marshall, der hier für John Sutter in Sacramento eine Mühle am American River baute, im Wasserrad der Mühle ein schimmerndes Stück Metall. Sutter, so heißt es, war keineswegs erfreut über diesen Fund, befürchtete er doch – zu Recht – eine Invasion von Abenteurern und anderen Glücksrittern. Tatsächlich verbreitete sich die Kunde von dem Goldfund in der Sierra Nevada wie ein Lauffeuer, und bereits im Sommer 1848 suchten rund 2000 Menschen rund um   **Coloma**

> ## ❗ *Baedeker* TIPP
>
> ### Ritt über Stromschnellen
> Der Südarm des American River ist ein beliebtes Kajak- und Rafting-Revier: Die 36 km lange Strecke von Chili Bar nach Salmon Falls bietet 20 Stromschnellen der Kategorien 2 und 3 und kann bei erfahrenen Outfittern gebucht werden, z. B. Mother Lode River Center (Coloma, Tel. 1-800-427-23 87, www.malode.com).

Sutter's Mill nach Gold. Bald zählte Coloma 10 000 Einwohner. Die wenigen Gebäude, die von der einstigen Boomtown übrig geblieben sind, stehen heute größtenteils als **Marshall Gold Discovery State Historic Park** unter Schutz. Ein **Museum** erläutert die Bedeutung des Goldrausches für Kalifornien, und ein Denkmal Marshalls weist den Weg zu der Stelle, wo er den ersten Nugget entdeckte. Ein Nachbau von Sutter's Mill hilft, die Zeit zurückzudrehen (Hwy. 49; Öffnungszeiten: Mai – Sept. tgl. 10.00 bis 16.30 Uhr).

Das Wells-Fargo-Büro in Columbia

Während in Nevada City und Grass Valley die Uhren lediglich langsamer schlagen, scheinen sie in **Columbia** (2000 Einw.) im Süden des Gold Country irgendwann um 1860 einfach stehengeblieben zu sein. Zwölf für die Goldrauschzeit typische Häuserblocks wurden hier als **State Historic Park** für die Nachwelt konserviert, darunter eine Schule, eine Bank, diverse Saloons und die Wells-Fargo-Postkutschenstation. Die Hotels, allen voran das schöne Fallon Hotel und das City Hotel, sind noch immer in Betrieb. Kein Wunder, dass so mancher Western-Klassiker hier gedreht wurde, darunter »Pale Rider« (1985) mit Clint Eastwood und »Behind the Mask of Zorro« (2007) mit Antonio Banderas.

✶ ✶ Lake Tahoe

M/N 7/8

| **Region:** El Dorado County | **Fläche:** 490 km² |
| **Höhe:** 1899 m ü.d.M. | |

Für Mark Twain war er der schönste See der Welt. Angesichts des tiefblau bis smaragdgrün schimmernden Wassers, des dunklen Grüns der Nadelwälder und der schneebedeckten Berge ringsum pflichtet man dem berühmten amerikanischen Schriftsteller noch immer gern bei.

»Großes Wasser« Der Lake Tahoe – »Großes Wasser« in der Sprache der Washoe-Indianer – ist 35 km lang und 19 km breit, liegt in der hochalpinen Bilderbuchlandschaft der High Sierra und gehört zu einem Drittel zum Nachbarstaat Nevada. Eingebettet in eine gewaltige, von Gletschern ausgehobelte Felsenschüssel, wird der See von schneebedeckten Dreitausendern umrahmt. Seine durchschnittliche Tiefe beträgt 330 m, seine tiefste Stelle misst über 500 m.

● LAKE TAHOE ERLEBEN

AUSKUNFT

Lake Tahoe South Shore Chamber of Commerce
169 US-50, 3rd floor
Stateline, NV 89449
Tel. 1-775-588-17 28
www.tahoechamber.org

North Lake Tahoe Chamber of Commerce
P. O. Box 884
Tahoe City, CA 96145
Tel. 1-530-581-69 00
www.northlaketahoechamber.com

AKTIVITÄTEN

Die Frage müsste eher lauten: Was kann man hier nicht unternehmen? Hübsche Badestrände sind der Zephyr Cove Beach (US-50, Zephyr Cove), der Strand am Sugar Pine Point, der zur Timber Cove Lodge (US-50) gehörende Connolly Beach und der Commons Beach Park in Tahoe City. Die frühmorgens häufig über dem See zu sehenden Freiluftballons starten in South Lake Tahoe (Lake Tahoe Balloons, Tel. 1-530-544-12 21, www.laketahoeballons.com). Mountainbiker haben unter den Tracks der umliegenden Berge die Qual der Wahl und sollten sich in einem der zahlreichen Bikeshops in Tahoe City oder South Lake Tahoe Rat holen. Manche – u.a. »The Back Country«, 690 N. Lake Blvd., Tahoe City, Tel. 1-530-581-58 61 – bieten auch geführte Trips an.
Die schönsten Bilder vom See können vom Wasser aus gemacht werden, z. B. an Bord des Raddampfers »MS Dixie II« (Zephyr Cove Marina, Tel. 1-800-238-24 63, www.zephyrcove.com). Kajaks, Kanus und Tretboote vermietet Tahoe Paddle & Oar in Tahoe City (North Lake Beach Center, Tel. 1-530-581-30 29), während man mit Lake Tahoe Parasailing von der Tahoe City Marina aus abheben kann.

ESSEN

► Fein & teuer
Sol y Lago
760 N. Lake Blvd., Tahoe City
Tel. 1-530-583-03 58
Feinste kalifornisch-mexikanische Küche mit Blick auf den See. Besonders zu empfehlen ist das Gaucho-Steak mit Chili-Limetten-Butter.

► Erschwinglich
Wolfdale's
640 N. Lake Blvd., Tahoe City
Tel. 1-530-583-57 00
Kreative Küche nach Rezepten aus aller Welt.

► Preiswert
Fire Sign Café
1785 W. Lake Blvd., Tahoe City
Tel. 1-530-583-08 71
Seit vielen Jahren *das* Frühstückslokal am See.

ÜBERNACHTEN

► Luxus/Komfortabel
The Shore House at Lake Tahoe
7170 N. Lake Blvd., Tahoe City
Tel. 1-530-546-72 70
www.shorehouselaketahoe.com
8 Z. Charmantes B & B mit urgemütlichen Zimmern, Privatstrand, Kamin und Spa.

► Komfortabel/Günstig
Lake of the Sky Motor Inn
955 N. Lake Blvd., Tahoe City
Tel. 1-530-583-33 05
www.lakeoftheskyinn.com
23 Z. Relativ preiswert, schön altmodisch und auch noch mitten in Tahoe City.

Um 1900 war der See als luxuriöse Sommerfrische wohlhabender Familien aus ► San Francisco bereits etabliert. In den 1950er-Jahren entdeckten Skifahrer die traumhaften, schneesicheren Hänge in den Seitentälern des Sees. Nach den Olympischen Winterspielen 1960 im westlich des Sees gelegenen **Squaw Valley** entwickelten sich rund um den Lake Tahoe Skigebiete mit Gondeln, Liften und Hotels. Bis 1980 verfünffachte sich die Bevölkerung am See. Seitdem unterliegt die Erschließung der Seeufer jedoch strikten Kontrollen.

Gleichwohl bestimmt der Tourismus das Bild. Praktisch alle Aktivitäten über und unter Wasser sind hier möglich – die Veranstalter residieren in Tahoe City und South Lake Tahoe –, inklusive der neuesten Funsportarten sowie Klettern, Wandern und Mountainbiking im hochalpinen Hinterland.

Rundfahrt ► Einen guten Überblick vom Treiben vor Ort bekommt man auf einer dreistündigen Fahrt rund um den See. Das **Südufer** bietet reichlich Extreme: zugebaute Uferstreifen und die aus Hotels und Amüsierbetrieben bestehenden Städte South Lake Tahoe (►S. 149) und Stateline (Nevada), aber auch bezaubernde State Parks, die die schönsten Buchten, Strände und Uferpartien des Sees schützen. Das von Tahoe City (► S. 149) nach Incline Village reichende **Nordufer** wirkt mit seinen unspektakulären Feriensiedlungen entschieden ländlicher. Hier wie dort verlocken hübsche Aussichtspunkte zum Aussteigen und Fotografieren.

Sehenswertes am Lake Tahoe

Attraktionen am Südufer

Sugar Pine Point State Park ► Etwa 9 mi/15 km südlich von Tahoe City liegt der Sugar Pine Point State Park. Der Park konserviert einen von alten Kiefern, Fichten, Pappeln und Wacholderbüschen bestandenen Uferbereich, der sich auf hübschen Spazierwegen erkunden lässt. Ein kleiner Strand lädt zum – kalten – Badevergnügen. Schilder führen zum **Hellman-Ehrman Mansion**. Die 1903 für einen wohlhabenden Geschäftsmann aus San Francisco gebaute Residenz mit den Doppeltürmen liegt hoch über dem See und bietet interessante Einblicke in das »Landleben« der Reichen von anno dazumal (Öffnungszeiten: Juli – Anf. Sept. tgl. 11.00 – 16.00 Uhr).

D. L. Bliss State Park ► Der D. L. Bliss State Park in der Südwestecke des Sees ist Favorit der Hiker und Fotografen. Von hier führen zwei Trails zu spektakulären Aussichtspunkten: Der **Balancing Rock Trail** (1 km) passiert einen 130 Tonnen schweren Granitblock, der steilere **Rubicon Trail** (7,2 km) arbeitet sich die Klippen hinauf zu tollen Panoramablicken. Nach Süden führt der Trail bis zu den Eagle Falls im Emerald State Park, von deren Spitze aus man herrliche Blicke über die Emerald Bay, Fanette Island und den gesamten See genießt.

Emerald Bay State Park ► Im Emerald Bay State Park passiert die Uferstraße die wohl schönste Bucht des Lake Tahoe: Durch eine flaschenhalsähnliche Einfahrt vom See getrennt, liefert die Emerald Bay mit dem winzigen Felseninselchen **Fanette Island** ein wildromantisches Stillleben in allen

Blick von der »Desolation Wilderness« auf den Lake Tahoe

Farbtönen zwischen Königsblau und Smaragdgrün. Hauptattraktion ist **Vikingsholm Castle**, die von Wikingerburgen inspirierte, 1929 erbaute Sommerresidenz von Lora Josephine Knight. Die reiche Philantropin mit dem Skandinavien-Tick hinterließ eine 48-Zimmer-Villa mit Drachenköpfen, Runenmustern und anderem Dekor im »viking style« (Führungen: Mitte Juni – Sept. tgl. 10.00 – 16.00 Uhr). ⏱

Für von Westen her anreisende Besucher ist Tahoe City (1800 Einw.) das Gateway zum See. Das rund um die Kreuzung der Hwys. 89 und 29 liegende Städtchen wurde 1864 von Bergarbeitern aus Virginia City (Nevada) gegründet, um sich hier von der harten Arbeit in den Silberbergwerken zu erholen. An die gute alte Zeit erinnern allerdings nur wenige Häuser, darunter die 1909 hoch über dem See erbaute **Watson Cabin** (560 North Lake Blvd.; Öffnungszeiten: Mai bis Okt. Mi. – So. 11.00 – 17.00 Uhr), die eher einem hübschen Cottage ähnelt und heute Gegenstände aus den frühen Tagen am See zeigt, und das schöne **Gatekeeper's Museum**. Hier wohnte früher der »Dam Attendant«, dessen Aufgabe die Kontrolle des aus dem See abfließenden Wassers war. Zu sehen sind u.a. historische Fotos, Sammlungen indianischer Körbe und Original-Kleidungsstücke der ersten Touristen (Öffnungszeiten wie Watson Cabin). ⏱

Tahoe City

⏱

South Lake Tahoe (24 000 Einw.) liegt am Südende des Sees und ist das zweite »Activity Center« des Sees: Hier beginnen Sightseeing-Touren auf dem See, von hier aus schippert man in allerlei mietbaren Gefährten auf den See hinaus.

South Lake Tahoe

Lake Tahoe von oben Für den Blick aufs große Ganze muss man hoch hinaus. Im Skigebiet **Heavenly** transportieren Gondeln die Besucher in 12 Minuten zu rund 3000 m hoch gelegenen grandiosen Aussichten auf den See, das **Carson Valley** und das Wildnisgebiet **Desolation Wilderness** (The Gondolas at Heavenly, Hwy. 50; Betriebszeiten: Juli – Sept. tgl. 10.00 bis 17.00, Okt. Do. – So. bis 16.00 Uhr).

✷ ✷ Lassen Volcanic National Park

L 6

Region: Shasta, Lassen, Plumas und Tehama Counties	**Fläche:** 429 km² **Höhe:** 2100 m ü.d.M.

Zwischen 1914 und 1921 erlebte er über 300 Ausbrüche; der schlimmste im Jahr 1915 riss ihm den gesamten Gipfel ab. Seitdem hält der Lassen Peak, von Seismologen scharf beobachtet, still – und empfängt Outdoorfans mit einer faszinierend unwirklichen Landschaft.

Lavafelder und heiße Quellen Bis heute führen nur wenige Straßen durch den Nordosten Kaliforniens. Diejenigen Besucher, die es bis hierher schaffen, belohnt der Lassen Volcanic Park fürstlich. Eisblaue Bergseen, glitzernde Bäche und tiefgrüne Nadelwälder kontrastieren mit schwarzen, kraterüber-

▶ LASSEN VOLCANIC NP ERLEBEN

AUSKUNFT

Lassen Volcanic National Park
P. O. Box 100
Mineral, CA 96063
Tel. 1-530-595-44 80
www.nps.gov/lavo
Das »Kohm Yah-mah-nee Visitor Center« befindet sich beim Südwesteingang des Parks (Öffnungszeiten: tgl. 9.00 – 17.00 Uhr).

ESSEN

Fein essen kann man im Restaurant der Drakesbad Guest Ranch und im Dining Room der Lassen Mineral Lodge (15 km südlich vom Park in Mineral, Hwy. 36). Im Park selbst gibt es nur Snacks, und zwar im Manzanita Lake Camper Store am Nordausgang des Parks.

ÜBERNACHTEN

▶ **Luxus/Komfortabel**
Drakesbad Guest Ranch
Warner Valley Rd., Chester
Tel. 1-530-529-15 12
www.drakesbad.com
19 Z. Alt, stimmungsvoll und mitten in der Wildnis: eine der schönsten Lodges in Nordkalifornien. Geöffnet von Juni bis Oktober; frühzeitig reservieren.

▶ **Komfortabel**
Bidwell House Bed & Breakfast
1 Main St., Chester
Tel. 1-530-258-33 38
www.bidwellhouse.com
14 Z. Charmantes, über 100 Jahre altes B & B im Weiler Chester südöstlich des Parks am Hwy. 36.

Heiße Quellen und brodelnde Schlammtöpfe: Bumpass Hell

säten Lavafeldern mit weißen Dampfschwaden über heißen Quellen. Im Zentrum des Parks, den der Hwy. 89 als Lassen Park Road in einem 69 km langen Bogen durchmisst, erhebt sich der Lassen Peak. Mit 3187 m ü.d.M. gilt er als einer der größten Lavadom-Vulkane der Welt. Vor 20 000 bis 30 000 Jahren durchbrach der Lassen Peak, der südlichste Vulkan der **Cascade Range**, die Nordostflanke des von der letzten Eiszeit zerstörten **Mt. Tehama**. Angesichts seiner fast neunzigjährigen Ruhezeit von Seismologen als »schlafend« eingestuft, wirkt der grau und nackt über diese Wildnis herrschende Lavadom dennoch recht bedrohlich.

Sehenswertes an der Lassen Park Road

Sulphur Works ist das am leichtesten zugängliche geothermisch aktive Gelände des Parks. Ein kurzer Spazierweg führt vom Parkplatz in eine urzeitliche Szenerie mit heißen Quellen, Fumarolen und dampfenden Schlammtöpfen. Die höchsten Gipfel des Parks bewachen dieses Schauspiel: Brokeoff Mountain, Mt. Diller, Pilot Pinnacle, Mt. Conrad und Lassen Peak.

! *Baedeker* TIPP

Von Vulkan zu Vulkan

Die als »Volcanic Legacy Scenic Byway« bekannten Highways 89 und 97 verbinden auf einer 800 km langen Strecke die schönsten Vulkane der Cascade Range miteinander. Start: Lake Almanor im Lassen Volcanic National Park, Ziel: Crater Lake National Park im Süden Oregons (Nähere Infomatinen gibt's im Internet auf www.volcaniclegacybyway.org).

Bumpass Hell Ein wenig übertrieben als »Hölle« bezeichnet, gleichwohl faszinierend, produzieren die dicht beieinander liegenden heißen Quellen und brodelnden Schlammtöpfe im größten geothermisch aktiven Gebiet des Parks ein beeindruckendes Spektakel. Ein 4,5 km langer, oft mit Planken gesicherter Trail führt vom Parkplatz durch diese surreale, nach Schwefel stinkende Kulisse.

Lassen Peak Fast gegenüber vom Trailhead zur Bumpass Hell beginnt der 8 km lange »Lassen Peak Trail« hinauf den Gipfel des Mt. Lassen. Dieser leichte Trail nimmt sechs bis acht Stunden in Anspruch und ist von jedem durchschnittlich fitten Wanderer zu schaffen. Der Rundumblick von seiner zerrissenen Spitze ist atemberaubend. Allerdings sollte man sich zuvor im Hauptquartier des Parks über die Wetterbedingungen informieren – Stürme können urpötzlich auftreten.

✳ Lava Beds National Monument

K 6

Region: Siskiyou und Modoc Counties **Fläche:** 188 km²
Höhe: 1460 m ü.d.M.

Weiter weg von Surfin' California geht's nimmer: In der halbtrockenen High Desert der äußersten Nordostecke Kaliforniens liegt diese vulkanische Mondlandschaft mit schwarzen Lavaströmen und grauen Aschekegeln – und einer erstaunlich vielfältigen Flora.

»Mondland-schaft« Angesichts der Ödnis ringsum mag man sich fragen, was in aller Welt man hier verloren hat. Nichts als menschenleere, abweisende Plateaus, nur spärlich bedeckt von widerstandsfähiger Flora – eine sich bis zum Horizont erstreckende »Mondlandschaft«, in der selbst im Hochsommer ein scharfer, ungemütlich kalter Wind wehen kann.

▶ LAVA BEDS ERLEBEN

AUSKUNFT
Lava Beds National Monument
1 Indian Wells Headquarters
Tulelake, CA 96134
Tel. 1-530-667-81 00
www.nps.gov/labe

ÜBERNACHTEN/ESSEN
▶ **Komfortabel/Günstig**
Fe's B & B
660 Main St.
Tulelake

Tel. 1-877-478-01 84
www.fesbandb.com
4 Z. und 3-Z.-Cottage
Nettes B & B mitten im Ort, mit WiFi
und kräftigem Frühstück.

▶ **Günstig**
Ellis Motel
2238 Hwy. 139, Tulelake
Tel. 1-530-667-52 42
Einfache Unterkunft nördlich vom
National Monument in Tulelake.

Erkaltete Lavaströme bildeten ein Hunderte Kilometer langes Höhlensystem, die »lava tubes«.

Doch die Gründe, diese Gegend im Herzen des **Modoc Plateau** zum Schutzgebiet zu erklären, liegen unter der Erde. So weit das Auge reicht, prägen Krater, bizarre Schlackekegel und grauschwarze Lavaströme das Bild. »Schuld« daran ist der flächenmäßig größte Vulkan der Cascade Range. Bei seinen Ausbrüchen während der letzten 500 000 Jahre goss der **Medicine Lake Volcano**, heute nur noch eine durch mehrere jüngere Vulkane gewellte Erhebung, mehr als 30 riesige Lavaströme über seiner Nordostflanke aus. Die viele Kilometer weit fließende Lava erkaltete zunächst an den Rändern, während sie innen weiter floss und dabei Hohlräume hinterließ. An der Oberfläche derart zerrissen und zerklüftet, dass ein Fortkommen mitunter unmöglich ist, gibt es unter der Oberfläche deshalb über 400 insgesamt mehrere Hundert Kilometer lange Lavatunnel, die das gesamte Gelände so durchlöchert haben, dass es beim Spaziergang auf einem der wenigen Trails mitunter hohl klingt.

Die Unübersichtlichkeit dieser Region machten sich einst die Modoc-Indianer zunutze. Während des sogenannten Modoc War gegen die US-Armee im Jahr 1873 verschanzten sie sich in einer besonders schwer zugänglichen Gegend, die später nach ihrem Anführer Captain Jack's Stronghold genannt wurde, und hielten hier fünf Monate gegen eine zehnfache Übermacht aus. Heute sind die meisten der »lava tubes« zur Besichtigung frei gegeben; höchst interessant sind die von Parkrangern geführten **»Cave Tours«**.

◄ Captain Jack's Stronghold

Mendocino

M 4

Region: Mendocino County   **Einwohnerzahl:** 900
Höhe: 47 m ü.d.M.

Nach der spektakulären Küste nördlich von Point Arena (▶ S. 142) ist Mendocino ein geradezu lieblicher Kontrapunkt. Idyllische Neu-England-Architektur bildet hier die Kulisse für eine florierende Künstlerkolonie.

Bohème-Städtchen Dreieinhalb Stunden nördlich von San Francisco, nach Steilküsten und kühn geschwungenen Brücken, zahllosen Aussichtspunkten und von schroffen Felsen eingekesselten Stränden, plötzlich dies: ein begrüntes und von drei Seiten meerumspültes Felsenkap mit viktorianischen Lebkuchenhäusern darauf, meist in Blau und Gelb, sowie großstädtisch gekleidete Menschen und die höchste Dichte an Espressomaschinen dieser Küste. Die Atmosphäre: eindeutig Bohème, und zwar seit den 1950er-Jahren, als Künstler aus ganz Amerika den Ort entdeckten. Am besten lässt man sich ziellos über die Main Street treiben, von einer Galerie zur nächsten – und genießt den Blick auf den Pazifik.

> ! **Baedeker TIPP**
>
> **Musik über den Klippen**
>
> Das seit 1986 alljährlich in der dritten und vierten Juliwoche im Mendocino Headlands State Park stattfindende »Mendocino Music Festival« bietet neben Klassischem auch Musik von Big Bands und Jazz-Gruppen (Infos unter www.mendocinomusic.com).

Sehenswertes in Mendocino und Umgebung

Mendocino Art Center Das 1959 gegründete Kunstzentrum ist die Wiege der Künstlerkolonie Mendocino. Es beherbergt fünf Galerien, organisiert Workshops und zeigt die Arbeiten von Künstlern aus allen Teilen des Landes. Zudem fördert es zwei Dutzend »artists in residence« (45200 Little Lake St.; Öffnungszeiten: tgl. 10.00 – 17.00 Uhr).

Kelley House Museum Die Geschichte der schönsten Häuser Mendocinos wird hier mit historischen Fotos wiederbelebt (45007 Albion St.; Öffnungszeiten: Juni bis Sept. tgl. 11.00 – 15.00 Uhr; sonst Fr. – Mo.).

Point Cabrillo Light Station & Preserve Dreieinhalb Kilometer nördlich von Mendocino warnt dieser liebevoll restaurierte, vom Parkplatz aus auf einem knapp einen Kilometer langen Spaziergang erreichbare Leuchtturm seit 1909 vor Klippen und Untiefen. Die noch immer benutzte Fresnel-Linse gilt unter Leuchtturm-Fans als Schmuckstück. Das Haus des Leuchtturmwärters wurde in ein einfaches B & B verwandelt (Point Cabrillo Rd., www.pointcabrillo.org; Öffnungszeiten: tgl. 10.30 – 17.00 Uhr).

MENDOCINO ERLEBEN

AUSKUNFT

Mendocino Coast COC
271 S. Main St.
Fort Bragg, CA 95437
Tel. 1-707-961-63 00
www.mendocinocoast.com

ESSEN

► Fein & teuer
Café Beaujolais
961 Ukiah St.
Tel. 1-707-937-56 14
Französisch-kalifornische Küche in
hübschem, gelbem Häuschen mit
weißem Lattenzaun. Besonders zu
empfehlen: Lamm mit Mascarpone-
Polenta und geröstetem Spargel.

► Preiswert
Bayview Café
45040 Main St.
Tel. 1-707-937-41 97
Seit vielen Jahren ein beliebter

Frühstücks- und Lunchtreff von Einheimischen und Touristen.

ÜBERNACHTEN

► Luxus/Komfortabel
Agate Cove Inn
11201 N. Lansing St.
Tel. 1-707-937-05 51
www.agatecove.com
10 Z. Schöne Herberge mit tollem
Blick auf den Pazifik und geräumigen,
in schlichter Eleganz eingerichteten
Zimmern.

► Komfortabel
Mendocino Hotel & Garden Suites
45080 Main St.
Tel. 1-707-937-05 11
www.mendocinohotel.com
51 Z. Historisches Stadthotel mit
viktorianischer Lobby und gemütlichen Zimmern. In der Hotelbar
findet das hiesige Nachtleben statt.

✱ Mount Shasta

K 5

Region: Siskiyou County   **Höhe:** 4317 m ü.d.M.

**Von ewigem Schnee bedeckt und weithin sichtbar, bietet der Vul-
kan den wohl eindruckvollsten Anblick in Nordkalifornien. Seismologen und Naturfreunde fasziniert er ebenso wie New-Age-Jünger
und Metaphysiker jeder Couleur.**

Schon bald hinter Redding, am oberen Ende des Sacramento Valley
gelegen, rücken die kiefernbedeckten Berghänge immer näher an die
I-5 heran. Dann taucht er plötzlich auf, seine Eis- und Schneefelder
glitzern in der kalifornischen Sonne: Der Mt. Shasta ist der **zweit-
höchste Vulkan der Cascade Range** und mit einem Durchmesser
von 27 km an der Basis Kaliforniens massivster Berg. Als aktiv eingestuft, liegt sein letzter Ausbruch aber über 220 Jahre zurück. Im Gipfelbereich und an den Flanken hervortretende Fumarolen warnen

**Wohnsitz der
Himmelsgeister**

⏵ MOUNT SHASTA ERLEBEN

AUSKUNFT

Mount Shasta
Chamber of Commerce
Visitors Bureau
300 Pine St.
Mount Shasta, CA 96067
Tel. 1-530-926-48 65
www.mtshastachamber.com

ESSEN

▶ **Erschwinglich**
Lily's Restaurant
1013 S. Mt. Shasta Blvd.
Tel. 1-530-926-33 72
Lily's Restaurant sorgt seit 20 Jahren

mit ideenreichen Kreationen wie
Polenta di Felice (Polenta mit
Krabbenfleisch in Pestosauce) für
kulinarischen frischen Wind.

ÜBERNACHTEN

▶ **Günstig**
Cold Creek Inn & Suites
724 N. Mt. Shasta Blvd.
Tel. 1-530-926-98 51
www.coldcreekinn.com
18 Z.
Viel Motel für wenig Geld, dazu ein
freundlicher Service und WLAN in
allen Zimmern.

davor, die von ihm ausgehende Gefahr zu unterschätzen: Seismologi-
sche Forschungen ergaben, dass der Mt. Shasta bisher alle 500 Jahre
ausgebrochen ist.

Kein Wunder, dass der Mensch schon immer fasziniert war von diesem Berg. Die Ureinwohner von den Stämmen der Modoc, Klamath
und Wintu hielten ihn für den »Wohnsitz der Himmelsgeister«. Anhänger der verschiedensten Religionen und New-Age-Sekten fühlen
sich von ihm angezogen und betrachten den Berg als Quelle spiri-
tueller Kräfte. Der an der Südwestflanke des Vulkans gelegene Ort
Mount Shasta ist mit Yoga- und Massage-Zentren sowie esoterischen
Buchhandlungen das Zentrum ihrer Aktivitäten.

Sehenswertes rund um den Mount Shasta

Stadt
Mount Shasta

Das hübsche kleine Städtchen (3500 Einw.) Mount Shasta wurde in
den 1850er-Jahren als Postkutschen-Station zwischen den Siedlungen
des Sacramento Valley und der Goldrauschstadt Yreka gegründet.
Die Läden und Geschäfte der 1200 m hoch gelegenen Stadt spiegeln
ihr touristisch vielfältiges Angebot wider. Outdoorläden kümmern
sich um die Bedürfnisse von Skiläufern – der **Mt. Shasta Ski Park** am
Hwy. 89 ist ein beliebtes Skirevier –, Sportanglern – die Flüsse der
Umgebung sind bekannt für ihre kapitalen Forellen –, Wanderern
und Mountainbikern. Daneben bieten Buchläden regalweise esoteri-
sche Literatur. Hinzu Kommen nette Restaurants und Cafés, vor allem am breiten Mt. Shasta Blvd.
Sich nicht entgehen lassen sollte man das **Sisson Museum**, das sich
u. a. mit dem Mt. Shasta und der Erforschung seiner Höhlen befasst

Magischer Mount Shasta: Für die Indianer ist er ein heiliger Berg, für Esoteriker ein Kult-Ort.

(1 N. Old Stage Rd., Öffnungszeiten: Juni – Aug. Mo. – Sa. 10.00 bis 16.00, So. ab 13.00, sonst tgl. 13.00 – 16.00 Uhr).

Die etwa 20 km lange Panoramastraße, die in Mt. Shasta beginnt, führt über die Südflanke des Vulkans zu schönen Aussichtspunkten bis auf eine Höhe von 2500 Metern. Am Parkplatz **»Old Ski Bowl Vista«** beginnen herrliche Trails, darunter der populäre **Bunny Flats Trail**, in die hochalpinen Bereiche des Mount Shasta.

Everitt Memorial Highway

✶ ✶ Napa Valley

Region: Napa County   **Einwohnerzahl:** 126 000
Länge: 38 km

»Wine Country« nennen die Kalifornier die Region nördlich von San Francisco. Das älteste und berühmteste Weinanbaugebiet hier ist das Napa Valley, von wo aus die kalifornischen Weine ihren Siegeszug um die Welt antraten.

Romantisch ist das weitläufige Tal im Norden der Bay Area nur im Frühjahr und Herbst. Im Sommer wird es vom Massentourismus überrollt und ähnelt mehr einem Wein-Themenpark als der Wiege nobelster amerikanischer Weine. Der Highway 29 und parallel dazu der weniger befahrene Silverado Trail durchziehen das Tal von Süden nach Norden. Die zwei-, manchmal auch dreispurigen Straßen ver-

»Wine Country«

▶ NAPA VALLEY ERLEBEN

AUSKUNFT

Napa Valley
Conference & Visitor Bureau
1310 Napa Town Center
Napa, CA 94559
Tel. 1-707-226-74 59
www.napavalley.org

ESSEN

▶ Fein & teuer
Julia's Kitchen at Copia
500 1st St., Napa
Tel. 1-707-265-57 00
Französisch-kalifornische Küche im
COPIA-Gebäude mit einsehbarer
Küche.

Wine Spectator
Greystone Restaurant
2555 Main St.
St. Helena
Tel. 1-707-967-10 10
Hier, in der alten Christian Brothers
Winery, kochen die Schüler des
renommierten Culinary Institute of
America – und zwar nicht schlecht!

▶ Erschwinglich
Bistro Don Giovanni
4110 Howard Lane, Napa
Tel. 1-707-224-33 00

Italienische Küche mit raffinierten
Pasta- und Risottogerichten.

ÜBERNACHTEN

▶ Luxus
Wine Country Inn & Gardens
1152 Lodi Lane, St. Helena
Tel. 1-707-963-70 77
www.winecountryinn.com
24 Z. und 4 Suiten
Rustikale Eleganz inmitten weitläufiger
Weingärten. Geboten werden indivi-
duell eingerichtete Zimmer, viele mit
Kamin und Balkon.

▶ Komfortabel
Napa Discovery Inn
500 Silverado Trail, Napa
Tel. 1-707-253-08 92
www.napadiscoveryinn.com
15 Z. Schöne Unterkunft mit hellen,
modernen Zimmern.

▶ Komfortabel/Günstig
The Chablis Inn
3360 Solano Ave., Napa
Tel. 1-707-257-19 44
www.chablisinn.com
34 Z. Hübsches Hotel mit modern
eingerichteten Zimmern; Bad mit
Whirlpool.

binden den Hauptort **Napa** (76 000 Einw.) mit den übrigen Orten
im Tal, darunter Rutherford, St. Helena und ▶ Calistoga. Am Straßenrand weisen Holzschilder mit eleganten Schriftzügen auf weltweit
bekannte Weingüter wie »Beringer« oder »Robert Mondavi« hin. Ihre Häuser und Wirtschaftsgebäude – meist im Stil kolonialspanischer
Hazienden erbaute architektonische Schmuckstücke – liegen inmitten von Weingärten. Die meisten Weingüter laden zu einer Weinprobe ein und bieten zudem Führungen an, auf denen man alles über
die Weinproduktion und die besonderen Herausforderungen erfährt,
die der Anbau bestimmter Rebsorten mit sich bringt (▶ Baedeker
Special S. 76).

Sehenswertes im Napa Valley

Als Treffpunkt für Weinkenner und -novizen konzipiertes Haus: Ideenreich inszenierte Ausstellungen und Veranstaltungen informieren über den Weinbau im »Wine Country«. Ein idealer Ausgangspunkt zu einer Tour durchs Napa Valley (500 1st St., Napa; Öffnungszeiten: tgl. außer Di. 10.00 – 17.00 Uhr).

COPIA: The American Center for Wine, Food & The Arts
⏲

Dieses Weingut produziert nicht nur hervorragende Petite Sirahs und Cabernet Sauvignons, sondern bietet dem kunstsinnigen Besucher auch einen architektonischen Leckerbissen. Das bunte Hauptgebäude wurde von dem österreichischen Künstler **Friedensreich Hundertwasser** (1928 – 2000) entworfen. Der erklärte Anti-Modernist verzierte sein einziges Werk in den USA mit Ziegeln, Fliesen, Minaretten und Zwiebeltürmchen und schuf so ein Ambiente, in dem eine Weinprobe zum denkwürdigen Erlebnis wird (6126 Silverado Trail, Napa, Tel. 1-707-944-26 59, Besuch nur nach Voranmeldung).

Quixote Winery

Wer nur wenig Zeit fürs Napa Valley hat, sollte im Shop des von **Vintner's Collective** vorbeischauen. In dem Gemäuer aus dem Jahr 1875 – früher diente es u. a. als Bordell – stellen 18 Weingüter ihre Produkte vor (1245 Main St., Napa; Öffnungszeiten: tgl. 11.00 bis 18.00 Uhr).

Das aus historischen Ranchgebäuden bestehende Weingut **Nickel & Nickel** in Oakville produziert einen der besten Cabernets im Napa Valley. Die Weinprobe findet stilecht

Hübscher Oldtimer vor dem historischen Weingut Nickel & Nickel

in einer alten viktorianischen Lounge statt (8164 Hwy. 29, Oakville, Tel. 1-707-967-96 00, Besuch nur nach Voranmeldung).

Hübsch angelegte Gärten, Froschteiche, Weinreben und mitten drin eine große rote Scheune: Dieses Weingut setzt sich bewusst von den eleganteren Konkurrenten ab. Sein bester Wein ist ein fruchtiger Sauvignon Blanc (8815 Conn Creek Rd., Rutherford, Tel. 1-707-963-47 04, Besuch nur nach Voranmeldung).

Frog's Leap

Hoch über St. Helena, an den Flanken des Spring Mountain, liegt dieses herrschaftliche Weingut. Terra Valentines Stärke sind besonders ausgewogene Cabernets (3787 Spring Mountain Rd., St. Helena, Tel. 1-707-967-83 40; Öffnungszeiten: tgl. 10.30 – 14.30 Uhr).

Terra Valentine
⏲

★ Point Reyes National Seashore

N/O 5

Region: Marin County   **Fläche:** 287 km²

Wilde Steilküsten und tosende Brandung, die San-Andreas-Spalte und ein unwiderstehlicher Leuchtturm: Vor allem im Abendlicht ist die Halbinsel der vielleicht schönste Abstecher vom Highway 1 aus.

Ursprüngliche Küstenlandschaft
Wie die kalifornische Küste aussieht, wenn die Bewohner vereint gegen Bauunternehmer und Spekulanten stehen, zeigt dieser Abschnitt 37 mi/60 km nördlich von ▶ San Francisco: Statt mit gesichtslosen Neubausiedlungen und Shoppingmalls heißen die Städtchen **Olema** und **Inverness** ihre Besucher mit netten Läden und hübschen Vorgärten willkommen. Gleich hinter der City Line beginnt das Schutzgebiet mit Mooren, Wäldern, Klippen und Stränden. Es liegt auf einer 16 km in den Pazifik ragenden Felsenhalbinsel und wurde im Jahr 1962 zum Schutz der vielfältigen Fauna und Flora ausgewiesen. Der Übergang vom Festland zur Halbinsel ist mancherorts klar markiert: Die Grenze zu dem geschützten Gebiet liegt genau auf der San-Andreas-Spalte.

Geschichte ▶ Miwok-Indianer waren die ersten Bewohner der Halbinsel. Archäologen lokalisierten bis jetzt mehr als 100 ihrer bis zu 5000 Jahre zu-

300 Stufen führen zum 140 Jahre alten Point Reyes Lighthouse.

▶ POINT REYES ERLEBEN

AUSKUNFT

Bear Valley Visitor Center
1 Bear Valley Rd.
Pont Reyes Station, CA 94956
Tel. 1-415-464-51 00
www.nps.gov/pore
Öffnungszeiten: Mo. – Fr. 9.00 bis
17.00, Sa. und So. ab 8.00 Uhr

AKTIVITÄTEN

Der Park bietet insgesamt über
240 km Wanderwege – von kurzen
Spaziergängen bis zu anstrengenden,
sechs- bis achtstündigen Wanderungen. Interessant ist der 1 km lange
»Earthquake Trail«, der gegenüber
vom »Bear Valley Visitor Center«
beginnt und genau über der San-
Andreas-Spalte verläuft. Hinweis-
schilder erläutern die tektonischen
Aktivitäten tief im Erdinnern: So
driftet die Point-Reyes-Halbinsel mit
einem Tempo von ein, zwei Zentimetern pro Jahr Richtung Alaska.

rückreichenden Siedlungen. Einer der ersten Europäer, die hierher
kamen, war **Sir Francis Drake**; 1579 ankerte der englische Freibeuter
mit seiner »Golden Hind« im Windschatten der Halbinsel. Im frühen
19. Jh. gründeten mexikanische Viehzüchter weitläufige Ranches, die
bis heute bewirtschaftet werden.

Sehenswertes im Point Reyes National Seashore

Die fast 20 km lange, schnurgerade Westküste der Halbinsel verfügt **Strände**
mit dem **North Beach** und **South Beach** über zwei der windigsten
Strände am Pazifik. Hier sollte man weder baden noch surfen, dafür
sind Spaziergänge v. a. im Küstennebel ein unvergessliches Erlebnis.

Point Reyes zählt zu den windigsten und nebligsten Küstenabschnit- ★
ten am Pazifik und war daher lange Zeit ein gefährliches Hindernis **Point Reyes**
für die Schifffahrt. Der 1870 am äußersten Punkt der Halbinsel 150 **Lighthouse**
Meter über der Brandung auf einer winzigen, in den Fels gesprengten
Plattform errichtete Leuchtturm entschärfte die Situation: Von
Leuchtturmwärtern bemannt, warnte er die Seefahrer bis zu seiner
Automatisierung im Jahr 1975. Heute ist in dem Leuchtturm ein
kleines **Museum** untergebracht. Eine Stahltreppe mit 300 Stufen
führt vom Besucherzentrum über einen schmalen Grat zum Turm
hinunter und zu einem grandiosen Blick auf die Küste (Öffnungszeiten: Do. – Mo. 10.00 – 16.30 Uhr). ⏲

Umgebung des Point Reyes National Seeshore

Auch wenn Hitchcock-Fans hier immer wieder nach Erinnerungen ★
an den Thriller »Die Vögel« (1963) suchen, der in und um Bodega **Bodega Bay**
Bay (1500 Einw.) gedreht wurde, ist das 30 mi/48 km nordwestlich

von Point Reyes gelegene Städtchen ein geschäftiger Fischerhafen geblieben. Heute erinnert nur noch das **»Tides Wharf & Restaurant«** an »Hitch«. Fans werden das Lokal jedoch kaum wiedererkennen, da es 1997 umgebaut wurde. Dort einzukehren lohnt sich dennoch: Jeder Tisch in dem rustikal-eleganten Restaurant bietet einen wunderschönen Meerblick (835 Hwy 1). Zudem bietet Bodega Bay zahlreiche Möglichkeiten, die von Januar bis April stattfindende Wanderung der Wale von Alaska nach Mexiko zu beobachten.

Bodega Head ▶ Das baumlose, als State Park geschützte Vorgebirge Bodega Head, ein paar Autominuten westlich von Bodega Bay, bietet ebenfalls gute Aussichtspunkte, um **Wale** zu **beobachten**. Vom Parkplatz aus führen Trails durch prärieartige Vegetation zu verschiedenen atemberaubenden Aussichten auf die Steilküste und den Pazifik. Mit etwas Glück ziehen die Wale in nächster Nähe vorbei (Hwy. 1, Abfahrt: Eastshore Road).

Bodega ▶ Einige der dramatischsten Szenen für »Die Vögel« drehte Alfred Hitchcock ein paar Kilometer landeinwärts in dem 100-Seelen-Nest Bodega am Highway 1. Ein beliebtes Fotomotiv ist das etwas abseits liegende, als »Bodega School« firmierende **Potter School House**: Unvergessen ist die Szene, in der Rod Taylor Tippi Hedren und ihre Klasse vor blutgierigen Möwen rettet ...

✶ ✶ Redwood Empire

K-M 3/4

Region: Mendocino, Humboldt und Del Norte Counties

Länge: 270 km (von Leggett bis Crescent City)

Die Redwoods, die Mammutbäume, sind die höchsten Bäume der Welt – und der Highway 101 führt durch die schönsten Redwood-Bestände der Pazifikküste.

Naturschutz versus Holzindustrie Fast wären auch die letzten der herrlichen Küstenmammutbäume für immer vom Antlitz der Erde verschwunden. Nach fast 100 Jahren Kahlschlag waren in den 1960er-Jahren 90 Prozent der Redwood-Wälder am Pazifik in Bauholz und Möbel verwandelt. Vor allem durch das Engagement von Umweltschutzgruppen und Stiftungen wie der umtriebigen »Save the Redwoods League« konnten verschiedene Schutzgebiete eingerichtet werden, in denen die Giganten vor der gefräßigen Holzindustrie sicher sind.

Küstenmammutbäume (lat. Sequoia sempervirens) werden über 100 Meter hoch und können einen Durchmesser von bis zu sieben Metern erreichen. Im feuchten Klima der Nordwestküste Kaliforniens finden die Mammutbäume ideale Bedingungen vor: Die mittleren Jahrestemperaturen liegen hier zwischen 10 und 17 °C, und der durchschnittliche, meist im Winter fallende Niederschlag beträgt rund 2500 mm; hinzu kommt der häufige Küstennebel.

Sehenswertes im Redwood Empire

Die knapp 1,80 m hohe Durchfahrt durch diesen Giganten bohrten   **Chandelier Drive-**
geschäftstüchtige Hiesige in den 1930er-Jahren. Ihre Rechnung ging   **Thru Tree Park**
auf: Der Baum wurde eine Touristenattraktion (Hwy. 101, Leggett).

Redwood Empire *Orientierung*

© Baedeker
N

Grants Pass
Brookings
Oregon Caves Nat. Mon.
Oreg. Cal.
7055
Crescent City
Klamath
Klamath R.
8299
Orick
Rocky Point
Trinidad
8196
Arcata
Willow Creek
Trinity R.
Eureka
Ferndale
Fortuna
Clair Engle L.
Scotia
Weaverville
Hayfork
Punta Gorda
6974
Philipsville
Garberville
Platina
Point Delgada
Leggett
River
Westport
Laytonville
7448
Fort Bragg 1000
Elk
Willits
6121
Ukiah
Point Arena
Lakeport
Clear Lake
Russian R.
Stewarts Point
2675
Cloverdale
Fort Ross
Healdsburg
Lake Berryessa
Guerneville
Salmon Creek
Santa Rosa
Tomales Bay
Napa
Point Reyes
San Rafael
SAN FRANCISCO
Oakland

60 mi
90 km

Jedediah Smith Redwoods
Information
Redwood National Park (Demonstration Forest)
Del Norte Coast Redwoods (Trees of Mystery)
Redwood National Park
Prairie Creek Redwoods (Fern Canyon)
Arco Giant
Information
Redwood National Park
»The Tall Tree« (367,8 ft/112,10 m)
Grizzly Creek Redwoods
Avenue of the Giants
»Founders Tree« (364ft/110,90 m)
Rockefeller Forest
Humboldt Redwoods
Richardson Grove
Smithe Redwoods
»Chandelier Tree«
Montgomery Woods
Hendy Woods
Indian Creek
Mailliard Redwoods
The Geysers
Armstrong Redwoods
Petrified Forest
Bohemian Grove
Muir Woods

★ ★
**Humboldt
Redwoods
State Park**

Dieses Schutzgebiet erstreckt sich von **Phillipsville** bis **Pepperwood** und war, 1921 auf Betreiben der »Save the Redwoods League« gegründet, das erste seiner Art in Nordkalifornien. Das 210 km² große Gebiet liegt beiderseits des Hwy. 101 und enthält einige der schönsten Küstenmammutbaumbestände Nordamerikas.

Neben der einzigartigen, urweltlichen Atmosphäre gibt es herausragende Sehenswürdigkeiten in diesem Wald. Einige davon liegen an der **Avenue of the Giants**, die etwas nördlich von Garberville am Südeingang des Parks beginnt. Die 50 km lange, parallel zum Hwy. 101 verlaufende Straße führt durch eine verzauberte Welt von atemberaubender Stille.

 REDWOOD EMPIRE

AUSKUNFT

Humboldt Redwoods State Park
P. O. Box 100
Weott, CA 95571
Tel. 1-707-946-24 09
www.humboldtredwoods.org

Redwood Information Center
Orick (am Hwy. 101)
Tel. 1-707-465-77 65
Öffnungszeiten:
März – Okt. tgl. 9.00 – 17.00, sonst bis 16.00 Uhr

Redwood National and State Parks
1111 Second St.
Crescent City, CA 95531
Tel. 1-707-464-61 01
www.nps.gov/redw

Ca. 5 km nördlich von Weott liegt Founders Grove mit dem beeindruckenden, 105 m hohen **Founders Tree**. Unweit davon präsentiert der **Rockefeller Forest** den größten naturbelassenen Mammutbaumbestand der Welt. Vom Bull-Creek-Parkplatz führen Spazierwege zu einigen der ebenfalls über 100 m hohen Riesen (Öffnungszeiten: tgl. von Sonnenaufgang bis Sonnenuntergang).

Die Standorte der höchsten Bäume werden indes der Öffentlichkeit vorenthalten: Der **Stratosphere Giant** misst knapp 113 m und war damit der höchste Baum der Welt – bis im Jahr 2006, ebenfalls im Rockefeller Forest, ein noch höherer Küstenmammutbaum entdeckt wurde. Dieser **Hyperion** genannte Riese misst exakt 115, 24 m.

**Patrick's Point
State Park**

Der bald auf das 21 mi/34 km nördlich von ▶Eureka gelegene Hafenstädtchen **Trinidad** folgende State Park schützt einen besonders schönen Küstenabschnitt vor der Erschließung.

Breite Sandstrände wechseln mit rauen Klippen, eine unbarmherzig gegen die Küste anrollende See hat Treibholz zu skurrilen Skulpturen aufgetürmt. Der Park bietet hübsche Spazierwege zu herrlichen Aussichtspunkten wie **Palmer's Point**, **Wedding Rock**, **Ceremonial Rock** und **Patrick's Point**. Das von der Parkverwaltung eingerichtete **Yurok Village**, umgeben von dichtem Wald aus Hemlock-Tannen und Douglas-Fichten, erinnert an die allerersten Bewohner dieses Küstenabschnitts (Öffnungszeiten: tgl. von Sonnenaufgang bis Sonnenuntergang).

Redwood-Gigant im Rockefeller Forest

★ ★
Redwood National Park

Der kurz hinter dem Patrick's Point State Park beginnende Redwood National Park schützt knapp die Hälfte aller an dieser Küste verbliebenen Mammutbäume. Er besteht aus den drei State Parks **Prairie Creek Redwoods**, **Del Norte Coast Redwoods** und **Jedediah Smith Redwoods** und umfasst eine Fläche von insgesamt 530 km². Seit 1980 gehört der Nationalpark zum UNESCO-Weltnaturerbe.

Zehn Autominuten nordöstlich von Orick liegt die **Lady Bird Johnson Grove**, ein herrlicher Bestand alter Mammutbäume, der auf einem anderthalb Kilometer langen Spazierweg zu genießen ist. Die kathedralenähnliche **Tall Trees Grove** sechs Kilometer weiter südlich ist nur auf einer unbefestigten Straße – und nach einem Fußmarsch – zu erreichen. Hierzu ist eine Genehmigung nötig, die man im »Redwood Information Center« bei **Orick** erhält. Die hier aufragenden Bäume sind allesamt über 100 m hoch.

Nördlich von Orick gibt es zwei weitere herausragende Naturschönheiten: Der 16 km lange **Gold Bluffs Beach** liegt seit einem kurzen Goldrausch im Jahr 1851 unberührt da und wird heute von mehr Wapiti-Hirschen als Touristen besucht. Am Ende der schmalen Straße beginnt der **Fern Canyon**, eine tiefe, dunkle, vom Home Creek in den Fels gedrückte Schlucht, deren Wände sattgrüne Farne meterdick verhängen.

Crescent City

Von wegen »It never rains in ...«: Das Hafenstädtchen wenige Kilometer vor der Grenze zu Oregon ist mit fast 180 Zentimetern Niederschlag im Jahr einer der feuchtesten Orte Kaliforniens. Mit jeder Menge Wasser hat auch eine interessante Sehenswürdigkeit Crescent Citys (7500 Einw.) zu tun:

Nur bei Ebbe kann man das Battery Point Lighthouse zu Fuß erreichen.

Ocean World ▶ Wer immer schon mal einen echten Hai streicheln wollte, hat hier dazu Gelegenheit: **»Shark petting«** ist eine der Hauptattraktionen in diesem Aquarium, das sich der Unterwasserfauna vor der Haustür widmet. In mehreren, insgesamt anderthalb Mio. Liter Salzwasser fassenden Becken tummeln sich Seehunde und Seelöwen, Aale und Rochen sowie zahlreiche mürrisch dreinblickende Tiefseebewohner ⏱ (304 Hwy. 101 S.; Öffnungszeiten: Juni – Sept. tgl. 8.00 – 21.00, sonst 9.00 – 18.00 Uhr).

Del Norte County Historical Society Museum ▶ Außen pfui, innen hui: Das County-Museum war früher ein Gefängnis und beherbergt heute u. a. eine hervorragende **völkerkundliche Sammlung** über die einst hier lebenden Indianerstämme der Yurok und Tolowa. Beeindruckend sind v. a. die geflochtenen Körbe, die Kenner zu den schönsten in Nordkalifornien rechnen. In einem Anbau wird die Tsunami-Katastrophe von 1964 dokumentiert (577 H ⏱ St., Öffnungszeiten: Mai – Sept. Mo. – Sa. 10.00 – 16.00 Uhr).

Battery Point Lighthouse ▶ Das Felseneiland mit dem hübschen Steinhaus und dem dicken Turm auf dem Dach ist nur bei Ebbe zu Fuß erreichbar. Seit 1856 bewacht es den Hafeneingang und hat seither so manche Naturkatastrophe erlebt. Crescent City liegt in einem besonders tsunamigefährdeten Küstenabschnitt. Die größte Flutwelle, ausgelöst von einem starken Erdbeben, suchte den Hafen am Karfreitag des Jahres 1964 heim. Wie durch ein Wunder kamen damals »nur« elf Menschen ums Leben. Die letzte Flutwelle wurde Ende 2006 registriert; sie ver-ursachte jedoch nur Sachschaden (Parkplatz am Ende der A St.; ⏱ Öffnungszeiten: April – Sept. Mi. – So. 10.00 – 16.00, sonst Sa. und So. 10.00 – 16.00 Uhr, gezeitenabhängig).

✳ Sacramento

Region: Sacramento County
Höhe: 8 m ü.d.M.

Einwohnerzahl: 475 000

Als Verkehrsknotenpunkt, Handels- und Technologiezentrum kümmert sich die Hauptstadt Kaliforniens um Besucher nur nebenbei. Angesichts der vielen anderen, oft schrillen Touristenzentren in diesem Bundesstaat ist das eine Wohltat. Dabei hat Sacramento durchaus einiges zu bieten.

Sacramento lag schon immer im Schatten anderer kalifornischer Städte. Selbst Kaliforniens Gouverneure wohnen lieber woanders. Arnold Schwarzenegger, das amtierende Oberhaupt des Bundesstaats, pendelt täglich sogar drei Stunden hin und her – im Privatjet, wohnt der »Governator« doch in Los Angeles. Ob es daran liegt, dass das

Hauptstadt Kaliforniens

Sacramento Orientierung

Essen
① Esquire Grill
② Mulvaney's B&L

Übernachten
① Amber House B&B
② Vagabond Inn

▶ SACRAMENTO ERLEBEN

AUSKUNFT

Sacramento CVB
1608 I St.
Sacramento, CA 95814
Tel. 1-800-292-23 34
www.discovergold.org

SHOPPING

Gute Shoppingmalls sind »Arden Fair«
(I-80 u. Arden Way) und die »West-
field Galleria at Roseville« (I-80, Exit
SR 65). Einen netten Einkaufsbummel
versprechen die rund 100 Boutiquen
(meist Souvenirs, Schmuck und
Kunsthandwerk) im kleinen, sehr
touristischen Old Sacramento Historic
District.

ESSEN

▶ Fein & teuer/Erschwinglich
① **Esquire Grill**
1221 K St.
Tel. 1-916-448-89 00
Cooles Grill-Bistro in Capitol-Nähe
und deshalb Hangout von Regierung-
sangestellten in Anzügen und Kostümen. Auf der Karte stehen interessante
Pasta-Gerichte, Steaks und Geflügel.

▶ Erschwinglich
② **Mulvaney's B & L**
1215 19th St.
Tel. 1-916-441-67 71
Amerikanische Klassiker, weltgewandt
zubereitet. Besonders gut: Shrimps in
Limonen-Knoblauch.

ÜBERNACHTEN

▶ Luxus
① **Amber House B & B**
1315 22nd St.
Tel. 1-916-444-80 05
www.amberhouse.com
10 Z. In der Nähe des Capitols bietet
das »Amber House« vier gepflegte,
feinsäuberlich restaurierte alte
Häuschen mit hellen, viktorianisch
möblierten Zimmern.

▶ Günstig
② **Vagabond Inn**
909 Third St.
Tel. 1-916-446-14 81
www.vagabondinns.com
108 Z. Moderne Unterkunft mit
Pool und zweckmäßig eingerichteten
Zimmern.

Land am Zusammenfluss von Sacramento und American River von
ideenlosen Städteplanern mit einem Raster aus schnurgeraden Straßen überzogen wurde? Oder daran, dass die Einwohner der 150 km
östlich von ▶San Francisco gelegenen Stadt eher wie »Otto Normal-
verbraucher« aus dem Mittleren Westen wirken?

Geschichte ▶   Im Jahr 1839 errichtete der Schweizer **Johann August Sutter** (▶Be-
rühmte Persönlichkeiten) auf Land, das er von der mexikanischen
Kolonialverwaltung erhalten hatte, einen befestigten Handelsposten
namens »Fort Sutter«. Während des 1848 ausgelösten Goldrauschs
entwickelte sich das Fort rasch zu einer wichtigen Versorgungsstation
für die Schürfgebiete in den Foothills der Sierra Nevada. Bereits 1850
erhielt die Sacramento genannte Siedlung das Stadtrecht. Nach mehreren Provisorien wurde schließlich Sacramento 1854 die Hauptstadt
des jungen Bundesstaates Kaliforniens.

Vorbild für das California State Capitol war das Parlamentsgebäude in Washington D.C.

Ein bedeutender Handels- und Umschlagplatz, nun für landwirtschaftliche Produkte aus dem Sacramento-Tal, blieb die kontinuierlich wachsende Stadt auch im 20. Jh. 1963 eröffnete der durch Kanäle mit dem Pazifik verbundene Tiefseehafen der Stadt. Seit Ende der 1990er-Jahre erlebt Sacramento, wie viele andere Städte Nordkaliforniens mit niedrigeren Lebenshaltungskosten, einen verstärkten Zuzug junger Familien v. a. aus der dicht besiedelten Bay Area.

Sehenswertes in Sacramento

Johann August Sutter (1803 – 1880) alias John Sutter hatte alles andere als Gold im Sinn, als er sich 1839 hier niederließ. Der tatkräftige Schweizer hatte vielmehr ein landwirtschaftliches Musterunternehmen vor Augen, und zunächst schien seine Vision auch Gestalt anzunehmen. Während der ersten zehn Jahre blühte das von Sutter und seinen meist indianischen Arbeitern betriebene Fort, das anfangs noch »Neu-Helvetien« hieß. Für zahlreiche weiße Einwanderer war es eine Insel abendländischer Zivilisation in der Wildnis. Der Goldrausch, der für Kalifornien der Startschuss war, bedeutete für Fort Sutter jedoch das Ende: Zehntausende Abenteurer überrannten die Siedlung, zerstörten die Gärten und Plantagen. Am Ende verlor Sutter auch noch sein Landrecht. Arm und verbittert starb er in Washington (D. C.). Der State Historic Park beherbergt neben einigen Nachbauten auch das Haupthaus, das einzige Originalgebäude des mit drei Meter hohen Palisaden befestigten Forts. Das aus Adobe-Ziegeln gebaute Haus entstand 1841 (2701 L St.; Öffnungszeiten: tgl. 10.00 – 17.00 Uhr).

★
Sutter's Fort State Historic Park

⊙

★
**California
State Capitol**

Mit seiner 72 m hohen Kuppel weithin sichtbar, ist das 1874 fertiggestellte Gebäude fast eine kleinere Kopie des Kapitols in Washington.
Konsequent neoklassizistisch, spart der kalifornische Regierungssitz
nicht mit korinthischen Säulen und Statuen griechischer Göttterge-
stalten. Sehenswert ist die fast 37 m hohe Rotunda. Große Wandgemälde zitieren Schlüsselszenen aus der Geschichte des Staats (10th
St.; Öffnungszeiten: tgl. 9.00 – 17.00 Uhr, Führungen jede volle Std.).

**The California
Museum**

Einen Block südlich vom State Capitol wird die Geschichte des Golden State und seine Rolle für die USA kreativ und anregend präsentiert. Die »California Hall of Fame« feiert berühmte Kalifornier, die
Dauerausstellung »California's Remarkable Women« würdigt die
Verdienste von Frauen in allen Be-
reichen der kalifornischen Gesellschaft (1020 O St.; Öffnungszeiten:
Di. – Sa. 10.00 – 17.00, So. 12.00
bis 17.00 Uhr).

*Westernheld John Wayne wurde 2007
in die »Hall of Fame« aufgenommen.*

Mit über 14 000 Objekten beherbergt das **Crocker Art Museum** u. a.
die größte Sammlung von Arbeiten
kalifornischer Künstler. Sehenswert
sind v. a. die Zeitgenossen, darunter Stephen Kaltenbach und Roy
DeForest (216 O St.; Öffnungszeiten: Di. – So. 10.00 bis 17.00,
Do. bis 21.00 Uhr).

Das aus sechs hangarähnlichen
Gebäuden bestehende **California
State Railroad Museum** gilt als
eines der besten seiner Art in
Nordamerika. Es dokumentiert die
Eisenbahngeschichte Kaliforniens
und des Westens mit höchst interessanten Ausstellungen sowie mit
21 historischen Lokomotiven und Waggons (125 I St.; Öffnungszeiten: tgl. 10.00 bis 17.00 Uhr).

★
**Discovery
History Museum**

Das moderne Discovery History Museum zeigt in fünf thematisch
strukturierten Abteilungen Geschichte, Wissenschaft und Technolo-
gie sowie die Entwicklung von Stadt und Region vermittels compu-
tergestützter Exponate (101 I Street, Öffnungszeiten: Juli bis Aug. tgl.
10.00 – 17.00, sonst Di. bis So. 10.00 – 17.00 Uhr).
Das damit verbundene **Discovery Museum Science & Space** widmet
sich der Naturgeschichte; das dazugehörige Planetarium präsentiert
den Sternenhimmel (3615 Auburn Blvd., Öffnungszeiten: Juli bis
Aug. tgl. 10.00 – 17.00, sonst Di. – Fr. 12.00 – 17.00, Sa. und So.
10.00 – 17.00 Uhr) .

★ ★ San Francisco

O 5

Region: San Francisco   **Einwohnerzahl:** 765 000
Höhe: 16 m ü.d.M.

Nicht genug damit, dass diese Stadt als die schönste des Landes gilt. Sie ist auch, trotz ihrer Größe, erstaunlich übersichtlich und blickt auf eine schillernde Vergangenheit und eine lange Tradition liberalen Denkens zurück.

Kaum eine Stadt kann sich einer schöneren Lage rühmen als San Francisco: an der Spitze einer Halbinsel mit 40 Hügeln zwischen San Francisco Bay und Pazifik. Hinzu kommt ein unverwechselbares Klima, dessen sommerlicher Nachmittagsnebel die **Golden Gate Bridge** oft genug wie in Watte hüllt und die Touristen einmal mehr zur Kamera greifen lässt. Die San Franciscans danken es mit einer charmanten **»Laidbackness«**, die ansteckend wirkt.

»City by the Bay«

Die »City by the Bay« macht den Kopf frei. Kein Wunder, dass hier so manche nationale und internationale Bewegung begann. Die Fitness-Bewegung beispielsweise und Aerobic. Das Mountainbike wurde hier erfunden, und Kultmagazine wie »Rolling Stone« und »Wired« fanden hier ihre ersten Leser.

Hier begann – und endete – der Dot.com-Goldrausch der 1990er-Jahre, hier begannen auch die Schwulen- und die Anti-Vietnambewegung. Und – das weiß jedes Kind – hier fand im Jahr 1967 der legendäre **»Summer of Love«** statt mit Flower Power, Hippies und LSD, und Janis Joplin, Bob Dylan und Jefferson Airplane sangen gegen das Establishment an.

Highlights San Francisco

Chinatown
Eine Stadt in der Stadt, selbst die Telefonzellen gleichen kleinen Pagoden. Und es ist nicht nur Folklore. In Chinatown leben viele chinesischstämmige Bewohner von San Francisco.
► Seite 177

Alcatraz
Auch Al Capone war hier. Nicht freiwillig, genauso wenig wie die anderen Insassen des ehemaligen Gefängnisses in der Bay. Besucher dürfen nach einigen Stunden wieder gehen.
► Seite 178

Fisherman's Wharf
Frühmorgens werden hier Fische verkauft. Wenig später kommen die ersten Touristen zum Shoppen, Amüsieren oder Kaffeetrinken mit Blick auf den Trubel oder auf die Bay.
► Seite 178

Golden Gate Bridge
Das Wahrzeichen der Stadt ist eine der längsten und schönsten Hängebrücken, die jemals gebaut wurden. Unter ihr können auch die größten Ozeanriesen in die San Francisco Bay einlaufen.
► Seite 182

▶ SAN FRANCISCO ERLEBEN

AUSKUNFT

San Francisco
Visitor Information Center
900 Market St.
San Francisco, CA 94102
Tel. 1-415-391-20 00
www.onlyinsanfrancisco.com

VERKEHR

Den Öffentlichen Nahverkehr regelt die San Francisco Municipal Transportation Agency (MUNI). Die verschiedenen von der MUNI herausgegebenen Pässe ermöglichen die Nutzung von Bussen, Straßenbahnen, Schnellbahn, Trolleybussen und Cable Car für einen bis sieben Tage, erhältlich im Visitor Center und am Cable-Car-Kiosk an der Ecke Powell und Market Streets.

Die drei Cable-Car-Linien bedienen die Downtown. Die schönsten Fotomotive bietet die Powell-Hyde Line (Powell u. Market Sts. – Aquatic Park). Die Powell–Mason Line endet an der Fisherman's Wharf, die California Street Line verbindet die Market St. mit der Van Ness Avenue.

SIGHTSEEING

Stadtführungen: Die City Guides Walking Tours (SF Public Library, 100 Karkin St., Tel. 1-415-557-42 66, www.sfcityguides.org) bieten u. a. Gratis-Touren durch North Beach, Chinatown, über die Golden Gate

San Francisco *Orientierung*

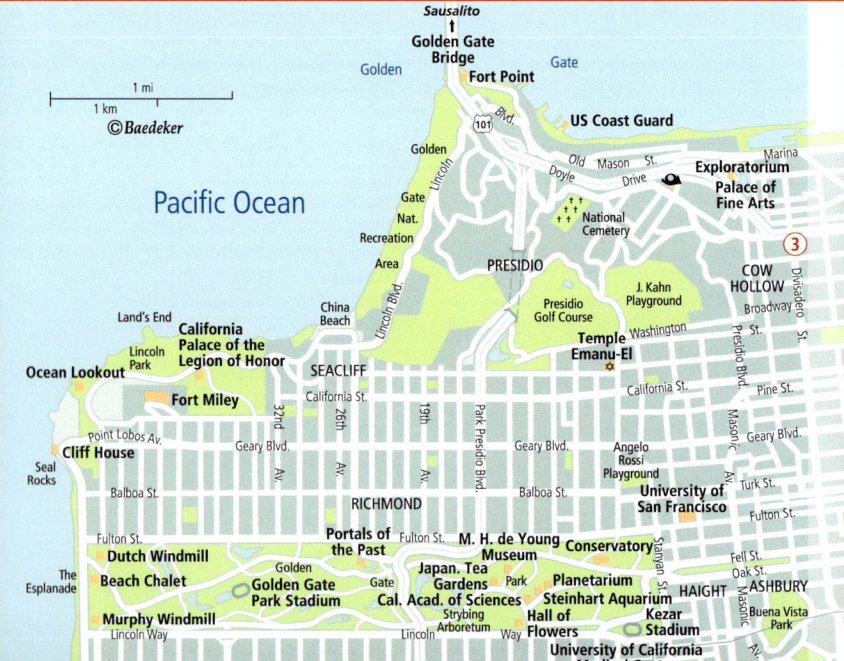

Bridge und über die Market Street; Geschichte und Architektur stehen dabei im Mittelpunkt.
Fisherman's Wharf ist Ausgangspunkt für Boots-Touren in der Bay. Ein erfahrener Anbieter ist Red and White Fleet (Pier 43,5; Tel. 1-415-901-52 54, www.redandwhite.com).

AUSGEHEN

San Franciscos Nachtleben ist elegant und trendy – und oft auch erfrischend unprätentiös. Über das aktuelle Wann und Wo informieren die »San Francisco Weekly« (www.sfweekly.com) und der »San Francisco Bay Guardian« (www.sfbg.com). Am meisten los ist in den Bars rund um den Union Square, in North Beach, im Mission District und in SoMa.

① *Biscuits & Blues*
401 Mason St.
(am Union Square)
Tel. 1-415-292-25 83
Lebhaftes Restaurant, Bar und erstklassige Bluesbühne.

② *Cobb's Comedy Club*
915 Columbus Ave.
(North Beach)
Tel. 1-415-928-43 20
Im Cobb's Comedy Club kann man die aktuellsten Stand-Ups des Landes erleben.

③ *Jillian's @ Metreon*
101 4th St.
(SoMa)
Tel. 1-415-369-61 00
Angesagter Nachtklub mit Livemusik und Musik »aus der Dose«.

Essen
① Gary Danko
② Fior d'Italia
③ The Stinking Rose
④ Zuni Café
⑤ Andale Taqueria

Übernachten
① Marc Hopkins
② Triton
③ Edward II. Inn
④ Green Tortoise Hostel

Ausgehen
① Biscuits & Blues
② Cobb's Comedy Club
③ Jillian's @ Metreon
④ Matrix Fillmore

— BART (Schnellbahn)
•—• Cable Car
— Caltrain
— Mun Line

④ *Matrix Fillmore*
3138 Fillmore St.
(Marina District)
Tel. 1-415-563-41 80
Jefferson Airplane, Steve Miller Band,
The Doors: Sie alle spielten schon hier.
Bis heute treten lokale, vielverspre-
chende Bands im Fillmore auf.

ESSEN
▶ Fein & teuer
① *Gary Danko*
800 North Point St.
(Marina District)
Tel. 1-415-749-20 60
Zeitgemäße französische Küche ohne
Berührungsängste: Es gibt hausge-
machte Foie gras ebenso wie Earl-
Grey-Schokoladentorte.

▶ Erschwinglich
② *Fior d'Italia*
601 Union St.
(North Beach)
Tel. 1-415-986-18 86
Das 1886 eröffnete Restaurant ist der
älteste Italiener der Stadt; klassische
norditalienische Küche.

③ *The Stinking Rose*
325 Columbus Ave. (North Beach)
Tel. 1-415-781-76 73
Eine Touristenattraktion – angeboten
wird alles, was mit Knoblauch zubereitet werden kann, sogar »Garlic Ice
Cream«.

④ *Zuni Café*
1658 Market St. (Downtown)
Tel. 1-415-552-25 22
Immer voll, immer gut. Bunt gem-
ischtes Publikum, angelockt von einer
internationalen, mediterran inspirierten Küche.

▶ Preiswert
⑤ *Andale Taqueria*
2150 Chestnut St. (Marina District)

Tel. 1-415-749-05 06
Mexikanische Küche mit tollen Salat-
en, Mesquite-Hühnchen und Riesen-
Burritos.

ÜBERNACHTEN
Anspruchslose Reisende finden
entlang der Lombard Street eine Fülle
an recht preisgünstigen Motels.

▶ Luxus
① *Mark Hopkins*
1 Nob Hill
Tel. 1-415-392-34 34
www.ichotelsgroup.com
382 Z. Hotelklassiker aus den 1920er-
Jahren – immer noch Spitze. In der
Bar »Top of the Mark« genießt man
einen unverstellten Rundumblick auf
San Francisco.

▶ Luxus/Komfortabel
② *Triton*
342 Grant Ave.
(am Union Square)
Tel. 1-415-394-05 00
www.hoteltriton.com
140 Z. Hübsches Boutiquehotel mit
ultraschicker Lobby und individuell
eingerichteten Zimmern.

▶ Komfortabel
③ *Edward II. Inn*
3155 Scott St.
Tel. 1-415-922-30 00
www.edwardii.com
32. Z. Gemütliches B & B mit heimelig
eingerichteten Zimmern und reich-
haltigem Frühstück.

▶ Günstig
④ *Green Tortoise Hostel*
494 Broadway (North Beach)
Tel. 1-415-834-10 00
Das Hostel bietet einfache Schla-
fräume für 2 bis 6 Personen sowie
Küche, Gemeinschaftsraum,
Waschraum und Sauna.

Ebenso wie die Golden Gate Bridge gehören die »Painted Ladies« genannten viktorianischen Häuser am Alamo Square zu den Wahrzeichen San Franciscos.

Die Menschen hier kommen aus aller Herren Länder. Fast die Hälfte spricht zu Hause eine andere Sprache als Englisch. San Francisco ist entschieden multikulturell und toleriert alle Farben, Sprachen und Religionen. In den 1950er-Jahren soffen und philosophierten die Beatniks in den Kneipen im Stadtteil North Beach. Die Schriftsteller Allen Ginsberg, Jack Kerouac und William Burroughs waren ihre Fackelträger.

Multikulturelle Stadt

In den 1960er-Jahren betraten die Hippies die Szene: lange Haare und Bärte, Wohngemeinschaften, make love not war. 1967 feierten sie mit dem »Summer of Love« die amerikanische Gegenkultur, die sich gegen den Vietnamkrieg wandte.

Sehenswertes in San Francisco

Die Downtown ist ein kompaktes und leicht zu Fuß begehbares Stück San Francisco – solange man die Kondition dazu hat! Der Stadtplan wurde damals nämlich ohne Rücksicht auf die 40 teils sehr steilen Hügel ausgelegt. So kam es zu jenen Straßen, die Hollywood in vielen rasanten Verfolgungsjagden verewigt hat.

Downtown

Palmengeschmückt und zu jeder Tageszeit von Touristen und Einheimischen gleichermaßen belebt, schlägt hier das **Herz der Downtown**. Saks Fifth Avenue und Neiman Marcus sowie das ehrwürdige Westin St. Francis Hotel, das erste Spitzenhotel der Stadt, dominieren diesen schönen Platz. Auf der Powell St. klappern die weltberühmten Cable Cars vorbei.

◄ Union Square

Der von Palmen gesäumte Union Square ist das Herz der Downtown.

Market Street

Einen Block weiter mündet die Powell Street in die Market Street. Die Hauptverkehrsader und -geschäftsstraße führt diagonal durch das Schachbrettmuster der Downtown. In südwestlicher Richtung lohnt die **City Hall** mit ihrer 92 m hohen, dem Petersdom nachempfundenen Kuppel einen näheren Blick (Öffnungszeiten: Mo. – Fr. 8.00 – 20.00 Uhr).

★ ★

South of Market (SoMa)

San Francisco Museum of Modern Art ▶

South of Market, das südlich der Market Street anschließende Viertel, früher ein tristes Industriegebiet, lockt heute mit einigen der besten Museen und Galerien. Ein absolutes Muss ist hier das San Francisco Museum of Modern Art, ein von einem gewaltigen abgeschnittenen Zylinder dominiertes Gebäude, das hochkarätige Sammlungen amerikanischer und europäischer Künstler beherbergt und über einen erstklassigen Museumsshop verfügt (151 Third St.,Öffnungszeiten: tgl. außer Mi. 11.00 – 17.45, Do. bis 20.45 Uhr).

Yerba Buena Center for the Arts ▶

Gegenüber repräsentiert das Yerba Buena Center for the Artsdie kunstsinnige Stadtverwaltung, und zwar mit Theater- und Tanzveranstaltungen. Angeschlossen sind die mit zeitgenössischer Kunst dekorierten **Yerba Buena Gardens** (701 Mission St., Öffnungszeiten: tgl. außer Mo. 11.00 – 18.00, Do. u. Fr. bis 20.00 Uhr).

Museum of African Diaspora ▶

Einen Katzensprung entfernt findet sich das Museum of African Diaspora. Eröffnet 2005 mit dem Ziel, das Bewusstsein für »schwarze« Errungenschaften zu stärken, zeigt es in künstlerisch anspruchsvoll präsentierten Ausstellungen verschiedenste Aspekte afrikanischer und afroamerikanischer Kultur (685 Mission St.; Öffnungszeiten: Mi. bis Sa. 11.00 – 18.00, So. 12.00 – 17.00 Uhr).

Zwei Blocks östlich vom Union Square mündet die Gary Street in die Market Street, die den Südrand des Financial District markiert; hier strecken sich kühl schimmernde Bürotürme dem Himmel entgegen Am östlichen Ende der Market Street lädt der im alten Ferry Building am Embarcadero untergebrachte **Ferry Plaza Farmers Market** zu einem Bummel durch die von Farmern aus der Bay Area belegte Halle ein (Marktzeiten: Di. u. Sa. 10.00 – 14.00 Uhr).

Im Osten des Financial District liegt, umzingelt von Hochhäusern, eine der Wiegen der Stadt. Der kompakte **Jackson Square Historic District** vermittelt mit seinen dreigeschossigen viktorianischen Ziegelhäusern einen Eindruck davon, wie San Francisco vor dem Erdbeben von 1906 ausgesehen hat. Begrenzt von Washington, Pacific, Sansome und Columbus Sts., laden hier nette kleine Galerien und Bistros zum Bummeln ein. Alles in den Schatten stellt hier allerdings die mächtige, 260 m hohe **Transamerica Pyramid** (600 Montgomery St.) an der Ecke Washington und Columbus Street. Der Wolkenkratzer beherbergt Geschäfte und Büros. Die Aussichtskanzel im 27. Stockwerk ist seit dem 11. September 2001 leider geschlossen.

Financial District, Jackson Square Area

🕐

Das von chinesischstämmigen Amerikanern bewohnte Viertel ist mit 80 000 Einwohnern eine der größten Chinatowns der USA. Begrenzt von Bush Street und Grant Avenue, konzentriert sie sich rund um den Portsmouth Square. Hauptgeschäftsstraße ist die mit chinesischen Läden, Warenhäusern und Restaurants vollgestopfte **Stockton Street**. Das Haus mit der Nummer 855 beherbergt den buddhistischen **Kong Chow Temple**.

★
Chinatown

Westlich von Union Square und Chinatown stellt sich der 124 m hohe Nob Hill dem Verkehr in den Weg. Bis 1906 war Nob Hill der Wohnbezirk der beim Goldrausch reich gewordenen Glücksritter, doch dann machte das Erdbeben der Pracht ein Ende. Heute präsentiert sich das Viertel mit den steilen Straßen im Zwanzigerjahre-Look. Sehenswert: die grandiose **Grace Cathedral** (1100 California St.) am Huntington Park, wo auch die beiden alten Luxushotels, das Fairmont Hotel und das Mary Hopkins, stehen. Die unverwüstlichen **Cable Cars** erleichtern hier das Fortkommen. Bereits 1873 eingeführt, verkehren sie heute noch auf drei Strecken: »1« California Street Line, »2« Powell Mason Line und »3« Powell Hyde Line. Im **Cable Car Museum** kann man außer den ältesten Seilwagen auch die Motoren und Winden, die die Seile antreiben, in Aktion beobachten (1201 Mason St.; Öffnungszeiten: April – Sept. tgl. 10.00 – 18.00, sonst bis 17.00 Uhr).

Nob Hill

🕐

An der Nordseite der Downtown erhebt sich der 90 m hohe Telegraph Hill, gekrönt vom 64 m hohen **Coit Tower**. Von dem 1934 zu Ehren der Feuerwehr errichteten Turm schweift der Blick über das Häusermeer zur Golden Gate Bridge und nach Alcatraz (1 Telegraph Hill Blvd., Öffnungszeiten: tgl. 10.00 – 17.00 Uhr).

Telegraph Hill

🕐

North Beach Vom Telegraph Hill nach North Beach sind es gerade 20 Minuten zu Fuß. Das nördlich an Chinatown anschließende Viertel ist seit den 1880er-Jahren die Hochburg der Italiener der Stadt. Über 50 000 italienischstämmige San Franciscans leben rund um den Washington Square, das inoffizielle Zentrum des Viertels, und die Columbus Avenue, die Hauptgeschäftsstraße, säumen vor allem italienische Feinschmeckerläden und Restaurants. Der Kreuzungsbereich von Broadway und Columbus Avenue ist mit seinen Bars und schrägen Musikkneipen bis zum frühen Morgen belebt.

Lombard Street Ein Abschnitt der auf dem Russian Hill westlich von North Beach gelegenen Lombard Street verläuft mit einem starken Gefälle in zehn mit Hortensien bepflanzten S-Kurven und ist zu einer touristischen Attraktion San Franciscos geworden.

✳ Waterfront Von North Beach sind es nur wenige Häuserblocks zum Wasser. Doch wo früher die Kutter der in North Beach ansässigen italienischen Fischer ankerten, ist heute viel geboten: Beiderseits von Jefferson Street und Embarcadero reihen sich Souvenirläden und Fastfood-Kantinen. Einen Blick wert ist der **Maritime National Historic Park** (Hyde St., www.nps.gov/safr). Dort zeigt das Maritime Museum historische Schwarzweiß-Fotos vom Hafen vor 150 Jahren, während zwei Blocks weiter östlich fünf alte Schiffe am Hyde Street Pier liegen (Öffnungszeiten: tgl. 10.00 – 17.00, Schiffe tgl. 9.30 – 17.30 Uhr). Zehn Gehminuten weiter östlich ragt **Fisherman's Wharf** in die Bay. San Franciscos beliebteste Touristenattraktion, früher Anlegestelle einer ganzen Fischfangflotte, hat mit T-Shirtläden und billigem Nepp längst auf Massentourismus umgestellt. Wer es bis zum Ende von **Pier 39** schafft, wird jedoch den Anblick mehrerer Dutzend Seelöwen belohnt, die die schwimmenden Docks unterhalb dem Pier zu ihrem Domizil auserkoren haben. Von hier aus ist auch die frühere Gefängnisinsel **Alcatraz** gut zu sehen. Alcatraz wurde von 1933 bis 1963 als Bundesgefängnis genutzt. Zahlreiche namhafte Ganoven saßen hier ein, darunter Al Capone und Machine Gun Kelly. Heute gehört Alcatraz zur Golden Gate National Recreation Area. Ausflugsboote dorthin starten von Pier 33.

> **!** *Baedeker* TIPP
>
> **Publikumsmagnet Alcatraz**
>
> Selbst hartgesottenen Gangstern graute vor Alcatraz. Heute ist die Felseninsel mit den trutzigen, einst als absolut fluchtsicher geltenden Gebäuden ein beliebtes Ausflugsziel. Wer allerdings darauf vertraut, umgehend ein Ticket für die Überfahrt zu bekommen, wird mit großer Sicherheit enttäuscht werden: Die Alcatraz-Touren sind in der Regel zwei Wochen im Voraus ausgebucht. Man sollte also reservieren, und zwar online bei www.alcatrazcruises.com.

✳ Mission District Südlich von der City Hall schließt der Mission District an, das Wohngebiet der Latinos. Das Herz des Viertels schlägt an der 24th Street zwischen Potrero und Van Ness Avenues, hier frequentieren

vor allem junge Leute die vielen preiswerten Restaurants und Kneipen – nachts ist hier jede Menge los. Überaus sehenswert sind die
vielen »**murales**« genannten Wand-
bilder, die meist Themen der Lo-
kalpolitik karikieren. Ein architek-
tonisches Kleinod, zugleich eines
der ältesten Gebäude der Stadt, ist
die im Jahr 1776 von dem spanischen Franziskanermönch Junípero
Serra gegründete **Mission Dolores**;
im Garten steht seine Statue. Die
gedrungene, weiß getünchte Mis-

> **? WUSSTEN SIE SCHON …?**
>
> ■ … dass in der Mission Dolores die drama-
> tischsten Szenen des Spielfilms »Vertigo«
> (1958) mit James Stewart und Kim Novak
> gedreht wurden? Hitchcock-Fans werden die
> Missionskirche sicherlich wiedererkennen.

sionskirche ist mit einem schönen Barockaltar ausgestattet (3321
16th u. Dolores Sts.; Öffnungszeiten: tgl. 9.00 – 16.00 Uhr).   ⏱

Westlich an Mission grenzt der Bezirk Castro. Zwischen Market und
18th Sts. gelegen, ist dies die Heimat der Homosexuellenszene San
Franciscos – was für den Besucher vor allem eine große Auswahl an
hervorragenden Restaurants und Cafés sowie ein großartiges kulturelles Angebot bedeutet.
Die meisten Restaurants reihen sich an der **Castro Street** auf. Hier
befindet sich auch das im Jahr 1922 gebaute, im spanischen Renais-
sancestil glänzende **Castro Theatre**, ein Programmkino, dessen
plüschiges Innenleben den Filmen, die hier gezeigt werden, fast die
Schau stiehlt (429 Castro St., www.castrotheatre.com).

✱
Castro District

Alt-68er sollten diesen wiederum westlich anschließenden Bezirk
nicht auslassen. In den bunten viktorianischen Häusern fanden einst
Janis Joplin, Jimi Hendrix, die Grateful Dead und ihr Blumenkinder-
Gefolge die passenden Unterkünfte. So manchen Buch-, Platten-, Se-
cond-Hand- und Müsliladen durchweht noch der Hauch des Summer of Love. Der **Buena Vista Park** sah etliche Happenings und »Be-
Ins« und jeweils eine Gedenkminute vor dem Haus von Janis Joplin
(112 Lyon St.) und dem der Grateful Dead (710 Ashbury St.) ist obli-
gatorisch.

Haight-Ashbury

Das ist Weitsicht: Schon 1870 wurde der fast fünf Kilometer lange
Landstreifen zwischen Haight-Ashbury und dem Pazifik der Öffentlichkeit übergeben. Das Terrain wurde mit Bäumen bepflanzt, Straßen und Wege wurden angelegt und Museen gebaut. Heute verzeichnet der Golden Gate Park 75 000 Besucher pro Wochenende, wirkt
jedoch dank seiner Ausdehnung – er ist größer als der New Yorker
Central Park – nie überlaufen.
Das beste Museum im Park ist das **M. H. de Young Museum**, das sich
mit einer schwarzen, mit perforierten Kupferplatten bedeckten Fassade und einem schiefen, 44 m hohen Turm präsentiert. Drinnen wartet eine der umfassendsten Sammlungen amerikanischer Kunst des
Landes. So zeigt die Ausstellung »American Painting« rund 1000

✱ ✱
Golden
Gate Park

GOLDEN GATE BRIDGE

✹ ✹ **Die Golden Gate Bridge überbrückt das Golden Gate (Goldenes Tor), die Meerenge zwischen der Halbinsel von San Francisco und der Marin Peninsula. Sie ist eine der größten, in dem prachtvollen Landschaftsrahmen wohl die schönste Brücke der Welt und das bekannteste Wahrzeichen San Franciscos. Jährlich pilgern 14 Millionen Touristen zur Golden Gate Bridge und 40 Millionen Autos überqueren sie – das sind etwa 38 000 täglich.**

Brückenzoll:
wird nur in Nord-Süd-Richtung erhoben (zzt. 5 $)

① **Maße**
Die Gesamtlänge der abends angestrahlten Brücke beträgt 2,7 km, ihre Höhe 67 m über Mittelwasser, die Höhe der Pfeiler 227 m, die Spannweite 1280 m.

② **Pfeiler**
Während der Bauarbeiten schützte ein 47 m hoher Betonmantel die Basis der Pfeiler vor den Gezeiten. Das Wasser wurde abgepumpt, um einen riesigen wasserfreien Hohlraum zu schaffen. Die Stützpfeiler, die je einen 21 500 Tonnen schweren Turm tragen, müssen einen Gezeitendruck von 96 km/h aushalten.

③ **Pfeilerfundamente**
Die Pfeilerfundamente sind 20 m dick. Sie wurden knapp 3 km von der Küste entfernt 30 m tief ins Meer eingelassen. Der Beton, der während des Baus in die Stützpfeiler und Verankerungen gegossen wurde, würde für einen 1,5 m breiten und 4000 km langen Weg, z. B. von New York bis San Francisco, reichen.

④ **Fahrbahn**
Die Fahrbahn liegt 67 m über dem 97 m tiefen Wasser. Die stahlverstärkte Betonfahrbahn wurde gleichzeitig von beiden Pfeilern aus gebaut, damit der Zug auf die Stahlseile gleichmäßig verteilt war.

Wegen der herrlich weiten Aussicht lohnt sich trotz des überaus starken Autoverkehrs ein Spaziergang über die Brücke.

Seit der Fertigstellung 1937 haben sich etwa 1200 Menschen mit einem Sprung von der Brücke das Leben genommen: Zur Suizidprävention wurde ein zusätzliches Gitter angebracht, außerdem gibt es Fahrradpatrouillen und Überwachungskameras.

Die beiden großen, 2332 m langen Tragseile sind über einen Meter dick und bestehen aus 128 744 km Stahldrähten, genug, um den Äquator dreimal zu umspannen. Die 122 herabhängenden Stahlseile wurden maschinell unter sehr hohem Druck aus 25 000 Drähten zusammengeschweißt.

Allwöchentlich benötigt man etwa zwei Tonnen der rötlichen Bleifarbe (»International Orange«), um den auffälligen Anstrich zu erneuern.

© Baedeker

Werke von der Kolonialzeit bis zur Gegenwart. Hinzu kommen nicht minder sehenswerte Sammlungen afrikanischer, ozeanischer und asiatischer Kunst (50 Hagiwara Tea Garden Dr.; Öffnungszeiten: Di. – So. 9.30 – 17.15, Fr. bis 20.45 Uhr).

Ein wunderschöner Ort der Ruhe ist der **Japanese Tea Garden**. Stille Wege und Pfade durchziehen das gepflegte Gelände, zierliche Brücken führen über dunkle Koi-Teiche, und ein Teehaus zeigt japanische und chinesische Pflanzen (Öffnungszeiten: März – Okt. tgl. 8.30 bis 18.00, sonst tgl. 9.00 – 17.00 Uhr).

✶ ✶
Golden Gate Bridge

Die Golden Gate Bridge ist die wohl meistfotografierte Brücke der Welt – und natürlich das Wahrzeichen San Franciscos. Das »Golden Gate«, die Meerenge zwischen der Halbinsel und der gegenüberliegenden Marin Peninsula verbindend, wurde sie 1933 bis 1937 als damals längste Hängebrücke der Welt erbaut. Mit einer Gesamtlänge von 2800 m, einer Breite von 27,5 m, 227 m hohen Tragepfeilern und einer durchschnittlichen Höhe über Wasser von 67 m hat sie auch heute noch Gardemaß. Ihre Farbe heißt »International Orange« und schützt die Brücke vor Korrosion in der salzhaltigen Luft. Brückenzoll (zzt. 5 $ pro Auto) wird nur in Nord-Süd-Richtung verlangt, Fußgänger und Radfahrer dürfen die Brücke kostenlos benutzen. Vom nördlichen Brückenkopf in der Golden Gate National Recreation Area bietet sich ein fantastischer Blick auf Brücke und Stadt.

Sehenswertes in der Bay Area

Marin Headlands

Das am Nordufer des Golden Gate liegende Küstengebirge der Marine Headlands folgt unmittelbar auf die Golden Gate Bridge und ist berühmt für seine herrlichen Aussichtspunkte auf die Bay City. Seine windgepeitschten Steilhänge vermitteln ein Gefühl von Wildnis unmittelbar vor den Toren der Stadt. Als Teil der **Golden Gate National Recreation Area** arbeitet sich die **Conzelman Road** zu atemberaubenden Aussichten auf das Golden Gate und San Francisco hinauf (Hwy. 101, Exit Alexander Ave., dann den Schildern folgen). Am Ende der zweispurigen Straße führt ein etwa 1 km langer, stellenweise recht steiler Fußweg zum **Point Bonita Lighthouse**. Der Leuchtturm, der sich auf einem vorgelagerten Felsen erhebt, verrichtet seinen Dienst seit 1855 und ist nur über eine Stahlbrücke zu erreichen. Der Blick von hier oben ist grandios und reicht bei gutem Wetter bis zur Steilküste von Big Sur (Öffnungszeiten: Sa. – Mo. 12.30 – 15.30 Uhr).

Mt. Tamalpais ▶

Den Norden der Marin Headlands dominiert der Mount Tamalpais (850 m ü.d.M.). Unter Mountainbikern in aller Welt genießt dieser Name respektvolle Verehrung: Hier verwandelte, so will es zumindest die Legende, ein Radler sein Rad mittels Stoßdämpfern erstmals in ein Mountainbike und stürzte sich damit die Trails des »Mt. Tam« hinunter.

Die schönste der Aussichtsstraßen durch die alten Eichen- und Red-woodbestände ist der über die Westhänge führende **Panoramic Highway**. Im Mt. Tamalpais State Park (Hwy. 101, Exit Stinson Beach, dann den Schildern folgen) fährt man bis knapp unter den Ostgipfel und wandert den letzten Kilometer durch lichte Eichenwälder zum Gipfel. Hier beginnen auch einige der inzwischen legendären Single Tracks für Mountainbiker.

◄ Mt. Tamalpais State Park

Vollständig umschlossen vom State Park, schützt das an den Süd-westhängen des Mt. Tamalpais liegende, mit gerade drei Quadratkilo-metern winzige Muir Woods National Monument den letzten Red-wood-Bestand in der Bay Area.

✱
◄ Muir Woods National Monument

Lang sind sie her, die Zeiten als Fischerdorf! Selbst die Zeit als Hip-pie-Hangout, als Otis Redding in einem Hausboot unten am Wasser den Klassiker »Dock of the Bay« schrieb, scheint Lichtjahre entfernt. Heute ist der Ort auf der anderen Seite des Golden Gate, der sich unterhalb des Hwy. 101 an die Hänge der Marin Headlands drückt, eine 7500-Einwohner-En-klave mit Exklusiv-Resort-Atmo-sphäre. Von den von hohen Mauern umgebenen, ineinander verschachtelten Häusern sieht man so gut wie nichts. Den betuchten Besitzern begegnet man auf dem oft überfüllten **Bridgeway Blvd.**, der am Ufer entlangführenden, von Restaurants und Geschäften gesäumten Hauptstraße des Orts.

✱
Sausalito

> **!** *Baedeker* TIPP
>
> **Fährmann, hol' über!**
> Für einen abendlichen Abstecher nach Sausalito sollte man den Wagen am besten in San Francisco stehen lassen und die Fähre nehmen (1 Ferry Building, Golden Gate Ferry, 9-mal tgl.). Platz, vor allem Parkplätze, ist rar hier! Radfahrer können die Golden Gate Bridge benutzen und ebenfalls mit der Fähre wieder zurück nach San Francisco fahren (Fahrradverleih: Blazing Saddles, Pier 41, Tel. 1-415-202-88 88, www.blazingsaddles.com).

Die San Francisco gegenüber auf der anderen Seite der Bay gelegene 100 000-Einwohner-Stadt **Berkeley** ist dank ihrer hervorragenden, liberalen Universität weltweit ein Be-griff. Die **University of California** brachte bislang 18 Nobelpreisträger hervor, im Lehrbetrieb arbeiten viele prominente Geistesgrößen. In den 1960er-Jahren war sie eine »Brutstätte« der Studenten- und Anti-Vietnam-Bewegung, wovon ein Wandgemälde am **People's Park** unweit der Uni zeugt. Die Atmosphäre in der Stadt ist ohnehin stu-dentisch – über ein Drittel der Bewohner sind an der Uni einge-schrieben. Die hohe Kneipendichte verwundert daher nicht.

Einen Besuch abstatten sollte man dem Judah L. Mangnes Museum, das sich als **größtes jüdisches Museum** bezeichnet und sich 2000 Jah-ren jüdischen Kulturschaffens widmet (2911 Russell St.; Öffnungs-zeiten: So. – Mi. 11.00 – 16.00, Do. bis 20.00 Uhr).

◄ Judah L. Mangnes Museum

🕐

Die im Tal des Petaluma River 64 km nördlich von San Francisco ge-legene Stadt (57 000 Einw.) besitzt eine der besterhaltenen Altstädte

Petaluma

Kaliforniens. Vom Erdbeben von 1906 verschont, bietet die Historic Downtown die größte Konzentration viktorianischer Handelshäuser des 19. Jh.s in der Bay Area; die meisten davon befinden sich in der Western Ave. zwischen Kentucky St. und Petaluma Blvd. Beachtenswert sind hier v. a. das dreigeschossige **Mutual Relief Building** (1885) und die **Masonic Lodge** (1882). Das elegante, 1886 errichtete **McNear Building** (15 Petaluma Blvd.) besticht mit fotogenen Bögen im ersten Stockwerk.

✳

Petaluma Adobe
State Historic
Park ▶

🕐

Die 1834 gegründete Ranch herrschte über etwa 250 km² Land und besaß mit dem Adobe, einem mit umlaufenden Galerien versehenen Gebäude aus Adobe-Ziegeln und Redwood-Holz, das größte Privathaus Kaliforniens. Auf der Ranch wurden Pferde, Rinder und Schafe gezüchtet. Bis 1951 in Privatbesitz, ist sie heute ein Museum und informiert über den Alltag der Ranch in mexikanischer Zeit (3325 Adobe Rd.; Öffnungszeiten: tgl. 10.00 – 17.00 Uhr).

✳ ✳ Yosemite National Park

N/O 8

Region: Tuolumne, Mariposa und Madera Counties

Fläche: 3081 km²
Höhe: 600 – 4000 m ü.d.M.

Der Nationalpark in der Sierra Nevada ist so etwas wie das »Mekka der Amerikaner«: Mindestens einmal im Leben sollte jeder US-Bürger hier gewesen sein – um einige der spektakulärsten Naturschauspiele der Welt zu erleben.

**Viel besuchter
Nationalpark**

Zu Beginn des dritten Jahrtausends mischen sich jedoch auch Warnungen in die Lobeshymnen über den Nationalpark. Mit drei bis vier Mio. Besuchern jährlich, so heißt es, sei der Park hoffnungslos überlaufen und leide an Smog und Verkehrsstaus wie eine amerikanische Großstadt. Tatsächlich hatte der Park während der 1990er-Jahre ein Problem: **Yosemite Valley**, das Herzstück des Parks, wurde im Sommer täglich von 25 000 Besuchern überrannt und litt an Luftverschmutzung und Stop-and-go-Verkehr. Seit einigen Jahren jedoch werden Campingplätze verlegt, um die Flüsse zu schonen, der Verkehr wird schrittweise abgebaut und Shuttlebus-Linien eingerichtet. Schließlich bleiben 95 Prozent der Parkbesucher im Yosemite Valley, doch der nicht minder sehenswerte Rest des Nationalparks, vor allem die **High Sierra**, wirkt selbst in den Ferienmonaten Juli und August nicht überlaufen.

Die Besiedlungsgeschichte reicht 8000 Jahre zurück. Weiße Pelztierjäger sichteten das Yosemite-Tal zwar in den 1830er-Jahren, doch die erste verbürgte Anwesenheit von Weißen datiert auf 1851. In diesem Jahr betrat eine Bürgermiliz auf der Jagd nach aufständischen Miwok-Indianern das Tal. Goldsucher und Holzfäller folgten, aber erst dank der unermüdlichen Fürsprache John Muirs, des Vaters der

Naturparadies Yosemite Valley: Über dem Merced River erhebt sich die mächtige, 1077 m hohe Steilwand des Granitfelsens »El Capitan«.

amerikanischen Umweltschutzbewegung, wurden Tal und High Sierra 1890 als Nationalpark unter Schutz gestellt.

Der Park hat eine artenreiche Fauna und Flora zu bieten. Mammutbäume, Weihrauchzedern, Lebenseichen, Lorbeerbäume und Azaleen gehören zu den sichtbarsten Vetretern der Flora. Maultierhirsche, Waschbären und Schwarzbären sind die am leichtesten zu sehenden Tiere. **Flora und Fauna**

Auch ist der Park ein phantastisches Wander- und Kletterrevier: Glatt und hart, bietet der graue Granit beiden Disziplinen guten Halt. Die 1077 m hohe Steilwand des über den Talboden ragenden Granitfelsens **El Capitan** ist ein Traum aller ernsthaften Climber. **Kletterparadies**

Sehenswertes im Yosemite National Park

Das vom Merced River durchflossene, 13 km lange und bis zu 3 km breite Tal wird von bis zu 1000 m aufragenden Felsen umgeben und ist das **Herzstück des Parks**. Westlicher Eckpfeiler der Tallandschaft ist **El Capitan** (2307 m ü.d.M.). Gegenüber beeindrucken die **Three Brothers** sowie der 2600 m hohe **Eagle Peak**. Im Osten schließt der **Half Dome** (2695 m ü.d.M.), ein Monolith in Form einer vertikal halbierten Kugel und der beeindruckendste von allen, das Tal ab. **Yosemite Valley**

► YOSEMITE NATIONAL PARK ERLEBEN

AUSKUNFT

Yosemite National Park
Public Information Officer
P. O. Box 577
Yosemite, CA 95389
www.nps.goc/yose

Mono Lake Committee
Ecke Hwy. 395/3rd. St.
Lee Vining, CA 93541
Tel. 1-760-647-65 95
www.monolake.org

ESSEN

► Erschwinglich

① **Charles Street Dinner House**
5043 Charles St., Mariposa
Tel. 1-209-966-23 66
Bestes Restaurant am Ort, berühmt für
seine Lammgerichte.

► Preiswert

② **Iron Door Saloon & Grill**
18752 Main St., Groveland
(ca. 40 km westlich vom Nationalpark)
Tel. 1-209-962-89 04

Kalorienreiche Pub-Gerichte, v. a. riesige Hamburger und Steaks.

ÜBERNACHTEN

► Luxus/Komfortabel

① **Groveland Hotel**
18767 Main St., Groveland
Tel. 1-209-962-40 00
www.groveland.com
Historisches, weiß strahlendes Hotel
westlich vom Park.

② **Yosemite Lodge at the Falls**
Tel. 1-801-559-48 84
www.yosemitepark.com
245 Z. Die rustikale Lodge mit Restaurants, einem Pool und Fahrradver-
leih liegt unweit der Yosemite Falls.

► Komfortabel/Günstig

③ **Comfort Inn Mariposa**
4994 Bullion St., Mariposa
Tel. 1-209-966-46 55
www.yosemite-motels.com
Nette Herberge mit Pool südwestlich
vom Nationalpark.

Yosemite Village ► In der Talmitte liegt Yosemite Village, eine veritable Stadt mit Hotels, Restaurants, Parkplätzen und Besucherzentrum. Von hier fahren Shuttlebusse in den Westen des Tals.

Yosemite Falls Die viel fotografierten Wasserfälle stürzen über drei Stufen 739 m in die Tiefe. Mit Wasserflaschen und Kopfbedeckung ausgerüstete Wan-derer können die 11,5 km lange, mitunter extrem steile Strecke zu den **Upper Falls** an einem anstrengenden Tag absolvieren. Ebenso schön sind die **Bridal Veil Falls**, deren Gischt im Talkessel einen glit-zernden Schleier produziert.

Glacier Point Der den Südwestteil des Parks erschließende Hwy. 41 führt über den **Tunnel View** – von hier aus genießt man den in aller Welt bekannten Postkartenblick über das Tal – zum Glacier Point, dem wohl schöns-ten Aussichtspunkt über das Tal und die dahinter liegende Gipfel-schar der Sierra Nevada.

Yosemite National Park und Yosemite Valley *Orientierung*

Dorothy Lake
Toiyabe National Forest
Twin Lake
Mary Lake
Snow Peak 10,933 ft
Matterhorn Peak ▲12,281 ft
Price Peak 10,716 ft
Quarry Peak 11,161 ft
Inyo National Forest
Tiltill Mountain 8951 ft
Benson Lake
Klobie Lake
Flora Lake
Cherry Creek
Lake Vernon
Rancheria Mountain 9045 ft
Rodgers Lake
Saddlebag Lake
Mount Conness 12,590 ft
Rancheria Falls
Hetch Hetchy Reservoir
Pate Valley
Glen Aulin
Mt. Dana 13,053 ft
Smith Peak 7751 ft
Harden Lake
Ten Lakes
Tioga Pass Entrance
① ② Stockton
Mather
White Wolf
Tuolumne Peak 10,845 ft
Polly Dome ▲9810 ft
Fairview Dome 9731 ft
Tuolumne Meadows
Mammoth Peak 12,117 ft
Bald Mountain 7261 ft
Lukens Lake
Mt. Hoffmann 10,850 ft
10,940 ft ▲ Cathedral Peak
Unicorn Pk. ▲ 8600 ft
Aspen Valley
Big Oak Flat Entrance
Tuolumne Grove
Smoky Jack
Yosemite Creek
Porcupine Flat
Tenaya Lake Campground
Vogelsang
Tamarack Flat
Mt. Watkins 8500 ft
Sunrise
Vogelsang Pk.
Ireland Lake 11,516 ft
Hodgdon Meadow
Yosemite Falls
North Dome ▲7542 ft
El Capitan 7569 ft ▲
② Taft Point
Half Dome 8842 ft
Merced Lake
Merced Lake Ranger Station
Washburn Lake
Merced Grove
Grane Flat
Tunnel
Tunnel 4000 ft
Yosemite Village
Glacier Point 7214 ft
Arch Rock
Cathedral Rocks
Sentinel Dome
Mt. Starr King 9092 ft
Mt. Clark 11,522 ft
① Glacier Point
③ Midpines, Merced
Yosemite Travel Museum
Badger Pass Ski Center
Red Peak ▲11,699 ft
Arch Rock Entrance
Chinquapin
Buena Vista Peak 9709 ft
Ottoway Lakes
Triple Divide Peak
Nationalpark-grenze
Crescent Lake
Buck Camp
Wawona
Pioneer Yosemite History Center
Mariposa Center of Giant Sequoias
10km / 5mi
© Baedeker
South Entrance
Sierra National Forest
↓ Oakhurst, Fresno

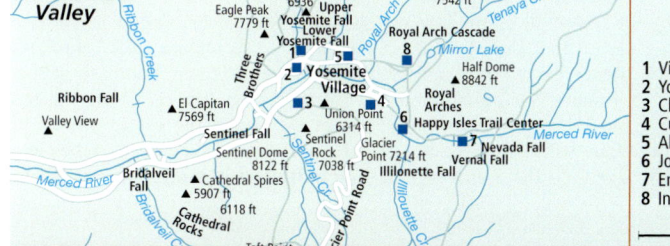

Yosemite Valley
Ribbon Creek
Yosemite Point 6936 ft
Eagle Peak 7779 ft
Upper Yosemite Fall
Lower Yosemite Fall
Royal Arch Cr.
North Dome 7542 ft
Tenaya Creek
Royal Arch Cascade
Mirror Lake
Three Brothers
② Yosemite Village
Half Dome ▲8842 ft
Ribbon Fall
Valley View
El Capitan 7569 ft
③
Union Point 6314 ft
④
Royal Arches
Sentinel Fall
Sentinel Dome 8122 ft
Sentinel Rock
Glacier Point 7214 ft
⑥ Happy Isles Trail Center
⑦ Nevada Fall
Vernal Fall
Merced River
Bridalveil Fall
Cathedral Spires ▲5907 ft
6118 ft
Cathedral Rocks
Illilouette Fall
Glacier Point Road
Illilouette Cr.
Taft Point 7480 ft

1 Visitor Center
2 Yosemite Lodge
3 Chapel
4 Curry Village
5 Ahwahnee Hotel
6 John Muir Trail
7 Emerald Pool
8 Indian Caves

4km / 2mi

✱
**Mariposa
Grove**

Ca. 3 km vor dem Südeingang des Parks stehen in dem kleinen Waldstück Mariposa Grove rund 500 **Redwood-Bäume**. Sie sind über 60 m hoch und haben einen Umfang von bis zu 15 Metern.

✱
Tioga Road

Die in engen Serpentinen aus dem Tal führende zweispurige Straße arbeitet sich in die High Sierra hinauf zu Gletscherseen, hochalpinen Wiesen und von der letzten Eiszeit glatt geschliffenen Granitdomen. Von November bis Mitte Juni geschlossen (vorher informieren!), führt sie zu Highlights wie **Olmsted Point**, von wo aus man auf ein Land aus Stein blickt, und zum traumhaft schönen, eisig kalten **Tenaya Lake**. Der höchste Punkt der Strecke ist am Tioga-Pass erreicht: Auf 3023 m Höhe verlässt man den Park und fährt in engen Serpentinen hinab nach Nevada.

Umgebung des Yosemite National Park

✱
Mono Lake

Zu Füßen der Ostflanke der Sierra Nevada erreicht man auf der Tioga Road den 150 km² großen Mono Lake. Bis Mitte der 1990-Jahre schien es unausweichlich, dass der abflusslose, alkalische See völlig austrocknen würde. Doch seither hat sich der Mono Lake sichtlich wieder erholt. Und allem Anschein zum Trotz ist der Salzsee ein überaus lebendiges Ökosystem. Über zwei Millionen Zugvögel rasten hier während ihrer Wanderungen, hinzu kommen mehrere Dutzend Arten Ufervögel. Nahrung bietet ihnen der See, dessen Wasser für Fische zu salzig ist, in Form winziger Salinenkrebse und Salzfliegen.
In die Bildbände berühmter Fotografen schaffte es der Mono Lake dank seiner bizarren Skulpturen aus Kalktuff: Am Südufer, in der **»South Tufa Area«**, ragen sie mehrere Meter aus dem Wasser empor; schlanke Türme sind darunter, mittelalterliche Burgen und bildschöne, skurrile Kunstwerke von Mutter Natur.
Der See entstand vor über einer Mio. Jahren durch Schmelzwasser naher Gletscher. Ursprünglich fünf Mal so groß wie heute und ohne natürlichen Abfluss, verdunstete sein Wasser seit der letzten Eiszeit langsam, wobei der See immer salz- und alkalihaltiger wurde. Die Tuff-Skulpturen entstanden aus der Verbindung von Wasserkarbonaten und Kalziumablagerungen.
Die größte Gefahr für den See beschwor jedoch der Mensch hinauf. Um Los Angeles mit Wasser zu versorgen, wurden die Zuflüsse des Sees seit den 1920er-Jahren nach Südkalifornien umgeleitet. Dadurch sank der Pegel des Mono Lake bis 1994 um gut 15 Meter und die Kalktuff-Skulpturen gelangten an die Oberfläche. Erst in jenem Jahr erreichten Umweltschützer, dass der See als **»Mono Lake Tufa State Reserve«** unter Schutz gestellt wurde und seinen Zuflüssen seither weniger Wasser entnommen wird. Allerdings liegt sein Wasserspiegel noch mehrere Meter unterhalb des Pegelstands der 1920er-Jahre.

Bodie State
Historic Park ▸

Eine halbe Autostunde nördlich vom Mono Lake liegt zwischen den Foothills der Sierra Nevada eine **Geisterstadt**, die gerade erst verlassen worden zu sein scheint: In der Schule liegen Bücher aufgeschla-

Bizarre Tuffpyramiden und -türmchen ragen aus dem alkalihaltigen Mono Lake.

gen auf den Pulten und im Saloon stehen noch immer Flaschen auf den Tischen. Im 19. Jh. stand **Bodie** buchstäblich auf Gold. 1874 gegründet, wohnten hier keine fünf Jahre später fast 10 000 Menschen. Auf dem Höhepunkt des Booms gab es insgesamt 30 Bergwerke, dazu drei Brauereien, eine Chinatown und 65 Saloons – und keinen ernstzunehmenden Sheriff. Mord und Totschlag waren deshalb an der Tagesordnung, und Bodies Ruf war dementsprechend. Bereits 1882 war der Boom wieder vorbei, doch erst in den 1940er-Jahren verließen die letzten Bewohner den Ort. Heute stehen noch rund 150 Gebäude, die sich zumeist in einem überraschend guten Zustand befinden. Um die Geisterstadt-Atmosphäre zu bewahren, wurde auf den Bau von Souvenirläden, Restaurants und Besucherzentren verzichtet.

Die relative Isolation hilft: Die **Anfahrt** auf der unbefestigten, vom Highway 395 abzweigenden Rte. 270 ist lang und unbequem (Öffnungszeiten: Ende Mai – Sept. tgl. 8.00 – 19.00 Uhr). ☻

IDAHO

Fläche: 216 412 km²
Einwohnerzahl: 1,5 Mio.
Hauptstadt: Boise
Beiname: Gem State

**Manche Reiseführer empfehlen Sauer-
stoffgeräte – so atemberaubend sei dieser Staat. Allerdings, es geht auch ohne,
und tief durchatmen wird man auf jeden
Fall. Bei durchschnittlich 1524 Höhenmetern ist die Luft knackig und
kristallklar. Hier zeigen sich die Rocky Mountains von ihrer besten
Seite – schneebedeckte Gipfel und Flüsse voller Lachse inbegriffen.**

Den Ruf der Wildnis vernimmt der Besucher laut und deutlich, etwa
so: »Wirf die Leine an einem der Gletscherseen aus, Forellen, Lachse,
Äschen warten. Streife Neopren über, steige in ein Gummiboot und
stürze Dich einen der wilden Gebirgsflüsse hinab. Und vor allem:
Geh' wandern, dies ist keine von Touristen überrannte Wildnis, hier
kannst Du wirklich noch Bären sehen«.

Idaho ist einer der am dünnsten besiedelten Bundesstaaten der USA
(6 Einw./km²). Viele Gipfel ragen weit über 3000 Meter in den Himmel, höchster Berg ist der **Bora Peak** (3859 m). Idahos Nachbarn
sind die kanadische Provinz British Columbia im Norden sowie Washington und Oregon im Westen, Nevada und Utah im Süden und
Montana und Wyoming im Osten. Die Topografie nimmt es locker
mit der anderer für ihre Naturschönheiten bekannter Regionen der
USA auf. Im Westen teilt sich Idaho den spektakulären **Hells Canyon**

Naturraum

Highlights in Idaho

Boise
Kultiviert, entspannt und weltoffen geht
es in der Hauptstadt von Idaho zu.
▶ Seite 195

Nez Perce National Park
Im Visitor Center bei Lewiston erfährt man
alles über die tragische Geschichte dieses
Indianervolkes.
▶ Seite 205

Sun Valley
Der älteste Wintersportplatz der USA wird
bis heute als einer der besten der Welt
geschätzt.
▶ Seite 214

Twin Falls
Höhepunkte dieser Gegend sind die
Shoshone Falls und die City of Rocks.
▶ Seite 216

← *Auch Hobby-Angler kommen im landschaftlich reizvollen, von den
Boulder Mountains umrahmten Sun Valley auf ihre Kosten.*

mit Oregon. Die Shoshone Falls bei Twin Falls gelten als die Niagara-fälle des Westens, und die **Sawtooth Range**, eine wie Sägezähne ge-zackte, zu den Rocky Mountains gehörende Bergkette, ist die be-rühmteste des Bundesstaates.

Geschichte Dass den ersten Weißen die Durchquerung des von den Stämmen der Shoshone, Nez Perce und Coeur d'Alene bewohnten Gebietes nur mit Hilfe Ortskundiger gelang, verwundert nicht: Idaho war ei-nes der letzten von Europäern erforschten Gebiete Nordamerikas. Lewis und Clark kamen 1805 als – vermutlich – erste Weiße hier durch. Ihnen folgten frankokanadische und amerikanische Pelzhänd-ler; bis weit in die 1850er-Jahre blieb Idaho das Jagdrevier nur weni-ger Trapper. Im Gefolge der »Mountain Men« erschienen auch Mis-sionare auf der Bildfläche. Politisch gehörte Idaho während dieser Zeit zum Oregon Territory. Wäh-rend des Goldrausches in Kalifor-nien zogen Zehntausende hier durch, doch kaum jemand ließ sich hier dauerhaft nieder.

Erst 1860 gründeten Mormonen mit Franklin die erste permanente Siedlung. Im gleichen Jahr erlebte Idaho einen Goldrausch in der Ge-gend um Pierce. So kurz er auch war, legte er zumindest im Norden den Grundstein für viele heute noch existierende Städte. 1863 wurde Idaho US-Territorium, zwei Jahre später das Nest Boise in der Südwestecke zur Hauptstadt er-klärt. Die Ankunft der Eisenbahn brachte dringend benötigte Siedler: Als Idaho 1890 der Union bei-trat, lebten bereits fast 90 000 Menschen in dem neuen Staat. Die In-dianer spielten keine Rolle mehr, denn im Krieg von 1877 waren die Nez Percé besiegt und nach Oklahoma deportiert worden. Blei, Gold und Silber wurden Idahos größte Ressourcen, noch vor 1900 erlebte der Staat in der Gegend um Coeur d'Alene gewalttätige Auseinander-setzungen zwischen streikenden Bergleuten und der Nationalgarde. Zu Beginn des 20. Jh.s begann im Süden der Übergang zur Landwirt-schaft. Viele »Mining Towns« wurden zu Geisterstädten, andere da-gegen schafften die Verwandlung zum Erholungsort.

Baedeker TIPP

Idahos Geisterstädte

Erst die Siedler auf dem Oregon Trail, später die Abenteurer auf dem Weg zu den Goldfeldern in Kalifornien und schließlich der Idaho-Gold-rausch: Im 19. Jh. zogen viele Menschen durch Idaho. Städte schossen aus dem Boden, viele verschwanden schnell wieder. Wegen der ger-ingen Bevölkerungsdichte und des oft schwer zugänglichen Terrains haben viele Orte als Geisterstädte »überlebt«. Weitere Infos: www.ghosttowns.com/states/id/id.html

Wirtschaft Seit den 1970er-Jahren hat sich Idaho zu einem Standort profitabler Zukunftsbranchen (Halbleiterproduktion, Entwicklung von Soft- und Hardware) gemausert. Der Tourismus gewinnt immer mehr an Bedeutung. Sun Valley, der älteste Wintersportort Amerikas, ist einer der meistbesuchten in den USA. Und immer mehr gestresste Groß-städter entdecken die Vorzüge eines Wildnisurlaubs in Idaho.

Dass sich Blackfoot gern als »Potatoe Capital of the World« bezeichnet, zeigt ein Blick über die endlosen Kartoffelfelder rund um die Stadt.

Blackfoot

Region: Bingham County   **Einwohner:** 11 000
Höhe: 1370 m ü. d. M.

Endlose Kartoffelfelder gehören ebenso ins Bild wie kommunale Wohltätigkeitsfeste: Blackfoot ist eine sympathische Basis für die Erkundung einiger der schönsten Regionen Idahos und Wyomings.

Anfangs hieß Blackfoot wegen der dichten Wälder Grove City. Unverhältnismäßig viele Parks und Bäume schmücken die kleine Stadt in der Südostecke Idahos bis heute. Der jetzige Name hat nichts mit den Blackfoot-Indianer zu tun, sondern damit, dass die ersten weißen Pelzhändlern hier Indianern mit holzkohlegeschwärzten Mokassins begegneten. Blackfoot entstand 1874 , als Spekulanten in der Hoffnung auf die Eisenbahn einen General Store in die Wildnis stellten. Vier Jahre später kam das Dampfross tatsächlich. Die Züge wurden umgehend mit dem Wertvollsten beladen, was Blackfoot und Umgebung zu bieten hatten: **Kartoffeln**. Von Mormonen aus Utah nach Idaho gebracht, wurden Erdäpfel zum Exportschlager.

Geschichte

▶ BLACKFOOT ERLEBEN

AUSKUNFT
Greater Blackfoot Area
Chamber of Commerce
130 Main St.
P. O. Box 801
Blackfoot, ID 83221
Tel. 1-208-785-05 10
www.blackfootchamber.org

ESSEN
▶ **Preiswert**
Homestead Family Restaurant
1355 Parkway Dr.
Tel. 1-208-785-07 00
Hier gibt es leckere und vor allem

bodenständige amerikanische Hausmannskost: Steaks, Ribs, Fritten und
knackige Salate

ÜBERNACHTEN
▶ **Komfortabel**
Best Western Blackfoot Inn
750 Jensen Grove Dr.
Tel. 1-208-785-41 44
www.bestwesternidaho.com
60 Z. Gutes Mittelklasse-Hotel mit
freundlich eingerichteten Zimmern,
Swimming Pool und Hot Tub

Sehenswertes in Blackfoot

Idaho Potato Museum
Bald schon nannte sich Blackfoot **Potato Capital of the World** und bereits 1912 wurde hier ein Kartoffelmuseum eröffnet. Interessante Präsentationen beschäftigen sich mit der Geschichte und dem Anbau der Kartoffel, die heute in zwei Fabriken am Ort verarbeitet und verpackt wird (130 NW Main St.; Öffnungszeiten: Apr. – Sept. Mo. – Sa. 9.30 – 17.00, sonst Mo. – Fr. 9.30 – 15.00 Uhr).

Bingham County Historical Museum
Sehenswert ist auch das Museum, das Möbel und sonstige Gegenstände aus der Pionierzeit sowie eine Sammlung alter Waffen zeigt (190 N. Shilling Ave.; Öffnungszeiten: Mi. – Fr. 13.00 – 16.30 Uhr).

Ausflüge
Ein sonst eher für größere Städte typisches Angebot an guten Hotels und Restaurants macht Blackfoot zu einem angenehmen Ausgangspunkt für Ausflüge in den zwei Autostunden entfernten ▶ Grand Teton National Park, ins ▶ Craters of the Moon National Monument, nach ▶ Pocatello und zu den ▶ Lava Hot Springs.

Folgt man dem Blackfoot River flussaufwärts, so erreicht man das Blackfoot Reservoir und den Grays Lake am Rande des **Caribou National Forest** bzw. der touristisch noch wenig erschlossenen Caribou Range.

! *Baedeker* TIPP

Kartoffeln als Dessert
Wussten Sie, dass die Liebe zur Kartoffel in Idaho keine Grenzen kennt? Als Dessert gibt es den beliebten »Potato Cake« oder sogar eine »Potato Ice Cream«. Doch keine Sorge: Das Vanilleeis hat sich nur als Kartoffel »verkleidet«, besprüht mit Schoko-Staub und einem Topping aus Schlagsahne mit Oreo-Kekskrümeln.

✱ Boise

H 11

Region: Ada County   **Einwohner :** 210 000
Höhe : 823 m ü. d. M.

Kultiviert, entspannt, weltoffen: Die Hauptstadt Idahos ist eine Lifestyle-Insel in rauem Umland – und eine der am schnellsten wachsenden Städte im Nordwesten der USA.

Schon frankokanadische Trapper mochten die Stelle. »Boisé«, bewaldet, nannten sie den Waldsaum zu Füßen der westlichen Vorberge der Rocky Mountains, nachdem sie zuvor wochenlang durch vegetationsarme Ebenen gestreift waren. Die Stadt wurde erst 1863 gegründet, nachdem der Idaho-Goldrausch die Gegend erreicht hatte. Schon zwei Jahre später wurde Boise Hauptstadt und wuchs zum wirtschaftlichen Zentrum für die Bergleute und Händler in den Boomtowns der Umgebung heran. Liberale Steuergesetze und verhältnismäßig niedrige Lebenshaltungskosten beschleunigen seit einiger Zeit ihr Wachstum. Viele nationale und multinationale Firmen, die meisten aus dem High-Tech-Bereich, haben hier ihren Hauptsitz, deren junge, aus allen Teilen der USA und der Welt stammenden Belegschaft das ausgezeichnete Freizeitangebot im Umland intensiv wahrnimmt. Als kulturelles Zentrum der Region besitzt Boise eine Universität, hervorragende Museen, mehrere Theater-Ensembles und richtet mehrere hochkarätige Musikfestivals aus.

Boomtown mit frankokanadischem Erbe

Sehenswertes in Boise

Das Zentrum ist der »BoDo« genannte Boise Downtown District, ein vier Blocks restaurierter alter Lagerhäuser umfassendes Areal zwischen Front Street, Capitol Boulevard, Myrtle Street und 9th Street.

Stadtbesichtigung

Das im Zentrum von Boise gelegene Museum widmet sich der Geschichte und Kultur der im späten 19. Jh. nach Idaho eingewanderten Basken (611 W. Grove St.; Öffnungszeiten: Di. – Fr. 10.00 bis 16.00, Sa. 11.00 – 15.00 Uhr). Das Museum liegt im sog. Basque Block zwischen 6th Street und Capitol Boulevard, ebenso das **Basque Center** (601 Grove St.) und der **Pub Gernika** (202 S. Capitol) mit traditioneller baskischer Küche.

Basque Museum & Cultural Center
🕐

Ein paar Blocks weiter, am Ufer des Boise River, thront das Kapitol von Idaho mit seiner über 60 m hohen klassizistischen Kuppel unübersehbar über der vergleichsweise niedrigen Skyline der Stadt. Drinnen erwarten den Besucher Arbeiten einheimischer Kunsthandwerker und Künstler (700 W. Jefferson Street).
Am und im Idaho State Capitol sind bis 2010 Restaurierungarbeiten im Gange.

✱
Idaho State Capitol

◄ Hinweis

▶ BOISE ERLEBEN

AUSKUNFT

Boise CVB
312 S. 9th St., Suite 100
P. O. Box 2106
Boise, ID 83701
Tel. 1-208-344-77 77
www.boise.org

ESSEN

▶ **Fein & teuer**
Angell's Bar & Grill
999 W. Main St.
Tel. 1-208-342-49 00
Boises unbestrittener Experte für
Steaks, Ribs und Pasta

▶ **Erschwinglich/Preiswert**
Bardenay
610 W. Grove St.
Tel. 1-208-426-05 38
Pub und Destille: Hier wird vor
dem Essen im Haus erzeugter Gin,
Wodka etc. genossen.

ÜBERNACHTEN

▶ **Komfortabel**
Owyhee Plaza Hotel
1109 Main St.

Tel. 1-208-343-46 11
www.owyheeplaza.com
99 Z. 1910 eröffnetes Luxushotel
in Downtown

Idaho Hotel
Silver City, ID
(38mi/60 km südlich von Boise)
Tel. 1-208-583-41 04
www.historicsilvercityidaho.com/
idahohotel.com
12 Z. Das geschichtsträchtige Haus
wurde bereits 1863 eröffnet, aber
1942 wieder geschlossen. Nach
30-jährigem Dornröschenschlaf
hat man es 1972 wiedereröffnet
und seither mit viel Liebe zum
Detail restauriert.

▶ **Günstig**
Safari Inn Downtown
1070 Grove St.
Tel. 1-208-344-65 56
www.safariinndowntown.com
Viel Unterkunft für wenig Geld,
mit Pool und Fitnessraum; einen
etwa Block vom Basque Block
entfernt.

★
Julia Davis Park

Östlich vom State Capitol schließt der den Boise River begleitende
Julia Davis Park an. Benannt nach einer Philanthropin, beherbergt er
drei hervorragende Museen, den Zoo und einen Rosengarten.

Idaho Historical Museum ▶

Thema ist die Geschichte von Idaho; u. a. beeindruckt ein restaurierter alter Saloon (610 N. Julia Davis Dr., Öffnungszeiten: Di. – Sa.
9.00 – 17.00, So. 13.00 – 17.00 Uhr).

Idaho Black History Museum ▶
🕐

Das einzigartige Museum befasst sich mit der Geschichte der Afro-
Amerikaner in Idaho, die mit dem schwarzen Diener der Lewis-&-
Clark-Expedition beginnt und beim Kampf um die Bürgerrechte
noch nicht aufhört (508 Julia Davis Dr.; Öffnungszeiten: Sa.
11.00 – 16.00 Uhr).

Boise Art Museum ▶
🕐

Amerikanischer Realismus und die Kunst des Nordwestens sind die
Schwerpunkte dieser reich bestückten Galerie (670 Julia Davis Dr.;
Öffnungszeiten: Di. – Sa. 10.00 – 17.00, So. 12.00 – 17.00 Uhr).

Umgebung von Boise

Knapp 30 mi/48 km nordöstlich von Boise liegt Idaho City (450 ✹
Einw.) am Ponderosa Pine Scenic Byway (SR 21). Angesichts der **Idaho City**
windschiefen Frontier-Häuser kaum zu glauben: Es gab eine Zeit, da
war Idaho City als Hauptstadt dieses Bundesstaates im Gespräch. Damals gab es hier eine Oper, ein Theater, Brauereien und über 200
Geschäfte. Auf dem Höhepunkt des Goldrausches um 1865 hatte die
Stadt 7000 Einwohner, weitere 15 000 durchwühlten die Landschaft
nach dem begehrten Edelmetall.

Einen mit blutrünstigen Details gewürzten Einblick in die Geschichte ◀ Boise Basin
der Stadt und ihrer Umgebung vermittelt dieses Museum (503 Mont- Museum
gomery St.; Öffnungszeiten: Mai – Sept. Mo. – Sa. 11.00 – 16.00, So. 🕐
13.00 – 16.00, sonst Fr. – Sa. 11.00 – 16.00, So. 13.00 – 16.00 Uhr).

38 mi/60 km südlich von Boise erreicht man nach abenteuerlicher ✹
Fahrt auf atemberaubender Piste durch die wilden **Owyhee Moun-** **Silver City**
tains die Geisterstadt Silver City, die 1863 auf reichen **Gold- und Sil-**
beradern gegründet worden ist. In den besten Zeiten gab es hier
oben rund 300 Häuser, über 70 Geschäfte, mehrere Hotels und sogar
ein Gericht. Auch ist hier Idahos erste Tageszeitung erschienen. Bis
1912 florierte der Bergbau. Dann ging es rasch bergab. 1920 träum-
ten hier nur noch 100 Menschen vom schnellen Reichtum.

Die knapp 200 km lange **Panoramastraße** führt von Boise als SR 21 ✹
via Idaho City in die nordöstlich aufragende **Sawtooth Range** hi- **Ponderosa Pine**
nauf. Die Sawtooth Wilderness zur Rechten und die Frank Church **Scenic Byway**
River of No Return Wilderness, ein riesiges Stück unerschlossener
Wildnis, zur Linken, erreicht die SR 21 den **Banner Summit** (2146
m), einen der höchsten Pässe Idahos. Auf der anderen Seiten windet
sich die Straße zur Siedlung Stanley hinunter, immer wieder grandiose Blicke auf die Sawtooth Range bietend (Stanley-Sawtooth Chamber, Tel. 1-208-774-34 11, www.stanleycc.org).

✹ Cœur d'Alene

D 11

Region: Kootenai County   **Einwohner:** 42 000
Höhe: 670 m ü. d. M.

**Der beliebte Ferienort liegt malerisch im sog. Idaho Panhandle am
Nordufer des gleichnamigen Sees, der von der National Geographic
Society als einer der schönsten Seen der Welt bezeichnet wird. Vor
allem Familien und Wassersportler kommen gern hierher.**

Der französische Name geht auf frankokanadische Pelzhändler zu- **Frankokanadi-**
rück, die so ihre hier lebenden indianischen Handelspartner benann- **scher Ursprung**

Cœur d'Alene, die größte Stadt im Idaho Panhandle, ist heute dank ihrer Wassersportmöglichkeiten ein beliebtes Urlaubsziel.

ten, und bedeutet soviel wie »kühl rechnend«. Die Siedlung entstand im Schatten des in den 1870er-Jahren gegründeten Fort Sherman. Der Bergbau im nahen Silver Valley sorgte für ein rasches Wachstum der jungen Siedlung. Kurz vor der Wende vom 19. zum 20. Jh. machte Cœur d'Alene Schlagzeilen, als Bergarbeiter für höhere Löhne und menschenwürdige Arbeitsbedingungen streikten und von der Nationalgarde brutal niedergeknüppelt wurden. Im Lauf des 20. Jh.s entwickelte sich Cœur d'Alene zu einem **beliebten Ferienort**. Der See lockt bis heute Wassersportler an, Golfer schätzen die hervorragenden Greens. Die größte Stadt im Idaho Panhandle bietet auch viele Spezialgeschäfte, Malls und Supermärkte.

Sehenswertes in Cœur d'Alene und Umgebung

Museum of North Idaho

Das am Rand des Cœur d'Alene City Park gelegene Museum widmet sich der Geschichte der Stadt von den Anfängen als Tauschplatz von Indianern und Trappern bis zur Gegenwart (115 NW Boulevard; Öffnungszeiten: April–Okt. Di–Sa 11.00–17.00 Uhr). Zweigstellen sind die **Fort Sherman Chapel** (332 Hubbard St.) und das **Fort Sherman Museum** auf dem Campus des North Idaho College.

● CŒUR D'ALENE ERLEBEN

AUSKUNFT

Cœur d'Alene Visitor's Bureau
105 N. 1st Street, Suite 100
P. O. Box 850
Cœur d'Alene, ID 83816
Tel. 1-208-664-31 94
www.coeurdalene.org

SHOPPING

An der mit Kopfsteinpflaster und Straßenlaternen aufgepeppten Sherman Avenue im Stadtzentrum gibt es zahlreiche Spezialitäten-geschäfte, trendige Läden und Galerien sowie etliche angesagte Bistros. Zwischen der 2nd und der 3rd Sreet ist die feine Mall namens *Plaza Shops* angesiedelt.

AKTIVITÄTEN

Bootsausflüge
Die Lake Cœur d'Alene Cruises (City Park, Independence Point, Tel. 1-208-765-40 00) bieten täglich Rundfahrten auf dem See an; für beschauliche Kajaktouren wendet man sich an Kayak Cœur d'Alene (307 Locust Avenue, Tel. 1-208-676-15 33, www.kayakcoeurdalene.com).

Rundflüge
Die herrliche Seenlandschaft aus der Vogelperspektive genießen kann man mit Brooks Seaplane Service (City Dock, Independence Point, Tel. 1-208-664-28 42).

Golf
Einer der schönsten Golfplätze im Nordwesten der USA ist der Cœur d'Alene Resort Golf Course mit einem schwimmenden, im See verankerten Green.

Wasserpark
Südwestlich von Cœur d'Alene lockt der Wasserpark *Wild Waters* im Sommer viele Besucher an mit Wasserrutschen, Kanälen für Tubing und Spielteichen für die Kleinen (2119 N. Government Way; Öffnungszeiten: Mai – Sept. tgl. 11.00 – 18.00 Uhr).

ESSEN

► Fein & teuer
Beverly's
115 S. 2nd Street
(im Cœur d'Alene Golf & Spa Resort)
Tel. 1-208-765-40 00
Ausgezeichnetes Restaurant mit herr-lichem Blick über den See. Kreative »Northwest Cuisine«.

► Erschwinglich
The Wine Cellar
313 Sherman Avenue
Tel. 1-208-664-94 63
Gemütliches Downtown-Bistro mit Live-Musik, guter Weinkarte, leckerer Pasta und saftigen Steaks.

ÜBERNACHTEN

► Luxus

Baedeker-Empfehlung

The Coeur d'Alene Resort
115 S 2nd Street
Tel. 1-208-765-40 00, www.cdaresort.com
338 Z. Nobles Ferien- und Wellness-Resorts mit Spa, Golfplatz, eigenem Seeufer und hervorragendem Restaurant.

► Komfortabel
Flamingo Motel
718 Sherman Avenue
Tel. 1-208-664-21 59
13 Z. Freundliches Motel im 1950er-Jahre-Stil am City Park.

Tubb's Hill

Der vom Lake Cœur d'Alene umspülte Tubb's Hill bietet schöne Spazierwege und tolle Panoramasichten auf die Stadt und den See (Parkplatz Südende 3rd St.).

✳
Cataldo Mission

Die 24 mi/38 km östlich von Cœur d'Alene gelegene kolonialspanisch anmutende Missionsstation ist eines der ältesten noch erhaltenen Bauwerke aus der Pionierzeit in Idaho. In den frühen 1840er-Jahren von Jesuiten gegründet, diente sie der Bekehrung der Coeur d'Alene-Indianer. Die Architektur der eindrucksvollen Missionskirche ist von italienischer Sakralbaukunst inspiriert.

Silverwood Theme Park

Im größten Vergnügungspark der nordwestlichen USA gibt es über 60 Fahrgeschäfte, darunter Achterbahnen, Kinderkarussels und Rutschen aller Art sowie eine Dampfeisenbahn, eine Amüsiermeile wie zu Opas und Omas Zeiten sowie diverse Shows (Hwy. 95, kurz vor Athol; Öffnungszeiten: tgl. 10.00 – 18.00 Uhr).

✳ Craters of the Moon (Nat. Monument & Preserve)

H/J 14

Größe: 2892 km²   **Region:** Snake River Plain
Höhe: 1800 – 1980 m ü. d. M.

Erforscht wurde sie erst ab 1921, und wer sie sich näher anschaut, merkt schnell, warum: Diese vulkanische Landschaft ist die menschenfeindlichste weit und breit.

Grau und schwarz, scheinbar leblos liegt sie da, diese wahrlich abweisende Welt. Die weithin totale Abwesenheit von Grün kann irgendwann selbst das sonnigste Gemüt bedrücken. Wie erst müssen sich die Pioniere in ihren von Ochsen gezogenen Planwagen gefühlt haben angesichts dieser schrecklich-eigentümlichen Landschaft!

 CRATERS OF THE MOON ERLEBEN

AUSKUNFT

Craters of the Moon
National Monument
Park Service
P. O. Box 29
Arco, ID 83213
Tel. 1-208-527-13 00
www.nps.gov/crmo

ÜBERNACHTEN

Im Naturschutzgebiet selbst gibt es weder Unterkünfte noch Restaurants.

Die nächstgelegene Siedlung mit Übernachtungsmöglichkeiten ist Arco.

► Günstig
D-K Motel
316 S. Front Street
Arco, ID 83213
Tel./Fax 1-208-527-82 82
www.dkmotel.com
25 Z. Einfache Herberge mit freundlich eingerichteten Zimmern.

Wahrlich wie eine Mondkraterlandschaft präsentiert sich dieses instabile, von heftiger vulkanischer Tätitgkeit geprägte Stück Erdkruste.

Geologen rechnen damit, dass es in den nächsten 1000 Jahren erneut zu Eruptionen kommen wird. Doch wo ist der Vulkan? Antwort: Überall. Hier öffnet sich die Erde hin und wieder und speit Lava. Die heutige Kraterlandschaft entstand vor etwa 15 000 Jahren. Die letzten starken Eruptionen erfolgten vor etwa 2100 Jahren. Dabei blieben drei riesige, dem Verlauf des Great Rift von Idaho folgende Lavafelder zurück. Das größte, das Craters of the Moon Lava Field, bedeckt eine Fläche von 1600 km². Alle drei sind von über 200 m tiefen Rissen durchzogen. Über zwei Dutzend Vulkankegel, diverse Ergussgesteine, darunter auch Basalte, sowie Lavaröhren in allen möglichen Formen sind typisch für das gesamte Areal.

Geologie

Etwa 400 bis 500 mm Niederschlag erhält diese Gegend im Jahr. Doch das Regenwasser versickert spurlos in der rissigen Oberfläche. Dies und beständig wehende Winde schaffen für Flora und Fauna härteste Bedingungen. Umso erstaunlicher ist, dass hier über 300 hochspezialisierte Pflanzen, darunter viele Wildblumen (Blütezeit: Anfang Mai bis Ende August), Zedern, Salbeisträucher und diverse Kiefernarten gedeihen. Nicht minder vielfältig ist die Tierwelt.

Pflanzen und Tiere

Geschichte

Aus Lavabrocken zusammengestellte Windschutzmauern, u.a. bei Indian Tunnel (s.u.), deuten darauf hin, dass die Shoshonen die Craters of the Moon auf ihren jährlichen Wanderungen zwischen Sommer- und Wintergründen durchquerten. Europäische Trapper, Goldsucher und Siedler machten einen Bogen um diese Ödnis. Erst angesichts zunehmender Indianerüberfälle am Oregon Trail wagten sich die Siedlertrecks auf eine uralte Indianerroute. Erforscht und kartografiert wurde die Gegend erst zu Beginn des 20. Jh.s, 1924 wurde sie zum National Monument erhoben und seitdem mehrmals erweitert.

? WUSSTEN SIE SCHON …?

■ … dass die Apollo-14-Astronauten Alan Shepard, Edgar Mitchell, Joe Engle und Eugene Cernan 1969 die Craters of the Moon besucht haben, um sich auf ihre Mondmissionen vorzubereiten?

Visitor Center

🕐

18 mi/29 km westlich von Arco liegt das Visitor Center, unweit des Nordkraters am Highway 20/26/93 (Öffnungszeiten: Mai – Sept. tgl. 8.00 – 16.30 Uhr).

✳
Loop Road

Vom Visitor Center aus kann man eine 7 mi/11 km lange Rundfahrt durch den Nordteil der Landschaft unternehmen. Dabei passiert man Vulkankegel, Krater, erkaltete Lavaströme sowie Lavatunnel und durchmisst auch die instabile Great Rift Zone mit dem Big Sink. An mehreren Stellen beginnen kurze Wanderwege, so etwa zum North Crater, zum Inferno Cone und zur Beauty Cave. Lohnend ist auch eine Rundwanderung auf dem Devils Orchard Nature Trail.

Idaho Falls

H 15

Region: Bonneville County
Höhe: 1430 m ü. d. M.

Einwohner: 58 000

Ihr größter Trumpf erhebt sich am östlichen Horizont: die majestätische Teton Range im Grand Teton National Park. Ihr urbaner Lebensstil und ihre Nähe zu weiteren Top-Zielen im Nordwesten der USA machten die Stadt am Snake River zu einem hervorragenden Ausgangspunkt für Tagestouren.

Auch die übrigen »Stars« dieser Region sind nicht weit: Jackson Hole und den Yellowstone National Park erreicht man in knapp zwei Autostunden. Regelmäßig rangiert die Stadt hinsichtlich ihrer Lebensqualität auf den vorderen Plätzen. Idaho Falls hat eine eigene Oper, ein eigenes Orchester und eine kreative Kunstszene. Zurzeit erfährt der historische Stadtkern am Snake River ein gründliches »Facelift«.

Idaho Falls präsentiert sich als eine ausgesprochen grüne Stadt im relativ trockenen Südosten Idahos. Mitte der 1860er-Jahre zogen Abenteurer von hier aus nach Montana, um Gold zu suchen, kehrten dann aber wieder zurück und betrieben Landwirtschaft. Ende der 1870er-Jahre erreichte die Utah & Northern Railroad die junge Siedlung. Auch fleißige Mormonen ließen sich hier und im gesamte **Upper Snake River Valley** nieder: Kartoffeln, Bohnen, Getreide und Zuckerrüben sind bis heute die wichtigsten Anbauprodukte.
Die Eröffnung des **Atomtestgeländes** nach dem Zweiten Weltkrieg in der Wüstenei eine halbe Autostunde westlich der Stadt machte aus dem bis dahin behäbigen Idaho Falls ein lebhaftes urbanes Zentrum.

Geschichte

Der Eintritt Idahos ins Atomzeitalter beschäftigt auch das Museum of Idaho. Weitere Themen sind die Lewis & Clark Expedition und altägyptische Kunst (200 N Eastern Ave.; Öffnungszeiten: Mo. – Sa. 9.00 – 17.00 Uhr).

Museum of Idaho

⏲

Weltoffen und kunstsinnig gibt man sich im Idaho Falls Arts Council, unter dessen Ägide das Carr Gallery/Willard Arts Center im alten Colonial Theatre steht (450 A. St.; Öffnungszeiten: Mo. – Fr. 11.00 bis 17.00, Sa. 10.00 – 16.00 Uhr).

Carr Gallery/ Willard Arts Center

IDAHO FALLS ERLEBEN

AUSKUNFT

Greater Idaho Falls
Chamber of Commerce
630 W. Broadway
Idaho Falls, ID 83405
Tel. 1-208-523-10 10
www.idahofallschamber.com

SHOPPING

Populärste Mall der Stadt ist die Grand Teton Mall (2300 E. 17th Street, www.grandtetonmall.com; Öffnungszeiten: Mo. – Sa. 10.00 bis 21.00, So. 12.00 – 18.00 Uhr).

ESSEN
▶ Fein & teuer
Rutabaga's
415 River Parkway
Tel. 1-208-529-39 90
Urban und gemütlich: Moderne amerikanische Küche mit vietnamesischen, nepalesischen und afrikanischen Einflüssen

▶ Preiswert
Snake Bite Restaurant
425 River Parkway
Tel. 1-208-525-25 22
Die besten Burger der Stadt, dazu Steaks und Salate

ÜBERNACHTEN
▶ Komfortabel
Le Ritz Hotel
720 Lindsay Blvd.
Tel. 1-208-528-08 80
www.leritzhotel.com
115 Z. Trotz des hochtrabenden Namens ist dies nur eine motelähnliche Herberge, aber mit modern ausgestatteten Zimmern.

▶ Günstig
Ameritel Inn
645 Lindsay Blvd.
Tel. 1-208-523-14 00
126 Z. Freundliches und modernes Mittelklasse-Hotel.

Lewiston

E 11

Region: Nez Perce County **Einwohner:** 32 000
Höhe: 230 m ü. d. M.

Holz, Papier, Zellstoff und der am weitesten im Landesinneren gelegene Hafen – das ist Lewiston. Um nach den Spuren der Lewis & Clark Expedition zu forschen und einen Ausflug zum Hells Canyon (▶Oregon) zu unternehmen, lohnt sich ein Aufenthalt.

Die im Lewis-Clark Valley liegende Industriestadt wuchs just an der Stelle, an der Lewis und Clark im Jahre 1805 auf ihrem Weg zum Pazifik kampierten. Wenig später folgten Pelzhändler, Glücksritter und Goldgräber. Diese versorgten sich in Lewiston mit Material und Proviant. Im 20. Jh. wurde der Hafen großzügig ausgebaut. Schiffe nehmen hier Getreide und Holz, Zellstoff und Papier auf und bringen ihre Fracht via Snake River und Columbia River zum 740 km entfernten Pazifik.

Sehenswertes in Lewiston und Umgebung

Lewis & Clark State College Center for Arts & History Diese Einrichtung beschäftigt sich mit dem kulturellen Erbe der ganzen Region. Besondere Beachtung verdienen die verschiedenen Kulturzeugnisse der Nez-Percé-Indianer (415 Main St.; Öffnungszeiten: Di. – Sa. 11.00 – 16.00 Uhr).

 LEWISTON ERLEBEN

AUSKUNFT

Lewiston Chamber
111 Main St., Suite 120
Lewiston, ID 83501
Tel. 1-208-743-35 31
www.lewistonchamber.org

Nez Perce National Historical Park
39063 US 95
Spalding, ID 83540-9715
Tel. 1-208-843-70 03
www.nps.gov/nepe/

BOOTSAUSFLÜGE

Ganztägige Touren in den Hells Canyon ab der Marina im Hells Gate State Park mit Snake River Adventures (Tel. 1-208-746-62 76, www.snakeriveradventures.com)

ESSEN

▶ **Erschwinglich**
Macullen's Steak,
Seafood & Spirits
1516 Main Street
Tel. 1-208-746-34 38
Hier gibt es die besten Steaks der Stadt. Gelegentlich wird auch Live-Musik geboten.

ÜBERNACHTEN

▶ **Komfortabel/Günstig**
Holiday Inn Express Lewiston
2425 Nez Perce Drive
Tel. 1-208-750-16 00
www.hiexpress.com
100 gemütlich eingerichtete Gästezimmer, Fitness-Raum und Whirlpool

Wenige Autominuten südlich von Lewiston: Der wegen seiner schattigen Zeltplätze und schönen Wander- und Mountainbike-Wege als Naherholungsziel geschätzte Naturpark am Snake River ist Ausgangspunkt von Bootstouren in den flussaufwärts gelegenen Hells Canyon. Die Boote mehrerer Veranstalter starten am Pier der Marina.

Hells Gate State Park

Im Park befindet sich auch das moderne Lewis & Clark Discovery Center, das sich in erster Linie mit den Aktivitäten der beiden Forscher im Land der Nez-Percé-Indianer beschäftigt. Auch die Indianerin Weetxuwiis, die sich für das Leben von Lewis und Clark eingesetzt hat, wird hier gewürdigt (Öffnungszeiten: tgl. 9.30 – 17.00 Uhr). Das hoch über dem Snake River gelegene Informationszentrum ist benannt nach (1902 – 1978), einem bekannten Jäger und Buchautor sowie einem der ersten Befürworter eines nachhaltigen Wildschutzes (Snake River Ave., im Hells Gate State Park; Öffnungszeiten: Mo. 13.00 – 17.00, Di. – Sa. 9.00 – 17.00, So. 13.00 bis 17.00 Uhr).

◀ Lewis & Clark Discovery Center

🕐

◀ Jack O'Connor Hunting Heritage & Education Center

🕐

Auf der Idaho-Seite bietet der Highway 71 den besten Zugang zum Hells Canyon (▶ Oregon: Hells Canyon). Von Cambridge aus führt er zunächst nordwestwärts nach Oxbow, OR. Beim **Brownlee Dam** geht es über den Snake River. Die Staumauer ist 128 m hoch, fünf Generatoren erzeugen ca. 600 Megawatt Strom. Bei Oxbow kehrt der Highway 71 nach Idaho zurück und führt dann zum Hells Canyon Dam und der tiefsten per Auto erreichbaren Stelle der Schlucht.

Hells Canyon NRA

✳ Nez Perce National Historical Park

1877 widersetzte sich eine Gruppe von **Nez Perce Indianern** der Abschiebung in Reservate. Auf ihrer Flucht nach Kanada errangen sie mehrere Siege über die US-Armee, doch kurz vor dem Ziel mussten sie sich ergeben. Jahrhunderte lang hatten die Nez-Percé an Snake, Salmon und Clearwater River gelebt, einem Gebiet, das heute Teile von Oregon, Washington und Idaho umfasst. Zu Beginn des 19. Jh.s war das Columbia Plateau ihr Lebensraum. Im Sommer zogen sie zur Büffeljagd über die Bitterroots Mountains in die Plains, im Winter lebten sie in festen Camps an den Ufern fischreicher Flüsse. Ihr erster verbürgter Kontakt mit Weißen ergab sich im September 1805 mit den Lewis und Clark. Frankokanadische Pelzhändler nannten die Indianer »Nez-Percé«, weil einige Nasenpflöcke trugen.

1853: Nez-Percé verhandeln mit einem Emissär von Union Pacific.

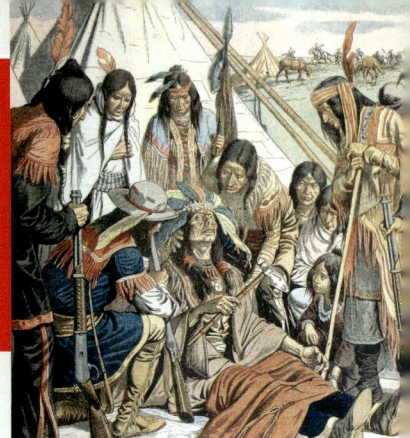

21. September 1904:
Chief Joseph liegt im Sterben.

CHIEF JOSEPH

Seine Kapitulationsrede wurde zum Memento der nordamerikanischen Ureinwohner. Sein strategisches Genie beeindruckte sogar seine Gegner General William T. Sherman und General Oliver Otis Howard.

Am 5. Oktober 1877 ritt **Chief Joseph** über das Schlachtfeld im Norden Montanas in das Camp von Colonel Nelson Miles und übergab sein Gewehr mit den Worten: »Sagt General Howard, dass ich des Kämpfens müde bin. Unsere Häuptlinge wurden getötet. Looking Glass ist tot. Too-hul-hul-sute ist tot. Die Alten sind alle tot. Die jungen Männer haben nun das Sagen. Jener, der sie einst führte, ist tot. Es ist kalt und wir haben keine Decken. Die Kinder erfrieren. Einige meines Volkes sind in die Hügel geflohen. Sie haben keine Decken und nichts zu essen. Niemand weiß, wo sie sind – vielleicht erfrieren sie gerade. Ich will nach meinen Kindern suchen und sehen, wie viele ich noch finden kann. Vielleicht finde ich sie unter den Toten. Hört mich, meine Häuptlinge! Ich bin müde. Von heute an werde ich nicht mehr kämpfen.«

Gebrochenes Herz

Der Häuptling, der 1840 als Hin-mah-too-yah-lat-kekt (= Donner, der über das Land rollt) im Wallowa Valley zur Welt kam, sollte das Land, für das er gekämpft hatte, nie wieder

sehen. Die US-Regierung deportierte ihn und seine Nez Perce zunächst nach Kansas und dann weiter nach Oklahoma. Erst acht Jahre später durften er und die Seinen in die weit von ihrem traditionellen Stammesgebiet gelegene Colville Indian Reservation ziehen. Dort starb er 1904 an »gebrochenem Herzen«, so ein Arzt.

Willkür der US-Regierung

Dem Nez-Perce-Krieg von 1877 waren Missverständnisse bzw. gebrochenen Versprechen und Verträge vorangegangen. Als Chief Joseph 1871 zum Häuptling gewählt wurde, herrschte in seiner Heimat Spannung. Trotz anders lautender Verträge ließen sich weiße Siedler weiterhin im Nez-Perce-Reservat nieder. Dazu lockte der Goldrausch in Idaho immer mehr Weiße an. Alsbald verkleinerte die Regierung das nach Idaho hineinreichende Reservat der Nez Perce um 90%. Im Frühsommer 1877 erhielt auch die im Wallowa Valley lebende Gruppe des Häuptlings Joseph von General Howard den Befehl, ins Reservat zu ziehen. Chief Joseph erkannte die Zwecklosigkeit gewaltsamen Widerstands und brach mit seinen Leuten nach Idaho auf. Sie sollten aber dort nie ankommen. Aufgebrachte Nez-Perce-Krieger hatten mehrere Siedler getötet. Die US-Kavallerie verfolgte daraufhin alle Nez Perce, die außerhalb des Reservates lebten. Widerwillig schloss sich Chief Joseph den Kriegshäuptlingen seines Stammes an.

Nez-Perce-Krieg

Nun begann der eigentliche Nez-Perce-Krieg, eines denkwürdigsten Ereignisse der US-Militärgeschichte. Unter der Führung von **Looking Glass, Too-hul-hul-sute, White Bird, Ollokot und Joseph** zogen Anfang Juni 1877 ca. 800 Nez Perce, darunter nur 125 Krieger, mit Hab und Gut und 2000 Pferden nach Osten unter den Schutz der Crow. Danach zogern sie drei Monate lang durch die heutigen US-Bundesstaaten Idaho, Wyoming und Montana. In zahlreichen Schlachten und Scharmützeln standen sie US-Soldaten und deren indianischen Hilfstruppen gegenüber: In der **Schlacht vom White Bird Canyon** (17. Juni) fielen 43 US-Soldaten, aber nur ein Nez-Perce-Krieger wurde verwundet. Bei der **Schlacht von Big Hole** (9. August) erlitten die Nez Perce erstmals schwere Verluste. Vom ngriff der US-Armee überrascht, schafften es die Nez Perce dennoch, die US-Truppen

in die Flucht zu schlagen. Dann ersuchten sie die Crow um Hilfe. Diese waren aber inzwischen von der US-Armee eingeschüchtert. Entmutigt beschlossen Looking Glass und Joseph daraufhin, nach Kanada zu ziehen und sich dort den nach der Schlacht am Little Bighorn ins Exil geflohenen Sioux unter **Sitting Bull** anzuschließen. Ab dem 13. September trieb die inzwischen verstärkte US-Armee die Nez Perce vor sich her. Bei der **Schlacht am Canyon Creek** verloren die Nez Perce zwar nur wenige Krieger, doch die Fliehenden hatten nun ihre Belastungsgrenzen erreicht. Dennoch zogen sie weiter, das rettende Exil vor Augen. Im Glauben, General Howard abgeschüttelt zu haben, errichteten sie Ende September nur 60 km südlich der kanadischen Grenze ihr Camp. Von einer aus Südost nahenden US-Einheit ahnten sie nichts. Am 30. September wurde das Nez-Perce-Lager überfallen. Während der nächsten Tage tobte der Kampf, die Nez-Perce-Führer Looking Glass, Too-hul-hul-sute und Ollokot wurden getötet.

Chief Joseph weigerte sich, den von den jungen Kriegern geforderten Durchbruch zu wagen, weil man dann die Toten und Verwundeten hätte zurücklassen müssen. Am 5. Oktober ergab er sich und hielt seine berühmt gewordene Kapitulationsrede.

Bereits 1855 hatten die Nez Perce und die US-Behörden einen Vertrag unterzeichnet, der ihr Stammesgebiet schützen sollte. Als dort Gold gefunden wurde, hat die US-Regierung ihr Reservat stark verkleinert. Im Juni 1877 kam es bei White Bird beim heutigen Lewiston zur ersten Schlacht zwischen Nez Perce und US-Truppen. Die Nez Perce siegten, mussten aber vor nachsetzenden US-Truppen flüchten. Ihr Ziel Kanada sollten sie nicht erreichen. Nach vielen Gefechten wurden die rund 750 von **Chief Joseph** geführten Nez Perce nach einer fast 2700 km langen Flucht durch die heutigen US-Bundesstaaten Washington, Idaho und Montana 60 km vor der rettenden Grenze am Snake Creek von US-Einheiten umzingelt und festgesetzt. Wer nicht fliehen konnte, wurde nach Oklahoma deportiert. Erst Jahre später durften die Nez Perce zurück ins Land ihrer Vorfahren. Heute leben die meisten im Reservat östlich von Lewiston. Der Nez Perce National Historic Park umfasst 48 Schauplätze im Nordwesten der USA.

Visitor Center ▶ Das zentrale Visitor Center befindet sich am Westrand der Nez Perce Indian Reservation wenige Meilen östlich von Lewiston (39063 Hwy. 95, Spalding, ID; Öffnungszeiten: Mai – Sept. tgl. 8.00 – 17.00, sonst bis 16.30 Uhr).

Montpelier

J 16

Region: Bear Lake County   **Einwohner:** 3000
Höhe: 1820 m ü. d. M.

Ein Babyausstatter, ein Friseur, ein Speiselokal, ein Baumarkt, ein Bestatter: An der Main Street des Städtchens Montpelier gibt es alles, was man zum Leben und Sterben braucht. Nicht viel anders war es in der Südostecke von Idaho zur Zeit des Oregon Trail.

In den 1850er-Jahre war dieser Ort im Nordosten des Bear Lake Valley und im Windschatten der Wasatch Range eine wichtige Etappe für die auf dem Oregon Trail in den Nordwesten ziehenden europäischen Einwanderer. 1863 legten Mormonen-Familien aus Utah den

 **MONTPELIER ERLEBEN**

AUSKUNFT

Bear Lake Convention & Visitors Bureau
P. O. Box 26
Fish Haven, ID 83287
Tel. 1-208-945-33 33
www.bearlake.org

ÜBERNACHTEN

▶ **Komfortabel/Günstig**
Best Western Clover Creek Inn
243 N. 4th St.
Tel. 1-208-847-17 82
www.bestwestern.com
65 Z. Modernes Mittelklassehotel mitten in der Stadt

Grundstein für eine neue Siedlung; 1892 wurde Montpelier Endstation einer Eisenbahn, weitere Siedler kamen ins Land. Vier Jahre später geriet Montpelier in die Schlagzeilen, als Butch Cassidy und Elzy Lay am helllichten Tag die hiesige Bank ausraubten.

Sehenswertes in Montpelier und Umgebung

Wo einstmals viele Einwanderer aus ganz Europa kampierten, steht heute das National Oregon/California Trail Center. Den Besucher erwartet spannend inszenierte »living history«: Kostümierte Museumsangestellte entführen die Besucher in die 1850er-Jahre, laden sie ans Lagerfeuer und fahren mit ihnen – eine Computer-Simulation hilft dabei – im Planwagen auf dem Oregon Trail (320 N. 4th St; Öffnungszeiten: Mai – Sept. So. – Do. 9.00 – 17.00, Fr. – Sa. 9.00 – 18.00 Uhr).

★
**National Oregon/
California Trail
Center**

☉

Eine halbe Autostunde südlich von Montpelier ist der 36 km lange und bis zu 14 km breite See zu Füßen der Wasatch Range ein beliebtes Ausflugsziel für Familien und Sportangler. Rund um den See, der ein Stück weit nach Utah hineinragt, gibt es drei State Parks mit Picknick- und Campingplätzen sowie für Wassersportler hergerichtete Uferbereiche (Infos: www.bearlake.org).

Bear Lake

Moscow

Region: Latah County   **Einwohner:** 23 000
Höhe: 790 m ü. d. M.

Zusammen mit der Nachbarstadt Pullman im Bundesstaat Washington bildet Moscow das kulturelle und wirtschaftliche Zentrum der fruchtbaren Palouse-Region. Und die University of Idaho steuert Bohème, Lifestyle sowie ein wenig Weltoffenheit bei.

Dass die Stadt mit dem für die USA etwas ungewöhnlichen Namen anders tickt als seine die alte Frontier-Werte hochhaltenden Nachbarn, macht es gleich am Ortseingang klar: »Welcome to Moscow – The Heart of the Arts«. Kunst statt Rodeos, viktorianische Neugotik statt Western-Fassaden und das renommierte Lionel Hampton Jazz Festival: Fast wirkt Moscow wie ein Fragment des kultivierten Neuengland im Wilden Westen. Die waldige Palouse Range im Nordosten und die Paradise Ridge im Südosten verstärken diesen Eindruck. Entscheidende Wachstumsimpulse erhielt Moscow durch den Eisenbahnanschluss und die Eröffnung der **Idaho University** 1892. Bis heute ist die Universität der größte Arbeitgeber der Stadt; Moscows zweites Standbein ist die Landwirtschaft. Zudem ist Moscow bekannt als **Heimat der Appaloosa-Pferde**.

Sehenswertes in Moscow und Umgebung

Appaloosa Das interessante Museum führt in die Zeit vor der Ankunft der Wei-
Museum ßen zurück, als die Nez-Percé-Indianer auf bunt gefleckten Pferden
durchs Palouse-Tal ritten. Die weißen Siedler begannen um die vorletzte Jahrhundertwende mit der systematischen Züchtung der **Palouse Horses**. Heute ist das Appaloosa-Pferd eines der beliebtesten im
Land und wird vor allem bei Rodeos und auf Guest Ranches einge-
🕐 setzt (2720 Pullamn Rd.; Öffnungszeiten: Mo.–Fr. 10.00–17.00, Sa.
10.00–16.00 Uhr).

Prichard Diese Kunstgalerie präsentiert in erster Linie Arbeiten zeitgenössi-
Art Gallery scher Künstler aus dem Nordwesten der USA (414 S. Main St.; Öff-
🕐 nungszeiten: Di.–Sa. 10.00–20.00, So. 10.00–18.00 Uhr).

Arboretum & Am Nez Perce Drive kann man in dieser gepflegten Grünanlage alle
Botanical im Nordwesten der USA heimischen Pflanzen studieren. Ferner ge-
Gardens deihen hier auch über 120 Baumarten aus Übersee (Nez Perce Dr.,
Eingang vor dem Golfplatz).

Palouse Hills ▶Pullman, Washington

 # MOSCOW ERLEBEN

AUSKUNFT
Moscow Chamber
of Commerce
411 S. Main Street
Moscow, ID 83843
Tel. 1-208-882-18 00
www.moscowchamber.com

EVENTS
Moscow Art Walk
Mitte Juni – Mitte Sept.; Künstler und
Kunsthandwerker aus der Region
präsentieren ihre Arbeiten in der
Stadt.

Lionel Hampton Jazz Festival
Ende Feb.; Konzerte und Jam Sessions
(www.uiweb.uidaho.edu/jazzfest/).

WILDWASSERFAHREN
In der Umgebung von Moscow kann
man Rafting-Abenteuer der Sonder-
klasse auf dem Snake River, dem
Palouse River und vor allem auf dem
Salmon River unternehmen. Weitere
Informationen:
Salmon River Experience
Tel. 1-800-892-92 23
www.salmonriverexperience.com

ESSEN
▶ **Erschwinglich**
Red Door Restaurant
215 S. Main St.
Tel. 1-208-882-78 30
Hier fühlt man sich der Slow-Food-
Bewegung verpflichtet: Gemüse,
Geflügel, Rindfleisch kommen aus der
Region.

ÜBERNACHTEN
▶ **Komfortabel/Günstig**
Best Western University Inn
1516 Pullman Road
Tel. 1-208-882-05 50
www.uinnmoscow.com
173 Z. Gut geführte Herberge in der
Nähe der Universität

Pocatello

Region: Bannock County   **Einwohner:** 54 000
Höhe: 1360 m ü. d. M.

Die einladende Stadt Pocatello räkelt sich behaglich in dem von Bergen umrahmten grünen Tal des Portneuf River. Die baumarmen, zumeist mit Gras bewachsenen Berge erinnern ebenso an den Wilden Westen wie die zwischen modernen Gebäudekomplexen hervorlugende und liebevoll restaurierte Frontier-Architektur.

Im frühen 19. Jh. tauchten Pelzhändler als erste Weiße in diesem von Shoshonen und Bannocks bewohnten Gebiet auf. 1834 gründeten sie den nördlich der Stadt gelegenen Handelsposten Fort Hall. Später wurde dieser von der Hudson's Bay Company übernommen. Da der Oregon Trail auch durch das Tal des Portneuf River führte, ließen sich bald Siedler nieder. Der Idaho-Goldrausch beschleunigte das Wachstum des nach einem Shoshonenhäuptling benannten Ortes. 1877 erreichte die Eisenbahn den Ort, der sich bald zu einer wichtigen Drehscheibe entwickelte. Nach dem Abflauen des Goldrausches wurde die Landwirtschaft, insbesondere der Getreideanbau, ein wichtiger Wirtschaftszweig. 1901 gründete man hier die Idaho State University. Diese Hochschule sowie das Thelma E. Stephens Performing Arts Center hoch über Pocatello machen die Stadt zum kulturellen Zentrum der gesamten Region. Überdies schätzen Touristen die Stadt als Ausgangspunkt für Tagestouren in die Umgebung.

Traditionsreicher Handelsplatz und Verkehrsknoten

Sehenswertes in Pocatello und Umgebung

Der kleine historische Stadtkern von Pocatello ist auch heute noch gut erkennbar. Seine beiden wichtigsten Wahrzeichen sind das imposante Union Pacific Depot und das Yellowstone Hotel.

Historischer Stadtkern

Spannend und kein bißchen verstaubt: Shoshonen und Bannock-Indianer, Postkutschen u. v. m. (3000 Alvord Loop, an das nachgebaute Fort Hall und den Pocatello Zoo grenzend; Öffnungszeiten: Mai bis Sept. tgl. 10.00 – 18.00, sonst Di. – Sa. 10.00 – 14.00 Uhr).

Bannock County Historical Museum
🕐

Im Ross Park hat man das historische Fort nachgebaut. Der von weiß getünchten Mauern umgebene Handelsposten macht die Besucher mit den Kindertagen der Stadt vertraut (3002 Alvord Loop; Öffnungszeiten: tgl. 10.00 – 18.00 Uhr).

Fort Hall Replica

🕐

Dinosaurier, Mammuts und die steinzeitlichen Vorfahren der hiesigen Indianer werden auf dem Campus der Idaho State University vorgestellt (ISU Building 12, 5th Ave. & Dillon Sts., Öffnungszeiten: Di. – Sa. 10.00 – 17.00 Uhr).

Idaho Museum of Natural History

🕐

Massacre Rock State Park

Anders als der Name sagt, fand hier kein Gemetzel statt. Vom Besucherzentrum des südwestlich von Pocatello am Snake River bzw. Interstate 86 gelegenen Schutzgebietes erkennt man jedoch, dass die unübersichtliche Geografie die Furcht vor Hinterhalten durchaus genährt haben mag. **Gate of Death** nannten die hier durchziehenden Pioniere die enge Schlucht, in der mächtige Felsbrocken die Sicht versperrten. Gefechte mit Indianern gab es tatsächlich, allerdings etwas weiter östlich.

Register Rock

Korrekt benannt ist aber der Register Rock: Unweit des Besucherzentrums verewigten sich durchziehende Pioniere mit Namen und Datum. In der Nähe sind alte Wagenspuren gut zu erkennen (I-86, Exit 28; Öffnungszeiten: Mai – Sept. tgl. 9.00 – 18.00).

Lava Hot Springs

★ Diese in das enge Tal des Portneuf River südwestlich von Pocatello eingebettete Stelle benannten die Pioniere, die auf dem Oregon Trail unterwegs waren, nach den heißen Quellen, die zwischen dunklem Lava-Gestein austreten. Die Heilkraft des 43,3 °C warmen Thermalwassers sprach sich schnell herum. Heute zählt der um die Quellen entstandene Ort mit seiner wie eine Westernfilm-Kulisse wirkenden Main Street rund 500 Einwohner.

Hauptattraktion des Ortes ist der **Idaho World Famous Hot Pools & Olympic Swimming Complex** mit Hotel, Thermalbädern, Olympia-Schwimmbecken und Tubing-Kanal (Öffnungszeiten: Apr. – Sept. tgl. 8.00 – 23.00 Uhr).

▶ POCATELLO ERLEBEN

AUSKUNFT

Greater Pocatello Info Center
2695 S. 5th Avenue
Pocatello, ID 83204
Tel. 1-208-234-46 36
www.pocatelloidaho.com

ESSEN

▶ Erschwinglich

The Sandpiper
1400 Bench Road
Tel. 1-208-233-11 72
Das Restaurant ist bekannt für seine Prime Ribs und Salate.

▶ Preiswert

Buddy's
626 E. Lewis Street
Tel. 1-208-233-11 72
Lokal mit italo-amerikanischer Küche

ÜBERNACHTEN

▶ Komfortabel

Black Swan Inn
746 E. Center Street
Tel. 1-208-233-30 51
www.blackswaninn.com
14 thematisch gestaltete Suiten mit Bezeichnungen wie »Atlantis«, »Egyptian«, »Black Swan Garden«, etwas kitschig, aber annehmbar.

▶ Komfortabel/Günstig

Red Lion Hotel Pocatello
1555 Pocatello Creek Road
Tel. 1-208-233-22 00
www.redlion.rdln.com
150 Z. Die motelähnliche Herberge bietet sehr geräumige und zeitgemäß ausgestattete Zimmern, einen Swimming Pool und einen Whirlpool.

Salmon

F 14

Region: Lemhi County   **Einwohner:** 3100
Höhe: 1200 m ü. d. M.

Das Wildwest-Städtchen zu Füßen der schneebedeckten Beaverhead Mountains bietet alles in Hülle und Fülle: dramatische Geschichte, Action auf reißenden Flüssen, freundliche Kleinstadtatmosphäre, Geisterstädte in der Umgebung und Wildnis pur.

Parkplatzprobleme kennt man nicht in Salmon. Selbst im Hochsommer nicht, wenn die Wildwasser-Enthusiasten mit ihren rostigen Trucks und Kombis einfallen und am Ende des Tages die Lokale an der Main Street aufsuchen, um wilde Geschichten zu erzählen. Schon frankokanadische Trapper überwinterten einstmals am Zusammenfluss von Lemhi und Salmon River. Dass Salmon einen Platz in den Annalen der Lewis-&-Clark-Forschung hat, verdankt der Ort der Indianerin **Sacajawea**. Die Shoshonin, die Amerikas berühmtesten Entdeckern als Dolmetscherin diente, wurde im Tal des Lemhi River geboren. Die ersten weißen Siedler ließen sich während des Idaho Goldrauschs im Tal nieder. Farmer und Rancher folgten, Landwirtschaft und v. a. Viehzucht prägen heute das Tal des Salmon River. Tourismus ist das andere, immer wichtiger werdende wirtschaftliche Standbein der Gemeinde. Der reißende Salmon River und weitere Gebirgsflüsse in der Umgebung haben ihr den

In der Umgebung von Salmon kommen Wildwasser-Enthusiasten voll auf ihre Kosten.

Ehrentitel **Whitewater Capital of the World** eingetragen. Der Beiname des Salmon unterstützt sie in ihren PR-Bemühungen: Weil Lewis & Clark einst auf ihm nicht weiterkamen, nannten sie ihn »River of No Return«.

Sehenswertes in Salmon und Umgebung

Bevor man sich im Gummiboot aufs Wildwasser begibt, sollte man sich dieses kleine Museum anschauen. Hinter der Western-Fassade sind Kulturzeugnisse der Shoshonen und Pioniere zu sehen (210 Main St.; Öffnungszeiten: April – Okt. Mo. – Sa. 9.00 – 17.00 Uhr).

Lemhi County Historical Museum
🕐

SALMON ERLEBEN

AUSKUNFT

Salmon Valley Chamber
200 Main Street
Salmon, ID 83467
Tel. 1-208-756-21 00
www.salmonchamber.com

ÜBERNACHTEN

► **Günstig**
Syringa Lodge
13 Gott Lane
Tel. 1-877-580-64 82
www.syringalodge.com
Von dem rustikalen B & B hat man
einen tollen Blick über das Tal und
auf die Berge

Sacajawea Center

Etwa 2 mi/3,2 km außerhalb liegt das moderne Sacajawea Interpretive, Cultural & Educational Center in einem schönen Park. Hier wird
die Rolle der von der amerikanischen Geschichtsschreibung glorifi-
zierten Shoshonin beleuchtet. So war es wohl weniger Sacajaweas
Ortskenntnis, als vielmehr ihr Verhandlungsgeschick bei der Begegnung mit noch unbekannten Stämmen, die der Expedition von Lewis
und Clark zum Erfolg verhalf (Main St./Hwy. 28; Öffnungszeiten:
Mai – Sept. tgl. 9.00 – 18.00 Uhr).

Thermalquellen

Die **Gold Bug Hot Springs** liegen etwa 20 mi/32 km südlich von Salmon am US 93. Man erreicht die im Bereich einer V-förmigen Verwerfung zwischen den Bergen austretenden Thermalquellen nach einer etwa einstündigen anstrengenden Wanderung. Via Highway 28
gelangt man zu den ca. 17 mi/27 km südöstlich von Salmon
gelegenen **Sharkey Hot Springs**, die heute ein Schwimm- und Thera-
piebecken speisen.

✶✶ Sun Valley

H 13

Region: Blaine County   **Einwohner:** 1400
Höhe: 1804 m ü. d. M.

**Zwei Worte lassen die Herzen von Skiläufern in aller Welt schneller
schlagen: Sun Valley. Der allererste Wintersportort der USA – im
Jahre 1935 wedelten hier die ersten Skiläufer die Hänge des Bald
Mountain hinab – nimmt auch heute noch einen Spitzenplatz ein.**

Illustre Gäste

Gary Grant und Clark Gable waren Stammgäste, ebenso Groucho
Marx und Lucille Ball. Ernest Hemingway verbrachte hier die letzten
Jahre seines Lebens. Bis heute geben sich Amerikas Mächtige und
Schöne ein Stelldichein. Tom Hanks, Clint Eastwood, Arnold

Schwarzenegger: Die Liste der Promis, die Wochenendhäuser besitzen, ist endlos und Beweis genug, dass **Averell Harrimans** Rechnung aufgegangen ist. 1935 beauftragte der Boss der Union Pacific Railroad den österreichischen Grafen **Felix Schaffgotsch** mit der Suche nach dem besten Ort für ein luxuriöses Ski-Resort. Schaffgotsch war wählerisch: Kalt, aber nicht zu kalt sollte der Ort sein und schneereich, aber nicht zu sehr. Und natürlich mussten feuerrote Sonnenuntergänge her und eine grandiose alpine Kulisse. Nach drei Tagen auf den Pisten über Ketchum soll der passionierte Skiläufer »wunderschön« geflüstert haben. Harriman baute daraufhin die **Sun Valley**

SUN VALLEY ERLEBEN

AUSKUNFT
Sun Valley / Ketchum CVB
251 N. Washington St., P. O. Box 2420
Ketchum, ID 83353
Tel. 1-208-726-34 23
www.visitsunvalley.com

EVENTS
Ernest Hemingway Festival
Das an drei Tagen Ende September stattfindende Festival würdigt die enge Beziehung des Nobelpreisträgers zu Ketchum und Idaho.

ESSEN
▶ **Fein & teuer/Erschwinglich**
Gretchen's
Sun Valley Lodge
Tel. 1-208-622-28 00
Sympathisches Restaurant mit »Rocky Mountains Cuisine«

▶ **Erschwinglich**
The Ram Restaurant
Sun Valley Village
Tel. 1-208-622-28 00
Freundliche Bistro-Atmosphäre

ÜBERNACHTEN
▶ **Luxus**
Sun Valley Lodge
1 Sun Valley Road
Tel. 1-208-622-20 01
www.sunvalley.com

148 Z. Legendäre Luxusherberge mit schönen Zimmern und Apartments, einem eleganten Restaurant sowie Spa, Schönheitssalon und Fitness Center.

▶ **Komfortabel**
Tamarack Lodge
291 Walnut Ave. N., Ketchum, ID
Tel. 1-208-726-33 44
www.tamaracksunvalley.com

Sun Valley: Wintersportplatz der mondänen Welt

Lodge, eine Luxusherberge, in der man sich zum Dinner umziehen musste und schon vor Sonnenaufgang auf den Brettern stehen konnte. 1937 war Eröffnung.

► Aktiv-Urlaub pur ► Rund um die Lodge sind inzwischen weitere Beherbergungsbetriebe, Restaurants und Geschäften entstanden. Sun Valley bietet heute alle Voraussetzungen für einen gelungenen Aktivurlaub. Bestens präparierte Skipisten – die schönsten am 2781 m hohen **Bald Mountain** – , ein 160 km umfassendes Loipennetz, Wege für Wanderer, Mountainbiker und Reiter sowie vier Golfplätze.

Sehenswertes in Sun Valley

Heritage & Ski Museum ⏲ In Ketchum kann man sich über die Geschichte des Skisports in den nordwestlichen USA informieren (1st St. & Washington Ave.; Öffnungszeiten: Mo. – Fr. 13.00 – 17.00, Sa. 13.00 – 16.00 Uhr).

Hemingways Grab Auf dem Friedhof von Ketchum befindet sich das Grab des Schriftstellers **Ernest Hemingway**, der sich am 2. Juli 1961 nach langer Krankheit erschossen hat (Ketchum Cemetery, 10th Street East).

✱ Twin Falls

J 13

Region: Twin Falls County	**Einwohner:** 40 000
Höhe: 1140 m ü. d. M.	

Ein Canyon, ein Wasserfall und eine Brücke sind die Hauptattraktionen von Twin Falls. Das verweist auf eine spektakuläre Lage, wie auch der Name des Tals, in dem die Stadt liegt: Magic Valley – weil künstliche Bewässerung hier einstmals Wunder vollbrachte.

Die größte Stadt im Magic Valley ist auch das wirtschaftliche und kulturelle Zentrum der Region. Die ersten Europäer zogen bereits 1811 hier durch, und auch die nachfolgenden Expeditionen fanden in der unwirtlichen Gegend nichts als ein riesiges Verkehrshindernis: den Snake River Canyon, der sich hier mehrere Hundert Meter tief in die fast schon wüstenhafte Landschaft eingegraben hat. Erst 1864 begann man mit der Kultivierung des Talbodens, doch bis zum Ende des 19. Jh.s gab es gerade eine Handvoll Farmen und Ranches an dem handtuchbreiten fruchtbaren Uferstreifen. Die Einwohner von Twin Falls betrachten 1905 als Jahr der Stadtgründung. Damals wurde der Milner Dam fertiggestellt und die künstliche Bewässerung um den Snake River Canyon möglich. Bald darauf entwickelte sich Twin Falls zum landwirtschaftlichen Zentrum der Region.
Die vielen jungen Leute im Straßenbild sind zumeist Studierende am College of Southern Idaho und an einem Ableger der Idaho State University.

Sehenswertes in Twin Falls und Umgebung

Mit rund 70 m Höhe und einer Breite von mehr als 300 m werden die tosenden Shoshone Falls östlich der Stadt oft als »Niagarafälle des Westens« apostrophiert. Beeindruckend sind sie v. a. im Frühling, wenn der Snake River nach der Schneeschmelze besonders viel Wasser führt. Im Shoshone Falls Park, durch den die Falls Avenue führt, gibt es viele schöne Aussichtspunkte und hübsche Spazierwege.

★ ★
Shoshone Falls

Nördlich der Stadt schwingt sich diese Bogenbrücke (1974) über den hier 145 m tiefen Canyon des Snake River. Von der Brücke bietet sich ein spektakulärer Blick in die Schlucht des Snake River. Gleitschirmflieger und Base Jumper nutzen die Brücke als Absprungrampe (Öffnungszeiten: Mai – Sept. tgl. 8.00 – 20.00, sonst 9.00 – 17.00 Uhr).

◄ Perrine Memorial Bridge

🕐

Eine gute Autostunde südöstlich von Twin Falls liegt dieses Naturschutzgebiet in den Albion Mountains nahe der Grenze zu Utah. Dieses **Felsenlabyrinth** ist vor allem bei Kletterern sehr beliebt. Vor allem frühmorgens und bei Sonnenuntergang präsentieren sich die bizarren Felstürme, Bögen, Fenster, Zinnen und Brocken höchst eindrucksvoll. Die in den späten 1840er-Jahren hier auf dem California Trail durchziehenden Siedler glaubten eine versteinerte Stadt zu sehen. Bislang gibt es 35 km Wanderwege zu dramatischen Felsbildungen und spektakulären Aussichtspunkten. Das Visitor Center befindet sich in Almo am Nordrand des Schutzgebietes (Öffnungszeiten: April – Okt. tgl. 8.00 – 16.30, sonst nur Mo. – Fr. 8.00 – 16.30 Uhr).

★
City of Rocks National Preserve

◄ Visitor Center

🕐

Eine knappe Autostunde nordwestlich von Twin Falls hat man am Westufer des Snake River Versteinerungen von mehr als 220 verschiedenen Pflanzen- und Tierarten entdeckt, die im Zeitalter des Pliozän (vor 3 bis 4 Mio. Jahren) in dem Tal existieren konnten. Das wichtigste Fossil dieser Fundstätte ist das **Hagerman-Pferd**, ein Zebraähnliches Urpferd.

★
Hagerman Fossil Beds National Monument

In der Ortschaft Hagerman erklärt ein Besucherzentrum die Flora und Fauna dieser Gegend vor der letzten Eiszeit (Öffnungszeiten: Memorial Day – Labor Day tgl. 9.00 – 17.00 Uhr).

◄ Visitor Center

🕐

 TWIN FALLS ERLEBEN

AUSKUNFT

Twin Falls Area Chamber
858 Blue Lakes Blvd. N.
Twin Falls, ID 83301
Tel. 1-208-733-39 74
www.twinfallschamber.com

ÜBERNACHTEN

► **Günstig**
Holiday Inn Express
1910 Fillmore St. N.
Tel. 1-877-660-85 50
www.hiexpress.com
59 Z. Renovierte Unterkunft mit Pool nur wenige Hundert Meter vom Snake Canyon entfernt

MONTANA

Fläche: 381 156 km²
Einwohnerzahl: 960 000
Hauptstadt: Helena
Beiname: The Treasure State

Die Broschüren für Touristen empfehlen vor allem eines: Weitwinkelobjektiv mitbringen und reichlich Datenspeicher. Schneebedeckte Dreitausender und endloses Grasland prägen den Staat an der kanadischen Grenze. Grizzlybären leben hier noch ungestört. Montana ist für die Sinne – und lässt sich gerne fotografieren.

Und natürlich auch filmen. Dass Kinoerfolge wie »Der Pferdeflüsterer« ausgerechnet hier gedreht wurden, ist kein Zufall. Himmel, Grasland und Bergwelt leuchten in kräftigen Farben. Den Westen des Bundesstaats dominieren die **Rocky Mountains**. Einige Gebirgszüge reichen weit über die 3000-Meter-Marke hinaus. Dabei treten die Bitterroot Mountains besonders hervor, die Montana vom westlichen Nachbarstaat Idaho trennen. Zwischen den in Nord-Süd-Richtung verlaufenden Höhenzügen liegen schöne, oft landwirtschaftlich genutzte Täler wie das Gallatin und das Flathead Valley.

Nach Osten läuft Montana in die **Great Plains** aus, die endlosen, kaum oder gar nicht besiedelten Prärien, die vom Oberlauf des **Missouri** und vom Yellowstone River durchschnitten werden. Hin und wieder passiert man höher gelegene Plateaus und karge Badlands.

Nachbarn im Norden sind die kanadischen Provinzen British Columbia, Alberta und Saskatchewan. Im Osten grenzt Montana an die US-Bundesstaaten North Dakota und South Dakota, im Süden und Westen an Wyoming und Idaho.

Naturraum

Highlights in *Montana*

Bozeman
Trendige junge Stadt mit Museum of the Rockies und herrlichem Gallatin Valley
▶ **Seite 225**

Crow Indian Reservation
Geschichtsträchtiges Indianerland mit dem Little-Bighorn-Schlachtfeld
▶ **Seite 231**

Glacier National Park
Grandiose, von Gletschern der Eiszeit geschaffene Hochgebirgswelt und Bergwanderparadies par excellence
▶ **Seite 242**

← *Die alpine Bergwelt des Glacier National Park zieht seit Jahrzehnten Naturbegeisterte in ihren Bann.*

Geschichte   Vor der Ankunft der Weißen gehörte Montana den Plains-Indianern. Die Pend d'Oreilles und Kalispel wohnten rund um den Flathead Lake und in benachbarten Tälern. Die Kootenai, Gros Ventres, Blackfoot und Assiniboine teilten sich die Mitte und den Norden und im Süden und Südosten lebten Crow und Cheyenne.

Die ersten Weißen in Montana waren frankokanadische Trapper, die seit Mitte des 18. Jh.s mit den Indianern Pelze handelten. Dramatische Folgen für die Ureinwohner hatte die Expedition von Lewis und Clark (1803 – 1806). Von der amerikanischen Regierung geschickt, um das im **Louisiana Purchase** erworbene Land zu erforschen, kamen die beiden Kundschafter 1805 auch durch Montana und nahmen Kontakt zur Urbevölkerung auf.

Es war aber Gold, das Dynamik in die Entwicklung brachte. 1862 wurde dieses Edelmetall bei Bannack entdeckt. Ein Jahr später fand man auch im 120 km entfernten Alder Creek Gold. Angesichts des massiven Zustroms von Goldsuchern erklärte die US-Regierung das Gebiet 1864 zunächst zum Territorium und untermauerte ihre Anwesenheit mit der Einrichtung von Militärstützpunkten. Die Entdeckung weiterer Bodenschätze, darunter Silber und Kupfer, ließ die Einwanderungswelle ab 1875 weiter anschwellen, was schwere und blutige Auseinandersetzungen mit den sich zur Wehr setzenden Cheyenne und Sioux zur Folge hatte. Eine Reihe von Gefechten und Massakern im Grenzgebiet zwischen Wyoming und Montana kulminierte schließlich in der **Schlacht am Little Bighorn**. Dort erlitt die von Custer geführte US-Armee am 26. Juni 1876 ihre schwerste Niederlage im Kampf gegen die Indianer. Aber bereits im Jahr darauf kapitulierten die Nez Perce unter Chief Joseph in den Bearpaw Mountains nahe der kanadischen Grenze. Der Widerstand der Indianer war damit endgültig gebrochen.

Am 8. November 1889 wurde Montana als **41. Bundesstaat in die USA** aufgenommen. Die Besiedlung erleichternde Bundesgesetze und groß angelegte Bewässerungsprojekte förderten alsbald die Erschließung des neuen Bundesstaats.

Wirtschaft   Bis heute ist ein Viertel des Staates von Wald bedeckt. Vorherrschende Baumarten sind Gelbkiefer, Douglasie, Hemlocktanne, verschiedene Fichtenarten, Lärche und diverse Laubbaumarten in tieferen Lagen. Wichtigster Wirtschaftszweig ist die Landwirtschaft: Rinder- und Schafzucht in den Rocky Mountains, Ackerbau in den Prärien. Es folgen die Nahrungsmittelindustrie und Holzverarbeitung. Ein sehr lukrativer Bergbau fördert Kupfer, Zink, Silber, Gold, Nickel und Platin. Auch die Erdölvorkommen sind beachtlich.

Die Bedeutung des Tourismus wächst stetig: **Big Sky Country** ist sommers wie winters ein attraktives Reiseziel. Zwei Höhepunkte sind der landschaftlich höchst reizvolle Glacier National Park und das geschichtsträchtige Little Bighorn National Monument. Und ganz im Süden ragt noch ein Zipfel des Yellowstone National Park nach Montana hinein.

Moderne »Cowboy-Kunst« an der Stadteinfahrt von Billings

Billings

Region: Yellowstone County **Einwohner:** 102 000
Höhe: 952 m ü. d. M.

Verkehrsampeln, Stoßzeiten und Feierabendverkehr: Mit Entzugserscheinungen durch Montana reisende Großstädter haben hier Gelegenheit, in richtigen Malls zu shoppen und abends eine Kneipentour zu unternehmen.

Tatsächlich ist die zu Füßen der terrassenförmigen Rimrock Cliffs im Tal des Yellowstone River gelegene Stadt Billings alles, was Montana zum Thema Großstadt zu bieten hat. Gleich jenseits der Stadtgrenzen beginnt wieder das endlose Nichts der Prärie, sodass die passenderweise auch noch »Magic City« genannte Stadt sich anfühlt wie eine Fata Morgana. Wie mögen sich da im 19. Jh. die ersten per Bahn angereisten Einwanderer gefühlt haben, als sie 1882 hier ausstiegen? Damals bestand Billings aus nicht mehr als einem Haus, einem Hotel, einem Kaufladen und windschiefen Schuppen, in denen die Northwestern Railroad Schienen, Schwellen, Werkzeug, Kohle und Ersatzteile lagerte. Benannt nach **Frederick Billings**, dem Boss der Northern Pacific Railroad, wuchs die Stadt rasend schnell. Die Bevölkerung hat sich alle 30 Jahre verdoppelt. Heute ist Billings die größte Stadt im Umkreis von 800 Kilometern.

Montanas einzige Großstadt

▶ BILLINGS ERLEBEN

AUSKUNFT

Billings Area Visitor Center
815 S. 27th Street, P. O. Box 31177
Billings, MT 59107-1177
Tel. 1-406-252-4016
www.billingschamber.com

SHOPPING

Rimrock Mall
Central Ave. u. 24th Street
Öffnungszeiten: Mo. – Sa.
10.00 – 21.00, So. 12.00 – 18.00 Uhr
Starbucks, Abercrombie & Fitch, Eddie
Bauer, Victoria's Secret: Die unlängst
erweiterte Rimrock Mall bietet alle
auch von der Pazifikküste her bekannten Marken unter einem Dach.

Taubert Ranch Outfitters
123 N. 28th Street
Tel. 1-406-245-22 48
www.loutaubert.com
Vor dem Besuch einer Dude Ranch –
oder auch einfach nur so – kann man
sich hier auf neun Etagen mit zünfti-
gem Ranchwear eindecken.

Depot Antique Mall
2223 Montana Avenue
Fast 100 Antiquitätenhändler bieten
ihre Waren feil.

Toucan Gallery
2505 Montana Avenue
Öffnungszeiten: Mo. – Fr.
10.00 – 18.00, Sa. 10.00 – 16.00 Uhr
www.toucangallery.com
Dass Berge und Prärien hiesige
Künstler zu weit mehr als Land-
schaftsbildern inspirieren, zeigt diese
Ausstellung.

THEATER

Alberta Bair Theater
2801 3rd Avenue
Tel. 1-408-256-60 52

www.albertabairtheater.org
Opern, Musicals, Lesungen, Rock-
konzerte werden in diesem herrlichen
Art-déco-Gebäude geboten.

AUSGEHEN

① **McCleary's Tavern**
2314 Montana Avenue
Tel. 1-406-839-90 41
Originelles Lokal mit Bar im alten
Bahndepot.

② **Carlin Martini Bar & Nightclub**
im Carlin Hotel
2501 Montana Avenue
Tel. 1-406-245-25 03
Gepflegte Adresse mit eleganter Art-
Deco-Bar.

③ **Montana Brewing Company
Brewpub**
113 N. Broadway
Tel. 1-406-252-92 00
Angesagtes Trendlokal.

④ **Western Bar**
2712 Minnesota Avenue
Tel. 1-406-252-73 83
Traditionelles Lokal, in dem sich
Einheimische wohl fühlen.

ESSEN

▶ **Fein & teuer**
① **Juliano's**
2912 7th Avenue
Tel. 1-406-248-64 00
Delikate, fernöstlich und pazifisch
angehauchte Cuisine mit Spezialitäten
wie Strauß und Wapiti.

▶ **Erschwinglich**
② **Jake's of Billings**
2701 1st Ave. N.
Tel. 1-406-259-93 75
Gerichte wie bei »Mom«: dicke
Steaks, kalorienreiche Desserts.

Billings *Orientierung*

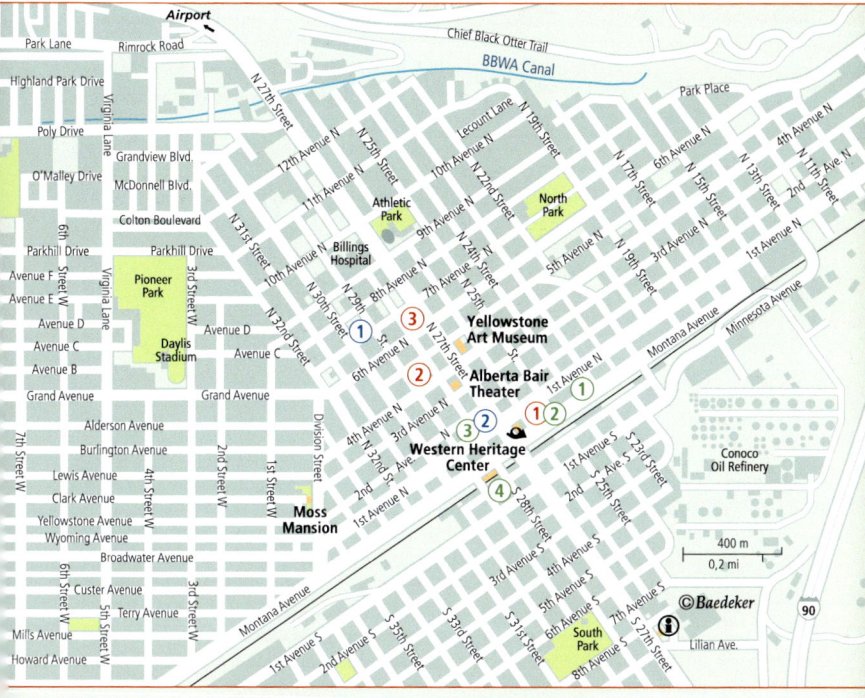

Essen
1. Juliano's
2. Jake's

Übernachten
1. The Carlin Hotel
2. Dude Rancher Lodge
3. Cherry Tree Inn

Ausgehen
1. McCleary's Tavern
2. Carlin Martini Bar
3. Montana Brewing Company
4. Western Bar

ÜBERNACHTEN

► Komfortabel/Günstig

① The Carlin Hotel
2501 Montana Avenue
Tel. 1-406-245-75 15
www.carlinhotel.com
Hotel von 1910. Alle 8 Suiten sind geschmackvoll im 1950er-Retro-Stil eingerichtet.

② Dude Rancher Lodge
415 N. 29th Street
Tel. 1-406-259-55 61
www.duderancherlodge.com
56 Z. Motel im rustikalen Ranch-Look: Urgemütliche Lobby, Zimmer in warmen Holz- und Honigtönen. Gutes »Dude Rancher Restaurant«.

► Günstig

③ Cherry Tree Inn
823 N. Broadway
Tel. 1-406-252-56 03
www.billingscherrytreeinn.com
65 Z. Freundliches Motel mit zweckmäßig eingerichteten Zimmern.

! *Baedeker* TIPP

Wie der Marlboro-Mann

Seine vielleicht bei Lou Taubert in Billings erstandenen Cowboystiefel probiert man am besten gleich aus, und zwar auf der Lonesome Spur Guest Ranch bei Billings. Dort hilft man beim Round-up mit und beim Markieren der Kälber, repariert Zäune und treibt Rinder in den Sonnenuntergang (Lonesome Spur Ranch, Lonnie Schwend, 107 Schwend Rd., Bridger, MT, Tel. 1-406-662-34 60, www.lonesomespur.com).

Ein internationaler Flughafen und die Lage im Kreuzungsbereich der beiden vielbefahrenen Interstates I-90 und I-94 macht Billings zu einem **Handels- und Verkehrsknotenpunkt**. Hauptarbeitgeber sind Dienstleistungsunternehmen, verarbeitende Industrie und vor den Toren der Stadt weiterhin die Rinderzucht. Dazu kommen seit der Entdeckung eines reichen Erdölvorkommens in den 1950er-Jahren drei große Raffinerien und verschiedene Zulieferbetriebe.

Sehenswertes in Billings

The Moss Mansion

✳ Die elegante Residenz des Bankiers Preston B. Moss baute 1903 der damalige New Yorker Stararchitekt H. J. Hardenbaugh aus rotem Sandstein. Die Moss-Familie lebte hier bis 1984 und ließ das bis heute mit dem originalen handgefertigten Mobiliar ausgestattete Interieur unversehrt (914 Division St.; Führungen: Juni – Sept. Mo. – Sa. 9.00 – 16.00, So. 13.00 – 15.00; sonst tgl. 13.00 – 15.00 Uhr).

Yellowstone Art Museum

✳ Das beste Kunstmuseum Montanas widmet sich den hiesigen Talenten aus Gegenwart und Vergangenheit. Besonders interessant sind die frühen Modernisten, eine Sammlung abstrakter Expressionisten und Arbeiten des Künstlers Will James, eines im Nordwesten beliebten Western-Illustrators (401 N. 27th St.; Öffnungszeiten: Mai – Sept. Di. – Sa. 10.00 – 17.00, So. 12.00 – 17.00, Do. bis 20.00 Uhr).

Peter Yegen Jr. Yellowstone County Museum

Dieses Museum unweit vom Flughafen befasst sich mit der Natur- und Kulturgeschichte Südwest-Montanas. Viel Raum nimmt die Darstellung der Indianerstämme dieser Gegend ein (1950 Terminal Circle; Öffnungszeiten: Mo. – Fr. 10.30 – 17.00, Sa. 10.30 – 15.00 Uhr).

Zoo Montana

Im hiesigen Zoo kann man die heimische Tierwelt aus nächster Nähe beobachten – Wölfe, Ottern, Dickhornschafe, Stachelschweine, Vielfraße und auch Fischadler und andere Greife (2100 S. Shiloh Rd., I-90 Exit 443; Öffnungszeiten: Mai – Sept. tgl. 10.00 – 17.00, sonst bis 16.00 Uhr).

Umgebung von Billings

Pompey's Pillar National Monument

Ca. 25 mi/40 km nordöstlich von Billings (nahe am I-94) ragt ein 45 m hoher Sandsteinklotz über dem Yellowstone River auf. Ein kurzer Weg führt zur einzigen heute noch sichtbaren **Hinterlassenschaft der Lewis-&-Clark-Expedition**: William Clark kerbte hier seinen Namen und das Datum seines Besuchs, den 25. Juli 1806, in den Fels und benannte ihn nach Jean »Pompey« Baptiste Charbonneau, den kleinen Sohn der ihn begleitenden Shoshone Sacajawea.

⭑ Bozeman

F 16

Region: Gallatin County   **Einwohner:** 35 000
Höhe: 1509 m ü. d. M.

Die Indianer nannten das Gallatin Valley das Tal der Blumen. Auch Bozeman, die Stadt im Tal, blüht. Die Montana State University hält das Stadtbild jung und die vor der Haustür liegende alpine Wildnis zieht Touristen in Scharen an.

Seit den 1980er-Jahren zählt Bozeman zu den am schnellsten wachsenden Städten Montanas. Wer sich hier niederlässt, tut dies meist der schönen Lage vor der Kulisse der Gallatin und Bridger Mountains wegen. Studentisches Leben und eine »hippe« Kaffeehaus-Szene an der Main Street helfen bei der Entscheidung für Bozeman ebenso wie der Umstand, dass der Yellowstone National Park gerade mal knapp zwei Autostunden entfernt liegt.

Szenige Stadt

*Der Schauspieler und Regisseur Robert Redford in einer Szene der Roman-
verfilmung »Der Pferdeflüsterer« (1998), gedreht bei Bozeman*

▶ BOZEMAN ERLEBEN

AUSKUNFT

**Bozeman Area Chamber
of Commerce**
2000 Commerce Way
Bozeman, MT 59715
Tel. 1-406-586-54 21
www.bozemancvb.com

AKTIVITÄTEN

Wandern
Der Gallatin National Forest bietet
beste Möglichkeiten für erfahrene
Wildniswanderer. Die besten Trails
werden auf der offiziellen Bozeman-
Webseite vorgestellt:
www.bozemancvb.com/hiking.php

Rafting
Geyser Whitewater Expeditions
Hwy. 191, Gallatin Gateway
Tel. 1-406-995-49 89
www.raftmontana.com
Dieser Outfitter bietet von Mai bis
Mitte September Wildwasserfahrten
per Schlauchboot oder Kajak auf
dem Gallatin River an.

Fliegenfischen
Seit Brad Pitt hier im honigfarbenen
Nachmittagslicht die Leinen nach
Forellen auswarf, gehört Fliegenfischen
im Gallatin River zu den beliebtesten
Aktivitäten. Anfänger können die Di-
enste von Outfittern in Anspruch
nehmen; Könner brauchen nur einen
Angelschein, der ebenfalls bei den
Outfittern erhältlich ist. Infos:
www.bozemancvb.com/fly-fishing.php

SHOPPING

Gallatin Valley Mall
2825 W. Main Street
Öffnungszeiten: Mo.–Fr.
10.00–21.00, Sa. 10.–19.00,
So. 11.00–17.00 Uhr
Am Westrand der Stadt gibt es

modische Trend-Ware namhafter
Hersteller sowie Filialen großer
Kaufhausketten.

Barrel Mountaineering
240 E. Main Street
www.barrelmountaineering.com
Die beste Adresse weit und breit
für alle Outdoor-Enthusiasten,
die sich neu, modisch und zweckmäßig
einkleiden bzw. ausrüsten wollen.

ESSEN

▶ Fein & teuer/Erschwinglich
Boodles
215 E. Main Street
Tel. 1-406-587-29 01
Hier gibt es einfallsreiche regionale
Küche. Lecker: Bison mit Preisel-
beersauce.

▶ Erschwinglich
John Bozeman's Bistro
125 W. Main Street
Tel. 1-406-587-41 00
Kulinarische Weltreise: Cajun Steaks,
Thai Seafood, griechischer Salat,
italienische Pasta etc.

ÜBERNACHTEN

▶ Komfortabel
Bozeman C'mon Inn
6139 E. Valley Center Road
Tel. 1-406-587-35 55
125 Z. Die Gästezimmer sind in
warmen Farben gehalten, etliche sind
auch mit einem Kamin ausgestattet.

▶ Günstig
The Voss Inn
319 S. Willson Street
Tel. 1-406-587-09 82
www.bozeman-vossinn.com
6 Z. Viktorianisches Stadthaus mit
großer Veranda und behaglichen
Zimmern mit Kamin.

William Clark war der erste (verbürgte) Weiße in diesem Tal, als er im Juli 1806 weiter östlich am Eingang des Kelly Canyon kampierte. 1863 zog, von Süden durch das Gallatin Valley kommend, **John Bozeman** durch. Er war unterwegs, um vom Oregon Trail aus eine Abkürzung zu den Goldfeldern rund um Bannack zu finden. 1864 kehrte er zurück und vermaß die später nach ihm benannte Stadt. Zwar wurde der **Bozeman Trail** 1868 nach dem Frieden von Fort Laramie geschlossen, doch zwei Jahre zuvor hatte ein Cowboy rund 3000 Rinder an Indianern und US-Armee vorbei nach Bozeman getrieben – der Grundstock der Viehzucht in Montana. Fortan wuchs der Ort stetig: 1883 kam die Northern Pacific Railway, 1893 wurde die Universität gegründet, 1915 Bank und Postamt.

Gegründet von John Bozeman

Nachdem hier »In der Mitte entspringt ein Fluss« mit Brad Pitt gedreht wurde, verhalfen sieben Jahre später die Dreharbeiten zu dem Film **»Der Pferdeflüsterer«** mit Robert Redford der Landschaft um Bozeman zu weltweiter Bekanntheit.

◄ Film Location

Sehenswertes in Bozeman und Umgebung

Mehrere Dutzend Spezialitätengeschäfte, Saloons, Cafés, Cowboy-Outfitter und Trend-Boutiquen sorgen für Leben auf der von viktorianischen Ziegelbauten gesäumten Main Street.

Main Street

Das Museum beschäftigt sich mit der Natur und den Menschen des Felsengebirges. Furchteinflößend ist der gewaltige **Schädel eines Tyrannosaurus Rex** im Siebel Dinosaur Complex. Montanas Kulturgeschichte von den Indianern über die Einwanderer des 19. Jh.s bis heute erzählt die Paugh History Hall (600 W. Kagy Blvd.; Öffnungszeiten: Mo. – Sa. 9.00 – 17.00, So. 12.30 – 17.00 Uhr).

✹

Museum of the Rockies

🕐

Historische Fotografien, indianische Kulturzeugnisse und Haushaltsgegenstände der ersten weißen Siedler sind im früheren Gefängnis der Stadt ausgestellt (317 W. Main St.; Öffnungszeiten: Mai – Sept. Mo. – Sa. 10.00 – 17.00, sonst Di. – Sa. 11.00 – 16.00 Uhr).

Gallatin Pioneer Museum

🕐

Die vom Autofahren oder Wandern müden Glieder lassen sich in einem der neun mit **heilkräftigem Thermalwasser** gefüllten Becken wiederbeleben. Es gibt auch einen Wellness-Tempel mit Spa, Sauna und Fitnessraum (81123 E. Gallatin Rd., via Hwy. 191; Öffnungszeiten: Mo. – Do. 7.00 – 22.00, Fr. 7.00 – 20.00, So. 8.00 – 22.00 Uhr).

Bozeman Hot Springs

🕐

Das sich südwestlich von Bozeman alsbald zu einem tiefen Canyon verengende Gallatin Valley zeigt ein Stück raues **Montana wie aus dem Bilderbuch**. Majestätische Gipfel ragen über dem grünen Tal auf. Dieses und die mit Nadelwald bedeckten Berghänge gehören Elchen und Wapiti-Hirschen, die oft in aller Seelenruhe gleich neben dem Highway 191 äsen oder sich im Gallatin River erfrischen. In **Gallatin Gateway** bieten Outfitter Wildwasser-Touren an.

✹ ✹

Gallatin Valley

Das Gallatin Valley: Paradies für Bergwanderer und Fliegenfischer

★

Big Sky ▶ Eine halbe Autostunde weiter südlich liegt das Ganzjahres-Resort Big Sky. Umgeben von waldigen Hängen des Gallatin National Forest und der Spanish Peaks Wilderness, ist es eines der beliebtesten Ziele für Aktivurlauber in Montana. Im Sommer sind Golf, Mountainbiking, Reiten und Fliegenfischen angesagt. Im Winter konzentrieren sich die Aktivitäten der Brettl-Fans vor allem auf den einsam himmelwärts ragenden **Lone Mountain** (3403 m ü.d.M.). Wo im Winter mehrere Meter Schnee fallen, werden über 100 Pisten präpariert und stehen zwei Dutzend Aufstiegshilfen zur Verfügung.

Butte

E 15

Region: Silver Bow County **Einwohner:** 32 000
Höhe: 1686 m ü. d. M.

Leere Industriebauten, eine von Arbeitskämpfen geprägte Vergangenheit und ein trotziger »Jetzt erst recht«-Charme: Die einst »the richest hill in the world« genannte Stadt zu Füßen des Big Butte ist das proletarische Alter Ego des Rancher- und Cowboy-Staats.

Einst der
»reichste Hügel
der Welt« Zwar war es das Gold im Silver Bow Creek, das Butte im 19. Jh. aus dem Boden schießen ließ, doch den Spitznamen »reichster Hügel der Welt« verdankt es der Einführung der Elektrizität und dem damit verbundenen Bedarf an Kupfer – Butte saß auf reichen Erzvorkom-

men. Schon Ende der 1880er-Jahre war der Ort **größter Kupferlieferant der Welt** und hielt bis in die 1920er-Jahre mit weit über 100 000 Einwohnern die Position als größte Stadt zwischen Seattle und St. Louis – und als Sündenpfuhl dank zahlloser Saloons und Bordelle. Unerfüllte Lohnforderungen führten zu blutigen **Straßenkämpfen** zwischen gewerkschaftlich Organisierten und von den Minengesellschaften angeheuerten Schlägertrupps. 1914 wurde sogar ein sozialistischer Bürgermeister gewählt. Nach 1920 ging der Kupferbergbau zwar zurück, doch 1955 begann mit der **Öffnung des Berkeley Pit** ein zweiter Kupferboom in Butte, der bis in die 1980er-Jahre anhielt. Aus anderen »pits« in der Umgebung werden bis heute Kupfer-, Zink-, Mangan- und Bleierze gefördert.

BUTTE ERLEBEN

AUSKUNFT

Butte – Silver Bow Visitor Center
1000 George Street, Butte, MT 59701
Tel. 1-406-723-31 77
www.buttechamber.org

SHOPPING

Uptown Butte Farmers' Market
Main Street (zwischen Broadway und Park Street)
Öffnungszeiten: Mai – Sept. Sa. 9.00 – 13.00 Uhr
Im Angebot: Gemüse, Gebäck, Kunsthandwerk aus einer nahen Hutterer-Kolonie, Live-Musik.

EVENT

St. Patrick's Day
Mitte März feiern die irischstämmigen Einwohner der Stadt ihren »Nationalfeiertag« mit einer großen Parade.

ESSEN

► **Erschwinglich**
Acoma Restaurant & Lounge
60 E. Broadway
Tel. 1-406-782-70 01
In hübschem Art-déco-Ambiente werden saftige Steaks und fein zubereitete Lammgerichte serviert.

ÜBERNACHTEN

► **Komfortabel**
Butte War Bonnet Hotel
2100 Cornell Avenue
Tel. 1-406-494-78 00
www.buttewarbonnet.com
131 Z. Moderne Herberge mit großzügig bemessenen Gästezimmern, Restaurant, Pool und Sauna.

► **Günstig**
Copper King Mansion B & B
219 W. Granite Street
Tel. 1-406-782-75 80
www.thecopperkingmansion.com
5 Z. Schlafen in den Gemächern eines Multimillionärs – in Betten aus massivem Eichen- und Mahagoniholz.

Saftige »Western Steaks« vor der Zubereitung

Alte Fördertürme bezeugen bis heute die große Bergbauvergangenheit von Butte.

Sehenswertes in Butte

Uptown Butte   In der denkmalgeschützen Altstadt gibt es einige inzwischen historische Industriegebäude und interessante Museen zu besichtigen.

Copper King Mansion ▶   34 Zimmer, jedes mit Deckenfresko, handgearbeiteten Möbeln, Bücherregalen und schönen Lüstern: Dass die Residenz des Kupferkönigs W. A. Clark die seinerzeit astronomische Summe von 200 000 Dollar verschlang, wundert nicht (219 W. Granite St.; Führungen: April Sa., So. 9.00 – 16.00, Mai – Sept. tgl. 9.00 – 16.00 Uhr).

Mai Wah Museum ▶   Eine Ausstellung im ehemaligen asiatischen Nudelrestaurant »Mai Wah« dokumentiert die Ankunft tausender chinesischer Kontraktarbeiter in Montana und speziell in Butte (17 W. Mercury St.; Öffnungszeiten: Mai – Sept. Di. – Sa. 11.00 – 17.00 Uhr).

Dumas Brothel Museum ▶   Das Bordell der Gebrüder Dumas war von 1890 bis 1982 in Betrieb und das größte der vielen Freudenhäuser in Butte. Die Schließung erfolgte letztlich nicht auf Drängen einer empörten Öffentlichkeit, sondern weil die Steuerschulden nicht mehr beglichen werden konnten. Führungen durch dieses Haus und die angrenzende Venus Alley, den ehemaligen Rotlichtbezirk von Butte, werden angeboten (45 E. Mercury St.; Öffnungszeiten: Mai – Aug. tgl. 10.00 – 17.00 Uhr).

Berkeley Open Pit Mine   Fast 550 m tief und über 1500 m im Durchmesser: Aus dieser riesigen Grube am Ostrand der Stadt wurden von 1955 bis 1980 über 1,5 Mrd. Tonnen kupferhaltiges Gestein herausgeschafft, aus denen man 290 Mio. Tonnen reines Kupfer gewonnen hat. Mit der Stilllegung 1980 hat man auch die Entwässerungspumpen abgestellt und das gewaltige Loch füllte sich mit giftigen Abwässern. Trotz Kläranlage und Bemühungen um eine Filterung hat man das Problem bis heute nicht im Griff. Von einer Aussichtsplattform bietet sich ein guter Blick in die gigantische Grube (Continental Dr. & Park St.; Öffnungszeiten: März – Nov. tgl. 8.00 – 20.00 Uhr).

Hoch über der Stadt wacht eine 27 m hohe Marienstatue – die größte ihrer Art in den USA und mit Aussichtsplattform. **Our Lady of the Rockies**

✶ Crow Indian Reservation

F 19/20

Region: Bighorn County, Yellowstone County   **Einwohner:** 8200

Ein schönes Land: Pickups mit bronzegesichtigen Jungen und Mädchen fahren vorbei, es wird Crow gesprochen, in den endlosen Plains verlieren sich einsame Siedlungen. Die meisten Besucher kommen jedoch wegen eines arroganten Generals hierher.

Im 1868 gegründeten Reservat, dem größten in Montana, leben ca. zwei Drittel aller Crow-Indianer. Ursprünglich in Wisconsin beheimatet, erreichten sie das heutige Montana um 1700. Frankokanadische Trapper waren um 1740 die ersten Bleichgesichter, denen sie begegneten. Das Verhältnis zu den Weißen blieb freundlich. Während der Indianerkriege dienten einige Crow als Armee-Kundschafter. **Größtes Indianerreservat von Montana**

Das 53 mi / 86 km südöstlich von ►Billings gelegene Territorium erstreckt sich großenteils im Grasland der hügeligen, fast baumlosen Plains. Von Norden nach Süden durchfließen sie die der Bighorn und der Little Bighorn River, die sich in Hardin vereinen. Die meisten der knapp ein Dutzend Siedlungen liegen am Richtung Wyoming führenden I-90. Hauptort ist **Crow Agency** (1500 Einw.). Ca. 40 % der Crow, die sich selbst »Apsáalooke« (»Kinder des Vogels mit dem großen Schnabel«) nennen, sind unter 18 Jahre alt. Das Little Bighorn Community College bereitet sie auf die Zukunft vor. Haupteinnahmequellen des Stammes sind Viehzucht, Forstwirtschaft, Straßenbau, Kohlebergbau sowie Erdölförderung und die Gewinnung von Methangas. Die Traditionen werden aber gepflegt: Über 80 Prozent geben Apsáalooke als erste Sprache an.

> **❗ Baedeker TIPP**
>
> **Höflich fährt besser**
>
> Unterwegs in der Reservation erleichtern ein paar Verhaltensregeln den Kontakt: Fotografieren ist ohne vorherige Zustimmung des/der Betroffenen nicht erlaubt, Zeremonien dürfen gar nicht fotografiert werden. Ein Crow nimmt sich auch Zeit zum Kennenlernen: also nicht sofort mit der Tür ins Haus fallen und Fragen stellen. Stattdessen stellt man sich und seine Begleitung vor und nennt den Grund des Besuchs.

Am Eingang zum Schlachtfeld am Little Bighorn sind ein Indianer-Tipi und ein Wachturm der US-Kavallerie rekonstruiert.

✳ Little Bighorn Battlefield National Monument

Eine denkwür-
dige Schlacht

Am 25. Juni 1876 wurden unweit südlich der heutigen Siedlung Crow Agency die von **George Armstrong Custer** geführten Kompanien des 7. US-Kavallerieregiments in der **Schlacht am Little Bighorn** von einer Streitmacht der Lakota-Sioux, Cheyenne und Arapaho vernichtet. Vorangegangen waren Gefechte um die wegen ihrer Goldvorkommen begehrten Black Hills im heutigen South Dakota. Die Kavallerie sollte deshalb Indianer, die sich außerhalb der Reservate aufhielten, dorthin zurückbringen. Custers Truppe traf auf ein Dorf, in dem sich ca. 1200 Krieger unter der Führung der beiden Häuptlinge **Sitting Bull** und **Crazy Horse** aufhielten – ihm selbst standen ca. 600 Mann zur Verfügung. Am Ende der Schlacht waren 268 US-Soldaten gefallen. Die Zahl der getöteten Indianer ist nicht genau bekannt.

Zunächst wurde das Schicksal von Custer und der 7. US-Kavallerie mythisch verklärt. Inzwischen wird die katastrophale Niederlage vor allem auf Custers Selbstüberschätzung und eigenmächtiges Handeln zurückgeführt – er hatte Befehl, nicht anzugreifen und teilte seine Soldaten auch noch in drei Gruppen. Der Sieg kam die Indianer jedoch teuer zu stehen. Während Häuptling Sitting Bull und seine Leute Richtung Kanada abzogen, machte sich die US-Regierung bald daran, die Zurückgebliebenen aus den Plains und den Black Hills zu vertreiben.

Heute wird der Schlacht mit einem Besucherzentrum und etlichen Denkmälern gedacht. Das Little Bighorn Battlefield Visitor Center informiert über den Verlauf der Schlacht sowie die Ereignisse in ihrem Vorfeld und die Nachwirkungen (Öffnungszeiten: Mai – Juli tgl. 8.00 – 21.00, Aug., Sept. tgl. 8.00 – 20.00, Okt. tgl. 8.00 – 18.00, übrige Zeit tgl. 8.00 – 16.30 Uhr).

Little Bighorn Battlefield Visitor Center ⏱

Auf diesem Friedhof sind die meisten der gefallenen Soldaten beigesetzt. Custer selbst, zunächst ebenfalls hier bestattet, wurde ein Jahr später exhumiert und erhielt ein Staatsbegräbnis in der Militärakademie West Point im Bundesstaat New York.

Custer National Cemetery

Der wuchtige Obelisk auf dem Last Stand Hill erinnert an die gefallenen US-Soldaten. Die im Gras verstreuten weißen Steine markieren die Stellen, an denen sie niedergestreckt wurden.

7th Cavalry Monument

Erst 2003, mithin 127 Jahre nach der Schlacht, wurde auch zu Ehren der hier getöteten Indianer ein Denkmal enthüllt: Es zeigt drei Krieger, die in vollem Galopp durch das »steinerne Spirit Gate« ins Jenseits stürmen.

Indian Memorial

 ## CROW INDIAN RESERVATION ERLEBEN

AUSKUNFT

Crow Tribal Headquarters
P. O. Box 159, Crow Agency
MT 59022, Tel. 1-406-638-27 00
www.crowfair.com

EVENT

Crow Fair & Rodeo
In der 3. Augustwoche findet eines der größten Powwows in den USA statt, mit Tänzen, Gesängen, Trommelwettbewerben und indianischen Rodeos. Dann steht hier die größte Tipi-Siedlung der Welt.

ESSEN

► **Erschwinglich**
Custer Battlefield Trading Post
I-90, Exit 510, Crow Agency
Tel. 1-406-638-22 70
Zu diesem Gemischtwarenladen, der vorwiegend kitschige Souvenirs anbietet, gehört auch ein recht gutes Café-Restaurant, dessen Spezialitäten Indian Tacos und Steaks sind.

Frischer Mais ist aus der »Western Cuisine« nicht wegzudenken.

Deer Lodge

E 15

Region: Powell County	**Einwohner:** 3400
Höhe: 1294 m ü. d. M.	

Ein weitläufiges, von schneebedeckten Bergen umringtes Tal mit einsamen Ranches, Viehtransportern auf den Straßen und vielen spannenden Geschichten: Deer Lodge ist der Inbegriff Montanas.

Der Inbegriff Montanas

Ziemlich unaufgeregt empfängt Deer Lodge seine Besucher: Das alte Stadtzentrum rund um die Main Street ist liebevoll restauriert und blitzsauber. Viele Touristen, die durchfahren – Deer Lodge liegt etwa halbwegs zwischen dem ▶ Yellowstone und dem ▶ Glacier National Park – entscheiden sich für einen längeren Aufenthalt, um von hier aus die Umgebung zu erkunden.

Schon vor Ankunft der Europäer war der Ort bekannt: Eine natürliche Saline zog so viel Hochwild an, dass die Indianer ihn »Wohnplatz der Hirsche« nannten. Obwohl in den späten 1850er-Jahren in den benachbarten Tälern Gold, Silber und später Kupfer entdeckt wurden, verdankt die Siedlung ihre Gründung nicht den Erzen, sondern einem kanadischen Pelzhändler, der 1862 eine Ranch samt Handelsposten gründete und fortan die Bergbau-Boomtowns der Umgebung versorgte. Wenig später wurde die Ranch von dem deutschstämmigen **Conrad Kohrs** übernommen und zu einem Mega-Betrieb ausgebaut, der zu Spitzenzeiten jährlich gut 10 000 Rinder an die Ostküste verkaufte. Die Zeiten von Kohrs und den anderen »Montana Cattle Kings« ist zwar längst vorbei, doch die Viehzucht ist noch immer das Rückgrat der Wirtschaft im Deer Valley.

Sehenswertes in Deer Lodge

Museums-komplex 1106 Main Street

Hauptanziehungspunkt im Städtchen sind die drei Museen in 1106 Main Street. Das 1871 errichtete Gefängnis war über 100 Jahre in Betrieb. Beim Rundgang sieht man Zellen, Dunkelhaftkammern und mit Zement gefüllte Schuhe, die Häftlinge tragen mussten, bei denen

 **DEER LODGE ERLEBEN**

AUSKUNFT

Gold West Country Visitors Bureau
1105 Main Street
Deer Lodge, MT 59722
Tel. 1-406-846-19 43
www.goldwest.visitmt.com

ESSEN / ÜBERNACHTEN

▶ **Preiswert / Günstig**
Scharf's Family Restaurant
819 Main Street, Deer Lodge
MT 59722, Tel. 1-406-846-33 00
Die Küche bietet vor allem Steaks und sonstige Fleischgerichte, aber auch Pizza. Nebenan: Scharf's Motor Inn.

Bis heute spielt die Rinderzucht eine herausragende Rolle im Wirtschaftsleben der Landschaft um Deer Lodge.

Fluchtgefahr bestand. Mit dem mobilen Galgen konnte man Todesurteile auch draußen im Lande vollstrecken (Öffnungszeiten: Mai bis Sept. tgl. 8.00 – 20.00 Uhr).

◀ Old Montana Prison Museum

Ein alter Leiterwagen auf dem Bürgersteig weist den Weg zu diesem Museum, das Gegenstände aus der Pionierzeit des 19. Jh.s wie Sättel, Sporen und Lederbekleidung zeigt und in einen rekonstruierten Saloon entführt. Außerdem zu sehen: nicht weniger als 300 Revolver und Gewehre (Öffnungszeiten: Mai – Sept. tgl. 10.00 – 18.00 Uhr).

◀ Frontier Montana Museum

Auf Hochglanz gewienerte Fords, Chevys und Studebakers erinnern an die Blütezeit der US-Automobilindustrie. Wahre Prachtstücke: der »Mustang Mach I« und der »Seagrave Fire Truck« (Öffnungszeiten: Mai – Sept. tgl. 8.00 – 20.00 Uhr).

◀ Montana Auto Museum

Zu seinen besten Zeiten kontrollierte der aus Holstein gebürtige Viehbaron Conrad Kohrs (1835 – 1920) rund 40 000 km² Weideland in Montana und Kanada und besaß **über 50 000 Rinder**. Heutiger Betreiber der inzwischen verkleinerten Ranch am Nordrand der Stadt ist der U. S. National Park Service. Auf der aus 80 historischen Bauten bestehenden Ranch erfährt man alles über die hiesige Viehzucht und die Besitzer. »Wagon Tours«, Vorträge und Vorführungen echter Cowboys und eine Besichtigung des vornehmen Haupthauses gehören zum Programm (266 Warren Lane, I-90 Exit 184; Öffnungszeiten: Mai – Sept. tgl. 9.30 – 17.30, sonst 9.00 – 16.30 Uhr).

★
Grant-Kohrs Ranch National Historic Site

🕐

Umgebung von Deer Lodge

Old West Geisterstädte, viel Wild, klare Gebirgsflüsse und jede Menge Wild-west-Atmosphäre erlebt man auf diesem ca. 125 mi / 200 km langen Rundkurs. Ab Deer Lodge folgt man zunächst dem I-90 südwärts und verlässt ihn auf dem Montana Highway 1 westwärts nach **Anaconda**. Hier erinnert ein gewaltiger, im Jahre 1919 errichteter Schornstein an die Kupferschmelze, in der das aus ▶ Butte angelieferte Erz aufgearbeitet worden ist. Ein paar Autominuten weiter erreicht man den **Georgetown Lake**, der im Sommer zu einem erfrischenden Bad einlädt.

Im Historic District von **Philipsburg** findet man nette Geschäfte zum Souvenirkauf ein und in der Umgebung warten etwa zwei Dutzend Ghost Towns auf Entdecker und Fotografen. Besonders lohnend ist ein Besuch der Geistersiedlung **Granite**. Via **Drummond** erreicht man wieder den I-90 und fährt auf diesem zurück nach Deer Lodge.

! **Baedeker TIPP**

Edle Saphire …

… finden Kundige rund um Philipsburg im Gelände. Einige Juweliere bieten bereits bearbeitete und für diese Gegend typisch stahlblau schimmernde Steine an.

Dillon

F 15

Region: Beaverhead County   **Einwohner:** 4200
Höhe: 1555 m ü. d. M.

Das Tal des Beaverhead River ist hier sehr breit, die schneebedeckten Berge sind weit zurückgetreten, die Hänge großenteils noch von Nadelwäldern bedeckt, Saftige Wiesen und Weiden erstrecken sich auf dem Talboden aus. Mitten drin ein Westernstädtchen, nicht minder rau und kantig.

Rinder und Schafe Vor allem die Viehzucht, aber auch etwas Landwirtschaft brachten Wohlstand in die Gegend und tun dies heute noch. Das Land, auf dem das Städtchen Dillon steht, kauften Geschäftsleute einem Rancher ab, der nicht an die Union Pacific Railroad verkaufen wollte. Dillon selbst wurde im Jahre 1880 aus der Taufe gehoben. Schon kurz darauf erreichte die Utah & Northern Railroad die junge Siedlung, die alsbald nach dem Präsidenten der Bahngesellschaft, Sidney Dillon, benannt wurde. Dillon stieg rasch zur Verladestation für Vieh und Wolle auf, denn auch in den Talschaften der näheren und weiteren Umgebung blühte die Rinder- und Schafzucht. Im Jahre 1892 wurde Dillon sogar Standort einer Hochschule, der University of Montana Western.

Sehenswertes in Dillon und Umgebung

Neben Wechselausstellungen präsentiert diese Sammlung Künstler, die sich von der Bergwelt Montanas inspirieren ließen, darunter Monte Dolack, C. M. Russell und Edgar Paxson, von dem auch »Custer's Last Stand« stammt (710 S. Atlantic St.; Öffnungszeiten: Mo.–Do. 9.00–16.30 Uhr).

University of Montana Western Art Gallery & Museum 🕐

Mitten im Ort wird man an die Zeit der Indianer und Pioniere erinnert. Hinter dem Haus führt ein Weg zu einer Pionierhütte von 1885 (15 S. Montana St.; Öffnungszeiten: Mo.–Fr. 8.00–17.00 Uhr).

Beaverhead County Museum 🕐

Die Strecke beginnt westlich von Dillon und folgt den Highways 278 und 43 durch die von zerklüfteten Granitgipfeln geprägte **Pioneer Mountain Range**. An der Straße liegt auch die Geisterstadt **Coolidge**. Unterwegs gibt es zahlreiche Gelegenheiten zu einer erholsamen Rast an einem der vielen Gebirgsbäche.

✱ **Pioneer Mountains Scenic Byway**

Rund 50 verwitterte Holzhäuser säumen noch die Main Street. In Bannack begann 1862 der **Montana-Goldrausch**, als ein gewisser John White im Grasshopper Creek Gold fand. Nur ein Jahr später lebten bereits 3000 Menschen in Bannack. Erst Anfang der 1950er-Jahre zogen die letzten Digger ab. Heute ist Bannack wohl die **am besten erhaltene Geisterstadt Montanas**. Ein kleines Besucherzentrum erzählt ihre Geschichte (Bannack Rd., via Hwy. 278; Infos: Tel. 1-406-834-34 13).

✱ **Bannack State Historic Park**

DILLON ERLEBEN

AUSKUNFT

Beaverhead County Chamber of Commerce
10 W. Reeder Road, Dillon, MT 59725
Tel. 1-406-683-55 11
www.bmt.net/chamber/

EVENT

Dillon Jaycee Labor Day Rodeo & Parade
Ende August / Anfang September lockt dieses Wildwest-Event Zuschauer zu Tausenden an.

ESSEN

► **Erschwinglich**
Blacktail Station / Mac's Last Cast
26 S. Montana Street

Tel. 1-406-683-66 11
Es ist nach wie vor das beste Restaurant in Dillon. Hier gibt zarte Rinderfilets und schmackhafte Lammgerichte. Und im Obergeschoss ist eine Bar eingerichtet, in der etwa ein Dutzend verscheidene Fassbiersorten ausgeschenkt werden.

ÜBERNACHTEN

► **Günstig**
Guest House Inn
580 Sinclair Street, Tel. 1-406-683-36 36
58 Z. Dieses noch ziemlich neue Hotel wirkt von außen zwar etwas nüchtern, bietet dafür aber liebevoll altmodisch eingerichtete Zimmer.

Big Hole National Battlefield

Nordwestlich von Dillon (Abstecher vom Pioneer Mountains Scenic Byway) und nahe der Grenze zu Idaho liegt dieser historische Ort. Hier überfielen am 9. August 1877 Soldaten des 7. Infanterieregiments das zwischen steilen Hügeln aufgeschlagene Lager der von **Chief Joseph** angeführten Nez Perce. Die aus dem Wallowa Valley in Washington stammenden Nez Perce hatten sich der Abschiebung in ein Reservat widersetzt und befanden sich auf der Flucht in Richtung Kanada. Am **Big Hole** gelang es den Kriegern zwar, ihre Verfolger abzuhängen, doch mit wohl 90 toten Kriegern, Frauen und Kindern war die Schlacht für die gerade 800 Nez Perce die bis dahin verlustreichste ihrer 2700 km langen Odyssee durch den Nordwesten der USA. Im Oktober 1877 ergaben sie sich schließlich, erschöpft und entmutigt, am Snake Creek in den **Bear Paw Mountains**, gerade 60 km vor der rettenden kanadischen Grenze. Das Big Hole National Battlefield gehört zum ► Nez Perce National Historical Park (in Idaho) und gedenkt mit einem Besucherzentrum und zwei Denkmälern dieser dramatischen Episode (Highway 43; Öffnungszeiten: Mai bis Sept. tgl. 9.00 – 18.00 Uhr).

> ## ! *Baedeker* TIPP
>
> ### Nachts in der Geisterstadt
> Abenteuerlustige können im Besucherzentrum von Bannack ein Tipi für maximal sechs Personen mieten und in der Geistersiedlung übernachten. Schlafsack, Taschenlampen und Lebensmittel sind mitzubringen, ein Grill ist vorhanden. Schauergeschichten gibt's gratis!

★ Flathead Indian Reservation

D 13/14

Fläche: 5300 km²

Einwohner: 27 000, davon 4600 Indianer

Von Gletschern geformte Täler, blaue Seen und grüne Wälder, aus denen weiß bemütze Bergriesen herausragen, hügeliges Grasland: Die Heimat der Flathead-Indianer ist von einnehmender Schönheit.

Die Flathead Indian Reservation beherbergt neben den Stämmen der Bitterroot Salish, Pend d'Oreilles und Kootenai auch eine weiße Bevölkerung, die vor allem in der Stadt Polson am Flathead Lake lebt. Die Geschichte der auch als **Confederated Salish and Kootenai Tribes** bekannten Flatheads ist an vielen Stellen im Reservat noch lebendig. Der **Gründungsvertrag von Hellgate** aus dem Jahr 1855 reduzierte das Stammesgebiet von 81 000 km² auf ganze 5300 km² – ohne dass Häuptling Victor sich dessen bewusst gewesen war, denn er verstand ihn als Freundschaftsvertrag. Mit den Goldfunden weiter südlich nahm der Bevölkerungsdruck im Stammesgebiet nach Jahren der Ruhe plötzlich zu, bis die letzten noch freien Flatheads in den 1880er-Jahren mit Gewalt ins Reservat eskortiert wurden.

Ihre Nachfahren streben heute weitgehende Autonomie an und investieren vor allem in die Ausbildung. Wichtige Einnahmequellen sind ein Wasserkraftwerk und ein Hotel in Polson.

Sehenswertes in der Flathead Indian Reservation

In der Ortschaft Pablo präsentieren sich die drei im Reservat lebenden Indianerstämme. Schautafeln, Dioramen, vielerlei Kulturzeugnisse und historische Fotografien erläutern die Welt des indigenen Nordamerika. Erklärungen zur Sprache und Grammatik, Kosmologie und Sozialsystem werden ebenso geliefert wie Dokumente der ersten Kontakte mit den Weißen (Pablo, 53253 Hwy. 93 W.; Öffnungszeiten: Mo.–Sa. 9.00–17.00 Uhr).

✶ The People's Center

Südwestlich von St. Ignatius erschließt der **Red Sleep Mountain Drive** (20 mi/32 km, Einbahnstraße) das 1908 auf Veranlassung von Präsident Theodore Roosevelt ausgewiesene Schutzgebiet zu Füßen der Mission Mountains. Dort leben Wapitis, Schwarzbären, Pronghorn-Antilopen, Koyoten, über 200 Vogelarten und eine aus **rund 500 Bisons** bestehende Herde. . Die urweltlich wirkenden Wildrinder kann man besonders gut in der Antelope Ridge beobachten.

✶ National Bison Range

Im Schatten der Mission Mountains nördlich von St. Ignatius kann man über 200 Wasser-, Wat- und Zugvogelarten beobachten. Während der Brutzeit (Ende März–Juli) dürfen die Wege zwar nicht begangen werden, doch entlang des Highway 93 gibt es einige gute Aussichtspunkte. An dieses Verbot halten sich allerdings einige Grizzlybären nicht, die dann von der Mission Range ins Refugium hinuntersteigen.

Ninepipe National Wildlife Refuge

Das 4000-Einwohner-Städtchen in einer natürlichen, von Bergen umgebenen Arena am Südende des Flathead Lake ist ein idealer Ausgangspunkt für die Erkundung der Reservation. Das Polson-Flathead Historical Museum beschäftigt sich mit der Geschichte der weißen

Polson

 # FLATHEAD INDIAN RESERVATION ERLEBEN

AUSKUNFT
Confederated Salish & Kootenai Tribes
P. O. Box 278
Pablo, MT 59855
Tel. 1-406-675-01 60
www.cskt.org

ÜBERNACHTEN
▶ **Komfortabel**
Best Western Kwa Taq Nuk Resort
303 Highway 93 E., Polson, MT 59860
Tel. 1-406-883-36 36
www.kwataqnuk.com
112 Z. Modernes Ferienhotel mit Restaurant und Pool am Seeufer. Bootsausflüge und Golf werden angeboten.

Mitte des 19. Jahrhunderts wurde die Missionskirche St. Ignatius von Jesuiten-Patres und einheimischen Indianern erbaut.

🕐 Einwanderer im Reservat (708 Main St.; Öffnungszeiten: Mo. – Sa. 9.00 – 17.00, So. 10.00 – 15.00 Uhr).

✳ **St. Ignatius Mission**
Malerisch wirkt das 1854 von Jesuiten-Patres und Flathead-Indianern gebaute Gotteshaus vor der Kulisse der schneebedeckten Mission Range. Das Innere zieren 58 von Pater Joseph Carignano geschaffene Fresken mit biblischen Szenen (wenige Meilen südl. von Ronan, 300 Bear Track Ave.; Öffnungszeiten: tgl. 9.00 – 19.00 Uhr).

Fort Benton

D 17

Region: Choteau County   **Einwohner:** 1500
Höhe : 800 m ü. d. M.

»Birthplace of Montana« nennt sich dieser einstige Pelzhandelsposten am Oberlauf des Missouri. Hier luden die Raddampfer Einwanderer aus, die ihr Glück als Bergarbeiter, Goldsucher und Farmer in den Bergen des Nordwestens suchten.

Birthplace of Montana
Das Fort wurde 1846 als **Handelsposten der American Fur Company** gegründet. 1859 legte der erste Raddampfer aus St. Louis mit Einwanderern an. An der Front Street entstanden Saloons, Bordelle und Dance Halls. In den 1880er-Jahren ließ sich der Wohlstand endlich

auch in Fort Benton nieder, wie viele viktorianische Häuser belegen. Seitdem sind Landwirtschaft und Viehzucht die Säulen der Ökonomie. Der Tourismus konzentriert sich vor allem auf das 200-jährige Frontiererbe. Auch die angebotenen Kajak- und Kanutouren erfreuen sich starker Beliebtheit.

Sehenswertes in Fort Benton

Die Ausstellung dokumentiert die Erschließung des nördlichen Graslands seit Mitte des 19. Jahrhunderts. Das Leben der »Homesteader«, die Urbarmachung des Landes und das Überleben bei widrigr Witterung kann man in einem aus historischen Gebäuden bestehenden »Dorf« nachempfinden (1205 20th St.; Öffnungszeiten: Mai – Sept. Mo. – Sa. 10.00 – 17.00, So. 12.00 – 17.00 Uhr).

Museum of the Northern Great Plains ⏱

Themen der Ausstellung am Missouri-Ufer sind der Fluss als Verkehrsweg und Fort Benton als Handelsdrehscheibe. Daneben ist die historische, ursprünglich 1846 errichtete Pelzhandelsstation **Old Fort Benton** rekonstruiert (1900 River St., Old Fort Park; Führungen: Mai – Sept. Mo. – Sa. 10.00 – 17.00, So. 12.00 – 17.00 Uhr).

✹ **Museum of the Upper Missouri** ⏱

Der Missouri, der unweit von ►Three Forks entspringt und sich bei St. Louis mit dem Mississippi vereinigt, ist mit 4130 km der längste Fluss der USA. Ein raues, Missouri Breaks genanntes Areal von 240 Flusskilometern östlich von Fort Benton ist wegen seiner Bedeutung

Upper Missouri River Breaks

► FORT BENTON ERLEBEN

AUSKUNFT

Benton Chamber
1421 Front Street, Fort Benton
MT 59442, Tel. 1-406-622-38 64
www.fortbentonchamber.org

KANU UND KAJAK

Canoe Montana
1312 Front Street
Tel. 1-406-622-58 82
www.canoemontana.net
Der obere Missouri fließt recht gemächlich durch ein von hohen weißen Klippen gesäumtes Tal. Während einer Tages- oder mehrtägigen Tour durch das Missouri Breaks National Monument kann man Biber, Pelikane, Dickhornschafe und viele andere Wildtiere beobachten.

ESSEN

► Preiswert
Bob's Riverfront Restaurant
1414 Front Street
Tel. 1-406-622-34 43
Bei den Einheimischen beliebtes Restaurant am Flussufer. Hier gibt es u. a. Chicken Teriyaki, Steaks, Filet Mignon und knackige Salate.

ÜBERNACHTEN

► Komfortabel/Günstig
Grand Union Hotel
1 Grand Union Square
Fort Benton, MT, Tel. 1-406-622-18 82
www.grandunionhotel.com
26 Z. Das »Erste Haus am Platz«, 1882 gebaut; es dominieren schweres Leder und edle Vertäfelungen.

für die Erschließung des Westens als National Monument ausgewiesen. Im Interpretative Center macht man eine virtuelle Reise flussabwärts und lernt dabei alle relevanten natur- und kulturgeschichtlichen Informationen (701 7th St.; Öffnungszeiten: Mai – Sept. tgl. 8.00 – 17.00, übrige Zeit nur Mo. – Fr. 8.00 – 17.00 Uhr).

✶ ✶ Glacier National Park

C 13/14

Region: Flathead County, Glacier County   **Fläche:** 4100 km²

Benannt nach den Strömen aus Eis, die seit vielen Tausend Jahren seine spektakuläre Landschaft formen, nimmt dieser Nationalpark in den nördlichen Rocky Mountains für viele den ersten Platz ein. Und wirklich: Mutter Natur läuft hier zu Hochform auf.

Wild und dramatisch

Die hochalpine Wildnis an der Grenze zu den kanadischen Provinzen Alberta und British Columbia löst Entzücken aus: 37 Gletscher, rund 200 benannte und noch mehr namenlose Seen sowie fast 2000 km Flüsse und Bäche gibt es hier. Jenseits der Grenze findet sie im kanadischen Waterton Lakes National Park ihre Fortsetzung. Beide firmieren seit 1932 unter dem gemeinsamen Namen **Waterton-Glacier International Peace Park** als Symbol der amerikanisch-kanadischen Freundschaft. Nadelwälder in den unteren Lagen, alpine Matten, von der Erosion wild zerfurchte Bergspitzen und tiefe Täler prägen den Nationalpark.

Vom Eis geformt

U-förmige, steilwandig von Eisströmen ausgeschürfte Täler, aus tiefen Gletscherzungenbecken entstandene Seen, heute waldbestandene Moränenzüge aus mitgeführtem Fels und Geröll oder lehnstuhlförmig ausgehobelte Kare hinterließen die Eismassen der letzten Kaltzeit, als sie sich vor 12 000 – 10 000 Jahren langsam nach Norden zurückzogen. So war beispielsweise der eiszeitliche Gletscher, der den Lake McDonald schuf, den größten See des Nationalparks, fast 700 Meter mächtig.

Einzigartige Tier- und Pflanzenwelt

Abseits der großen Verkehrsströme gelegen und weithin noch nicht erschlossen, ist er eines der letzten Wildnisgebiete der USA. Hier leben noch **Grizzlybären**, **Berglöwen** (Pumas), Vielfraße, **Wölfe**, Luchse und als Symboltier des Nationalparks die schneeweiße **Bergziege**. Fast 300 Vogelarten haben Ornithologen hier gezählt, darunter den »König der Lüfte«, den mächtigen **Golden Eagle** (Steinadler). Im Juli blühen rund 140 Blütenpflanzen.

Klima ►

Der große Nationalpark liegt an einer markanten Luftmassengrenze: Während der Westteil von vom Pazifik herbeiströmender feuchter Meeresluft profitiert, herrschen im Osten trockene kontinentale Luftmassen vor.

Ein Höhepunkt im Glacier National Park ist die 1911 bis 1932 als Hochgebirgs-Panoramastraße angelegte Going-to-the-Sun Road.

In voreuropäischer Zeit jagten Flathead, Cheyenne, Blackfoot und Shoshone in dieser Hochgebirgswelt. Besonders prägnante Gipfel waren ihnen heilig: So praktizieren die Blackfoot, deren Reservat im Osten an den Nationalpark grenzt, im Schatten des **Chief Mountain** wie eh und je ihre traditionellen Rituale.

Die systematische Erforschung des Gebiets begann Mitte des 19. Jh.s. 1891 überquerte die Great Northern Railway am Marias Pass die kontinentale Wasserscheide und schon 1910 erfolgte die Gründung des Nationalparks. Daraufhin baute die hiesige Eisenbahngesellschaft Straßen und Hotels, um Touristen anzulocken. 1932 wurde die den Park in West-Ost-Richtung durchquerende, 53 mi / 85 km lange **Going-to-the-Sun Road** von West Glacier nach St. Mary fertiggestellt. Eine zweite Straße, die knapp 12 mi/20 km lange **Many Glacier Road**, windet sich nördlich von St. Mary durch das Many Glacier Valley und endet am Swift Current Campground am gleichnamigen See. Außerhalb des Parks ist ▶Kalispell die nächste größere Siedlung. Trotz seiner verkehrsfernen Lage steuern **jährlich rund 2 Mio. Besucher** den Park an, meistens zwischen Mitte Juni und Anfang September, wenn die beiden oben genannten Straßen garantiert schneefrei

⏵ GLACIER NATIONAL PARK ERLEBEN

AUSKUNFT

Glacier National Park
Superintendent, P. O. Box 128
West Glacier, MT 59936
Tel. 1-406-888-78 00
www.nps.gov/glac/

BESUCHERZENTREN

Apgar Village
Am Westrand des Parks
Mitte Mai – Okt. tgl. 8.00 – 20.00 Uhr

Logan Pass
Am Logan Pass
Mitte Juni – Mitte Okt. tgl.
8.00 – 20.00 Uhr

St. Mary
Am östlichen Ende der Going-to-the-
Sun Road
Mitte Mai – Okt. tgl. 8.00 – 20.00 Uhr
Im Sommer führen Indianer hier
traditionelle Tänze vor.

SHUTTLE SERVICE

Während der Hauptreisezeit verkehren Shuttlebusse zwischen dem Apgar
Transit Center im Westen und dem
St. Mary Visitor Center im Osten.
Unterwegs kann man an 16 Halte-
stellen beliebig oft aus- und wieder
einsteigen.

AKTIVITÄTEN

Bergwandern
Über 1100 km Trails sind ausgewiesen. Die meisten starten an den
beiden Panoramastraßen. Besonders
zu empfehlen: der am Logan Pass
beginnende **Highline Trail** (25 km)
entlang Garden Wall und der am
Ende der Many Glacier Road beginnende und recht anstrengende
Grinnell Glacier Trail (9 km) zu
sagenhaften Aussichten. Professionelle
Veranstalter bieten geführte Wander-

ungen an, Wanderkarten gibt es in
den Besucherzentren.

Bootsausflüge
Glacier Park Boat Company
Kalispell, MT
Tel. 1-406-257-24 26
www.glacierparkboats.com
Ausflüge mit historischen Booten auf
den Seen von McDonald, Swiftcur-
rent, Josephine, Two Medicine und
St. Mary. Kajaks und Kanus können
ebenfalls gemietet werden.

Wildwasserfahren
Glacier Guides
11970 Highway 2 E.
West Glacier, MT
Tel. 1-406-387-55 55
www.glacierguides
Halb-, ganz- und mehrtägige
Raftingtrips auf dem »Middle
Fork« genannten Abschnitt des
Flathead River.

ÜBERNACHTEN

▶ **Luxus/Komfortabel**

Baedeker-Empfehlung

Glacier Park Lodge
Highway 2
East Glacier, MT
Tel. 1-406-892-25 25
www.nationalparkreservations.com/
glacier_parklodge.htm
154 Z. 1913 aus Zedern- und Fichten-
stämmen erbautes Ferienhotel mit
gemütlichen Zimmern, ausgezeichne-
tem Restaurant, Pool und Golfplatz.

Apgar Village Lodge
am Lake McDonald
(2 mi nordwestlich von West Glacier)

Tel. 1-406-387-49 00
www.westglacier.com/
apgar_village_lodge.php
20 Zimmer und 28 Hütten
(z. T. für Selbstversorger). Sehr
hübsche Ferienanlage zwischen
alten Zedern.

► **Komfortabel**
A Wild Rose B & B
10280 Highway 2 E., West Glacier, MT
Tel. 1-406-387-49 00
www.awildrose.com
4 Z. Gemütliche kleine Herberge,
deren Zimmer sehr apart mit
viktorianischen und modernen
Möbeln eingerichtet sind. Morgens
wird ein wahrlich exzellentes
Frühstück serviert.

ESSEN
► **Fein & teuer/Erschwinglich**
Great Northern Steak & Rib House
Glacier Park Lodge
East Glacier, MT
Tel. 1-406-892-25 25
Essen »western-style«: Der Name ist
Programm in dieser traditionsreichen
Lodge am Südostrand des Parks.

► **Erschwinglich**
Two Sisters Café
Highway 89
St. Mary, MT
Tel. 1-406-732-55 35
Über Montana hinaus berühmtes
Restaurant, dank seiner bunten Fassade unübersehbar. Hausgemachtes
»Food with love«, tolle Margaritas.

sind. 95 Prozent der Besucher bleiben auch auf diesen Straße oder
begehen die kurzen Trails zu den Aussichtspunkten. Nur wenige machen sich die Mühe, ins Innere des Nationalparks vorzudringen, wo
Wildtiere noch recht ungestört leben können.

Sehenswertes im Glacier National Park

Benannt nach dem Going-to-the-Sun Mountain (2939 m ü.d.M.) gehört diese Hochgebirgsstraße zu den schönsten des Landes. Unterwegs zum Logan Pass passiert man die **Garden Wall**, eine gewaltige
Felswand mit messerscharfen Kanten. Ein wahrhaftiger Höhe-Punkt
ist der **Logan Pass** (2036 m), der höchste mit dem Auto erreichbare
Punkt im Park. Von hier oben hat man einen unverstellten Blick
über weite Wildblumenwiesen beiderseits der kontinentalen Wasserscheide. Vom Parkplatz führt ein kurzer Trail zum **Hidden Lake
Overlook**, von wo aus man den kristallklaren See mit dem **Bearhat
Mountain** (2647 m) im Hintergrund sieht. Wenig später kommt der
auf der anderen Seite des St. Mary River Valley liegende **Jackson Glacier** in Sicht. Kurz vor St. Mary blinkt der wunderschöne **St. Mary
Lake**, der zweitgrößte See im Nationalpark. Schon kurz darauf enden
die Rocky Mountains abrupt und die Plains beginnen.

✷✷
Going-to-the-Sun Road

Wildromantische Wasserfälle und still liegende Seen, in denen sich
eis- und schneebedeckte Berggiganten widerspiegeln: Auch diese
Bergstraße ist etwas für Naturliebhaber. Nördlich von St. Mary biegt
sie bei Babb nach Westen in das **Many Glacier Valley** ab, folgt eine

✷
Many Glacier Road

Ein Paradies für passionierte Bergwanderer: die Hochgebirgswelt des Glacier National Park im Bereich des Logan Pass

Weile dem Sherburne Lake, bis Wiesen mit dichtem Nadelwald abwechseln. Im Westen tauchen der Grinnel Glacier und der Salamander Glacier auf. Bald nach dem **Many Glacier Hotel** endet die Straße am Swift Current Campground. Hinter dem **Swift Current Lake** greifen mehrere unerschlossene Täler ins Innere des Nationalparks. Hier beginnen auch etliche Hiking Trails.

Kalispell

Mit seinen vielen preisgünstigen Hotels und Restaurants ist Kalispell ein guter Ausgangspunkt für Ausflüge in den nur 45 Autominuten entfernten Glacier National Park.

Conrad Museum Hoch über der Stadt ließ einer ihrer Gründer, Charles E. Conrad, 1891 seine 26-Zimmer-Villa erbauen. Sie wurde bis in die 1960er-Jahre von seinen Nachfahren bewohnt. Sehenswert sind das originale Mobiliar sowie die Oberlichter aus Tiffany-Glas (Woodand Ave. & 4th St. E.; Führungen: Mai – Okt. Di. – So. 10.00 – 16.00 Uhr).

Hier ist zu sehen, wie Montanas raue Wirklichkeit die Kreativen inspiriert hat. Gezeigt werden u. a. Werke von Charles M. Russell, John
Clarke und Leonard Lopp (302 2nd Ave.; Öffnungszeiten: Di. – Sa.
10.00 – 17.00, So. 12.00 – 16.00 Uhr).

**Hockaday
Museum of Art**
🕐

Die Ausstellungen beschäftigen sich mit der Pflanzen- und Tierwelt
des Glacier National Park. Ferner wird hier die traditionelle Lebensweise der nördlichen Plains-Indianer betrachtet (124 2nd Ave.; Öffnungszeiten: Juni – Sept. Mo. – Sa. 10.00 – 17.00, sonst nur Di. – Fr.
10.00 – 17.00 Uhr).

**Museum at
Central School**
🕐

Bereits in Sichtweite der schneebedeckten Giganten des Glacier National Park liegt dieser 4200 Einwohner zählende schrille Touristen-
Rummelplatz mit zahlreichen preiswerten Unterkünfte und Schnell-
restaurants. An heißen Sommertagen kann man sich im **Big Sky Wa-
terpark** erfrischen (7211 Hwy. 2 East; Öffnungszeiten: Mai – Sept.
tgl. 11.00 – 18.00 Uhr).

Columbia Falls

🕐

Great Falls

D 16

Region: Cascade County   **Einwohner:** 56 000
Höhe: 1015 m ü. d. M.

**Great Falls liegt in der geografischen Mitte Montanas – was weit
weg von allem bedeutet. Auch vom Touristenstrom zwischen Glacier und Yellowstone National Park bekommt die Stadt nicht viel
ab. Gerade deshalb kann Great Falls sich ganz normal präsentieren.**

1805 brauchten Lewis und Clark einen ganzen Monat, um den hiesigen fast 30 km langen und von mehreren großen Wasserfällen
durchsetzten Abschnitt des Missouri River zu umgehen. Danach geschah lange Zeit wenig. Erst als Paris Gibson 1883 vorschlug, das Potenzial der Wasserfälle zu nutzen, wurde Great Falls noch im selben
Jahr vermessen. 1887 kam die Eisenbahn, 1889 begann der Bau eines
Staudamms und eines Kraftwerks. Zu dieser Zeit lebten bereits über
1000 Menschen in der neuen Siedlung. Weitere Wasserkraftwerke
und Industriebetriebe kamen hinzu, so dass Great Falls bald den Beinamen »Electric City« erhielt. Während des Zweiten Weltkriegs erhielt die Stadt einen Luftwaffenstützpunkt: Bis heute ist die Malm-
strom Air Base mit ihren Raketensilos wichtiger Arbeitgeber.

»Electric City«

Sehenswertes in Great Falls und Umgebung

Am Ostufer des Missouri liegt die Altstadt mit ihren um 1900 erbauten Häusern. Nette Geschäfte, Restaurants und Cafés garantieren einen geruhsamen Stadtbummel.

Historic District

✳ C. M. Russell Museum Complex ►

Der im Nordwesten ungemein beliebte **Charles Russell** (1864 – 1926) war Cowboy, bevor er den Alltag im Westen in Ölfarben festhielt. Der Museumskomplex umfasst neben der Galerie auch das Heim und Studio des »Cowboy Artist« (400 13th St. N.; Öffnungszeiten: Mai – Sept. tgl. 9.00 – 18.00, übrige Zeit Di. – Sa. 10.00 – 17.00, So. 13.00 – 17.00 Uhr).

Paris Gibson Square Museum of Art ►

Das in einem schönen Sandsteingebäude von 1896 untergebrachte Museum porträtiert das Kunstschaffen im Nordwesten seit der Pionierzeit vom Quilting (Anfertigung farbenfroher Patchwork-Decken) bis zu neuen Arbeiten hiesiger Künstler (1400 1st Ave.; Öffnungszeiten: Mai – Sept. Di. – Fr. 10.00 – 17.00, Sa. – So. 12.00 – 17.00 Uhr).

River's Edge Trail

Der ca. 25 mi/40 km Weg vom Black Eagle Dam zum Ryan Dam begleitet den durch die Stadt fließenden Missouri auf beiden Ufern und bietet schöne Ausblicke. Man kann erahnen, warum sich Lewis und Clark mit diesem Flussabschnitt so schwer getan haben.

✳ **Lewis & Clark National Historic Trail Interpretive Center**

Das hoch über dem Missouri in den Fels gebaute Besucherzentrum ca. 3 mi/5 km nordöstlich des Stadtzentrums im Giant Springs Heritage State Park dokumentiert die Expedition von Lewis und Clark und die beschwerliche Umgehung der Great Falls, bei der die Kundschafter ihre Boote und Ausrüstung durch das dichte Ufergestrüpp schleppen mussten (4201 Giant Springs Rd.; Öffnungszeiten: Mai bis Sept. tgl. 9.00 – 18.00, übrige Zeit Di. – Sa. 9.00 – 17.00, So. 12.00 bis 17.00 Uhr).

 ## ▶ GREAT FALLS ERLEBEN

AUSKUNFT

Great Falls Area Chamber of Commerce
100 1st Ave. N., Great Falls, MT 59401
Tel. 1-406-761-44 34
www.greatfallschamber.org

ESSEN

▶ Fein & teuer/Erschwinglich
Breaks Ale House & Grill
202 2nd Ave. S.
Tel. 1-406-453-59 80
Das Lokal ist bekant für seine französisch angehauchte Pacific Coast Cuisine.

▶ Erschwinglich
Eddie's Supper Club
3725 2nd Ave. N.

Tel. 1-406-453-16 16
Das im Jahre 1944 als schlichte Arbeiterkantine eröffnete Restaurant ist heute wahrlich eine Institution in der »Electric City«, denn hier gibt es die besten Steaks der Stadt.

ÜBERNACHTEN

▶ Günstig
Great Falls Inn
1400 28th St. S., Great Falls
MT 59401, Tel. 1-406-453-60 00
www.riverstone-inns.com
60 Z. Das Haus hat sehr geräumige und zeitgemäß eingerichtete Gästezimmer zu bieten. Und in der Lobby geht es abends recht gemütlich zu.

Die interessanteste Sehenswürdigkeit von Great Falls ist das Lewis & Clark National Historic Trail Interpretive Center.

10 mi/16 km südlich von Great Falls fällt eine felsige Böschung ins Auge, an der man viele Tierknochen gefunden hat. Diese Felskanten haben hiesige Plains-Indianer mehrere Hundert Jahre lang genutzt, um Bisons zu erlegen: Mittels eines ausgeklügelten Systems aus strategisch günstig verteilten Posten und trichterartig auf eine Felsenklippe zulaufende Stein- und Holzwehren schafften sie es, ganze Herden in den Abgrund zu treiben (via I-15 South, Ulm Exit; Öffnungszeiten: tgl. 8.00–18.00 Uhr). **First Peoples Buffalo Jump State Park** ⏲

Havre

Region: Hill County   **Einwohner:** 9000
Höhe: 773 m ü. d. M.

Weitläufig, flach und unaufgeregt: wie das Land, so das Städtchen im Tal des Milk River. Unverfälscht ist Montana hier.

Havre, nach dem französischen Le Havre benannt, aber »Hav-er« ausgesprochen, ist die größte Stadt an der sog. Hi-Line, dem quer durch Nord-Montana verlaufenden Highway 2. Begonnen hat Havre in den 1870er-Jahren als Eisenbahndepot und Versorgungsposten für das nahe Fort Assiniboine. Danach wuchs der Ort zu einem Handelsplatz und Verkehrsknoten heran, dessen Einfluss bis weit in die kanadischen Provinzen Alberta und Saskatchewan reichte.

Sehenswertes in Havre und Umgebung

Havre beneath the Streets

Nach einem Stadtbrand im Jahre 1904 setzten die Geschäftsleute ihren Handel in den Kellern der abgebrannten Häuser fort. Bald gab es ein unterirdisches Geflecht aus Gängen und Passagen, das es den Kunden ermöglichte, von Schneestürmen und Regengüssen unbeschadet (und wohl auch unerkannt, waren doch auch Bordelle und chinesische Opiumhöhlen angeschlossen) ihren Geschäften nachzugehen. Einige Geschäfte sind inzwischen restauriert (120 3rd Ave.; Führungen: Mai – Sept. tgl. 9.30 – 15.30, übrige Zeit Mo. – Sa. 10.30 – 14.30 Uhr).

H. Earl Clack Memorial Museum

Hier werden einige hochinteressante Kulturzeugnisse der Indianerstämme gezeigt, die einstmals in dieser Gegend gelebt haben (1753 Hwy. 2; Öffnungszeiten: Mai – Sept. Di. – Sa. 13.00 – 17.00 Uhr).

Fort Assiniboine

In dem nach der Schlacht am Little Bighorn gebauten Fort waren zehn Infanterie- und Kavallerie-Kompanien stationiert. Als eine der größten je auf US Boden errichteten Festungsanlagen – mit zeitweise über 100 Gebäuden – glich sie eher einer viktorianischen Stadt als einem Fort (6 mi / 10 km südl. von Havre, via Hwy. 2; Führungen: Juni – Sept. tgl. 11.00 u. 17.00 Uhr, Anmeldung im H. Earl Clack Memorial Museum).

Bear Paw Battlefield / Nez Perce National Historical Park

14 mi / 22 km östlich von Havre (via Chinook), in der Hügellandschaft der Bear Paw Mountains, haben die von Häuptling Joseph angeführten Nez Perce am 5. Oktober 1877 kapituliert. Nur 60 km von der rettenden kanadischen Grenze entfernt, mussten sie sich nach einer 2700 km langen Flucht durch Washington, Oregon, Idaho und Wyoming einer letzten, fünf Tage währenden Schlacht stellen. Hier sprach **Chief Joseph** seine berühmten Worte: »From where the sun now stands, I will fight no more forever.«

Blaine County Museum ▶

Vor dem Besuch des Geländes kann man sich im Blaine County Museum in Chinook über Hintergründe und Verlauf der Auseinandesetzungen informieren (501 Indiana St.; Öffnungszeiten: Mai – Sept. Mo. – Sa. 8.00 – 12.00 u. 13.00 – 17.00, So. 12.00 – 17.00 Uhr).

 HAVRE ERLEBEN

Wahrzeichen von Helena ist die 1924 im neugotischen Stil fertiggestellte katholische Bischofskirche.

★ Helena

E 15

Region: Lewis & Clark County   **Einwohner:** 26 000
Höhe: 1240 m ü. d. M.

Helena, die Hauptstadt des ländlich geprägten Montana, präsentiert sich ganz anders: Statt kerniger Rancher bevölkern Büromenschen die Bürgersteige, Malls und Fastfood-Ketten säumen die Peripherie. Trotzdem lohnt die Stadt einen Besuch, denn hier gibt es gute Museen und eine hübsche Fußgängerzone.

Nur die in einer Senke verlaufende Hauptstraße erinnert noch an die Zeiten unrasierter Glücksritter in schmutzverkrusteten Wollhemden. Last Chance Gulch heißt sie, weil 1864 dort vier Digger ein letztes Mal ihr Glück versuchten. Sie stießen auf eine reiche Goldader und wenig später hatte der nunmehr Helena genannte Ort 3000 Einwohner. 1875 wurde Helena Hauptstadt von Montana, weshalb es auch weiterwuchs, als es mit dem Goldbergbau zu Ende ging. Nach Stadtbränden sind um die Wende vom 19. zum 20. Jh. schmucke Häuser aus Stein sowie der hoch über dem Last Chance Gulch aufragende hölzerne Fire Tower errichtet worden.

Gegründet nach der letzten Chance

Sehenswertes in Helena

Reeder's Alley Die Reeder's Alley, der älteste Teil der Downtown, verläuft in der Südwestecke des historischen Stadtzentrums, wo in den 1860er-Jahren Bergleute und chinesische Kulis lebten. Heute beherbergen die alten Ziegelgemäuer hübsche Kunsthandwerkerläden, Modeboutiquen und Restaurants.

✳
Cathedral of St. Helena Die beiden 70 m hohen Türme des 1924 nach 16-jähriger Bauzeit fertiggestellten Gotteshauses sind Wahrzeichen der Stadt. Im Inneren der im neugotischen Stil errichteten Bischofskirche beeindrucken kunstvoll aus Marmor gestaltete Altäre und Heiligenstatuen. Die Kirchenfenster wurden in Bayern gefertigt (530 N. Ewing Street).

Great Northern Carousel Bisons jagen durch die Stadt, ebenso Pronghorn-Antilopen, Dickhorn-Schafe und Bergziegen: Auf diesem nostalgischen Karussell reitet man nicht auf netten Pferdchen, sondern auf Vertretern der hiesigen Tierwelt. Angeschlossen ist eine nicht minder nostalgische Eisdiele (989 Carousel Way; Betriebszeiten: So.–Do. 11.30–20.00, Fr. 11.30–21.00, Sa. 10.00–21.00 Uhr).

Montana Historical Society Museum Gegenüber dem State Capitol verdienen die Sammlungen der 1865 gegründeten Montana Historical Society Beachtung, vor allem die Arbeiten von »Cowboy Artist« Charlie Russell (225 N. Roberts St.; Öffnungszeiten: Mo.–Sa. 9.00–17.00 Uhr).

► HELENA ERLEBEN

AUSKUNFT

Helena Area CVB
225 Cruse Avenue, Helena, MT 59601
Tel. 1-406-443 4 20
www.helenachamber.com

SHOPPING

Einen angenehmen Einkaufsbummel verspricht die vier Blocks umfassende »Last Chance Gulch« genannte Fußgängerzone.

ESSEN

► Erschwinglich
Toi's Thai Cuisine
423 N. Last Chance Gulch
Tel. 1-406-443-66 36
Die geschnitzte Eingangstür öffnen und der Duft von Zitronengras riechen. Erstklassig zubereitet ist das Chicken Curry mit Duftreis.

Benny's Bistro
108 E. 6th Avenue
Tel. 1-406-443-01 05
Jazzkneipe und Gourmet-Restaurant unter einem (Flach-)Dach. Besonders lecker: Alaska-Lachs und »Chicken Tetrazzini« mit Spinat und Pasta.

ÜBERNACHTEN

► Komfortabel
The Barrister B & B
416 N. Ewing Street,
Tel. 1-406-443-73 30
www.thebarristermt.tripod.com
5 Z. Herrlich altmodisch eingerichtete Zimmer in einem 1874 erbauten Haus.

Hier sind Werke junger talentierter Künstlerinnen und Künstler aus Montana zu sehen. Außerdem zeigt man hier auch regelmäßig internationale Ausstellungen (12 E. Lawrence Ave.; Öffnungszeiten: Di. – Fr. 10.00 – 17.30, Sa 10.00 – 16.30, So. 11.30 – 16.30 Uhr).

Holter Museum of Art
🕐

Der knapp 400 m hoch über der Stadt aufragende Berg ist ein beliebtes Naherholungsgebiet. Mehrere Wanderpfade führen über seine Schultern und Kämme zu schönen Aussichten. Zu empfehlen ist der 12 km lange Ridge Trail (Beginn: Reeders Village, via Park Ave.).

Mount Helena City Park

Umgebung von Helena

22 mi / 36 km nördlich von Helena zwängt sich der Missouri durch eine bis zu 360 m tiefe Schlucht. Lewis und Clark passierten sie am 19. Juli 1805. Heute kann man die von Lewis benannten »Tore der Berge« an Bord eines Ausflugsboots erleben (Gates of the Mountains Boat Tours, Marina, I-15, Exit 209; Betriebszeiten: Mai – Sept.).

✶ Gates of the Mountains

✶ Livingston

F 17

Region: Park County
Höhe: 1372 m ü. d. M.

Einwohner: 7000

Umgeben von imposanten Gebirgszügen, genoss dieser Ort am Yellowstone River schon früh Aufmerksamkeit. Einst lebten hier Indianer vom Stamme der Absaroka-Crow. Dann kamen Lewis und Clark, die Revolverheldin Calamity Jane und Filmemacher Robert Redford. Alle blieben länger als geplant – so schön ist es hier.

Hübsch restaurierte Bauten aus der guten alten Zeit, saftig-grünes Grasland, das bis zum Fuß der Gallatin, Crazy und Absaroka Mountains reicht, mittendrin der Yellowstone River. Meist bläst eine frische Brise, denn Winde vom Pazifik wehen durch die Gallatins und Absarokas wie durch einen Windkanal. Kein Wunder also, dass die »Cattlemen« im 19. Jh. diese Gegend »Paradise Valley« nannten und ihre Herden von Texas hertrieben. Als 1882 die Great Pacific Railroad ankam, blühte die Viehwirtschaft bereits. Zur ersten Siedlergeneration gehörten Veteranen der Armee, Bahnarbeiter sowie Trapper und Scouts, darunter auch eine gewisse Martha Jane Canary, die sich während der Indianerkriege als Kundschafterin einen Namen gemacht hatte und als Revolverheldin **Calamity Jane** berühmt wurde.

Paradise Valley

Seit den 1960er-Jahren genießt das Städtchen Ansehen bei der Hollywood-Prominenz. Stars wie Peter Fonda und Margot Kidder haben hier Häuser. Und seit Robert Redford in der Umgebung Szenen für seinen Film »Aus der Mitte entspringt ein Fluss« drehte, gelten die Gewässer unter Fliegenfischern als Paradies.

◄ Hollywood-Prominenz

Als ganz typisches Western-Städtchen präsentiert sich Downtown Livingston.

Sehenswertes in Livingston

The Fly Fishing Discovery Center Fliegenfischen macht aus schnödem Angeln eine mit purer Ästhetik verbundene Wissenschaft. Das vermittelt dieses im Lincoln School Building untergebrachte Museum. Zu sehen gibt es Hunderte Fliegenköder für jeden Fisch, jedes Wetter, jeden Flussabschnitt, dazu Angelruten und Aquarien. Auch kann man hier lernen, die Schnüre so nach Forellen auszuwerfen, wie einst Brad Pitt (B & Lewis Sts.; Öffnungszeiten: Juni – Sept. Mo. bis Sa. 10.00 – 18.00, So. 12.00 bis 17.00, sonst nur Mo. – Fr. 10.00 bis 16.00 Uhr).

Der Bahnhof wurde 1902 recht pompös im Stil der italienischen Renaissance errichtet, um Reisende willkommen zu heißen, die den nahen ► Yellowstone National Park besuchen wollten. Heute wird man **Livingston Depot Center** über die Geschichte des Eisenbahnbaus durch die Rocky Mountains und über den harten Eisenbahneralltag informiert (200 W. Park St.; Öffnungszeiten: Mai – Sept. Mo. – Sa. 9.00 – 17.00, So. 13.00 bis 17.00 Uhr).

► LIVINGSTON ERLEBEN

AUSKUNFT

Livingston Area Chamber
303 E. Park Strett
Livingston, MT 59047
Tel. 1-406-222-08 50
www.livingston-chamber.com

EVENTS

Festival of the Arts
Am ersten Juli-Wochenende stellen
über 100 Künstler im Livingston
Depot Center ihre Arbeiten aus.

Livingston Roundup Rodeo
Anfang Juli treten die besten Rodeo-
Cowboys Nordamerikas in Aktion.

AKTIVITÄTEN

Wildniswandern
In der spektakulären *Absaroka-
Beartooth Wilderness* südlich von
Livingston gibt es enge Täler und
steil aufragende Berge, dazu ein
weitläufiges Hochplateau mit zahlreichen Seen. Hier erhebt sich auch
der *Granite Peak* (3890 m ü.d.M.), der
höchste Berg Montanas. Das kaum
erschlossene Schutzgebiet ist
Rückzugsgebiet von Grizzlybären.
Schöne Tageswanderungen beginnen
an der East River Road bzw. bei Pine
Creek. Gutes Kartenmaterial gibt es
beim US Forest Service, Livingston
District, Hwy. 89, Tel. 1-406-222-18 92.

Wildwasserfahren
Yellowstone Raft Company
406 Highway 89
Gardiner, MT
(58 mi/92 km südlich von Livingston)
Tel. 1-406-848-77 77
www.yellowstoneraft.com

SHOPPING

Bowman's Wilson Boot Company
105 Rogers Lane
Tolle von Hand gefertigte Cowboystiefel.

Cowboy Connections
110 S. Main Street
Eine Fundgrube für Liebhaber von
historischen Gegenständen aus der
Zeit des Wilden Westens.

ESSEN

► Fein & teuer

Zac's Montana Kitchen
405 N. 8th Street
Tel. 1-406-222-48 92
Eines der besten Restaurants Montanas: regionale Küche, raffiniert ver-
feinert, mit einer sehr gut auf Wild
abgestimmten Weinkarte.

► Erschwinglich

Livingston Bar & Grill
130 N. Main Street
Tel. 1-406-222-18 66
Die besten Steaks der Stadt, aber auch
hervorragende Pastagerichte und
knackige Salate.

ÜBERNACHTEN

► Komfortabel/Günstig

The Murray Hotel
201 W. Park Street
Livingston, MT
Tel. 1-406-222-27 52
www.murrayhotel.com
30 Z. Herrlich altmodisches Hotel
von 1904, dessen Gästezimmer mit
viel dunklem Holz ausgestattet sind.

► Günstig

The Blue Winged Olive B & B
5157 Highway 89, Livingston, MT
(ca 3 mi/5 km südlich der Stadt)
Tel. 1-800-471-11 41
www.bluewingedolive.net
4 Z. Ausgesprochen gemütliche kleine
Unterkunft.

Yellowstone Gateway Museum

Das Museum in der alten North Side School widmet sich der Geologie, der Natur- und Besiedlungsgeschichte der Region. Besonders eindrucksvoll sind Schaber und Speerspitzen, die wohl schon während oder kurz nach der letzten Eiszeit angefertigt worden sind (118 W. Chinook St.; Öffnungszeiten: Mai – Sept. tgl. 8.00 – 17.00 Uhr).

Umgebung von Livingstone

Paradise Valley Loop

Diese Runde verbindet Orte, die in den 1950er-Jahre stehengeblieben zu sein scheinen. Von Livingston aus führt der Hwy. 89 zunächst nach Süden zur East River Road. Diese überquert den Yellowstone River und schnürt alsbald, stets vor der Kulisse der Absaroka Mountains, durch winzige, mit General Stores und Kirchlein versehene Ortschaften wie Pray, Chico Hot Springs und den zu Füßen des mächtigen Emigrant Peak (3320 m ü.d.M.) gelegenen Ort Emigrant. Von hier geht es auf dem Hwy. 89 zurück nach Livingston.

Crazy Mountains Loop

Auf dieser Rundfahrt lernt man das weite Land östlich und nördlich von Livingston kennen. Dazu fährt man zunächst auf der I-90 in östlicher Richtung bis Big Timber und hält dann auf dem Hwy. 191 auf das nördlich liegende Melville zu. Über das Frontierstädtchen Harlowtown geht es weiter nach White Sulphur Springs. Die Geisterstädte der Umgebung, vor allem Copperopolis und Fort Logan, lohnen Abstecher. Von White Sulphur Springs geht es auf dem Hwy. 89 zurück nach Livingston.

Miles City

E 22

Region: Custer County   **Einwohner:** 8000
Höhe: 722 ü. d. M.

Miles City wuchs im besten Grasland Montanas heran, Viehzucht und Ranchalltag bestimmen den Alltag noch immer.

Indianerland wird Rancherland

Vor der Ankunft der Europäer gehörte dieses Land den Crow und den Cheyenne, deren Hauptbeschäftigung die Büffeljagd war. Nach der Schlacht am Little Bighorn baute die Armee neue Festungen, um die übrigen noch freien Indianer zu »befrieden«. Einer dieser Armeeposten, **Fort Keogh**, wurde 1877 in der Nähe der Mündung des Tongue River in den Yellowstone River errichtet. Aus einem nahen Camp entwickelte sich eine Siedlung, die nach dem kommandierenden **General Nelson A. Miles** benannt wurde. Wenig später hat man die letzte der großen durch die Region ziehenden Büffelherden abgeschlachtet und das Grasland so für extensive Rinderzucht freigemacht. Bereits 1881 erreichte die **Northern Pacific Railroad** Miles City, das alsbald zum bedeutendsten Viehmarkt der Region avancierte.

► MILES CITY ERLEBEN

AUSKUNFT

Miles City Area Chamber of Commerce
511 Pleasant Street
Miles City, MT 59301
Tel. 1-406-234-28 90
www.mcchamber.com

EVENT

Bucking Horse Sale
Alljährlich am dritten Wochenende im Mai erscheinen Rodeo-Veranstalter aus den ganzen USA im verträumten Miles City, um die besten Rodeo-Pferde des Landes zu begutachten bzw. zu erwerben. Im Rahmenprogramm: Rodeos, ein Umzug auf der Main Street, Schießwettbewerbe und Barbecue.

ESSEN

► **Erschwinglich**
Cattle Ac
420 Pacific Street
Tel. 1-406-234-69 87
Recht rustikales Steakhaus, in dem es riesige Portionen gibt; Fr. u. Sa. Live-Musik.

ÜBERNACHTEN

► **Komfortabel**
Best Western War Bonnet Inn
1015 S. Haynes Avenue
Miles City, MT
Tel. 1-406-234-45 60
www.bestwestern.com
57 Z. Verlässliche Qualität, nüchtern eingerichtet und in Fußgängernähe zu diversen Restaurants.

Die Medicine Rocks: Von weitem und besonders im Dämmerlicht sehen diese Felsen aus wie versteinerte menschliche Gesichter.

Sehenswertes in Miles City und Umgebung

Custer County
Art Heritage
Center
🕐

Im einstigen Wasserreservoir der Stadt hat man heute die Natur Montanas darstellende Gemälde, eindrucksvolle Skulpturen und vielerlei sonstige kunsthandwerkliche Objekte in Szene gesetzt (Waterplant Rd.; Öffnungszeiten: Feb. – Dez. Di. – So. 9.00 – 17.00 Uhr).

✱
Range Riders
Museum & Bert
Clark Gun
Collection
🕐

Das größte Wildwest-Museum weit und breit wurde 1939 gegründet und zeigt Alltagsgegenstände von Nachfahren der Pioniersiedler aus der Zeit um 1880. Besondere Beachtung verdient das »Herz des Museums«, ein Blockhaus, in dem u. a. herrliche alte Patchworkdecken und Damensättel ausgestellt sind. Die Waffensammlung präsentiert mehr als 400 Gewehre und Revolver verschiedenster Bauart (435 LP Anderson Rd.; Öffnungszeiten: April – Okt. tgl. 8.00 – 18.00 Uhr).

✱
Medicine Rocks
State Park

Ca. 100 mi / 160 km südwestlich von Miles City (via US 12 sowie MT 7) erreicht man die hügelige und schütter bewachsene Felslandschaft der Medicine Rocks (Bild s. S. 265), in der die Cheyenne einstmals ihre Vorfahren um Jagdglück gebeten haben. Diese stark erodierten und löchrigen Sandsteinfelsen sehen vor allem im Licht der Morgen- bzw. Abenddämmerung tatsächlich aus wie versteinerte menschliche Gesichter.

Missoula

E 14

County: Missoula County
Höhe: 978 m ü. d. M.

Einwohner: 64 000

Missoula ist zurzeit die am schnellsten wachsende Stadt Montanas. Das Klima ist mild, die Bergwelt schön. Über dem historischen Zentrum hängt der Duft von Capuccino und Biscotti und auf den Bürgersteigen flanieren mehr Menschen in Sneakers als in Cowboystiefeln.

Liberales Klima

Für junge Familien, die wohl in Montana, aber nicht ohne die Annehmlichkeiten einer Großstadt leben wollen, ist die Stadt am Clark Fork River ein idealer Kompromiss. Lehrkörper und Studierende der University of Montana sorgen für eine starke liberale Grundströmung in der Stadt. Stellenweise wirkt die Stadt schon fast europäisch: Alte Bäume säumen die Straßen in den Wohnvierteln, es gibt sogar Geh- und Radwege. Etliche Galerien mit »Cowboy Art« und interessante Western-Museen erinnern in dieser urbanen Idylle an eine dramatische Vergangenheit.

Schaurige
Geschichte

Denn der Salish-Name »Missoula« bedeutet »Fluss der schlimmen Hinterhalte«. Die Salish, die durch dieses Tal zu ihren Jagdgründen

In Missoula wird im Sommer oft und gern gefeiert.

in den Plains zu ziehen pflegten, wurden dabei im nahen Hell Gate Canyon, an dessen Eingang Missoula liegt, so häufig von feindlichen Blackfoot überfallen, dass die ersten franko-kanadischen Trapper die Stelle angesichts der vielen herumliegenden Knochen als »Porte de l'Enfer« bezeichneten. So ließ die Besiedlung des Tales auf sich warten, auch wenn Lewis und Clark 1806 und David Thompson 1812 hier durchkamen. Erst mit der Errichtung eines Handelspostens 1860 und dem Bau eines Sägewerks und einer Getreidemühle kam die Entwicklung in Gang. Die Fertigstellung der Straße von Fort Benton nach Walla Walla in Washington, die Ankunft der Northern Pacific Railroad anno 1883 sowie die Eröffnung der University of Montana 1895 waren entscheidende Meilensteine für Missoula. Nach dem Zweiten Weltkrieg gesellte sich dazu die Holz- und Papierindustrie dazu. Heute sind die Universität mit 14 000 Studierenden sowie der Tourismus wichtige wirtschaftliche Stadbeine.

Sehenswertes in Missoula

Die historische Altstadt breitet sich an einer Biegung des Clark Fork River aus. Dieser Fluss, einer der wasserreichsten Flüsse Montanas, entspringt im Südwesten des Bundesstaats und fließt fast 800 km später in den Lake Pend d'Oreille in Nord-Idaho. Seine Uferlinie, die sog. **Clark Fork Riverfront**, begleitet durch das historische Zentrum, wo sich auch eine kleine, umtriebige Kunstszene angesiedelt hat.

Historic Downtown, Clark Fork River

Historical Museum at Fort Missoula

Das Fort im Südwesten der Stadt wurde 1877 während des Konflikts mit den Nez Perce gebaut, doch die Indianer umgingen es Fort. Während des Zweiten Weltkriegs waren hier italienisch- und japanischstämmige US-Bürger interniert. Ein Museum informiert über die historischen Ereignisse rund um das Fort (Fort Missoula, Bldg. 322; Öffnungszeiten: Mai – Sept. Mo. – Sa. 10.00 – 17.00, So. 12.00 bis 17.00, übrige Zeit: Di. – So. 12.00 – 17.00 Uhr).

▶ MISSOULA ERLEBEN

AUSKUNFT
Missoula CVB
1112 E. Broadway
Missoula, MT 59802
Tel. 1-406-532-32 50
www.missoulacvb.org

AKTIVITÄTEN
Radfahren
Adventure Cycling
150 E. Pine Street, Missoula, MT
Tel. 1-406-721-17 76
www.adventurecycling.org
Abwechslungsreiche Touren in der näheren und weiteren Umgebung der Stadt.

Rafting
Montana River Guides
Am I-95, Exit 70
(35 Min. westl. v. Missoula)
Tel. 1-406-273-47 18
www.montanariverguides.com
Das Unternehmen organisiert feuchtfröhliche Vergnügen auf dem Bitterroot River und dem Clark Fork River (Alberton Gorge).

ESSEN
▶ Fein & teuer
The Red Bird
111 N. Higgins Street, Suite 100
Tel. 1-406-549-29 06
Bestens speist man im historischen Florence Building. Das Lokal ist bekannt für seine von der Pacific Cuisine inspirierten Köstlichkeiten.

▶ Erschwinglich
HuHot Mongolian Grill
3521 Brooks Street
Missoula, MT
Tel. 1-406-829-88 88
Man sucht sich die Zutaten an der »Fresh Food Bar« und gibt sie dem Grillmeister zur weiteren Bearbeitung.

ÜBERNACHTEN
▶ Luxus
Goldsmith's Inn
809 E. Front Street
Tel. 1-406- 728-15 85
www.goldsmithsinn.com
7 viktorianisch eingerichtet Zimmer in einer alten Backsteinvilla von 1911; opulentes Frühstück mit Bergsicht.

▶ Günstig
Campus Inn
744 E. Broadway
Tel. 1-406-549-51 34
www.campusinnmissoula.com
81 Z. Populär wegen Uni-Nähe, Pool und niedriger Preise.

Das 1973 eröffnete Musuem beherbergt u.a. die mit über 100 Objekten größte Sammlung zeitgenössischer indianischer Künstler der USA (335 N. Pattee St.; Öffnungszeiten: Di.–Sa. 11.00–17.00 Uhr).

Missoula Art Museum (MAM)
🕐

Das aus zwei Galerien bestehende Kunstmuseum der University of Montana im Performing Arts & Radio/Television Center auf dem Campus zeigt in erster Linie Arbeiten von Künstlerinnen und Künstlern aus Montana (Öffnungszeiten: Di.–Do. 11.00–15.00, Fr., Sa. 16.00–20.30 Uhr).

Montana Museum of Art & Culture
🕐

Anno 1910 ließ die Eisenbahngesellschaft dieses dank seines acht Stockwerke hohen Turms unübersehbare Wahrzeichen der Stadt in neuromanisch-maurischem Stil errichten. Heute stellt hier der naturschützerisch aktive Boone & Crocket Club eine Reihe präparierter, in der Region vorkommender Wildtiere aus (250 Station Dr.; Öffnungszeiten: Mo.–Fr. 8.00–17.00 Uhr).

Chicago, Milwaukee & St. Paul Railroad Depot

Smokejumper (Fallschirm-Feuerwehrmänner) springen über unzugänglichen Wildnisgebieten ab, um Waldbrände an vorderster Front zu bekämpfen (Abb. S. 259). Eines ihrer Trainingscamps befindet sich auf dem Flughafen von Missoula 6 mi/10 km außerhalb. Das Besucherzentrum dokumentiert ihre Tätigkeit mit dramatischen Filmen, Bildern und Vorträgen echter Smokejumper (5765 W. Broadway; Öffnungszeiten: Mai–Sept. Mo.–Fr. 8.30–17.00 Uhr).

Smokejumper Center
🕐

Diese Stiftung kümmert sich um den Erhalt der Wapiti-Population der Region. Sie unterhält ein modernes Besucherzentrum, in dem man sich über diese Tiere und deren Lebensraum informieren kann (5705 Grant Creek Rd.; Öffnungszeiten: Mai–Dez. Mo.–Fr. 8.00 bis 17.00, Sa. 10.00–17.00, Sa., So. 9.00–18.00 Uhr).

Rocky Mountain Elk Foundation
🕐

Umgebung von Missoula

Diese fast 200 mi/320 km lange Rundfahrt erschließt die landschaftlichen und historischen Höhepunkte nordwestlich von Missoula. Zunächst geht es auf dem I-90 am Clark Fork River entlang abwärts bis St. Regis. Dabei passiert man die Alberton Gorge, die begeisterte Rafter und Wildwasser-Kanuten anzieht. Danach laden die Thermen von Quinn's Hot Springs zum erholsamen Bad ein. Dann folgt man dem Hwy. 200 in östlicher Richtung zur National Bison Range und zum Flathead Lake und erreicht schließlich den in der ►Flathead Indian Reservation gelegenen Ort St. Ignatius). Auf dem US 93 geht es südwärts zurück nach Missoula.

★
Clark Fork Tour

? WUSSTEN SIE SCHON …?

■ … dass das in den 1890er-Jahren im Fort Missoula untergebrachte und mehrheitlich aus Farbigen bestehende 25th Infantry Regiment den militärischen Nutzen von Fahrrädern auf vielen Zweirad-Expeditionen untersucht hat?

Three Forks

F 16

Region: Gallatin County   **Einwohner:** 1800
Höhe: 1242 m ü. d. M.

Gelegentlich schafft es Montanas spannende Geschichte, von der spektakulären Natur rings umher abzulenken. So auch in Three Forks, wo drei Flüsse aus den Bergen zum Missouri zusammenflie-ßen und wo Indianer, Trapper und Abenteurer einst wichtige Akteure an der »Frontier« waren.

Beginn mit Lewis & Clark

Einmal mehr waren es die Entdecker Lewis und Clark, mit denen im Madison Valley die moderne Zeitrechnung begann. 1805 kampierten sie unweit der Stelle, wo drei Flüsse den Missouri bilden und benannten sie nach Jefferson, Madison und Gallatin (dem damaligen US-Präsidenten, seinem Außen- und seinem Finanzminister). Bei der Ankunft der Expedition jagten hier u. a. die Shoshone, Flathead, Crow und Blackfoot. Der nahe Madison Buffalo Jump wurde bis weit ins 18. Jh. für die Büffeljagd benutzt. Das Three-Forks-Gebiet war

Heimat von Sacajawea ▶

auch die Heimat von Sacajawea, der jungen Shoshone, die maßgeblich zum Erfolg der Expedition beigetragen hat. Sie wurde hier um 1800 von feindlichen Hidatsa gekidnappt, ins heutige South Dakota verschleppt und dort an einen frankokanadischen Trapper verkauft. Wegen ihrer Sprach- und Ortskenntnisse wurden beide von Lewis und Clark engagiert. Im Herbst 1805 kehrte Sacajawea mit Lewis und Clark in die Gegend um Three Forks zurück und stellte den Kontakt zu ihrem Stamm her. 1810 errichteten zwei frühere Expeditionsmitglieder einen Pelzhandelsposten, den sie jedoch wegen Attacken feindlicher Indianer bald wieder aufgaben. Danach ließen sich einige berühmte Trapper sehen, darunter Jedediah Smith, Kit Carson und Jim Bridger. In den 1840er-Jahren begann die Missionierung der Crow und Flathead.

Die moderne Entwicklung von Three Forks begann im Jahre 1908 mit der Ankunft der Milwaukee Railroad. 1980 zog sich die Eisenbahngesellschaft jedoch aus Three Forks zurück und stürzte den Ort in eine Krise. Inzwischen hat das nur zwei Autostunden nordwestlich vom ▶ Yellowstone National Park gelegene Städtchen erfolgreich auf Tourismus umgesattelt, nicht zuletzt dank seiner verkehrsgünstigen Lage an der Kreuzung von I-90 und US 287.

Jefferson, Madison und Gallatin River vereinigen sich zum Missouri.

THREE FORKS ERLEBEN

AUSKUNFT

Three Forks Chamber
205 Main Street
Three Forks, MT 59752
Tel. 1-406- 285-47 53
www.threeforksmontana.com

ESSEN

► **Erschwinglich**
Sacajawea Bar & Lounge
5 N. Main Street
(im Sacajawea Hotel)
Tel. 1-406-285-65 15
Netter Treff von Touristen und Ein-

heimischen. Hier gibt es leckere
Burger, Steaks und Chicken Wings.
Wandgemälde zeigen Porträts von
Lewis & Clark und ihrer indianischen
Begleiterin Sacajawea.

ÜBERNACHTEN

► **Komfortabel/Günstig**
Fort Three Forks Motel
124 Elm Street
Tel. 1-406-285-32 33
www.fortthreeforksmotel.com
24 Z. Einfaches Motel mit »Frontier
Village« für Kinder.

Sehenswertes in Three Forks und Umgebung

Dieses regionalhistorische Museum zeigt vor allem Gegenstände aus der Pionierzeit, so etwa einen Amboß von 1810 aus dem ersten Pelzhandelsposten sowie die größte jemals in Montana gefangene Forelle (202 Main St.; Öffnungszeiten: Juni – Sept. tgl. 9.00 – 17.00 Uhr).

Headwaters Heritage Museum ☉

Via I-90 erreicht man 3 mi / 5 km nordöstlich der Stadt jene Stelle, wo Jefferson, Madison und Gallatin River den Missouri River bilden. Kurze Trails, hübsche Picknickplätze und mit Hinweistafeln versehene Aussichtspunkte sind angelegt.

Missouri Headwaters State Park

Von der weithin sichtbaren steilen Felsklippe bietet sich ein herrlicher Blick über das weitläufige Tal des Madison River. In einem kleinen Besucherzentrum erfährt man, wie es die Indianer schafften, ganze Büffelherden auf das Plateau zu lotsen und über die Kante in den Tod zu treiben (via I-90 ostwärts, dann Buffalo Jump Road).

Madison Buffalo Jump State Park

20 mi/ 36 km westlich von Three Forks erstreckt sich diese grandiose unterirdische Märchenwelt. Stalagmiten und Stalatiten wie aus dem Bilderbuch und bunt gebänderte Kalksteinformationen lohnen eine Entdeckungstour (am Hwy. 2; Öffnungszeiten: tgl. 9.00 – 16.30 Uhr).

★
Lewis & Clark Caverns ☉

West Yellowstone

►Wyoming, Yellowstone National Park

OREGON

Fläche: 255 026 km²
Einwohnerzahl: 3,7 Mio.
Hauptstadt: Salem
Beiname: Beaver State

Oregon ist »Nord-Kalifornien ohne Rummel«. Tatsächlich resultieren die wildromantische, kaum erschlossene Küste und das nicht minder naturbelassene Binnenland aus der fortschrittlichsten Landnutzungspolitik der Vereinigten Staaten. Denn in Oregon gehören erbitterte Debatten zwischen Umweltschützern und Regierung zum Alltag.

Regenwälder und Vulkane, endlose Sandstrände und nebelverhangene Steilküsten, fruchtbares Agrarland und abweisende Hochwüsten: Oregon hat viele Gesichter. Im Norden bildet der **Columbia River** die Grenze mit Washington, im Osten markiert der **Snake River** die mit Idaho, und im Süden berührt Oregon Kalifornien und Nevada. Zwei Gebirgszüge, die steilen **Coastal Mountains** und die vulkanischen **Cascade Mountains** – höchster Berg ist mit 3426 m der ► Mount Hood – prägen den Bundesstaat. Dazwischen liegt4 das dicht besiedelte, landwirtschaftlich intensiv genutzte **Willamette Valley**. Die Great Basin Desert prägt mit trockenen Flussbetten den flachen Südosten Oregons. In der Nordostecke steigt das Land wieder an und färbt sich dabei grün – und weiß: Die bis zu 3000 m hohen **Wallowa Mountains** bleiben bis weit in den Sommer hinein mit Schnee bedeckt. `Vielfältige Landschaften`

Ansteckungskrankheiten, Kriege, Arbeitslosigkeit: Oregons Indianer teilen das Schicksal der übrigen Ureinwohner Nordamerikas. Rund 80 Stämme lebten einst in Oregon. Die westlich der Cascade Mountains siedelnden Stämme waren sesshafte Fischer und Händler. Die Stämme in den Trockengebieten östlich der Cascades dagegen folgten den Büffelherden. Heute leben nur noch neun verbliebene Stämme in sechs Reservaten. `Geschichte`

Bis zum späten 18. Jh. suchten spanische, englische und amerikanische Kapitäne auch an Oregons Küste nach der legendären Nordwest-Passage. Am Ende war es der **Pelzhandel**, der das entlegene Territorium in den Blickpunkt rückte. Während kanadische Trapper von Norden aus nach Oregon vordrangen, erreichten **Meriwether Lewis** und **William Clark** auf ihrer berühmten Expedition (1804 bis `◄ 18. Jahrhundert`

← *»Haystack Rock« am Cannon Beach: Der 71 m hohe Felsblock ist der drittgrößte Monolith der Welt.*

Highlights Oregon

Columbia River Gorge
Entlang des Historic Columbia River Highways zeigt sich der bis zu 1300 m tiefe Canyon von seiner schönsten Seite.
▶ **Seite 281**

Crater Lake National Park
Inmitten des kreisrunden, tiefblauen Kratersees erhebt sich ein buchstäblich zauberhaftes Inselchen.
▶ **Seite 290**

Hells Canyon
Mit dem Kajak oder Jetboat geht's auf dem Snake River durch eine bis zu 2400 m tiefe Schlucht.
▶ **Seite 304**

Portland
Die charmante, liebenswürdige »Rose City« präsentiert sich mit wunderschönen Parks und Gartenanlagen.
▶ **Seite 325**

1806) Ende 1805 die Mündung des Columbia River und begründeten so den Anspruch der USA auf dieses Gebiet. Doch in den folgenden 20 Jahren beherrschte die britische Hudson's Bay Company von ihrem (gegenüber dem heutigen Portland gelegenen) Stützpunkt Fort Vancouver aus den Pelzhandel im gesamten Nordwesten. Im Jahr 1829 wurde **Oregon City** gegründet, bis 1851 Hauptstadt des Oregon-Territoriums.

19. Jahrhundert ▶ Bis 1850 kamen fast 55 000 Siedler auf dem **Oregon Trail** hierher, die größte Wanderbewegung in der amerikanischen Geschichte. Mit im Gepäck: Land für jeden, gesetzlich verbrieft, insgesamt 640 acres (ca. 2,5 km²) pro Nase. Dies hatte u. a. die schnelle Verdrängung der Ureinwohner zur Folge.

Der Goldrausch in Kalifornien machte Oregon zum alleinigen Holz- und Getreidelieferanten. Städte schossen quasi über Nacht aus dem Erdboden, und das fruchtbare Willamette Valley avancierte zum Brotkorb Kaliforniens. Nach dem Goldrausch in der Sierra Nevada setzten Goldfunde in Südwest-Oregon den Boom fort, doch am Ende war es das Nein der Oregonians zur Sklaverei, das die Aufnahme in die Union beschleunigte. 1859 trat Oregon als 33. Staat den USA bei. Während der letzten Jahrzehnte des 19. Jh.s erlebte Oregon blutige Auseinandersetzungen zwischen landhungrigen Farmern und Indianern. Im Osten des Landes brachen Weidekriege zwischen Rinder- und Schafzüchtern aus, in deren Folge viele neu gegründete Städte wieder aufgegeben wurden. Westlich der Cascade Mountains setzte sich der Boom fort. Auch sozial- und umweltpolitisch begründete Oregon seinen Ruf als fortschrittlicher Bundesstaat; so erhielten die Frauen 1912 das Wahlrecht. Heute demonstrieren Oregonians u. a. für die 35-Stunden-Woche und streiken gegen Fastfood-Automaten in Schulen.

20. Jahrhundert ▶ Weltwirtschaftskrise und Zweiter Weltkrieg schoben die Entwicklung des Landes weiter voran. Gewaltige ABM-Projekte wie die Wasser-

kraftwerke am Bonneville Dam und die Kriegsschiffe ausspuckenden Werften Portlands brachten Lohn, Arbeit und Zukunftsperspektiven. In den 1990er-Jahren entdeckte die kalifornische Hard- und Software-Branche Oregon als günstigen Standort; so ist der in Portland angesiedelte Halbleiterhersteller Intel Oregons größter privater Arbeitgeber.

Oregons traditionell rohstofforientierte **Wirtschaft** mit den zuletzt stark gebeutelten Sektoren Holzindustrie und Fischfang hat sich in den vergangenen Jahrzehnten erfolgreich umorientiert. Die verarbeitende Industrie umfasst heute diverse kreative Zukunftsbranchen wie Biotech-Unternehmen und

> ### *i* Ouragan oder Orejon?
>
> ■ Über die Herkunft des Namens Oregon gibt es zwar zahlreiche Theorien, doch letztlich blieb bis heute ungeklärt, woher dieser Name stammt. Die aussichtsreichsten Kandidaten sind: »Ouragan« (franz.: Sturm, Orkan), »Orejon« (so bezeichneten die Spanier die durch große Ohrringe größer erscheinenden Ohren der Salish-Indianer) und »Ouaricon« (ein Druckfehler auf einer französischen Karte aus dem frühen 18. Jahrhundert).

Softwarehersteller sowie Sportartikel-Giganten wie Nike und Columbia; auch der Tourismus verzeichnet beträchtliche Zuwachsraten.
Doch noch immer beschäftigt die Forstwirtschaft mehrere Zehntausend Menschen, und Oregons Landwirtschaft blüht ohne Unterlass: Über 200 Produkte werden im weitläufigen Willamette Valley angebaut, mehr als 140 000 Menschen stehen hier in Lohn und Brot. Zudem ist Oregon mit über 300 Weingütern der **drittgrößte Weinproduzent der USA**. ◄ Landwirtschaft

Drei Viertel der Oregonians leben im Willamette Valley. Das größte Ballungsgebiet ist Portland mit über 2,3 Mio. Einwohnern. Mit über 85 Prozent ist Oregon einer der »weißesten« US-Bundesstaaten; ein Viertel der Bevölkerung hat deutsche Vorfahren. 90 Prozent der rund 40 000 Ureinwohner leben in Städten, der Rest in Reservaten. **Bevölkerung**

Ashland

J 5

Region: Jackson County
(Südwest-Oregon)

Einwohnerzahl: 21 700
Höhe: 578 m ü.d.M.

Während der Weltwirtschaftskrise führte ein Englischlehrer in den Foothills der rauen Siskiyou und Cascade Mountains in einem Zelt Shakespeare auf. Heute trinkt man hier Espresso und genießt elegante Vernissagen: Ashland ist die kultivierteste Stadt im Umkreis von 400 Kilometern.

Die Anfänge hingegen sahen so hemdsärmelig aus wie die der meisten anderen Städte der Region. 1852 als Versorgungsstation für die **»Shakespeare-Stadt«**

ASHLAND ERLEBEN

AUSKUNFT

Ashland
Chamber of Commerce
1500 East Main St.
Ashland, OR 97520
Tel. 1-541-482-34 86
www.ashlandchamber.com

AKTIVITÄTEN

Die Berge, Flüsse und Wälder in der Umgebung sind ein Mekka für Outdoor-Freunde. Deren verlässlichster Anlaufpunkt ist seit Langem das »Adventure Center«. Hier werden u. a. Angeltrips und Mountainbike-Touren organisiert sowie das notwendige Equipment vermietet (40 North Main St., www.raftingtours.com, Tel. 1-541-488-28 19,).

ESSEN

▶ **Erschwinglich/Preiswert**
Alex's
35 North Main
(an der Plaza)
Tel. 1-541-482-88 18

Elegant und bezahlbar, bietet dieses hübsche Bistro-Restaurant leichte, kalifornisch angehauchte Küche. Besonders gut schmecken der Birnen-und-Gorgonzola-Salat und die Lamm-Gerichte.

Ashland Bistro Café
38 East Main St.
(an der Plaza)
Tel. 1-541-482-21 17
Moderne, gesundheitsbewusste Küche mit mediterranem Touch in einfachem, aber elegantem Ambiente. Hervorragendes Frühstück.

ÜBERNACHTEN

▶ **Luxus/Komfortabel**
Ashland Springs Hotel
212 East Main St.
Tel. 1-541-488-17 00
 www.ashlandspringshotel.com
70 Z. Das elegante City-Hotel, mit großen Fenstern zur Main Street, liegt nur ein paar Minuten vom Lithia Park entfernt.

Goldgräber am nahen Jackson Creek gegründet, erhielt Ashland alsbald einen Bahnanschluss nach Portland und San Francisco, den wichtigsten Absatzmärkten für das hier angebaute Obst und Gemüse. In den 1920er-Jahren begannen die Eisenbahngesellschaften Ashland links liegen zu lassen, dann kam auch noch die Weltwirtschaftskrise. Angus Bowmer (▶ S. 269) ahnte zu diesem Zeitpunkt nicht, dass seine Aufführung von »Was Ihr wollt« im Jahr 1935 die Wende für Ashland herbeiführen würde.

Shakespeare sei Dank ist der Tourismus heute Ashlands größte und verlässlichste Einnahmequelle. Über 350 000 Besucher kommen alljährlich hierher, um von Februar bis Oktober die im Rahmen des landesweit hoch angesehenen **Oregon Shakespeare Festivals** stattfindenden Aufführungen zu genießen.

Natürlich ist der englische Dichterfürst auch am eleganten Lifestyle der Westküsten-Metropole »schuld«. Boutiquen, Restaurants, Cafés und Musikkneipen konzentrieren sich an der schönen, von viktorianischen Stadthäusern gesäumten Main Street – und hier vor allem an der sogenannten Plaza, einer dreieckigen Fußgängerzone im Westen der Innenstadt. Die Studenten der Southern Oregon University und zahlreiche Weinläden – vor den Toren der Stadt werden feine Syrahs und Cabernet Sauvignons angebaut – verstärken das Bohème-Gefühl. Fastfood-Restaurants und Neonreklame fehlen fast völlig.

Sehenswertes in Ashland

Ein Spaziergang auf den schattigen Wegen dieses schönen, mitten in Ashland liegenden Parks stimmt nicht nur auf den Theaterbesuch ein, sondern führt auch durch ein Kapitel Stadtgeschichte. 1907 fand man unweit von hier eine lithiumhaltige Quelle, doch die Hoffnung des Unternehmers Jesse Winburne auf ein luxuriöses Kursanatorium wurde von der Depression zunichte gemacht. Immerhin ließ er das nach Sulphur schmeckende Wasser in den Park leiten und die Springbrunnen der Stadt damit speisen. Heute ist der dem Ashland Creek folgende Park mit seinen naturbelassenen Waldstreifen, Teichen, Redwoods und Sykomoren ein Muss für jeden Besucher. **Lithia Park**

Auf zeitgenössische Künstler aus aller Welt spezialisiert, hat dieses hervorragende Kunstmuseum bereits des Öfteren mit gewagten Ausstellungen provoziert. Die Grenzen der Kreativität zu testen, auszudehnen und zum Nachdenken anzuregen ist die »raison d'être« der Kuratoren (Southern Oregon State College Campus; Öffnungszeiten: Di. – Sa. 11.00 – 16.00 Uhr). **Schneider Museum of Art**

Die Zeit war günstig damals: Das »Chautauqua Movement«, eine von der Methodisten-Kirche initiierte Bewegung für Erwachsenenbildung, brachte in den 1920er- und 1930er-Jahren erfolgreich auch Kultur aufs Land. Davon angespornt, regte 1935 in Ashland der Englischlehrer Angus Bowmer an, den 4. Juli mit der Aufführung der Shakespeare-Komödie »Was ihr wollt« zu feiern – und mit einem Boxkampf, um sich regen Zuspruchs auch völlig sicher zu sein. Der Rest ist, wie es so schön heißt, Geschichte. **★ Oregon Shakespeare Festival**

Heute gehört das Oregon Shakespeare Festival zu den renommiertesten Events des Landes. Längst wurde das Repertoire um Stücke anderer Dichter erweitert. Gespielt wird auf drei Bühnen, die sich im **Festival Courtyard** am Südostrand des Lithia Park befinden. Im offenen **Elizabethan Theatre**, einem 1200-Sitze-Nachbau des Londoner Fortune Theatre aus dem frühen 17. Jh., wird ausschließlich Shakespeare gegeben. Im **Angus Bowmer Theatre**, dem mit 600 Sitzen zweitgrößten Theater, unterstützt modernste Kulissentechnik die Schauspieler. Das intime **New Theatre** ist auf neue, experimentelle Stücke spezialisiert.

Weil sich das »OSF« großer Beliebtheit erfreut, müssen Tickets so weit wie möglich im Voraus reserviert werden (15 S. Pioneer St., Aufführungen von Mitte Februar bis Ende Oktober, Spielplan und Tickets: Tel. 1-541-482-43 31, www.osfashland.org). ◀ Tickets

Astoria

E 4

Region: Clatsop County (Nordküste)   **Einwohnerzahl:** 10 000
Höhe: 7 m ü.d.M.

Steile Straßen, die meisten viktorianischen Häuser nördlich von San Francisco, eine tolle Lage und ein für Oregon biblisches Alter: Die schöne Stadt an der Mündung des Columbia River in den Pazifik hat alle Trümpfe in der Hand.

Kunst-Städtchen am Columbia River
Wasser, wohin man blickt. Der Columbia River ist hier mehrere Kilometer breit, der Pazifik eine blassblaue Wasserwüste. Dort, wo sich die Wassermassen treffen, liegt, die alte Downtown auf einem schmalem Uferstreifen komprimiert und die Wohnbezirke an den Uferhängen aufgeschichtet, Astoria, die riesigen, stromaufwärts ziehenden Containerschiffe aus aller Welt stets im Blick. Die 1966 eröffnete, sechseinhalb Kilometer lange Megler Bridge verbindet die Stadt mit dem nördlich anschließenden Nachbarstaat Washington. Lange ein blühender Fischer- und Umschlagshafen mit mehreren Dutzend Fischverarbeitungs- und Holzfabriken, wurde Astoria in den 1960er-Jahren von Portland überflügelt. Für den Handel im Columbia Basin blieb man jedoch bedeutsam, und der Tourismus sowie eine kleine, aber feine Kunst- und Kulturszene hauchten der vorübergehend erstarrten Hafenstadt neues Leben ein. Mit leerstehenden Lagerhäusern und Arbeiterkneipen am Wasser präsentiert sich Astoria heute als kunstsinniges Städtchen mit rauen Kanten.

Auch Hollywood mag Astoria: In zahlreichen Blockbustern, darunter die »Free-Willy«-Filme und »Into the Wild« (2007), spielte die fotogene historische Stadt amerikanische Kleinstadt-Idylle.

Geschichte
Sie ist die älteste amerikanische Stadt westlich der Rocky Mountains: Museen, historische Marker und eine imposante Gedenksäule hoch über der Stadt zeigen, dass sich Astoria seiner historischen Bedeutung wohl bewusst ist. Seit Menschengedenken war hier ein Handelsplatz der Nordwestküsten-Indianer. **Meriwether Lewis** und **William Clark** erreichten Ende 1805 als erste Weiße die Flussmündung auf dem Landweg. Nach einem entbehrungsreichen Winter, den sie in **Fort Clatsop** (► S. 272) verbrachten, kehrten sie, ebenfalls auf dem Landweg, nach St. Louis (Missouri) zurück. Sechs Jahre später errichtete die Pacific Fur Company des deutsch-amerikanischen Pelzhändlers **Johann Jakob Astor** einen befestigten Handelsposten an der Flussmündung und untermauerte damit amerikanische Besitzansprüche. Im Jahr 1812 fiel Astoria jedoch den Briten zu, und der Pelzhandel in der Region wurde während der nächsten Jahrzehnte von der Hudson's Bay Company kontrolliert. Mit der Konsolidierung des Oregon-Territoriums entwickelte sich Astoria jedoch zu einem Gateway ins Landesinnere. Im Jahr 1876 wurde der erste Bürger-

ASTORIA ERLEBEN

AUSKUNFT

Astoria & Warrenton Area
Chamber of Commerce
111 W Marine Dr.
P. O. Box 176
Astoria, OR 97103-0176
Tel. 1-503-325-63 11
www.oldoregon.com

NACHTLEBEN

Der abendliche Bummel durch die
Downtown führt früher oder später
auch am Haus der »Astor Street Opry
Company« vorbei. Die Truppe führt
seit nunmehr 25 Jahren »Shanghaied
in America« auf. In dem vaude-
villeartig produzierten Melodram
geht es um Liebe, Hass und jede
Menge Drama, wobei die Zuschauer
den Helden beklatschen und den
Bösewicht ausbuhen (279 W. Marine
Dr., www.shanghaiedinastoria.com,
Tel. 1-503-325-61 04,).
Unweit davon liegt das altehrwürdige
»Liberty Theatre«, eine gern genutzte
Bühne für Konzerte und Festivals
(1203 Commercial St., Tel. 1-503-
325-81 08, www.liberty-theater.org).

ESSEN

► **Erschwinglich/Preiswert**
Columbian Café
1114 Marine Dr.
Tel. 1-503-325-22 33
Winziges Lokal, bekannt für Crêpes,
vegetarische Spezialitäten und
Seafood.

► **Preiswert**
Mary Todd's Workers Bar & Grill
281 W Marine Dr.
Tel. 1-503-338-72 91
Fischer- und Hafenarbeiterkneipe, in
der gern »Yucca«, ein Cocktail aus
Wodka und Sirup, getrunken wird.

ÜBERNACHTEN

► **Luxus**
Cannery Pier Hotel
10 Basin St.
Tel. 1-503-325-49 96
www.cannerypierhotel.com
46 Z. Neues Boutique-Hotel in alter
Fischfabrik; von vielen Zimmern
gibt's einen tollen Blick auf das
Mündungsgebiet.

► **Komfortabel**
Hotel Elliott
357 12th St.
Tel. 1-503-325-22 22
www.hotelelliott.com
32 Z. Das 1924 eröffnete »Elliott«
bietet nostalgisches Interieur, viel
Mahagoni in der Lobby und Mar-
morkamine in den Zimmern.

meister eingestellt, um die Jahrhundertwende war Astoria, auch dank
der Zuwanderung skandinavischer Fischer, die zweitgrößte Stadt
Oregons. Über der Hafengegend mit den Kneipen und Bordellen
bauten sich wohlhabende Reeder und Schiffskapitäne schöne, aufs
Meer blickende Residenzen.
Im Jahr 1966 wurde die Megler Bridge eröffnet, wenig später entdeckten Touristen und Künstler die authentische Hafenstadt. Tagsüber und abends ist auf der parallel zum Wasser verlaufenden Commercial Street am meisten los.

Sehenswertes in Astoria

Astoria Column

Der Fluss, die Brücke und der Ozean, die Stadt und das endlose, wellige Hinterland: Von der Spitze der 38 m hohen Astoria Column, die sich auf dem Coxcomb Hill dem Himmel entgegenstreckt, genießt man eine herrliche 360-Grad-Aussicht. An der Außenwand der Säule beschreiben spiralförmig nach oben ziehende Wandgemälde die Entdeckungsgeschichte des Ortes. In Erinnerung an die einst hier vollendete West-Expansion der USA bauten 1926 die Astor-Familie und die Great Northern Railroad die Säule, in der 164 Stufen zu einer Plattform hinaufführen. Das Andenkengeschäft am Parkplatz verkauft u. a. zusammensteckbare Balsaholz-Gleiter, die man von der Turmspitze aus auf die Reise schicken darf (16th St., dann Jerome Ave. u. 15th St. bis Coxcomb Dr.; Öffnungszeiten: tgl. von Sonnenaufgang bis Sonnenuntergang).

6th Street Riverpark

Dem Columbia River am nächsten kommt man am Ende der geradewegs auf den Fluss zusteuernden und am Ende zwischen restaurierten Lagerhäusern versickernden 6th Street. An Boutiquen, Galerien und einer Kaffeestube vorbei schlendert man auf Holzplanken zu einem zweistöckigen Turm, von dem aus man die vorbeiziehenden Ozeanriesen beobachten kann.

Columbia River Maritime Museum

Hier erfährt mann alles über die christliche Seefahrt in diesem Küstenabschnitt und über die unzähligen Schiffsunglücke, die dem von Untiefen und gefährlichen Strömungen unsicher gemachten Mündungsgebiet bei Seeleuten einen einschlägigen Ruf bescherten. Das Museum ist nicht zu übersehen: Das moderne Gebäude am Marine Drive wird von einem Wellenkämmen nachempfundenen Dach gekrönt (1792 Marine Dr.; Öffnungszeiten: tgl. 9.30 – 17.00 Uhr).

✱ Flavel House

Das 1886 von Kapitän George Flavel im verspielten Queen-Ann-Stil erbaute Haus ist die schönste Erinnerung an Astorias goldenes Zeitalter. Das Haus mit dem roten Dach ist ein extravagantes Ensemble aus Balkonen und Veranden mit einem Turm darüber. Von dort aus wachte Flavel, der als Lotse auf dem Columbia River begonnen und später sein Vermögen im Transportgeschäft gemacht hatte, über das Kommen und Gehen seiner Ladungen im nahen Hafen. Das Innere besticht durch seine herrlichen Holzarbeiten (441 8th St.; Öffnungszeiten: Mai – Sept. tgl. 10.00 – 17.00, sonst tgl. 11.00 – 16.00 Uhr).

✱ Fort Clatsop National Memorial

Der Parkplatz, die Busse, die makellos geteerte Anfahrtstraße: Lewis und Clark würden sich wohl im Grab umdrehen ... Am 7. November 1805 hatte das **»Corps of Discovery«** der beiden Forschungsreisenden nach 6400 km sein Ziel, den Pazifik, so gut wie erreicht. Angesichts des schlechten Wetters und des drohenden Winters beschlossen sie, am geschützteren Südufer eine Stelle zum Überwintern zu suchen. Etwas südlich vom heutigen Astoria bauten sie am heutigen Lewis

Winterquartier der Entdeckungsreisenden Lewis und Clarke im Fort Clatsop

and Clark River das nach dem dortigen Indianerstamm benannte Fort Clatsop, eine Ansammlung winziger, von einem Palisadenzaun geschützter Blockhütten. Die heutigen Rekonstruktionen vermitteln einen guten Eindruck, wirken aber viel zu sauber. Lewis und Clark erlebten damals den nassesten Winter seit Menschengedenken. Schlamm, Feuchtigkeit, Kälte, Gestank: In den rekonstruierten **»cabins«** wären die beiden Entdecker sicher länger geblieben (Öffnungszeiten: Juni – Sept. tgl. 9.00 – 18.00, sonst bis 17.00 Uhr).

Umgebung von Astoria

Das ca. 20 mi/32 km südlich von Astoria gelegene 6000-Einwohner-Städtchen ist Oregons ältestes Küstenresort und mit seinen Souvenirläden, Motels und Fastfoodkantinen die Ausnahme unter den sonst unaufgeregt-idyllischen Küstenstädtchen. **Seaside**

Während des berüchtigten »Spring Break« (ein- bis zweiwöchige Uni- und Collegeferien) im Frühsommer vervierfacht sich die Einwohnerzahl: Partywütige Studenten aus Portland überschwemmen dann den Ort. Die »Action« findet auf dem geradewegs auf den Strand zulaufenden Broadway statt. Hier frönt Seaside dem Touristenrummel mit Nepp und Nippes. Am sog. Turnaround, einer blumengeschmückten Sackgasse mit Sicht auf Strand und Pazifik, blicken Lewis und Clark, Amerikas berühmteste Entdecker und in Bronze gegossen, visionär auf den Pazifik. Gleich dahinter verläuft parallel zum Strand die **»The Prom«** genannte, gut vier Kilometer lange Promenade. Sie ermöglicht, allen Apartmentblocks zum Trotz, einen angenehmen Spaziergang und einen schönen Blick auf das im Süden aufragende, 360 m hohe Vorgebirge **Tillamook Head**.

✴ Cannon Beach

Oregons Antwort auf Kaliforniens Carmel liegt rund 8 mi/13 km südlich von Seaside: Cannon Beach (1680 Einw.) ist *das* Nobel-Resort an der Küste Oregons. Kleine, aber feine Galerien locken kaufkräftige Urlauber aus ▶Portland und ▶San Francisco herbei, in viel gelobten Restaurants speisen Pärchen in eleganter Freizeitkleidung und gehen dann in den netten Läden rund um die Kreuzung Hemlock und 2nd Sts. zum Shoppen. Am Strand erhebt sich der 71 m hohe **Haystack Rock** (▶Abb. S. 264). Er gilt als drittgrößter Monolith der Welt und ist bei Ebbe zu Fuß zu erreichen.

Ecola State Park ▶

Durch dunkles, fast undurchdringliches Dickicht führt etwas nördlich von Cannon Beach die Zufahrtsstraße vom Hwy. 101 zu verschwiegenen, von Felsen geschützten Stränden. Kurze Trails enden an herrlichen, nicht totzufotografierenden Aussichten über den Strand von Cannon Beach, etwas längere u. a. am hufeisenförmigen **Indian Beach**, der bei Surfern beliebt ist. Auf den Felsen vor der Küste sonnen sich Seelöwen.

Oswald West State Park ▶

Der 8,5 mi/14 km südlich von Cannon Beach liegende State Park bewahrt einen Küstenabschnitt im Urzustand. Mächtige alte Redwoodbäume streben hier himmelwärts, den steil zum **Short Sands Beach**, einem beliebten Surferstrand, abfallenden Waldboden bedecken Moose, Farne und duftende Waldlilien. Zwei weit in den Pazifik ragende Vorgebirge, **Cape Falcon** und **Neakhanie Mountain**, machen den Strand zu einem dem Alltag wunderbar entrückten Biotop für Surfer und junge Familien.

Baker City

G 10

Region: Baker County (Nordost-Oregon) **Einwohnerzahl:** 10 000
Höhe: 1050 m ü.d.M.

Das von den Wallowas und Elkhorn Mountains umgebene niedlich Städtchen blickt auf eine raue Vergangenheit zurück. Damals wimmelte es hier von Goldgräbern, Schafhirten und Freudenmädchen – und den Pionieren, die auf dem »Oregon Trail« hier durchkamen.

Geschichte

Die beiden größten Ereignisse in der Geschichte von Baker City definieren die Stadt bis heute. Straßennamen weisen auf sie hin, das hiesige Branchenverzeichnis listet unverhältnismäßig viele Unternehmen mit »Pioneer« und »Gold« im Firmennamen auf. In den Jahren 1840 bis 1870 kamen über 50 000 Siedler auf dem »Oregon Trail« hier durch. Ernsthafte Siedlungsversuche gab es jedoch erst in den 1860er-Jahren. Ein kurzer Goldrausch, der manche noch kurz-

● BAKER CITY ERLEBEN

AUSKUNFT

Baker County CVB
490 Campbell St.
Baker City, OR 97814
Tel. 1-541-523-12 35
www.visitbaker.com

AKTIVITÄTEN

Der Grande Ronde River ist berühmt
für seine Regenbogenforellen. Ein
hübscher Ort, die Leinen auszuwerfen, ist der Red Bridge State Park in
den Blue Mountains am Hwy. 244
etwas westlich von La Grande.
Den Grande Ronde River, der in Eagle
Cap Wilderness entspringt und durch
das uralte Stammesgebiet der Nez-
Percé-Indianer fließt, charakterisieren
tiefe, von lichten Nadelwäldern bestandene Canyons. Eine Handvoll
Outfitter bieten auf ihm und anderen
Flüssen ein- und mehrtägige Rafting-
touren an, u. a. »All Star Rafting« (Tel.
1-800-909-72 38, www.asrk.com).

ESSEN

► Erschwinglich

Barley Brown's Brew Pub
2190 Main St.
Tel. 1-541-523-42 66
Die einzige Minibrauerei im Ort
bietet in ihrer rustikalen Gaststube

neben Selbstgebrautem solides »Pub
Grub« wie Hamburger, Pasta, Salate
und Hühnchen.

Haines Steak House
Hwy. 30, Haines
Tel. 1-541-856-36 39
Die 15-minütige Autofahrt von Baker
City nach Haines lohnt sich: Die
Steaks sind die besten der Gegend.

ÜBERNACHTEN

► Luxus/Komfortabel

Geiser Grand Hotel
1996 Main St.
Tel. 1-541-523-18 89
www.geisergrand.com
30 Z. Historisches Grandhotel aus der
Goldgräberzeit mit dem hervorragenden Restaurant »Geiser Grill«.

► Günstig

Union Hotel
326 N Main St.
Union (nördlich von Baker City)
Tel. 1-541-562-61 35
www.thehistoricunionhotel.com
Das 1921 eröffnete Stadthotel bietet
16 reizende, individuell eingerichtete
Zimmer; Frühstück und Dinner gibt's
im dazugehörigen hübschen »Fireside
Café & Pub«.

lebigere Boomtown im County gebar, machte auch Siedler auf die
Stelle am Powder River aufmerksam. Viele der schönen viktorianischen Steinhäuser in der restaurierten, von breiten, sorgfältig begrünten Straßen geprägten Altstadt stammen aus jener Zeit. Das Besucherzentrum gibt eine Broschüre mit einer Tour heraus, auf der
neben den schönsten Häusern – über 100 Gebäude stehen im National Register of Historic Places – auch die meisten Cafés, Restaurants
und Galerien der Old Town eingezeichnet sind. Reisende, die den
südlichen ► Hells Canyon im Visier haben, nutzen Baker City gern
als »Basislager«.

Sehenswertes in Baker City und Umgebung

US National
Bank of Oregon
🕐

Für ein »normales« Museum ist er wohl zu kostbar: der hühnerei-große **Armstrong Nugget**, der 1913 gefunden wurde und an die alten Boomzeiten erinnert (2000 Main St.; Öffnungszeiten: Mo. – Do. 10.00 – 17.00, Fr. bis 18.00 Uhr).

Oregon Trail
Regional
Museum
🕐

Das kleine Museum am Geiser Pollman Park widmet sich weniger dem Oregon Trail als seiner Sammlung lokaler Mineralien, die als eine der besten im Nordwesten gilt (Campbell u. Groove Sts.; Öffnungszeiten: März – Okt. tgl. 9.00 – 17.00 Uhr).

Adler House ▸
🕐

Zum Museum gehört das um 1900 gebaute Adler House, das einem beliebten Philanthropen gehörte und zu einer Zeitreise in die »Kindertage« des Städtchen einlädt (2305 Main St.; Öffnungszeiten: Fr. bis Mo. 10.00 – 14.00 Uhr)

✳
National Historic
Oregon Trail
Interpretive
Center

Ca. 6 mi/10 km östlich von Baker City liegt auf dem Flagstaff Hill die größte Attraktion der Region. Nicht umsonst wurde dieser Ort für das Informationszentrum gewählt: Genau hier zogen vor 160 Jahren die Planwagen der von Osten kommenden Siedler vorbei – eines der großen amerikanischen Epen. Gut ausgebaute Trails führen von hier aus zu schönen Aussichten, historisch relevanten Punkten – und zu

Oregon Trail Interpretive Center: Mit solchen Planwagen machten sich die Siedler Mitte des 19. Jahrhunderts auf den Weg nach Westen.

Stellen, wo die Wagenspuren der Ochsenkarren noch immer zu sehen sind. Schlüsselszenen vom Treck, in lebensgroßen Dioramen präsentiert und von Sound- und Lightshows begleitet, ziehen den Besucher unwiderstehlich in jene gefährlichen Zeiten hinein (22267 Hwy. 86; Öffnungszeiten: April – Okt. tgl. 9.00 – 18.00, sonst bis 16.00 Uhr).

Elkhorn Drive Scenic Byway

Die 170 km lange Rundfahrt mit dem Etikett »Scenic« führt durch die zu den Wallowas gehörenden Elkhorn Mountains. Dazu geht es von Baker City aus zunächst auf dem Hwy. 30 nach Süden, dann auf den Hwys. 7, 24 und 73 durch die Berge. Wegen der vielen schönen Aussichten und goldrauschrelevanten Sehenswürdigkeiten sollte man sich einen Tag Zeit nehmen. Besonders einrucksvoll ist die **Geisterstadt Sumpter**.

La Grande

Die andere größere Stadt am alten Oregon Trail: Frankokanadische Trapper nannten das obere Ende des Tals »La Grande Ronde«, weil hier die schneebedeckten Berge der Blue und Wallowa Mountains ein weitläufiges Rund bilden. Die auf dem Oregon Trail nach Nordwesten ziehenden Siedler pflegten hier eine Pause einzulegen, bevor sie sich mit ihren Ochsenkarren auf die schwere Etappe durch die steilen **Blue Mountains** begaben. In La Grande erinnert ein abstraktes Denkmal an die Unentwegten. Nicht wenige von Ihnen blieben indes hier, bestellten den fruchtbaren Talboden und machten aus La Grande das landwirtschaftliche Zentrum des Nordostens.
Heute ist das freundliche 13 000-Einwohner-Städtchen am Grande Ronde River ein angenehmer Ort zum Ausruhen und ein idealer Ausgangspunkt für Unternehmungen in den Blue Mountains und im nordöstlich gelegenen ►Hells Canyon.
Oregon-Trail-Fans wird das 13 mi/21 km westlich von La Grande gelegene **Blue Mountain Interpretive Center** interessieren (I-84, Exit 248). Auf mehreren Parkplätzen weisen Schilder auf die noch immer gut erkennbaren Wagenspuren der Pioniere hin.

★ Bend

G 6

Region: Deschutes County (Zentral-Oregon)

Einwohnerzahl: 78 000
Höhe: 1104 m ü.d.M.

Die größte Stadt in der dünn besiedelten Mitte des Staates ist die am schnellsten wachsende Stadt Oregons. Am Ostrand des Deschutes National Forest und der Cascade Mountains gelegen, ist sie eine gute Basis für Outdoor-Unternehmungen in der Umgebung.

Boomtown am Deschutes River

Die Lage macht's: Die im Übergangsgebiet zwischen den Cascade Mountains und der Great Basin High Desert liegende Stadt am

► **BEND ERLEBEN**

AUSKUNFT

Visit Bend
917 NW Harriman St., Suite 101
Bend, OR 97701
Tel. 1-541-382-80 48
www.visitbend.com

AKTIVITÄTEN

Die National Forests Deschutes und
Ochoco westlich und östlich von Bend
verfügen über zahlreiche Wanderwege.
Einer der schönsten ist der 7 km lange
»Mt. Bachelor Trail« hinauf zum
Gipfel des 2755 m hohen Mt. Bachelor
(ab Sunshine Lodge, Hwy. 46/Cascades
Lakes Hwy.).
Mountainbiker aus allen Ecken der
USA toben sich auf den Single Tracks
rund um Bend aus. Dabei hilft die
»Central Oregon Trail Alliance«
(www.cotamtb.com).
Eine Top-Adresse für die Liebhaber
dicker Gummiflöße in wilden Wassern
ist der Deschutes River mit seinen von
Lavaströmen in den Flusslauf
gedrückten Stromschnellen. Andere
gute Raftingflüsse sind der von tiefen
Canyons geprägte Owyhee River oder
der die Westhänge der Cascades
hinunterstürzende McKenzie River.
Viele Rafting-Veranstalter bieten in
Bend ihre Dienste an, u. a. Rapid River
Rafters (500 SW. Bond St., Suite 160,
www.rapidriverrafters.com, Tel. 1-541-
382-15 14,).
Mount Bachelor im Deschutes
National Forest ist nicht nur Bends
»Hausberg«, sondern zugleich auch
eines der besten Skireviere im Nordwesten.

ESSEN

► **Erschwinglich**
Pine Tavern Restaurant
967 NW Brooks St.
Tel. 1-541-382-55 81

Seit über 70 Jahren »in business«, ist
das Restaurant berühmt für seine
Prime Ribs und Scones mit Honig-
butter.

► **Erschwinglich/Preiswert**
**Deschutes Brewery
and Public House**
1044 NW Bond St.
Tel. 1-541-382-92 42
Erstklassiges »Pub Grub« – Steaks,
Sandwiches und Burger – in
hemdsärmeliger Atmosphäre. Braue-
rerei im Haus: süffiges Pale Ale!

ÜBERNACHTEN

► **Luxus/Komfortabel**
Lara House
640 NW Congress St.
Tel. 1-541-388-40 64
www.larahouse.com
Sechs gemütliche, modern eingerich-
tete Zimmer am Drake Park in der
Downtown.

► **Komfortabel**
**McMenamins Old St. Francis
School Hotel**
700 NW Bond St.
Tel. 1-541-382-51 74
www.mcmenamins.com
19 Z. und 4 Cottages
Von der katholischen Schule zum
coolen Boutique-Hotel. Überdies
beherbergt das »Old St. Francis« eine
kleine Brauerei, einen Pub und eine
Bäckerei.

Seventh Mountain Resort
18575 SW Century Dr.
Tel. 1-541-382-87 11
www.seventhmountain.com
240 Z. und Cottages
Modernes Vier-Jahreszeiten-Resort
10 km westlich von Bend im
Deschutes National Forest.

Deschutes River genießt mehr als 250 Sonnentage im Jahr und ein angenehm trockenes Klima, das viele junge Familien und Rentner aus Kalifornien anzieht. Während der letzten 25 Jahre hat sich Bends Einwohnerzahl deshalb nahezu verdoppelt, doch die Dynamik hat ihren Preis: Das alte Oregon versteckt sich in einem Brei aus gesichtslosen Vorstädten, durch die die US-97 in Nord-Süd-Richtung schneidet. Das alte Bend findet am Deschutes River statt. Am Flussufer gibt es schöne Parks und gute Restaurants in alten Häuserblocks aus der Zeit um 1900. Die Stadt selbst ist kaum älter als hundert Jahre. Die ersten Weißen an der Biegung des Deschutes River waren von Peter Skene Ogden geführte amerikanische Trapper. Heute unterhalten zahlreiche nationale und internationale Firmen Niederlassungen in Bend; größter Arbeitgeber ist indes der Tourismus. Allein die nahen Cascade Mountains haben sich in kürzester Zeit zu einem überaus beliebten Vier-Jahreszeiten-Spielplatz entwickelt.

Sehenswertes in Bend

Das am Ostrand der Downtown in einem alten Schulgebäude untergebrachte Heimatmuseum erinnert an die Pionierzeit im 19. Jh., als frankokanadische und amerikanische Trapper in den Cascades Pelztieren nachstellten. Andere Räume widmen sich den Holzfällern und Eisenbahn-Baronen des frühen 20. Jh.s (129 NW Idaho Ave.; Öffnungszeiten: Di. – Sa. 10.00 – 16.30 Uhr).   ⏱

Deschutes Historical Center and Museum

Greifvogel-Vorführung im High Desert Museum

Blick auf das schneebedeckte Bergmassiv »Three Sisters«

High Desert Museum

Ein paar Blocks weiter südlich liegt dieses hochinteressante Museum zur Kultur, Geschichte und Natur der Region. In tierfreundlichen Gehegen erwarten Wildtiere aus den Cascades und der Wüste, u. a. Wildkatzen, Reptilien, Otter und Stachelschweine, den Besucher. Ein schöner Spazierweg führt durch einen lichten Kiefernwald (59800 South Hwy. 97; Öffnungszeiten: tgl. 9.00 – 17.00 Uhr).

Pilot Butte State Scenic Viewpoint

Die größte Attraktion des Parks im Osten der Stadt ist der 150 m hohe Pilot Butte, ein uralter, allein stehender Aschekegel. Von seiner Spitze bietet sich ein schöner Blick auf die Cascade Range.

Umgebung von Bend

Newberry National Volcanic Monument

Das 11 mi/18 km südlich von Bend gelegene Wildnisgebiet schützt 200 km² teilweise spektakulärer Szenerie aus erkalteten Lavaströmen und Seen. Einer der landschaftlichen Höhepunkte ist **Lava Butte**, ein perfekt geformter, 150 m hoher Aschekegel. Weitere Sehenswürdigkeiten sind **Lava River Cave**, **Lava Cast Forest** und **Newberry Crater** (Lava Lands Visitor Center, 58201 S Hwy.97; Öffnungszeiten: Mai bis Okt. tgl. 9.00 – 17.00 Uhr).

Cascades Lakes Scenic Highway

Diese 140 km lange Aussichtsstraße führt von Bend als OR-46 längs durch den **Deschutes National Forest** und passiert dabei einige schöne Aussichten auf die schneebedeckten **Cascade Mountains**. Dabei kreuzt sie auch die Wege berühmter Pfadfinder und »mountain men«: Im 19. Jh. erkundeten amerikanische Heldengestalten wie Kit Carson und John C. Fremont diese Gegend. Namensgeber des Highways sind ein halbes Dutzend malerischer Seen, u. a. Todd Lake, Hosmer Lake und Little Lava Lake.

Ca. 22 mi/35 km nordwestlich von Bend liegt das hübsche 1600-Seelen-Städtchen Sisters zu Füßen seines Namensgebers, des von ewigem Schnee bedeckten Bergmassivs **Three Sisters**. Einst Station auf der Route der Pioniere Richtung Willamette Valley, atmet Sisters trotz starker Kommerzialisierung dank seiner Westernfassaden und hölzernen Gehwege noch immer Frontier-Atmosphäre. Outdoorfans nutzen Sisters als Basis. Beliebteste Aktivitäten sind Hiking, Mountainbiking, Angeln und im Winter Skilanglauf. Am zweiten Wochenende im Juni feiert Sisters seine Frontier-Tradition mit dem »Sisters Rodeo« (www.sistersrodeo.com). **Sisters**

✷✷ Columbia River Gorge

F 5-7

Region: Multnomah, Hood River und Wasco Counties   **Länge:** 130 km

Der Schicksalsstrom des amerikanischen Nordwestens schneidet tief durch die Cascade Range, bevor er bei ►Astoria majestätisch in den Pazifik mündet. Ein 130 km langer, besonders schöner Abschnitt des bis zu 1300 m tiefen Canyons wurde zur National Scenic Area erhoben.

Vulkanische und seismische Kräfte formten diese Schlucht vor vielen Millionen Jahren. Ihr heutiges Aussehen verdankt sie der letzten Eiszeit, die sie bis zu anderthalb Kilometer breit vor rund 12 000 Jahren in die Bergkette der Cascade Range fräste. Fast ebensolang diente sie dem Menschen als Verkehrskorridor und stets wohl gefüllter »Supermarkt«: Die Stämme der Nordwestküste reisten auf dem Columbia River landeinwärts, um sich in The Dalles mit den Stämmen aus dem Innern des Kontinents zum Tauschhandel zu treffen. Lewis und Clark sahen schon 1805 europäische und asiatische Handelsware im Gepäck ihrer einheimischen Gastgeber. Die Ankunft weißer Siedler während der zweiten Hälfte des 19. Jh.s signalisierte den Anfang vom Ende der reichen Stammeskulturen in der Schlucht. Der Bau von Staudämmen im frühen 20. Jh. entzog ihnen zudem die Nahrungsgrundlage: Seit Jahrtausenden hatte man vom Fischfang, vor allem Lachs, gelebt. Noch vor dem Ersten Weltkrieg begann der Tourismus mit Erholung suchenden Familien aus Portland, die in Ford-Ts auf dem Columbia River Highway (US-30) zu Aussichtspunkten und Picknickplätzen rollten. Seit den 1950er-Jahren macht die das Oregonufer begleitende I-84 den Verkehr in der Schlucht schneller. **Schlucht mit über 70 Wasserfällen**

COLUMBIA RIVER GORGE ERLEBEN

AUSKUNFT

Hood River County COC
720 E. Port Marina Drive
Hood River, OR 97031
Tel. 1-541-386-20 00
www.hoodriver.org

The Dalles Area COC
404 W. 2nd St.
The Dalles, OR 97058
Tel. 1-541-296-22 31
www.thedalleschamber.com

ESSEN

▶ Fein & teuer/Erschwinglich

① **Brian's Pourhouse**
606 Oak St., Hood River
Tel. 1-541-387-43 44
Fusion Cuisine, eine der besten im
Nordwesten.

▶ Erschwinglich

② **The Baldwin Saloon**
205 Court St., The Dalles
Tel. 1-541-296-56 66

1876 eröffnet, war dieser Saloon zwischendurch auch Bordell, Sattlerei und Sarglager. Hier gibt's die besten Burger und Steaks der Stadt.

ÜBERNACHTEN

▶ Luxus/Komfortabel

① **Columbia Gorge Hotel**
4000 Westcliff Drive
Hood River
Tel. 1-541-386-55 66
www.columbiagorgehotel.com
Das »Waldorf of the West«, 1921 eröffnet, bietet seinen Gästen 40 urgemütliche Zimmer.

▶ Komfortabel

② **Hood River Hotel**
102 Oak Ave.
Hood River
Tel. 1-541-386-19 00
www.hoodriverhotel.com
Zentral gelegenes altes Stadthotel mit 41 modern eingerichteten Zimmern und »Pasquale's Ristorante«.

Seit ein paar Jahren gibt es Bestrebungen, die alte Uferstaße und viele der alten Tankstellen und Diner zu restaurieren und als **Historic Columbia River Highway** zu bewerben. Auch die Erhebung des 130 km langen Abschnitts zwischen Troutdale unweit ▶ Portlands und der Mündung des Deschutes River zur **National Scenic Area** gehört dazu. Denn mit über 70 Wasserfällen, von denen viele vom Historic Columbia River Highway aus zu sehen sind, und immer wieder neuen »vistas« auf die schneebedeckten Gipfel der Cascade Range zeigt sich Oregon von seiner besten Seite. Im Übrigen lohnt es sich, die historische Uferstraße in den Mount Hood Loop (▶S. 313) einzubinden.

Sehenswertes am Historic Columbia River Hwy.

Portland Women's Forum State Scenic Viewpoint Dieser zu den schönsten Aussichten über den Strom in die Schlucht zählende Punkt liegt ca. 9 mi/15 km östlich von **Troutdale**. Bei guter Sicht zu sehen: Crown Point und Vista House und sogar die Mauern des Bonneville Dam.

Ungefähr 15 mi/24 km östlich von ▶ Portland erhebt sich eine 220 m hohe Basaltklippe über die Schlucht des Columbia River. Das Besucherzentrum **Vista House** am viel besuchten Aussichtspunkt **Crown Point**, ein zuletzt 2005 restauriertes, trutziges Art-noveau-Gebäude, wurde 1916 bis 1918 ursprünglich zum Gedenken an die Pioniere Oregons errichtet und informiert über die Geologie und Historie der Columbia Gorge (40700 E Historic Columbia River Hwy.; Öffnungszeiten: April – Okt. tgl. 8.30 bis 18.00 Uhr).

Romantisches Naturschauspiel: die Latourell Falls

Über eine moosüberwachsene Basaltklippe stürzt im **Guy W. Talbot State Park** das Wasser des Latourell Creek 75 m in die Tiefe – die schönste Einführung für all jene, die der Wasserfälle wegen die Columbia Gorge besuchen. Vom Parkplatz ist es ein anderthalb Kilometer langer Spaziergang zum Fuß der **Latourell Falls**.

Unweit des Milepost 28 präsentiert sich im **Bridal Veil Falls State Park** der gleichnamige Wasserfall, der das vom Larch Mountain strömende Wasser in zwei 30 bzw. 9 m hohen Stufen über scharfe Basaltkanten schießt. Schöne, kurze Trails führen durch eine üppige Vegetation zu verschiedenen Aussichten auf den Wasserfall.

★
Bridal Veil Falls

Wenige Autominuten weiter östlich: Gespeist von unterirdischen Quellen auf dem Mount Larch, sind die Multnomah Falls mit fast 200 Metern die **höchsten Fälle in der Columbia Gorge**. Schwindelerregende Blicke auf die in zwei Stufen geteilten Fälle bietet u. a. die **Benson Footbridge**. Jenseits der eleganten, 14 m langen Brücke folgt der Larch Mountain Trail dem Multnomah Creek bis zum Larch Mountain Lookout – und zu unvergesslichen Blicken über die Fälle und die Columbia Gorge.

★
Multnomah Falls

Die 87 m hohen Elowah Falls gehören zu den weniger besuchten Wasserfällen der Columbia Gorge. Anderthalb Kilometer vom Parkplatz entfernt, stürzt das Wasser in dünnem Strahl in einen von Moosen und Farnen »eingemauerten« Felsenpool, über dem eine permanente Gischwolke hängt.

Elowah Falls

Etwa 43 mi/70 km östlich von ▶ Portland thront dieses beschauliche 1100-Seelen-Städtchen auf einer felsigen Landzunge zwischen Fluss-

★
Cascade Locks

Columbia River Gorge Orientierung

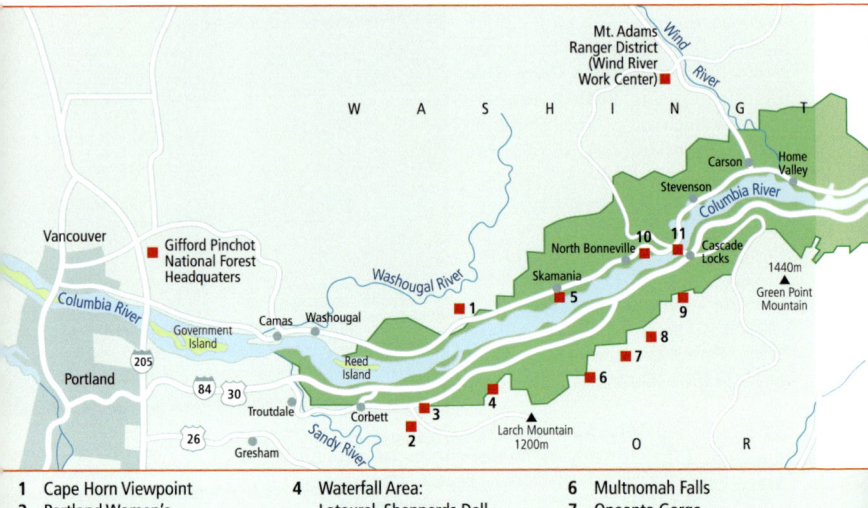

1 Cape Horn Viewpoint
2 Portland Women's Forum State Park
3 Crown Point State Park

4 Waterfall Area: Latourel, Shepperds Dell, Bridal Veil, Wakheena
5 Beacon Rock

6 Multnomah Falls
7 Oneonta Gorge
8 Horsetail Falls Trail
9 Eagle Creek Trail

Essen
① Brian's Pourhouse   ② The Baldwin Saloon

ufer und I-84. 1937 wurde der etwas stromabwärts gebaute **Bonneville Dam**, ein Komplex aus Schleusen, einem Damm und einem Wasserkraftwerk, eröffnet – die mit Abstand größte Arbeitsbeschaffungsmaßnahme der amerikanischen Regierung während der Depression. Hinter dem Damm staute sich der **Bonneville Lake** und überflutete ältere Schleusenanlagen aus dem späten 19. Jahrhundert. Mit zwei später hinzugefügten Kraftwerken produziert der Bonneville Dam heute eine Million Kilowatt und ist auch touristisch maßgeblich am Wohl des Orts beteiligt. Im Haus des Schleusenwärters widmet sich das **Cascade Locks Historical Museum** der Stadtchronik und dem Transportwesen auf dem Fluss (Marine Park Port House; Öffnungszeiten: Mai – Sept. tgl. 12.00 – 17.00 Uhr). Im **Marine Park** ankert der Raddampfer »Columbia Gorge«, der täglich Touren auf dem Fluss unternimmt. Alles über den Bonneville Dam erfährt man ein paar Kilometer flussabwärts im mitten im Fluss liegenden **Bradford Island Visitor Center** (Öffnungszeiten: tgl. 9.00 – 17.00 Uhr).

Hood River Das 6600-Einwohner-Städtchen wirkt ungeheuer dynamisch – dafür sorgen die vielen braungebrannten Gestalten auf der Oak Street. Die schöne, von alten Backsteinhäusern gesäumte Hauptstraße läuft geradewegs auf den Columbia River zu. Dort sieht man den Grund für

Columbia River Gorge
National Scenic Area

10 km
5 mi
©Baedeker

10	Bonneville Loch and Dam	14	Mosier Twin Tunnels	17	Columbia Hills State Park
11	Bridge of Gods	15	Catherine Creek	18	Marghill Museum
12	Dog Mountain Trail	16	Tom McCall	19	Deschutes River State
13	Drano Lake		Nature Preserve		Recreation Area

Übernachten
① Columbia Gorge Hotel   ② Hood River Hotel

die Popularität der Stadt: Dutzende, oft sogar Hunderte **Windsurfer** flitzen mit atemberaubender Geschwindigkeit über die weißbemützten Wellen. Anfang der 1980er-Jahre entdeckte die Windsurfer-Gemeinde die für ihren Sport idealen Windbedingungen in der Columbia Gorge. Hood River, bis dahin ein schläfriger Ort kleiner Farmer und Obstbauern, entwickelte sich über Nacht zum internationalen Hotspot von »boardheads« aus aller Welt.

Doch selbst wenn der Wind einmal nicht mitspielt, gibt es genug zu tun in Hood River. Die einnehmende Downtown bietet neben zahlreichen Coffeeshops und Outdoorläden das interessante, der Siedlungsgeschichte gewidmete **Hood River County Historical Museum** (300 E. Port Marina Drive; Öffnungszeiten: Mai – Sept. Mo. – Sa. 10.00 – 17.00, So. ab 13.00, sonst tgl. 13.00 – 17.00 Uhr).

Den besten Eindruck von Stadt und Umgebung vermittelt ein Ausflug mit der **Mount Hood Railroad**. Die vierstündige »Parkdale Excursion« bringt die Passagiere bis zum Fuß des allein stehenden, ungemein fotogenen Vulkans ▶ Mount Hood (110 Railroad Ave., www.mthoodrr.com). Die in allen Souvenirshops zu findende Postkartenansicht des schneebedeckten Mt. Hood mit tiefblauem See im Vordergrund erlebt man am besten selbst, und zwar am **Lost Lake**, der von Hood River aus auf der SR-281 erreicht wird.

Hotspot für Windsurfer nahe des Städtchens Hood River

The Dalles

Rund 22 mi/36 km weiter östlich, im bereits sichtbar trockeneren Teil der Schlucht, liegt die um 1800 gegründete 12 500-Einwohner-Stadt. Damals zwangen Stromschnellen rote wie weiße Händler, ihre Fracht über Land an diesem Verkehrshindernis vorbeizuschleppen. Auch der Oregon Trail endete hier: Die Siedler kalfaterten ihre Planwagen und setzten ihre Reise auf dem Columbia River fort. Zwangsläufig wurde der in einer weiten Uferebene liegende Ort ein Handelsmittelpunkt, später profitierten auch Farmer und Rancher von seiner Lage. Im 20. Jh. erlebte The Dalles so manchen Tiefschlag wie die Stilllegung seiner Aluminium-Fabriken und Sägewerke. Im Zentrum erinnern viele alte Gebäude, Kirchen und Museen an die aufregende Vergangenheit.

Columbia Gorge Discovery Center ▶ ⏱

Sehenswert ist v. a. das weitläufige Columbia Gorge Discovery Center, das in ansprechend inszenierten Ausstellungen alle Aspekte der Schlucht behandelt (5000 Discovery Drive; Öffnungszeiten: tgl. 9.00 bis 17.00 Uhr).

Fort Dalles Museum ▶ ⏱

Das Fort Dalles Museum, untergebracht im **Surgeon's Quarter** des früheren Forts, dokumentiert die Pionierzeit: Das längst abgerissene Fort wurde 1850 errichtet, um die Siedler vor Indianerüberfällen zu schützen (500 W. 15th St.; Öffnungszeiten: Mo. – Fr. 10.00 – 17.00, Sa. und So. 13.00 – 16.00 Uhr).

Coos Bay

H 3

Region: Coos County (Südküste)   **Einwohnerzahl:** 16 200
Höhe: 3 m ü.d.M.

Sägewerke, Containerstapel und eine auch sonst recht rustikale
»What you see is what you get«-Atmosphäre: Das einzige Kunstmuseum an der Küste hat sich ausgerechnet den nüchternsten Ort
ausgesucht. Einen schönen Kontrast bilden die drei südlich anschließenden State Parks.

Sehenswertes in Coos Bay und Umgebung

Einheimische nennen die Bucht und ihre drei Orte Coos Bay, North   »Bay Area«
Bend und Charleston selbstbewusst »Bay Area«. Mit dem kulturge-
tränkten Ballungsraum von San Francisco hat diese jedoch kaum etwas zu tun. Wer von Norden her anreist, möchte angesichts der Sägewerke und haushohen Späneberge am liebsten gleich durchfahren
– auch oder gerade wegen des Mill Casino zur Rechten, das in einer
ausgemusterten Sägemühle untergebracht wurde und v. a. Bustouris-
ten anlockt. Allerdings bietet Coos Bay, um 1850 gegründet und zeit-
weilig landesweit der größte Verladehafen für Holz, zwischen seinen
renovierungsbedürftigen Häuserzeilen eine angenehme Überraschung:
Im alten Postamt, seinerzeit ein sehenswertes Art-déco-Gebäude, re-   ◄ Coos Art
sidiert das Coos Art Museum. Klein, aber fein, stellt es junge und   Museum
etablierte Künstler der Nordwestküste aus und wagt sich hin und
wieder auch an umweltpolitische Themen (235 Anderson Ave.;
Öffnungszeiten: Di. – Fr. 10.00 – 16.00, Sa. ab 13.00 Uhr).   ◷

COOS BAY ERLEBEN

AUSKUNFT

Bay Area
Chamber of Commerce
145 Central Ave.
Coos Bay
OR 97420
Tel. 1-541-266-08 68
www.coosbay.org

ESSEN

► **Erschwinglich/Preiswert**
Blue Heron Bistro
100 Commercial St.
Tel. 1-541-267-39 33

Das »Blue Heron« serviert solide
deutsche Küche in urbaner Bistro-
Atmosphäre. Richtig lecker sind die
»Rouladen with Spaetzle«.

ÜBERNACHTEN

► **Komfortabel/Günstig**
Edgewater Inn
275 E. Johnson Ave.
Tel. 1-541-267-04 23
82 Z. Motelartige Unterkunft mit
Blick aufs Wasser. Die Zimmer sind
modern eingerichtet, viele mit
Kitchenette.

Waterfront des »Bay Area«-Städtchens Coos Bay

Boardwalk ▶ Von hier zum Boardwalk sind es nur ein paar Minuten zu Fuß. Dort werfen die Einheimischen die Leinen nach Lachs und Heilbutt aus. Südlich der Stadt führt der **Cape Arago Highway** zu drei herrlichen Naturschauspielen.

Sunset Bay State Park Der in Coos Bay vom Hwy. 101 abzweigende Cape Arago Highway führt westlich vom Fischerhafen Charleston zunächst zu diesem in einer Felsenbucht liegenden Sandstrand. Dessen geschützte Lage und noch weit draußen nur hüfttiefes Wasser ermöglicht den Gang ins Wasser – an Oregons Küste sonst nur etwas für Eisbären.

Shore Acres State Park Anderthalb Kilometer südlich vom Sunset Bay State Park taucht ein herrlicher, hoch über dem Pazifik liegender botanischer Garten auf. Einst ein Teil der Sommerfrische des Holzbarons Louis J. Simpson, bietet die Anlage beschauliche Spaziergänge durch Rosen-, Tulpen- und Rhododendron-Gärten. Von der 20 m hohen Kante der Klippe – früher stand hier das Simpson'sche Heim – bietet sich ein herrlichen Blick auf den Ozean. Und mit etwas Glück sieht man Wale vorbeiziehen.

Cape Arago State Park Am Ende der Straße, 15 mi/24 km südwestlich von Coos Bay, liegt das wildromantische, von Nadelwald nur dürftig bedeckte Cape Arago. Angeblich ging der englische Freibeuter Sir Francis Drake (1540 bis 1596) einmal hier vor Anker. Vom Parkplatz führen zwei schöne Trails zu Stränden, Gezeitenpools und Aussichten auf die Robben- und Seelöwenkolonien auf der vorgelagerten **Shell Island**.

Das rund 20 mi/32 km südlich von Coos Bay gelegene Städtchen Bandon (3200 Einw.) nennt einen der fotogensten, von Kliffs und Klippen bewachten Strände Oregons sein Eigen.

Bandon

Die im Schachbrettmuster zu Füßen eines kleinen Hügels angelegte **Altstadt** lädt mit hübschen Galerien und netten Cafés und Restaurants zu einem Bummel ein. Einen umfassenden Überblick über das Kunstschaffen an der Nordwestküste bietet die **2nd Street Gallery**, die größte Galerie an der Küste Oregons. Hier sind rund 200 einheimische Künstler ausgestellt (210 2nd St. SE; Öffnungszeiten: tgl. 10.00 – 17.00 Uhr).

🕐

Auf der Beach Loop Road geht's zur Küste. Die hier Spalier stehenden Felsen sind Bandons Visitenkarte: Dunkel, meerumspült und von Seevögeln bewohnt, ähneln viele von ihnen in der Bewegung erstarrten Tieren und Märchengestalten. Den besten Blick auf diese schöne Szenerie hat man vom **Coquille Point** am Ende der 11th Street. Dort führt eine Treppe zum Strand hinunter.

★
◄ Beach Loop

Das ausgewiesene Wildnisgebiet etwas nördlich von Bandon beschützt die letzten unberührten Salzwassermarschen des Coquille River. Das Feuchtgebiet unweit der Flussmündung ist Heimat von Seeadlern, Kranichen und Pelikanen (Hwy. 101, Abzweig Riverside Dr.).

◄ Bandon Marsh National Wildlife Refuge

Fast unberührte Küstenlandschaft bei Bandon

✶ Crater Lake National Park

H/J 5

Region: Jackson und Klamath Counties (Südwest-Oregon) **Fläche:** 649 km²

Es muss eine Show gewesen sein, gegen die der Ausbruch des Mount St. Helens im Jahr 1980 ein Kindertheater war. Übrig blieb ein gigantisches, mit tiefblauem Wasser gefülltes, fast kreisrundes Loch in der Landschaft, das alljährlich eine halbe Million Besucher in Entzücken versetzt.

Zauberhafter Kratersee Der Kratersee des im Südwesten Oregons liegenden Nationalparks ist 589 m tief, hat einen Durchmesser von etwa neun Kilometern und eine 43 km lange Uferlinie, deren Lavaklippen bis zu 610 m in die Höhe ragen. Geologisch ist der Crater Lake die wassergefüllte Caldera des prähistorischen Mt. Mazama, eines erloschenen, einst 3650 m hohen Vulkans. Vor fast 7000 Jahren höhlten anhaltende Eruptionen die Spitze des Vulkans aus, sie stürzte in sich zusammen und hinterließ den heute sichtbaren Kessel. Spätere Ausbrüche hinterließen in dem Krater einen Vulkankegel: **Wizard Island**. Als vor rund 4000 Jahren die vulkanischen Aktivitäten nachließen, füllte sich das Kraterbecken allmählich mit Regen- und Schmelzwasser.

Resultat einer gewaltigen Explosion: der Crater Lake im gleichnamigen Natinalpark

CRATER LAKE NATIONAL PARK ERLEBEN

AUSKUNFT

Crater Lake
National Park
P. O. Box 7
Crater Lake, OR 97604
Tel. 1-541-594-30 00
www.nps.gov/crla

ÜBERNACHTEN

Die Übernachtungsmöglichkeiten in
Park und Umgebung sind begrenzt. In
Rim Village im Park gibt es zwei
Hotels und zwei Campingplätze. Die
meisten Besucher unternehmen den

Abstecher hierher als Tagestour von
Klamath Falls (s. S. 317) oder von
Medford aus.

► Komfortabel

Crater Lake Lodge
Rim Village
Tel. 1-541-830-87 00
www.craterlakelodges.com
71 Z.
Im Jahr 1915 eröffnete Lodge mit
dem Flair der alten Grandhotels
unmittelbar am Kraterrand. Weit im
Voraus buchen!

Heute führt die 55 km lange **Rim Road** auf dem Kraterrand zu vielen
schönen Aussichtspunkten. Zahlreiche Trails beginnen am Straßenrand, ein einziger, der **Cleetwood Cove Trail**, reicht bis zum Wasser.
Dort starten im Sommer anderthalbstündige Bootstouren, die u. a.
auch auf Wizard Island anlegen.

Eugene

G 4

Region: Lane County (Nordwest-Oregon)   **Einwohnerzahl:** 154 000
Höhe: 131 m ü.d.M.

**In den 1960er-Jahren war die Stadt ein Zentrum des Protests gegen
den Vietnamkrieg und bis heute atmet die freundliche Stadt am
Südende des Willamette Valley den Geist der Gegenkultur.**

Dem Besucher fällt dies auf den ersten Blick auf: Die Größe der Stadt **Liberaler Geist**
– Eugene ist die zweitgrößte Stadt Oregons – geht nicht wie anders-
wo Hand in Hand mit einer uniform in dunkle Anzüge und Kostü-
me gekleideten (Büro-)Arbeiterschaft. Selbst in den Chefetagen gibt
man sich legerer, und wichtige Geschäftsenscheidungen werden nicht
nur im Büro, sondern auch gern einmal im Coffeeshop an der Ecke
getroffen. Oder auf einer Bank in einem der vielen schönen Parks.
Als Sitz der liberalen, für ihre progressiven Kunst- und Architektur-
fakultäten bekannten University of Oregon war Eugene in den
1960er-Jahren eine Bastion der Hippie-Kultur. Jugendliche aus allen
Landesteilen probten hier in Kommunen den zivilen Ungehorsam,

▶ EUGENE ERLEBEN

AUSKUNFT

Convention & Visitors Association of Lane County Oregon
754 Olive St.
Eugene, OR 97401
Tel. 1-541-484-53 07
www.visitlanecounty.org

SHOPPING

Der »Fifth Street Public Market« (s. S.293) bietet mehrere Dutzend oregontypische Spezialitätengeschäfte. Ebenfalls eine feste Einrichtung ist der »Saturday Market« (8th u. Oak Sts.; Marktzeiten: April – Okt. Sa. 10.00 bis 17.00 Uhr).

EVENT

Das zweiwöchige, Ende Juni bis Anfang Juli veranstaltete »Oregon Bach Festival« bietet rund 25 Konzerte von weltberühmten Bach-Interpreten (www.oregonbachfestival.com).

ESSEN

▶ Fein & teuer

Oregon Electric Station
27 E. 5th Ave.
Tel. 1-541-485-44 44
Beste Steaks und Ribs der Stadt in historischem Eisenbahnergebäude.

▶ Erschwinglich

Beppe & Gianni's Trattoria
1646 E. 19th Ave.
Tel. 1-541-683-66 61
Der beste Italiener der Stadt bietet neben Traditionellem auch neue italo-amerikanische Kreationen. Nette Terrasse.

▶ Preiswert

Sundance Natural Foods
748 E. 24th St.
Tel. 1-541-343-91 42
Früher ein kleiner Hippie-Laden, heute einer der größten Biokostversorger im Willamette Valley mit einem tollen Büfett und einer feinen Salatbar.

ÜBERNACHTEN

▶ Luxus/Komfortabel

Valley River Inn
1000 Valley River Way
Tel. 1-541-743-10 00
www.valleyriverinn.com
257 Z. und 12 Suiten
Moderne, in warmen Farben eingerichtete Zimmer, viele mit Blick auf den Willamette River.

▶ Günstig

Timbers Motel
1015 Pearl St.
Tel. 1-541-343-33 45
www.timbersmotel.net
55 Z.
Einfache, preiswerte Unterkunft in der Downtown.

Drogenkonsum und Anti-Vietnam-Demonstrationen inklusive. Der Schriftsteller und Gegenkultur-Guru **Ken Kesey** (1935 – 2001), der lange hier lebte, genießt bis heute Ikonen-Status.
Nirgendwo im Nordwesten, von ▶ Portland einmal abgesehen, gibt es mehr Bioläden und als Kooperativen betriebene Geschäfte, nirgends mehr umweltpolitische Initiativen und rollstuhlfreundliche Fußwege als hier am Zusammenfluss von Willamette und McKenzie

River. Nicht schlecht also für eine Stadt, die 1846 als Handelsposten begann und nach dessen Besitzer Eugene Skinner anfangs »Skinner's Mudhole« (»Skinners Schlammgrube«) genannt wurde. Ihre Vision eines kulturellen Mittelpunkts für alle Bürger realisierten Eugenes Stadtväter früh. Schon 1873 öffnete die University of Oregon ihre Tore, und seitdem gehört die Hochschule, dicht gefolgt von einer blühenden Softwareindustrie, zu den größten Arbeitgebern der Stadt. Der Uni-Campus und die von 5th und 10th Avenue sowie Charnelton und High Street begrenzte charmante Downtown sind die touristischen Epizentren.

Sehenswertes in Eugene und Umgebung

Wie Eugene tickt, erleben Besucher am besten in diesem in einer alten Futterfabrik untergebrachten Markt. Lokale und regionale Farmer, Künstler und Handwerker verkaufen hier ihre Produkte und Werke. Im Atrium spielen hiesige Musiker auf (296 E. Fifth Ave.; Öffnungszeiten: Mo. – Sa. 10.00 – 19.00, So. bis 18.00 Uhr). **Fifth Street Public Market**

Zwei Blocks weiter westlich beherbergt ein imposantes, aus gläsernen Pyramiden und einem mächtigen Klotz bestehendes Gebäude das kulturelle Herz der Stadt. Das »Hult« ist Sitz von sieben auch international renommierten Ensembles, u. a. der »Eugene Ballet Company« und der »Eugene Opera«, und bietet in der Silvia Concert Hall 2500 Gästen Kunstgenuss. **Hult Center for the Performing Arts**
Die unter der Lobby liegende Jacobs Gallery stellt, programmatisch unbelastet, die Werke junger Künstler aus der Region vor (Öffnungszeiten: Di. – Fr. 12.00 – 16.00, Sa. 11.00 – 15.00 Uhr). ◀ Jacobs Gallery

Der Campus der Universität liegt ein paar Häuserblocks südöstlich der Downtown und wird von Alder und Moss Street begrenzt. Mit über 17 000 eingeschriebenen Studenten und einem großzügig subventionierten Haushalt ist die UO eine der Top-Adressen im amerikanischen Lehr- und Forschungsbetrieb, doch auf dem parkähnlichen Campus geht es eher beschaulich zu. Die ältesten Gebäude, efeuumrankte viktorianische Schmuckstücke, stammen noch aus dem 19. Jahrhundert – **Deady Hall** beispielsweise wurde 1876 eröffnet. Zu einer Campus-Tour gehört der Bummel durch den Grabsäulenwald des **Pioneer Cemetery**, auf dem auch viele Teilnehmer des Bürgerkriegs liegen, sowie der Besuch des **UO Museum of Natural History**. Das dem traditionellen Langhaus der Nordwestküsten-Indianer nachempfundene Museum zeigt die regional besten Sammlungen zu den Kulturen der Ureinwohner und hier gefundenen Fossilien (Öffnungszeiten: tgl. 9.00 – 17.00 Uhr). **University of Oregon**

Das drei Blocks südwestlich der Downtown liegende Lane County Historical Museum erzählt äußerst spannende Geschichten aus der Ära der Trapper und Pioniere. Die historischen Fotografien der aus- **Lane County Historical Museum**

⏲ gezehrten, aber ungebrochenen Siedlerfamilien sind zutiefst beeindruckend (740 W. 13th Ave.; Öffnungszeiten: Di. – Sa. 10.00 bis 16.00 Uhr).

Silvan Ridge Im Jahr 1979 als Hinman Vineyards gegründet, produziert die 11 mi/ 18 km südwestlich von Eugene am hügeligen Südrand des Willamette Valley liegende Silvan Ridge Winery u. a. hervorragende Rieslinge und Pinot Noirs. Die Weinprobe im rustikalen »vine tasting room« lässt sich gut mit einem Picknick auf der Veranda abrunden (27012 ⏲ Briggs Hill Rd., www.silvanridge.com; Weinproben: tgl. 12.00 bis 17.00 Uhr).

Florence

H 3

Region: Lane County (Nordküste)   **Einwohnerzahl:** 8270
Höhe: 4 m ü.d.M.

Von der Talfahrt der Fischerei schwer gebeutelt, erlebt das Hafenstädtchen an der Mündung des Siuslaw River heute einen Mini-Boom als Alterssitz und als Basis für die Erkundung der Sanddünen und Steilküsten, die gleich hinter der Stadtgrenze liegen.

Sehenswertes in Florence und Umgebung

Beliebter Ausflugsort Ganz gleich, aus welcher Richtung man anreist: Florence hat einen starken Auftritt. Von Norden her kurvt man auf dem Hwy. 101 von hohen Klippen aus dem träge auf breitem Sandstrand liegenden Städtchen entgegen, von Süden her sieht man die gerade 100 Jahre alte »Altstadt« von der **Siuslaw River Bridge** aus, einer eleganten Brücke mit Art-déco-Elementen.

Die Nähe zum Willamette Valley – ▶Eugene liegt nur eine Autostunde entfernt –, das milde Klima und vor allem die überaus fotogene Küste beiderseits der Stadt haben Florence während der letzten Jahre zu einer beliebten Residenz bei Wochenendurlaubern und Senioren gemacht.

Altstadt ▶ Sehenswert ist indes nur die **Old Town** unterhalb der Brücke. Aufmerksam restauriert, erinnert sie mit – etwas zu sauberen – alten Häusern, Molen und Plankenwegen an die »gute alte Zeit«, als Florence noch vom Fischfang und Verladen der Hölzer des Inlands leben konnte. Eine Handvoll netter Restaurants und Coffeeshops sowie günstige Unterkünfte machen das Herz der Stadt jedoch zu einer einnehmenden Basis für Unternehmungen in der Umgebung.

Siuslaw Pioneer Museum ▶ Einen zweiten Blick wert ist das in einem altem Schulhaus residierende Siuslaw Pioneer Museum, das sich mit indianischen Artefakten und Exponaten aus der Pionierzeit dem Alltag vor 150 Jahren wid⏲ met (278 Maple St.; Öffnungszeiten: Di. – So. 12.00 – 16.00 Uhr).

 **FLORENCE ERLEBEN**

AUSKUNFT

Florence Area
Chamber of Commerce
290 Hwy. 101
Florence, OR 97439
Tel. 1-541-997-31 28
www.florencechamber.com

ESSEN

► Preiswert

Mo's
1436 Bay St.
Tel. 1-541-997-21 85
Die Fischrestaurantkette Mo's ist eine
Institution an der Oregon-Küste: Ihr
Markenzeichen ist »clam chowder«
à la Neuengland – eine mit Kartoffeln
zubereitete Muschelsuppe.

ÜBERNACHTEN

► Komfortabel

Blue Heron Inn
6563 Hwy. 126
Tel. 1-541-997-40 91
www.blue-heroninn.com
Fünf geräumige, hübsch altmodisch
eingerichtete Zimmer in einem
schönen, alten Haus am Siuslaw
River, etwa 5 km landeinwärts.

River House Inn
1202 Bay St.
Tel. 1-888-824-27 50
www.riverhouseflorence.com
40 Z. Modernes Motel mit Blick auf
den Fluss und die Brücke in der Nähe
der Altstadt.

Fünf Kilometer südlich von Florence zeigt dieses Schutzgebiet bereits
die für die Oregon Dunes (s. u.) typische Dünenlandschaft: Berge aus
Sand, so weit das Auge reicht, mit dichtem, die Hänge bedeckendem
Rhododendrongebüsch. Die beiden Süßwasserseen **Lake Cleawox**
und **Lake Woahink** sind beliebte Badeseen.

Jessie M. Honeyman Memorial State Park

Die Dünenlandschaft Oregon Dunes beginnt gleich südlich von Florence und reicht bis zum 80 km entfernten ►Coos Bay. Die Recreation Area reicht bis zu fünf Kilometer tief landeinwärts, oft treibt der
Wind den Sand auch über den Hwy. 101. Biologen haben zwar über
400 verschiedene Pflanzenarten in dieser Mini-Sahara entdeckt, doch
seit die Regierung diese Dünenlandschaft – die größten Dünen sind
bis zu 150 m hoch – als »Recreation Area« freigab, dient die Hälfte
der Fläche als Tummelplatz für Dune Buggys und Motocross-Räder.
Fans dieser Sportarten können in den Nestern **Reedsport** und **Win-
chester** Dünen-Gefährte ausleihen.

★ **Oregon Dunes National Recreation Area**

Den besten Überblick über die einzigartige Landschaft an der Pazifikküste hat man vom Oregon Dunes Overlook südlich von Carter Lake. Ein Trail führt von hier aus zum Pazifik (Oregon Dunes NRA
Visitor Information Center, 885 Hwy. 101, Reedsport; Öffnungszeiten: tgl. 9.30 – 16.00 Uhr).

◄ Oregon Dunes Overlook

🕐

Die 10 mi/16 km nördlich von Florence tief unterhalb des Hwy. 101
liegende Grotte ist das 12 Stockwerke hohe »Wohnzimmer« der ein-

Sea Lion Caves

zigen Kolonie von Stellerschen Seelöwen in den Lower 48. Rund 200 dieser beeindruckenden und immer lauten Tiere ziehen in der gisch-

tumbrandeten Höhle ihre Jungen auf. Vom **Besucherzentrum** führt ein Fahrstuhl 60 m in die Tiefe (91560 Hwy. 101; Öffnungszeiten: tgl. 9.00 – 17.30 Uhr).

Das wenig nördlich der Sea Lion Caves gelegene und zu den schönsten Leuchtfeuern der Pazifikküste zählende **Hecata Head Lighthouse** kündigt sich schon früh an: Autofahrer auf dem Hwy. 101 halten – verbotenerweise – auf offener Straße zum Fototermin an, sobald eine Kurve eine schöne Aussicht bietet. Der offizielle »Viewpoint« befindet sich im **Devil's Elbow State Park**, der an der Mündung des Cape Creek in einer hübschen kleinen Bucht liegt. Von hier aus führt ein kurzer Trail zu dem 1894 in Be-

Schönes Pazifik-Leuchtfeuer: das Hecata Head Lighthouse

trieb genommenen, auf einer Felsenkanzel hoch über dem schäumenden Pazifik thronenden Leuchtturm. Ein Trail zur Nordseite des Heceta Head führt zu phantastischen Aussichten auf das 10 mi/16 km weiter nördlich liegende **Cape Perpetua**.

Gold Beach

Region: Curry County (Südküste)   **Einwohnerzahl:** 1900
Höhe: 15 m ü.d.M.

Der Name ist irreführend: Es gibt hier keinen gelben Strand, und Gold findet man auch keines. Dennoch muss man sich Gold Beach merken. Das Städtchen an der Mündung des Rogue River genießt bei Lachsanglern und Jetboat-Fans einen guten Ruf.

Sehenswertes in Gold Beach und Umgebung

Beschauliches Hafenstädtchen

Ein Hafen in der Flussmündung, ankernde Lachstrawler, eine Fischfabrik und die überschaubare, schläfrige Hauptstraße Ellensburg Avenue mit einem kleinen Wohngebiet dahinter, das sich an die wenige Meter landeinwärts ansteigenden Hänge schmiegt: Der Blick von der eleganten Patterson Bridge auf Ort und Flussmündung ist eine nette Überraschung.

● GOLD BEACH ERLEBEN

AUSKUNFT

Gold Beach Visitor Center
94080 Shirley Lane
Gold Beach, OR 97444
Tel. 1-541-247-01 87
www.goldbeach.org

AKTIVITÄTEN

Der Rogue River entspringt 360 km landeinwärts im Crater Lake National Park und stürzt durch die dramatische Bergwelt der Cascade Mountains dem Pazifik entgegen. Die isolierten Siedlungen am unteren Abschnitt versorgt seit über 100 Jahren ein Postschiff von Gold Beach aus. Heute ist es ein PS-starkes Jetboat, das auch Touristen mitnimmt. Den rasanten Ritt durch Stromschnellen und 200 m tiefe Schluchten bieten »Rogue River Mail Boat Tours« von Mai bis Oktober an (Mailboat Dock am Nordufer des Rogue River, Tel. 1-541-247-70 33).

ESSEN

► Erschwinglich

Port Hole Café
29975 Harbor Way
(unterhalb der Patterson Bridge)
Tel. 1-541-247-74 11
Gradlinige Küche in alter Fischfabrik,

spezialisiert auf »Ocean Stuff«. Zudem wird ein schöner Blick auf den Hafen geboten.

► Preiswert

Gold Beach Books Biscuit Coffeehouse & Art Gallery
29707 Ellensburg Ave.
Tel. 1-541-247-24 95
Nettes Café mit umfangreicher Buchhandlung im Rücken; serviert werden hier die besten Cappuccinos und Coffee Cakes dieses Küstenabschnitts.

ÜBERNACHTEN

► Luxus/Komfortabel

Rogue River Lodge at Snag Place
94966 North Bank Rogue River Rd.
Tel. 1-541-247-90 70
www.rogueriverlodge.com
8 Z. Urgemütliches Luxus-Motel etwas landeinwärts am Nordufer des Rogue River.

► Günstig

Sand Dollar Inn
29399 Ellensburg Ave.
Tel. 1-541-247-66 11
25 Z. Angenehme Unterkunft, ein paar Gehminuten vom Strand entfernt.

Während der 1850er-Jahre fanden besonders unentwegte Abenteurer ein bisschen Goldstaub in dem hier allgegenwärtigen schwarzen Sand. Die Aktivitäten der immer zahlreicher werdenden Weißen war ein Mitauslöser der sog. **Rogue River Wars** (1855 – 1857), in deren Verlauf hier ansässige Indianer der Takelma, Shasta und Coquille die landhungrigen Siedler – vergebens – bekämpften. Mehr darüber erfährt man im **Curry County Historical Museum** (29419 Ellensburg St.; Öffnungszeiten: Di. – So. 10.00 – 16.00 Uhr).
Um 1900 entdeckten Sportangler den Rogue als Lachsfluss. Heute bieten zahlreiche flussaufwärts liegende River Lodges Anglerferien ◄ weiter auf S. 300

WO DER WALDMENSCH HUSTET

Seitdem die Waldbrandbekämpfung von Flugzeugen aus geschieht, haben die Feuerwachttürme im Südwesten Oregons – fast – ausgedient. Heute bieten sie Gästezimmer in bester, wenn auch einsamer Lage.

Nachts um zwei Uhr knirscht es plötzlich. Das Bett bewegt sich, zugleich verdunkeln dunkle Wolken den Mond. Tiefblaue Schatten legen sich über die Bergkämme, die bis dahin fahles Licht beschien. Wieder knirscht es, dieses Mal genau unter dem Kopfkissen. Schliefe ich zu ebener Erde, ich würde mich nach einer Weile einfach auf die andere Seite drehen und weiter schlafen. Doch dieses Bett steht auf dünnen Planken, und darunter gähnt der Abgrund: Ich residiere auf einer rundum verglasten Plattform an der Spitze eines 15 Meter hohen, hölzernen Feuerwachtturm, der mit fast 50 Jahren auch nicht mehr der Allerjüngste ist ...

»Hotel« in luftiger Höhe

Der **Quail Prairie Lookout** ist einer von etwa 40 Feuerwachttürmen im **Siskiyou National Forest**, die das US Department of Agriculture (USDA) in Oregon noch betreibt. Früher thronten über 200 »fire towers« bzw. »fire lookouts« auf den Bergkämmen und -gipfeln der Region. Anfang der 1960er-Jahre ging die Fire-tower-Ära zu Ende. Seit 1964 werden Waldbrände in Oregon nur noch aus der Luft geortet. Der USDA Forest Service hat seitdem die meisten Türme ausgemustert und abgerissen, das Schicksal der übrigen ist ungewiss. Derzeit dienen sie als Gästezimmer in allerbester Lage. Wer das vorhersagbare Übernachtungseinerlei in den Kettenhotels leid ist, kann sich für rund 60 $ pro Nacht vom USDA ein garantiert unvergessliches Übernachtungserlebnis fernab menschlicher Behausungen sichern.

Die in luftiger Höhe angebrachten Beobachtungsplattformen, in denen die Wächter einst ausharrten, sind spartanisch eingerichtete Unterkünfte, die zwei bis vier Personen Platz bieten. Am Boden muss ein Plumpsklo reichen. Eine Dusche ist in den meisten Fällen Fehlanzeige. Schlafsack, Wasser und Proviant müssen mitgebracht werden.

Urlaub im Lookout

Die Aussicht vom 15 m hohen »Quail Prairie Lookout« über diesen **Kalmiopsis Wilderness** genannten Teil des Siskiyou National Forest ist phantastisch. Bis zu 2000 Meter hohe, teils

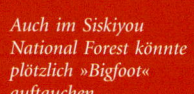

Auch im Siskiyou National Forest könnte plötzlich »Bigfoot« auftauchen ...

arg zerklüftete Höhenzüge legen sich kreuz und quer über das Land. Bekannt für ihre stark eisenhaltigen Felsen und unfruchtbaren Böden, hat die Kalmiopsis Wilderness jedoch eine einzigartige Flora hervorgebracht, deren Arten erst im Laufe der 1940er-Jahren vollständig erfasst und dokumentiert worden sind.So ist die rot blühende Kalmiopsis leachiana ein voreiszeitliches Relikt und das älteste aller Heidekräuter. Periodische Waldbrände sorgen für den Fortbestand der Kalmiopsis-Flora. Der letzte war im September 1987, als innerhalb von zwölf Stunden mehr als 500 Blitze einschlugen und die gesamte Region in Brand setzten. Bei der Bekämpfung spielte der Quail Prairie Lookout damals eine Schlüsselrolle: Allein in seinem Kontrollbereich waren zeitweise 1800 Feuerwehrleute rund um die Uhr im Einsatz. Es dauerte zwei Monate, bis das größte Feuer in der Geschichte Oregons endgültig unter Kontrolle gebracht worden war.

Berglöwen und Waschbären

Eintragungen im Gästebuch schwärmen von Waschbären und Hirschen auf der Lichtung unterhalb des Turms. Ein Gast glaubte, abends vom Balkon aus einen einen Berglöwen gesehen zu haben, ist sich aber nicht sicher: »Jedenfalls sah der Schatten, der um mein Auto strich, so aus.«

Die letzte Stunde vor dem Zubettgehen verbringe ich auf dem umlaufenden Balkon der Plattform. In der Berglöwen-Broschüre von Oregon State Parks steht, was bei einer Begegnung mit dieser gefährlichen Wildkatze zu tun ist: »Bleiben Sie ruhig. Laufen Sie nicht weg, das könnte den Angriffsinstinkt der Katze auslösen. Strecken Sie Ihre Arme in die Höhe, um größer auszusehen.«

Prompt – und ungelogen – dringt vom Waldrand ein lang gezogenes, hustenähnliches Geräusch herüber. Das mit dem Ruhigbleiben ist so eine Sache. Steigen Berglöwen Treppen hinauf? Ich schließe doch lieber die Bodenluke und stelle sicherheitshalber noch eine schwere Kiste darauf. Anschließend suche ich den Waldrand mit dem Fernglas ab. Noch einmal dringt das raue Husten herüber, unheimlich klingt das. Vielleicht ist es gar kein Berglöwe. Vielleicht ist es ein Sasquatch, ein Bigfoot, der legendäre Waldmensch? Die Einsamkeit in der Wildnis regt die Phantasie an. Nachts stieben Sternschnuppen weiß über den Himmel, und ein lauer Wind streicht um den Turm.

Auskunft: Rogue River – Siskiyou National Forest, 340 Biddle Rd., Medford, OR 97504, Tel. 1-541-618-2200, www.fs.fed.us/r6/rogue-siskiyou (»Recreational Activities« anklicken) an. Am Nordufer des Flusses, im Gebäude von »Rogue River Mail Boat Tours« (► S. 297), informiert ein kleines Museum über die Natur des Rogue River.

Cape Sebastian Etwa 7 mi/11 km südlich von Gold Beach liegt dieses nach dem spanischen Seefahrer Sebastián Vizcaíno benannte Vorgebirge, der im Jahr 1602 in diesen Gewässern kreuzte. Über 200 m hoch, ist es das höchste mit dem Pkw erreichbare Kap der Küste und liefert bei klarer Sicht tolle Ausblicke.

i Bigfoot & Sasquatch

■ Halb Mensch, halb Affe, streifen diese zotteligen Wesen – zur Freude der Medien – v. a. in der Saure-Gurken-Zeit durch die Wälder des Nordwestens: Die Legende vom Bigfoot bzw. Sasquatch scheint unausrottbar. Die rastlosesten Sasquatch-Fans stellen alle relevanten Informationen ins Netz, inklusive ständig aktualisierter Karten mit »Sasquatch Sightings«; die beste Website ist www.oregonbigfoot.com.

Vom Cape Sebastian aus sieht man sie schon: die endlos scheinenden, von bizarren Felsklötzen und Felsnadeln bewachten Strände des **Pistol River State Park**.
Während der Rogue River Wars fand hier ein blutiges Gefecht statt, und der arme Soldat, der hier seine Pistole verlor, steht für die Namensgebung dieses wildromantischen Küstenabschnitts. Die beiden Parkplätze entlang des Highway 101 teilt man sich mit den verbeulten Vehikeln der Surfergemeinde: Die Windsurfbedingungen sind hier so gut, dass man die Boys und Girls vor allem von Juni bis Anfang September von morgens bis abends beim Spiel in den Wellen beobachten kann.

Brookings Der Küstenort an der Grenze zu Kalifornien, ca. 30 mi/48 km südlich von Gold Beach, ist mit seinen grellen Werbetafeln eine eher unansehnliche Angelegenheit. Hübsche State Parks in der Umgebung und ein ungewöhnlich warmes Klima machen den durchwachsenen ersten Eindruck jedoch wieder wett. Das milde Klima, das selbst im Winter eine Durchschnittstemperatur von 23 °C schafft, hat Brookings (6500 Einw.) sogar den Titel »Banana Belt of Oregon« eingetragen. Ein kleines Heimatmuseum, das **Chetco Valley Historical Society Museum**, präsentiert die 150-jährige Stadtgeschichte (15461 Museum Rd.; Öffnungszeiten: Sa. u. So. 12.00 – 16.00 Uhr).
Brookings interessanteste Sehenswürdigkeit liegt 15,5 mi/25 km landeinwärts an den Hängen des Mt. Emily und erfreut sich ungebrochener, etwas morbider Beliebtheit bei Weltkrieg-Fans. Im September 1942 warf ein von einem japanischen U-Boot aufgestiegenes Flugzeug hier zwei 170 Pfund schwere Brandbomben ab mit dem Ziel, einen Waldbrand zu entfachen. Das Vorhaben misslang jedoch, und so ging diese Episode lediglich als als einziger japanischer Angriff auf das amerikanische Festland in die Geschichtsbücher ein. Heute führt der **Mt. Emily Bombsite Trail** zur Einschlagstelle (via Chetco South Bank Rd. und Wheeler Creek Rd.).

Der Boardman State Park umfasst einen der schönsten Küstenabschnitte Oregons.

Der Samuel H. Boardman State Park beginnt wenige Kilometer nördlich von Brookings und schützt rund 20 Kilometer des wohl schönsten Küstenabschnitts Oregons. Zahlreiche Abfahrten führen vom Hwy. 101 zu Picknickplätzen und Aussichten auf der grandiosen Steilküste. Herausragende Sehenswürdigkeiten sind der abgeschirmte Strand der **Lone Ranch Picnic Area**, wo man in flachen Gezeitenbecken sogar schwimmen kann, das bei Walbeobachtern als Aussichtspunkt beliebte **Cape Ferrelo** und der **Natural Bridge Viewpoint**, von wo aus sich die Küste von ihrer dramatischsten Seite zeigt.

◀ Samuel H. Boardman State Park

Grants Pass

J 4

Region: Josephine County (Südwest-Oregon)

Einwohnerzahl: 34 300
Höhe: 293 m ü.d.M.

Zwei Aktivposten setzten die erfrischend normale Kleinstadt im Rogue River Valley auf die To-do-Liste der Outdoor-Fans: das milde Klima und der Rogue River, auf den sich das Freizeitangebot von Grants Pass konzentriert.

Sehenswertes in Grants Pass und Umgebung

Irgendwann hatten selbst die mächtigen Holzfirmen ein Einsehen. Die Abholzung der umliegenden Berge wurde strengen Quoten unterworfen oder ganz gestoppt. Viele hier verloren dadurch ihren Job.

Von der Holzwirtschaft zum Tourismus

GRANTS PASS ERLEBEN

AUSKUNFT

Grants Pass & Josephine County Chamber Office & Visitor Center
1995 NW Vine St.
Grants Pass, OR 97526
Tel. 1-541-476-77 17
www.grantspasschamber.org

AKTIVITÄTEN

Der Rogue gilt mit seinen Klasse-IV-Stromschnellen als einer der besten Wildwasserflüsse Nordamerikas. Zahlreiche Outfitter in Grants Pass und dem benachbarten Merlin können von den wassersportverrückten Fans aus ganz Amerika hervorragend leben. Man kann sich einer geführten Tour anschließen und im Team einen Tag auf dem Rogue verbringen oder aber selbst ein Kajak oder Raft mieten. Der über 60 km lange Wildwasser-Abschnitt beginnt hinter Graves Creek bei Sunny Valley. Einer der profiliertesten Anbieter ist »Orange Torpedo White Water Rafting Trips« in Merlin (210 Merlin Road, www.orangetorpedo.com; Tel. 1-866-479-50 61).

ESSEN

▶ **Erschwinglich**
The Laughing Clam
121 SW G St.

Tel. 1-541-479-11 10
Im »Laughing Clam« gibt's solide Pub- und Fischgerichte, dazu eine große Auswahl von in hiesigen Mikrobrauereien gebrauten Bieren.

**Wild River
Brewing & Pizza Company**
E und Mill Sts.
Tel. 1-541-471-74 87
Der Pub mit eigener Brauerei serviert die besten Pizzen der Stadt.

ÜBERNACHTEN

▶ **Luxus/Komfortabel**
Out 'n' About Treehouse
300 Page Creek Rd.
Cave Junction, OR 97523
Tel. 1-541-592-22 08
www.treehouses.com
Schlafen in urgemütlichen Baumhäusern hoch über dem Waldboden in der Nähe von Takilma.

▶ **Komfortabel**
Riverside Inn Resort
986 SW 6th St.
Tel. 1-541-476-68 73
www.riverside-inn.com
63 Z. Schöne Unterkunft am Rogue River mitten in Grants Pass. Alle Zimmer mit Balkon zum Fluss.

Inzwischen hat sich jedoch der Tourismus als neuer Wirtschaftszweig etabliert. Der Downtown genannte älteste Abschnitt der breiten Main Street erhielt vor nicht allzulanger Zeit ein Makeover, Bäume und schön altmodische Straßenlaternen inklusive, sodass man ahnt, wie Grants Pass früher ausgesehen hat. Frankokanadische Trapper im Dienst der Hudson's Bay Company waren um 1820 die ersten Weißen vor Ort. In den 1840er-Jahren folgten amerikanische Siedler, wenig später wurde die Stelle ein Stopover für kalifornische Postkutschen auf dem Weg ins Willamette Valley. 1865 eröffnete das Postamt, kurz zuvor hatte man die Ansammlung von Häusern an der staubigen Main Street Grants Pass genannt – zu Ehren des Siegs von Bürgerkriegsgeneral **Ulysses Grant** in Vicksburg.

Die Kuratoren des Grants Pass Museum of Art konzentrieren sich vor allem auf regionale Künstler und aktuelle Themen wie die Darstellung der Weinkultur Oregons und die Spannungen zwischen Umweltschutz und Urbanisierung (229 SW G St.; Öffnungszeiten: Di. bis Sa. 12.00 – 16.00 Uhr).

◄ Grants Pass Museum of Art ⏱

Munter geht es auf dem Grower's Market zu. Hier bieten die Farmer und Bio-Gärtner zu Livemusik und Straßenkunst ihre Produkte an (4th u. F Sts.; Marktzeiten: Sa. 9.00 – 13.00 Uhr).

◄ Grower's Market ⏱

Das 13,5 mi/22 km westlich von Grants Pass liegende Wildtier-Hospital päppelt kranke und im Straßenverkehr zu Schaden gekommene Wildtiere wieder auf und entlässt sie anschließend wieder in die Freiheit. Für Besucher mit begrenztem Zeitbudget die wohl einzige Gelegenheit, Schwarzbären, Berglöwen, Steinadler und andere Tiere der nahen Kalmiopsis Wilderness (► Baedeker Special S. 298) einmal ganz aus der Nähe zu sehen (11845 Lower River Rd.; Führungen: Mai – Sept. tgl. 9.30, 11.30, 13.30 und 15.00 Uhr).

Wildlife Images Rehabilitation and Education Center

⏱

Etwa 13,5 mi/22 km nördlich von Grants Pass erinnert in **Sunny Valley** ein kleines Besucherzentrum an die weniger bekannte Südroute des **Oregon Trail** an die Opfer, die von den Pionieren erbracht wurden. Zu sehen sind einige Gräber, eine alte Blockhütte und regelmäßig stattfindende »re-enactments« (500 Sunny Valley Loop; Öffnungszeiten: tgl. 10.00 – 17.00 Uhr).

Applegate Trail Interpretive Center

⏱

Das einnehmende Städtchen zu Füßen der bis weit in den Sommer schneebedeckten **Siskiyou Mountains** ist der beste Ausgangspunkt für Entdeckungstouren zum nahe gelegenen Oregon Caves National Monument. Seit den späten 1960er-Jahren wird rund um Cave Junction (1685 Einw.) Wein angebaut; einige der größten Weingüter Oregons liegen vor den Toren der Stadt. Der vor wenigen Jahren begonnene **Art Walk** (im Sommer an jedem zweiten Freitag) hat einen unaufgeregten Tourismus angekurbelt: In den kleinen Galerien und Kunsthandwerksläden des

Cave Junction

> ! **Baedeker** TIPP
>
> **»Bridgeview Vineyard«**
> Riesling und Gewürztraminer, Pinot Noir und Muscat: Das von einer deutsch-amerikanischen Familie betriebene, östlich von Cave Junction gelegene Weingut bittet täglich zwischen 11.00 und 17.00 Uhr zur Weinprobe (4210 Holland Loop Rd.; www.bridgeviewwine.com).

Orts präsentieren die Künstler ihre Werke dann höchstpersönlich. Zwei interessante Sehenswürdigkeiten liegen ein paar Autominuten außerhalb: Der **Great Cats World Park** zeigt einheimische und exotische Großkatzen (27919 Redwood Hwy.; Öffnungszeiten: Juni – Okt. tgl. 10.00 – 18.00, sonst Fr. bis So. 11.00 – 16.00 Uhr).

⏱

Kerbyville
Museum ▶
🕐

Das Kerbyville Museum, mit über 60 000 Artefakten prall gefüllt, erinnert an die raue Goldgräber- und Pionierzeit vor 150 Jahren (US-199 u. Redwood Hwy.; Öffnungszeiten: Mai – Sept. tgl. 10.00 – 16.00 Uhr). B & B und Sehenswürdigkeit zugleich ist das **Out 'n' About Treehouse** 16 km südlich von Cave Junction.

✳

Oregon Caves
National
Monument ▶

🕐

Von Cave Junction aus führt die SR-46 zu diesem 20 mi/32 km östlich in den dicht bewaldeten Siskiyou Mountains liegenden Naturschauspiel. Wegen der engen, extrem kurvenreichen Straßenführung rät die Parkverwaltung Wohnmobilen ausdrücklich von deren Benutzung ab. Die Höhle wurde 1874 entdeckt und besteht aus einer knapp 5 km langen Serie miteinander verbundener Kammern und einem unterirdischen Fluss, dem Styx. 1909 wurde die Höhle wegen ihres Formenreichtums zum National Monument befördert. Für die stündlich stattfindenden **»Cave Tours«** sollte man sich warm anziehen: Die Temperatur liegt ganzjährig bei 7 °C (Öffnungszeiten: Juni bis Sept. tgl. 9.00 – 18.00, sonst bis 17.00 Uhr).

✳ ✳ Hells Canyon (National Recreation Area)

F 11

Region: Nordost-Oregon, Idaho	**Fläche:** 2640 km²

Mit dem Kajak oder Jetboat durch eine Super-Schlucht: Der bis zu 16 km breite Hells Canyon ist mit über 2400 Metern Nordamerikas tiefste von einem Fluss erzeugte Schlucht.

Hotspot für
Wildwasserfans

Ein Paradies ist es nicht, durch das der **Snake River** an der Grenze mit Idaho dem Columbia River entgegenfließt. Die Sommer sind unerträglich heiß in diesem Abschnitt der **Wallowa Mountains**, es wimmelt von Klapperschlangen und giftigen Spinnen, und allein die Unzugänglichkeit dieser rauen Bergwelt soll schon manchen Wanderer entnervt haben.

Trotzdem – oder wohl gerade deswegen – treibt der Snake River, von steilen, zerklüfteten Basaltwänden in die Zwangsjacke des Hell Canyon gepresst, jedem ernsthaften Rafter Tränen des Glücks in die Augen. Durchschnittlich rund 1600 m tief, erreicht er im Abschnitt zwischen **Hells Canyon Dam** und **Dug Bar** unweit der Mündung des Imnaha River seine größte Tiefe. Für Rafter, Kajak- und Jetboatfahrer beginnen hinter dem Hells Canyon Dam zudem die spannendsten 110 km Wildwasser. Von hier bis nach Lewiston in Idaho bewältigt der Snake River einen Höhenunterschied von fast 400 m – »Action« in Form von Stromschnellen, Wirbeln und selbst veritablen Wasserfällen ist garantiert.

Flora und Fauna ▶

Dank seiner extremen Höhenunterschiede präsentiert der Hells Canyon eine besonders facettenreiche Tier- und Pflanzenwelt. Sonnenblumen sind ebenso vertreten wie Kakteen, und es gibt hier Bären, Fischotter und Adler.

HELLS CANYON ERLEBEN

AUSKUNFT

Hells Canyon
NRA Headquarters
Wallowa Mountains Visitor Center
88401 Hwy. 82
Enterprise, OR 97828
Tel. 1-541-426-55 46
www.fs.fed.us/hellscanyon

Hells Canyon
Chamber of Commerce
P. O. Box 841
Halfway, OR 97834
Tel. 1-541-742-42 22
www.hellscanyonchamber.com

AKTIVITÄTEN

In den umliegenden Ortschaften bieten über ein Dutzend Outfitter Wander-, Kajak- und Jetboat-Touren an, u. a. »Hells Canyon Adventures« (Oxbow, Tel. 1-541-785-33 52, www.hellscanyonadventures.com) und »Canyon Outfitters« (Halfway, Tel. 1-541-742-72 38).

ESSEN

► Erschwinglich

Outlaw Restaurant & Saloon
108 N. Main St., Joseph
Tel. 1-541-432-43 21
Hier gibt's dicke Steaks und Hamburger, Kartoffelbrei und Salate: gute amerikanische Küche in hemdsärmeliger Atmosphäre.

► Preiswert

Old Town Café
8 S. Main St., Joseph
Tel. 1-541-432-98 98
Frühstück und Lunch bis 14 Uhr, bei gutem Wetter auch im Garten.

ÜBERNACHTEN

► Luxus/Komfortabel

Wallowa Lake Lodge
60060 Wallowa Lake Hwy.
Joseph
Tel. 1-541-432-98 21
www.wallowalake.com
20 Z. und 8 Cottages
Historische Lodge aus den 1920er-Jahren: rustikale Eleganz mit viel dunklem Holz, dicken Teppichen und gemütlichen Zimmern.

► Günstig

Indian Lodge Motel
201 S. Main St.
Joseph
Tel. 1-541-432-26 51
www.indianlodgemotel.com
16 Z. Einfache Unterkunft in der Nähe aller sehenswerten Galerien.

Rund 1500 km Wanderwege führen von trockenen Wüsteneien zu alpinen Wildblumenwiesen. Das Nest **Imnaha** am Rand der Recreational Area – zu erreichen von Joseph (►S.306) aus auf dem Hwy. 350 – ist Ausgangspunkt für Wanderungen im schönsten Teil dieser isolierten Wildnis. Dort strebt eine 38 km lange, stellenweise recht steile Schotterstraße zum **Hat Point**. Unterwegs passiert die Strecke zahlreiche beeindruckende Aussichten. Vom **Hat Point Lookout** (2122 m ü.d.M.) hat man schließlich einen phantastischen Blick auf den tief unten fließenden Snake River und das Bergmassiv der **Seven Devils Mountains** in Idaho.

◄ Wanderungen

Mit dem Jetboat geht's durch den bis zu 2400 m tiefen Hells Canyon

Umgebung des Hells Canyon

Joseph

In der isolierten, verkehrstechnisch schwer erschließbaren Nordost-ecke Oregons sind Siedlungen vor allem eines: funktional. Eine Aus-nahme ist Joseph im Wallowa Valley, das Tor zum Hells Canyon. Das hübsche 1000-Seelen-Städtchen zu Füßen der schneebedeckten Wal-lowa Mountains schaffte den Übergang vom Holzfällercamp zur blühenden Künstlerkolonie. Die in den gut erhaltenen Frontierhäu-sern untergebrachten Galerien an der Main Street zeigen »Western Art«: Pferde in der Koppel, schneebedeckte Berge und ledergesichtige Cowboys und Indianer, gemalt von Künstlern aus der Region. Sieben große Bronzeplastiken an der Main Street weisen auf die Arbeit der vier hiesigen Gießereien hin.

Wallowa County Museum ▶

Lohnenswert ist der Besuch des Wallowa County Museum, das sich u. a. mit der Geschichte des Orts beschäftigt: 1877 war das Tal Schau-platz blutiger Auseinandersetzungen zwischen weißen Siedlern und Nez-Percé-Indianern (110 S. Main St.; Öffnungszeiten: Mai – Sept. tgl. 10.00 – 17.00 Uhr).

Wallowa Lake Tramway ▶

Einen wunderschönen Blick auf Joseph hat man an Bord der winzi-gen Kabinen der Wallowa Lake Tramway hinauf auf den 2492 m hohen **Mt. Howard**. Von der Gipfelstation führen schöne Trails zu Aussichten auf den Hells Canyon und die Seven Devils im benach-barten Idaho (59919 Wallowa Lake Hwy., Betriebszeiten: Mai – Okt. tgl. 10.00 – 17.00 Uhr).

Das am Südrand der Wallowa Mountains in pastoraler Idylle liegende, charmante 300-Seelen-Nest Halfway ist das zweite Gateway in den Hells Canyon und verfügt über ein paar einfache Unterkünfte und Restaurants. Während des Dotcom-Booms sorgte es landesweit für Schlagzeilen, als es seinen Namen für 100 000 Dollar in »Half. com, Oregon« änderte. Zwei Jahre später wurde das Unternehmen »Half.com« jedoch von eBay gekauft, und aus den Ankündigungen, für Arbeitsplätze im Ort zu sorgen, wurde nichts.

Halfway

In den 1880er-Jahren erlebte der Ort einen kurzen Goldrausch, danach wurde er buchstäblich von allen guten Geistern verlassen. Heute ist Cornucopia in den **Eagle Mountains** nördlich von Halfway eine **Geisterstadt** mit erstaunlich gut erhaltenen Häusern.

Cornucopia

Klamath Falls

J 6

Region: Klamath County
(Südwest-Oregon)

Einwohnerzahl: 20 700
Höhe: 1249 m ü.d.M.

Nach dem Niedergang der Forstwirtschaft erlebt die krisengewohnte Kleinstadt nahe der kalifornischen Grenze dieser Tage ihren dritten Frühling als Alterssitz. Jüngere Generationen profitieren von ihrer Nähe zu herrlichen Wildnisgebieten.

Sehenswertes in Klamath Falls und Umgebung

Noch in den 1990er-Jahren verzeichnete das hier nur »K-Falls« genannte Städtchen am Link River für die USA ungewohnte Horrorzahlen: die höchste Arbeitslosenquote, das niedrigste Durchschnittseinkommen im Westen. Doch dann erinnerten sich die Stadtväter des trockenen Klimas und der niedrigen Lebenshaltungskosten und priesen – erfolgreich – ihre Stadt kalifornischen Ruheständlern als attraktiven Alterssitz an. Naturfreunde haben Klamath Falls derweil als Basis für Ausflüge in die Wildnisgebiete der Umgebung entdeckt. Bespielsweise gelten die Flüsse, Seen und Feuchtgebiete des Klamath Basin bei Vogelbeobachtern und Petrijüngern zu den besten Revieren Oregons. Von dem so in die Stadt gelangten Kapital hat auch die Downtown profitiert. Die einnehmenden Ziegelhäuser an **Main Street** und **Klamath Avenue** beherbergen heute interessante Galerien und gemütliche Coffeeshops.

Aufblühendes Touristenstädtchen

Das Museum stellt umfassend die Geologie, Natur und Geschichte der Region vor. Die Darstellung des Modoc-Krieges – das traditionelle Stammesgebiet der Modoc liegt nur wenige Kilometer weiter südlich – ist erfreulich kritisch (1451 Main St.; Öffnungszeiten: Mi. – Sa. 9.00 – 17.00, So. ab 13.00 Uhr).

◄ Klamath County Museum

☉

▶ KLAMATH FALLS ERLEBEN

AUSKUNFT

Travel Klamath
205 Riverside Drive
Klamath Falls, OR 97601
Tel. 1-541-882-1501
www.travelklamath.com

EVENT

Am vierten Wochenende im August feiern in Chiloquin unweit von Klamath Falls die Ureinwohner der Region das »Klamath Tribes Restoration Celebration Pow Wow«. Das farbenprächtige, von Tanz- und Kochwettbewerben und einem Rodeo begleitete Fest erinnert an das Jahr 1986, als die hiesigen Stämme endlich auch offiziell als solche anerkannt wurden.

ESSEN

► Erschwinglich/Preiswert

Mia & Pia's Pizzeria & Brewhouse
3545 Summers Lane
Tel. 1-541-884-4880
Immer gut besuchte Kantine: Hühnchen, Steaks und Burger, dazu gibt's die selbstgebrauten Biere.

► Preiswert

Mollie's Truck Stop Restaurant & Lounge
3818 Hwy. 97 N.
Tel. 1-541-882-9591
Klassischer Trucker-Treff mit mürrischen Serviererinnen, dünnem Kaffee und kalorienreichen Gerichten.

ÜBERNACHTEN

► Luxus

Lodge at Running Y Ranch
5500 Running Y Rd.
Tel. 1-541-850-5500
www.runningy.com
Elegant-rustikales Resort im Western-Stil mit Lodge, Golfplatz, Restaurant und zahllosen Freizeitmöglichkeiten, nur wenige Fahrminuten nordwestlich von Klamath Falls gelegen.

► Komfortabel

Best Western Klamath Inn
4061 S. 6th St.
Tel. 1-541-882-1200
www.bestwestern.com/klamathinn
52 Z. Nettes, modernes Hotel der Mittelklasse-Kette.

Favell Museum ▶ Mehr über die Ureinwohner der Region erfährt man im hervorragenden Favell Museum (125 W. Main St.; Öffnungszeiten: Mo. – Sa. 9.30 – 17.30 Uhr).

Baldwin Hotel Museum ▶ Wie es in der Stadt um 1900 aussah, zeigen die von Maud Baldwin angefertigten Fotografien im Baldwin Hotel Museum (31 Main St.; Öffnungszeiten: Di. – Sa. 10.00 – 16.00 Uhr).

Lower Klamath National Wildlife Refuge Das zu diesem Schutzgebiet gehörende Marschgebiet **Klamath Marsh** ist im Frühjahr und Herbst ein wichtiger Rastplatz für Zugvögel auf der »Pacific Flyway« genannten Vogelzugroute. Aber auch während der Sommermonate kann man neben Seeadlern, Pelikanen und Kranichen 350 weitere Arten leicht beobachten. Das Schutzgebiet liegt etwa 50 mi/80 km nördlich von Klamath Falls und ist über den Hwy. 97 zu erreichen.

Lakeview

J 7

Region: Lake County (Süd-Oregon) **Einwohnerzahl:** 2660
Höhe: 1463 m ü.d.M.

Die Einwohnerdichte im größten County Oregons beginnt mit einer Null vor dem Komma. Und Lakeview ist die einzige Stadt, die diese Bezeichnung verdient. Damit ist das Zweitwichtigste gesagt. Das Wichtigste: Die Umgebung ist baumlos, wild und schön – mit Canyons, Mesas und Plateaus.

Sehenswertes in Lakeview und Umgebung

Viel zu sehen gibt es nicht in Lakeview. Auch den See, der dem Ort den Namen gab, gibt es nicht mehr. Dafür ist Lakeview der **höchstgelegene Ort Oregons** – ein Titel, den es bei jeder Gelegenheit erwähnt. Zudem ziehen rund 100 000 Stück Vieh durch die kahle Hochwüste. Rinderzucht hat Tradition hier. Mehr Aufmerksamkeit verspricht Lakeviews neuester Titel »Hang Gliding Capital of the West«: Verlässliche Westwinde und in Nord-Süd-Richtung verlaufende, natürliche »Startrampen« bietende Höhenzüge haben Lakeview zu einem Treffpunkt der amerikanischen Hangglider-Gemeinde gemacht. Lakeviews Hausberg, der Black Cap Hill, dient den bunten Fliegern den gesamten Sommer über als Übungsberg.

»Hang Gliding Capital of the West«

Die ersten Weißen in dieser Hochwüste waren frankokanadische Trapper im Dienst der Hudson's Bay Company. Der im Nordwesten allgegenwärtige Pelzhändler Peter Skene Ogden folgte wenig später, und John Frémont und sein Scout Kit Carson zogen 1843 hier durch. In den 1860er-Jahren kamen die Siedler und Rancher. Zusammenstöße mit den hier wohnenden Paiute-Indianern ließen nicht lange auf sich warten. 1878 wurden die Überlebenden des Paiute-Bannock-Aufstands in Reservate abgeschoben. 1889 wurde Lakeview gegründet und beliefert seitdem die Fastfood-Nation mit Rindfleisch. Dies und andere spannende Geschichten erzählt das kleine Schminck Memorial Museum, das zudem eine wunderbare Sammlung von Gegenständen aus dem Pionier-Alltag vor 150 Jahren präsentiert (128 South E St.; Öffnungszeiten: Feb. – Nov. tgl. 10.00 – 16.00 Uhr).

◄ Schminck Memorial Museum

🕑

Nur anderthalb Kilometer nördlich von Lakeview schießt dieser Geysir sein siedend heißes Wasser alle 90 Sekunden bis zu 20 m in die Höhe. Im Pool von Hunter's Hot Spring Resort (►S. 310) kann man darin baden.

Old Perpetual Geyser

Ca. 15 mi/24 km nördlich von Lakeview ragt die Felswand 600 m über den Abert Lake. Damit ist diese geologische Verwerfung die höchste ihrer Art in den USA. Schotterstraßen zweigen vom Hwy. 395 ab und führen zu dem gewaltigen Felsenmonument.

Abert Rim

► LAKEVIEW ERLEBEN

AUSKUNFT

Lakeview County
Chamber of Commerce
126 North E. St.
Lakeview, OR 97630
Tel. 1-541-947-60 40
www.lakecountychamber.org

EVENT

Alljährlich findet Anfang Juli das »Festival of Free Flight« statt. Im Rahmenprogramm werden Feuerwerk, ein Radrennen und BBQ geboten.

ESSEN

► **Erschwinglich**
Geyser Grill Restaurant
(im Hunter's Hot Springs Resort) Herzhafte amerikanische Küche, v. a. Steaks und Ribs, in enormen Portionen.

► **Erschwinglich/Preiswert**
Eagles Nest Food & Spirits
117 N. E St., Tel. 1-541-947-48 24
Im »Eagles Nest« wird deftige amerikanische Küche serviert.

ÜBERNACHTEN

► **Komfortabel**
Hunter's Hot Springs Resort
18088 Hwy. 395 N.
Tel. 1-541-947-40 00
www.huntersresort.com
Hier kann man im Wasser des »Old Perpetual« baden.

► **Komfortabel/Günstig**
Best Western Skyline Motor Lodge
414 N. G St.
Tel. 1-514-947-21 94
www.bestwestern.com; 38 Z.
Moderne Unterkunft mit Pool.

Christmas Valley

Der Abstecher in das Wüstennest 53 mi/85 km nördlich von Lakeview lohnt wegen zweier Naturschauspiele. Gleich außerhalb liegt **Crack-in-the-Ground**, eine dreieinhalb Kilometer lange, bis zu 21 m tiefe und vier Meter breite Spalte im Basalt. Ein schmaler Pfad ermöglicht den wohl ungewöhnlichsten Spaziergang in diesem Teil Oregons. Die **Christmas Valley Sand Dunes** liegen etwas weiter nördlich. Die Dünen in dieser rund 120 km² großen Mini-Sahara werden bis zu 18 m hoch.

McMinnville

F 4

Region: Yamhill County
(Nordwest-Oregon)

Einwohnerzahl: 30 300
Höhe: 48 m ü.d.M.

Rund einhundert Weingüter im County machen McMinnville am oberen Ende des Willamette Valley zum Zentrum der Weinproduktion Oregons. Der von hier stammende Pinot Noir verwies die Roten aus Burgund schon öfter auf die Plätze.

Sehenswertes in McMinnville

Wein wird hier schon länger angebaut als in Kalifornien. Nach der Prohibition erinnerte man sich im Süden jedoch schneller an die profitable Branche und baute Napa und Sonoma Valley zu internationalen Markennamen auf. Die Weine aus Oregon hatten das Nachsehen und begannen erst in den späten 1970er-Jahren mit der Aufholjagd, doch das erfolgreich: Weinkenner halten die Rotweine aus dem Yamhill County für komplexer als die aus dem Napa Valley. Und nachdem die hiesigen Pinot Noirs bei europäischen Wettbewerben abräumten, nutzen selbst französische Weinbauern das milde Klima und die fruchtbaren Böden rund um McMinnville, um hier ihre Reben anzubauen – und in Frankreich zu verkaufen.

Oregons Weinbauzentrum

McMinnville, anfangs ein eher funktional-nüchterner Mittelpunkt der Farmer der Umgebung, hat von den Verschönerungseffekten, die diese edle Industrie mit sich zu bringen pflegt, profitiert. Der Downtown Historic District rund um die **Third Street** gilt als Musterbeispiel einer gelungenen Altstadtrestaurierung und bietet zahlreiche feine Restaurants, Cafés und Kunstgalerien.

◀ Historic District

Vor dem Besuch der umliegenden Weingüter – Broschüren mit Touren-Vorschlägen hält die Chamber of Commerce bereit – sollte man sich zwei Orte ansehen: Die Lawrence Gallery, die **größte Galerie**

◀ Lawrence Gallery

Farbenprächtige Wildblumenwiese bei McMinnville

▶ McMINNVILLE ERLEBEN

AUSKUNFT

McMinnville Area
Chamber of Commerce
417 NW Adams St.
McMinnville, OR 97128
Tel. 1-503-472-61 96
www.mcminnville.org

WEINPROBEN

Einen ersten Überblick über das Angebot verschafft man sich am besten im »Oregon Wine Tasting Room«, 15 km südwestlich von McMinnville. Oregons älteste Weinhandlung führt 150 verschiedene Weine aus 70 hiesigen Weingütern (19690 SW Hwy. 18; www.oregon winetastingroom.com; Öffnungszeiten: tgl. 11.00 – 18.00 Uhr). Vorzügiche Weine produzieren vor allem »Erath Winery« (9409 NE Worden Hill Rd., Dundee, www. erath.com), »Sokol Blosser« (5000 Sokol Blosser Lane, Dundee, www. sokolblosser.com) und »Yamhill Vineyards« (16250 SW Oldsville Rd., McMinnville, www.yamhill.com). Weinproben werden in aller Regel zwischen 11.00 und 17.00 Uhr angeboten.

ESSEN

▶ Fein & teuer

Bistro Maison
729 NE 3rd St.
Tel. 1-503-474-18 88
Relaxtes französisches Bistro-Restaurant mit den besten »Moules Frites« der Nordwestküste.

▶ Fein & teuer/Erschwinglich

Nick's Italian Café
512 NE 3rd St., Tel. 1-503-434-44 71
Seit nunmehr 30 Jahren einer der besten Italiener Oregons.

ÜBERNACHTEN

▶ Komfortabel

Mattey House
10221 NE Mattey Lane
Tel. 1-503-434-50 58
www.matteyhouse.com
Vier wunderschöne Zimmer in viktorianischer Residenz.

McMenamin's Hotel Oregon
310 NE Evans St.
Tel. 1-503-472-84 27
www.mcmenamins.com
42 Z. Hundert Jahre altes, vierstöckiges Stadthotel mit Pub und Dachbar.

Oregons, zeigt in ihrer Niederlassung in McMinnville Werke von bis zu 150 Künstlern der Nordwestküste (Hwy. 18; Öffnungszeiten: tgl. 10.00 – 17.30 Uhr).

★ Evergreen Aviation Museum ▶ Das Evergreen Aviation Museum, ein hervorragendes Museum historischer Flugzeuge, wurde praktisch um das **größte Transportflugzeug der Welt** herumgebaut: Hier verbringt das von dem exzentrischen Milliardär Howard Hughes während des Zweiten Weltkriegs entworfene und ganz aus Holz gebaute Wasserflugzeug **Hughes H-4 Hercules**, besser bekannt als **»Spruce Goose«**, seinen »Lebensabend«. Die »Spruce Goose« hätte, wäre sie in Dienst gestellt worden, rund 750 Soldaten transportieren können (500 NE Capt. Michael King Smith Way; Öffnungszeiten: tgl. 9.00 – 17.00 Uhr).

✴ Mount Hood

F 6

Region: Clackamas und Hood River
Counties (Nordwest-Oregon)

Höhe: 3426 m ü.d.M.

Oregons höchster Berg wird auch »Amerikas Fudschijama« genannt, und wer ihn schneeweiß und unendlich schön in der Ferne aufragen sieht, weiß warum: Der spitzkegelige Vulkan ist ein »Feuerberg«, wie er im Buche steht.

Seismologen haben bestätigt, dass der Mount Hood keineswegs erloschen ist. Doch dass er in absehbarer Zeit ausbricht, steht kaum zu erwarten. Der letzte große Ausbruch ereignete sich kurz vor der Ankunft von Lewis und Clark. Kleinere, noch im 80 km entfernten ▶ Portland sichtbare Eruptionen gab es 1859, 1865 und 1903. Seitdem liegt der Gigant in einem von den Experten des US Geological Survey (USGS) rund um die Uhr überwachten Schlaf. Die Wahrscheinlichkeit eines Ausbruchs innerhalb der nächsten 30 Jahre schätzt die Regierungseinrichtung mit 5 Prozent relativ niedrig ein. Die Entstehungsgeschichte des von den Indianern »Wy'east« genannten Vulkans reicht ungleich weiter zurück: Er ist Teil einer vom ▶Mt. Rainier bis zum ▶ Mt. St. Helens reichenden Vulkan-Kette in den Cascade Mountains und entstand vor rund 500 000 Jahren. Wie Japans Fudschijama und Italiens Vesuv ist er ein **Schicht- oder Stratovulkan**: Relativ kaltes Magma und ein hoher Gasanteil bewirken explosionsartige Ausbrüche, bei denen Asche und Lava einander abwechseln. Abgelagert und erkaltet, kommt so die charakteristische Schichtung zustande.

Baedeker TIPP

Hinauf auf den Mount Hood

Die beste Zeit, den Gipfel des Mt. Hood zu erklimmen, sind die Monate Juni und Juli. Bei sehr guter Kondition kann man die Besteigung von der Timberline Lodge aus an einem langen Tag schaffen und abends wieder zurück sein. Die vier bei der Lodge beginnenden Routen erfordern Steigeisen, Seil und Eispickel. Unerfahrene Kletterer können den Berg auch im Rahmen einer geführten Tour bezwingen, u. a. mit Timberline Mountain Guides in Bend (Tel. 1-541-312-92 42, www.timberlinemtguides.com).

Heute ist der Mt. Hood die fotogene Visitenkarte des **Mount Hood National Forest**. Skiresorts und Wanderwege durchziehen diese herrliche Wildnis. Doch die meisten Besucher kommen allein des Berges wegen. Kletterer können ihn auf sechs verschiedenen Routen ersteigen; Trails führen zu grandiosen Aussichtspunkten, von wo aus sich herrliche Blick auf einen der 12 Gletscher eröffnen. Am bequemsten ist freilich der **Mount Hood Loop**. Die 257 km lange Rundfahrt besteht aus den Highway-Segmenten 26, 35 und 30 (Historic Columbia River Highway, ▶S. 290) und kann von ▶Portland aus in einem, besser in zwei oder drei Tagen unternommen werden.

► MOUNT HOOD ERLEBEN

AUSKUNFT

Mt. Hood Information Center
65000 E. Hwy. 26; P. O. Box 819
Welche, OR 97067
Tel. 1-503-622-30 17
www.mthood.info

AKTIVITÄTEN

Relativ einfache Trails bieten sich im Zigzag Ranger District (via Hwy. 26), z. B. der »Mirror Lake Trail« (7 km), der zu schönen Ausblicken auf den Mt. Hood und das Zigzag Valley führt. Bei der Timberline Lodge beginnt der anspruchsvollere, 65 km lange »Timberline Trail«. Die 3-bis-5-Tage-Wanderung führt u. a. durch hochalpine Wildblumenwiesen.

ESSEN

Am Hwy. 26 zwischen Sandy und Government Vamp gibt es zahlreiche Restaurants, Imbisse und Fastfood-Buden.

► Erschwinglich

Ice Axe Grill
87304 E. Government Camp Loop
Government Camp
Tel. 1-503-272-31 72
Mit Brie, Tacos und frischem Gemüse

aus dem Hood Valley veredeltes Fastfood in rustikalem Hütten-Ambiente. Eigene Brauerei.

Rendezvous Grill & Tap Room

67149 E. Hwy. 26, Welche
Tel. 1-503-622-68 37
Das Restaurant serviert Fusion Cuisine mit herzhafter Note, z. B. Steak mit Guajillo-Chili-Sauce.

ÜBERNACHTEN

► Luxus/Komfortabel

Timberline Lodge
Timberline, OR 97028
Tel. 1-503-272-33 91
www.timberlinelodge.com
Ebenso wildromantisch wie der hinter ihr aufragende Mt. Hood. Angeboten werden urgemütliche Zimmer, mehrere Restaurants und zahlreiche Freizeitmöglichkeiten.

► Komfortabel/Günstig

Huckleberry Inn
88611 E. Government Camp Loop
Tel. 1-503-272-33 25
Auf aktive Gäste zugeschnittene Unterkunft mitten in Government Camp. Ein gutes Restaurant gibt es hier ebenfalls.

Sehenswertes auf dem Mount Hood Loop

Zigzag
In dem winzigen Ort zweigt die Lolo Pass Rd. vom Hwy. 26 zu einem 11 km langen Abstecher zu den 36 m hohen **Ramona Falls** ab. Der Ramona Falls Trail, ein schöner Rundwanderweg, führt vom Parkplatz zum Sandy River, der am Scheitelpunkt des Trails über fünf, sechs nach unten breiter werdende Terrassen stürzt.

Old Salmon River Trail ►
Der 7 km lange Rundwanderweg beginnt gleich hinter Zigzag am **Green Canyon Campground** und führt durch alten Waldbestand am Salmon River entlang, wo man während der Laichzeit im Spätsommer Lachse im flachen Wasser sehen kann.

Badespaß im Lost Lake zu Füßen des Mount Hood

Unglaublich: Die 8 mi/13 km östlich von Zigzag liegende Steigung überwanden die Siedler, unterwegs auf dem Oregon Trail, 1846 mit Ochsenkarren. **Laurel Hill**

Ungefähr fünf Autominuten weiter östlich liegt die Timberline Lodge. Das **legendäre Berghotel** wurde in den 1930er-Jahren während der Depression als Arbeitsbeschaffungmaßnahme gebaut. Wanderern und Bergsteigern dient es als Ausgangspunkt: Vier Kletterrouten auf den Gipfel beginnen hier, dazu zahlreiche Wanderwege. Im Sommer transportiert der **Magic-Mile-Skilift** des Hotels fußmüde Besucher zu grandiosen Aussichten auf den Mt. Hood. ◄ Timberline Lodge

✳ Newport

Region: Lincoln County (Nordküste)   **Einwohnerzahl:** 10 300
Höhe: 40 m ü.d.M.

Newport, Heimathafen der größten Fischereiflotte Oregons, ist eine sympathische Melange aus Fischfabriken, Souvenirläden, alten Kneipen und Kantinen.

Zwar hat die überall an der Küste grassierende Verschönerungswut – »gentrification« genannt – auch vor Newport nicht haltgemacht. Doch im Hafenviertel zu Füßen der Yaquina Bay Bridge, gleich hin- **Sympathisches Fischerstädtchen**

► NEWPORT ERLEBEN

AUSKUNFT

Greater Newport
Chamber of Commerce
555 SW Coast Hwy.
Newport, OR 97365-4934
Tel. 1-541-265-88 01
www.newportchamber.org

AKTIVITÄTEN

Wale, Seelöwen und Delfine kann
man an Bord der »Discovery« von
»Marine Discovery« beobachten (345
SW Bay Blvd., Tel. 1-541-265-62 00,
www.marinediscovery.com).
Surfer und Windsurfer werden den
herrlichen Agate Beach etwas nördlich
von Newport mögen.

ESSEN

► Erschwinglich
April's at Nye Beach
749 NW 3rd St.
Tel. 1-541-265-68 55
Das »April's« bietet leckeres Seafood,
zubereitet nach mediterranen
Rezepten, in lifestyligem Ambiente
ganz in der Nähe des »Sylvia Beach
Hotel«.

Rogue Ales Public House
748 SW Bay Blvd.
Tel. 1-541-265-31 88
Netter Pub mit eigener Brauerei.
Verdiente Trinker haben an der Theke
eigene, mit Namensschildchen markierte Plätze.

ÜBERNACHTEN

► Komfortabel
Newport Belle B & B
South Beach
H Dock-Newport Marina
Tel. 1-541-867-62 90
www.NewportBelle.com
5 Z. Das einem Raddampfer
nachempfundene B & B ankert
am Südufer der Bay.

Sylvia Beach Hotel
267 NW Cliff St.
Tel. 1-541-265-54 28
www.sylviabeachhotel.com
Bücher überall, 20 nach Autoren
benannte Zimmer und ein Schlafsaal:
Das historische Sylvia Beach in Nye
Beach ist Jugendherberge und
Luxus-B & B in einem.

ter den Dünen von Nye Beach, zeigt das alte Newport standhaft
Flagge. In den Kneipen und Kantinen sitzen noch immer knorrige
Gestalten in aufgeriebenen Pullovern. Gabelstapler wuchten mit
Fisch und Hummer schwer beladene Kisten auf Lastwagen. Die Luft
ist erfüllt vom Möwengeschrei und heiseren Gebell der Seelöwen un-
terhalb der Pier.
Tatsächlich lebt Newport vom Meer, seit die nach einem Sturm im
Jahr 1852 gestrandete Mannschaft des Seglers »Juliet« sich an diesem
Gestade mit süß schmeckenden Austern durchschlug. Die Fischerei-
krise scheint Newport gut abgefedert zu haben: Mit dem Bau neuer,
Fischpaste für den Fernen Osten produzierender Fabriken haben die
Stadtväter zeitig auf die Herausforderungen der letzten Jahre reagiert.
Auch der Bau des hervorragenden **Oregon Coast Aquarium**, eines
der besten der USA, ist Teil dieser Strategie.

Im Hafen von Newport dösen Seelöwen auf Pontons.

Der Hwy. 101 ist Newports Hauptverkehrsader. Westlich davon liegt **Nye Beach**, Newports altes Strandviertel. Östlich des von Geschäften gesäumten Highways beginnt das alte Newport mit dem **»Bayfront«** genannten Hafenviertel.

Sehenswertes in Newport

Keiko, der Killer-Wal aus den »Free-Willy«-Filmen, lebte hier, bevor er 1998 vor Island ausgesetzt wurde. Doch auch ohne den berühmten Wal ist das am Südufer der Yaquina Bay liegende Aquarium ein Muss. Schwerpunkt ist die Unterwasserwelt vor der Küste: Quallen schweben schwerelos in kunstvoll illuminierten Zylindern, ein 60 m langer Glastunnel bietet einen Blick auf Korallen, Klippen und Haie. Draußen gibt es u. a. Seelöwen und eine der größten Seevogel-Volieren zu bewundern (2820 SE Ferry Slip Rd.; Öffnungzeiten: Mai bis Sept. tgl. 9.00 – 18.00, sonst Sa. u. So. 10.00 – 17.00 Uhr).

✱
Oregon Coast Aquarium

⊙

Das Leben der Fischer, Holzfäller und Farmer vor über 100 Jahren, porträtiert in ansprechenden kleinen Ausstellungen (45 SW 9th St.; Öffnungszeiten: Mai – Sept. Di. – So. 10.00 – 17.00, sonst 11.00 bis 16.00 Uhr).

Oregon Coast History Center

⊙

Der **Bay Boulevard** am Nordufer der Yaquina Bay und zu Füßen der Yaquina Bay Bridge ist das alte Herz der Stadt. Scheinbar unbeeindruckt von unsäglichen »Attraktionen« wie **»Ripley's Believe it or**

Bayfront

not« und dem Wachsfigurenkabinett »The Wax Works« (beide Nr. 250) warten hier alte Seemannskantinen und Fischsuppe anbietende »Chowder Houses« auf Gäste. Fischfabriken präsentieren Kunst: Ihre Fassaden zieren überdimensionale Wale und maritime Motive. Ein paar Galerien stellen Künstler aus der Umgebung aus, und auf den Plankenwegen am Ufer werfen Angler die Leinen aus, während unten auf den schwimmenden Pontos Seelöwen dösen. Vor allem abends ist der Bay Boulevard ein reizvolles Pflaster.

! *Baedeker* TIPP

Wal-Fahrten

Walen in ihrem eigenen Element begegnen kann man von Depoe Bay aus an Bord eines Walbeobachtungsschiffes, u. a. von Dockside Charters (270 Coast Guard Place, Tel. 1-541-765-25 45; www.docksidedepoebay.com) und Tradewinds Charters (234 S. Hwy. 101, Tel. 1-800-445-87 30; www.tradewinscharters.com).

Bereits um 1900 war Newports Strandviertel **Nye Beach** eine beliebte Sommerfrische. Vor allem wohlhabende Portlander pflegten sich hier zu erholen. Von deren viktorianischen Luxus-Cottages sind allerdings nur wenige übrig geblieben, zweistöckige Strandkondominiums und leider auch zwei, drei grässliche, den Strandblick verstellende Hotelkästen traten an ihre Stelle.

Newport Visual Arts Center ▶

Die Eröffnung des »Newport Visual Arts Center«, das vom Leben am Pazifik inspirierte Werke zeigt, dämpfte die drohende Kommerzialisierung, indem es Nye Beach zu einem auch Künstler anziehenden ⏰ Viertel machte (777 W. Olive St.; Öffnungszeiten: Di. – So. 11.00 bis 17.00 Uhr).

Yaquina Bay State Park

Am Südrand der Stadt, kurz vor der Yaquina Bay Bridge, warnt das **Yaquina Bay Lighthouse** die Schifffahrt seit 1871. Längst automatisiert, beherbergt sein kleines Leuchtturmwärterhäuschen – angeblich spukt es hier – eine nette Ausstellung über den Alltag der Leucht- ⏰ turmwärter (Hwy. 101; Öffnungszeiten: Juni – Sept. tgl. 11.00 bis 17.00, sonst 12.00 – 16.00 Uhr).

✴

Yaquina Head Outstanding Natural Area

Fotogen thront das 1873 gebaute **Yaquina Head Lighthouse** auf dem höchsten Punkt des fünf Kilometer nördlich von Newport in den Pazifik ragenden Yaquina Head. Mit 28 m ist es Oregons höchster Leuchtturm; 114 Stufen führen hinauf zu herrlichen Aussichten (Öff- ⏰ nungszeiten: Juni – Sept. tgl. 9.00 – 17.00, sonst 10.00 – 16.00 Uhr). Vor Yaquina Head beherbergt **Colony Rocky**, ein die Brandung teilender Monolith, eine Papageientaucher-Kolonie.

Umgebung von Newport

Depoe Bay

Der Morgennebel hängt schwer über den schwarzen Basaltklippen. Durch einen engen Kanal schwappt der Pazifik unter dem Hwy. 101 hindurch in die kleine Bucht, wo alte Fischkutter neben teuren Yachten ankern. Depoe Bay (1350 Einw.), knapp 15 mi/24 km nördlich von Newport, flirtet mit den Touristen, ohne sich selbst zu verleugnen. Der inoffiziell »Main Street« genannte Abschnitt des Hwy. 101 wird von windschiefen Häuschen mit kleinen Tante-Emma-Läden gesäumt – die einfach geschlossen werden, wenn ihre Besitzer lieber zum Fischen gehen. Der Bummel über diese Promenade – den Pazifik zur einen Seite, Depoe Bay zur anderen – ist deshalb ein erholsam untouristisches Vergnügen.

✴

◀ Whale Watching Center

Die Attraktion des Orts ist das 2004 eröffnete Whale Watching Center. Das Informationszentrum bietet alles Wissenswerte über die riesigen Meeressäuger und organisiert auch Whale-Watching-Touren. Von der Galerie sieht man mit etwas Glück bereits die eine oder andere Rückenflosse: Vor Depoe Bay lebt eine sesshafte Herde Grauwale (119 SW Hwy. 101; Öffnungszeiten: Mai – Sept. tgl. 9.00 bis 17.00, sonst tgl. 10.00 – 16.00 Uhr).

🕐

Ein anderer hervorragender Ort, um Wale zu beobachten, ist der **Boiler Bay State Scenic Viewpoint** unmittelbar nördlich von Depoe Bay. Die heftig umbrandete Felsenbucht verfügt über zahlreiche lohnende Aussichtspunkte.

✴

◀ Otter Crest State Scenic Viewpoint

Selbst bei strahlendem Sonnenschein ahnt man die Naturgewalten, die zu jeder Jahreszeit über dieses fotogene Vorgebirge hereinbrechen können. Kapitän Cook, der es an einem stürmischen Märztag im Jahr 1778 als erster Europäer sichtete, nannte es deshalb **Cape Foulweather**. Bei klarem Wetter reicht der Blick von dem 150 m hohen, knapp 4 km südlich von Depoe Bay liegenden Kap über 60 km grandios-wilde Küstenlinie. Der »Lookout Shop«, der auf der Felsenkante sitzt wie ein Adlerhorst, ist allein schon wegen seiner dramatischen Fensterblicke einen Besuch wert.

> ! **Baedeker** TIPP
>
> **Angel-Touren**
>
> Der kleine Hafen von Waldport ist ein beliebter Ausgangspunkt für Angeltouren zu den Forellen- und Lachsrevieren des Alsea River. Alles, was man dazu braucht (Motorboot inklusive), kann bei einem Dutzend kleiner Ausrüster auf dem Hafengelände gemietet werden, u. a. bei Dock of the Bay (1245 NE Mill St., Tel. 1-541-563-20 03).

Viel zu sehen gibt's in **Waldport** (2100 Einw.) zwar nicht, doch erholsam ist das 16 mi/26 km südlich von Newport gelegene Städtchen an der Mündung des Alsea River in den Pazifik auf alle Fälle: Fluss und Bucht sind ein wahres Anglerparadies. Lohnenswert ist ein Besuch des Alsea Bay Bridge Historical Interpretive Center. Das zugleich als **Besucherzentrum** fungierende **Museum** enthält kleine, aber sehenswerte Ausstellungen u. a. zu den Alsea-Indianern, auf deren Stammesland Waldport gegründet wurde, und zum Bau der 1991 eingeweihten Brücke, die den kleinen Küstenort dominiert (620 NW Spring St.; Öffnungszeiten: Mai – Sept. tgl. 9.00 – 17.00, sonst Di. – Sa. bis 16.00 Uhr).

◀ Alsea Bay Bridge Historical Interpretive Center

🕐

Das fotogene Erholungsgebiet liegt knapp 4 mi/6 km nördlich von Waldport. Mit seinem breiten Strand, den sich bei Ebbe herausschä-

◀ Seal Rock State Recreation Park

lenden Gezeitentümpeln und bizarren, den Strand bewachenden Felsformationen bietet er einen Küstenabschnitt für jeden Geschmack.

Yachats

Yachats (680 Einw.) – der indianische Name bedeutet »Dunkles Wasser am Fuße des Berges« – liegt 8 mi/13 km südlich von Waldport an einer flachen Bucht. Bereits vor dem Ersten Weltkrieg entdeckten Touristen aus dem Willamette Valley den Erholungswert des kleinen, hübschen Fischerhafens, der sich mit netten Restaurants und Kaffeehäusern auf einem handtuchbreiten Küstenstreifen drängt. Der Hwy. 101 führt um die Bucht herum und fungiert als geschäftige, von Läden und Lokalen gesäumte Main Street. Kleine Stichstraßen führen in die engen Wohngebiete auf der sandigen Landzunge und landeinwärts die Hänge hinauf.

Cape Perpetua ▶

Die bedeutendste Attraktion Yachats' (gesprochen: Ya-hots) ist im wahrsten Sinne des Wortes überragend: das fast 250 m hohe, südlich anschließende Cape Perpetua. Etwa 25 mi/40 km Wanderwege, eine tosende Brandung und phantastische Blicke auf – bei gutem Wetter – 200 Kilometer Küstenlinie. Der riesige Klotz vulkanischen Ursprungs, der sich gleich südlich von Yachats dem Hwy. 101 in den Weg legt, fordert eine eingehende Besichtigung geradezu heraus. Unterhalb des Besucherzentrums führen Trails zu Aussichten auf die Brandung. Vis-à-vis des »Visitor Centers« biegt die Overlook Rd. vom Hwy. 101 ab und führt auf kurvenreichem Weg zum Parkplatz des **Cape Perpetua Viewpoint**.

Pacific City

F 4

Region: Tillamook County (Nordküste) **Einwohnerzahl:** 1100
Höhe: 4 m ü.d.M.

Das alte Fischernest liegt zu Füßen der riesigen Cape-Kiwanda-Düne und besitzt einen herrlichen Strand, der einen Stopover lohnt.

Sehenswertes in Pacific City und Umgebung

»Life's a beach«

Eine Kreuzung, deren rote Ampel die Einheimischen nicht einmal tagsüber respektieren, weil kaum Verkehr herrscht, ein paar Reihen winziger Holzhäuser aus der Zeit um 1900 und ein schier endloser Strand: Pacific City, südlicher Endpunkt des **Three Capes Scenic Loop**, ist an vielen Stellen noch so wie vor 40 oder 50 Jahren. Damals lebte der Ort von der Lachsfischerei. Seitdem sind die Lachsbestände dramatisch zurückgegangen, doch wer sich nicht scheut, morgens um sechs Uhr zum Strand hinunterzugehen, wird dem alten Ritual persönlich beiwohnen können: Die letzten Lachsfischer des Orts fahren ihre flachen Fangboote, die **»dories«**, im Trailer auf den Strand

● PACIFIC CITY ERLEBEN

AUSKUNFT

**Pacific City-Nestucca Valley
Chamber of Commerce**
P. O. Box 75
Cloverdale, OR 97112
www.pcnvchamber.org

ESSEN

► Erschwinglich
Pelican Pub & Brewery
33180 Cape Kiwanda Dr.
Tel. 1-503-965-7007
Fish 'n' Chips, Steaks, Ribs und
selbstgebrautes Bier direkt am Strand.

► Preiswert
Sportsman Bar
34975 Brooten Rd.
Tel. 1-503-965-9991
Schummrige Bastion des alten
Oregon mit antiker Jukebox, Bildern

verdienter Trinker und Livemusik
am Wochenende.

ÜBERNACHTEN

► Luxus/Komfortabel
Inn at Cape Kiwanda
33105 Cape Kiwanda Dr.
Tel. 1-503-965-7001
www.innatcapekiwanda.com
Alle Zimmer dieses schönen Motels
haben Strandblick – und für kalte
Tage Kamin und extradicke Decken.

► Komfortabel/Günstig
Inn at Pacific City
35215 Brooten Rd.
Tel. 1-503-965-6366
www.innatpacificcity.com
Hübsches, schindelgedecktes Motel in
Strandnähe. Die Zimmer sind mit
einer Kitchenette ausgestattet.

und lassen sie dort zu Wasser. Kurz vor Sonnenuntergang kommen
sie zurück, wobei sie ihre Boote mit Vollgas so weit wie möglich den
Strand hinaufgleiten lassen – ein Spektakel, das sich Einheimische
und Touristen nicht entgehen lassen. Ansonsten gibt es nicht allzu-
viel zu sehen, doch das ist in Pacific City nicht weiter schlimm. Der
Strand ist das Ziel und »Life's a beach«.

Die über 50 m hohe, Nadelbäume auf ihren Gipfeln tragende Cape-
Kiwanda-Düne liegt zehn Gehminuten nördlich von Pacific City auf
dem Strand wie ein auf Grund gelaufener Ozeandampfer. Allein der
Anblick ihrer steilen Südflanke reizt zum Aufstieg. Oben erwartet
Unverzagte ein herrlicher Blick auf die Küste.

**Cape-Kiwanda-
Düne**

Südlich des Orts liegt der Robert Straub State Park, ein herb-schönes
Stillleben aus Sand, Pazifik und Dünen – ein Mekka für Surfer und
Strandspaziergänger.

◄ Robert Straub
State Park

Ca. 26 mi/42 km nördlich von Pacific City liegt das Städtchen Tillamook im fruchtbaren, von sieben Flüssen durchzogenen gleichnamigen Tal. Hier produzieren rund 25 000 Kühe jährlich 70 Mio. Liter
Milch, die u. a. für den Tillamook Cheddar, die landesweit verkaufte
Delikatesse, verwendet werden. So ist auch die **Tillamook Cheese Fac-**

Tillamook

Vom fotogenen Cape Meares Lighthouse eröffnen sich wunderschöne Küstenblicke.

tory die Hauptattraktion der Stadt. Bei einer Besichtigung der Fabrikhalle werden die verschiedenen Etappen der Käseherstellung erläutert, ein kleines **Museum** dokumentiert die Geschichte der Käseproduktion in Tillamook (4175 Hwy. 101; Öffnungszeiten: Mai – Mitte Juni. tgl. 8.00 – 18.00, Mitte Juni – Sept. tgl. bis 20.00 Uhr).

Tillamook Air Museum ▶

Während des Zweiten Weltkriegs errichtete die US-Marine in Tillamook zwei gewaltige Hangars für Luftschiffe, die zur Überwachung der Küste vor japanischen Angriffen eingesetzt wurden. Einer dieser Hangars brannte 1992 nieder, der andere, mit 325 m Länge, 63 m Breite und 58 m Höhe eine der größten Holzkonstruktionen der Welt, beherbergt das Tillamook Air Museum. Zu sehen sind eine Reihe historischer Kampfflugzeuge, darunter eine P-38 Lightning und eine P-51 Mustang. Nicht minder beeindruckend ist die Ausstellung zur Rolle der hier einst stationierten Luftschiffe (6030 Hangar Rd.; Öffnungszeiten: tgl. 9.00 – 17.00 Uhr).

Tillamook County Pioneer Museum ▶

Das mit über 35 000 Exponaten vollgestopfte Museum widmet sich der Natur- und Kulturgeschichte des Countys und bietet ansehnlich inszenierte Ausstellungen u. a. zur Kultur der Ureinwohner und zum harten Alltag der Pioniere (2106 2nd St.; Öffnungszeiten: Di. – Sa. 9.00 – 17.00, So. ab 11.00 Uhr).

★ Three Capes Scenic Loop ▶

Die 61 km lange Three Capes Road zweigt in Tillamook vom Hwy. 101 in Richtung Pazifik ab und führt durch eine ländliche Küstenregion, bis sie in dem Weiler Cloverdale wieder auf den Hwy. 101 trifft. Unterwegs passiert sie unaufgeregte Nester wie Oceanside, Netarts und Tierra del Mar, in denen auf Gemeindeversammlungen noch per Handzeichen abgestimmt wird und der General Store zugleich als Tankstelle und Postamt fungiert.

10 mi/16 km westlich von Tillamook bietet der **Cape Meares State Scenic Viewpoint** neben herrlichen Blicken auf die Küste das fotogene, in ein reizendes kleines Museum verwandelte **Cape Meares Lighthouse** (Öffnungszeiten: April – Okt. tgl. 11.00 – 16.00 Uhr) sowie schöne Trails zu weiteren Aussichtspunkten. Beliebt bei Wanderern, Strandläufern und Muschelsuchern ist der **Cape Lookout State Park** weiter südlich. Er liegt auf einer sandigen, weit in den Pazifik ragenden Landzunge und besteht vor allem aus lichtem Wald und endlosem Strand.

Pendleton

F 9

Region: Umatilla County (Nordost-Oregon)

Einwohnerzahl: 17 400
Höhe: 366 m ü.d.M.

In einer Wildwestkulisse steiler Hügel und endloser Weizenfelder ist dies die einzige nennenswerte Stadt im Umkreis von 300 Kilometern – genau der richtige Ort also für das berühmte Pendleton Round-Up.

Das zu den berühmtesten Rodeos der USA zählende **Pendleton Round-Up** findet an vier Tagen der zweiten Septemberwoche statt und lockt rund 50 000 Schaulustige an. Der sonst eher ruhige, vom Umatilla River zerschnittene Ort zeigt dann sein anderes Gesicht: Pick-ups mit tätowierten Cowboys und Cowgirls paradieren über die Main Street, aus allen Fenstern dudelt Country-Musik, und Touristen tragen stolz ihre nagelneuen Stetsons und Halstücher spazieren.

Rodeo-Stadt

Im Jahr 1843 ließen sich die ersten Siedler im Stammland der Umatilla-Indianer nieder. 1851 öffnete ein Handelsposten, ein Postamt folgte 1865, drei Jahre später wurden die vier, fünf Häuser in der Wildnis nach einem Senator namens George H. Pendleton benannt. 20 Jahre später war es nicht viel größer, aber dank seiner 32 Saloons und unzähligen Freudenhäuser die Entertainment City der Region.

1910 fand erstmals das Pendleton Round-Up statt. Während der ersten Dekaden pflegte bei den Umzügen die örtliche Abteilung des Ku-Klux-Klan in den charakteristischen weißen Roben mitzureiten. Die rassistische Organisation war so einflussreich, dass Katholiken, Juden, Chinesen und Afroamerikaner bis weit in die 1960er-Jahre hinein kein öffentliches Amt bekleiden konnten. Bezeichnenderweise konnte auch das Rotlicht-Viertel, das sich über vier Häuserblocks in der Altstadt erstreckte, erst in dieser Zeit aufgelöst werden. Heute präsentiert sich das Städtchen vor der Kulisse der in der Ferne aufragenden **Blue Mountains** als so sauber und ordentlich, dass es

⏵ PENDLETON ERLEBEN

AUSKUNFT

Pendleton Chamber of Commerce
501 S. Main St.
Pendleton, OR 97801
Tel. 1-541-276-74 11
www.pendleton.thechamber.net

ESSEN

▶ Erschwinglich
Great Pacific
403 S. Main St.
Tel. 1-541-276-13 50
Urbane Küche in historischem Frei-
maurer-Haus: Es gibt u. a. über
40 Kaffeesorten und Pasta in allen
denkbaren Variationen.

▶ Erschwinglich/Preiswert
Rainbow Café
209 S. Main St.
Tel. 1-541-276-41 20
Regionale Berühmtheit wegen seiner
jovialen Western-Atmosphäre
und auch wegen seines kalorienreichen Frühstücks.

ÜBERNACHTEN

▶ Komfortabel
The Pendleton House
311 N. Main St.
Tel. 1-541-276-85 81
www.pendletonhousebnb.com
6 Z. Elegante Villa aus der Zeit um
1900 mit nostalgisch eingerichteten
Zimmern und einem schönen
englischen Garten.

▶ Günstig
Rugged Country Lodge
1807 SE Court Ave.
Tel. 1-541-966-68 00
www.ruggedcountrylodge.com
29 Z. Die gemütliche Lodge bietet viel
Unterkunft für wenig Geld.

einmal im Jahr fast schon über die Stränge schlagen muss. Das **historische Stadtzentrum**, längst ein liebevoll restauriertes Schmuckstück,
liegt im Kreuzungsbereich von Main Street und Dorion Avenue.

Sehenswertes in Pendleton

Round-Up Hall of Fame Die besten »Bull Rider«, »Steer Wrestler«, »Calf Roper« und »Wild Cow Miker«: Hier wird die königliche Familie der Rodeowelt Amerikas geehrt. Und zwar mit tollen Actionbildern und interessanten Biografien hiesiger Originale (1114 SW Court Ave., gegenüber vom Rodeo-Stadion; Öffnungszeiten: Mo. – Sa. 10.00 – 16.00 Uhr).

Pendleton Woolen Mills Gleich in der Nachbarschaft befindet sich jene Wollfabrik, aus der die berühmten Pendleton-Hemden stammen – jene karierten, unverwüstlichen Cowboyhemden, die zum Westen gehören wie Planwagen und Sporenklirren. Auf einer Führung durch die aus dem späten 19. Jh. stammende **Pendleton Blanket Mill** erfährt man alles über diese Erfolgsgeschichte, die 1909 mit der Herstellung von Wolldecken mit indianischen Mustern begann (1307 SE. Court Place; Führungen: Mo. bis Fr. 9.00, 11.00, 14.00 und 15.30 Uhr).

Das im alten Eisenbahndepot untergebrachte Umatilla County Historical Society Museum zeigt wechselnde Ausstellungen zur oft dramatischen Geschichte der Region (108 SW Frazer St.; Öffnungszeiten: Di. – Sa. 10.00 – 16.00 Uhr).

Umatilla County Historical Society Museum
🕐

Die wohl interessanteste Tour im Osten Oregons führt unter Tage. In den 1880er-Jahren gruben chinesische Arbeiter – die an der Oberfläche nicht gern gesehen waren – ein **weitläufiges Tunnelsystem**. Später profitierten legale und illegale Geschäfte von den unterirdischen Passagen. Während der Prohibition wurden hier Spirituosen versteckt, fanden wilde Partys statt, trafen sich »ehrenwerte« Herren mit »leichten Mädchen«. Die von kostümierten Guides geführten Touren sind, wenngleich familiengerecht zusammengestellt, interessante Abstecher in ein wenig bekanntes Kapitel der amerikanischen Geschichte (Start: SW 1st St. u. Emigrant Ave.; Führungen: März – Okt. tgl. 9.00 – 15.00 Uhr).

Pendleton Underground Tours
🕐

Dieses etwas östlich von Pendleton unweit des »Wildhorse Resort & Casino« gelegene, von den Umatilla-Indianern betriebene Kulturzentrum beschreibt die Geschichte des Oregon Trail aus der Perspektive der Ureinwohner. Den hiesigen Indianern hinterließen die Pioniere leer gefischte Lachsflüsse, Ansteckungskrankheiten und abgeholzte Wälder. Wechselnde Ausstellungen dokumentieren eindringlich die traditionellen Kulturen und zeigen den Columbia River vor 120 Jahren (72789 Hwy. 331; Öffnungszeiten: April – Okt. tgl. 9.00 bis 17.00, sonst Mo. – Sa. 9.00 – 17.00 Uhr).

Tamastslikt Cultural Institute
🕐

✳ Portland

Region: Multnomah, Washington, Clackamas Counties (Nordwest-Oregon)

Einwohnerzahl: 570 000
Höhe: 15 m ü.d.M.

Sie demonstrieren gegen Junkfood-Automaten in den Schulen und begrünen ihre Dächer: Die Einwohner Portlands sind für ihr Engagement bekannt – entsprechend lebens- und liebenswert ist ihre Stadt.

Man geht kaum hundert Meter, ohne ein Flugblatt in die Hand gedrückt zu bekommen. Die Resultate dieses bürgerlichen Engagements und Sich-Einmischens sind allenthalben zu sehen, vor allem am **Pioneer Courthouse Square**. Den schönen alten Platz trotzten die Bürger dem Big Business ab, das Bürohäuser draufstellen wollte. Die Namen der Streiter von damals wurden in signierten Pflastersteinen verewigt. Dazu passt auch, dass die Stadt ihre Parks und Gärten als größte Attraktionen listet und das **Portland Rose Festival** als wichtigstes Fest.

Engagierte Bürgerschaft

Die ersten Siedler legten der Stadt am Zusammenfluss von Willamette und Columbia River die Entschlossenheit und den Idealismus der Pioniere in die Wiege. Die von der Ostküste stammende Geschäftswelt steuerte Weltoffenheit bei. Vielleicht war Portland deshalb von Anfang an eine menschenfreundliche Stadt. Jedenfalls sind die Entfernungen in der kompakten Stadt gering, strenge Baugesetze schützen alte Gemäuer, das öffentliche Verkehrsnetz gilt an der ohnehin progressiven Westküste als vorbildlich. Und seit den 1980er-Jahren fließt ein Prozent der städtischen Einnahmen in die Finanzierung öffentlicher Kunstwerke.

Hinzu kommt die Lage: Portland ist mit Postkartenansichten auf den Mt. Hood gesegnet, verfügt über einen Tiefseehafen und ist nur jeweils eine Autostunde vom Pazifik, den Weinanbaugebieten des Willamette Valley und der ►Columbia River Gorge entfernt.

Geschichte Zunächst ein Handelstreffpunkt der Chinook-Indianer, ließen sich in den 1820er-Jahren am Zusammenfluss von Willamette und Columbia River frankokanadische Trapper nieder. Zu seinem Namen kam der Ort im Winter 1844/1845, als zwei aus Neuengland stammende Siedler darum würfelten, die Stelle ihres Claims benennen zu dürfen: Der aus Portland (Maine) stammende »Spieler« gewann. Danach ging es mit der bis dahin nur aus einer Sägemühle, einer Schmiede und ein paar Häusern bestehenden Siedlung steil aufwärts. Der Goldrausch im baustoffhungrigen Kalifornien verwandelte das durch seinen Tiefseehafen begünstigte Portland quasi über Nacht in eine boomende, Holz exportierende Großstadt.

● PORTLAND ERLEBEN

AUSKUNFT

Portland Oregon
Visitors Association
Information Center
701 SW 6th Ave.
Portland, OR 97204
Tel. 1-503-275-83 55
www.travelportland.com

VERKEHR

Flughafen

Der Portland International Airport
liegt 9 mi/15km nordöstlich vom
Zentrum und wird täglich von
Frankfurt aus angeflogen. Airport-
Shuttles sorgen zwischen 5.00 und
24.00 Uhr für den Weitertransport
zu allen großen Hotels im Zentrum.
Auch Busse und S-Bahnen der TRI-
MET bedienen den Flughafen.

ÖPNV

Den öffentlichen Personennahverkehr
regelt die städtische TRI-MET Transit
Agency (www.trimet.org). In der
Downtown profitiert man vom
kostenlosen »Fareless Square«: Im
Bereich zwischen I-405, Willamette
River und NW Hoyt Street ist die
Benutzung der MAX-Straßenbahnen
gratis. Erst Fahrten jenseits dieses
Bereichs sind kostenpflichtig.

EVENTS

Das dreiwöchige »Portland Rose
Festival« (www.rosefestival.org)
alljährlich im Juni ist das mit Abstand
größte und populärste Fest der Stadt.
Dabei geht es längst nicht mehr nur
um die edlen Blumen: Umzüge,
Feuerwerke und Drachenbootrennen
sorgen für Nonstop-Spektakel.
Umfassendere Informationen über
alle Festivals der Stadt gibt's unter
www.portlandguide.com/
entertainment/festivals.php.

SHOPPING

Portlands Einkaufszone breitet sich
mit 600 Geschäften und Kaufhäusern
rund um den Pioneer Courthouse
Square aus.
Der »Portland Saturday Market«, eine
charmante und recht wuselige
Mischung aus Wochenmarkt, Entertainment und Kunstbasar, ist der
größte Markt dieser Art in den USA
(SW Naito Blvd., unter der Burnside
Bridge; Marktzeiten: März – Dez.
Sa. 10.00 – 17.00, So. 11.00 bis
16.30 Uhr).

NACHTLEBEN

Was gerade wo passiert, steht in der
Tageszeitung »Oregonian« (www.
oregonlive.com/oregonian) und in
der gratis ausliegenden »Willamette
Week« (www.wweek.com).
Das »Portland Center for the Performing Arts« (1111 SW Broadway,
www.pcpa.com) bringt Theaterstücke,
Opern, Musicals und Rockkonzerte
auf seine vier Bühnen. Tickets erhält
man am PCPA-Schalter (Öffnungszeiten: Mo. – Sa. 10.00 – 17.00 Uhr)
und bei »Ticketmaster« (Tel. 1-503-
224-44 00, www.ticketmaster.com).
Das größte Theaterensemble der
Stadt, »Portland Center Stage«, spielt
im »Gerding Theatre at the Armory«
zeitgenössische Stücke (128 NW 11th
Ave., Tel. 1-503-445-37 00,
www.pcs.org).
Von den zahlreichen Tanzensembles
in Portland ragt das im »Echo
Theatre« beheimatete »Do Jump!
Extremely Physical Theatre« heraus.
Die Tänzer und Tänzerinnen der
Truppe kommentieren in einer kreativen Mischung aus Akrobatik,
Humor und Tanz das Zeitgeschehen
(1515 SE 37th Ave., Tel. 1-503-231-
12 32, www.dojump.org).

Portland Downtown Orientierung

Essen
1. Heathman Restaurant
2. Paley's Place
3. Besaw's Café
4. Marco's Café & Espresso Bar

Übernachten
1. Avalon Hotel
2. Governor Hotel
3. Hotel Lucia
4. Northwest Silver Cloud Inn

Ausgehen
1. McMenamin's Crystal Ballroom
2. North 45
3. Ohm Night Club
4. Teardrop Lounge

AUSGEHEN

① *McMenamin's
Crystal Ballroom*
1332 W. Burnside St.
Tel. 1-503-225-00 47
Weitläufiger Tanzboden in histori-
schem Ballsaal von 1914 mit Disko
und Livemusik Hier trat schon die
Creme des Blues & Soul auf, zum
Beispiel Etta James, Marvin Gaye und
James Brown.

② *North 45*
517 NW 21st Ave.
Tel. 1-503-248-63 17
Beliebter Single-Treff in Northwest
mit schöner Terrasse zum Draußen-
sitzen und »Leutegucken«. Nach 22.00
Uhr: Abtanzen zu Oldies.

③ *Ohm Night Club*
31 NW 1st Ave.
Tel. 1-503-241-29 16
Hip-Hop-Club in Downtown.

④ *Teardrop Lounge*
1015 NW Everett St.
Tel. 1-503-445-81 09
Das elegante Etablissement im Pearl
District rühmt sich der besten Cock-
tails im Nordwesten.

ESSEN
► Fein & teuer
① *Heathman Restaurant*
1001 SW Broadway
Tel. 1-503-790-77 52
Traditionsreiche französische Küche
meets regionale Produkte.

► Fein & teuer/Erschwinglich
② *Paley's Place*
1204 NW 21st Ave.
Tel. 1-503-243-24 03
Intimes Bistro mit eleganter regionaler Cuisine; serviert werden Spezialitäten wie Aragula-Salat mit
Ziegenkäse und in Lavendelsauce
geschmortes Lamm.

► Erschwinglich
③ *Besaw's Café*
2301 NW Savier
Tel. 1-503-228-26 19
Gemütlicher Nachbarschaftstreff im
Pearl District. Auf der Karte stehen
Burger und fashionable Gerichte wie
Lachs in Limonenbutter.

④ *Marco's Café & Espresso Bar*
7910 SW 35th Ave.
Tel. 1-503-245-01 99
Meisterhafte Fusion Cuisine aus
asiatischen, europäischen und eigenen
Rezepten.

ÜBERNACHTEN
► Luxus
① *Avalon Hotel*
455 SW Hamilton Court
Tel. 1-503-802-58 00
www.avalonhotelandspa.com
99 Z. Luxuriöses Boutiquehotel mit
Blick auf den Willamette River.

► Komfortabel
② *Governor Hotel*
614 SW 11th Ave.
Tel. 1-503-224-34 00
www.govhotel.com
100 Z. Sympathisch-plüschiges
Traditionshotel mit gemütlich
eingerichteten Zimmern nahe
der Downtown.

③ *Hotel Lucia*
400 SW Broadway
Tel. 1-503-225-17 17
www.hotellucia.com
128 Z. Zentral gelegenes, sympathisches Design-Hotel.

④ *Northwest Silver Cloud Inn*
226 NW Vaughn St.
Tel. 1-503-242-24 00
www.silvercloud.com
82 Z. Ruhiges Unterkunft mit modern
eingerichteten Zimmern mitten in
Nob Hill.

Der Pioneer Courthouse Square ist die »gute Stube« der Stadt.

Das 20. Jh. begann Portland 1905 mit der **»Lewis and Clark Centennial Exposition«**, einer Leistungsschau, die drei Millionen Besucher verzeichnete und die 250 000-Einwohner-Stadt unwiderruflich zur Nummer eins Oregons machte.

»Rose City« Heute ist die »Rose City« das wirtschaftliche und kulturelle Zentrum des Bundesstaats; u. a. haben hier über tausend Hightech-Firmen ihren Sitz. Herausragende Sehenswürdigkeiten besitzt die gedrängt gebaute, oft europäisch wirkende Stadt allerdings nicht – stattdessen punktet sie mit Charme und Liebenswürdigkeit.

Bedingt durch die Schleife im Willamette River, ist Portland nicht in vier, sondern in fünf »Quadranten« unterteilt: Northwest, Southwest, Northeast, Southeast und North. Die fußgängerfreundliche **Downtown** mit Traditionshotels und Kaufhäusern liegt in **Southwest**, auch **Westside** genannt. **Northwest**, einst das etwas feinere Wohngebiet, wimmelt vor Boutiquen, Cafés und Straßenmusikern. Im Osten des NW-Quadranten liegt der **Pearl District**, Portlands Trendviertel, wo Jungunternehmer alte Lagerhäuser in Lofts, Galerien und Zeitgeist-Restaurants verwandelt haben. Das interessanteste Stadtviertel ist **Southeast**; hier wohnen auch die meisten Portlander.

Downtown

★
Pioneer Courthouse Square
Der von Yamhill, 6th Ave., Morrison St. und Broadway umgebene, von hohen Kaufhäusern und Bürogebäuden gesäumte Platz ist eines der soziokulturellen Nervenzentren Portlands – mit über 300 Veranstaltungen im Jahr. Dazwischen verdienen Straßenkünstler hier ihr Geld, Musiker zeigen ihr Können im Halbkreis eines kleines Amphi-

theaters und Touristen fotografieren ungewöhnliche Skulpturen wie **»Allow me«**, die Statue eines regenschirmbewehrten, ein Taxi rufenden Geschäftsmanns.

Spektakuläre Wanderausstellungen internationaler Künstler und vorzügliche Dauerausstellungen, u. a. über die Kulturen der Nordwestküsten-Indianer und über asiatische Kunst, sichern diesem Museum gegenüber vom Oregon History Center einen vorderen Platz unter den Kunstschreinen im Westen (1219 SW Park Ave.; Öffnungszeiten: Di., Mi. u. Sa. 10.00 – 17.00, Do. u. Fr. bis 20.00, So. 12.00 bis 17.00 Uhr).

Portland Art Museum

Hervorragend komponiertes Museum zur Geschichte des Bundesstaats, von der voreuropäischen Zeit über den Oregon Trail bis zur progressiv orientierten Gegenwart (1200 SW Park Ave.; Öffnungszeiten: Di. – Sa. 10.00 – 17.00, So. ab 12.00 Uhr).

Oregon History Center

Anfangs für seine ungewöhnlich kräftigen Farben und Stilelemente heftig kritisiert, ist das entfernt an die Mega-Kasinos von Las Vegas erinnernde 15-stöckige Bürogebäude inzwischen der akzeptierte Anker der Innenstadt. Im zweiten Stockwerk des Portland Buildings befindet sich das **Metropolitan Center for Public Art**, das u. a. Broschüren mit Touren zu den öffentlichen Kunstwerken Portlands herausgibt (1120 SW 5th Ave.).

Portland Building

Der westlich der Downtown in den West Hills liegende Park beherbergt die beiden Top-Attraktionen von Portland und gilt als Juwel des ausgedehnten Parksystems der Stadt. Der **International Rose Test Garden** (400 SW Kingston Ave.) wurde 1917 von der American Rose Society angelegt, um dort mit neuen Arten zu experimentieren. Heute blühen hier vor allem im Juni über 10 000 Rosen aus rund 400 verschiedenen Arten.

Auf einer Terrasse weiter westlich breiten sich die **Japanese Gardens** aus (611 Kingston Ave.; Öffnungs-zeiten: April bis Sept. Mo. 12.00 bis 19.00, Di. – So. ab 10.00, sonst bis 16.00 Uhr). Als einer der schönsten Gärten seiner Art gelobt – Teiche, Brücken, Sand- und Steinskulpturen laden zum Meditieren ein –, müssen diese wunderschönen Anlagen selbst auf ihren »Fudschijama« nicht verzichten: Bei klarem Wetter ist der schneebedeckte ►Mt. Hood von hier aus zu sehen (Hwy. 26, Exit 72, dann der Beschilderung folgen).

★ **Washington Park**

Im Sommer geht's mit dem »Zoo Train« vom Rosengarten im Washington Park zum Zoo. Über 1000 Tiere aus etwa 200 Tierarten warten hier auf große und kleine Besucher. Im Winter verwandeln die »Zoolights« den Zoo in ein »Wunderland« mit beleuchteten Bäumen und Tierfiguren. Im Sommer finden auf den Rasenflächen hin und wieder Konzerte statt (4001 SW Canyon Rd.; Öffnungszeiten: Mitte April – Mitte Sept. tgl. 9.00 – 18.00, sonst bis 16.00 Uhr).

Oregon Zoo

Children's Museum ⏱	Ganz in der Nähe können die kleinen Portland-Besucher im Children's Museum basteln, bauen, Theater spielen und vieles, vieles mehr, vor allem aber: Spaß haben (4015 SW Canyon Road; Öffnungszeiten: Di. – So. 9.00 – 17.00 Uhr).
World Forestry Center ⏱	Alles über Bäume, Wälder und Holz erfährt man gleich nebenan im bereits 1964 gegründeten World Forestry Center (4033 SW Canyon Rd.; Öffnungszeiten: tgl. 10.00 – 17.00 Uhr).

Pearl District

Es war ein ideenreicher Reisejournalist, der dem alten, aus ungenutzten Lagerhäusern bestehenden Viertel zwischen W. Burnside Street, Willamette River, NW Broadway und 405 Freeway seinen Namen gab: außen rau wie eine Muschel, innen ein Schatz. Seitdem jedoch Software-Hersteller, Künstler, Musiker und andere kreative Branchen hier eingezogen sind, ist auch die einst raue Schale restaurierten viktorianischen Fassaden gewichen. Beste Zeit für eine Besichtigungs-Tour: einer der im Sommer stattfindenden **»First Thursday Art Gallery Walks«**, bei dem alle Galerien des Viertels von 18.00 bis 21.00 Uhr geöffnet haben.

> ❗ **Baedeker TIPP**
>
> **Portlands gemütlichstes Kaffeehaus**
>
> Das mit Buchregalen und gemütlichen Sitzecken vollgestopfte »Palio Coffee and Dessert House« im Hawthorne District ist für viele Portlander der schönste Ort für einen Kaffeeklatsch. Dazu gibt's ein Stück leckeren Erdnussbutterkuchen (1996 SE Ladd Ave., Tel. 1-503-232-94 12).

✳ Powell's City of Books ⏱	Am Südrand des Viertels residiert Powell's City of Books. Die einen ganzen Häuserblock einnehmende Buchhandlung gilt als **größte unabhängige Buchhandlung der Welt** und beherbergt auf drei Etagen bzw. 6500 m² mehrere Millionen Bücher (1005 W Burnside St.; Öffnungszeiten: tgl. 9.00 – 23.00 Uhr).
Oregon Maritime Museum ⏱	Das Museum zur Schifffahrt auf dem Columbia und dem Willamette River, eingerichtet auf dem historischen Schaufelrad-Schlepper »Portland«, ankert im Tom McCall Waterfront Park (115 SW Ash St.; Öffnungszeiten: Mi. – So. 11.00 – 16.00 Uhr).

Northwest Portland

Nob Hill	Hier geht Portland essen: Studenten mit etwas mehr Taschengeld, Jungmanager und Yuppies ohnehin. Das Viertel liegt nördlich der Burnside Avenue zwischen der NW 18th und NW 27th Avenue und ist das Resultat eines gelungenen Faceliftings: In viktorianische Ziegelsteinhäuser an schmalen Straßen zogen angesagte Kunstgalerien, Boutiquen und Restaurants – so viele, dass NW 21st und NW 23rd Avenues, die Nervenzentren des Viertels, **»Trendyfirst and Trendy-**

Powell's City of Books ist die größte Buchhandlung der Welt.

third« genannt werden. Die schönen Stadthäuser in den Seitenstra-
ßen, schattigen Alleen mit Ostküsten-Feeling, sind die heißesten Im-
mobilien Portlands. Besucher schwärmen von den Straßencafés in
Nob Hill als idealen Orten zum »Leutegucken«.

Northeast Portland

Das jenseits des Willamette River liegende Wohnviertel ist am besten
über die Steel Bridge, die schöne Blicke auf Portlands Downtown ermöglicht, zu erreichen. Sehenswert ist hier vor allem »The Grotto«,
ein katholischer, von einem herrlichen botanischen Garten umgebe-
ner Schrein mit einer 1925 aus dem Basalt gehauenen Grotte. »The
Grotto – The National Sanctuary of Our Sorrowful Mother« wird alljährlich von Hunderttausenden Pilgern besucht (NE 85th u. Sandy
Blvd.; Öffnungszeiten: tgl. 9.00 – 20.00 Uhr).

The Grotto

Southeast Portland

Der Südostsektor der Stadt erstreckt sich vom Ostufer des Willamette
River bis zu den historischen Wohnvierteln Hawthorne und Bel-
mont. Ursprünglich war dies eine Arbeitergegend und später bei
Hippies, Wehrdienstverweigerern und anderen Vertretern der amerikanischen Gegenkultur beliebt; heute entdecken auch gut Betuchte
das relativ preiswerte Leben rund um den Hawthorne Blvd.

**Rund um den
Hawthorne Blvd.**

Sehenswert in Southeast ist v. a. das Oregon Museum of Science and
Industry. In dem interaktiven Museum kann man in fünf thematisch
voneinander abgegrenzten Hallen und acht Laboratorien selbst
»Hand anlegen« – von der Brücke eines Frachtschiffs aus oder im
NASA-Kontrollzentrum in Houston während einer Gemini-Mission
(145 SE Water Ave.; Öffnungszeiten: tgl. 9.30 – 19.00 Uhr).

**Oregon Museum
of Science
and Industry**

Umgebung von Portland

✳
Oregon City

Als Endpunkt des Oregon Trails und erste Hauptstadt des Landes blickt Oregon City (30 000 Einw.), ca. 15 mi/24 km südlich von Portland, auf eine bewegte Geschichte zurück. Wie um ihre historische Bedeutung zu unterstreichen, rauschen mitten in der Stadt die **Willamette Falls** 12 m tief über die Basaltkante. Oregon Citys Geschichte begann 1829, als **John McLoughlin**, der Bevollmächtigte der Hudson's Bay Company in Fort Vancouver, an dieser Stelle eine Sägemühle baute. 1840 zog er selbst hierher und half den auf dem Oregon Trail ankommenden Siedlern mit Nahrungsmitteln und Baumaterialien. Schon bald entwickelte sich Oregon City zum Zentrum verschiedener verarbeitender Industrien. Von 1849 bis 1851 war es die Hauptstadt des amerikanischen »Oregon Territory«. Heute bietet die Stadt, in der sich v. a. Hightechfirmen und Versicherungsunternehmen angesiedelt haben, interessante Einblicke in eine Phase der amerikanischen Geschichte, die noch gar nicht so lange her ist.

Museum of the
Oregon Territory ▶
🕐

Das nördlich der Willamette Falls gelegene Museum bietet einen wahren Rundumschlag: Die Themen der Ausstellungen reichen von der Ur- über die Pionierzeit bis heute (211 Tumwater Dr.; Öffnungszeiten: Mo. – Fr. 10.00 – 17.00, Sa. u. So. ab 13.00 Uhr).

John McLoughlin
House National
Historic Site ▶
🕐

Hoch über dem Willamette River thront auf einer Basaltklippe das Wohnhaus des »Father of Oregon«, der hier bis zu seinem Tod im Jahr 1857 wohnte (713 Center St.; Öffnungszeiten: Mi. – Sa. 10.00 – 16.00, So. ab 13.00 Uhr).

🕐

Trotz des mitschwingenden Pathos ist das **End of the Oregon Trail Interpretive Center** ein lohnenswertes Ziel: Wechselnde Ausstellungen und ein 30-minütiger Film liefern Informationen zu allen Aspekten dieser größten Binnenwanderung der amerikanischen Geschichte. Der Platz für dieses Informationszentrum wurde nicht zufällig gewählt. Früher gehörte dieses Land dem ersten Gouverneur Oregons, **George Abernethy**. Der ließ die auf dem Oregon Trail angekommenen Siedler hier campieren, bevor sie zu ihren Claims weiterzogen (1726 Washington St.; Öffnungszeiten: Mai – Sept. Mo. – Sa. 9.30 bis 17.00, So. ab 10.30, sonst Mo. – Sa. 11.00 – 16.00, So. ab 12.00 Uhr).

✳ Port Orford

J 3

Region: Curry County (Südküste)	**Einwohnerzahl:** 1200
Höhe: 18 m ü.d.M.	

Unverstellte Blicke auf endlose Strände und meerumtoste Felsenklippen: Experten haben der westlichsten Ansiedlung der Lower 48 schon vor Jahren einen Tourismusboom prophezeit. Doch bislang ist es nicht dazu gekommen …

 PORT ORFORD ERLEBEN

AUSKUNFT

Port Orford &
North Curry County Chamber
P. O. Box 637
Port Orford, OR 97465
Tel. 1-541-332-80 55
www.portorfordchamber.com

ESSEN

► Erschwinglich/Preiswert

Paradise Café
518 19th St.
Tel. 1-541-332-81 04
Solide Küche in Wohnzimmer-Atmosphäre, gemütliche Theke.

► Preiswert

The Crazy Norwegian's Fish & Chips
259 Hwy. 101
Tel. 1-541-332-86 01
Bei den Einheimischen beliebte einfache Fischkantine.

ÜBERNACHTEN

► Komfortabel/Günstig

Castaway by the Sea Motel
545 5th St.
Tel. 1-541-23-45 02
www.castawaybythesea.com
13 Z. Schöner Meerblick aus jedem der modern eingerichteten Zimmer.

Sehenswertes in Port Orford und Umgebung

Port Orford hat kein erkennbares Zentrum und auch keine deutlich identifizierbare Stadtgrenze. Zu weit auseinander und oft von Gebüsch und Bäumen verdeckt stehen die einfachen Häuschen auf der weit in den Pazifik ragenden Landzunge. Gewerbe findet am Hwy. 101 statt: ein, zwei Tankstellen, ein paar einfache Restaurants, ein kleiner Supermarkt und in der Bucht eine Pier mit drei, vier Kuttern. Die Blütezeit als Fischer- und Holzverladehafen ist längst vorbei. Eine Handvoll kleiner Hotels, B & Bs und Galerien bereitet sich auf eine verheißungsvolle Zukunft im Tourismus vor: Einige der schönsten State Parks der Küste sind nur einen Katzensprung ent-

 Baedeker TIPP

Raddampfer-Tour

An Bord des Raddampfers »Belle of the Falls« erlebt man den Willamette River, die Willamette Falls und die Schleusen aus nächster Nähe (1801 Clackamette Dr., Oregon City; Abfahrtszeiten: Mai – Sept. Do. – So. 11.00, 13.00 u. 15.00 Uhr).

fernt. Doch bis es so weit ist, bleibt der **Battle Rock** die einzige nennenswerte Sehenswürdigkeit im Ort. Der mächtige, halb im Wasser, halb auf dem Strand der Stadt sitzende Fels war 1851 Schauplatz blutiger Gefechte zwischen weißen Siedlern und Tututni-Indianern. Zwei Wochen belagerten die Indianer den Felsen, auf den sich die Siedler nach ihrem vergeblichen Versuch, sich hier niederzulassen, zurückgezogen hatten, dann gelang ihnen im Schutz der Dunkelheit die Flucht. Der Fels kann bestiegen werden, doch Vorsicht: Manchmal ist die Flut so hoch, dass sie ihn zur Insel werden lässt.

Cape Blanco
State Park

Warum es der Spanier Martin d'Anguilar, der es 1603 sichtete, »blanco« (weiß) nannte, ist nicht bekannt. Bekannt hingegen ist, dass das weit in den Pazifik ragende Vorgebirge einer der westlichsten Punkte der Lower 48 ist und den südlichsten Leuchtturm Oregons trägt. Das 1870 fast 80 m über dem Ozean gebaute Leuchtfeuer war auch bitter nötig. Schon auf der rund neun Kilometer langen Anfahrt durch einen lichten Wald ahnt man die Wucht der Winterstürme, die auf das Kap einprügeln. 64 Stufen führen hinauf auf die Spitze des Turms; ein kleines **Museum** erinnert an das harte Leben der Leuchtturmwärter (Öffnungszeiten: April – Okt. Di. – So. 10.00 bis 15.30 Uhr).

★
Humbug
Mountain
State Park

Der mit 530 m **höchste Berg der Küste** ragt so steil aus dem Pazifik, dass die Ingenieure den Hwy. 101 an seinen Rücken verlegen mussten. Woher der Name stammt, weiß niemand. Erlen, Ahornbäume, uralte Douglasien, Myrtlewood – eine lorbeerähnliche, nur in Südwest-Oregon heimische Baumart – und zwölf verschiedene Farnarten wachsen an seinen Hängen. Ein kurzer Trail führt vom Campingplatz zu einem verschwiegenen Sandstrand. Der 5 km lange **Humbug Mountain Trail** beginnt ebenfalls hier und führt, vorbei an phantastischen Aussichten auf die Küste, hinauf auf den Gipfel.

★ Salem

G 4

Region: Marion County
(Nordwest-Oregon)

Einwohnerzahl: 153 000
Höhe: 47 m ü.d.M.

Die im nördlichen Willamette Valley gelegene Hauptstadt konzentriert sich voll und ganz aufs Regieren. Da mögen selbst die offiziellen Broschüren nicht von einer aufregenden Stadt schwärmen.

Hauptstadt
Oregons

Meist pflegen Amerikas Städte ihre Besucher mit einem ansehnlichen, liebevoll restaurierten Zentrum für das deprimierende Einerlei aus Malls und Parkplätzen an ihren Peripherien zu entschädigen. Salem bleibt selbst das schuldig, trotz seiner schönen Lage am Willamette River. Es mag an den vielen grauen, über die Innenstadt verstreuten Regierungsgebäuden liegen, die Nüchternheit ausstrahlen und einen gewissen Konservatismus. Es mag auch an den »Genen« dieser Stadt liegen, die ihr Ernsthaftigkeit gewissermaßen in die Wiege legten. Denn an dem Ort, den die Kalapuya-Indianer einst **»Ort der Ruhe«** – ein Zufall? – nannten, gründete der Methodisten-Prediger Jason Lee 1841 eine Mission mit dem Ziel, die – natürlich ungefragten – Ureinwohner zu erziehen und ihnen damit ein besseres Leben zu ermöglichen. Da dem hehren Unterfangen kein rechter Erfolg beschieden war, beschloss Lee, eine Stadt zu gründen. Den Erlös aus dem Verkauf des zur Mission gehörenden Grund und Bodens investierte er 1842 in das Oregon Institute, der Keimzelle der **Willamette**

► SALEM ERLEBEN

AUSKUNFT

**Salem Convention &
Visitors Association**
1313 Mill St. SE
Salem, OR 97301
Tel. 1-503-581-43 25
www.travelsalem.com

EVENT

Die »Oregon State Fair«, ein
12-tägiger, Ende August abgehaltener
Mix aus Leistungsschau und Rummel,
präsentiert dem Besucher ein unter-
haltsam inszeniertes Schaufenster in
die Wirtschaft des Bundesstaats. Das
hochklassige Rahmenprogramm
bestreiten landesweit bekannte Enter-
tainer und Popstars (Infos: www.
oregonstatefair.org).

ESSEN

► Erschwinglich
Arbor Café and Bakery
380 High St. NE
Tel. 1-503-588-23 53
Seit Jahren der Inbegriff für gutes
Frühstück und Mittagessen in licht-
durchfluteten Räumen.

► Erschwinglich/Preiswert
Boon's Treasury
888 Liberty St. NE
Tel. 1-503-399-90 62
Von den bierbrauenden McMenamin-
Brüdern betriebener, gemütlicher Pub
im alten Schatzamt der Stadt. Hin
und wieder gibt's Livemusik.

ÜBERNACHTEN

► Komfortabel/Günstig
Phoenix Inn Suites
4370 Commercial St. SE
Tel. 1-800-445-44 98
www.phoenixinn.com
89 Z.
Das beste Hotel der Stadt bietet
modern eingerichtete Zimmer und
Suiten sowie einen Swimmingpool.

University und damit ältesten Lehranstalt westlich des Mississippis.
1844 ist das Gründungsjahr der Stadt, 1851 wurde Salem Hauptstadt.
Seither sind Regierung und Lehrbetrieb die größten Arbeitgeber der
heute drittgrößten Stadt Oregons. Dabei bietet sie, und das mag den
Besucher ein wenig versöhnen, mit weitläufigen Parks und dem Uni-
versitätscampus schöne Oasen der Ruhe, in denen man nach der
Besichtigung der wichtigsten Sehenswürdigkeiten gerne relaxt.

Sehenswertes in Salem

Das ebenso wie der größte Teil der Stadt auf dem Ostufer des Willamette River liegende, 1938 eingeweihte State Capitol weist eine für
amerikanische Regierungssitze ungewöhnliche Architektur auf. Statt
der sonst typischen Kuppel sitzt eine Rotunde auf einem schachtel-
ähnlichen Gebäude, errichtet aus weißem Vermont-Marmor und
verziert mit Art-déco-Elementen. Eine sieben Meter große, vergolde-
te Statue des **»Oregon Pioneer«** thront auf der Rotunde. Drinnen
führen große Wandgemälde das Pionier-Thema mit Schlüsselszenen

State Capitol

Großflächige Wandgemälde im State Capitol erzählen die Geschichte Oregons.

🕐 von der Entdeckung und Erschließung Oregons fort (900 Court St. NE; Führungen: Mo. – Fr. 9.00 – 16.00, Sa. 9.00 – 15.00, So. 12.00 bis 15.00 Uhr).

Hallie Ford Museum of Art Untergebracht im früheren, bunkerähnlichen Gebäude einer Telefongesellschaft, beherbergt das »Jewel Box« genannte, zur Uni gehörende Museum einige der besten Kunstsammlungen des Nordwestens. Über 50 Künstler aus Oregon und dem benachbarten Washington von 1880 bis heute sind hier ausgestellt. Ferner ist die **»Confederated Tribes of Grande Ronde Gallery«** für ihre herrlichen indianischen Flechtarbeiten landesweit berühmt (700 State St.; Öffnungszei-🕐 ten: Di. – Sa. 10.00 – 17.00, So. ab 13.00 Uhr).

✱ Das Freilichtmuseum bietet mit drei historischen Wohnhäusern, ei- **Mission Mill Museum** ner Kirche und acht weiteren Gebäuden der 1889 gegründeten Thomas Kay Woolen Mill einen Einblick in die Gründungszeit Salems. 🕐 (1313 Mill St., SE; Öffnungszeiten: Mo. – Sa. 10.00 – 17.00 Uhr).

Willamette University Der von State, Winter, Bellevue und 12th Sts. eingerahmte Campus der WU prägt die Stadt ähnlich stark wie die Hochschulen Neuenglands ihre Städtchen. Besonders schön ist der **Martha Springer Botanical Garden** mit zwölf kleineren, kunstvoll angelegten Gärten.

Umgebung von Salem

Enchanted Forest Salems sympathischer **Vergnügungspark**, 6 mi/10 km südlich der Stadt, ist das Werk eines einzelnen Mannes – und wohltuend anders als seine größeren, moderneren Konkurrenten. 1971 eröffnete Bill Tofte sein selbst gezimmertes, von Zwergen, Feen und sprechenden

Tieren bewohntes Märchenland. Inzwischen um Attraktionen wie Wasserrutschen und Achterbahnen bereichert, hat es seinen naiven Charme bewahrt (8462 Enchanted Way, via I-5, Exit 248; Öffnungszeiten: März – Sept. tgl. 9.30 – 18.00 Uhr). 🕓

Albany

Das knapp 20 mi/32 km südlich von Salem gelegene Städtchen (47 500 Einw.) am Zusammenfluss von Calapooia und Willamette River ist mit fast **400 viktorianischen Häusern** ein hübsches Schaufenster in die Pionierzeit. Sehenswert ist v. a. das 1849 erbaute **Monteith House**. Das älteste Haus der Stadt beherbergt u. a. die Originalküche und ein Klavier, das einst die 3200 km lange Anreise über Land im Ochsenkarren absolvierte (518 2nd SW; Öffnungszeiten: Mi. bis So. 12.00 – 16.00 Uhr). Im **Monteith District**, zwischen Elm und Ellsworth Streets, stehen weitere fotogene Heime alter Pioniere. 🕓

◄ Albany Regional Museum

Informativ präsentierte Schlaglichter auf die Geschichte Albanys werfen die Ausstellungen im Albany Regional Museum (136 Lyon St. SW; Öffnungszeiten: Mo. – Sa. 12.00 – 16.00 Uhr). Im Übrigen genießt Albany einen guten Ruf als Dorado für Antiquitäten-Fans. 🕓

◄ Covered Bridges

In der Umgebung warten 48 »covered bridges« auf Fotografen und Verliebte. Seit dem Kinoerfolg »Die Brücken am Fluss« (1995) mit Clint Eastwood und Meryl Streep weiß man ja, dass diese Brücken ihre Dächer nicht nur trugen, um das Holz darunter vor den Unbilden des Wetters zu schützen. Fünf »covered bridges« gibt es bei dem Weiler **Scio** ein paar Autominuten nordöstlich von Albany zu bewundern. Die meisten stammen aus den 1930er-Jahren.

Corvallis

Etwa 15 mi/24 km südwestlich von Albany liegt Corvallis (54 000 Einw.). In den amerikanischen Rankings der lebenswertesten Städte rangiert das Universitätsstädtchen am Willamette River immer weit oben. Der weitläufige Campus der **Oregon State University** bedeckt nahezu ein Fünftel des Stadtgebiets und geht östlich von der 11th Street nahtlos in die Downtown mit schönen alten Stadthäusern und schattigen Alleen über. Rund 20 000 Studenten sind an der OSU eingeschrieben, die Universität ist damit der größte Arbeitgeber der Stadt. Geschäfte, Buchläden und Cafés prägen das Gesicht der intensiv begrünten Downtown. Herausragende Sehenswürdigkeiten gibt es zwar nicht, doch ein ausgiebiger Bummel über den parkähnlichen, von Monroe St. und Western Blvd. begrenzten Campus – das säulenbewehrte **Memorial Union** ist das eindruckvollste Gebäude – lohnt sich allemal.

Silver Falls State Park

Zehn bis zu 55 m hohe Wasserfälle in den unteren, von immergrünem Wald aus Douglasien und Hemlock-Tannen bedeckten Hängen der Cascade Mountains sind die Hauptattraktion des **größten State Park Oregons**. 25 mi/40 km nordöstlich von Salem gelegen, bietet er schöne Wanderwege, auf denen auch weniger sportliche Besucher erholsame Spaziergänge unternehmen können (Hwy. 213; Öffnungszeiten: tgl. 7.00 – 21.00 Uhr). 🕓

WASHINGTON

Fläche : 184 665 km²
Einwohnerzahl: 6,4 Mio.
Hauptstadt: Olympia
Beiname: The Evergreen State

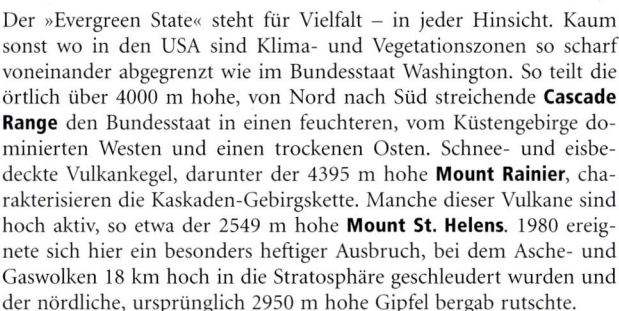

Der Bundesstaat in der Nordwestecke der USA führte lange Zeit ein Mauerblümchendasein. Doch in Zeiten dicht bevölkerter Städte und immer heißer werdender Sommer ziehen schneebedeckte Vulkane und mysteriös-nebelverhangene Regenwälder immer mehr Besucher an.

Der »Evergreen State« steht für Vielfalt – in jeder Hinsicht. Kaum sonst wo in den USA sind Klima- und Vegetationszonen so scharf voneinander abgegrenzt wie im Bundesstaat Washington. So teilt die örtlich über 4000 m hohe, von Nord nach Süd streichende **Cascade Range** den Bundesstaat in einen feuchteren, vom Küstengebirge dominierten Westen und einen trockenen Osten. Schnee- und eisbedeckte Vulkankegel, darunter der 4395 m hohe **Mount Rainier**, charakterisieren die Kaskaden-Gebirgskette. Manche dieser Vulkane sind hoch aktiv, so etwa der 2549 m hohe **Mount St. Helens**. 1980 ereignete sich hier ein besonders heftiger Ausbruch, bei dem Asche- und Gaswolken 18 km hoch in die Stratosphäre geschleudert wurden und der nördliche, ursprünglich 2950 m hohe Gipfel bergab rutschte.

Die Cascades teilen den Staat auch politisch. Während man an der Küste und in den Städten im liberalen Westen traditionell demokratisch wählt, ist der ländlich geprägte Osten konservativ und ein verlässliches Stimmenreservoir der Republikaner. Und so blickt Wa-

Politische Teilung

Highlights *Washington*

Grand Coulee Dam
Bereits seit 1942 ist das größte Wasserkraftwerk der USA in Betrieb.
► Seite 354

Mount Rainier
Der imposante Feuerberg lockt nicht nur Vulkanologen, sondern auch Naturfreunde und passionierte Bergwanderer an.
► Seite 365

Olympic National Park
Einzigartige Regenwälder und wildromantische Küstenabschnitte ziehen Besucher aus aller Welt an.
► Seite 380

Seattle
ist das wirtschaftliche und kulturelle Zentrum des Nordwestens.
► Seite 390

← *Imposant präsentiert sich Washingtons Metropole Seattle bei abendlicher Beleuchtung.*

shington einerseits auf eine lange Tradition sozialliberaler Politik zurück, die stolz auf ihre Gewerkschaftsvergangenheit und Verbraucherschutzgesetze ist. Lange zurück reicht aber auch der latente Rassismus, unter dem die asiatischen und afroamerikanischen Minderheiten zu leiden haben.

Geschichte Lachs, Heilbutt, Schalentiere und Wale, ein unendlich scheinender Vorrat an Holz und Heilpflanzen: Dank ihres Reichtums an natürlichen Ressourcen war die Küste des heutigen Bundesstaates Washington bis zur Mündung des Columbia River dicht besiedelt und Heimat wohlhabender indianischer Kulturen. Neuere Forschungen haben erbracht, dass hier schon seit mindestens 13 000 Jahren Menschen leben. Die bekanntesten der überwiegend sesshaften, große Langhäuser bauenden und kunstvolle Totempfähle schnitzenden Nordwestküstenindianer waren die **Chinook, Makah** und **Yakima**. Sie haben hoch differenzierte Wirtschaftsformen und Gesellschaften hervorgebracht, in denen auch Frauen wichtige Ämter übernahmen. Ihre Handelsbeziehungen reichten weit nach Süden und tief ins Landesinnere.

Die Weißen kommen ▶ Die Ankunft der Weißen Mitte des 19. Jh.s bedeutete das traumatische Ende der jahrtausendealten indianischen Kulturen. Die Nachkommen der durch Waffengewalt und Krankheiten dezimierten indianischen Ureinwohner leben heute in ca. 20 Reservaten.

Pelzhandel ▶ Zunächst war es die Suche nach der sagenumwobenen Nordwestpassage, die spanische und englische Seefahrer an die Nordwestküste der heutigen USA lockte. Doch schon bald erkannte man das wirtschaftliche Potenzial der überreichen Pelztier-Population.

Anno 1775 beanspruchte der Entdecker **Bruno Heceta** diesen Küstenabschnitt für Spanien, 1778 sichtete **James Cook** das am Eingang zur Strait of Juan de Fuca liegende Cape Flattery. 1790 einigten sich England und Spanien auf eine gemeinsame Nutzung der Küste und öffneten diese damit auch den Amerikanern. 1792 erkundete der Engländer George Vancouver den Puget Sound. Im gleichen Jahr entdeckte der amerikanische Kapitän **Robert Gray** die Mündung des Columbia River. Ab 1800 interessierte sich auch die englisch-kanadische **Hudson's Bay Company** für die an Pelztieren reiche Gegend. Von ihrem Stützpunkt Fort Vancouver aus beherrschte diese Gesellschaft während der nächsten zwei Jahrzehnte den Pelzhandel im gesamten Nordwesten Amerikas und richtete auch im Gebiet des heutigen Bundesstaates Washington zahlreiche Handelsplätze ein.

Amerikanische Expansion ▶ Doch erst **Lewis und Clark** vermochten die Nordwestküste ins Blickfeld der jungen amerikanischen Politik rücken. Ihre Expedition erreichte das Gebiet des heutigen Bundesstaates Washington im Oktober 1805 auf dem Landweg. 1811 baute der deutschstämmige Pelzhändler **Johann Jakob Astor** an der Mündung des Columbia River den Handelsposten Astoria und – tief im Landesinnern – ein Fort am Zusammenfluss von Columbia und Okanogan River. Weitere Handelsposten folgten, in deren Umgebung auch Siedlungen entstanden. 1846 gaben die Briten ihren Anspruch auf das auch Washington umfassende Oregon auf und zogen sich im Oregon-Vertrag hinter den 49. Breitengrad als neuer Grenze zurück.

Nennenswerte größere Siedlungen gab es damals nur im südlichen Teil des Territoriums, in Oregon. Salem war die Hauptstadt des Nordwestens der USA, der 1848 als **»Oregon-Territorium«** offiziell den Vereinigten Staaten angegliedert wurde und auch Idaho und Teile Montanas umfasste. Erst als bebaubares Land im Willamette Valley in Oregon knapp zu werden begann, überquerten Siedler in größerer Zahl den Columbia-Fluss.

Tumwater, die erste amerikanische Siedlung in Washington, entstand bereits 1845 am Puget Sound. 1851 folgten Seattle und Port Townsend, beide als Holzumschlagplätze für das seit dem Goldrausch boomende Kalifornien. Doch noch als Washington 1853 von Oregon getrennt wurde, hatte das nunmehr eigenständige Territorium gerade einmal 4000 zwischen Pazifik und Rocky Mountains verstreute Einwohner. Der erste Gouverneur des Territoriums, **Isaac I. Stevens**, verlor deshalb keine Zeit und schloss mit den unruhig gewordenen Indianerstämmen Verträge, die eine durchgehende Erschließung ermöglichen sollten. Dennoch kam es bis 1858 zu mehreren blutigen Auseinandersetzungen zwischen Indianern und weißen Siedlern. Die Besiedlung Washingtons und die Anbindung an die übrigen USA sollte sich erheblich verzögern.

Erst die Ankunft der Eisenbahn gegen Ende des 19. Jh.s brachte den Bundesstaat Washington entscheidend voran, der 1889 als 42. Bundesstaat der Union beigetreten war. Die damit einhergehende politische Stabilität förderte das Wirtschaftswachstum: Weizenanbau und Viehzucht im Osten, Holzwirtschaft und Fischfang im Westen. Der Goldrausch am Klondike im kanadischen Yukon-Territorium machte Seattle zum wichtigsten Hafen an der Nordwestküste. Die Bevölkerung Washingtons wuchs in dieser Zeit von 75 000 auf 1,2 Mio. Menschen. Im 20. Jh. setzte sich der Boom fort, unterstützt durch Staudamm-Projekte entlang des Columbia River. Das ermöglichte den Aufbau einer leistungsstarken Aluminiumproduktion und Flugzeugindustrie. Die Firma Boeing in Seattle wurde alsbald zum größten Arbeitgeber im Bundesstaat. Nach dem Angriff auf Pearl Harbor im Dezember 1941 wurde Bremerton innerhalb von nur zwei Jahren zum Schiffsbauzentrum und Heimathafen der nördlichen Pazifikflotte ausgebaut.

Nach dem Zweiten Weltkrieg entwickelten sich Seattle bzw. die gesamte Puget Sound Area sowie das Tal des Columbia River zu Kern-

---

? WUSSTEN SIE SCHON …?

■ … dass 1942 rund 18 000 Amerikaner mit ostasiatischen Wurzeln aus ihren Häusern geholt und in abgelegenen »War Relocation Camps« in Montana und Idaho interniert wurden? Nach Pearl Harbor hegte die US-Regierung Zweifel an der Loyalität ihrer aus Ostasien stammenden Bürger. Erst 1988 entschuldigte sich die Regierung für ihr Vorgehen.

◄ Washington im
20. Jahrhundert

räumen der wirtschaftlichen Entwicklung mit einem geradezu explosionsartigen Bevölkerungswachstum. Nicht nur der Flugzeugbauer Boeing sorgte regelmäßig für gute Nachrichten, sondern auch der aus Seattle gebürtige **Bill Gates** (► Berühmte Persönlichkeiten), der 1975 zusammen mit **Paul Allen** das heute weltweit führende Software-Unternehmen Microsoft gründete.

Umweltprobleme ► Die stürmische wirtschaftliche Entwicklung forderte aber auch ihren Tribut: Durch die Verbauung des Columbia River mit Staudämmen verschwanden beispielsweise die Lachse, die erst seit dem nachträglichen Einbau von Fischtreppen wieder flussaufwärts ziehen können. Prekär ist die Umweltsituation am Puget Sound sowie entlang des Columbia River, wo sich inzwischen zahlreiche Initiativen für eine nachhaltige, umweltfreundliche Wirtschaftsweise einsetzen.

✳ Bellingham

C 5

Region: Whatcom County (Nordwest-Washington)

Einwohnerzahl: 75 000
Höhe: 0 – 210 m ü.d.M.

Selten ist eine Stadt so einnehmend wie diese alten Hafenstadt am nördlichen Puget Sound bzw. am Ende der inselübersäten Georgia Strait. Denn außer dem schneebedeckten Mount Baker im Rücken und dem blaugrünen Pazifik vor der Haustür bietet Bellingham auch eine aktive Kulturszene und jede Menge Lebensart.

»Junge« Stadt Die zahlreichen hervorragenden Möglichkeiten zum Wandern, Kajakfahren und Skilaufen locken vor allem junge Familien und qualifizierte Arbeitskräfte an die Bellingham Bay. Auch die Western Washington University mit ihren mehr als 12 000 Studierenden verjüngt das Straßenbild und nährt eine kulturelle Szene mit zahlreichen Galerien, Theaterbühnen und Buchläden.

Geschichte Anno 1792 benannte der britische Entdecker **George Vancouver** die hiesige Bucht nach **Sir William Bellingham**, der seine Expedition ausgerüstet hatte. Die ersten Weißen ließen sich 1854 nieder; 1903 erfolgte die Gründung der Stadt. Im Laufe ihres kurzen Bestehens hatte sie mancherlei Unbilden zu erleiden. Nach dem dramatischen Rückgang der Lachsbestände in den 1930er-Jahren wurden die Fischfabriken aufgegeben. Zu Beginn des 21. Jh.s wurde Bellingham erneut gebeutelt: Der Alcoa-Konzern schloss seine hiesige Alumi-

! Baedeker TIPP

Chuckanut Drive

Von Bellingham führt der »Chuckanut Drive« (alte Rte. 11) zunächst ins Skagit Valley und dann hinauf in die Chuckanut Mountains. Oben in den Bergen gibt es herrliche Aussichtspunkte, von denen man einen tollen Blick auf die San Juan Islands hat.

![Harbor view of Bellingham]

Die junge Stadt Bellingham bietet viel Lebensqualität - auch für passionierte Freizeit-Kapitäne.

niumfabrik, eine Papierfabrik wurde ebenfalls geschlossen. Und die Ereignisse vom 11. September 2001 sorgten für einen dramatischen Einbruch des grenzüberschreitenden Tagesbesucherverkehrs.

Sehenswertes in Bellingham

Untergebracht im spätviktorianischen einstigen Rathaus sowie drei weiteren Gebäuden, beherbergt das Museum interessante Ausstellungen zur Stadtgeschichte und zum Kulturschaffen in der Umgebung. Besondere Beachtung wird dem Bootsbau geschenkt (121 Prospect St.; Öffnungszeiten: Di. – So. 12.00 – 17.00 Uhr).

Whatcom Museum of History & Art

Dieses mit großer Sachkenntnis inszenierte Museum verfolgt die Erforschung und Nutzbarmachung der Elektrizität bis zum Siegeszug des Radios in den 1930er-Jahren. Besonders eindrucksvoll ist der nachgebaute **Radioraum der »Titanic«** (1312 Bay Street; Öffnungszeiten Mi. – Sa. 11.00 – 16.00 Uhr).

American Museum of Radio & Electricity

Das Museum zeichnet die Geschichte des Eisenbahnwesens im Nordwesten der Vereinigten Staaten nach. Besonders interessant sind die Modelle der bulligen »Lumber Trains«, die zeigen, wie man an der

Bellingham Railway Museum

🕐 Schwelle vom 19. zum 20. Jh. in dieser Gegend Holzwirtschaft betrieben hat (1320 Commercial St.; Öffnungszeiten: Di., Do. und Sa. 12.00 – 17.00 Uhr).

Mindport Das Konzept dieser ungewöhnlichen Ausstellung heißt »interactive art«: Kunst, die reagiert, wenn man sie berührt, und mit dem Betrachter kommuniziert. Erreicht wird dies mittels einer Reihe konventionelle Grenzen und Formen sprengender Skulpturen und Gerätschaften, die größtenteils von Künstlern aus dem »Evergreen
🕐 State« angefertigt wurden (210 W. Holly St.; Öffnungszeiten: Mi. – Fr. 12.00 – 18.00, Sa. 10.00 – 17.00, So. 12.00 – 16.00 Uhr).

BELLINGHAM ERLEBEN

AUSKUNFT

Bellingham · Whatcom CVB
904 Potter Street, Bellingham
WA 98229, Tel. 1-360-671-39 90
www.bellingham.org

BOOTSAUSFLÜGE

Im Sommer legen Ausflugsboote vom Bellingham Cruise Terminal zu Touren (auch Walbeobachtung) durch die San Juan Islands ab. Weitere Infos: Victoria San Juan Cruises, 355 Harris Avenue, Tel. 1-360-738-80 99, www.whales.com

AKTIVITÄTEN

Wandern
Das gebirgige Hinterland von Bellingham wird von schönen Wanderwegen erschlossen. Karten und Infos enthält der »Bellingham Trail Guide«. Infos: www.cob.org/services

Kayaking
Paddeln ist die umweltfreundlichste Art, sich den Schönheiten im Pazifik zu nähern. »Moon Dance Sea Kayak Adventures« organisiert ein- und mehrtägige geführte Trips zu verschiedenen Inseln inklusive Übernachtung im Zelt (2385 Forest View, Tel. 1-360-738-76 64, www.moondancekayak.com).

ESSEN

▶ **Fein & teuer**
Anthony's at Squalicum Harbor
25 Bellwether Way
Tel. 1-360-647-55 88
Frische Fische und Meeresfrüchte, zubereitet mit Gemüse und Früchten aus der Region

▶ **Preiswert**
Old Town Café
316 W. Holly Street
Tel. 1-360-671-44 31
So sympathisch wie sein unprätentiöser Name; solide vegetarische Küche (der Klassiker: Tofu Scramble).

ÜBERNACHTEN

▶ **Luxus/Komfortabel**
Chrysalis Inn & Spa
804 10th Street, Tel. 1-360-756-10 05
www.thechrysalisinn.com
43 Z. Elegantes Wellness-Hotel an der Bay, mit hübschem Interieur aus Holz und Glas. Alle Zimmer mit Meerblick.

▶ **Günstig**
DeCann House B&B
2610 Eldridge Avenue
Tel. 1-360-734-91 72
www.decannhouse.com.
2 Z. Wahrlich eine »Victorian Beauty« mit tollem Panoramablick

Diese Marina für 1800 Boote liegt am Nordrand der Bellingham Bay bzw. am Westrand des Stadtzentrums. Am mehr als 700 m langen Boardwalk liegen einige der besten Restaurants und Hotels der Stadt. Ein **Meerwasseraquarium** zeigt die Unterwasserwelt des nordöstlichen Pazifik (Marine Life Center, 1801 Roeder Ave.; Öffnungszeiten: Juni – Aug. tgl. 10.00 – 18.00, sonst 11.00 – 17.00 Uhr).

Squalicum Harbor

🕐

Umgebung von Bellingham

Das nach Anna Curtis, der Frau des ersten Siedlers auf der vorgelagerten Insel benannte 15 000-Einwohner-Städtchen fungiert zugleich als Tor zu den ►San Juan Islands. Es liegt am Nordende des hügeligen, mit dem Festland durch eine Brücke verbundenen **Fidalgo Island** und gewährt von den Aussichtspunkten im **Washington Park** schöne Blicke auf die im Puget Sound »schwimmenden« San Juan Islands. Einen Besuch lohnt das orts- und regionalgeschichtlich orientierte **Anacortes History Museum** (1305 8th St.; Öffnungszeiten: Mo. – Sa. 10.00 – 16.00, So. ab 13.00 Uhr).

Anacortes

🕐

Historische Städtchen, die sich im Wasser spiegeln, Beerenplantagen und Tulpenfelder am Unterlauf des Flusses: Im ländlichen **Mount Vernon** (30 000 Einw.), rund 25 mi/40 km südlich von Bellingham, blühen während des »**Tulip Festival**« im April mehr Tulpen als sonstwo in den USA. Auch im einstmals sumpfigen Hinterland werden großflächig Tulpenzwiebel kultiviert. Wenige Kilometer weiter westlich liegt der malerische Fischerhafen **La Conner**. 1869 kaufte ein gewisser John Conner den Handelsposten im Norden der Skagit Bay, gab ihm seinen Namen und stellte diesem die Initialen seiner Frau Louise Anne voran. Die gut erhaltenen, aus den 1880er-Jahren stammenden Häuserzeilen am Swinomish-Kanal ziehen nicht nur Künstler an, sondern auch Besucher aus den nahen Städten.

★
Lower Skagit River Valley

Das kleine, aber feine, nur »MoNA« genannte **Museum of Northwest Art** zeigt Werke talentierter Künstler von der Nordwestküste (121 S. 1st St.; Öffungszeiten: tgl. 10.00 – 17.00 Uhr).

◄ Museen

🕐

Das **Skagit County Historical Museum** befasst sich u. a. mit der Kultur der indianischen Ureinwohner (501 4th St.; Öffnungszeiten: Di. bis So. 11.00 – 17.00 Uhr).

🕐

Liebhaber kunstvoll verzierter Patchworkdecken sind im **La Conner Quilt Museum** am Ziel ihrer Wünsche (703 S. 2nd St.; Öffnungszeiten: Mi. – Sa. 11.00 – 16.00, So. 12.00 – 16.00 Uhr).

🕐

Ca. 50 km östlich von Bellingham erhebt sich der von den Indianern »Großer Weißer Wächter« genannte Mount Baker (3285 m ü.d.M.). Der weithin sichtbare, von Ausbrüchen und der letzten Eiszeit gezeichnete Stratovulkan ist stark vergletschert. Nach einigen kleinen Eruptionen im 19. Jh. zählt der mehrere Gipfel aufweisende Vulkan zu den sog. »Schläfern«. Eisfelder bedecken den Gipfelbereich; größter Gletscher ist der 5 km² umfassende **Coleman Glacier**.

★
Mount Baker

Mount Baker
Wilderness Area ►

Im Jahre 1792 schaffte es der Mount Baker erstmals auf eine Landkarte, als ihn eine britische Expedition unter dem Kommando von Kapitän George Vancouver sichtete und nach ihrem Leutnant Joseph Baker benannte. 1984 wurde die wildromantische Region zwischen dem Highway 20 und der kanadischen Grenze mit seinen Douglasien- und Hemlocktannenbeständen als »Mount Baker Wilderness Area« ausgewiesen.

Gipfeltouren ►

Zahlreiche Wanderpfade führen zu herrlichen Aussichtspunkten auf die Gipfel. Die Basisplätze für Gipfelbesteigungen erreicht man von Bellingham aus am besten über den Highway 542 (s. u.). Besonders zu empfehlen sind der rund 10 mi/16 km lange Rundwanderweg zum idyllisch gelegenen **Lake Ann**, der Trail zum 1730 m hoch gelegenen Aussichtspunkt **Excelsior Peak** und der bei **Heather Meadows** beginnende, 10 km lange **Chain Lakes Loop**. Letzterer lohnt sich vor allem im Hochsommer, wenn die Wildblumenwiesen blühen. Zum Greifen nah scheint der Mount Baker am Ende des 7 km langen **Heliotrope Trail**. Dieser Pfad führt über die Baumgrenze bis zum Coleman Glacier.

? WUSSTEN SIE SCHON ...?

■ ... dass der Mount Baker in der schneereichsten Ecke der USA aufragt? Die nahezu ungehindert vom Pazifik hereinkommenden Wolken bringen reichlich Niederschläge. Im Winter 1999/2000 fielen hier sage und schreibe 28 Meter Schnee!

Kletterrouten ►

Obwohl klettertechnisch nicht allzu anspruchsvoll, ist der Mount Baker wegen seiner jähen Wetterumschwünge und auch wegen seiner vielen Gletscherspalten berüchtigt. Anfänger sollten diesen Gipfel keinesfalls im Alleingang erklimmen wollen; die beiden meistbegangenen Routen überqueren den Coleman Glacier (via Heliotrope Trail) und den Roosevelt Glacier (weitere Informationen: Glacier Public Service Center).

✱
Mount Baker
Highway
(Highway 542) ►

Die vielleicht schönste Panoramastraße im Nordwesten der USA hat man nicht für sich allein. Außerdem sind die letzten 7 km nur von Juli bis etwa Anfang Oktober befahrbar. Selbst im Hochsommer muss man hier oben mit Schneefällen rechnen. Dennoch lohnt sich Fahrt sehr.

Gleich hinter dem 100-Seelen-Nest **Glacier** – hier gibt es ein paar einfache Restaurants und Unterkünfte – schlängelt sich die Straße bergan durch dichten Nadel-Urwald. Es geht vorbei an den tosenden **Nooksack Falls**, die über drei Stufen in die Tiefe stürzen. Dann windet sich die Straße in atemberaubenden Serpentinen durch die **Baker Ski Area** bergauf.

✱✱
Artist Point ►

Ca. 25 mi/40 km hinter Glacier erreicht man den absoluten Höhepunkt dieser Fahrt, den Artist Point. Der Name könnte nicht besser gewählt sein, denn von hier aus genießt man einen grandiosen Panoramablick auf den geradezu majestätisch wirkenden Mount Baker, den Mount Shuksan und die Gipfel in der westkanadischen Provinz British Columbia.

Centralia · Chehalis

E 5

Region: Lewis County
(Südwest-Washington)

Einwohnerzahl: 22 000 (insgesamt)
Höhe: 49 – 74 m ü.d.M.

Die beiderseits des stark befahrenen Interstate 5 gelegenen und zu einem regionalen Zentrum zusammengewachsenen Städte Centralia und Chehalis sind ein guter Ausgangspunkt für Erkundungen der noch relativ wenig bekannten Südwestecke des Bundesstaates Washington.

Während der zweiten Hälfte des 19. Jh.s gegründet, wuchsen die beiden Städtchen vor allem dank der um die vorige Jahrhundertwende boomenden Holzwirtschaft heran. Der gesamte Südwesten des Bundesstaates war seinerzeit von uralten Regenwäldern bestanden, wie man sie heute noch auf der ►Olympic Peninsula sieht.

Geschichte

Sehenswertes in Centralia und Chehalis

Über ein Dutzend gelungener **Murals** (Bilder auf Hauswänden) erinnern in der adretten Altstadt von Centralia an jene Sturm-und-Drang-Zeit Anfang des 20. Jh.s, als viel zu niedrige Löhne und schlechte Arbeitsbedingungen die meist aus Skandinavien stammenden Arbeiter den Gewerkschaften zutrieben.

Centralia

Das südlich an Centralia grenzende Chehalis besitzt ebenfalls eine hübsche Altstadt mit roten Ziegelbauten. Holzwirtschaft, Gartenbau, etwas Landwirtschaft und verarbeitende Industrie sind hier die Haupteinnahmequellen.
Im historischen »Northern Pacific Railway Depot« wird die Geschichte der Region u. a. mit historischen Fotos und Landschaftsmodellen illustriert (599 N.W. Front Way, Chehalis; Öffnungszeiten: Di. – Sa. 9.00 – 17.00, im Sommer auch So. 13.00 – 17.00 Uhr).
Hier kannman sich eine Dosis amerikanischen Patriotismus abholen. Ausgestellt sind zahlreiche Erinnerungen aus allen Kriegen, in denen

Chehalis

◄ Lewis County Historical Museum

🕐

◄ Veterans Memorial Museum

 CENTRALIA – CHEHALIS ERLEBEN

AUSKUNFT

Lewis County Convention & Visitors Bureau
1401 W. Mellen Street
Centralia, WA 98531
Tel. 1-360-330-75 98
www.tourlewiscounty.com

SHOPPING

Centralia Factory Outlet Center
1342 Lum Road (I-5, Exit 82)
Öffnungszeiten: Mo. – Sa. 9.00 bis 20.00, So. 10.00 – 19.00 Uhr
Markenwaren (u. a. Helly Hansen, Eddie Bauer, Samsonite) zu günstigen Preisen

Soldaten aus dem Bundesstaat Washington gefochten haben, plus eine 20 x 30 m große US-Flagge von dem Flugzeugträger »USS Abraham Lincoln« (100 S.W. Veterans Way, Chehalis; Öffnungszeiten: Di. – Sa. 10.00 – 17.00, Juni – Sept. auch So. 13.00 – 17.00 Uhr).

Umgebung von Centralia und Chehalis

White Pass Scenic Byway
Diese über 100 mi/160 km lange Panoramastraße beginnt zehn Autominuten südöstlich von Chehalis in Mary's Corner und führt durch den **Gifford Pinchot National Forest** sowie den **Mount Baker-Snoqualmie National Forest** nach Naches. Unterwegs windet sich die Straße auch über die Südflanke des ▶Mount Rainier. Dieser Vulkan und viele andere Gipfel der Cascade Range sind von zahlreichen Aussichtspunkten aus zu sehen.

Colville National Forest

D 8

Region: Nordost-Washington   **Fläche:** 4452 km²

In der abgelegenen Nordostecke Washingtons sagen sich Wölfe und Grizzlybären gute Nacht. Outdoor-Fans erleben hier ein noch wenig gestörtes Naturparadies.

Refugium für Grizzlys und Karibus
Der 1907 eingerichtete Colville National Forest reicht im Süden bis zur Colville Indian Reservation, im Westen und Osten markieren der Okanogan River bzw. der Columbia River seine Grenzen. Seine Nordgrenze ist zugleich Staatsgrenze zu Kanada.

Das Landschaftsbild des riesigen Schutzgebietes wird geprägt von drei Gebirgszügen, der **Okanogan Range**, der **Kettle River Range** und der **Selkirk Range**, deren Gipfel von eiszeitlichen Gletschern rundgeschliffen wurden. Die drei großen Täler von Columbia River, Pend Oreille River und San Poil-Curlew River wurden von eiszeitlichen Gletscherzungen ausgehobelt. Innerhalb des Colville National Forest wurden einige Sonderbereiche zum Schutz seltener Pflanzen und Tiere ausgewiesen; sog. **»recovery areas«** sind Refugien für Grizzlybären und die letzten Karibus südlich des 48. Breitengrades.

Republic
Sattgrüne Matten und dunkle Wälder, grauer Fels und leuchtende Schneefelder: Der von der Kettle River Range umrahmte 1000-Seelen-Ort liegt inmitten einer herrlichen Bergwelt. Seinen Namen verdankt er der 1896 eröffneten **Republic Gold Mine**, in der noch heute nach Gold gesucht wird. Die belebte Hauptachse des Ortes ist die Main Street, die von hübscher Frontier-Architektur gesäumt wird.

Stonerose Interpretive Center ▶
Im Stonerose Interpretive Center kann man gut erhaltene **Versteinerungen von Pflanzen** aus dem Eozän (vor ca. 50 Mio. Jahren) bestaunen. Auf der dazugehörigen Boot Hill Fossil Site dürfen Besucher

selbst nach Fossilien suchen (15 N. Kean St.; Öffnungszeiten: Mai Mi. – So. 8.00 – 17.00, Juni – Okt. tgl. 8.00 – 17.00 Uhr).
Gleich nebenan steht die windschiefe **Kaufman Cabin**. Sie ist das älteste Gebäude von Republic.

Der von Republic aus nordwärts nach Kanada führende Highway 21 schlängelt sich durch den landschaftlich reizvollen Curlew Lake State Park, der im Sommer mit netten Badeplätzen aufwartet.

Curlew Lake State Park

Die 20 mi/32 km nördlich von Republic gelegene, um 1900 gegründete Siedlung ist heute fast schon eine Geisterstadt. Obwohl sie in der Vergangenheit mehrfach ins Blickfeld von Eisenbahnern und Spekulanten geriet, konnte sie sich nie richtig entwickeln. Das restaurierte und mit Mobiliar der vorigen Jahrhundertwende ausgestattete **Ansorge Hotel Museum** in der Ferry Street erinnert an die Gründerzeit (Öffnungszeiten: Sommer Sa., So. 13.00 – 17.00 Uhr).

Curlew

Sehenswertes im Colville National Forest

Der Highway 20 führt als landschaftlich reizvoller **Sherman Pass National Forest Scenic Byway** von Republic in den weiter östlich gelegenen Ort Kettle Falls (1600 Einwohner).
Nicht weit vom 1694 m hohen **Sherman Pass** kreuzt der knapp 50 km lange **Kettle Crest Trail** den Highway. Dieser erschließt einige

Kettle Falls

▶ COLVILLE NATIONAL FOREST ERLEBEN

AUSKUNFT

Colville National Forest
765 S. Main Street, Colville
WA 99114, Tel. 1-509-684-70 00
www.fs.fed.us/r6/colville

Grand Coulee Dam Area Chamber
306 Midway Ave.
Grand Coulee, WA 99133
Tel. 1-509-633-30 74
www.grandcouleedam.org

Grand Coulee Visitors Center
nahe des Damms am Hwy. 155
Öffnungszeiten: Ende Mai – Juli tgl.
8.30 – 23.00, Aug bis 22.30, Sept. bis
21.30, sonst 9.00 – 17.00 Uhr
Informationen über den Staudammbau; halbstündige Führungen zu den
140 m tiefer gelegenen Generatoren.

ESSEN

▶ **Erschwinglich**
Hudson Bay Steak & Seafood Restaurant
Highway 395
Barneys, Kettle Falls
Tel. 1-509-738-61 64
Einfach, aber herzlich; hier gibt
es die besten Steaks und Fischgerichte
der Gegend.

ÜBERNACHTEN

▶ **Günstig**
Best Value Inn Kettle Falls
205 E. 3rd Street (Hwy. 395),
Kettle Falls, Tel. 1-509-738-65 14
www.americasbestvalueinn.com
24 Z. Das freundliche kleine Motel
bietet helle Zimmer und Suiten sowie
Sauna und Swimming Pool.

GRAND COULEE DAM

✷ ✷ **Das drittgrößte Wasserkraftwerk der Welt und größte der USA wurde 1933 bis 1941 errichtet und 1966 bis 1974 erweitert. An der größten Beton-Staumauer Nordamerikas sind vier Kraftwerke mit insgesamt 33 Generatoren installiert, die 6480 Megawatt Strom erzeugen.**

🕐 Führungen:
tgl. 9.00 - 17.00 Uhr

① **Staumauer**
Sie ist 167 Meter hoch und hat eine Kronen-länge von 1592 Metern.

② **Third Powerhouse**
Dieses neue Kraftwerk kann im Rahmen von Führungen besichtigt werden.

③ **Powerhouse**
An der Staumauer bestehen noch zwei ältere Kraftwerke.

④ **Druckleitungen**
Durch vier Druckrohre mit einem Durchmesser von 12,2 Metern wird Wasser auf die Turbinen geleitet.

Das Grand-Coulee-Stauwerk mit seinen leistungsstarken Wasserkraftwerken aus der Vogelschau

⑤ **Lake Roosevelt**
Die Talsperre staut einen See mit einer Oberfläche von 336 km² auf, der bis zu 11,5 Mrd. m³ Wasser beinhalten kann.

⑥ **Columbia River**
Das Wasser des Columbia River wird nicht nur für die Stromerzeugung, sondern auch für Bewässerungszwecke genutzt.

⑦ **Turbine**
Das Wasser wird durch ein Leitwerk auf das Schaufel-Laufrad einer Kaplan-Turbine geführt.

⑧ **Generator**
Dieser Generator, bestehend aus Rotor und Stator, erzeugt 700 Megawatt Strom.

⑨ **Turbinenwelle**
Turbine und Generator sind durch eine Welle verbunden.

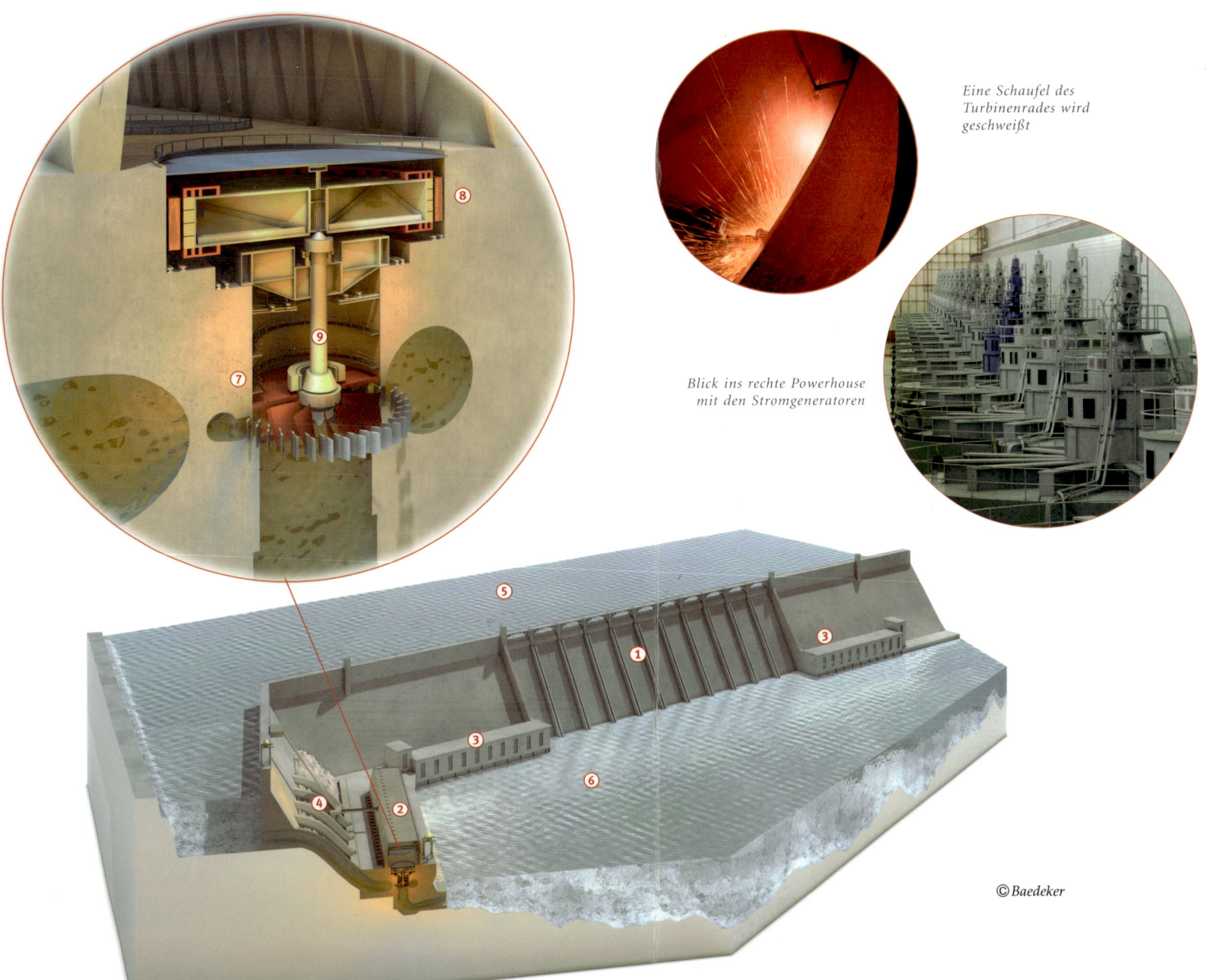

Eine Schaufel des
Turbinenrades wird
geschweißt

Blick ins rechte Powerhouse
mit den Stromgeneratoren

© Baedeker

Aussichtspunkte, von denen aus man herrliche Panoramablicke über die Bergwelt genießen kann. In Kettle Falls erinnert das **Kettle Falls Historical Centre** an die Kultur der indianischen Urbevölkerung (US 395 u. St. Paul Mission; Öffnungszeiten: Mai–Okt. Mi.–Mo. 11.00–17.00 Uhr).

Colville

Der mit 5000 Einwohnern nach ▶Spokane größte Ort im Nordosten Washingtons liegt 10 mi/16 km südöstlich von Kettle Falls und lebt von Forstwirtschaft, Bergbau und verarbeitender Industrie. Im **Keller Heritage Center**, untergebracht im ältesten Haus von Colville, im dazugehörigen Tipi-Dorf und einer Trapper-Hütte kann man sich mit der Geschichte dieser Gegend vertraut machen, in der Indianer, Pelztierjäger und weiße Siedler das Geschehen bestimmt haben (700 N. Wynne St.; Öffnungszeiten: Mai–Sept. tgl. 9.00–17.00 Uhr).

Little Pend Oreille National Wildlife Refuge

Ca. 13 mi/21 km südöstlich von Colville liegt dieses 1939 vor allem zum Schutz von Zugvögeln ausgewiesene Gebiet. Hier lockt der **McDowell Lake** Wat- und Wasservögel an. Mit etwas Glück kann man in der Dämmerung Bartkäuze beobachten und Wölfe heulen hören (Anfahrt: Highway 20; Beschilderung beachten).

Salmo-Priest Wilderness

Dieses über 166 km² umfassende Schutzgebiet liegt in der äußersten nordöstlichen Ecke des Bundesstaates Washington. Es besteht aus zwei den **Selkirk Mountains** zugerechneten Höhenzügen und erreicht mit dem **Salmo Mountain** (2075 m ü.d.M.) seine höchste Erhebung. Hier gibt es die größten »Old Growth«-Bestände Washingtons: Mächtige Rot-Zedern, Hemlock-Tannen und Douglasien blieben bis heute von Kettensägen verschont. Die Urwälder der Salmo-Priest Wilderness bieten Grizzlys, Schwarzbären, Berglöwen und Karibus einen geschützten Lebensraum.

Grand Coulee Dam

Südlich des Colville National Forest und der Colville Indian Reservation staut der Grand Coulee Dam den Columbia River auf einer Länge von etwa 250 km zum 337 km² großen **Franklin D. Roosevelt Lake** auf. 168 m hoch und 1592 m breit, bildet die von 1933 bis 1941 errichtete Talsperre die **größte Beton-Staumauer Nordamerikas**. Ihre drei Kraftwerke produzieren rund 6800 Megawatt Strom. Heute ist der Grand Coulee Dam zudem zentraler Bestandteil eines den Columbia River regulierenden Systems aus insgesamt elf Dämmen, das den trockenen Osten des Bundesstaates mit Wasser versorgt.

Die in den Columbia gesetzten zehn Millionen Kubikmeter Beton hatten jedoch auch negative Folgen. So war die Staumauer zu hoch, um Lachsleitern anzulegen. Die Folge: Millionen von Lachsen und anderen Süßwasserlaichern verloren ihre Laichplätze. Dies wiederum beendete die traditionelle, auf dem Lachsfang basierende Lebensweise der als Colvilles zusammengefassten Nez-Percé-, Oka-

nogan- und Sanpoil-Indianer. Ihre daraufhin bei der Regierung ein-
gereichten Klagen beantwortete Washington erst in den 1990er-Jah-
ren mit einer pauschalen Abfindung von rund 50 Mio. Dollar.
Die touristische Bedeutung der Talsperre und ihres Stausees wurde
bereits 1946 erkannt. Damals wurde die **Lake Roosevelt National
Recreation Area** ausgewiesen. An Sommerabenden kommen an der
Staumauer gut gemachte Licht- und Klangspektakel zur Aufführung.

Grays Harbor

D/E 3/4

Region: Grays Harbor County   **Höhe:** Meereshöhe

**Nur eine Autostunde südwestlich von den hektischen Ballungsge-
bieten am Puget Sound öffnet sich diese Bucht zum Pazifik. Von
der modernen Entwicklung überholt, erleben einst blühende Hafenstädtchen dieser Tage ihren zweiten Frühling.**

Namensgeber **Robert Gray** musste noch ums Kap Horn reisen, um
hierher zu gelangen. Der amerikanische Kapitän ankerte 1792 in der
Bucht und etablierte später mit seiner Entdeckung und Benennung
des Columbia River den Anspruch der USA auf diese Weltgegend.

 ## GRAYS HARBOR ERLEBEN

AUSKUNFT
Grays Harbor Chamber
506 Duffy Street, Aberdeen
WA 98520, Tel. 1-360-532-19 24
www.graysharbor.org

AKTIVITÄTEN
»Ocean Charters« in Westport bietet
Hochsee-Angeltouren an und von
Februar bis April auch »Whale
Watching«-Touren, wenn Grauwale
von Alaska nach Baja California
unterwegs sind. Weitere Informationen: Tel. 1-360-268-91 44,
www.oceanchartersinc.com

ESSEN
► **Erschwinglich**
Mallard's Bistro & Grill
118 E. Wishkah Street
Aberdeen, WA, Tel. 1-360-532-07 31

In gemütlichem Ambiente wird ein
kreativer Mix aus französischer und
amerikanischer Küche geboten.

ÜBERNACHTUNG
► **Komfortabel**
Quinault Beach Resort & Casino
78 State Route 115, Ocean Shores
Tel. 1-360-289-94 66
www.quinaultbeachresort.com
160 Z. Modernes Strandhotel mit
zeitgemäß eingerichteten Zimmern,
Restaurant, Bar und Spielkasino.

► **Günstig**
Ocean Avenue Inn
275 West Ocean Ave., Westport
Tel. 1-360-268-94 00
www.oceanavenueinn.com
11 Z. und 1 Cottage. Einfache, direkt
am Strand gelegene Unterkunft.

Freizeitvergnügen hoch zu Ross am North Beach

Hafenstädte wuchsen neben Fischfabriken heran, so auch **Aberdeen** (17 000 Einw.), heute wirtschaftliches Zentrum der Bucht, und **Hoquiam** (9000 Einw.), das zwar mit Aberdeen zusammengewachsen ist, aber noch seinen eigenen Charakter bewahrt hat.

In den 1880er-Jahren nahmen die ersten Sägewerke die Arbeit auf, bis zum Ersten Weltkrieg waren es bereits drei Dutzend. Die Weltwirtschaftskrise der 1930er-Jahre sorgte jedoch für ein jähes Ende der Blütezeit am Gray Harbor. Seitdem dümpeln Aberdeen, Hoquiam und die übrigen Fischersiedlungen an der Bucht im Windschatten der boomenden Puget Sound Area einer ungewissen Zukunft entgegen. Gerade aber das langsamere Tempo verhilft Gray Harbor dieser Tage zu einer kleinen Renaissance. Immer mehr Leute kommen hierher und erholen sich an den endlosen Pazifikstränden oder lassen sich gleich ganz hier nieder.

North Beach Der landschaftlich schönere Teil der Bucht ist der North Beach genannte, etwas dramatischere nördliche Küstenstreifen. Hier endet die Küstenstraße 109 in **Ocean Shores** (4000 Einw.), der beliebtesten Strandsiedlung des Bundesstaates Washington. Wer weiter nach Norden in Richtung ►Olympic National Park fährt, wird mit einer grandiosen landschaftlichen Szenerie belohnt.

South Beach Die South Beach genannte südliche Küste zwischen Westport und Tokeland besteht aus flachen Stränden, an denen vier State Parks ausgewiesen sind. Deren schönster ist der **Twin Harbors State Park**. Hauptort dieses Küstenabschnitts ist **Westport** (2200 Einw.), ein quirliger Sportfischerhafen.

Sehenswertes am Grays Harbor

Eine Attraktion in Aberdeen ist dieser Hafen, in dem man u. a. den eleganten Zweimaster **»Lady Washington«** sehen kann. Der Nachbau jenes Schiffes, mit dem Robert Gray einst vor dieser Küste kreuzte, ist hochseetauglich und steht für Ausflüge zur Verfügung (712 Hagara St., Tel. 1-800-200-52 39, www.historicalseaport.org).

★
**Grays Harbor
Historical
Seaport**

Dieses in einer repräsentativen Villa von 1924 in Hoquiam untergebrachte lokalhistorische Museum informiert u. a. mit über 2500 alten Fotografien über den Beginn des Holzbooms am Grays Harbor (1611 Riverside Ave.; Öffnungszeiten: April – Dez. Mi. – Sa. 11.00 bis 16.00, So. ab 12.00, sonst Sa. und So. 12.00 – 16.00 Uhr).

Polson Museum

🕐

Eine Seepferdchen-Plastik am Eingang stimmt auf den Besuch des lehrreichen Zentrums ein, das die Naturgeschichte dieses Abschnitts der Pazifikküste erläutert. Zu sehen gibt es u. a. das Innenohr eines Wales und Wechselausstellungen zu verschiedenen maritimen Themen (1033 Catala Ave. S.E.; Öffnungszeiten: April – Sept. tgl. 11.00 bis 16.00, sonst Sa., So. 11.00 – 16.00 Uhr).

**Ocean Shores
Interpretive
Center**

🕐

Im alten Haus der U. S. Coastguard wird man über deren harten Alltag am Nordpazifik und gefährliche Arbeit am South Beach informiert (2201 Westhaven Dr.; Öffnungszeiten: April – Sept. Fr. bis Mo. 10.00 – 16.00, Okt., Nov. Fr. – Mo. 12.00 – 16.00 Uhr).
Gleich in der Nähe kann man den 1898 erbauten Leuchtturm besteigen, der mit fast 33 m Höhe der höchste im Bundesstaat Washington ist (Öffnungszeiten: April – Sept. Fr. – Mo. 10.00 – 16.00, Okt., Nov. Fr. – Mo. 12.00 – 16.00 Uhr).

**Westport
Maritime
Museum**
🕐
◄ Grays Harbor
Lighthouse
🕐

Long Beach Peninsula

E 3

Region: Pacific County
(Südwest-Washington)

Bewohner: 21 000
Höhe: Meereshöhe

Über 60 km weißer, breiter Strand: Damit ist das Wichtigste über die sandige Halbinsel nördlich der Columbia-Mündung bereits gesagt. Das Zweitwichtigste: Nicht vom Rummel abschrecken lassen – ruhige Plätze abseits der Massen gibt es hier noch immer.

So mancher Besucher aus Europa wird schlucken, sobald er am Strand die Tempo-Limit-Schilder sieht: Höchstgeschwindigkeit 25 mph (40 km/h). Die Straßenverkehrsordnung des Bundesstaates Washington stuft den Strand als State Highway ein. Tatsächlich rühmt das hiesige Fremdenverkehrsbüro den vom Pazifik steinhart geklopften Sandstrand von der Ortschaft **Long Beach** bis zum **Lead-**

**Strand-
Highway**

better Point State Park als den längsten für den Autoverkehr freige-
gebenen Strand der Welt.
Gleichwohl ist das Fahrerlebnis unvergesslich, besonders im Abendlicht. Anders dagegen die Tour auf dem **Pacific Highway** (Hwy. 103).
An landschaftlich reizvollen Plätzen sind nette, letztlich aber charak-
terlose Rentner-Resorts wie Klipsan Beach und Ocean Park entstanden und – vor allem in Long Beach und Seaview – die üblichen
Rummelplatz-Attraktionen für Wochenend-Touristen. Aus der Gründerzeit der 1880er-Jahre, als Austern das große Geschäft waren, sind
dort nur wenige Gebäude geblieben. Lediglich an der **Wilapa Bay** an
der Ostseite der Halbinsel findet das ermüdete Auge etwas Trost. In
den Ortschaften **Oysterville** und **Nahcotta** scheinen die Uhren etwas
langsamer zu gehen.

Sehenswertes auf der Long Beach Peninsula

Ilwaco Das Städtchen an der Mündung des Columbia River, ein »Hotspot«
für Sportangler, liegt im Windschatten eines ansehnlichen Vorgebir-
ges. Den tückischen Strömungsverhältnissen in der Flussmündung
sind schon Hunderte Schiffe zum Opfer gefallen. Im Jahr 1805 zogen

▶ LONG BEACH PENINSULA ERLEBEN

AUSKUNFT

Long Beach Peninsula
Visitors Bureau
3914 Pacific Way, Seaview, WA 98631
Tel. 1-360-642-24 00
www.funbeach.com

EVENT

Washington State
International Kite Festival
Abertausende bunter Drachen steigen
in der 3. Augustwoche bei Long Beach
in die Lüfte.

REITEN

Das »Skippers Equestrian Center«
organisiert herrliche Ausritte über den
Strand (Sid Snyder Drive, Long Beach,
Tel. 1-360-642-36 76).

ESSEN

▶ **Erschwinglich**
42nd Street Café
4201 Pacific Way, Seaview

Tel. 1-360-642-23 23
Typisch amerikanisches Roadside-
Restaurant mit Bildern hiesiger
Künstler an den Wänden. Es gibt
eine riesige Auswahl an Fischgerichten
und eine gute Weinkarte.

ÜBERNACHTEN

▶ **Komfortabel**
Our Place at the Beach
1309 S. Ocean Beach Blvd.
Long Beach, Tel. 1-800-538-51 07
www.ourplacelongbeach.com
26 gemütliche Zimmer in unmittel-
barer Strandnähe.

▶ **Günstig**
Seaview Motel & Cottages
3728 Pacific Way, Seaview
Tel. 1-360-642-24 50
www.seaviewmotelandcottages.com
12 nette Zimmer in hübschen, kleinen
Cottages. Der Strand ist gut zu Fuß
erreichbar.

Recht idyllisch: der Hafen von Ilwaco

hier die beiden Kundschafter Lewis und Clark ihr Kanu an Land. Diesen und anderen historischen Ereignissen widmet sich das hiesige **Columbia Pacific Heritage Museum** (115 S.E. Lake St.; Öffnungszeiten: Di. – Sa. 10.00 – 16.00, So. 12.00 – 16.00 Uhr).

Wenige Autominuten weiter südwestlich erstreckt sich dieses Schutzgebiet, das nach Captain John Meares benannt ist. Der britische Seefahrer war 1788 sehr enttäuscht, hier nicht die Nordwest-Passage gefunden zu haben. Im Park befindet sich auch das **Lewis & Clark Interpretive Center**, das sich dem Aufenthalt der beiden Forscher am Columbia River widmet (Öffnungszeiten: Juli – Sept. tgl. 10.00 bis 17.00 Uhr). Auf einer hohen Klippe über dem Pazifik thront das **North Head Lighthouse** (Führungen: Mai – Sept. tgl. 10.00 – 17.30 Uhr). Die Aussicht über Küste und Mündung von hier oben ist überwältigend! Doch Vorsicht: Das Cape Disappointment gilt als einer der windigsten Punkte der Pazifikküste!

◀ Cape Disappointment State Park

Die heute vom Highway 103 durchschnittene Strandsiedlung begann in den 1880er-Jahren als beschaulicher Ferienort. Heute steht sie ganz im Zeichen eines stark kommerzialisierten Strandtourismus mit den obligatorischen Souvenir- und Beachwear-Läden. Sehenswert ist indes das **World Kite Museum & Hall of Fame**, in dem man die tollsten Windgleiter sehen kann. Außerdem ist die gut 2000-jährige Geschichte vom Drachenfliegen dokumentiert (Sid Snyder Dr.; Öffnungszeiten: Mai – Sept. tgl. 11.00 – 17.00, sonst Fr. – Mo. 11.00 bis 17.00 Uhr). Dagegen dreht sich im **Museum der Pacific Coast Cranberry Research Foundation** alles um die begehrten roten Beeren (2907 Pioneer Rd.; Öffnungszeiten: tgl. 10.00 – 17.00 Uhr).

Long Beach

Draußen am Strand mag man den **Long Beach Dunes Trail** genießen und auf dem knapp 700 m langen Boardwalk die Schilder zur Naturgeschichte dieses Küstenabschnitts studieren. Mancher wird hier den meisten Spaß auf dem Pferderücken haben, denn der endlose Strand inspiriert zu erholsamen Ausritten.

! *Baedeker* TIPP

Nicht ganz Hawaii
Unterhalb des North Head Lighthouse liegt der von Felsen geschützte Waikiki Beach. Hier kann man gut sehen, wie Herbst- und Frühjahrsstürme die See aufbrausen lassen. Im Sommer hingegen ist dieser Platz einer der wenigen zum Baden geeigneten Strände weit und breit. Der Untergrund ist sandig und es gibt keine gefährlichen Strömungen. Doch was die Temperaturen betrifft, ist man hier gewiss nicht auf Hawaii!

Oysterville wurde bereits 1854 an der Willapa Bay gegründet. Die einst Wohlstand bescherende Austernfischerei ist längst Geschichte. Heute lebt Oysterville vor allem von seiner Vergangenheit: In dem **komplett unter Denkmalschutz** stehenden hübschen Ort glaubt man sich in die Zeit von Oma und Opa zurückversetzt.

Leadbetter Point State Park Dichte, vom unablässig wehenden Wind landeinwärts gebogene Wälder und endloser Strand: Wie die Long Beach Peninsula einst überall ausgesehen hat, zeigt dieser schöne, von Spazierwegen durchzogene State Park im äußersten Nordwesten der Halbinsel.

✱ Methow Valley

C 7/8

Region: Okanogan County
Höhe: 3 – 650 m ü. d. M.

Einwohnerzahl: 2000

Winzige Nester wie aus einem Western, mit Kneipen, die »Three-Fingered Jack's Saloon« und »Grubstake & Co.« heißen, in einem wildromantischen Tal, das wirklich so weit entfernt von allem ist, wie es sich anfühlt: Dieses Tal ist eine Zeitmaschine. Und ein Paradies für Outdoor-Enthusiasten.

Eine Landschaft zum Erholen Es ist unübersehbar: Die Ostseite der North Cascades ist trockener als ihre westlich vom Washington Pass liegenden Ausläufer. Berühmt wurde das Tal in den 1940er-Jahren, als man hier den ersten »Lassie«-Film mit der damals noch blutjungen **Elizabeth Taylor** drehte. Die über 2000 m hohen Berge sind bis in den Frühsommer hinein mit Schnee bedeckt, und der Methow River, ein Nebenfluss des großen Columbia River, schimmert türkisblau. Ferienhäuser lugen zwischen Douglasien und Ponderosakiefern hervor und in den Siedlungen im Tal hat ein (noch) unaufdringlich wirkender Tourismus Fuß gefasst. Im Sommer sind Wanderer, Mountainbiker und Wildwasserfahrer unterwegs, im Winter die Skilangläufer.

Im romantischen Methow Valley gibt es noch viel zu entdecken.

Sehenswertes im Methow Valley

Wer von Westen her das Tal ansteuert, kommt gleich zu Beginn in
den Genuss einer der Höhepunkte in der östlichen **Cascade Range**.
Es ist der 1883 m hohe Harts Pass, der höchste mit dem Auto befahrbare Pass weit und breit. Dieser bietet dem passionierten Autofahrer
nicht nur kräftige Adrenalinstöße auf unbefestigten, oft haarsträu-
bend schmalen Pisten, sondern auch fantastische Ausblicke über die
Gipfel der Cascade Range bis weit in die kanadische Provinz British
Columbia hinein. Die Abzweigung vom Highway 20 im Weiler **Mazama** ist nicht ausgeschildert, und das ist gut so: Allzu viele Touristen
verirren sich nicht auf diese knapp 20 mi/32 km lange Strecke.

★
Harts Pass

Vom Meer in die Berge und zurück: Der spektakuläre, 400 mi/640
km lange »Cascade Loop« ist **eine der schönsten Panoramastrecken**
im Nordwesten der USA. Er beginnt etwas nördlich von ►Seattle in
Everett und führt durch die Cascade Range und das Methow Valley
zum Columbia River. Weitere Infos: www.cascadeloop.com

★ ★
Cascade Loop

Am Südeingang zum Methow Valley liegt die von Espenwäldern
umgebene **Wildwest-Siedlung** Winthrop, in dem die Zeit seit 1870
stillzustehen scheint. Hohe hölzerne Bürgersteige, Häuser mit »fal-
schen« Fassaden, Wellblechdächern und handgemalten Anzeigen für
Werkzeug und Kopfschmerztabletten: Willkommen in der guten alten Zeit. Hier stört es auch nicht weiter, dass diese Westernkulisse

Winthrop

erst mit dem Highway 20 in den 1970er-Jahren nach Winthrop kam und eine Idee findiger Geschäftsleute war.

Shafer Museum ► In einem alten Blockhaus (»The Castle«) informiert man sich über die Ortsgeschichte, die mit einem 1891 eröffneten General Store für die in der Umgebung lebenden Goldsucher und Farmer begann (285 Castle Ave.; Öffnungszeiten: Do. – Mo. 10.00 – 18.00 Uhr).

 # METHOW VALLEY ERLEBEN

AUSKUNFT

Winthrop Chamber
202 Highway 20, Winthrop, WA 98862
Tel. 1-509-996-21 25
www.winthropwashington.com

Twisp Chamber
201 S. Methow Way
Twisp, WA 98856
Tel. 1-509-997-29 26
www.twispinfo.com

Methow Valley Sport Trails Association
209 Castle Avenue, Withrop, WA
Tel. 1-509-996-32 87
www.mvsta.com

AKTIVITÄTEN

Reiten
Mazama ist Ausgangspunkt erlebnisreicher Ausritte in die North Cascades. Vor allem die von Schwarzbären und Bergziegen bewohnte »Pasayten Wilderness« steht bei vielen Outfittern auf dem Programm.

Skilanglauf
Mit mehr als 200 km herrlichen Loipen ist das Methow Valley im Winter eines der größten Skilanglauf-Reviere in den USA.

Rafting
Mit zuverlässigen Schlauchbooten durch Stromschnellen und Strudel des Methow River brausen: ein feuchtfröhlicher Spaß, den gleich mehrere Veranstalter im Methow Valley anbieten.

ESSEN

► Erschwinglich
Three Fingered Jack's Saloon
176 Riverside Ave., Winthrop
Tel. 1-509-996-24 11
Im mit Schwingtüren ausgestatteten ältesten Saloon des Bundesstaates gibt es riesige Steaks, frische Salate und süffiges Bier.

► Preiswert
Twisp River Pub
201 Highway 20, Twisp
Tel. 1-509-997-68 22
Das Lokal wirbt für sein »real food«, was hier so viel bedeutet wie Burger, Sandwiches, Steaks und Ribs.

ÜBERNACHTEN

► Komfortabel
The Chewuch Inn
223 White Ave., Winthrop
Tel. 1-509-996-31 07
www.chewuchinn.com
4 Zimmer und 3 gemütliche Hütten mit Wildwest-Atmosphäre

► Günstig
Mazama Country Inn
15 Country Rd., Mazama
Tel. 1-509-996-26 81
www.mazamacountryinn.com
18 Zimmer in mehreren Hütten. Rustikale Gemütlichkeit am Rand der »Pasayten Wilderness«.

In den 1930er-Jahren wurde in Winthrop die Idee geboren, bei Waldbränden Fallschirmspringer, sog. Smokejumper, als Feuerwehrleute einzusetzen. Die Smoke Jumpers Base liegt auf dem Weg nach Twisp und informiert in einem Museum über den gefährlichen Beruf (Airport Rd.; Öffnungszeiten: Juni – Okt. tgl. 9.00 – 18.00 Uhr). ◀ Smokejumper Base ⏰

An der Mündung des Twisp River in den Methow River liegt dieser sympathische Ort mit einer erstaunlich aktiven Kunstszene und einigen hervorragende Galerien. **Twisp**

In diesem Kreativzentrum zeigen Künstler aus der Region ihre Arbeiten (104 Glover St.; Öffnungszeiten: Mo. – Sa. 10.00 – 15.00 Uhr). ◀ Confluence Gallery & Art Center

✴ Mount Adams

E 6

Region: Yakima County (Süd-Washington)   **Höhe:** 3751 m ü.d.M.

Unübersehbar steht er da, ein nicht ganz kegelförmiger Stratovulkan, und wacht über die südlichen Ausläufer der Cascade Range. Doch die zauberhafte Stille trügt: Der Gigant schläft nur.

Der Mount Adams ist nach dem Mount Rainier und dem Mount Shasta (▶ S. 155) der dritthöchste Vulkan im Nordwesten der USA. Jünger als die übrigen Vulkane der Cascade Range, entstand er erst im mittleren Pleistozän vor rund 275 000 Jahren. Die letzten Eruptionen ereigneten sich vor 2500 bis 3500 Jahren. **Naturgeschichte**
Als erste Weiße sahen den Vulkan wohl die Mitglieder der Lewis & Clark-Expedition im Jahr 1805. Erst zu Beginn des 20. Jh.s wurden die 16 km² umfassenden Gletscher im Gipfelbereich benannt.

▶ MOUNT ADAMS ERLEBEN

AUSKUNFT
Mt. Adams Ranger District
2455 Hwy. 141, Trout Lake
Tel. 1-509-395-34 00
www.fs.fed.us/gpnf/recreation/
mount-adams

ÜBERNACHTEN
▶ Komfortabel
Serenity's
2291 Hwy. 141, Trout Lake
Tel. 1-800-276-79 93
www.serenitys.com

Vier modern eingerichtete Hütten in einem hübschen Tannenwäldchen unweit südlich von Trout Lake.

▶ Günstig
The Farm
490 Sunnyside Rd., Trout Lake
Tel. 1-509-395-24 88
www.thefarmbnb.com
2 Z. Gemütliche Unterkunft mit Familienanschluss auf einer idyllischen Farm mit Blick auf den Mount Adams.

Wahrlich majestätisch erhebt sich der 3751 m hohe Feuerberg Mount Adams über seine Umgebung.

Sehenswertes am Mount Adams und Umgebung

Mount Adams Wilderness Area Der Mount Adams, einer der schönsten Vulkane des Kaskadengebirges, kann auch von Anfängern bestiegen werden. Seine Ostflanke ist Teil der »Yakama Indian Reservation« und für die Öffentlichkeit nicht zugänglich. Die rund 100 km² große »Mount Adams Wilderness Area« auf der Westseite des Vulkans bietet Bergpfade aller Schwierigkeitsgrade. Sie erschließen spektakuläre Aussichten auf den Vulkan und seine Gletscher, auf Wildbäche und erkaltete Lavaströme. Der längste der insgesamt 14 Trails über die Süd- und Westflanke des Vulkans ist ein 80 km langer Abschnitt des **Pacific Crest National Scenic Trail**, der kürzeste ist der lediglich 1,1 km lange **High Camp Trail**. Der wegen seiner grandiosen Ausblicke beliebteste Wanderweg ist der 13,2 km lange **Around-the-Mountain Trail**.

Gipfelrouten ▶ Der leichteste Weg hinauf zum Gipfel ist die **South Climb Route**; es gibt aber auch anspruchsvolle Routen für erfahrene Alpinisten. Man sollte auch die leichteren Trails mit Umsicht begehen. Jähe Wetterstürze können unvermittelt lebensgefährliche Situationen heraufbeschwören. Wer über die 2100-m-Höhenmarke wandern will, muss einen »Cascades Volcano Pass« erwerben, den man bei der Mt. Adams Ranger Station in Trout Lake bekommt. Hier erhält man auch detaillierte Wanderkarten.

Nur wenige Besucher finden den Weg in diese abgelegene Region: **Trout Lake**
Trout Lake (1000 Einw.), die einzige nennenswerte Siedlung weit
und breit, liegt südlich des Vulkans und kann vom Columbia River
aus auf dem Highway 141 erreicht werden oder – aber nur im Sommer – vom nordwestlich gelegenen Randle aus auf der schmalen
US 23. Trout Lake ist Ausgangspunkt für Wander- und Klettertouren
am Mt. Adams und bietet einfache Übernachtungsmöglichkeiten.

✶ ✶ Mount Rainier (National Park)

E 6

Region: Pierce und Lewis Counties   **Höhe:** 1000 – 4392 m ü.d.M.
Fläche: 953 km²

**Im drei Autostunden nordwestlich gelegenen ►Seattle nennt man
ihn schlicht »the mountain«. Selbst von hier aus ist er noch gewal-
tig, unübersehbar und schrecklich schön. Der Vulkan Mount Rainier
ist der höchste Berg der Cascade Range – und der Nationalpark um
ihn herum ein einzigartiges Outdoor-Paradies.**

▶ MT. RAINIER NATIONAL PARK ERLEBEN

AUSKUNFT
Mount Rainier National Park
55210 238th Avenue E., Ashford
WA 98304, Tel. 1-360-569-22 11
www.nps.gov/mora

ÜBERNACHTEN/ESSEN
► Komfortabel
Paradise Inn
Mt. Rainier Reservations
55106 Kernahan Road
East Ashford, WA
Tel. 1-360-569-22 75
www.mtrainierguestservices.com
121 Z. Herrliche alte Lodge mit
gemütlichen Zimmern. Im Dining
Room wird amerikanische und internationale Küche serviert.

► Komfortabel/Günstig
National Park Inn
Mt. Rainier Reservations
55106 Kernahan Road, East Ashford

WA, Tel. 1-360-569-22 75
www.mtrainierguestservices.com
25 Z. Die von lichtem Nadelwald
umgebene Unterkunft bietet einfache
Zimmer, ein Restaurant und eine
gemütliche Lounge mit Kamin.

Inn of Packwood
13032 Highway 12, Packwood, WA
Tel. 1-360-494-55 00
www.innofpackwood.com
34 Z. Im »Inn of Packwood« gibt es
mit viel Kiefernholz ausgestattete
Zimmer und einen Wellnessbereich.

► Günstig
Peters Inn
13051 Highway 12, Packwood, WA
Tel. 1-360-494-40 00
www.peters-inn.com
Einfache Herberge mit 12 hellen
Zimmern. Im netten Pub werden
Steaks, Burger und Ribs serviert.

MOUNT RAINIER

✱ ✱ **Rund 140 km südöstlich von Seattle erhebt sich der aktive Feuerberg Mount Rainier mit seiner dicken Mütze aus ewigem Eis und Schnee 4392 Meter hoch und ist über 2000 Meter höher als die Berge in seiner Umgebung. Ein neuerlicher Ausbruch steht wohl in absehbarer Zeit bevor.**

① Magmakammer
Heiße Gesteinsschmelze steigt durch Schlote an die Erdoberfläche empor.

② Riss, Spalte
Durch Risse und Spalten dringen heiße vulkanische Gase nach oben.

③ Krater
Gesteinsbrocken, geschmolzenes Gestein, Lava, Aschen und Gase werden aus dem Krater ausgestoßen.

④ Eruptionssäule
Vulkanisches Material wird mehrere Kilometer hoch in die Atmosphäre geschleudert.

⑤ Bombe
Größere Gesteinsbrocken und Glutfetzen werden als »vulkanische Bomben« aus dem Krater geschleudert.

Mächtige erhebt sich der Mount Rainier mit seiner dicken Eiskappe aus dem Kaskadengebirge.

⑥ Ascheregen, Saurer Regen
Aus der Eruptionswolke fällt Ascheregen bzw. saurer Niederschlag auf die Erde.

⑦ Lavaströme
Glühende Gesteinsschmelze wälzt sich bergab.

⑧ Lahar
Eine heiße Schlammlawine aus Gletscher-schmelzwasser, Erde, Geröll und vulkanischem Material fließt rasch zu Tal.

⑨ Lavadom
An einem Nebenschlot wächst ein Lavadom heran.

⑩ Erdrutsch
Die rasche Gletscherschmelze bewirkt groß-flächige Erdrutsche.

⑪ Fumarolen
Heiße vulkanische Gase und Wasserdampf treten aus.

⑫ Grundwasser

Nach früheren Eruptionen
sind diese Basaltsäulen
entstanden.

Abflussrinne einer Schlammlawine aus geschmolzenem
Gletschereis, Schutt, Geröll
und vulkanischem Auswurf

© Baedeker

Blick auf den derzeit stark vergletscherten
Gipfelbereich mit dem Hauptkrater des
Mount Rainier

Nach vulkanischer
Aktivität ist hier ein
Stück des Berghangs
abgerutscht.

Berg aus Feuer und Eis Der Mount Rainier ist ein Stratovulkan mit »Gardemaß«: 4392 m vom »Scheitel« bis zur »Sohle«. Und auch sonst geizt er nicht mit Superlativen. Er ist auch der am stärksten vergletscherte Vulkan der Cascade Range. Fast 100 km² des von zwei Hauptkratern geprägten Feuerberges liegen unter Ewigem Eis. Entstanden ist der Mount Rainier vor etwa 1 Mio. Jahren. Die letzten größeren Ausbrüche wurden im 19. Jh. registriert. Seither herrscht relative Ruhe, der Vulkan wird als »schlafend« eingestuft.

Nationalpark 1792 erblickte Kapitän **George Vancouver** den Berg vom Puget Sound aus und benannte ihn nach einem befreundeten Admiral. Im Jahr 1870 wurde der Mount Rainier erstmals bestiegen. Schon wenig später wurden Stimmen laut, die sich für den Schutz des Vulkans bzw. seiner Wälder stark machten. Die Gründung des Mt. Rainier National Park erfolgte 1899.

Flora ▶ Von Nadelhölzern – v. a. Douglasien, Hemlocktannen, Sitkafichten, Rotzedern und mehrere Hundert Jahre alten, mit Moos überzogenen Riesenlebensbäumen – dominierter Mischwald bedeckt die Hänge bis auf eine Höhe von 1500 m ü. d. M. Die Baumgrenze verläuft etwa bei 1900 m ü. d. M., wo nur noch Zirbelkiefern und Krummhölzer gedeihen. Im Sommer leuchten über 40 verschiedene Arten von Blütenpflanzen auf den Bergwiesen.

Fauna ▶ Artenreich ist auch die Tierwelt. Die größten Säugetiere sind Schwarzbären, Berglöwen, Wapitihirsche und Bergziegen. Vogelkundler können hier tagsüber u. a. Adler und Falken und in der Dämmerung Eulen und Käuzchen beobachten.

Sehenswertes im Mt. Rainier National Park

Zugänge Die vier Parkeingänge – Nisqually (Südwestecke; Hwy. 706), Carbon River (Nordwestecke; Carbon River Rd., via Hwy. 165), Ohanapecosh (Südostecke, Hwy. 123) und White River (Nordosteingang; Mather Memorial Parkway, Hwy. 410) – ermöglichen den Zugang aus allen vier Himmelsrichtungen.
Am stärksten frequentiert wird der Nisqually-Eingang, über den man auch die einzigen Hotels innerhalb des Parks in Longmire und Paradise erreicht. Die Nisqually Paradise Road ist die einzige das ganze Jahr über geöffnete Straße im Nationalpark. Die übrigen Straßen sind oft schon ab Anfang Oktober bis in den Frühsommer geschlossen.

Carbon River Entrance

★

Trails ▶ Die **Carbon River Road** führt durch diesen Eingang in den entlegenen Nordwesten des Nationalparks. Die dunkelgrünen Urwälder konnten bis zur Stunde vor Kahlschlägen bewahrt werden. Vor lauter Bäumen sieht man hier aber kaum den Mt. Rainier. Dafür erschließt der **Rain Forest Loop Trail** den am weitesten im Landesinneren gelegenen kühl-gemäßigten Regenwald Nordamerikas mit seinen moosbehangenen Baum-Methusalems.

Lohnender ist der 7 mi/11 km lange **Carbon Glacier Trail**, der zum rund 1000 m ü. d. M. gelegenen unteren Ende des Carbon Glacier führt.

Der Highway 123 führt durch den Südosteingang über die Osthänge des Vulkans nordwärts und trifft am 1431 m hohen **Cayuse Pass** auf den Highway 410. Unterwegs eröffnen sich immer wieder herrliche Blicke auf den Mt. Rainier und Governors Ridge.

Ohanapecosh Entrance

Hinter dem Eingang beginnen am Ohanapecosh Visitor Centre der ca. 1,5 mi/2,4 km lange Trail in den **Grove of the Patriarchs** mit uralten Douglasien, Hemlocktannen und Rotzedern und der knapp 1 km lange **Hot Springs Nature Trail** zu einer kleinen Thermalquelle.

Der **Mather Memorial Highway** und die anschließende **White River/ Sunrise Road** führen von der Nordostecke des Nationalparks zum Sunrise-Abschnitt an der Nordostflanke des Mt. Rainier und bieten am **Sunrise Point** einen grandiosen Panoramablick, der vom ► Mt. Baker bis zum ► Mt. Hood reicht. Am **Sunrise Visitor Center** beginnen etliche Trails durch hochalpine Kulisse zu Aussichtspunkten auf die Gletscher des Mount Rainier.

White River Entrance

◄ Sunrise Point

Die von ► Seattle aus leicht zu erreichende Südwestecke des Nationalparks ist der meistbesuchte Abschnitt des Schutzgebietes. Hier ist auch die landschaftliche Szenerie besonders vielgestaltig. Auf dem Weg nach **Paradise** bzw. zum **Henry M. Jackson Memorial Visitor Center** führt die **Nisqually-Paradise Road** (Hwy. 706) an mehreren Aussichtspunkten vorbei, von denen man tolle Postkartenblicke auf den Mount Rainier genießen kann.

Nisqually Entrance

Ca. 3 mi/5 km nach dem Parkeingang erreicht man **Longmire** (840 m ü. d. M.) mit einem Besucherzentrum und einem Museum, das die Naturgeschichte des Nationalparks erläutert. Hier sind auch die Nationalparkverwaltung und das meist ausgebuchte »National Park Inn« (►S. 365) angesiedelt (Öffnungszeiten: tgl. 9.30 – 16.00 Uhr).

Hinter Longmire windet sich die Straße bergan bis Paradise (1600 m ü. d. M.). Im Sommer leuchten auf den hiesigen Bergwiesen Wildblumen in allen Farben. Der altehrwürdige, im Jahre 1916 eröffnete »Paradise Inn« (► S. 365) lädt zu Speis und Trank und auch zum Übernachten ein. Im Henry M. Jackson Memorial Visitor Center erfährt man alles Wissenswerte über den Feuerberg Mount Rainier. Hier beginnt auch der **Nisqually Vista Trail**, von dem aus man einen herrlichen Blick auf den vom Mount Rainier herunterfließenden **Nisqually Glacier** hat.

◄ Paradise

Sozusagen die »Mutter aller Wanderwege« am Mt. Rainier ist der knapp 150 km lange, ganz um den Vulkan herumführende »Wonderland Trail«. Zu Beginn des 20. Jh.s zur Förderung des Bergtourismus angelegt, führt er durch alle Vegetationszonen des Berges. Alle 5 bis 10 km gibt es **»trailside camps«** mit Platz für bis zu fünf Zelte.

Wonderland Trail

Gipfeltouren Für eine erfolgreiche Gipfelbesteigung ist Erfahrung im Bergsteigen und Eisklettern unbedingt erforderlich. Die Besteigung nimmt, je nach Tempo, zwei bis drei Tage in Anspruch. Dabei überwinden die Trails einen Höhenunterschied von mehr als 2700 Metern. Die beliebteste Bergsteiger-Route beginnt in Paradise; nähere Informationen gibt's bei der Nationalparkverwaltung.

★ Mount St. Helens (National Volcanic Monument)

E 5

| **Region:** Skamania, Cowlitz und Lewis Counties | **Fläche:** 445 km² **Höhe:** 950 – 2550 m ü. d. M. |

Die Bilder vom Ausbruch dieses Vulkans gingen um die Welt: Am 18. Mai 1980 um 8.32 Uhr explodierte er und zerstörte mit Schlammlawinen und Druckwellen eine Fläche von ca. 600 Quadratkilometern. Derzeit »schläft« der Mount St. Helens und darf sogar bestiegen werden.

Die Katastrophe von 1980 Dass in dieser entlegenen, nur dünn besiedelten Region im Südwesten Washingtons 57 Menschen starben sowie 250 Häuser, 27 Brücken und rund 300 km Straßen zerstört wurden, verdeutlicht das Ausmaß dieser Katastrophe. Unmittelbar nach dem Ausbruch raste der größte je von Menschen beobachtete pyroklastische Strom aus heißem Gesteinsmaterial, Staub, Asche und Gasen zu Tal: Noch in 11 km Entfernung fegte die heiße Lawine über das Toutle Valley hinweg und staute die dem Columbia River zufließenden Cowlitz und Toutle River. Die Druckwelle bewegte sich knapp unter Schallgeschwindigkeit nach Norden und mähte dort mehrere Hundert Quadratkilometer Wald nieder. Dann stieg eine Gas- und Aschewolke in den Himmel, wie man sie zumindest in den USA bislang nicht gesehen hatte: Eine halbe Stunde nach dem Ausbruch erreichte sie eine Höhe von 18 km und eine Ausdehnung von 64 x 48 Kilometern. Einen ganzen Tag dauerte das Inferno. Als der Staubvorhang zusammenfiel, präsentierte sich die einstmals makellose Schönheit von **»Amerikas Fujiyama«** nunmehr von tiefen Rissen und Narben entstellt. Der Mt. St. Helens war jetzt mit 2549 m um 400 m niedriger als zuvor und an der Nordseite klafft seither ein mehrere Hundert Meter breiter Riss.

Jüngster und aktivster Vulkan der Cascade Range Der Mount St. Helens ist der jüngste und aktivste Vulkan der Cascade Range. Die ältesten Ascheablagerungen wurden auf 40 000 v. Chr. datiert, seitdem konnten nicht weniger als neun große Eruptionsphasen identifiziert werden. Seit 1980 werden immer wieder Erdbeben am Gipfel registriert. Ein kleinerer Ausbruch, in dessen Folge sich im Krater ein neuer Lavadom heraushob, ereignete sich am 1. Oktober 2004. Am 9. März 2005 produzierte der Mt. St. Helens eine noch in ▶Seattle sichtbare 11 km hohe Rauchsäule.

Am 18. Mai 1980 explodierte der Mount St. Helens und sprengte seinen nördlichen Gipfel ab. Inzwischen wächst im Krater ein neuer Dom heran.

Der Vulkan wurde 1792 von George Vancouver nach dem britischen Diplomaten Baron St. Helens benannt. 1982 wurden der Vulkan und sein unmittelbares, gut 1500 m tiefer liegendes Umland zum »National Volcanic Monument« erklärt. Seitdem hat die Parkverwaltung hier zahlreiche schöne Wanderwege angelegt, auf denen man die erstaunlich schnelle Regenerierung der Natur beobachten kann. Auf der Südseite führen mehrere Trails bis zum Kraterrand.

Mt. St. Helens National Volcanic Monument

Sehenswertes am Mount St. Helens

Am meisten frequentiert ist die Anfahrt von Westen her. Der **Spirit Lake Memorial Highway** (Hwy. 504), die einzige ganzjährig befahrbare Straße, führt von Castle Rock aus durch das Toutle Valley bis zum 80 km entfernten »Johnston Ridge Observatory«. Von dort blickt man durch den Riss im Kraterrand direkt auf den Schlot des Mount St. Helens.

Anfahrt

Mit fast 4 km Länge ist dieser Lavatunnel an der Südwestflanke des Mt. St. Helens einer der weltweit Längsten seiner Art. Er ist während einer Eruption vor ca. 2000 Jahren entstanden. Damals floss ein Lavastrom hangabwärts, dessen Oberfläche rasch erstarrte. Nach dem Abfluss des noch glutflüssigen inneren Materials blieb ein Hohlraum übrig. Der Tunnel wurde 1946 von einer Pfadfindergruppe namens »St. Helens Apes« entdeckt (Hwy. 8303, unweit Cougar; Öffnungszeiten und Führungen: Juni – Sept. tgl. 10.00 – 17.30 Uhr).

★ **Ape Cave**

Hoffstadt Bluffs Visitor Center 🕐 Hier heben die Hubschrauber zu Rundflügen um den Vulkan ab. In dem Besucherzentrum lohnt sich ein Besuch der Glasbläserei (Highway 504, Milepost 27; Öffnungszeiten: Mai – Sept. tgl. 9.00 – 20.00, sonst tgl. 11.00 – 16.00 Uhr).

Forest Learning Center 🕐 Wie Mutter Natur aller Unbill zum Trotz ein Comeback feiert, wird in diesem interessanten Informationszentrum gezeigt (Highway 504, Milepost 33; Öffnungszeiten: Juni – Aug. tgl. 10.00 – 18.00, Mai, Sept. und Okt. tgl. 10.00 – 17.00 Uhr).

Coldwater Ridge Visitor Center 🕐 Dieses Besucherzentrum liegt rund 43 mi/70 km östlich von Castle Rock am Highway 504 und bietet ausgezeichnete Blicke auf das obere Toutle River Valley, den Coldwater Lake, die Johnston Ridge sowie auf Krater und Schlot des Mt. St. Helens. Ein Film dokumentiert die Naturkatastrophe und zeigt, wie es kurz danach unterhalb des Besucherzentrums ausgesehen hat (Hwy. 504, Milepost 43; Öffnungszeiten: Mai – Okt. tgl. 10.00 – 18.00, sonst Do. – Mo. bis 16.00 Uhr).

★ **Johnston Ridge Observatory** »Vancouver, Vancouver, this is it!« Die letzten Worte des jungen Geologen **David A. Johnston**, die er am 18. Mai 1980 seiner Zentrale funkte, gingen um die Welt. Im Dienst des United States Geological Survey (USGS) hatte er schon wochenlang auf dem Coldwater Ridge kampiert und den 11 km weiter südlich gelegenen Mt. St. Helens aus vermeintlich sicherer Entfernung beobachtet. Dann wurde er von einer pyroklastischen Wolke mitgerissen.
Das »Johnston Ridge Observatory« liegt unweit seines damaligen Camps. Eine **Ausstellung** dokumentiert die spannende, mit Augen-

MOUNT ST. HELENS ERLEBEN

AUSKUNFT
Mt. St. Helens National Volcanic Monument Headquarters
42218 N.E. Yale Bridge Rd.
Amboy, WA, Tel. 1-360-449-78 00
www.fs.fed.us/gpnf/mshnvm

ESSEN
▶ **Erschwinglich/Preiswert**
Rose Tree Restaurant & Lounge
1300 Mt. St. Helens Way N.E.
Castle Rock
Tel. 1-360-274-61 22
Hier wird schmackhafte und kalorienreiche amerikanische Küche in munterer Atmosphäre geboten.

▶ **Preiswert**
19 Mile House
9440 Spirit Lake Hwy., Toutle
Tel. 1-360-274-87 79
Nettes, kleines Lokal mitten im Ort; hier gibt es schmackhafte Burger und hausgemachte Kuchen mit Vanilleeis.

ÜBERNACHTEN
▶ **Komfortabel/Günstig**
Timberland Inn & Suites
1271 Mt. St. Helens Way, Castle Rock
Tel. 1-360-274-60 02
www.timberland-inn.com
24 einfache Motelzimmer im Stil der 1950er-Jahre.

zeugenberichten angereicherte Vorgeschichte der dramatischen Eruption (Hwy. 504, Milepost 53; Öffnungszeiten: Mai – Okt. tgl. 10.00 – 18.00 Uhr).

Wanderungen und Gipfeltouren

An der **Coldwater Ridge** und der **Johnston Ridge** beginnen mehrere kurze Trails zu Aussichtspunkten und Stellen von geologischem Interesse. Sämtliche Trails findet man auf der Homepage der Parkverwaltung. Für eine Besteigung des Vulkans ist nur eine gute Kondition nötig. Klettertechnische Kenntnisse sind nicht erforderlich. Die beliebteste Route ist die **Monitor Ridge Route** an der Südflanke. Sie beginnt beim Trailhead Campers Bivouac unweit der Ortschaft Cougar an der Route 8303 und endet unmittelbar am Kraterrand. Der Auf- und Abstieg dauert im Sommer 10 bis 12 Stunden; von Mai bis Oktober wird die Zahl der Gipfelstürmer auf 100 pro Tag begrenzt. Vor einer Gipfeltour sollte man sich allerdings bei der Parkverwaltung erkundigen, ob der Vulkan zur Besteigung freigegeben ist, da sämtliche Trails im Falle erhöhter seismischer Aktivitäten umgehend geschlossen werden.

> ! *Baedeker* TIPP
>
> **Mt. St. Helens Tours**
>
> Ein Hubschrauberflug über die noch immer von den Spuren der Verwüstung gezeichnete Landschaft und den zerfetzten Krater des Mt. St. Helens gehört zu den Höhepunkten jeder Reise in den Nordwesten der USA. Beim Hoffstadt Bluffs Visitor Center heben Hubschrauber zu 30-minütigen Flügen ab. Infos: Tel. 1-360-274-77 50, www.mt-st-helens.com/helicopter.html

✶ North Cascades National Park

C 6/7

Region: Whatcom County   **Fläche:** 2020 km²
Höhe: 270 – 2781 m ü.d.M.

Die North Cascades, gelegentlich auch die »Alpen der USA« genannt, gehören zu den am wenigsten berührten Regionen der Vereinigten Staaten. Für Wanderer und Angler ist diese Wildnis kurz vor der kanadischen Grenze ein Paradies.

Einsame Wildnis

Tatsächlich ist der Vergleich mit den europäischen Alpen nicht weit hergeholt: Von ewigem Eis und Schnee bedeckte Gipfel mit eiszeitlich geformten Tälern, Schluchten und Wasserfällen wachen über eine tiefgrüne Wildnis. Über 300 Gletscher – insgesamt rund 160 km² Eis – und zahllose Seen bereichern das Landschaftsbild. Zeichen menschlicher Zivilisation sind nur sporadisch zu sehen. So einsam und unberührt ist der nördliche Teil der Cascade Range, dass hier Grizzly- und Schwarzbären, Berglöwen, Luchse, Vielfraße, Elche und Steinadler einen kaum gestörten Rückzugsraum fanden.

Der North Cascades National Park besteht aus einem noch weitgehend unberührten Nordteil, einem bereits besser erschlossenen Südteil, dem Bereich um den **Ross Lake** und der **Lake Chelan National Recreation Area**. Hinzu kommen mehrere als »Wilderness« ausgewiesene Gebiete. Straßen und befahrbare Wege gibt es hier kaum. Nicht zuletzt deshalb – und wohl auch wegen des ziemlich launischen Wetters – erkunden pro Jahr gerade einmal 20 000 Besucher das große Naturschutzgebiet. Die meisten durchqueren es auf dem North Cascades Highway (Hwy. 20; Mitte Nov. – Mitte April geschlossen) von Marblemount bis Mazama. Von Süden her ist er nur per Boot auf dem Lake Chelan nach Stehekin zu erreichen.

 # NORTH CASCADES NP ERLEBEN

AUSKUNFT

Lake Chelan Chamber
102 E. Johnson Ave.
Chelan, WA 98816
Tel. 1-509-682-35 03
www.cometothelake.com

North Cascades National Park
Park Superintendent's Office
810 State Road 20
Sedro-Woolley, WA 98284
Tel. 1-360-856-57 00
www.nps.gov/noca

Stehekin Heritage
P. O. Box 1, Stehekin, WA 98852
www.stehekinvalley.com

BOOTSAUSFLÜGE

Von Mai bis Oktober verkehren zwei Ausflugsschiffe auf dem Lake Chelan auf. Infos: Lady of the Lake, 1418 W. Woodin Ave., Chelan, WA, Tel. 1-509-682-45 84, www.ladyofthelake.com

ESSEN

▶ Erschwinglich
Buffalo Run Restaurant
60084 Hwy. 20, Marblemount
Tel. 1-360-873-24 61
Wie der Name sagt: Es gibt Büffelfleisch als Burger, Chili oder Steak, und zwar aus dem eigenen Gehege.

▶ Preiswert
Ship 'n' Shore Drive Inn
1230 W. Woodin Avenue, Chelan
Tel. 1-509-682-55 99
In dem netten Fastfood-Treff mit Seeblick gibt es die besten Burger weit und breit.

ÜBERNACHTEN
▶ Komfortabel
Stehekin Landing Resort
P. O. Box 3, Stehekin
Tel. 1-509-682-4494
www.stehekinlanding.com
28 Z. Rustikale Herberge mit geräumigen, gemütlichen Zimmern, Restaurant und umfangreichem Freizeitangebot.

▶ Komfortabel/Günstig
Ross Lake Resort
503 Diablo Street, Highway 20
(Nähe Diablo Dam)
Tel. 1-206-386-44 37
www.rosslakeresort.com
15 gemütliche Hütten an einem See. Das Anwesen ist nur zu Fuß oder per Wassertaxi zu erreichen. Da es dort kein Restaurant gibt, muss die Verpflegung mitgebracht werden.

Die hochalpine Bergwelt der →
North Cascades präsentiert sich
noch sehr ursprünglich.

Abenteuer-
wanderungen
nur mit
Genehmigung ▶
Am Highway 20 beginnen etliche Trails. Für mehrtägige Expeditionen in die Bergwelt wird ein **»backcountry permit«** benötigt. Diese Genehmigung ist nebst detaillierten Wanderkarten und aktuellen Wettervorhersagen im **»Wilderness Information Center«** in Marblemount (Tel. 1-360 854-72 45) erhältlich.

Sehenswertes im North Cascades National Park

✴
Ross & Diablo Lakes
Fast 30 mi/50 km lang begleitet der Highway 20 den Skagit River auf seinem Weg durch dichte Nadelwälder, durch die sich hin und wieder ein schneebedeckter Gipfel sehen lässt. Etwas östlich von Newhalem staut der fast 120 m hohe **Diablo Dam** den türkisfarbenen **Lake Diablo**. Dieser ist Teil des den Ballungsraum ▶Seattle mit elektrischem Strom versorgenden und aus insgesamt drei Staudämmen bestehenden »Skagit River Hydroelectric Project«.

> ! **Baedeker TIPP**
>
> **Diablo Dam Good Dinner Tour**
> Wer sich für die Baugeschichte des Diablo Dam interessiert, dem sei die von »Seattle City Light« organisierte Tour empfohlen, die herrliche Panoramablicke auf den Sourdough Mountain erschließt und auch hinab zu den Kraftwerksturbinen führt. Die Tour endet mit einem Abendessen in geselliger Atmosphäre. Reservierungen: Tel. 1-206-233-27 09, www.seattle.gov/light/tours/skagit

Der nördlich der Straße gelegene **Ross Lake** ist von der Straße aus nur zu Fuß (ca. 1 Std.) auf einem Wanderpfad zu erreichen. 37 km lang und bis zu 3 km breit, verläuft der See in Nord-Süd-Richtung beiderseits der US-amerikanisch-kanadischen Grenze. Die über dem schönen See aufragenden Bergriesen mit abenteuerlichen Namen wie **Desolation Peak** und **Hozomeen Mountain** sorgen für eine wildromantische Kulisse. Im Sommer ist der See ein beliebtes Ziel von Campern und Freizeitkapitänen.

Cascades
Pass Trail ▶
Einer der schönsten Wanderwege durch diese Wildnis ist der etwas über 3 mi/5 km lange Cascades Pass Trail. Stetig zum Pass hinaufsteigend, bietet er herrliche Aussichten auf Eldorado, Johannesburg, Mixup, Magic und McGregor Mountain.

✴
Lake Chelan
Der fjordähnliche, etwa 90 km lange, 2 km breite und bis zu 500 m tiefe Lake Chelan im Südosten des Nationalparks, den die Salish-Indianer einst »Tsi Laan« (»Tiefes Wasser«) nannten, wird im Norden von schneebedeckten Zweieinhalbtausendern der North Cascades bewacht. Nur die südliche Hälfte des Sees ist durch Uferstraßen erschlossen. Danach beginnt straßenlose Wildnis.

Chelan ▶
Vor den Toren dieses Touristenortes (3600 Einw.) am Südende des Sees dreht sich alles um Spaß und Sport auf dem blauen Gewässer.

Stehekin
Allein dass es so etwas noch gibt im Autofahrerland USA, ist den Besuch wert: Um in den völlig isoliert am Nordufer des Lake Chelan gelegenen Ort Stehekin zu gelangen, braucht man ein Boot oder ein

Wasserflugzeug. Oder man wandert durch die grandiose Wildnis des North Cascades National Park. Bis heute hat das Ensemble aus weit verstreuten Häusern und kleinen Farmen gerade mal rund 100 Einwohner: Parkranger und ihre Familien, Outfitter und ein paar Lebenskünstler. Im Sommer vervielfacht sich diese Zahl jedoch, wenn die Schneeschmelze die zahllosen Trails rund um den Ort wieder freigelegt hat.

Die »Lady of the Lake II« und die »Lady Express« verkehren in den   ◄ Anreise
Sommermonaten zwischen Chelan und Stehekin. Die Bootsfahrt dauert drei bis vier Stunden. Schneller geht es mit dem Wasserflugzeug. Ganze 30 Minuten dauert der Trip mit einer Beaver oder Cessna von Chelan Airways (Tel. 1-509-682-55 55). Ein nettes Hotel, mehrere gemütliche Bed-&-Breakfast-Unterkünfte und Campingplätze bieten Übernachtungsmöglichkeiten, müssen allerdings rechtzeitig gebucht werden.

Olympia

D 5

Region: Thurston County   **Einwohnerzahl:** 45 000
Höhe: 29 m ü.d.M.

Dass Matt Groening gerade hier mit der Zeichentrickfigur Homer Simpson, den typischen Durchschnittsamerikaner, erfand, ist wohl kaum ein Zufall. Denn die kleine Hauptstadt des US-Bundesstaates Washington ist nicht nur nett und sauber, sondern auch recht selbstkritisch und progressiv.

An Olympia führt wahrlich kein Weg vorbei. Zwischen dem Feuerberg Mount Rainier und oft nebelverhangenen Olympic National Park gelegen, ist die Stadt am Budd Inlet bzw. am Südende des Puget Sound ein hervorragender Ausgangspunkt für tolle Ausflüge. Dank des 1971 gegründeten Evergreen State College findet man hier nicht die ansonsten für Provinzhauptstädte typische Steifheit.

Die ersten Siedler erreichten den Budd Inlet bereits in den 1840er-   **Geschichte**
Jahren und verdrängten die hier lebenden Indianerstämme der Nisqually, Chehalis und Duwamish. Da sich seinerzeit in Oregon Siedler dunkler Hautfarbe nicht niederlassen durften, zog die erste von einem afroamerikanischen Pionier namens George Bush geführte Gruppe in das zu dieser Zeit noch britisch dominierte nördlich des Columbia River.
Bereits im Jahre 1853 wurde Olympia zur **Hauptstadt des Territoriums** erhoben. Danach blühten der Handel und die Austernfischerei auf. Eine kleine Dampferflotte verband Olympia mit den übrigen Häfen am Puget Sound. Erst 1929 erhielt die Stadt ihr Kapitol, ihren Regierungssitz.

Sehenswertes in Olympia

✳
State Capitol
Das Kapitol des Bundesstaates Washington thront unübersehbar in-mitten schöner Grünanlagen auf einem Hügel im Süden der Innen-stadt. Mit 87 m gehört die Kuppel des Kapitols zu den höchsten ihrer
🕐
Art auf der Welt (Führungen: tgl. 10.00 – 15.00 Uhr).

Capitol Conservatory
🕐
Im nördlichen Bereich der Parkanlage um das Washington State Ca-pitol gibt es herrliche Gärten mit tropischen und subtropischen Blü-tenpflanzen (Öffnungszeiten: Mo. – Fr. 8.00 bis 16.00 Uhr).

▶ OLYMPIA ERLEBEN

AUSKUNFT
Olympia CVB
1600 E. 4th Ave., Olympia, WA 98507
Tel. 1-360-704-75 44
www.visitolympia.com

SHOPPING
Mehr als 100 Spezialgeschäfte, Galerien und Restaurants – oft in historischem Gemäuer an schat-tigen Alleen – machen einen Ein-kaufsbummel durch die übersicht-liche Downtown zu einem angeneh-men Erlebnis.

HAFENRUNDFAHRTEN
Olympia mit dem Mt. Rainier im Hintergrund ist ein äußerst beliebtes Fotomotiv, das jedoch nur vom Wasser aus im Rahmen einer Hafen-rundfahrt zu bekommen ist (Buddy Bay Charters, Percival Landing, Tel. 1-360-539-89 81, www.buddybay charters.com).

THEATER
Kompagnien wie »Capital Playhouse«, »Olympia Family Theater«, »Theater Artists Oympia« und »Olympia Little Theater« treten im historischen State Theater auf. Infos, Programme und Tickets: Harlequin Productions, Tel. 1-360-786-01 51, www.harlequin productions.org

ESSEN
▶ **Fein & teuer**
Gardner's Seafood & Pasta
111 W. Thurston Ave.
Tel. 1-360-786-84 66
Seit vielen Jahren die Nr. 1 in der Stadt bei Steaks und Ribs. Lecker sind auch Pasta und Penne.

▶ **Erschwinglich**
Budds Bay Cafe
525 N. Columbia Street
Percival Landing, Tel. 1-360-357-69 63
In dem beliebten Restaurant gibt es leckere Fischgerichte und einen schönen Blick aufs Wasser und die Stadt.

ÜBERNACHTEN
▶ **Komfortabel**
Phoenix Inn Suites
415 Capitol Way N.
Tel. 1-360-570-05 55
www.phoenixinnsuites.com
102 Z. Modernes Haus mit freund-lichen und hellen Zimmern, Pool und Fitnessraum.

▶ **Günstig**
Golden Gavel Motel
909 Capitol Way S.
Tel. 1-360-352-85 33
27 Z. Nette Herberge mit gemütlichen Zimmern mitten in der Downtown.

Sieben Blocks vom Kapitol entfernt zeigt das in der prachtvollen einstigen Villa eines Bankiers untergebrachte Museum Exponate, Fotos und Dokumente aus jener Zeit, als der Bundesstaat Washington allmählich seine Konturen annahm (211 W. 21st Ave.; Öffnungszeiten: Di.–Fr. 10.00–16.00, Sa. ab 12.00 Uhr).

State Capital Museum

! *Baedeker* TIPP

Farmers Market

Hier kann man Obst, Gemüse und Molkereiprodukte aus der Region erwerben und sich am Ende des Markttages in den Bäckereien und hübschen Restaurants stärken. Zudem präsentieren sich hier zwei Dutzend profilierte Künstler aus der Region (700 Capitol Way N.; Öffnungszeiten: April – Okt. Do. – So. 10.00 – 15.00, Nov. u. Dez. Sa. u. So 10.00 – 15.00 Uhr).

Während die Politiker auf ihr neues Kapitol warteten, tagten sie in diesem klobigen, im Jahre 1892 im neoromanischen Stil errichteten Gebäude, dem sog. Old State Capitol. Da die Wartezeit immerhin 24 Jahre betrug, ranken sich zahllose Geschichten und Geschichtchen um die Räumlichkeiten, die man am besten im Rahmen einer Führung besichtigt (600 Washington St.; Führungen: Mo.–Fr. 8.00 bis 17.00 Uhr).

Old State Capitol

Ⓣ

In den alten Hangars des Olympia Regional Airport warten sie auf Liebhaber: Jagdflugzeuge aus dem Zweiten Weltkrieg (u.a. BAC-167 Strikemaster, FG1D Corsair) sowie Jets und Helikopter aus der jüngeren Vergangenheit (7637-A Old Hwy. 99 S.E.; Öffnungszeiten: Mi. bis So. 11.00–17.00 Uhr).

Olympic Flight Museum

Ⓣ

Von den vielen Parks der Stadt ist dieser kleine Garten sicher der schönste. Entstanden nach siebenjähriger Planung und zweijähriger Ausführung, symboliert er die japanisch-amerikanische Völkerfreundschaft (900 Plum St.; Öffnungszeiten: tgl. 10.00–22.00 Uhr).

Yashiro Japanese Garden

Ⓣ

Umgebung von Olympia

Grizzlies, Pumas und Wölfe leben in diesem großen Wildpark etwa eine halbe Autostunde östlich von Olympia. Während einer Fahrt mit dem Parkbähnchen (ca. 1 Std.) kann man diese und andere Tiere beobachten (1610 Trek Dr. E., Eatonville; Öffnungszeiten: tgl. 9.30 bis 16.00 Uhr).

Northwest Trek Wildlife Park

Ⓣ

✶✶ Olympic National Park

C/D 3/4

Region: Clallam & Jefferson Counties   **Fläche:** 3678 km²
Höhe: 0 – 2428 m ü.d.M.

Umspült vom Pazifik und der Juan-de-Fuca-Straße, beherbergt die Olympic Peninsula die größten und schönsten Regenwälder der USA. Isoliert vom Rest des Kontinents konnte sich hier eine einzigartige Flora und Fauna entwickeln.

Eindrucksvolle Landschaft

Der westlich von ▶ Seattle gelegene Nationalpark ist wegen seiner einzigartigen Landschaft seit 1981 als **UNESCO-Weltnaturerbe** ausgewiesen. Während und nach der letzten Eiszeit erhielt die Olympics-Halbinsel ihren »letzten Schliff«. Steile Täler, Moränen, nackter Granit und U-förmige Täler zeugen von einer extremen Vergletscherung während der letzten Eiszeit.
Die isolierte Lage der Halbinsel während der Eiszeit hat auch zur Entstehung endemischer Pflanzen- und Tierarten geführt. Dazu zählen etwa die rot blühende Olympic-Kastillea, das Olympic-Murmeltier und die Beardslee-Forelle. Mit rund 3,5 Mio. Besuchern pro Jahr ist er auch eines der beliebtesten Wildnisgebiete des Landes. Dabei sind weite Teile das Nationalparks nur schwer zugänglich: Besucher bleiben meist auf den Aussichtsstraßen. Doch wer genug Zeit hat, sollte unbedingt einen der vielen Trails begehen und so die höchst abwechslungsreiche Bergwelt zwischen der felsigen Pazifikküste und dem 2428 m hohen **Mount Olympus** erforschen.

Sehenswertes auf der Olympic Peninsula

Wanderungen

Trails unterschiedlicher Länge und Schwierigkeitsgrade durchziehen den gesamten Nationalpark. Die meisten beginnen bereits an den vom US 101 abzweigenden Straßen. Die schönsten Trails, die an der Hurricane Ridge Road beginnen, sind der **Hurricane Hill Trail** mit herrlichen Ausblicken auf den Mt. Olympus und die Strait of Juan de Fuca sowie der **Grand Ridge Trail**, der die Hurricane Ridge mit dem Obstruction Point verbindet. 14 km westlich von Port Angeles zweigt die Elwha River Road ab. An dieser beginnt u. a. der 45 km lange **Elwha Trail**, der quer durch den Nationalpark führt. Die schönsten Trails im Westen beginnen beim »Hoh Rain Forest Visitor Center«, das man über die Hoh River Road erreicht. Der beliebteste Weg ist hier der **Hall of Moss Trail**. Er führt durch ein immergrünes, mit Moosen und Farnen sagenhaft wirkendes Stück Regenwald.

✶✶
Olympic Peninsula Drive (US 101)

Diese insgesamt 450 km lange Panoramastraße beginnt in ▶Olympia und folgt über weite Strecken der Küste der Halbinsel durch farnbedeckte Regenwälder zu entlegenen, von den Wogen des Pazifiks hartgehämmerten Sandstränden und hinauf zu alpinen Matten.

*Üppiger Regenwald auf der Olympic-Halbinsel mit uralten Bäumen,
die von Moosen und Flechten behangen sind*

★
Port Angeles

Als Tor zum Nationalpark gilt das an der Nordküste gelegene Hafenstädtchen Port Angeles (18 000 Einw.), wo es auch zahlreiche Unterkünfte für Touristen gibt. Einen Besuch lohnt das **Museum der Chal-
lam County Historical Society** mit Ausstellungen zur Natur-, Kultur-
und Sozialgeschichte der Region (207 S. Lincoln St.; Öffnungszeiten:
Mi. – Sa. 13.00 – 16.00 Uhr).

Unten am Wasser informiert das **Olympic Coast Discovery Center**
über die Flora und Fauna des vorgelagerten **Olympic Coast National
Marine Sanctuary** (115 Railroad Ave. E.; Öffnungszeiten: Mai – Sept.
Mi. – So. 11.00 – 17.00 Uhr).

Die alternativ gesprenkelte Kunstszene der Halbinsel konzentriert
sich in avantgardistisch-provozierenden Ausstellungen des **Port Angeles Fine Arts Center** (1203 E. Lauridsen Blvd.; Öffnungszeiten:
März – Okt. Mi. – So. 11.00 – 17.00, sonst 10.00 – 16.00 Uhr).

★
Lake Crescent

Von der Route 101 führen Stichstraßen ins gebirgige Innere des Nationalparks und auch zu einsamen, wildromantischen Stränden. Hö-
hepukte an der Strecke sind der fotogene Bergsee Lake Crescent, ca.
20 mi/32 km westlich von Port Angeles. Gleich in der Nähe findet
man die zauberhaften 27 m hohen **Marymere Falls**.

Olympic National Park *Orientierung*

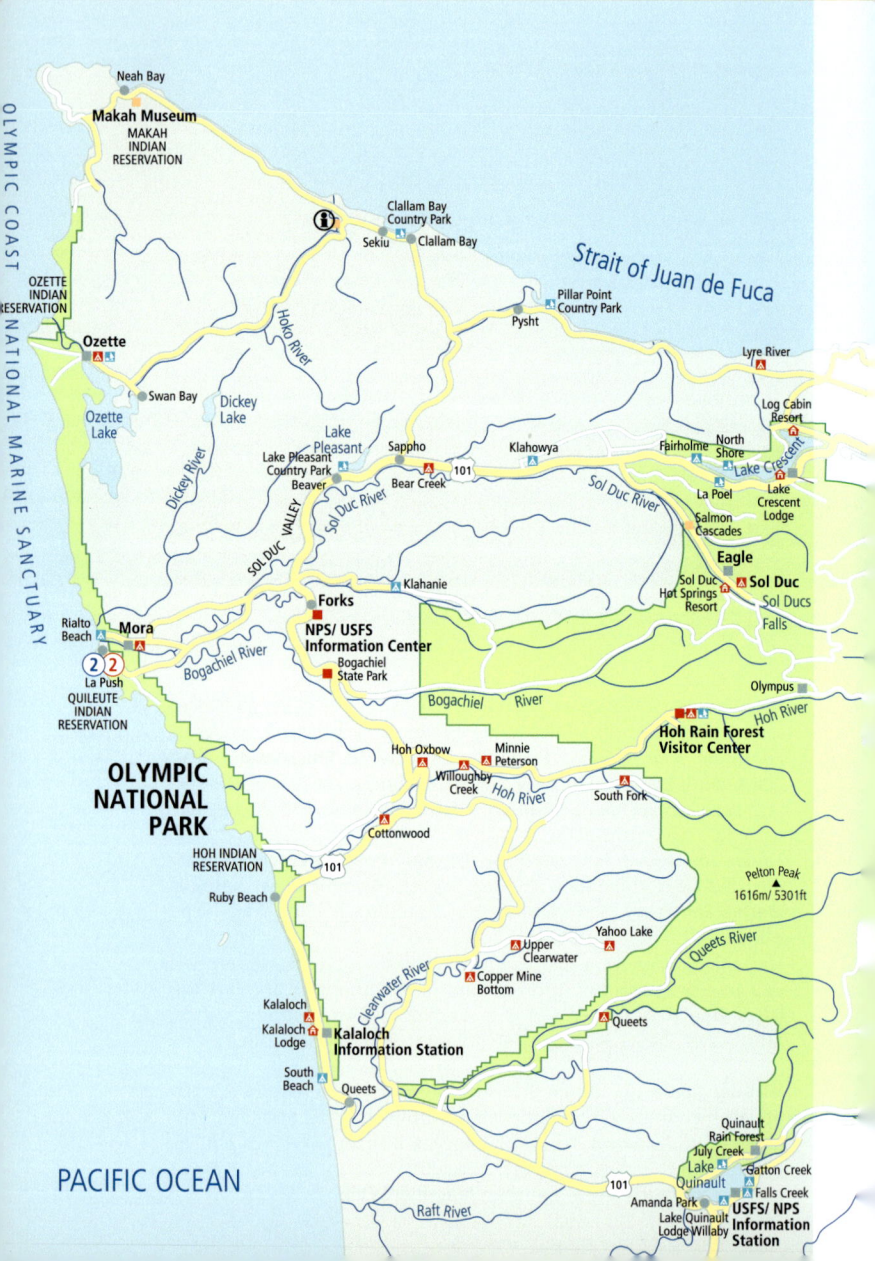

■ Ranger Station
■ Ranger Station (nur im Sommer)
▲ Campground
▲ Campground (nur im Sommer)
⌂ Lodge
⬓ Rastplatz

10 km
5 mi
©Baedeker

Victoria Canada

Salt Creek
Country Park
Freshwater Bay
Country Park
LOWER ELWHA
KLALLAM INDIAN
RESERVATION
Dungeness
Recreation Area

Joyce

Port
Angeles ① ①③
Olympic Nat. Park
Park   Visitor Center
Headquarters

East Beach
101
Lake
Sutherland

Sequim

Storm King
Information
Station

Madison
Falls

Elwha

Heart
O' the Hills

Dungeness River

Altair

Lake
Mills

Observation
Point

Hurricane Ridge
Visitor Center

Dungeness
Forks

Mt. Appleton
1824m/ 6000ft

Obstruction
Point

Dear Park

Mt. Carrie
2132m/ 6995ft

Elwha River

Elkhorn
Mc Cartney Peak
2051m/ 6728ft

OLYMPIC

MOUNT OLYMPUS
West Peak
2432m/ 7980ft

Mt. Claywood
2084m/
6836ft
Sentinel Peak
2009m/ 6592ft

Mt. Deception
2374m/ 7788ft

Mt. Dana
1893m/
6200ft

Mt. Queets
2132m/ 6460ft

Mt. Wilder
1807m/ 5928ft

Mt. Seattle
1904m/ 6246ft

Low Divide

Dosewallips

Kimta Peak
1646m/ 5399ft

Mt. Christie
1883m/ 6177ft

Chimney Peak
2016m/ 6911ft

White Mtn.
1951m/ 6400ft

Elkhorn

NATIONAL

Enchanted
Valley

Quinault River

Duckabush River

North Fork

Graves
Creek

PARK

Lena Creek

Hamma
Hamma

Staircase

Big Creek

Lake Cushman

Lilliwaup

Hood Canal

Le Bar
Horse Camp
Brown Creek

Essen
① Michael's
② Quileute Rivers
Edge Restaurant

Übernachten
① Lake Crescent Lodge
② Quileute Oceanside
Resort
③ Traveler's Motel

✳ **Hurricane Ridge Lodge** Von Port Angeles führt eine ca. 20 mi/32 km lange Panoramastraße hinauf zur 1585 m hoch gelegenen Hurricane Ridge Lodge. Von hier oben eröffnet sich ein grandioser Blick über die vergletscherte Bergwelt der Olympics und über die Juan-de-Fuca-Straße. Beim Visitor Center beginnen Wanderwege, die tolle Aussichtspunkte erschließen.

▶ # OLYMPIC NATIONAL PARK ERLEBEN

AUSKUNFT
Olympic National Park
600 East Park Avenue
Port Angeles, WA 98362-6798
Tel. 1-360-565-31 30
www.nps.gov/olym

Port Angeles
Visitor Information
121 E. Railroad Avenue
Port Angeles, WA 98362
Tel. 1-360-452-23 63
www.portangeles.org

Port Townsend
Visitor Information
2437 E. Sims Way, Port Townsend
WA 98368, Tel. 1-360-385-27 22
www.enjoypt.com

BOOTSAUSFLÜGE
Puget Sound Express
227 Jackson Street
Port Townsend, WA
Tel. 1-360-385-52 88
www.pugetsoundexpress.com

ESSEN
▶ **Fein & teuer**
① *Michael's*
117 B East 1st Street
Port Angeles, WA
Tel. 1-360-417-69 29
Nach wie vor eine Top-Adresse im Bundesstaat Washington: Alles, was der Pazifik und das gebirgige Hinterland zu bieten haben, wird hier ideenreich und gekonnt zubereitet.

▶ **Erschwinglich**
② *Quileute Rivers Edge Restaurant*
41 Main Street, La Push, WA
Tel. 1-360-374-57 77
Fisch und Meeresfrüchte gibt es hier mit einem schönen Blick auf den Fluss.

ÜBERNACHTEN
▶ **Komfortabel**
① *Lake Crescent Lodge*
416 Lake Crescent Road
Port Angeles, WA
Tel. 1-360-928-32 11
www.lakecrescentlodge.com
52 Z. Eine der schönsten alten Lodges auf der Halbinsel mit einfach eingerichteten Zimmern und tollem Blick auf den See.

② *Quileute Oceanside Resort*
330 Ocean Drive
La Push, WA
Tel. 1-360-374-52 67
www.quileutenation.org
72 Z., davon 42 in gemütlichen Hütten. Direkt am Strand gelegen, bietet das Resort Erholung abseits des Massenbetriebs.

▶ **Günstig**
③ *Traveler's Motel*
1133 E. 1st Street
Port Angeles, WA
Tel. 1-360-452-23 03
www.travelersmotel.net
Freundliches Motel mit 11 gemütlichen Zimmern aus der guten alten Zeit.

Wilde Romantik pur: Sehr urtümlich präsentiert sich die von Wasser, Wind und Wellen zerzauste Pazifikküste der Olympic-Halbinsel.

Lange lebte das sich mitten im Nationalpark an den Hwy. 101 klammernde 3000-Einwohner-Städtchen Forks von der Holzwirtschaft. Das **Timber Museum** erinnert mit der kleinen Dampflok namens »Steam Donkey« und historischen Fotos an alte Zeiten (1421 S. Forks Ave.; Öffnungszeiten: April – Okt. tgl. 10.00 – 16.00 Uhr).
Die zahlreichen in der Umgebung von Forks in den Pazifik mündenden Flüsse und Bäche sind beste Lachs- und Forellenreviere. Nähere Infos gibt es bei der Forks Chamber of Commerce.

Forks

◄ Hot Spot für Sportangler

Der schönste Regenwald des Nationalparks, zu erreichen von Port Angeles aus über den Highway 101, bedeckt die Hänge einiger in den Pazifik mündender Flusstäler. Über 5000 mm Niederschlag pro Jahr lassen hier eine üppige, tiefgrüne Vegetation gedeihen mit bis zu 100 m hohen Bäumen, v. a. Douglasien, Sitka-Fichten und Hemlocktannen. Am Boden wuchern dicke Moosteppiche und dichtes Farngebüsch.
In dem Urwaldgebiet sind zahlreiche Wanderpfade ausgewiesen, darunter der 22 km lange **Queets River Trail** und der anspruchsvolle Trail von North Fork nach Whiskey Bend.

★ ★
Hoh Rain Forest

◄ Trails

Einsame, von Treibholz übersäte Sandstrände prägen die Pazifikküste der Olympic Peninsula ebenso wie scharfe Klippen, Felsenbögen und jäh aus dem Meer ragende Felsen. Der nördliche Küstenabschnitt ist durch Stichstraßen erschlossen. Am südlichen Küstenabschnitt führt ein Scenic Drive von Ruby Beach bis nach Queets.

★ ★
Pazifikküste

Ruby Beach ▸ Hier kommen Naturfreunde voll auf ihre Kosten, denn sie können hoch in den Lüften kreisende Weißkopf-Seeadler beobachten, ebenso diverse Robben, die sich am Strand ausruhen, und Grauwale, die draußen auf dem Meer vorbeiziehen.

La Push ▸ In dem Ort an der Pazifikküste werben die Herbergen damit, keine Fernseher in den Zimmern zu haben. Ruhe und Erholung ist also angesagt in dieser winzigen Strandgemeinde am Ende einer vom Hwy. 101 zum Pazifik abzweigenden Stichstraße. La Push ist eine Fischersiedlung inmitten der **Quileute Indian Reservation**. Hier gibt es einige Geschäfte, ein Restaurant und – am schönsten Strand des Reservats – das moderne »Oceanside Resort«. Ein Abendspaziergang auf dem von Felsnadeln in der Brandung bewachten **First Beach** gehört zu den romantischen Höhepunkten dieses Küstenabschnitts.

> ## ❗ *Baedeker* TIPP
>
> ### Grauwale sichten
>
> Näher geht's nicht: Während ihrer Wanderungen im Frühjahr und im Herbst ziehen Grauwale so dicht am Strand von La Push vorbei, dass man sie sogar beim Ausstoßen ihrer Atemfontäne hören kann.

Port Townsend Das hübsche 8000-Einwohner-Städtchen im Nordosten der Olympic-Halbinsel lebt vor allem vom Tourismus und vom Bootsbau. Im denkmalgeschützten **Historic District** gibt es prächtige Häuser aus viktorianischer Zeit. Am meisten los ist auf der von Geschäften, Restaurants und Cafés gesäumten **Water Street**. Hier informiert auch das **Jefferson County Historical Society Museum** über die bewegte Geschichte von Port Townsend (540 Water St.; Öffnungszeiten: ⏲ tgl. 11.00 – 16.00 Uhr).

✳ San Juan Islands

C/D 5

Region: San Juan County
Höhe: 0 – 735 m ü.d.M.

Bewohnerzahl: 15 000

Was für ein Blick! Welch ein Hochgefühl von Weltferne und -nähe zugleich! der schneebedeckte Mount Baker kontrolliert den Horizont, geheimnisvoll lockt ein Insellabyrinth, in dem jede Kayak-Tour die Begegnung mit den schönen Orcas verspricht.

Insel-
paradies »247 Tage Sonnenschein und nur halb so viel Regen wie in Seattle« – mit solchen Slogans lockt das Fremdenverkehrsamt der San Juan Islands Urlauber nicht nur aus dem regnerischen Seattle an: Zu verlockend ist der Gedanke an Inselromantik und das kleine B & B in der einsamen Bucht, an die Erkundung unbewohnter Eilande und die Begegnung mit lächelnden Insulanern, die hier ihr ganz persönliches Paradies gefunden haben.

SAN JUAN ISLANDS ERLEBEN

AUSKUNFT

San Juan Islands Visitors Bureau
P. O. Box 1330, Friday Harbor
WA 98250, Tel. 1-888-468-37 01
www.guidetosanjuans.com

ANREISE

Von Anacortes fahren täglich mehrmals Fähren nach Lopez Island, Orcas
Island und San Juan Island. Tickets
und Reservierungen: Washington
Ferries, Tel. 1-888-808-79 77,
www.wsdot.wa.gov/ferries

AKTIVITÄTEN

Radfahren
Lopez Bicycle Works
2847 Fisherman's Bay Road
Lopez Island, Tel. 1-360-468-28 47
www.lopezbicycleworks.com

Island Bicycles
380 Argyle Avenue
Friday Harbour, Tel. 1-360-378-49 41
www.islandbicycles.com).

Kayak-Touren
Lopez Kayaks
2845 Fisherman's Bay Road
Lopez Island, Tel. 1-360-468-28 47
www.lopezkayaks.com

Orcas Outdoor Kayaking
8292 Orcas Road
Orcas Island, Tel. 1-360-376-46 11
www.orcasoutdoor.com.

Whale Watching
Orcas Island Eclipse Charters
Deep Harbor, Orcas Island
Tel. 1-360-376-65 66
www.orcasislandwhales.com

Bon Accord Wildlife Charters
Friday Harbor, San Juan Island
Tel. 1-360-378-66 70

ESSEN

► **Fein & teuer**
The Place Bar &Grill
1 Spring Street
Friday Harbor, San Juan Island
Tel. 1-360-378-87 07
Gute »Northwest Cuisine«, berühmt
für Fisch und Meeresfrüchte.

► **Preiswert**
Boardwalk on the Water
8292 Orcas Rd.
Orcas Island Ferry Landing
Tel. 1-360-376-29 71
Hier gibt es leckere Burger, Sand-
wiches und Salate, dazu gratis einen
schönen Blick auf die See.

ÜBERNACHTEN

► **Luxus/Komfortabel**
Orcas Hotel
8 Orcas Hill Rd., Eastsound
Orcas Island, Tel. 1-360-376-43 00
www.orcashotel.com
12 gemütliche Zimmer mit handgefertigten Patchwork-Decken auf
den Betten und 2 Suiten mit Jacuzzi.

► **Komfortabel**
The Edenwild
Lopez Village, Lopez Island
Tel. 1-360-468-32 38
www.edenwildinn.com
Schlafen in einem der schönsten
Häuser der Insel, einer viktoriani-
schen Villa mit 8 hübsch ausgestat-
teten Zimmern.

► **Günstig**
Discovery Inn
1016 Guard Street
Friday Harbor, San Juan Island
Tel. 1-360-378-20 00
www.discovery-inn.com
20 Z. Einfache Unterkunft mit geräumigen Zimmern in einem Park

In der Tat hat der Tourismus die San Juan Islands fest im Griff. Doch ebenso schnell dünnt er abseits der drei, vier belebten Zentren wieder aus. Der San-Juan-Archipel besteht aus mehr als **450 Inseln und Inselchen**. Die meisten davon liegen als »Gulf Islands« bereits in kanadischen Gewässern. Die USA nennen immerhin 172 ihr Eigen, davon werden ganze vier von Anacortes aus angelaufen: **Lopez**, **San Juan**, **Orcas** und **Shaw Island**. Hügelig, mit felsigen Küsten sowie Sand- und Kieselstränden, bedeckt von immergrünen, an den Küsten windzerzausten Nadelwäldern, sind die San Juan Islands eine für diesen Küstenabschnitt typische Insel- und Schärenwelt.

Jede der Hauptinseln hat ihren eigenen Charakter. Die beliebtesten Aktivitäten sind Kayaking, Radfahren und Wale beobachten. Vor allem die zwischen den Inseln schwimmenden Orcas (Schwertwale) stehen auf dem Programm der Besucher ganz oben. Auch Grauwale, Seelöwen und Seeelefanten sowie die größte Seeadler-Population südlich des 49. Breitengrads locken viele Naturfreunde an.

Sehenswertes auf den San Juan Islands

Lopez Island
Auf der mit 77 km² drittgrößten Insel des Archipels leben ca. 2200 Menschen. Hinter schroffen Felsenküsten breitet sich relativ flaches und landwirtschaftlich intensiv genutztes Land aus, das idyllische Sträßchen kreuz und quer durchmessen. Der Tourismus hat hier bislang noch nicht groß Fuß gefasst.

Lopez Village ▶
Als Hauptort fungiert ein Ensemble aus Häuschen, Tankstelle, Bank und mehreren Galerien namens **»Lopez Village«** an der Fisherman's Bay im Nordwesten der Insel. Das **Lopez Island Historical Society Museum** dokumentiert mit alten Fotos die Geschichte der Insel
🕒 (Weeks Rd.; Öffnungszeiten: Mai – Sept. Mi. – So. 12.00 – 16.00 Uhr).

Orcas Island
Auf der mit knapp 150 km² größten Insel des San-Juan-Archipels leben etwa 4500 Menschen. Die landschaftlich überaus reizvolle Insel ist Ziel vieler Städter, die sich hier exklusive Wochenendhäuser auf Felsklippen über dem Meer errichtet haben.

Eastsound ▶
Hauptort der Insel ist Eastsound am Ende der gleichnamigen Bucht im Norden von Orcas island. Hier informiert das **Orcas Island Historical Museum** mit alten Pioniershütten und indianischen Kulturzeugnissen ausführlich über die Inselgeschichte (181 N. Beach Rd.; Öff-
🕒 nungszeiten: Mai – Sept. Di., Mi., Do., Sa., So. 10.00 – 15.00, Fr. 13.00 – 18.00 Uhr).

Mount Constitution ▶
Ein Muss für jeden Inselbesucher ist die 5 mi/8 km lange Fahrt auf den Mount Constitution. Der Blick vom Aussichtsturm über Orcas Island und auf die im diesigen Blau liegende Inselwelt ist geradezu fantastisch. Der Berg ist Teil des wildromantischen **Moran State Park**, der Wanderfreunden ca. 50 km umfassendes Wanderwegenetz bietet. Ein Postkartenmotiv ist der 30 m hohe **Cascade Fall** zwischen Cascade und Moraine Lake. Man erreicht ihn leicht von der Bergstraße aus.

Ziemlich relaxed geht es zu in Friday Harbor auf San Juan Island.

San Juan Island ist die westlichste der großen San Juan Islands, mit 142 km² die zweitgrößte und mit knapp 7000 Einwohnern die bevölkerungsreichste Insel. Den Ostteil charakterisiert eine sanfte, landwirtschaftlich genutzte Hügellandschaft mit hübschen kleinen Farmen und dichten Wäldern. Über dem raueren Westen erhebt sich der 330 m hohe **Mount Dallas** als höchste Erhebung.

San Juan Island

Friday Harbor (2000 Ew.) an der Ostküste ist die einzige Stadt im Archipel. Der zweitgrößte Ort ist Roche Harbor im Nordwesten; an der **Haro Strait** gelegen, gilt die windgeschützte Felsenbucht als einer der besten Häfen im Archipel.

◄ Friday Harbor, Roche Harbor

Der auf beide Inselhälften verteilte San Juan Island National Historical Park widmet sich dem sog. »Pig War«. Auf dem Höhepunkt dieses tragikomischen Konfliktes um ein totes Schwein – im Grunde ging es um Grenzstreitigkeiten zwischen den USA und Kanada – standen sich Mitte des 19. Jh.s britische und amerikanische Truppen gegenüber. Heute zeigen das English Camp (im Nordwesten) und das American Camp (im Süden) restaurierte Gebäude, in denen die englischen bzw. amerikanischen Soldaten während des Konfliktes untergebracht waren. Informationszentren dokumentieren den Verlauf der Ereignisse. Noch mehr Lokalgeschichte wartet im **San Juan Historical Museum** (405 Price St., Friday Harbor; Öffnungszeiten: Juni – Sept. Di., Mi., Do., Sa. und So. 12.00 – 15.00, April und Mai nur Sa. 12.00 – 15.00 Uhr).

◄ San Juan Island National Historical Park

🕐

Alles über die Orcas erfährt man im Whale Museum. Das in einem der ältesten Gebäude der Inseln untergebrachte Museum engagiert sich auch für den Schutz der interessanten Meeressäuger (62 1st Street; Friday Harbor; Öffnungszeiten: Juli – Aug. tgl. 9.00 – 18.00, sonst tgl. 10.00 – 17.00 Uhr, www.whale-museum.org).

◄ Whale Museum

🕐

Das hier erworbene Wissen findet sicherlich Anwendung im Lime Kiln Point State Park an der Westküste. Die fotogene Steilküste des Schutzgebiets besitzt die besten Aussichtspunkte zur Beobachtung der Orcas (Öffnungszeiten: tgl. 8.00 Uhr bis Sonnenuntergang).

◄ Lime Kiln Point State Park

🕐

★ ★ Seattle

D 5

Region: King County	**Einwohnerzahl:** 585 000
Höhe: 0 – 158 m ü. d. M.	(Metropolitan Area: 3,4 Mio.)

Die an der Elliott Bay bzw. am südlichen Ende des Puget Sound gelegene größte Stadt im Nordwesten der USA ist zugleich wirtschaftliches und kulturelles Zentrum dieses Raumes. Seattle hat einen positiven und einen eher negativen Beinamen: »Emerald City« (Smaragdstadt) steht für viel Grün im Stadtbild, »Rain City« (Regenstadt) für die relativ zahlreichen Regentage. Warum Seattle in den 1990er-Jahren zum Inbegriff der »Hip City« wurde, hat andere Gründe. Einer mag die reizvolle Lage am Meer quasi zu Füßen des mächtigen ►Mount Rainier sein.

Trend City Ein anderer ist die Firma Microsoft. Der Software-Gigant hat in Redmond unweit der Stadt sein Hauptquartier; Bill Gates (► Berühmte Persönlichkeiten) und Paul Allen, die beiden Gründer, sind hier zu Hause. Der Hightech-Boom der 1980er-Jahre und später das Internet schwemmten weitere Software-Entwickler und Zubringer-Industrien in die Stadt. Die vormals konservative »Emerald City« mutierte zur progressiven, neue Trends definierenden Stadt. In aller Welt wurde Seattle Ende der 1980er-Jahre als Heimat der Rockbands »Nirvana« und »Pearl Jam« sowie als Wiege des Grunge-Musikstils bekannt, mitbegründet durch Kurt Cobain, der sich 1994 das Leben genommen hat. Und nicht nur dies: 1999 erlebte sie während der Welthandelskonferenz schwere, als **Battle of Seattle** in die Geschichte Amerikas eingegangene Blockaden und Straßenschlachten zwischen 40 000 Globalisierungsgegnern, Polizei und Nationalgarde. Den Höhenflug der schnell wachsenden Stadt im pazifischen Nordwesten der USA konnte dieses Ereignis jedoch ebensowenig aufhalten wie ein schweres Erdbeben zwei Jahre später und die Verlegung der Hauptverwaltung des Flugzeugbauers Boeing, des anderen großen Arbeitgebers der Stadt, nach Chicago.

Geschichte Seattle ist wenig mehr als 150 Jahre alt. Vor der Ankunft der Weißen siedelten Salish sprechende Nordwestküstenindianer vom Stamm der Duwamish in der Elliott Bay. Unter der Führung ihres Häuptlings **Noah Seattle** (1786 – 1866; ►Berühmte Persönlichkeiten) empfingen sie die ersten weißen Siedler freundlich und hielten sich aus Konfrontationen zwischen diesen und Nachbarstämmen heraus. Im Gegenzug benannten die Weißen ihre 1852 an der Elliott Bay gegründete Siedlung nach dem Häuptling.
Ein wichtiges Ereignis in der frühen Stadtgeschichte war in den 1860er-Jahren die Ankunft zweier Trecks mit Frauen: Bis dahin war Seattle reine Männersache gewesen. Den nächsten Wachstumsschub

Einzigartig: die Skyline von Seattle mit dem Mount Rainier im Hintergrund

machte Seattle mit dem Wiederaufbau nach dem Stadtbrand von 1889 und der Ankunft der **Northern Pacific Railroad** im Jahre 1893. Einen entscheidenden Impuls erhielt die Stadtentwicklung 1897, als das Segelschiff »Portland« in Seattle Anker warf mit einer Fracht, die die ganze Welt aufhorchen ließ: **Gold aus dem Klondike River**, im Yukon, hoch im kanadischen Norden! Binnen weniger Wochen wurde Seattle für Zehntausende von Glücksrittern das Tor zu den Goldvorkommen am Klondike. Seattle rüstete sie aus und brachte es dank Yukon-Gold zum Banken- und Vergnügungszentrum. Bis 1910 versechsfachte sich die Bevölkerung. Die Stadt erlebte einen Bauboom sondergleichen und veranstaltete 1909 ihre erste Weltausstellung.

Die Eröffung des Panamakanals im Jahre 1914 und die Inbetriebnahme der Boeing-Flugzeugwerke 1916 sowie die beiden Weltkriege machten Seattle zu einem bedeutenden Handels- und Industriestandort. Nach dem Zweiten Weltkrieg hatte die Stadt bereits eine halbe Million Einwohner.

Das nächste Schlüsselereignis war die **Weltausstellung 1962**. Damals wurde die bis heute das Stadtbild prägende Space Needle errichtet und eine futuristische Einschienenbahn (Monorail) als Nahverkehrs-

Seattle Downtown Orientierung

1 Repertory Theatre
2 Intiman Theatre
3 Pacific Northwest Ballet
4 Marion Oliver McCaw Hall
5 Memorial Stadium
6 Experience Music Project
7 Center House
8 International Fountain
9 Key Arena
10 Space Needle
11 Pacific Science Center

300 m
0,1 mi

©Baedeker

Essen
① Canlis
② Saito's Japanese Café
③ Matt's in the Market

Übernachten
① Deca
② Inn at the Market
③ Ace Hotel

Ausgehen
① Honeyhole Sandwiches
② Pike Pub
③ Watertown
④ Alibi Room
⑤ Bad JuJu Lounge
⑥ Central Saloon
⑦ J & M
⑧ Noc Noc

▶ SEATTLE ERLEBEN

AUSKUNFT

Seattle – King County CVB
701 Pike Street, Suite 800
Seattle, WA 98101
Tel. 1-206-461-58 40
www.visitseattle.org

VERKEHR

Metro Transit betreibt die Buslinien
in Seattle und King County (http://
transit.metrokc.gov). Die **Monorail**
verbindet Downtown mit dem Seattle
Center (http://seattlemonorail.com).

HAFENRUNDFAHRTEN

Argosy Cruises
ab Pier 55/56, Seneca Street
Tel. 1-800-642-78 16
www.argosycruises.com
Die Hafenrundfahrten führen zu den
Werften und an den aus dem Film
»Schlaflos in Seattle« bekannten
Hausbooten vorbei durch die Hiram
Chittenden Locks zum Lake Union.

Alki Kayak Tours
1660 Harbor Avenue SW
www.kayakalki.com
Tel. 1-206-953-02 37
Auch vom Kajak aus kann man die
Skyline Seattles genießen.

SHOPPING

Seattle ist geradezu ein Paradies für
Shopper. Das Angebot reicht von
Karl-Marx-Schriften und Zauberer-
Zubehör (auf dem Pike Place Market)
bis zu hochwertiger Trendware in den
Konsumpalästen im Rechteck zwischen 1st und 6th Avenue. Hier
befinden sich neben vielen Spezialgeschäften die Kaufhäuser Nordstrom, Macy's und Pacific Place.

AUSGEHEN

Was geht, steht u. a. in der Stadtzei-
tung Seattle Weekly (www.seattle
weekly.com) und in der Wochen-
endausgabe der Seattle Times
(www.seattletimes.nwsource.com).
Seattle gilt noch immer als das
kulturelle Zentrum der Nordwestküste der USA und als Mekka
der Nachtschwärmer. Die Seattle
Opera pflegt ein internationales
Renommee, viele Theaterproduktio-
nen wurden mit Preisen überhäuft.
Im Seattle Center bringt die **Seattle
Opera** (Spielplan/Tickets Tel. 1-800-
426-16 19, www.seattleopera.org)
Klassiker und auch junge amerikanische Künstler auf die Bühne. Das
ebenfalls hier angesiedelte, hoch
dekorierte **Pacific Northwest Ballet**
(Spielplan / Tickets Tel. 1-206-441-
24 24, www.pnb.org) bietet mit Musicals und Schwanensee ein niveau-
volles Programm.
Die Geburtsstadt von Jimi Hendrix ist
auch ein Hotspot der Rock- und
Popmusik. Blues Bars, Lounges, Irish
Pubs und angesagte Diskotheken:
Selbst die verwöhnten Kalifornier
loben das hiesige Nachtleben, das sich
in Capitol Hill (muntere Schwulens-
zene), rund um den Pioneer Square
(junges, partyfreudiges Publikum)
und in weiteren Vierteln wie Belltown
(Twens mit Geld, gepflegte Atmosphäre) und Ballard (klassische Musik-
Kneipen) konzentriert.

① **Honeyhole Sandwiches**
703 E. Pike St., Tel. 1-206-709-13 99
Winzige Bar, die besten Sandwiches
der Stadt, kitschiges Dekor, fröhliche
Kundschaft.

② **Pike Pub & Brewery**
1415 1st Ave., Tel. 1-206-622-60 44
Traditionsreiche Trinkstube mit den
besten vor Ort gebrauten Bieren. Treff

von Einheimischen und Touristen gleichermaßen.

③ *Watertown*
106 1st Ave. N.
Tel. 206-284-50 03
Seit Jahren dabei: coole Klubatmosphäre mit heißer House-Musik, hochprozentigen Cocktails und großer Tanzfläche.

④ *Alibi Room*
85 Pike St.
Tel. 1- 206-623-31 80
Hippe Bar unter dem gleichnamigen Restaurant, mit exotischen Cocktails und Disco-Gewummer. Das Lokal ist immer voll.

⑤ *Bad Juju Lounge*
1425 10th Ave.
Tel. 1-206-709-99 51
Rock und Indie aus der Konserve und live auf der kleinen Bühne, meist von hiesigen Bands. Tolle Atmosphäre, nette, nur gefährlich aussehende Crowd.

⑥ *Central Saloon*
207 First Ave. S.
Tel. 1-206-622-02 09
Das soll einer nachmachen: Seit über 100 Jahren im Geschäft, ist der kantige Central Saloon bis heute ein Epizentrum der Live-Musik-Szene von Seattle.

⑦ *J&M Café & Cardroom*
201 1st Ave. S.
Tel. 1-206-292-06 63
Tagsüber eine Burger-Bar, nachts heiße Party zu Rock 'n' Roll.

⑧ *Noc Noc*
1516 2nd Ave., Tel. 1-206-223-13 33
Viele bleiben hier nach der Happy Hour hängen und tanzen bis zum frühen Morgen ab.

ESSEN
▶ **Fein & teuer**
① *Canlis*
2576 Aurora Ave. N.
Tel. 1-206-283-33 13
Eine Institution in Sachen Fisch und Meeresfrüchte

▶ **Erschwinglich**
② *Saito's Japanese Café*
2122 – 2nd Ave.
Tel. 1-206-728-13 33
Traditionelle japanische Küche; es gibt auch »unaju« (Aal süßsauer).

▶ **Preiswert**
③ *Matt's in the Market*
94 Pike St. (Pike Place Market)
Tel. 1-206-467-79 09
Diese Seafood-Kantine bietet leckere »daily specials« frisch aus dem Pazifik.

ÜBERNACHTEN
▶ **Luxus**
① *Deca*
4507 Brooklyn Ave. NE
University District
Tel. 1-206-634-20 00
www.hoteldeca.com
158 Z. Hübsches Art-déco-Hotel hoch über der Downtown. Gemütliche Lobby mit Kamin, freundliche Zimmer mit schönem Blick auf die Stadt.

② *Inn at the Market*
86 Pine Street
Tel. 1-206-443-36 00
www.innatthemarket.com
40 Z. Boutique-Hotel, von dem aus alle wichtigen Sehenswürdigkeiten der Stadt leicht zu Fuß erreichbar sind.

▶ **Komfortabel**
③ *Ace Hotel*
2423 1st Avenue, Tel. 1-206-448-47 21
www.theacehotel.com
28 Z. Viel Stil für wenig Geld: schicke Herberge mit jungem Flair.

Seit 1907 gibt es den Pike Place Market mit seinem reichen Angebot.

mittel gebaut. Gerald Baldwin, Gordon Bowker und Zev Siegl beglücken seit 1971 von Seattle aus die Welt mit **»Starbucks«** und machten sich vor allem um die US-Kaffeekultur verdient.

In den 1980er-Jahren erkor **Bill Gates** (►Berühmte Persönlichkeiten) das vor den Toren liegende Redmond zum Sitz seiner Softwarefirma Microsoft. Zu Beginn des dritten Jahrtausend erweisen sich IT und Bio-Tech sowie die Luft- und Raumfahrtindustrie als maßgebende Kräfte in der Stadt.

Downtown

Seattles Downtown erstreckt sich auf einer schmalen Landenge zwischen Puget Sound und Lake Washington. Die meisten Attraktionen sind leicht zu Fuß oder per Monorail erreichbar. Gut zu Fuß sollte man auf jeden Fall sein: Die Innenstadt ist ziemlich hügelig.

Lage

Der aus 20 Blocks viktorianischer Backsteinhäuser bestehende historische Stadtkern liegt heute rund um den Pioneer Square am Südrand von Downtown. Die ältesten dieser Gebäude haben noch die Abenteurer auf ihrem Weg zum Klondike gesehen. Das Quartier präsentiert sich heute sehr touristisch mit zahlreichen preiswerten Restaurants, Souvenirgeschäften und Kunstgalerien.

Pioneer Square Historic District

Die Geschichte des Goldrausches am kanadischen Klondike und seine Auswirkungen auf die Entwicklung der Stadt Seattle wird in einem historischen Gebäude erzählt (319 2nd Ave. S.; Öffnungszeiten: tgl. 9.00 – 17.00 Uhr).

◄ Klondike Gold Rush National Historic Park ⏱

Über 100 Farmer und Fischhändler verkaufen hier zwischen Pike Street, Pine Street und First Street auf zwei Etagen ihre Waren. Hinzu kommen rund 150 Künstler und Kunsthandwerker, die ihre Arbeiten ausstellen. Dieser Markt entstand 1907, nachdem sich Hausfrauen

★ **Pike Place Market**

über die von profitgierigen Händlern hochgetriebenen Preise beklagt hatten. Imbissbuden mit exotischen Köstlichkeiten und hübsche Restaurants lassen einen hier leicht den ganzen Tag verbummeln. Dabei nicht achtlos an der Starbucks-Filiale vorbeigehen: Es ist **das erste Starbucks-Café überhaupt**, eröffnet 1971. Mehr über die manchmal dramatische Geschichte und die schillerndsten Charaktere des Marktes erfährt man während einer »Market Heritage Tour« (Mi. – Fr. 11.00 Uhr; online buchen unter www.pikeplacemarket.org).

! *Baedeker* TIPP

Schalflos in Seattle

Wer sich schon vor seiner Reise nach Seattle ein Bild von dieser Stadt machen will, dem sei der Film »Schlaflos in Seattle« der Regisseurin Nora Ephron mit Tom Hanks und Meg Ryan in den Hauptrollen empfohlen. Einige Szenen wurden u. a. im Hafen hier aufgenommen.

Seattle Aquarium

Im Aquarium an Pier 59 kann man die Unterwasserflora und -fauna des Puget Sound studieren, am anschaulichsten und lebendigsten im »Underwater Dome« und im Großbecken »Window on Washington Waters«, wo auch regelmäßig Taucher zur Fütterung unterwegs sind. Und auch auf den Pazifischen Riesenoktopus kann man einen Blick werfen. Publikumslieblinge aber sind die Seehunde und Seelöwen (1483 Alaskan Way; Öffnungszeiten: tgl. 9.30 – 17.00 Uhr).

✳ Seattle Art Museum

Vor dem jüngst mit viel Aufwand renovierten und erweiterten Seattle Art Museum (SAM) schwingt Jonathan Borofskys »Hammering Man« sein Werkzeug. Es zeigt Kunst und Kunsthandwerk aus aller Welt und allen Epochen, darunter auch Totempfähle, Langhäuser und Masken der Nordwestküstenindianer, ein »Urteil des Paris« von Lucas Cranach bis hin zu zeitgenössischer Kunst (1300 1st Ave.; Öffnungszeiten: Di. – So. 10.00 – 17.00, Do. u. Fr. bis 21.00 Uhr). Zum SAM gehören auch das Seattle Asian Museum (s. u.) und der 2007 eröffnete Olympic Sculpture Park.

Olympic Sculpture Park

Dieser verschönert ein ehemaliges Industriegelände am Ufer der Elliott Bay am Nordrand von Downtown Richtung Seattle Center, indem er die Koexistenz von Kunst, Natur und Mensch zelebriert. Etwa zwei Dutzend moderne Skulpturen sowie ein herrlicher Blick auf den Puget Sound und hinüber zu den Olympic Mountains locken die Besucher an (2901 Western Ave.; Öffnungszeiten: tgl. 10.00 bis 17.00 Uhr).

✳ ✳ Seattle Center

Als Seattle zum Gastgeber der Weltausstellung 1962 gekürt wurde, verfiel es in einen Zukunftsrausch, bei dem u. a. das hässliche Lagerhausviertel nördlich von Downtown zugunsten eines Ensembles futuristischer Strukturen weichen musste. Es entstanden riesige Ausstellungshallen, die Themenparks mit optimistischen Namen wie

»The World of Science« und »The World of Tomorrow« zeigten. Einige haben, restauriert, erweitert oder völlig neu erbaut, bis heute überdauert und beherbergen einige von Seattles bedeutendsten Kultur-Institutionen, darunter die Seattle Opera, das Pacific Northwest Ballet und verschiedene renommierte Theater.

Die 184 m hohe »Weltraum-Nadel« – eines der Wahrzeichen der Stadt und architektonischer Mittelpunkt der Weltausstellung – verleiht der Skyline ihren hohen Wiedererkennungswert. Damals ein Symbol für den Aufbruch in die Zukunft, wirkt der Turm im post-postmodernen Informationszeitalter auf charmante Weise »retro«. Vom Aussichtsrestaurant hat man abends einen grandiosen Blick über die Stadt auf den im Abendlicht schimmernden, wiß memützten Gipfel des Mount Rainier (400 Broad St.; Öffnungszeiten: So. bis Do. 9.00 – 21.00, Fr. u. Sa. 9.00 – 24.00 Uhr; Dinner im Restaurant: So. – Do. 17.00 – 20.45, Fr. u. Sa. 17.00 – 21.45 Uhr).

✶ Space Needle

Jimi-Hendrix-Fan und Microsoft-Mitbegründer Paul Allen wollte zunächst dem berühmten Sohn der Stadt Jimi Hendrix (► Berühmte Persönlichkeiten) ein architektonisch höchst bemerkenswertes Denkmal setzen. Daraus wurde am Ende ein multimedialer, mit Tonstudios, Bildschirmen und Fotogalerien die Entwicklung der Nordwestküsten-Rock-Musik und der amerikanischen Pop-Musik dokumentierender Tempel vom Reißbrett des Stararchitekten **Frank O. Gehry**.

✶ ✶ Experience Music Project

Blickfang: Gitarrenpyramide im Experience Music Project von Frank O. Gehry

Science Fiction Museum & Hall of Fame ▶

🕐

Das mit Memorabilia amerikanischer Science-Fiction-Filme vollgestopfte Science Fiction Museum & Hall of Fame innerhalb des EMP enthält vom Raumschiff Enterprise bis zum bissigen Ungeheuer aus »Alien« alles, was die Herzen eingefleischter Science-Fiction-Fans höher schlagen lässt (325 5th Ave.; Öffnungszeiten: Mai – Sept. tgl. 10.00 – 20.00, sonst Di., Mi., Do. 10.00 – 17.00, Fr., Sa. 10.00 – 21.00, So. 10.00 – 18.00 Uhr).

Pacific Science Center

🕐

Im besten Sinne »amerikanisch« gibt sich das Pacific Science Center: selbst erfahren, viel »hands on«, vor allem für Kinder. Themen sind Dinosaurier, Insekten und andere Tiere, aber auch die Frage, wie der eigene Körper funktioniert oder wie ein 3D-Film entsteht, wird geklärt. Ein Planetarium und der Laser Dome runden das Erlebnis ab (200 2nd Ave. N.; Öffnungszeiten: Mo. – Fr. 10.00 – 17.00, Sa. u. So. bis 18.00 Uhr).

Capitol Hill

✳
Szeneviertel

Das zu den am dichtesten besiedelten Neighbourhoods der Stadt gehörende, östlich von Downtown Seattle liegende Capitol Hill ist das Schwulen- und Künstlerviertel der Stadt. Einst das Biotop der Oberschicht, erinnern prächtige viktorianische Stadthäuser an Straßen wie der »Millionaire's Row« 14th Ave. E. an Seattles erste Millionäre. Heute dagegen hat Capitol Hill dank seines fröhlichen Bevölkerungsmixes aus Alt-Hippies, Künstlern, Musikern und Lebenskünstlern ein Flair wie das legendäre Haight-Ashbury in ▶ San Francisco. »People Watching« (Leutegucken) ist daher ein überaus lohnenswerter Zeitvertreib hier.

Urbane Legenden wollen wissen, dass die Grunge Music Anfang der 1980er-Jahre in den hiesigen Kellern geboren wurde. Beweisbar dagegen ist, dass 1999 die Globalisierungsgegner von Capitol Hill aus weiter protestierten, nachdem Polizei und Nationalgarde eine 40 Häuserblocks tiefe Sicherheitszone um die im Washington State Convention and Trade Center stattfindende WTO-Ministerkonferenz gebildet hatte.

> ! **Baedeker** TIPP
>
> **Outdoor Equipment**
>
> Der »Flagship Store« des legendären, mit vielen Filialen in den USA vertretenen Outfitters ist ein Paradies für alle, die viel Zeit in der Natur verbringen und dafür die geeignete Kleidung bzw. Ausrüstung benötigen. Man kann auch gleich an der hauseigenen Kletterwand üben (REI, 222 Yale Ave. N, Tel. 1-206-223-19 44, www.rei.com).

Angesagte Plätze

Sich ziellos treiben lassen ist wohl die beste Art und Weise, Capitol Hill näherzukommen. Besonders lebhaft geht es an der E. John St. und auf dem Broadway zu – beide bieten zahllose Cafés, Geschäfte und Tante-Emma-Läden. Am trendigsten ist Capitol Hill am Süden de des Broadway, am sog. Pike/Pine Corridor zwischen 12th und 9th

Avenue. Hier findet man die coolsten Bars und Musikkneipen der Stadt, ein Paradies also für Nachtschwärmer.

Am Nordrand des Viertels liegt, hoch über der Stadt, der gepflegte **Volunteer Park** Volunteer Park. Einst der erste Friedhof Seattles, wurde er bald in einen Park umgewidmet. Heute ist er ein beliebtes Naherholungsgebiet, dessen alter Wasserturm von 1906 schöne Blicke auf Stadt und Bay bietet. Seinen Namen erhielt der Park 1901 zu Ehren der Freiwilligen im Spanisch-Amerikanischen Krieg.

Das in Sichtweite stehende, in einem schönen Art-déco-Gebäude untergebrachte und zum SAM gehörende Seattle Asian Art Museum zeigt ausgesuchte Sammlungen japanischer, chinesischer und koreanischer Kunst (1400 E. Prospect St.; Öffnungszeiten: Mi. – So. 10.00 – 17.00, Do. bis 21.00 Uhr). ◄ Seattle Asian Art Museum ☉

Auf dem nördlich anschließenden Friedhof sind u. a. der berühmte **Chief Seattle** (► Berühmte Persönlichkeiten) und Karate-Star **Bruce Lee** begraben. ◄ Lakeview Cemetery

Weitere Sehenswürdigkeiten

Das Museum in McCurdy Park nördlich von Capitol Hill beschäftigt sich vor allem mit den Einwohnern von Seattle und ihren Geschichten: Tragödien und Heldenmut während des »Great Fire« von 1889, die erste in Seattle gebaute Boeing, die ersten Wasserflugzeuge und ihre wagemutigen Piloten (2700 24th Ave. E.; Öffnungszeiten: tgl. 10.00 – 17.00 Uhr). **Museum of History & Industry** ☉

Der interessante Zoo im Norden der Stadt gilt als einer der Pioniere für artgerechte Tierhaltung. Primaten aus Afrika, Eisbären aus Alaska, ein Lachsfluss und Braunbären in einem weitläufigen Gehege sind nur einige der vielen Attraktionen (601 N. 59th St.; Öffnungszeiten: Mai – Sept. tgl. 9.30 – 18.00, sonst 9.30 – 16.00 Uhr). **Woodland Zoo Park** ☉

Das zur Smithsonian Institution gehörende Museum südlich von Downtown ist das führende Museum des Landes zum Thema asiatisch-pazifische Kulturen in den USA (719 S. King St.; Öffnungszeiten: tgl. außer Mo. 10.00 – 17.00 Uhr). **Wing Luke Asian Art Museum**

William Boeing (► Berühmte Persönlichkeiten) konstruierte seine ersten Flugzeuge in einer alten Werft am Duwamish River, der »Red Barn«. Sie wurde vor dem Abriss gerettet, in den Süden der Stadt verfrachtet und bildet heute das Zentrum des Museum of Flight beim King County International Airport. Hier geht es allerdings nicht nur um Boeing, sondern um die Geschichte der zivilen und militärischen Luftfahrt überhaupt. Am beeindruckendsten sind natürlich die über 50 Originalflugzeuge in zwei riesigen Hallen und auf dem Freigelände, darunter eine SR-71 Blackbird, eine Concorde, die ★ **Museum of Flight**

Boeing ist der größte Arbeitgeber von Seattle.

allererste Boeing 747, die erste strahlgetriebene Air Force One und
allein 28 Kampfflugzeuge aus dem Ersten und Zweiten Weltkrieg
(9404 East Marginal Way S.; Öffnungszeiten: tgl. 10.00 – 17.00 Uhr).

Umgebung von Seattle

★ ★
**Future of Flight
Aviation Center
& Boeing Tour**

Wie werden Verkehrsflugzeuge gebaut? Wie groß müssen die Monta-
gehallen sein? Wie viele Techniker sind dazu nötig? Antworten auf
diese und viele andere Fragen bekommt man natürlich während einer Führung durch die größte Flugzeug-Montagehalle der Welt. Sie
liegt 32 mi/48 km nördlich in der Vorstadt Mukilteo (8415 Paine
Field Blvd.; Öffnungszeiten: tgl. 8.30 – 17.30 Uhr).

★
Tilicum Village

Einen ersten Eindruck vom Reichtum der uralten Kulturen der
Nordwestküstenindianer können Seattle-Besucher gleich vor den Toren der Metropole gewinnen. Auf der südwestlich von der Elliott Bay
im Puget Sound gelegenen Blake Island hat man in Gestalt des Tilicum Village ein Indianerdorf nachgebaut mit Langhaus, Kulturzentrum und sonstigen Einrichtungen. Während einer 4-stündigen Tour
genießt man traditionell zubereiteten Lachs mit wildem Reis und
Tanzvorführungen der Duwamish-Indianer (Abfahrt: Pier 55, 1101
Alaskan Way; Tel. 1-206-933-86 00, www.tilicumvillage.com).

★
Bremerton

Auf der gegenüber von Seattle gelegenen Kitsap Peninsula befindet
sich der Marinestützpunkt Bremerton (40 000 Einw.), dessen besondere Attraktion das **Naval Museum of the Pacific** ist. Dieses doku-

mentiert die Geschichte der nahen Werft Puget Sound Naval Ship-
yard, die bis heute Schiffe für die US-Pazifikflotte überholt und mo-
dernisiert und sich auch auf das Abwracken atomgetriebener Schiffe
spezialisiert hat (251 1st St.; Öffnungszeiten: Mo. – Sa. 10.00 – 16.00,   ⏱
So. 13.00 – 16.00 Uhr).

Gleich neben dem Fähranleger ankert die **USS Turner Joy**. Der 1959
in Dienst gestellte Zerstörer (heute Museumsschiff) war am sog.
Tonkin-Zwischenfall beteiligt, der den Vietnamkrieg ausgelöst hat
(300 Washington Beach Ave.; Öffnungszeiten: Mai – Sept. tgl. 10.00   ⏱
bis 17.00, sonst nur Fr. – So. 10.00 – 16.00 Uhr).

★ Spokane

D 10

Region: Spokane County   **Einwohner:** 204 000
Höhe: 721 m ü. d. M.

**Der Pazifik ist weit, weit weg, die Rockies dagegen sind so nah:
Spokane orientiert sich landeinwärts. Mit seinen Parks, seiner Alt-
stadt und seinen guten Restaurants ist die größte Stadt zwischen
Seattle und Minneapolis ein sympathischer Zwischenstopp auf dem
Weg nach ►Idaho.**

Dass man die Mitte des Nordwestens erreicht hat, fällt schon bei der   **Zentraler Ort im**
Überquerung der Stadtgrenzen ins Auge: Schilder heißen den Besu-   **Landesinnern**
cher im »Metropolitan Center of the Inland Northwest« willkom-
men, von der Stadt herausgegebene
Broschüren preisen sie als wirtschaftliches und medizinisches
Zentrum einer Region an, die den
Osten Washingtons, Oregon, Idaho, Montana und den Süden der
kanadischen Provinzen Alberta
und British Columbia umfasst. Die

> **? WUSSTEN SIE SCHON …?**
>
> ■ … dass Spokane auch »Lilac City« genannt
> wird? Der Grund: Im Frühling blühen und
> duften hier die Fliederhaine.

Geografie untermauert Spokanes regionale Bedeutung: Nach Seattle
sind es 443 km, nach Idaho hingegen nur 32 km.

Lebensader der Stadt ist der Spokane River. Parkanlagen sowie Rad-   **Spokane River**
und Spazierwege begleiten den Fluss auf seinem Weg. Mitten in der
Stadt stürzt er heftig tosend – und Strom erzeugend – über zwei Fel-
senstufen. Bereits wenige Kilometer außerhalb der Stadt gebärdet er
sich wieder so wild und ungezähmt wie vor der Ankunft des weißen
Mannes.

Bis die ersten weißen Siedler Anfang des 19. Jh.s auftauchten, lebten   **Geschichte**
Salish sprechende Indianer an den Ufern des Spokane River vom
Lachsfang und Beerensammeln. 1810 errichtete die Northwest Com-

pany aus dem kanadischen Montréal bei den hiesigen Wasserfällen einen Pelzhandelsposten, der später von der Hudson's Bay Company übernommen wurde. Den Pelzhändlern folgten Missionare, doch bis weit in die 1870er-Jahre wurde die Besiedlung der Region durch Indianerkriege verzögert, so auch durch den sog. Plateau Indian War (1855–1858), der von vereinten Stämmen gegen die US-Armee ausgefochten wurde. Erst die Goldfunde bei Coeur d'Alene in Idaho und die Ankunft der Eisenbahn im Jahre 1883 brachten die Entwicklung der Siedlung an den Spokane-Wasserfällen entscheidend voran. Nach dem Feuer von 1889 wurde die Stadt wieder aufgebaut – jetzt ganz in Stein.

 ## SPOKANE ERLEBEN

AUSKUNFT

Spokane Regional CVB
801 W. Riverside Ave., Suite 301
Spokane, WA 99201
Tel. 1-509-626-13 41
www.visitspokane.com

SHOPPING

Spokane bietet sowohl landesweit bekannte Warenhäuser wie Macy's und Nordstrom am River Park Square als auch unabhängige Geschäfte mit ausgefallenerem Sortiment. Letztere finden sich vor allem in Downtown. Ein besonderes Shopping-Erlebnis bietet Steam Plant Square (195 Lincoln St.), eine in einem alten Kraftwerk untergebrachte Mall mit Restaurants und Cafés.

AUSGEHEN

① *Blue Spark*
15 S. Howard St.
Tel. 1-509-838-57 87
Trendiges Lokal mit 32 Biersorten, Disko und jeder Menge Lokalkolorit.

EVENTS

Bloomsday Run
Im Mai treffen sich bis zu 50 000 sportlich Ambitionierte zu einem Volkslauf über 12 Kilometer (Infos: www.bloomsdayrun.org).

ESSEN

► **Fein & teuer/Erschwinglich**
① *Mizuna Restaurant & Wine Bar*
214 N. Howard Street
Tel. 1-509-747-20 04
Elegantes vegetarisches Restaurant in Downtown Spokane.

② *Steam Plant Grill*
159 S. Lincoln Street
Tel. 1-509-777-39 00
Originelles Lokal in einem ehemaligen Kraftwerk, das geschmackvoll zubereitete Gerichte aus aller Welt in großzügigen Portionen bietet.

ÜBERNACHTEN

► **Luxus**
① *The Davenport Hotel*
10 S. Post Street, Tel. 1-800-899-14 82
www.thedavenporthotel.com
283 Z. Das altehrwürdige Luxushotel mit seinen eleganten und behaglichen Gästezimmern wurde 1914 im Davenport Arts District eröffnet.

► **Komfortabel**
② *Hotel Lusso*
N. One Post Street
Tel. 1-509-747-97 50
www.hotellusso.com
48 Z. Freundliche Herberge im italienischen Renaissance-Stil

Spokane Orientierung

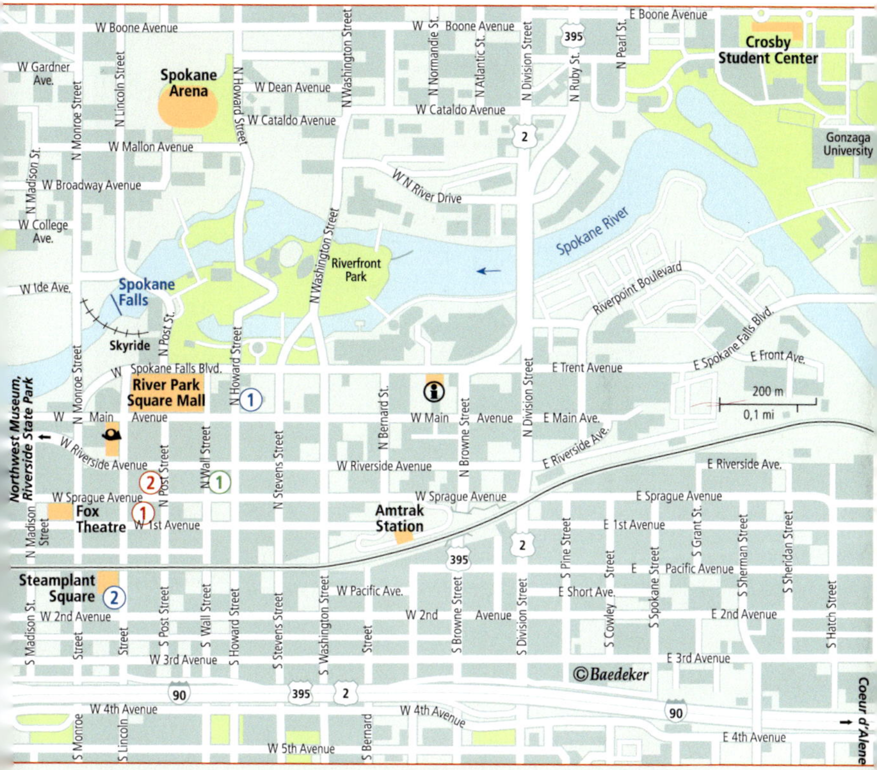

W Boone Avenue
E Boone Avenue
W Gardner Ave.
Spokane Arena
W Dean Avenue
Boone Avenue
395
Crosby Student Center

W Cataldo Avenue
W Cataldo Avenue
2
Gonzaga University
W Mallon Avenue

W Broadway Avenue

W College Ave.
W N River Drive
Spokane River

W Ide Ave.
Riverpoint Boulevard

Spokane Falls
Riverfront Park

Skyride
Spokane Falls Blvd.
E Spokane Falls Blvd.
E Front Ave.

River Park Square Mall
W Main Avenue
W Main Avenue
E Main Ave.
E Riverside Ave.
200 m
0,1 mi

Northwest Museum, Riverside State Park
W Riverside Avenue
W Riverside Avenue
E Riverside Ave.

W Sprague Avenue
W Sprague Avenue
E Sprague Avenue

Fox Theatre
W 1st Avenue
Amtrak Station
E 1st Avenue

395
E Pacific Avenue

Steamplant Square
W 2nd Avenue
W Pacific Ave.
W 2nd Avenue
E Short Ave.
E 2nd Avenue
2

W 3rd Avenue
E 3rd Avenue

©Baedeker

90
395
2
W 4th Avenue
W 4th Avenue
90
E 4th Avenue
Coeur d'Alene

W 5th Avenue

Essen
① Mizuna Restaurant & Wine Bar
② Steam Plant Grill

Übernachten
① Davenport Hotel
② Hotel Lusso

Ausgehen
① Blue Spark

Ihre Bedeutung als Marktplatz und regionale Verkehrsdrehscheibe ließ die Stadt im 20. Jh. langsam aber stetig wachsen. 1974 erlebte Spokane als Gastgeber einer Weltausstellung ein Facelifting, das vor allem die Innenstadt verschönerte und mittendrin den Riverfront Park als markanteste Erinnerung hinterließ.

Sehenswertes in Spokane und Umgebung

Die Expo '74 machte aus dem hässlichen Industriegebiet am Spokane River eine echte Attraktion: Hübsche Spazierwege durchziehen gepflegte Gartenanlagen, es gibt Spielplätze, einen Eispalast und unauf-

Riverfront Park

Betagte Ziegelbauten prägen das Stadtzentrum von Spokane.

dringliches Amüsement wie das bereits 1909 in Dienst gestellte »Looff Carrousel«, Zuckerwatte-Stände und sogar eine Gondelbahn namens »Skyride«, die dicht über die tosenden, 23 m hohen Spokane Falls schwebt. Und auch ein IMAX-Kino ist vorhanden (507 N. Howard St.; Öffnungszeiten: tgl. 5.00 – 24.00 Uhr).

Old Town

Gleich südlich schließt sich die kontinuierlich restaurierte, aus roten Ziegeln erbaute Altstadt an. Ihr kulturelles Herz ist mit seinen vielen Galerien, Restaurants und einem pulsierenden Nachtleben der **Davenport Arts District**. Dutzende kleiner Geschäfte, Galerien und Restaurants, historische Hotels und in altem Glanz wieder auferstandene Theater und Bühnen wie das **Fox Theatre**, das nun die Spokane Symphony beherbergt, machen den Charme des Viertels zwischen Spokane River und Second Avenue aus. Kunstsinn überall: Selbst die für müde Fußgänger aufgestellten Bänke sind von hiesigen Kreativen entworfene Kunstobjekte.

Bing Crosby Memorabilia Room

In den Kneipen von Spokane sammelte **Bing Crosby** (▶ Berühmte Persönlichkeiten) erste Erfahrungen, bevor er nach Hollywood aufbrach und der – gemessen an den Verkaufszahlen – bislang erfolgreichste Sänger der Welt wurde. Das auf dem Campus der Gonzaga University nordöstlich der Downtown liegende Crosby Student Center präsentiert im »Crosbyana Room« Trophäen des bis heute beliebten Sängers und Entertainers: Goldene und Platin-Schallplatten, Fotos und Golfschläger, die »er« berührt hat, und gar eine Mausefalle mit seinem Autogramm (Crosby Student Center, 502 E. Boone Ave.; Öffnungszeiten: Mo. – Do. 7.30 – 24.00, Fr. 7.30 – 20.00, Sa., So. 11.00 – 20.00 Uhr).

Das in einem modernen Gebäude aus Holz und Glas westlich von Downtown untergebrachte Museum gilt als eines der besten zum Thema Nordwestküsten-Indianer. Weitere Ausstellungen beschäftigen sich mit der Geschichte der Region (2316 W. First Ave.; Öffnungszeiten: Di. – So. 11.00 – 17.00 Uhr).

Northwest Museum of Arts & Culture

Dieses landschaftlich reizvolle Schutzgebiet liegt rund 10 mi/16 km nordwestlich von Downtown am Spokane River. Hier überspannt eine Hängebrücke eine spektakuläre Schlucht, stille Spazierwege führen rund um das **Spokane House Interpretive Center**. Dieses steht auf den Fundamenten des 1810 von **David Thompson** gebauten Handelspostens. Thompson arbeitete seinerzeit als Pelzhändler und Landerkunder für die Northwest Company in Montréal. Im Alleingang kartografierte er den gesamten Nordwesten Amerikas. Eine kleine Ausstellung zeigt Haushalts- und sonstige Gegenstände aus dem frühen 19. Jahrhundert. Schautafeln schildern die ersten Kontakte zwischen dem Roten und dem Weißen Mann (Hwy. 291; Öffnungszeiten: Mai – Sept. Sa. und So. 10.00 – 16.00 Uhr).

Riverside State Park

Tacoma

                                                                    D 5

Region: Pierce County   **Einwohner:** 202 000
Höhe : 0 – 74 m ü. d. M.

Die drittgrößte Stadt des Bundesstaates Washington ist ein wahres Stehaufmännchen. Noch vor drei Jahrzehnten als hässliche Industriestadt von Touristen gemieden, hat sich Tacoma inzwischen quasi runderneuert und konkurriert selbstbewusst mit der wesentlich berühmteren Nachbarstadt ►Seattle.

Tacoma liegt eine halbe Autostunde südlich von ► Seattle auf einer Halbinsel zwischen Commencement Bay und dem südlichen Ende des Puget Sound. Die meiste Zeit im 20. Jh. hatte Tacoma unter seinem schlechten Ruf als übel riechende Hafen- und Industriestadt zu leiden: Containerhalden, so weit das Auge reichte, über den Papierfabriken und Holzverarbeitungsbetrieben Wälder aus Schornsteinen, aus denen Tag und Nacht der Gestank der Zellstoffproduktion quoll und als Dunstglocke über der Stadt hing. Und heute? Wer noch Anfang der 1980er-Jahre zum letzten Mal in Tacoma war, erkennt die Stadt nicht wieder, denn seitdem geschah einiges. Die allmählich verödende Innenstadt wurde aufgemotzt, Künstler und Musiker zogen zu, die ausufernde Kriminalität wurde erfolgreich bekämpft, die Museen wurden entstaubt, und ein neues Theaterviertel entstand.

Noch vor wenig mehr als 150 Jahren war Tacoma (Salish-Begriff für »Mutter der Wasser«) Heimat des Indianerstammes der **Puyallup**. Ihr

Geschichte

heutiges Reservat, die von einer modernen Vorstadt kaum zu unterscheidende Puyallup Indian Reservation, liegt an der Peripherie von Tacoma.

Im Jahre 1792 sichtete der mit George Vancouver segelnde **Peter Puget** als erster Weißer den heute nördlich von Downtown gelegenen **Point Defiance**. 1852 bauten schwedische Einwanderer an der Commencement Bay ein erstes Sägewerk. Die Ankunft der Northern Pacific Railroad 1873 löste ein boomartiges Wachstum aus. Weitere Sägewerke schossen aus dem Boden, hinzu kamen Getreidemühlen, Hochöfen und weiter landeinwärts Kohlebergwerke.

 Chinesen-Pogrom ► Im November 1885 wurden mehrere Tausend Chinesen von einem weißen Mob gewaltsam aus ihren Wohnungen entfernt und in Züge Richtung Süden gesetzt. Ihre Quartiere wurden tags darauf niedergebrannt, ein Vorgehen, das als »Tacoma-Methode« berühmt-berüchtigt werden sollte. Bis heute ist Tacoma die einzige Großstadt der Westküste ohne Chinesen-Viertel.

▶ TACOMA ERLEBEN

AUSKUNFT
Tacoma Regional CVB
1119 Pacific Ave.
Tacoma, WA 98402
Tel. 1-253-627-28 36
www.traveltacoma.com

SHOPPING
Gut einkaufen kann man in der *Altstadt* (McCarver Street, Ruston Way). Als *Antique Row* bezeichnet man eine Reihe von Antiquitätenläden an Broadway und St. Helens Avenue (zwischen S. 7th und S. 9th Street). Von Juni bis Oktober findet donnerstags ein farbenfroher *Farmers' Market* auf dem Broadway zwischen 9th und 11th Street statt.

ESSEN
► Fein & teuer
Over the Moon Café
709 Opera Alley, Tel. 1-253-284-37 22
Zeitgemäße Northwest Cuisine mit italienischen und französischen Akzenten: saftige Steaks und wilder Lachs, raffinierte Salate und leckere Desserts.

► Erschwinglich
The Lobster Shop
4015 Ruston Way, Tel. 1-253-759-21 65
Hummer und Chowder satt; schöne Terrasse am Wasser.

ÜBERNACHTEN
Die meisten Herbergen in Tacoma sind Kettenhotels und liegen am Pacific Highway im Stadtteil Fife im Osten der Stadt.

► Komfortabel/Luxus
Silver Cloud Inn Tacoma
2317 Ruston Way
Tel. 1-253-274-91 76
www.silvercloud.com
90 Z. Das einzige am Wasser gelegene Hotel der ist auch eines der besten: Alle der elegant eingerichteten Zimmer haben Seeblick.

► Günstig
Days Inn Tacoma North
3021 Pacific Hwy. E.
Tel. 1-253-922-35 00,
www.daysinn.com
190 Z. Preiswertes Mittelklassehotel

Die Ankunft des aus Rheinhessen gebürtigen Holzbarons Frederick Weyerhaeuser (1834–1914) im Jahre 1900 sollte Tacoma für die nächsten acht Jahrzehnte prägen: Weyherhaeuser Timber wurde größter Arbeitgeber der Stadt. Bis heute unterhält der Holz- und Papiergigant sein Hauptquartier unweit der Stadt.

◄ Frederick Weyerhaeuser

Sehenswertes in Tacoma

Tacoma liegt an einem vom Point Defiance geschützten Naturhafen mit einem der größten Container-Umschlagplätze der Welt.

Hafen

Südlich an den Hafen schließt Downtown Tacoma mit Commerce Street und Broadway als Hauptverkehrsachsen und der historischen, sich rund um die N. 30th Street konzentrierenden Altstadt.

Downtown

Jeweils nur einen Katzensprung voneinander enfernt, bilden drei im Herzen von Downtown gelegene und teilweise miteinander verbundene Museen den sog. Museum District.

Museum District

An der Wiederauferstehung Tacomas im letzten Viertel des 20. Jh.s waren diese Museen wesentlich beteiligt, allen voran das eindrucksvolle Glasmuseum. Dieses 2002 eröffnete hypermoderne Bauwerk mit seiner markanten, fast 30 m hohen und schräg gestellten Rotunde ist Museum und Erlebnis zugleich, denn hier kann man nicht nur Glasbläsern bei der Arbeit zuschauen, sondern auch viele hervorragende Glaskunstwerke bestaunen, darunter natürlich auch Arbeiten des in Tacoma lebenden Künstlers **Dale Chihuly** (1801 E. Doch St.; Öffnungszeiten: Mi.–Sa. 10.00–17.00, So. 12.00–17.00 Uhr).

★
◄ Museum of Glass (s. Abb. S. 50)

⌚

Diese 152 m lange Fußgängerbrücke mit farbenprächtigen Schöpfungen von Dale Chihuly überspannt den Interstate 705 und verbindet das Glasmuseum mit der Innenstadt.

◄ Chihuly Bridge of Glass

Erstes Ziel in Downtown ist dieses Museum mit einer umfassenden und sehr ansprechenden Präsentation der wichtigsten Themen der Natur- und Kulturgeschichte des Bundesstaates Washington (1911 Pacific Ave.; Öffnungszeiten: Di.–Mi., Fr.–Sa. 10.00–17.00, Do. 10.00–22.00, So. 12.00–17.00 Uhr).

◄ Washington State History Museum

⌚

Von hier aus ist es nicht weit bis zum ebenfalls an der Pacific Avenue gelegenen Kunstmuseum. Hier sind Meisterwerke amerikanischer und europäischer Künstler ebenso zu sehen wie ein höchst eindrucksvoller Querschnitt durch das künstlerische Schaffen im pazifischen Nordwesten (1701 Pacific Ave.; Öffnungszeiten: Di.–Sa. 10.00 bis 17.00, So. 12.00–17.00 Uhr).

◄ Tacoma Art Museum

⌚

Etwas für Geschichte-Fans: Die rekonstruierte Blockhütte mitten in der Altstadt ist die Wiege Tacomas. Der Siedler Job Carr baute sie 1864 in der Hoffnung auf die Ankunft der Northern Pacific Railroad. Wie einfach der spätere Bürgermeister Tacomas hier lebte, zeigen das Mobiliar und die alten Fotos in dem Holzhaus (2350 N. 30th St.; Öffnungszeiten: Mi.–Sa. 13.00–16.00 Uhr).

Job Carr Cabin Museum

⌚

»Living History« im ehemaligen Pelzhandelsstützpunkt Fort Nisqually

Point Defiance Park Der auf Point Defiance zulaufende Park nördlich von Downtown Tacoma hat schöne Spazierwege, Gartenanlagen, Wälder und Strände zu bieten. Eine besondere Attraktion ist **Point Defiance Zoo & Aquarium**, in dem man vor allem an der nördlichen Pazifikküste heimische Tiere wie Wölfe, Eisbären und Belugawale beobachten kann (Öffnungszeiten: tgl. 9.30 – 18.00 Uhr).

Fort Nisqually Nicht weit von hier erinnert das mehrfach restaurierte Fort Nisqually an die Zeit des Pelzhandels: 1833 errichtete die Hudson's Bay Company diesen mit Wachturm und Palisaden bewehrten Posten, in dem heute »living history« mit Trappern, Indianern und HBC-Angestellten geboten wird (Öffnungszeiten: tgl. 11.00 – 17.00 Uhr).

Vancouver

F 5

Region: Clark County   **Einwohner:** 163 000
Höhe: 52 m ü. d. M.

Am Nordufer des Columbia River – gegenüber von ▶Portland, der Metropole von Oregon – liegt Vancouver, das trotz seiner interessanten Sehenswürdigkeiten von Reisenden meist übersehen wird.

Diese Stadt an der Südgrenze des Bundesstaates Washington sollte man von Norden her erkunden, denn reist man von ▶Portland, OR, an, so besteht die Gefahr, dass man vor einer der beiden Brücken über den Columbia River im Verkehrsstau stecken bleibt.

Vancouvers Wirtschaft basierte einst auf Pelzhandel, Forstwirtschaft **Wirtschaft**
und Schiffbau. Heute arbeiten die meisten im High-Tech- und
Dienstleistungsgewerbe – vor allem im Raum Portland jenseits des
Columbia River.

In voreuropäischer Zeit lebten am Nordufer des Columbia River An- **Geschichte**
gehörige der Chinook und Klickitat, zweier sesshafter Indianerstämme. Ihre Zahl war bereits ziemlich
dezimiert durch Masern und Po-
cken, die weiße Schiffsbesatzungen

 **VANCOUVER**

mitgebracht hatten, als die kanadische Hudson's Bay Company 1824
hier das Fort Vancouver für den
Pelzhandel errichteten. Die beiden
Weltkriege versetzten Vancouver in
einen Wirtschaftsboom: Werften
und Indus-triebetriebe produzierten Tag und Nacht Kriegsschiffe
und -material. Gegen Ende des
Zweiten Weltkriegs war die Einwohnerzahl von 20 000 auf 80 000

AUSKUNFT

Southwest Washington CVB
750 Andersson St.
Vancouver, WA 98660
Tel. 1-360-750-15 53
www.southwestwashington.com

hochgeschnellt. Derzeit bemühen sich die Stadtväter um die Revitali-
sierung der westlich vom Interstate 5 an Main Street und Broadway
gelegenen Downtown.

Sehenswertes in Vancouver

Der Geschichtspark besteht aus mehreren, über die ganze Stadt ver- ★
teilten Gebäuden. Sie unterstreichen die historische Bedeutung dieser **Vancouver**
Stelle am Nordufer des Columbia River. **National Historic**
Kernstück ist die **Fort Vancouver National Historic Site**. Zwischen **Reserve**
Highways und modernen Gebäudekomplexen hat man den Pelzhandelsposten der Hudson's Bay Company rekonstruiert. Bis 1860 taten
hier bis zu 600 Angestellte Dienst und kontrollierten zwischen dem
damals russischen Alaska und dem mexikanischen Kalifornien (E.
Evergreen Blvd.; Öffnungszeiten: April – Okt. tgl. 9.00 – 17.00, sonst ◷
9.00 – 16.00 Uhr).

Nicht weit von hier erreicht man den Officer's Row National Historic **Officer's Row**
District mit fast zwei Dutzend zwischen 1849 und 1906 i**m viktoria- National Historic**
nischen Stil erbauten Villen, die einst an Offiziere der US-Armee **District**
vermietet wurden. Viele spätere US-Präsidenten residierten hier oder
gingen hier zumindest spazieren, wie man auf Info-Tafeln lesen kann
(E. Evergreen Blvd.; Öffnungszeiten: Mo. – Fr. 9.00 – 17.00, Sa. – So. ◷
11.00 – 18.00 Uhr).
Zur Besichtigung freigegeben ist allerdings nur das Marshall House. ◄ Marshall House
Es wurde nach **US-Außenminister George Marshall** benannt, der den
segensreichen Plan zum Wiederaufbau Nachkriegseuropas ersonnen

🕐 hat. Marshall wohnte von 1936 bis 1938 in dem im Queen-Anne-Stil gehaltenen Haus (1301 Officers Row; Öffnungszeiten: Mo. – Fr. 9.00 – 17.00, Sa. – So. 11.00 – 18.00 Uhr).

Pearson Air Museum
Ebenfalls zum Historic Reserve gehört das Pearson Air Museum. Das anschließende **Pearson Field** wurde 1905 in Betrieb genommen und ist damit eine der ältesten durchgehend benutzten Start- und Landebahnen der Welt. Das in alten Hangars untergebrachte Museum dokumentiert die Geschichte der Fliegerei im Nordwesten. Es wird auch an die drei sowjetischen Piloten erinnert, die 1937 nach dem ersten Trans-Pazifik-Flug von Russland nach Amerika hier landeten und von US-Außenminister Marshall in seinem Haus bewirtet wur-
🕐 den (1115 E. 5th St.; Öffnungszeiten: Mi. – Sa. 10.00 – 17.00 Uhr).

Walla Walla

E 9

Region: Walla Walla County	**Einwohner:** 30 000
Höhe: 287 m ü.d.M.	

Viele denken bei der Nennung des Namens Walla Walla an Hinterwäldlertum, dabei präsentiert sich die Stadt im äußersten Südosten des Bundesstaates Washington mit ihren hübschen viktorianischen Bauten als recht kultiviert.

Bereits bei der Anreise glaubt man, auf eine Insel des guten Lebens in der Endlosigkeit Südost-Washingtons zu kommen: Spargelbeete und riesige Zwiebelfelder, dazu Apfelplantagen und große Rebflächen. Und mehrere Flüsse und Bäche streben dem Walla Walla River zu. Nicht umsonst bedeutet der Ortsname soviel wie »viele Flüsse«.
In Walla Walla selbst geht es ebenfalls recht gediegen zu. Weinhandlungen, gute Restaurants und hübsche Cafés – Espresso-Maschinen gehören in diesem Teil der Welt sonst keineswegs zum Alltag – säumen vor allem Rose und Main Street. Hinzu kommen nette Galerien und unverhältnismäßig viele junge Gesichter im Straßenbild, denn auch zwei feine Colleges sind hier angesiedelt. Auch noch charakteristisch: die vielen zu Alleen zusammengewachsenen und für diese Gegend untypischen Bäume, die die ersten Siedler aus dem Osten mitgebracht haben, um sich in der neuen Heimat wohler zu fühlen.

Geschichte
Die Stadtgeschichte beginnt allerdings mit einem Gemetzel. Elf Jahre nach ihrer Ankunft im Jahre 1836 wurde das Missionarehepaar Marcus und Narcissa Whitman samt seinen Helfern von einheimischen Cayuse-Indianern ermordet. Danach dauerte es noch einmal mehr als zehn Jahre bis zur Stadtgründung. 1856 entstand Fort Walla Walla, sechs Jahre später war der offizielle Gründungstermin. Die junge Siedlung wurde Etappenziel von Einwanderern auf ihrem Weg nach

Im Fort Walla Walla Museum wird die Pionierzeit lebendig.

Westen und Abenteurern, die ein kurzlebiger Goldrausch ins benachbarte Idaho lockte. Der **Weizenanbau** im Walla Walla Valley begann in den 1870er-Jahren. Bis heute ist das Walla Walla Valley eines der landwirtschaftlich produktivsten Gebiete im Nordwesten der USA. Mit dem **Weinbau** begann man in den 1970er-Jahren. Heute produzieren rund 60 Weingüter gute Tropfen, vor allem Syrah, Sangiovese, Merlot und Cabernet Sauvignon.

Sehenswertes in Walla Walla und Umgebung

Das historische Stadtzentrum mit zahlreichen repräsentativen Bauten aus den 1890er-Jahren breitet sich um den Kreuzungsbereich von Second Avenue und Main Street aus.

Historic Downtown

Wo früher einmal das Fort Walla Walla stand, befindet sich heute ein weitläufiger **historischer Themenpark** zur Stadt- und Regionalgeschichte. In fünf großen Ausstellungshallen sieht man Zeugnisse aus der Pionierzeit, u. a. komplette Ochsenkarren. 17 zu einem Dorf zusammengestellte Hütten und Häuschen machen die schwierigen Anfänge Walla Wallas erfahrbar. Selbstverständlich wird auch viel »Living History« geboten (755 Myra Rd.; Öffnungszeiten: April – Okt. tgl. 10.00 – 17.00 Uhr).

✶
Fort Walla Walla Museum

Kirkman House Museum

Korinthische Säulen und griechische Knabenköpfe über den Fenstern: Die repräsentative Residenz, die sich Rancher William Kirkman in den 1870er-Jahren erbauen ließ, ist eines der schönsten Häuser der Region. Von der Familie wurde es bis 1919 bewohnt, das originale Mobiliar blieb erhalten. Man wird in die Zeit um vorletzte Jahrhundertwende versetzt, als der Wilde Westen allmählich gezähmt wurde (214 N. Colville St.; Öffnungszeiten: Mi. – Sa. 10.00 – 16.00, So. 13.00 – 16.00 Uhr).

Whitman Mission National Historic Site

7 mi/11 km westlich von Walla Walla erinnert diese historische Stätte an die Missionare Marcus und Narcissa Whitman. 1847 wurden sie ermordet, was den sog. **Cayuse War** auslöste, eine blutige Auseinandersetzung zwischen Weißen und Indianern, die bis 1855 währen und den Siedleralltag auf dem Columbia-Plateau noch Jahrzehnte später prägen sollte. Ausgelöst wurden die Feindseligkeiten zwischen weißen Siedlern und Indianern zum einen durch interkulturelle Missverständnisse, zum anderen durch den Ausbruch einer Masernepidemie, der viele rund um die Missionsstation lebende Cayuse-Indianer zum Opfer fielen. Die Cayuse warfen den Missionaren vor, ihren Stamm zu vergiften. Sie brachten die Whitmans und einige ihrer Helfer um. Die folgende kriegerische Auseinandersetzung endete wie andere auch: Entrechtet, dezimiert und entwurzelt, wurden die hiesigen Indianer in die Umatilla Indian Reservation in der Nähe von Pendleton (▶Oregon) abgeschoben. Ein Besucherzentrum informiert über diese schrecklichen Vorkommnisse und ein Lehrpfad führt zu den inzwischen ausgegrabenen Fundamenten und Obstplantagen der damals zerstörten Missionsstation und dem Massengrab, in dem auch die Missionare bestattet sind (328 Walla Walla Rd., via Hwy. 12 W; Öffnugszeiten: tgl. 8.00 – 18.00 Uhr).

▶ WALLA WALLA ERLEBEN

AUSKUNFT
Tourism Walla Walla
8 S. 2nd Avenue, Suite 603
Walla Walla, WA 99362
Tel. 1-877-WWVISIT
www.wallawalla.org

ESSEN
▶ **Fein & teuer**
26brix
207 W. Main St.
Tel. 1-509-526-4075
www.twentysixbrix.com
Das Restaurant im Herzen der Stadt bietet feine Kreationen aus heimischen Produkten und gute Weine aus der Region.

ÜBERNACHTEN
▶ **Komfortabel**
Walla Walla Historic Downtown Inn
214 Main St., Walla Walla, WA 99362
Tel. 1-877-301-1181
www.wallawallainns.com
Elegantes Stadthotel im historischen Zentrum von Wala Walla, in dessen Nähe es einige sehr gute Geschäfte, Weinhandlungen, Kunstgalerien etc. gibt.

✶ Wenatchee River Valley

C/D 7

Region: Chelan County   **Höhe:** 200 – 2500 m ü. d. M.

Die Kontraste könnten kaum größer sein: Eine hochalpine Wildnis mit den zerklüfteten Bergriesen der zentralen Cascades im Westen als Paradies für Outdoor-Fans am Oberlauf des Wenatchee River, Obstplantagen und ein fast schon mediterranes Klima am Unterlauf des Flusses. Und mitten drin: eine bayerische Connection.

Der Übergang ist bemerkenswert. Folgt man dem US 2 von den Bergen hinunter nach Wenatchee, so wird es fast im Minutentakt wärmer und fast ebenso schnell ändert sich das Landschaftsbild. Die dunklen Nadelwälder der Central Cascades bleiben zurück, vorne öffnet sich ein immer breiter werdendes, von lichtem Mischwald bedecktes Tal, das dem über Felsblöcke springenden Wenatchee River in die graugelb flimmernde Ebene des Columbia Plateau folgt – von Douglasien und Hemlocktannen über Ahorn- und Eichenbäume zu typischen Wüstenpflanzen wie blassgrünem Salbei, und das in wenigen Stunden.

Einst war der Wenatchi River (Salish-Begriff für »der Fluss, der aus den Canyons kommt«) für die hier lebenden Indianer eine wichtige Lebensader, zumal es darin auch reichlich Lachse gab. Als erste Weiße drangen 1811 Pelzhändler der kanadischen Northwest Company ins Wenatchee-Tal vor. Ein halbes Jahrhundert später kamen Missionare, Holzfäller und Bergarbeiter, noch vor der Jahrhundertwende auch die Great Northern Railway. Doch bis zur Gründung der ersten Orte dauerte es noch einmal zwei Jahrzehnte. Inzwischen gibt es kaum noch Bergbau in der Gegend und auch mit den Wäldern geht man sorgsamer um. Dafür hat der Tourismus stark an Bedeutung gewonnen, vor allem seit 1964, als Geschäftsleute die einstige Bergwerks- und Holzfällersiedlung Leavenworth zu einem Stück Oberbayern in der Neuen Welt machten. **Geschichte**

Sehenswertes im Wenatchee River Valley

Ein Stück Oberbayern in Washington State: »Willkommen to your Bavarian Getaway« steht auf dem Schild. Im **Nussknacker Haus** (735 Front St.) kann man handgefertigte Nussknacker erstehen. Einige Schritte weiter gibt es Kuckucksuhren und süddeutsches Volksliedgut auf CD gebrannt sowie solide »Steins« (Bierkrüge aus Steingut). Es gibt sogar eine **Alpenhof Mall** und einen **Tannenbaum Shoppe**. Man sieht Gamsbärte, Dirndl und   ✶ **Leavenworth**

? WUSSTEN SIE SCHON …?

- … dass heute rund ein Drittel der Einwohner von Leavenworth Deutsche und deutschstämmige Amerikaner sind?

Alpenländisch-bayerisches Ambiente lockt Touristen ins Städtchen Leavenworth am Oberlauf des Wenatchee River im Kaskadengebirge.

Sepplhosen. Dabei fing Leavenworth 1890 als Holzfällercamp und Bergwerkssiedlung an. Eine Weile ging es dem Ort ganz gut, doch dann zog sich die Eisenbahn zurück, Leavenworth drohte zur Geisterstadt zu werden. 1964 hatte ein findiger Geschäftsmann eine Idee: Er nahm sich die dänische Kunststadt Solvang in Kalifornien zum Vorbild und ließ mehrere Häuser mit alpenländischen Fassaden versehen. Diese Strategie erwies sich als höchst erfolgreich: »Washington's Bavarian Village« wurde zum angesagten Touristenziel, das inzwischen jährlich über 2,5 Mio. Besucher anzieht, die in rustikalen, holzvertäfelten Restaurants Schweinshaxn, Sauerkraut, »Pretzel« und »Wuerstel« genießen, beim »Oktoberfest« das Bier in Strömen fließen lassen und auf dem »Christkindlmarkt« typisch bayerische Souvenirs erstehen.

Leavenworth Doch Leavenworth kann auch anders. Der den Wenatchee River begleitende Waterfront Park bietet herrliche Spaziergänge durch erfrischende Wäldchen und zu sandigen Uferbereichen, an denen man im Sommer baden kann.

Leavenworth National Fish Hatchery ▶ Südlich von Leavenworth werden jährlich 1,5 Mio. Lachse gezüchtet, die im Frühjahr im nahen Icicle Creek ausgesetzt werden, um ihre Wanderung zum Pazifik anzutreten. Im Juni und Juli kehren die erwachsenen Lachse wieder hierher zurück zum Laichen. Diese Fisch-

WENATCHEE RIVER VALLEY ERLEBEN

AUSKUNFT

Wenatchee Valley
Convention & Visitors Bureau
25 N. Wenatchee Ave., Suite C111
Wenatchee, WA 98801
Tel. 1-800-572-77 53
www.wenatcheevalley.org

EVENT

Wenatchee River Salmon Festival
Ende September feiert das Tal auf
dem Gelände der Leavenworth
National Fish Hatchery die Rückkehr
der Lachse mit einem 4-tägigen Fest.
Infos: www.salmonfest.org

BERGWANDERN

Rund um Leavenworth beginnen
zahlreiche Trails, die allerdings nur
gut trainierten Hikern zu empfehlen
sind. Beliebte Pfade in der alpin
anmutenden Bergwelt sind der *Dirty
Face Trail* (ca. 10 mi/16 km, Hwy. 207
bis Lake Wenatchee Ranger Station)
und der 18 mi/28 km lange *Eightmile
& Trout Lake Loop* (via Icicle Creek
Rd. u. Forest Service Rd. 7601).
Das Non-plus-ultra ist jedoch der ca.
30 mi/48 km lange *Enchantment
Lakes Trail* (via Icicle Creek Rd.) in
der Alpine Lakes Wilderness. Für
diese Tour durch eine hochalpine
Postkarten-Landschaft müssen 3 bis
4 Tage eingeplant werden.

WILDWASSERFAHREN

Der Wenatchee River ist ein Paradies
für Wildwasserfahrer, vor allem sein
36 km langer Oberlauf vom Lake
Wenatchee bis fast nach Leavenworth.
Outfitter in Leavenworth bieten
Touren an, so auch:
Osprey Rafting Company
Icicle Rd. u. Hwy. 2
Tel. 1-509-548-68 00
www.shoottherapids.com

WINTERSPORT

Leavenworth, der Ort im Bayern-
Look, der gelegentlich schon als
»amerikanisches Garmisch« apostrophiert wurde, verfügt über zwei ausgezeichnete Skigebiete in den hier
bis zu 2500 m hohen und schneesicheren Cascades und über eine
90-m-Skisprungschanze.

ESSEN

► Fein & teuer

Andreas Keller Restaurant
829 Front St., Leavenworth
Tel. 1-509-548-60 00
Schweinshaxen, Jägerschnitzel, Hendl
vom Grill, Spätzle und Sauerkraut im
Wilden Westen – Herz, was begehrst
du mehr?

► Erschwinglich

Visconti's Ristorante Italiano
1737 N. Wenatchee Ave.
Wenatchee
Tel. 1-509-662-50 13
Bester Italiener im Tal. Traditionelle
Gerichte, Gemüse und Obst aus
organischem Anbau.

► Preiswert

Gustav's
Front St. u. Hwy. 2
Leavenworth
Tel. 1-509-548-45 09
Der Berg ruft: hübsches Schnellres-
taurant mit Blick auf die Berge.
Spezialitäten sind »Gustav Burger«
und »German Sausages«.

ÜBERNACHTEN

► Luxus

Run of the River Inn & Refuge
9308 E. Leavenworth Rd.
Leavenworth, WA
Tel. 1-509-548-71 71
www.runoftheriver.com

7 Z. Rustikal und gemütlich, mit viel Holz; schöner Blick auf die Berge und den Icicle Creek.

▶ **Komfortabel**
Cedars Inn
80 9th St. NE, East Wenatchee, WA
Tel. 1-509-886-80 00
www.eastwenatcheecedarsinn.com
92 Z. Moderne, freundliche Lodge mit tollem Ausblick auf die Berge und den Columbia River.

Hotel Pension Anna
926 Commercial St.
Leavenworth, WA
Tel. 1-509-548-62 73
www.pensionanna.com
16 Z. Freundliche Herberge im »Faux«-Bayern-Stil, mit urigen, »Pfaffenwinkl« usw. genannten Zimmern.

▶ **Günstig**
Econo Lodge
232 N. Wenatchee Ave.
Wenatchee, WA
Tel. 1-509-663-71 21
www.econolodge.com
37 Z. Nette Herberge unweit der Ohms Gardens.

zucht ist Teil des Grand Coulée Dam Project (▶Colville National Forest): Die durch den Dammbau stark reduzierten Lachsbestände sollen durch Fischzuchten an den Nebenflüssen wieder vergrößert werden (Icicle Rd.; Öffnungszeiten: tgl. 8.00 – 16.00 Uhr).

Alpine Lakes Wilderness
Die sich südlich und westlich von Leavenworth ausbreitende Alpine Lakes Wilderness ist eine grandiose, von der letzten Eiszeit geformte Bergwelt mit Trogtälern, heute von Seen erfüllten Karen und Gletscherzungenbecken und tiefen Schluchten. Von dicht bewaldete Tälern blickt man hinauf zu rauen Felsenkämmen und zerklüfteten Bergspitzen, die über Schnee- und Eisfeldern ragen. In dieser Bergwildnis sind mehrere Hundert Kilometer meist schwerer Trails für konditionsstarke Hiker ausgewiesen.

Lake Wenatchee State Park
Ca. 20 mi/32 km nördlich von Leavenworth (Anfahrt via Route 207) liegt der Lake Wenatchee State Park. Der See, aus dem der Wenatchee River fließt, wird von den Gletschern der umliegenden Bergriesen gespeist. Der Fluss teilt das Schutzgebiet in einen weniger entwickelten Nordteil mit lichten Wäldern und schönen Wanderwegen und einen mit touristischer Infrastruktur (u. a. Campingplatz, Badeplätze, Spazierwege) versehenen Südteil.

Wenatchee
Folgt man dem Wenatchee River weiter talabwärts, ändert sich das Landschaftsbild massiv. Aus den rauen Central Cascade Mountains werden runde Foothills, die steilen, inzwischen kaum noch bewaldeten Berghänge treten zurück und geben die Sicht frei auf endlose Apfelbaumreihen. Trotz fruchtbarer Erde konnte man mit der Kultivierung wegen des trockenen Klimas erst nach der Eröffnung des Highland Canal (1903) beginnen. Seither ist Wenatchee, WA ein Synonym für Äpfel und alles, was mit diesen zubereitet werden kann: Gut die

Hälfte der Apfelernte von Washington State stammt aus dem Wenatchee River Valley. Viele Sorten, u. a. Granny Smith, Gala, Braeburn und Golden Delicious, sind auch in Deutschland beliebt.

Wenatchee präsentiert sich heute als geschäftige 36 000-Einwohner-Stadt am Zusammenfluss von Wenatchee und Columbia River. Dank seiner Nähe zur alpinen Bergwelt, der »Apfel-Connection« und der preiswerten Hotels und guten Restaurants ist Wenatchee eine ideale Basis für Unternehmungen in der Umgebung, in der neuerdings auch Wein angebaut wird.

> **! Baedeker TIPP**
>
> **Eine Bergwelt wie im Bilderbuch**
> Sehr lohnend, aber etwas beschwerlich ist die Fahrt von Leavenworth auf der Icicle Road (USFS Rd. 7600) zu den Enchantment Lakes. Angesichts eines mehr als 250 Tage im Jahr weißblauen Himmels lassen sich hier tolle Landschaftsfotos schießen.

Hier erfährt man viel Interessantes über die Kulturen der indianischen Ureinwohner der Region, über den hiesigen Obstbau und den ersten Trans-Pazifik-Flug (127 Mission St.; Öffnungszeiten: Di. – Sa. 10.00 – 16.00 Uhr). ◄ Wenatchee Valley Museum & Cultural Center

Alles über den modernen Apfelanbau erfährt man in diesem Besucherzentrum nördlich vom Wenatchee River am Nordrand der Stadt (2900 Euclid Ave.; Öffnungszeiten: Mo. – Fr. 8.00 – 17.00, Sa. – So. 10.00 – 16.00 Uhr). ◄ Washington Apple Commission Visitors Center ⏱

Auf einer aussichtsreichen Felsenkanzel hoch über Wenatchee sind wunderschöne Gärten mit kleinen Wasserfällen, moosüberwachsenen Felsen, uralten Zedern und Fichten ein Fest für die Sinne (3327 Ohme Rd., Nähe Kreuzung US 2/US 97A; Öffnungszeiten: April – Okt. tgl. 9.00 – 18.00 Uhr). ◄ Ohme Gardens County Park ⏱

Die Hälfte der Apfelernte Washingtons stammt aus dem Wenatchee River Valley.

WYOMING

Fläche: 253 326 km²
Einwohnerzahl: 523 000
Hauptstadt: Cheyenne
Beiname: Equality State

Wem Menschenmassen ein Gräuel sind, der besuche den Bundesstaat Wyoming. Hier leben gerade mal zwei Menschen auf einem Quadratkilometer! Die Plains treffen hier auf die Rockies, die gleich zur Hochform auflaufen. Mit Seen, Gletschern und Nadelwäldern, mit modernen Siedlungen, die ihre Wildwest-Vergangenheit nicht verleugnen können.

Als John Colter, ein Mitglied der Lewis-&-Clark Expedition, als erster Weißer von der grandiosen Gegend um den Yellowstone berichtete, hielt man ihn zunächst für einen Lügner. Selbst der Besucher von heute, der Wyoming bequem im Auto bereist, staunt über die verschwenderische Natur. Tiefe, lichtlose Schluchten arbeiten sich durch Gebirge mit ewigem Schnee. Aus Geysiren schießt kochend heißes Wasser in den Himmel. In den dichten Wäldern erinnern tiefe Kratzspuren an den Bäumen daran, dass hier nicht Menschen, sondern Grizzlybären an der Spitze der Nahrungskette stehen. Wyoming, Outdoorparadies und Balsam für die Seele! Die Nachbarn: Montana im Norden, South Dakota und Nebraska im Osten, Colorado im Süden, Utah im Südwesten und Idaho im Westen – auch sie für ihre verschwenderische Natur bekannt. Hinsichtlich seiner Fläche ist Wyoming der zehntgrößte US-Bundesstaat – und zugleich der am dünnsten besiedelte.

Highlights in Wyoming

Black Hills
Reizvolles Waldgebirge mit dem Mount Rushmore als besonderem Highlight
► Seite 421

Cody
Die Stadt des Buffalo Bill
► Seite 436

Devils Tower
Naturwunder am Rande der Plains
► Seite 440

Grand Teton National Park
Grandiose Hochgebirgswelt und Paradies für Bergwanderer und Wintersportler mit dem Cowboy-Ort Jackson als Brennpunkt
► Seite 447

Yellowstone National Park
Im ältesten Nationalpark der USA bewegt man sich auf unruhiger Erdkruste, die hier einige Naturwunder aufzuweisen hat.
► Seite 470

← *Bis zu 50 Meter hoch schießen die Fontänen des Geysirs »Old Faithful« im Yellowstone National Park.*

Das Wichtigste des 444 km hohen und 603 km breiten, einst mit dem Lineal gezogenen Rechtecks: Hier treffen die Plains des Mittleren Westens auf die Rocky Mountains. Im Osten bestimmen von Badlands durchsetzte, bis zu 1800 m hohe Grasländer das Bild. Im Nordosten ragen die Black Hills und der spektakuläre Devils Tower aus der Prärie. Im Südosten erheben sich die Laramie und Sierre Madre Ranges. Herzstück des US-Bundesstaates ist das **Wyoming Basin**, ein durchschnittlich 1900 – 2000 m ü. d. M. gelegenes Becken, das von einzelnen Ketten der Rocky Mountains umrahmt wird. Ganz im Nordwesten liegt das **Yellowstone Plateau** mit seinen zahlreichen postvulkanischen Erscheinungen, deren spektakulärste die berühmten Geysire sind. Südwärts schließt die wild zerklüftete **Teton Range** an, die ihrer wilden Schönheit wegen wohl meistfotografierte Bergkette im amerikanischen Westen. Höchster Berg von Wyoming ist der **Gannet Peak** (4208 m) in der **Wind River Range**. Das Gebirge in Zentral-Wyoming mit seinen rund 40 Viertausendern wird großenteils vom National Park Service verwaltet.

Geschichte Frankokanadische Trapper waren Ende des 18. Jh.s zwar die ersten Weißen im Land der Prärieindianer, doch es war John Colter, der 1807 erstmals große Teile des heutigen Bundesstaates Wyoming beschrieben hat. Mitte des 19. Jh.s folgten Siedlertrecks dem Oregon-Trail westwärts. 1863 wurde in der Gegend um Bozeman Gold entdeckt, 1867 kam die Eisenbahn – und mit ihr noch mehr Weiße.

Der sich über Wyoming ergießende Siedlerstrom hatte tiefgreifende Folgen für die hier lebenden Indianerstämme der Arapaho, Shoshone, Kiowa, Gros Ventre, Lakota-Sioux, Cheyenne und Crow. Waren die Beziehungen anfangs noch freundlich gewesen, schlug die Stimmung angesichts der um Nahrung konkurrierenden, unersättlich erscheinenden Siedlertrecks schnell um. Schon 1848 schickte die US-Regierung Truppen nach Fort Laramie, um den Oregon Trail vor Indianerüberfällen zu schützen. Als auch in Montana Gold gefunden wurde, kam es erneut zu Reibereien. Der vom Oregon Trail nach Norden abzweigende Bozeman Trail, 1864 eröffnet, führte geradewegs durch das Gebiet am Powder River, dessen Integrität den Indianern 1851 zugesichert worden war. Die Überfälle auf Goldsucher und Siedler häuften sich, die Regierung schickte Truppen. 1865 wurden zunächst die Arapaho in der Schlacht am Tongue River im heutigen Sheridan County besiegt. Als im Jahr darauf während der Verhandlung frische Truppen in Fort Laramie eintrafen, verließen die kompromissbereiten Sioux unter ihrem Häuptling Red Cloud unter Protest die Verhandlungen. Der als **Red Cloud's War** in die amerikanische Geschichte eingegangene Krieg tobte danach zwei Jahre in der Region und endete 1868 mit dem – einstweiligen – Sieg der Indianer: Die US-Armee brach alle am Bozeman Trail errichteten Stützpunkte ab und zog sich nach Fort Laramie zurück. Red Cloud unterzeichnete den Gründungsvertrag der heute bis nach South Dakota hinein reichenden Great Sioux Reservation und ließ sich mit seinen Sioux dort nieder. Aus den sich zehn Jahre später um Gold in den Black Hills (Wyoming/South Dakota) entzündenden Konflikten in der Region hielt er seine Gruppe heraus.

Im Jahre 1868 wurde Wyoming Territorium. Ein Jahr später erhielten die Frauen als erste in den USA das Wahlrecht. 1872 wurde der Yellowstone National Park gegründet, der erste in den USA. Der Streit zwischen Farmern und großen Ranchern um Wasser und immer knapper werdendes Land mündete 1892 in den sog. **Johnson County War**. Die blutigen Schießereien und Lynchmorde dieses Weidekrieges, in dem sich auf beiden Seiten Revolverhelden und gesuchte Killer hervortaten, endeten erst mit der Ankunft von Truppen der US-Armee. Diese Ereignisse lieferten auch den Stoff für Legenden und Geschichten vom Wilden Westen.

Wirtschaft

Bereits 1908 erlebte der Staat seinen ersten **Ölboom**. Mit **Erdgas** und **Kohle** wird bis heute ebenfalls viel Geld verdient. 2007 wurde allein im Great Divide Basin Erdöl und Erdgas aus über 1000 Bohrlöchern gefördert. Die Wirtschaft von Wyoming steht und fällt heute mit den Weltmarktpreisen für fossile Energieträger. Die meisten Einwohner sind in der Energiebranche bzw. in verwandten Industriezweigen beschäftigt. Zwar schwindet die Bedeutung der früher weit verbreiteten exten-siven **Viehzucht** seit längerer Zeit, doch die Rancher- und Cowboykultur prägt Wyoming bis heute. Der **Tourismus** hat sich in den letzten beiden Jahrzehnten zur wichtigsten Einnahmequelle neben der Energiewirtschaft entwickelt.

✳ Black Hills

H 23/24

Region: N.E. Wyoming/W. South Dakota   **Höhe :** 760 – 2350 m ü. d. M.

Für die Lakota sind die Black Hills der Mittelpunkt der Welt. Wer sich ihnen nähert, versteht auch warum: In der Endlosigkeit der Great Plains sind sie der Anker, der das orientierungslose Auge festhält. Vielerorts wird an die dramatische Vergangenheit erinnert. Auch Naturliebhaber kommen auf ihre Kosten.

Heiliges Land

Der isolierte Gebirgszug im Grenzgebiet der beiden Bundesstaaten Wyoming und South Dakota, der im 2207 m hohen **Harney Peak** gipfelt, ist geprägt von dunklen, mit Nadelwäldern bedeckten Berghängen, die von ferne wahrlich schwarz aussehen. Einige ihrer Attraktionen sind weltberühmt: die monumentalen, in den Fels des **Mount Rushmore** geschlagenen Porträts amerikanischer Präsidenten, das nicht minder beeindruckende **Crazy Horse Memorial** zu Ehren des berühmten Lakota-Häuptlings, und **Sturgis**, das weltberühmte Nest an den Nordosthängen der Hills, in dem alljährlich im August das legendäre Treffen der Harley-Davidson-Fans stattfindet.

Indianerland ▶ Die allermeisten Attraktionen und Sehenswürdigkeiten der Black Hills beziehen sich indes direkt oder indirekt auf die turbulente Ereignisse in der Vergangenheit, die bis heute Folgen zeitigen. Denn für die nördlichen Cheyenne, die Omaha und die Oglala-Lakota waren die Black Hills heilig. Die Lakota nannten sie »Paha Sapa«, »das Herz von allem, das ist«. Alle Lakota-Schöpfungsmythen haben hier ihren Ursprung, hier wurde ihr Volk geboren. Das Zeremonialjahr der Lakota begann im Frühjahr, wenn die Büffel von den Berghängen durch das Buffalo Gap (bei der heutigen Ortschaft Hot Springs) getrieben wurden. Den Sommer über pflegten sie den Büffelherden bis zum ▶ Devils Tower zu folgen, um anschließend, mit ausreichend Fleisch für den Winter, zu ihren Winterrevieren zu Füßen der Black Hills zurückzukehren. Die Berge selbst wurden von den Indianern nur zur Ausübung von Zeremonien aufgesucht. Die amerikanische Regierung respektierte den Anspruch der Lakota auf die Black Hills zunächst. Im 1851 geschlossenen ersten Fort Laramie Treaty garantierte sie den Lakota die Unversehrtheit eines 60 Mio. Acres großen Gebietes in den Black Hills. Gerüchte über Gold- und Silbervorkommen ließ jedoch alsbald Abenteuer und Siedler einsickern, zu deren Schutz die Regierung Festungen bauen ließ. 1868 wurde deshalb im zweiten Fort Laramie Treaty das den Lakota zugesagte Gebiet auf 20 Mio. Acres verkleinert. Diesen Vertrag, der die Grundlage der bis heute anhaltenden Auseinandersetzungen um die Rückgabe der Black Hills ist, unterzeichneten nur wenige Lakota-Führer.

Der Ruf des Goldes ▶ Im Jahre 1874 erlaubte die Bundesregierung General George Armstrong Custer, in den Black Hills nach einer günstige Stelle für ein Fort zu suchen. In Custers Gefolge befanden sich auch Geologen, die prompt alten Gerüchte bestätigten: Im Indianerland gab es Gold! Angesichts des unmittelbar darauf einsetzenden Goldrausches versuchte die Regierung, den Lakota die restlichen 20 Mio. Acres abzukaufen. Als diese ablehnten, enteignete Washington – Verträge hin oder her – das umstrittene Gebiet kurzerhand und öffnete damit die Black Hills den Goldgräbern. Der **Sioux War** (1876/1877), mit dem die noch freien Sioux während dieser Zeit in die Reservate gezwungen werden sollten, wurde daraufhin noch erbitterter geführt, endete letztlich aber doch mit der Niederlage der Indianer.

Die Auseinandersetzungen gehen weiter ▶ In den 1970er-Jahren begannen die Anwälte des Stammes, die Black Hills zurück zu fordern. Heute dreht sich alles um die Frage, ob im 19. Jh dem Stamm widerrechtlich genommenes, heiliges Land im 21. Jh. ge- und verkauft werden kann. 1980 erkannte der Supreme Court in Washington das Recht der Lakota auf die Black Hills an. Doch anstelle der Rückgabe des Landes folgte ein Kompensationsangebot über 570 Mio. Dollar. Mit dem Hinweis, die Black Hills könnten nicht gekauft werden, lehnten die Lakota dankend ab. Und kämpfen bis heute weiter.

In den Fels der Black Hills gemeißelt: die US-Präsidenten George Washington, Thomas Jefferson, Abraham Lincoln und Theodore Roosevelt

Sehenswertes in den Black Hills

★★
Mount Rushmore National Memorial

Ursprünglich sollte Cary Grant im linken Nasenloch von Lincoln ein Niesanfall bekommen, doch Hitchcock ließ diese Idee wieder fallen. Was blieb, war eine fulminante Verfolgungsjagd kreuz und quer über die Monumentalskulptur, die den Krimi »Der unsichtbare Dritte« zum Klassiker machte und die vier über 20 Jahre in den Fels gehauenen Präsidenten **George Washington**, **Thomas Jefferson**, **Abraham Lincoln** und **Theodore Roosevelt** zur weltbekannten Touristenattraktion. Schöpfer des auch als »Schrein der amerikanischen Demokratie« verehrten Freiluft-Kunstwerkes war der dänischstämmige Gutzon Borglum. Von 1927 bis 1941 arbeiteten er und 400 Helfer mit Meißeln, Bohrern und jeder Menge Dynamit, bis die fast 20 m hohen Konterfeis der Präsidenten am Vorabend des Kriegseintritts Amerikas fertig war. Im Sommer 2005 wurden die Gentlemen erstmals einer Generalreinigung unterzogen. Ein Besucherzentrum und das Atelier des Bildhauers informieren über die Entstehung dieser gewaltigen Steinskulptur südwestlich von Keystone (Öffnungszeiten: Mai – Sept. tgl. 8.00 – 22.00, sonst tgl. 8.00 – 17.00 Uhr).

🕐

★
Peter Norbeck Scenic Byway

Vom Mount Rushmore führt diese herrliche, über 100 km lange und abenteuerlich mit Tunnels und Brückenbauwerken angelegte Bergstraße durch die Black Hills und in den Custer Sate Park (s. unten). Unterwegs bieten sich tolle Ausblicke auf graue Granit-Dome. Für die Fahrt sollte man 3 Std. einplanen.

Crazy Horse Memorial

Nicht entgehen lassen sollte man sich diese monumentale Felsskulptur 4 mi/6 km nördlich der Ortschaft Custer bzw. 17 mi/27 km südwestlich von Mount Rushmore. Von den Lakota-Ältesten 1942 in Auftrag gegeben, wird das neun Stockwerke hohe, in die Gipfelkuppe des Thunderhead Mountains geschlagene **Abbild des einen Mustang reitenden Indianerhäuptlings** bei seiner Fertigstellung das größte Monument der Welt sein. Klar zu erkennen ist bislang jedoch erst der Kopf des legendären Chief. Der Fortgang der Arbeiten hängt von eingehenden Spendengeldern ab.

Visitor Center ►

Im Visitor Center kann man sich über die Entstehung des memorials informieren (US 16/385; Öffnungszeiten: tgl. 8.00 – 17.00 Uhr).

● BLACK HILLS ERLEBEN

AUSKUNFT

theBlackHills.com
Belle Fourche, SD 57717
Tel. 1-605-723-38 77
http://theblackhills.com

Rapid City Area Convention & Visitos Buerau
444 Mt. Rushmore Rd. N.
Rapid City, SD 57701
Tel. 1-605-718-84 84
www.visitrapidcity.com

EVENT

Sturgis Bike Week, Sturgis Motorcycle Rally
Alljährlich im August treffen sich Hunderttausende von Harley-Davidson-Piloten in dem kleinen Ort Sturgis am Rande der Black Hills. Eine Woche lang tuckern tätowierte Biker samt Anhang mit ihren schweren Maschinen durch die Main Street, nehmen an einer Rally teil und zelebrieren ihren besonderen Lebensstil. Auch das Bier fließt in Strömen.

ESSEN

► **Preiswert**
Circle B Ranch Chuck Wagon Supper & Music Show
22735 Hwy. 385, Rapid City, SD

Tel. 1-605-348-73 58
Steaks und Roastbeef auf der Circle B Ranch, dass sich die Balken biegen! Es herrscht vustikale, volksfestartige Atmosphäre mit Live-Musik und fröhlicher Animation.

Firehouse Brewing Co.
610 Main Street, Rapid City, SD
Tel. 1-605-348-19 15
Urige Micro Brewery in einer alten Feuerwache. Zum Essen gibt es große Portionen.

ÜBERNACHTEN

► **Komfortabel**
Sweetgrass Inn B & B
9356 Neck Yoke Rd.
Rapid City, SD
Tel. 1-605-343-53 51
www.sweetgrass.com
Hübsches Farmhaus mit antik möblierten Zimmern

► **Günstig/Komfortabel**
Hisega Lodge
23101 Triangle Trail
Rapid City, SD
Tel. 1-605-342-84 44
www.hisegalodge.net
8 Z. Herrliches altes Blockhaus mit drei Kaminen und urgemütlichen Zimmern in ruhiger Lage

In diesem 287 Quadratkilometer großen State Park südöstlich der Ortschaft Custer kommen vor allem Tierfotografen auf ihre Kosten, denn hier grasen derzeit rund 1500 **Bisons**. Außerdem bekommt man hier Wapitis, Dickhornschafe, Pronghorn-Antilope und Wildesel vor die Linse. In Acht nehmen sollte man sich jedoch vor den ebenfalls hier lebenden Pumas (Berglöwen). Drei schöne Aussichtsstraßen, darunter die besonders schöne, bizarrer Felsformationen wegen **Needles Highway** genannte Strecke, führen durchs waldreiche Gebirge. Ende September findet hier das jährliche **Buffalo Roundup** statt: Cowboys und Park Ranger treiben die Bisons dann zur Impfung zusammen.

★
Custer State Park

Ca. 13 mi/20 km westlich der Ortschaft Custer erstreckt sich ein riesiges Höhlensystem. Bislang sind etwa 230 km unterirdischer Passagen kartografiert. Im Jahr 1900 per Zufall entdeckt, wurden sie bereits wenige Jahre später unter Schutz gestellt. Ein kleiner Teil dieser Hohlenwelt ist touristisch erschlossen. Sehenswert sind die herrlichen **Kalkspat-Kristalle**, die wie Juwelen glitzern (Hwy. 16; Führungen: tgl. 8.00 – 19.00 Uhr, im Winter kürzer).

★
Jewel Cave
National
Monument

Der kleine Thermalkurort im Süden der Black Hills präsentiert sich in hübscher viktorianischer Frontier-Architektur. **Evans Plunge** rühmt sich, eines der größten Thermalbäder der USA zu sein und bietet außer heilkräftigem Thermalwasser auch eine Wasserrutsche und passende Gastronomie (1145 N. River St.; Öffnungszeiten: tgl. 8.00 – 21.00 Uhr).

Hot Springs

Dort, wo vor rund 26 000 Jahre eiszeitliche Mammuts in einen von Thermalwasser, Schlick und Schlamm erfüllten Tümpel abrutschten und jämmerlich verendeten, ist heute eine viel besuchte **paläontologische Ausgrabungsstätte** eingerichtet. In den Sedimenten dieses mittelwreile ausgetrockneten eiszeitlichen Tümpels hat man nicht nur die Überreste von **Mammuts**, sondern auch von vielen anderen Tieren der Eiszeit gefunden (1800 Hwy. 16 Truck Route; Führungen: Mitte Mai – Mitte Aug. tgl. 8.00 – 19.00 Uhr, übrige Zeit nur bis 16.00 Uhr).

★
◄ **The Mammoth**
Site

10 mi/16 km nördlich von Hot Springs erstreckt sich eines der größten Karsthöhlensysteme der Welt über mehrere Etagen. Ein Teil des Wind Cave National Parks ist für Besucher erschlossen. Berühmt sind die Hohlräume für ihre **wabenförmigen Kalkspat-Formationen** und ihre feingliedrigen Deckentropfsteine. Auf dem »Dach« der Höhlen grasen mehrere Hundert Bisons (US 385; Führungen: Juni – Sept. tgl. 9.00 – 18.00 Uhr).

★
Wind Cave
National Park

12 mi/20 km südlich von Hot Springs erreicht man ein Schutzgebiet, in dem noch wie vor 300 Jahren wilde Mustangs grasen (SR-71; 2- und 3-stündige Bustouren, Abenteuertouren und Foto-Safaris n. V., Tel- 1-605-745-59 55, www.wildmustangs.com).

Black Hills Wild
Horse Sanctuary

Jahr für Jahr im August bullern Abertausende von Harley-Davidson-Piloten mit ihren schweren Maschinen über die Straßen von Sturgis und Umgebung.

Sturgis Das 6500-Seelen-Nest im Nordosten der »Hills« kennt jeder Harley-Davidson-Besitzer. Hier treffen sich alljährlich im August mehrere Hunderttausend Fans des legendären Motorrads, um zu feiern (www.sturgismotorcyclerally.com).

Deadwood Die alte Boomtown (1400 Ew.) liegt westlich von Sturgis und besteht aus einer liebevoll restaurierten **Main Street** und gleich dahinter aufsteigenden, nur sparsam bewaldeten Berghängen. 1876 wurde **Wild Bill Hickock** hier beim Poker erschossen. Er und seine nicht minder waffentüchtige Gefährtin **Calamity Jane** liegen hier begraben. Im **Old Style Saloon 10** (657 Main St.), dessen Interieur an die Saloons des 19. Jh.s erinnert, kann man sich auch heute noch einen Schluck Whisky genehmigen. Zuvor sollte man sich jedoch den **Mount Moriah Cemetery** anschauen, auf dem einige berühmt-berüchtigte Personen (s. oben) beigesetzt sind (Oberes Ende der Lincoln St.; Zugang: Mai – Sept. tgl. 7.00 – 20.00, Okt. tgl. 9.00 – 17.00 Uhr).

★
Tatanka: Story of the Bison ▶

Hoch über Deadwood hat Hollywood-Star **Kevin Costner** den Kulturen der Plains-Indianer ein großartiges Denkmal gesetzt. Tatanka: Story of the Bison, ein modernes Besucherzentrum, erklärt die spirituelle und praktische **Bedeutung der Büffel für die Plains-Indianer**, wie Buffalo Jumps funktionierten und wie später eine Büffeljagd zu Pferde ablief. Eindrucksvoll ist auch die Bronzeskulptur vor dem Besucherzentrum: Sie zeigt drei Indianer zu Pferde, die 14 Bison über eine Klippe in den Tod treiben (Hwy. 85; Öffnungszeiten: Mai – Sept. tgl. 9.00 – 17.00 Uhr).

Die 1876 gegründete und mit 60 000 Einwohnern größte Stadt im Umkreis von 560 Kilometern ist das touristische Gravitationszentrum der Black Hills. Hotels und Restaurant gibt es in ausreichender Zahl und auch an die vielen internationalen Gäste wird gedacht, denn Entfernungen werden hier auch in Kilometern angegeben!   **Rapid City**

Um 1900 hatte die Siedlung am Rapid Creek das Ende des Goldrausches überlebt und sich als zentraler Ort etabliert. Während der nächsten Jahrzehnte profitierte Rapid City von der Eröffnung der Ellsworth Air Base und der Stationierung von Raketen. Seit den 1980er-Jahren lebt die Stadt vor allem vom Tourismus.

Der alte Westen ist noch lebendig. Der Einheimischen liebste Kleidung sind Jeans, karierte Wollhemden und Lederjacken sowie Cowboystiefel, bevorzugte Fortbewegungsmittel ist der Allzweck-Truck.

Im **Journey Museum** ist die Natur- und Kulturgeschichte der Black Hills aufbereitet. Es gibt reichhaltige Sammlungen u.a. zur Geologie, Kultur der Lakota-Sioux und der Pionierzeit (222 New York St.; Öffnungszeiten: Mai – Sept. tgl. 9.00 18.00, sonst Mo. – Sa. 10.00 – 17.00, So. 10.00 – 17.00 Uhr).   ◄ Sehenswertes

Etwas außerhalb, auf dem Weg zum Mount Rushmore, kann man im **Bear Country USA** Schwarzbären und Wölfe aus nächster Nähe fotografieren (13820 Hwy. 16; Öffnungszeiten: Juni – Aug. tgl. 8.00 bis 18.00, Mai, Sept., Okt., Nov. tgl. 9.00 – 16.00 Uhr).

Buffalo

G 21

Region: Johnson County   **Einwohner:** 4000
Höhe: 1416 m ü. d. M.

Red Cloud's War, Johnson County War – Geschichten von Mord, Totschlag und gebrochenen Verträgen: Die Siedlung in den Vorbergen der Bighorn Mountains war früher ein ganz typisches Wildwest-Städtchen und gefällt sich auch heute noch als solches.

Ein Ladenbesitzer in Jeans und kariertem Holzfällerhemd fegt den Bürgersteig. Zerbeulte Trucks fahren auf der historischen Main Street auf und ab, ihre Fahrer tragen Cowboy-Hüte und grüßen einander lässig per Handzeichen. Amerikanische Kleinstadtidylle »western style«. Heute ist Buffalo Etappenziel einer Reise durch die Wildnis und Ausgangspunkt für allerhand Outdoor-Aktivitäten.

Die dramatische Vergangenheit, in der es härter zuging als in jedem Clint-Eastwood-Western, ist noch nah. Schilder an Häuserwänden erinnern an Schießereien, Spazierwege führen zu Schlachtfeldern. Das zum Schutz der auf dem **Bozeman Trail** reisenden Siedlern gebaute **Fort Phil Kearney** wurde während seiner nur zweijährigen Existenz fast wöchentlich von Indianern angegriffen. Unweit davon: **Härter als in jedem Western** die Stätte des **Fetterman Massakers**, bei dem 1866 Sioux, Cheyenne und Arapaho 80 Soldaten töteten. Erst 1877 wurde diese Gegend zur Besiedlung freigegeben, doch Ruhe kehrte noch nicht ein.

1884 wurde Buffalo offiziell gegründet. In den späten 1880er-Jahren lieferten sich kleine Farmer und große Rancher blutige Auseinandersetzungen. Im **Johnson County War** (1892) ging es um Wasser, Land, gestohlenes Vieh usw. Die Wyoming Stock Growers Association der Rinderbarone entsandte »Invaders« genannte Killer, um Viehdiebe und aufmüpfige Farmer umzubringen. Schießereien, in die auch der Sheriff und rund 200 Bürger von Buffalo verwickelt waren, endeten mit der Umzingelung der »Invaders«, die nur von US-Truppen aus dem Fort McKinney gerettet werden konnten. Heute arbeiten die

 # BUFFALO ERLEBEN

AUSKUNFT

Johnson County Tourism
55 N. Main Street, Buffalo, WY 82834
Tel. 1-307-684-55 44
www.buffalowyo.com

EVENT

Johnson County Rodeo
In der ersten Augustwoche findet das Johnson County Rodeo statt.

WILDNISTRIPS

South Fork Mountain Lodge
U. S. 16 West
Buffalo, WY 82834
Tel. 1-307-267-26 09
www.southfork-lodge.com
Die Bighorn Mountains sind ein wahres Outdoor-Paradies. Bei der Erkundung der Berge zu Fuß oder hoch zu Ross hilft der erfahrene Outfitter 15 mi/24 km westlich von Buffalo.

ESSEN

▶ Erschwinglich
The Virginian Restaurant
10 N. Main Street
Tel. 1-307-684-04 51
Sehr gut speist man im Restaurant des Occidental Hotel, das noch mit Mobiliar aus der Gründerzeit

eingerichtet ist. Ausgesprochen lecker schmeckt das »Filet Mignon«.

▶ Preiswert
Deerfield Boutique & Espresso Bar
7 N. Main Street
Tel. 1-307-684-77 76
Im alten Theater gibt es eine erfrischend leichte Küche, die auch Suppen und Salate im Angebot hat.

ÜBERNACHTEN
▶ Komfortabel

Baedeker-Empfehlung

Occidental Hotel
10 N. Main Street, Tel. 1-307-684-04 51
www.occidentalwyoming.com
Das historisches Hotel bietet reichlich Wildwest-Ambiente in allen 23 Zimmern und Suiten.

▶ Günstig
Z-Bar Motel
626 Fort St./Hwy. 16
Tel. 1-307-684-55 35
www.zbarmotel.com
22 Cabins. Hübsches Motel in einem Wäldchen.

meisten Einwohner im Dienstleistungsbereich bzw. im öffentlichen Sektor. Seit Kurzem erlebt Buffalo einen Boom dank der Methangas-Produktion im nahen Powder River Basin.

Sehenswertes in Buffalo und Umgebung

Die historische, zwischen zwei Hügeln über den Clear Creek führende Main Street markiert das Zentrum der Stadt, in dem man noch ein wenig Wildwest-Atmosphäre schnuppern kann. Selbst wenn man nicht hier absteigt – das geschichtsträchtige **Occidental Hotel** an der Main Street sollte man sich nicht entgehen lassen. Buffalo Bill Cody schlief hier, Butch Cassidy und Sundance Kid ebenso, die berüchtigte Calamity Jane kippte hier ihren Whiskey, später übernachteten hier auch Generäle und US-Präsidenten. Alles begann 1879 mit einem Zelt, doch schon ein Jahr später stand ein properes Holzhaus, das zu einem komfortablen Ziegelbau heranwuchs. In Lobby und Saloon hat sich seither kaum etwas verändert.

Main Street

Ein Planwagen wie aus einem John-Wayne-Film stimmt auf den Besuch ein: Das interessante Museum zeigt in drei kleinen Gebäuden Erinnerungen an die Zeit der Indianerkriege, den Johnson County War und den rauen Alltag an der »Frontier« im Wilden Westen. Nicht minder interessant ist die Geschichte des Mannes, dessen Name das Museum trägt: Der Apotheker **Jim Gatchell** war als Medizinmann bei den Indianern der Umgebung geschätzt. Aus seiner Sammlung indianischer Kulturzeugnisse ist dieses Museum hervorgegangen (100 Fort St.; Öffnungszeiten: Juni – Aug. tgl. 9.00 – 18.00, sonst Mo. – Sa. 9.00 – 17.00 Uhr).

Jim Gatchell Memorial Museum

🕐

Der 10 mi/16 km lange, mit einem Büffel-Logo markierte Weg beginnt im Osten der Stadt, folgt dem Clear Creek und führt zu zahlreichen historischen Stätten wie dem Occidental Hotel und dem ehemaligen Fort McKinney.

Clear Creek Trail

In der Geschichte dieser nur zwei Jahre lang existierenden Festung 15 mi/24 km nördlich von Buffalo spielten Indianer, Auswanderer, Abenteurer und Soldaten die Hauptrollen in Episoden, die Historiker als Vorspiel zur Schlacht am Little Bighorn zehn Jahre später deuten. Heute ist von dem Ende 1866 errichteten Fort nichts mehr zu sehen. Die Cheyenne-Indianer brannten es nieder, kaum dass es nach dem Vertrag von Fort Laramie 1868 geräumt worden war. Schildchen markieren die Grundrisse der früheren Gebäude. Im Visitor Center werden die Ereignisse dargestellt (528 Wagon Box Rd., via I-90; Öffnungszeiten: Mai – Sept. tgl. 8.00 – 18.00 Uhr).
2 mi/3 km weiter südlich erinnert eine Gedenktafel an das Fetterman Massacre. Am 21. Dezember 1866 setzte hier der junge Colonel William Fetterman mit 80 Soldaten einer Gruppe fliehender Sioux, Cheyenne und Arapaho nach, nicht ahnend, dass diese ihn in eine

Fort Phil Kearney State Historic Site

🕐

◄ Fetterman Massacre

Eine Reise durch die Erdgeschichte ist eine Fahrt durch den Ten Sleep Canyon.

Falle lockten. Denn kaum hatte seine Truppe den Kamm der Lodge Trail Ridge erreicht, sah sie sich einer Übermacht von 2000 feindlichen Indianern gegenüber. Kein Weißer überlebte. Bis zur Schlacht am Little Bighorn war das die für die US-Armee verlustreichste Schlacht während der Indianerkriege (I-90, Exit 44).

✳ Cloud Peak Scenic Skyway

Die ca. 63 mi/100 km lange Panoramastraße führt als US 16 von Buffalo aus westwärts durch die landschaftlich reizvollen südlichen Bighorn Mountains. Einer der Höhepunkte ist der schroffe **Ten Sleep Canyon**, in dem man eine Zeitreise durch Jahrmillionen der Erdgeschichte unternimmt. Der Höhenunterschied zwischen Beginn und Ausgang der Schlucht beträgt rund 1000 Meter. Hinweistafeln an den aus unterschiedlichen Gesteinen bestehenden Felswänden erläutern, in welcher Periode der Erdgeschichte man sich gerade befindet.

Casper

J 21

Region: Natrona County
Höhe: 1560 m ü. d. M.

Einwohner: 52 000

Wyomings zweitgrößte Stadt ist ein traditionelles Zentrum der Rinderzucht und seit einiger Zeit auch Boomtown in Sachen Erdöl und Kohle. Sie verfügt über alle Annehmlichkeiten, die sonst nur große Städte auszeichnen. Doch dies ist Wyoming und deshalb beginnt das große Abenteuer im Freien gleich hinter dem Coffee Shop.

Casper liegt in der vom **North Platte River** durchflossenen Steppen-landschaft am Nordfuß der bis zu 3130 m hohen **Laramie Moun-tains**. Kalorienbewusste Reisende haben es schwer hier, denn in einer Gegend, in der Viehzucht Tradition hat, isst man viel Fleisch. In den Restaurants werden die Speisen so gut zubereitet, dass man sich in Trendlokalen am Pazifik wähnt. Dies liegt an den Zuzüglern, die von florierende Energiebranche von überall her angelockt wurden.

Geschichte

Einwanderer-Trecks setzten hier im 19. Jh. über den Fluss und folg-ten dem Bozeman Trail, dem Oregon Trail und dem Mormon Trail weiter in den Wilden Westen. Eine Mitte des 19. Jh.s errichtete Brü-cke wurde durch das Fort Caspar geschützt, eine Siedlung entstand. Den entscheidenden Wachstumsimpuls erhielt Casper 1889, als man am Salt Creek auf Erdöl stieß. Noch vor dem Ersten Weltkrieg ent-stand eine erste Raffinerie. In jüngerer Zeit wurde Casper dank toller Freizeitmöglichkeiten in der Umgebung zum Touristenziel.

Sehenswertes in Casper

✳
**Fort Casper
Museum &
Historic Site**

⏱

Hier wird die Geschichte der Siedlung am North Platte River nachge-zeichnet, von den indianischen Ureinwohnern über die Siedlertrecks des 19. Jh.s bis zum Ölboom. Zu sehen gibt es u. a. den Nachbau ei-ner alten Fähre, mit der die Pioniere seinerzeit über den Fluss setz-ten, sowie ein Modell des Flussübergangs mit Brücke und Fort im Jahre 1865 (4001 Fort Casper Rd.; Öffnungszeiten: Mai u. Sept. tgl. 8.00 – 17.00, Juni – Aug. tgl. 8.00 – 19.00, übrige Zeit Di. – Sa. 8.00 bis 17.00 Uhr).

 CASPER ERLEBEN

AUSKUNFT

Casper Area CVB
992 N. Poplar Street, Casper
WY 82601, Tel. 1-307-234-53 62
www.casperwyoming.info

SHOPPING

Eastridge Mall
601 SE Wyoming Blvd.
Öffnungszeiten: Mo. – Sa.
10.00 – 21.00, So. 11.00 – 18.00 Uhr
Die größte Mall im Umkreis von
fast 300 km beherbergt neben Filialen
von Macy's und Sears auch etliche
einheimische Spezialgeschäfte (u. a.
Wildwest-Outfit), mehrere Restaurants, Cafés und Kinos.

ESSEN

► **Erschwinglich**
Poor Boy's Steakhouse
739 N. Center Street
Tel. 1-307-237-83 25
Die Nummer 1 der Stadt, was Steaks
und Ribs betrifft.

ÜBERNACHTEN

► **Komfortabel/Günstig**
Best Western Ramkota
800 N. Poplar Street
Tel. 1-307-266-60 00
www.casper.ramkota.com
230 Z. Gut geführte Herberge mit
geräumigen Zimmern, Swimming
Pool, Café und Taverne

Wie war es, in einem von Ochsen gezogenen Planwagen durch den North Platte River zu rumpeln? Eine Computersimulation im **National Historic Trails Interpretive Center** beantwortet diese Frage auf beeindruckende Weise. Mehrere Ausstellungen widmen sich den Siedlertrecks, die bei Casper den Fluss überquert haben. Beachtung verdient die Beschreibung des Pony Express, jener legendären Reiterstafette, die ab 1860 die Eilpost vom Mississippi bis ins kalifornische Sacramento befördert hat (Öffnungszeiten: Di. – So. 9.00 – 17.00, im Winter kürzer).

? WUSSTEN SIE SCHON …?

■ Die Betreiber des Pony Express beschäftigten ledige junge Männer als Postreiter (Durchschnittsalter: 19 Jahre, der Jüngste war 13). Für die 3200 km lange Strecke von St. Joseph am Mississippi nach Sacramento in Kalifornien wurden 75 Pferde eingesetzt. Ein Reiter hatte 75 bis 100 Meilen zurückzu-legen, bis er ausgewechselt wurde. Geritten wurde Tag und Nacht. Eine Sendung konnte binnen zehn Tagen zugestellt werden. Berühmtester Pony-Express-Reiter war Buffalo Bill (s. S. 451).

Das in einem Industriegebäude aus dem frühen 20. Jh. untergebrachte **Nicolaysen Art Museum & Discovery Center** beschäftigt sich mit Kunstschaffenden aus der Region, wobei die Moderne im Vordergrund steht (400 E. Collins Dr.; Öffnungszeiten: Di. – Sa. 10.00 bis 17.00, So. 12.00 – 17.00 Uhr).

★ Cheyenne

K 23

Region: Laramie County
Höhe: 1850 m ü. d. M.

Einwohner: 55 000

Breite Straßen, keine Parkplatzprobleme und freundliche, manchmal aber auch etwas raue Menschen, die »Howdy« statt »How Do You Do« sagen: Wyomings Hauptstadt ist trotzdem eine gute Gastgeberin. Doch warum sie gerade hier in den endlosen Plains gegründet wurde, erschließt sich nicht auf Anhieb.

Geschichte
Eine Version besagt, die Bautrupps der **Union Pacific Railroad** hätten sie gewählt, weil sich hier mehrere Trails im Indianerland kreuzten. Beliebter ist jedoch die Version, wonach sich Eisenbahn-Scouts auf der Suche nach einem günstigen Standort eines Abends erschöpft zu Boden fallen ließen und verkündeten, diese Stelle sei so gut wie jede andere. Am 4. Juli 1867 steckten Landvermesser der Union Pacific Railroad das Gelände für die neue Stadt ab. Kurz darauf erreichten die Schienen den Ort, bejubelt von zahlreichen Ranchern und Siedlern, die sich vom »Dampfross« große Vorteile versprachen. Allerdings brachte die Bahn auch weniger hart arbeitende Zeitgenossen. Schon bald galt die nach dem Indianerstamm der Cheyenne benannte Stadt als schlimmer Sündenpfuhl mit extrem bleihaltiger Luft.

Wie seinerzeit im Wilden Westen geht es alljährlich Ende Juli bei den Frontier Days in Cheyenne zu.

Ihre Bedeutung als Umschlagplatz für Vieh sorgte dafür, dass die Rinderbarone bald das Sagen in Cheyenne hatten. Ihre mächtige **Wyoming Stock Growers Association** kontrollierte als »Cheyenne Club« nicht nur das kulturelle Leben, sondern auch die hiesigen Zeitungen und spielte eine tragende Rolle in dem als **Johnson County War** bekannten Weidekrieg von 1892 (▶Buffalo).

Die Eisenbahn brachte auch Feingeistiges: Opern- und Show-Ensembles auf dem Weg nach San Francisco gastierten in Cheyenne. Auch die neuesten Mode-Trends fanden ihren Weg in die Plains. 1890 wurde Cheyenne Hauptstadt von Wyoming. Bald überholten die Verwaltung sowie das Finanz- und Dienstleistungsgewerbe die Viehzucht als wichtigste Arbeitgeber. Rindern und Pferden blieb Cheyenne dennoch verbunden: Während der **Frontier Days** im Juli wird die Stadt von Cowboys und -girls förmlich überschwemmt.

Sehenswertes in Cheyenne und Umgebung

Ungewöhnlich für einen Regierungssitz im Wilden Westen: Das Kapitol von Wyoming wurde 1890 am Nordrand von Downtown im korinthischen Stil fertiggestellt. Der repräsentative Sandsteinbau wird von einer 43 m hohen, mit Blattgold überzogenen Kuppel überragt. Das Innere zieren kunsthandwerkliche Meisterwerke aus Kirsch-

✳
Wyoming State Capitol

baumholz. Beachtung verdient auch ein mächtiger ausgestopfter Bison. Ein Standbild zeigt Chief Washakie, jenen Shoshonen-Häuptling, der in mehreren Verträgen den Schutz des traditionellen Lebensraumes seines Volkes am Wind River erreicht hat (Capitol Ave., zwischen 24th u. 25th. Sts.; Führungen: Mo. – Fr. 8.00 – 17.00 Uhr).

▶ CHEYENNE ERLEBEN

AUSKUNFT

Cheyenne Area CVB
1 Depot Square
121 W. 15th St., Suite 202
Cheyenne, WY 82001
Tel. 1-307-778-31 33
www.cheyenne.org

EVENT

Cheyenne Frontier Days
Während der Cheyenne Frontier Days Ende Juli steht die Stadt Kopf: Rodeos, Live-Konzerte und eine Leistungsschau der US Air Force locken Hunderttausende an.

SHOPPING

Wrangler
1518 Capitol Street
Wo Cowboys kaufen: Jeans für die Ewigkeit, Stetsons, Laredo-Stiefel, Gürtel mit Bullenkopf-Schnallen und Lederjacken – Wrangler bietet Western-Couture vom Feinsten.

Cowgirls of the West
205 W. 17th Street
Dieses Geschäft bietet nicht nur tragbare Western-Mode für die Damenwelt der Plains, sondern auch allerhand Nippes.

ESSEN

▶ Erschwinglich
① The Albany
1506 Capitol Avenue
Tel. 1-307-638-35 07
Seit Jahrzehnten eine Institution: solide amerikanische Küche (Burger, Ribs und Steaks) in sympathisch altmodischer Atmosphäre.

▶ Preiswert
② Shadows Pub & Grill
115 W. 15th Street
Tel. 1-307-634-76 25
Steinofen-Pizza, Pasta, Sandwiches, Fleisch und knackige Salate sowie süffiges Bier aus der hauseigenen Mikro-Brauerei

ÜBERNACHTEN

▶ Komfortabel
① The Plains Hotel
1600 Central Avenue
Tel. 1-307-638-33 11
www.theplainshotel.com
131 Z. Im kürzlich renovierten Grand-Hotel von 1911 stiegen einst die Rinderbarone ab.

▶ Günstig/Komfortabel
② Hitching Post Inn
1700 W. Lincolnway
Tel. 1-307-638-33 01
www.hitchingpostinn.com
166 Z. Viel dunkles Holz in der Lobby, geschmackvoll eingerichtete Zimmer.

Cheyenne Orientierung

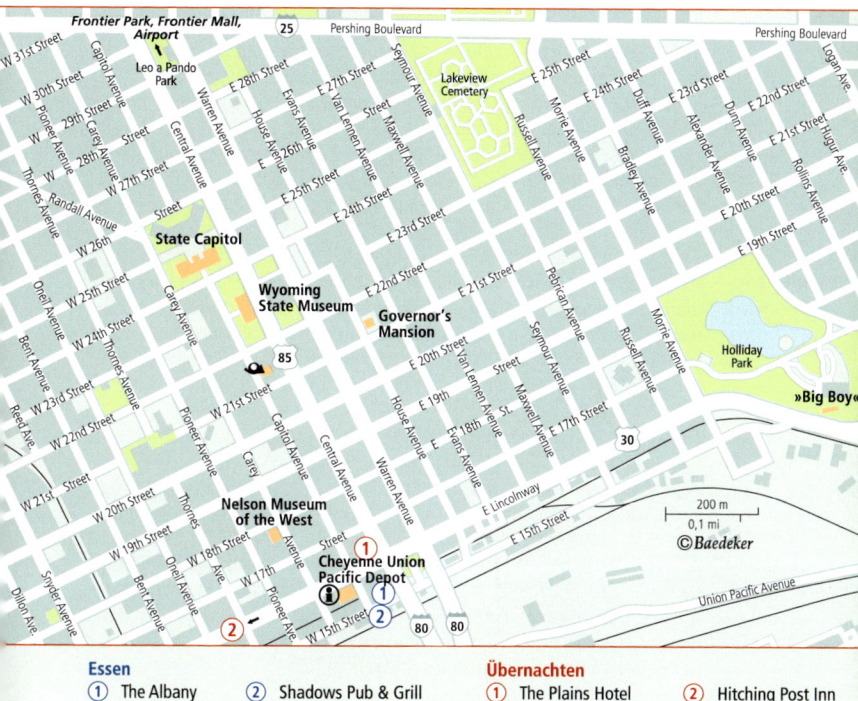

Essen
① The Albany   ② Shadows Pub & Grill

Übernachten
① The Plains Hotel   ② Hitching Post Inn

Das im Barrett Building des Capitol-Komplexes untergebrachte Museum beleuchtet die Siedlungs- und Kulturgeschichte Wyomings. Dabei wird auf die Bisonjagd der Indianer vor der Ankunft der Weißen ebenso eingegangen wie auf die Gesetze, die den Frauen des Territoriums als ersten der USA das Wahlrecht zugesichert haben (2301 Central Ave.; Öffnungszeiten: Mai. – Okt. Mo. – Sa. 9.00 – 16.30, übrige Zeit Mo. – Fr. 9.00 – 16.30, Sa. 10.00 – 14.00 Uhr).

Wyoming State Museum 🕐

Die Residenz des Gouverneurs von Wyoming, die als solche von 1905 bis 1976 genutzt wurde, hat man anlässlich ihres 100-jährigen Bestehens renoviert und als historisches Baudenkmal wiedereröffnet (300 E. 21st St.; Öffnungszeiten: Di. – Sa. 9.00 – 17.00 Uhr).

Governor's Mansion 🕐

Alles, was man über Plains-Indianer, Cowboys und Outlaws wissen muss, erfährt man hier. Vielerlei Zeugnisse indianischer Kultur sind ebenso ausgestellt wie Handfeuerwaffen aus dem 19. Jh. und Bildwerke, die Szenen aus dem Wilden Westen zeigen (1714 Carey Ave.; Öffnungszeiten: Mai – Okt. tgl. 9.00 – 16.30 Uhr).

Nelson Museum of the West 🕐

Union Pacific Depot
🕐
Im renovierten alten Bahnhof von Cheyenne wird die Bedeutung der Eisenbahn für die Entstehung und Entwicklung der Hauptstadt Wyomings verdeutlicht (121 W. 15th St.; Öffnungszeiten: Mo.–Fr. 9.00–17.00, Sa. 10.00–17.00, So. 12.00–17.00 Uhr).

Old West Museum
🕐
Gleich neben dem Gelände, in dem im Juli die Rodeos der »Frontier Days« zu sehen sind, erinnern Tausende Exponate an die rauen Kindertage der Stadt. Dazu gehören natürlich auch Planwagen der frühen Siedler (4610 Carey Ave., Frontier Park; Öffnungszeiten: Mo.–Fr. 8.30–17.30, Sa., So. 9.00–17.00 Uhr).

Cheyenne Botanical Gardens
🕐
In den gepflegten Gartenanlagen im Lions Park lernt der Besucher nicht nur die Pflanzenwelt der Plains und der Rocky Mountains kennen, sondern auch mancherlei Exoten. Die Treibhäuser werden mit Sonnenenergie beheizt (710 S. Lions Park Dr.; Öffnungszeiten: Mo.–Fr. 8.00–16.30, Sa., So. 11.00–15.30 Uhr).

»Big Boy«
Die schwerste (548 t) und stärkste (6290 PS) Dampflok der Welt (es wurden 25 Exemplare gebaut), die von 1941 bis 1957 schwere Güterzüge durch die Plains und über die Rocky Mountains geschleppt hat, kann heute im Holliday Park am Lincoln Way besichtigt werden.

F. E. Warren Air Force Base
An der westlichen Peripherie der Stadt erstreckt sich das weitläufige Gelände der Francis E. Warrren Air Force Base. Diese strategische höchst bedeutsame Luftwaffen- und Interkontinentalraketen-Basis hat ihren Ursprung in jenem alten Fort, das im 19. Jh. die Bahnarbeiter vor Indianerübergriffen schützen sollte.

Curt Gowdy State Park
🕐
Dieses Schutzgebiet liegt 22 mi/36 km westlich von Cheyenne am alten Highway 210, der sich hier durch Ausläufer der Laramie Mountains schlängelt. Zwei Seen und markante Granitblöcke machen das Schutzgebiet zu einem beliebten Ziel von Anglern und Wanderern (1319 Hynds Lodge Rd.; Öffnungszeiten: tgl. 7.00–22.00 Uhr).

✶ Cody

G 18

Region: Park County   **Einwohner:** 9000
Höhe: 1524 m ü. d. M.

Von William F. »Buffalo Bill« Cody gegründet, ist das Städtchen heute das östliche Tor zum 50 mi/80 km entfernten Yellowstone National Park. Der legendäre Büffeljäger und Showman drückt dem Städtchen bis heute seinen Stempel auf: Es gibt einige gute Western-Museen und zahlreiche Souvenir-Shops, die nicht einmal vor dem Verkauf pinkfarbener Cowboyhüte zurückscheuen.

Im Winter gehört Cody jedoch den Einheimischen. Die Bar im »Hotel Irma« – Buffalo Bill ist überall, er baute auch das Hotel und benannte es nach seiner Tochter – ist dann einer der wärmsten Orte in der Stadt und schenkt heiße Schokolade aus. Die wunderbare Theke aus dunklem Kirschholz hat man dann fast für sich allein. Angeblich ist sie ein Geschenk von Queen Victoria, die sich damit für die Wildwest-Show bedankte, die Buffalo Bill in London aufgeführt hatte.

Das erste Mal kam **William F. Cody** alias **Buffalo Bill** in den 1870er-Jahren in diesen Teil des Big Horn Basin. Das landwirtschaftliche und touristische Potenzial der Gegend erkennend, kehrte er 1896 als gemachter Mann zurück – seit seiner »Wild West Show« war er ein Weltstar – und gründete unweit des Shoshone Canyon seine Stadt. Straßen wurden vermessen und nach Freunden benannt, 1902 eröffnete das »Hotel Irma« und Cody erhielt seinen Bahnanschluss. Wenig später wurde die Straße zum Osteingang des Yellowstone National Park gebaut. William Codys Freundschaft mit US-Präsident Theodore Roosevelt, einem passionierten Naturliebhaber, brachte den Buffalo Bill Dam & Reservoir und damit die künstliche Bewässerung des Landes auf den Weg. Cody erkannte schon früh, dass die einzigartige Fauna und Flora in dieser Gegend geschützt werden musste. So ist ihm die Ausweisung des Shoshone National Forest ebenso zu verdanken wie der Bau der ersten Ranger Station in Wapiti. Nach Buffalo Bills Tod setzte die Stadt weiter auf Natur und »Wes-

Geschichte

i Buffalo Bill

■ Wohl der berühmteste Wildwestheld ist der aus Iowa gebürtige William Frederick Cody (Buffalo Bill; 1846 – 1917), der als junger Mann Reiter für den Pony Express war und danach in den Rocky Mountains nach Gold suchte. Er kämpfte gegen die Sioux und die Cheyenne und schoss während des Eisenbahnbaus an die Pazifikküste binnen 17 Monaten über 4000 Büffel ab. Weltberühmt wurde Cody durch viel gelesene Groschenhefte, in denen der Schriftsteller Ned Buntline das Leben und die Heldentaten von Buffalo Bill verherrlichte und so den Western-Mythos begründete. 1883 stellte der geschäftstüchtige Cody eine viel beachtete Show zusammen und reiste mit ihr durch die USA und Europa. Mitwirkende waren u. a. der Indianerhäuptling Sitting Bull und die Kunstschützin Annie Oakley. Cody starb 1917 auf seiner Ranch in Wyoming.

tern Culture«. Heute ist Cody nicht nur das Tor zum weltberühmten Yellowstone National Park, sondern dank seiner interessanten Museen und Galerien durchaus ein Ziel für sich.

Sehenswertes in Cody und Umgebung

Buffalo Bill Historical Center

Sechs erstklassige, dem Stadtgründer und der Geschichte des Wilden Westens gewidmete Sammlungen unter einem Dach bietet dieses kulturhistorische Zentrum an der Sheridan Avenue. Das **Buffalo Bill Museum** zeigt Schätze aus dem persönlichen Hab und Gut von Buffalo Bill, dazu Erinnerungen an die Scharfschützin Annie Oakley. Sie war ein Star in der Wild West Show von Buffalo Bill.

► CODY ERLEBEN

AUSKUNFT

Cody Chamber
836 Sheridan Avenue, Cody
WY 82414, Tel. 1-307-587-22 97
www.codychamber.org

EVENT

Plains Indian Pow Wow
Ende Juni treffen sich verschiedene Stämme der Plains-Indianer im Buffalo Bill Historical Center und bieten farbenprächtige Vorführungen.

SHOPPING

Die meisten Geschäfte gibt es an der Sheridan Avenue. Western-Ausstatter (Stetsons, Jeans und Lederkleidung) dominieren. Daneben gibt es auch etliche Kunsthandwerkerläden, die auf indianischen Schmuck spezialisiert sind.

ESSEN

► **Fein & teuer/Erschwinglich**
Cassie's Supper Club & Dance Floor
214 Yellowstone Ave.
Tel. 1-307-527-55 00
»The Place« in Cody seit seiner Eröffnung im Jahre 1922: beste Steaks und Ribs auf drei Etagen, dazu Live-Musik am Wochenende und große Tanzfläche

► **Erschwinglich**
Zapata's
1362 Sheridan Ave.
Tel. 1-307-527-71 81
Nette Alternative zu Steaks und Ribs: verfeinerte Küche aus New Mexico, sehr gut die Burritos und Margaritas

ÜBERNACHTEN

► **Komfortabel**

Baedeker-Empfehlung

Irma Hotel
1192 Sheridan Ave.
Tel. 1-307-587-42 21, www.irmahotel.com
40 Z. Das denkmalgeschützte »Erste Haus am Platz« bietet neben dem »Silver Saddle Saloon« und der »Buffalo Bill Bar« alle zeitgemäßen Annehmlichkeiten. An einigen Sommerabenden werden hier noch »echte« Revolverduelle geboten (Auskunft: www.codygunfighters.com).

► **Günstig**
Big Bear Motel
139 W. Yellowstone Ave.
Tel. 1-307-587-31 17
www.bigbearmotel.com
42 Z. Angenehmes Motel mit Pool

Das Stadtzentrum von Cody mit dem legendären »Irma Hotel«

Das **Cody Firearms Museum** präsentiert eine beeindruckende Winchester-Sammlung, den Revolver von Codys Freund »Wild Bill« Hickok sowie 3000 weitere Feuerwaffen aus vier Jahrhunderten.

Im **Draper Museum of Natural History** bereitet eine spannende Inszenierung samt virtueller Expedition durch die Rocky Mountains auf die Weiterreise in den Yellowstone National Park vor.

Das **Plains Indian Museum** zeigt Kulturzeugnisse der indianischen Stämme der Arapaho, Cheyenne, Blackfoot, Crow und Shoshone, darunter auch Zeremonialgegenstände und festlichen Kopfschmuck.

In der **Whitney Gallery of Western Art** schließlich sind die schönsten Werke berühmter Maler ausgestellt, die im Westen Inspiration fanden. Dazu zählen u. a. Albert Bierstadt, George Catlin, Frederic Remington und Joseph Henry Sharp.

Öffnungszeiten: tgl. 8.00–20.00, Okt. tgl. 10.00–17.00, übrige Zeit Di.–So. 10.00–15.00 Uhr.

3 mi/5 km westlich vom Stadtzentrum liegt die aus alten Frontierhäusern zusammengestellte Trail Town am US 14/16/20. Sie vermittelt einen Eindruck davon, wie es früher im Wilden Westen ausgesehen hat. Zu sehen ist u. a. eine Hütte, in der sich die beiden Zug- und Bankräuber Butch Cassidy und Sundance Kid versteckt haben sollen (Öffnungszeiten: Mai–Sept. tgl. 8.00–20.00 Uhr). **Old Trail Town**

Wo 1877 die Nez Percé unter Chief Joseph auf der Flucht vor der US-Armee den Yellowstone National Park durchquerten, führt der nach dem Häuptling benannte ca. 50 mi/80 km lange Highway 296 (via Hwy. 120) durch weitläufige Bergwiesen und dichte Nadelwälder. Vom **Dead Indian Pass** (2453 m) genießt man tolle Ausblicke. **★ Chief Joseph Scenic Byway**

Buffalo Bill State Park Ca. 6 mi/10 km westlich von Cody erstreckt sich der Buffalo Bill State Park. Ein touristischer Brennpunkt ist der von dem im Jahre 1910 vollendeten **Buffalo Bill Dam** aufgestaute See, auf dem sich im Sommer zahlreiche Wassersportler tummeln. Vor allem Windsurfer finden auf dem Stausee hervorragende Bedingungen vor. Im Buffalo Bill Dam Visitor Center erfährt man alles über die Baugeschichte des Damms und die Bedeutung des Stausees (Öffnungszeiten: Mai bis Aug. Mo. – Fr 8.00 – 20.00, Sa., So. 8.00 – 18.00 Uhr).

✷ Devils Tower (National Monument)

G 23

Region: Crook County	**Fläche:** 545 ha
Höhe: 1560 m ü. d. M.	

Den Indianervölkern der Kiowa, Arapaho und Shoshone ist er heilig. Kletterer schwärmen von seinen senkrechten Wänden, Fotografen von seiner markanten Präsenz. Sogar Außerirdische mögen ihn.

Dunkel und geheimnisvoll ragt er 386 m hoch aus der Hochebene westlich der ► Black Hills auf. Die Plains-Indianer sehen in ihm den Wohnsitz eines mächtigen Grizzlybären. Die tiefen horizontalen Rillen an den Flanken des Monolithen erinnern sie an Kratzspuren, die der Bär vor langer Zeit mit seinen Krallen hinterließ. Andere Indianervölker, darunter sogar die weit entfernt lebenden Kootnai und Salish, haben religiöse Ehrfurcht vor dem Felsturm.

? WUSSTEN SIE SCHON …?

▪ … dass 1977 im Schatten des mächtigen »Teufelsturms« ein Treffen stattfand, das von der ganzen Welt mit atemloser Spannung verfolgt wurde? Erstmals in der Geschichte der Menschheit nahmen Außerirdische mit Erdlingen Kontakt auf. Tatsächlich hätte sich Regisseur Steven Spielberg keinen besseren Hintergrund für seinen Science-Fiction-Film »Unheimliche Begegnung der Dritten Art« aussuchen können.

Die ersten Weißen, die über Devils Tower berichteten, waren Mitglieder der Yellowstone-Expedition von 1859. Bereits im Jahre 1906 wurde der aus der Ferne wie ein gewaltiger Holzstumpf aussehende Monolith als erstes National Monument der USA ausgewiesen.

Schon zuvor hatten Menschen versucht, ihn zu erklettern. Der Rancher William Rogers machte 1893 den Anfang. Danach schwoll die Zahl der Kletterer stark an. George Hopkins machte 1941 Schlagzeilen, als er mit dem Fallschirm auf der Spitze des Felsens landete, dann aber sein Seil zum Abseilen verlor. Der Park Service brauchte fast eine Woche, um Hopkins aus seiner misslichen Lage zu befreien.

Wie der »Teufelsturm« entstand Dort, wo heute dieser 386 m hohe und 305 m dicke Felsklotz die hügelige, von Ponderosapinien bewachsene Landschaft am Belle Four-

Als mächtiger natürlicher Wachturm überragt der Devils Tower die Landschaft im Nordosten von Wyoming.

che River wie ein gigantischer Wachturm überragt, dehnte sich in der Trias vor ca. 225 – 195 Mio. Jahren ein flaches Binnenmeer aus, in dem Tone und eisenhaltige Sedimente abgelagert wurden. In der Jurazeit, d. h. vor 195 – 135 Mio Jahren, kamen weitere sandige und tonige Ablagerungen dazu, darunter auch Gips. Gegen Ende des Erdmittelalters zog sich der See zurück. Im Tertiär, vor 60 – 50 Mio. Jahren, kam die Erdkruste im heutigen Nordamerika in Bewegung: Die Black Hills und die Rocky Mountains wurden herausgehoben. Damals quoll auch Magma westlich der Black Hills in Richtung Erdoberfläche, blieb jedoch im anstehenden Sedimentgestein stecken. Das aufgeschmolzene Gestein kühlte rasch ab, wobei sich das Gesteinsmaterial zusammenzog und eng aneinanderliegende, zumeist hexagonale Säulen bildete.

In der Folgezeit wurde das relativ weiche Sedimentgestein um diesen Magmapfropfen von Wasser, Wind und Wetter abgetragen, aber der graugrüne Härtling aus erkalteter Gesteinsschmelze blieb erhalten und ragt heute wie ein Pfahl aus dem Untergrund. Inzwischen greift die Erosion aber auch den Felsturm an, sodass es nur noch eine Frage der Zeit ist – wahrscheinlich in den nächsten 10 000 Jahren –, bis die letzte Steinsäule heruntergebrochen ist.

Visitor Center ▶   Zu Füßen des Felsturms ist ein Besucherzentrum eingerichtet, in dem man sich über die Erdgeschichte sowie über Flora und Fauna dieser Gegend informieren kann (Öffnungszeiten: April Mi.–So. 9.00–17.00, Mai tgl. 9.00–17.00, Juni–Aug. tgl. 8.00–19.00, Sept. bis Okt. tgl. 9.00–17.00, sonst Mi.–So. 9.00–17.00 Uhr).

Umgebung von Devils Tower

Thunder Basin National Grassland   Straßen bis zum Horizont, im Wind wogt das Gras, keine Menschenseele weit und breit: Das 2216 km² große Naturschutzgebiet westlich vom Devils Tower National Monument ist ein Meer aus Gras, in dem eine Handvoll kleiner Siedlungen, in denen die 1950er-Jahre stehengeblieben zu sein scheinen, wie Inseln menschlicher Zivilisation wirken. Dabei ist dieses Grasland alles andere als unberührt. Ende des 19. Jh.s ließen sich Farmer aus dem Osten hier nieder. Schlechte Böden und schlimme Dürren machten diesen Plan jedoch zunichte. Binnen Kurzem verwandelte sich das Grasland in ein von Staubstürmen heimgesuchtes Trockengebiet. Aufgegeben und verlas-

▶ DEVILS TOWER ERLEBEN

AUSKUNFT

Devils Tower National Monument
P. O. Box 10, Devils Tower
WY 82714-0010, Tel. 1-307-467-52 83
www.nps.gov./deto/

EVENT

Sun Dance
Im Juni treffen sich hier Indianer zur Ausübung von Ritualen und Zeremonien. Dazu gehört auch der Sun Dance (Sonnentanz).

AKTIVITÄTEN

Klettern
Pro Jahr erklimmen Hunderte Kletterer den Devils Tower auf unterschiedlich schwierigen Routen. Nur im Juni, wenn die Indianer hier ihre Zeremonien feiern, darf nicht geklettert werden.

Wandern
Der knapp 2 km lange und einfach zu begehende *Tower Trail* umrundet den Devils Tower. Etwas steiler ist der

etwa 3 km lange *Joyner Ridge Trail*, der einige tolle Aussichtspunkte erschließt. Der ca. 5 km *Red Beds Trail* führt durch eine rote Felsenlandschaft zu schönen Ausblicken auf den Devils Tower.

ESSEN

▶ **Preiswert**
Aro Family Restaurant
205 Cleveland Ave., Sundance, WY
Tel. 1-307-283-20 00
Hier fühlen sich amerikanische Familien mit Kindern wohl. Schmackhafte Steaks, Ribs und Burritos sowie köstliche kalorienreiche Desserts.

ÜBERNACHTEN

▶ **Komfortabel/Günstig**
Best Western Inn at Sundance
2719 E. Cleveland Ave.,
Sundance, WY
Tel. 1-307-283-28 00
Bestes Haus am Ort mit 44 hellen Zimmern und Swimming Pool

sen, präsentiert sich die Landschaft heute wieder im ursprünglichen Zustand. Die beste Möglichkeit, diesen faszinierend leeren Hinterhof des Bundesstaates Wyoming zu erleben, bieten die Highways 116 und 450.

Douglas

J 22

Region: Converse County   **Einwohner:** 5300
Höhe: 1474 m ü. d. M.

Auch durch die Geschichte des Städtchens im Tal des North Platte River geistern Glücksritter und Revolverhelden. Dass es hier weniger Schießereien gab als anderswo, mag am einheimischen Sinn für Humor liegen.

Wappentier der Stadt ist ein Jackalope. Inzwischen, so berichten Einheimische, sei dieses im hiesigen Grasland lebende Tier selten geworden. Schuld daran seien fotografierwütige Touristen, die den scheuen Jackalopes erbarmungslos nachspürten. Wie so ein Jackalope aussieht, zeigt eine Skulptur auf dem Jackalope Square im Stadtzentrum: Es ist ein Präriehase (Jackrabbit) mit langen Läufen, dunklen Augen und dem Geweih einer Antilope zwischen den Löffeln. Als in den 1930er-Jahren zwei Tierpräparatoren aus Jux einem gerade ausgestopften Hasen ein Antilopengeweih aufsetzten, dachten sie nicht im Traum daran, dass dieses Fabelwesen zum beliebten und allgegenwärtigen Maskottchen ihrer Stadt werden würde.

Heimat des Jackalope

Douglas, das 1867 als **Zeltstadt im Schatten von Fort Fetterman** begann, wurde 1886 offiziell gegründet und diente als **Versorgungsstation für die Union Pacific Railroad** und die Viehzüchter. Viehdiebstahl war damals eine solche Plage, dass die Rancher beschlossen, den berüchtigsten »Rustler« für sich arbeiten zu lassen. Bei der wundersamen Vermehrung der Viehherden seiner Arbeitgeber ging George Pike so professionell vor, dass er, dem nie etwas nachgewiesen werden konnte, wegen seiner Klugheit und Loyalität sogar zum Helden aufstieg. Der nächste Wachstumsschub kam während der 1970er-Jahre, als der Kohlebergbau in der Umgebung reaktiviert wurde, und später auch mit dem Bau von Erdöl-Pipelines und Windkraftanlagen.

Geschichte

Sehenswertes in Douglas und Umgebung

Diese Ausstellung im Wyoming State Fair Park beleuchtet mit vielerlei Dokumenten und Exponaten die Erschließung des Wilden Westens im 19. Jh. durch weiße Pioniersiedler. Um den Hauptbau gruppieren sich einige historische Bauten, darunter zwei alte Schulgebäu-

★ Wyoming Pioneer Memorial Museum

DOUGLAS ERLEBEN

AUSKUNFT

Douglas Area Chamber
121 Brownfield Road
Douglas, WY 82633
Tel. 1-307-358-29 50
www.jackalope.org

EVENT

Wyoming State Fair & Rodeo
Anfang August lockt dieses Mega-Ereignis Besucher aus dem gesamten Westen der USA an.

ESSEN

▶ Preiswert
Plains Trading Post
628 E. Richards St.
Tel. 1-307-358-44 84
Das altmodisch-schöne Café-Restaurant bietet handfeste Hausmannskost, naürlich auch Steaks und Apple Pie.

ÜBERNACHTEN

▶ Komfortabel/Günstig
Morton Mansion B & B
425 E. Center Street
Tel. 1-307-358-21 29
www.mortonmansion.com
5 Z. Bestens schläft man in der im Jahre 1903 im Queen-Anne-Stil erbauten Villa einer wohlhabenden Rancherfamilie.

▶ Günstig
La Bonte Hotel
206 Walnut Street
Tel. 1-307-358-43 43
www.thelabonte.com
22 Z. Das fast 100 Jahre alte Haus mit zwei Saloons und Restaurant wurde kürzlich renoviert. Und an manchen Abenden gibt es flotte Live-Musik.

de, eine rekonstruierte Schrotmühle, ein alter Schuppen sowie allerlei landwirtschaftliche Gerätschaften zu einem Freilichtmuseum (400 West Center Street; Öffnungszeiten: Mo.–Fr. 8.00–17.00, Sa. 13.00 bis 17.00 Uhr).

Fort Fetterman State Historic Site

Die 7 mi/11 km nordwestlich von Douglas auf einem Plateau hoch über dem North Platte River und dem La Prele Creek liegende Stätte umfasst die Fundamente einer 1867 errichteten Festung sowie zwei noch erhaltene Bauten. Das Fort spielte während der Kriege gegen die Sioux in den Black Hills eine wichtige Rolle. Eine Ausstellung zeigt Waffen aus jener Zeit und informiert über die damalige Machtkonstellation. Das Fort ist benannt nach Captain William Fetterman, der im Kampf gegen die Indianer ums Leben kam (Hwy. 93, via I-25; Öffnungszeiten: Mai–Sept. tgl. 9.00–17.00 Uhr).

Ayres Natural Bridge

11 mi/18 km westlich von Douglas findet man unweit des I-25 eine altbekannte Natursehenswürdigkeit. Hier hat der La Prele Creek ein natürliches Amphitheater mit einer 15 m weiten und 10 m hohen Naturbrücke ausgewaschen. Diese Attraktion wurde schon von den Pioniersiedlern des 19. Jh.s aufgesucht (I-25, dann Natural Bridge Rd.; Öffnungszeiten: Apr.–Okt. tgl. 8.00–20.00 Uhr).

✴ Fossil Butte (National Monument)

K 17

Region: Lincoln County   **Fläche:** 33 km²
Höhe: 2218 m ü. d. M.

Wo heute selbst im Sommer ein scharfer und kühler Wind über die relativ hoch gelegene Wüstenei aus Fels und Geröll fegen kann, breitete sich vor etwa 50 Mio. Jahren eine subtropische Seenlandschaft aus. Welche Pflanzen und Tiere damals gelebt haben, kann man in den bestens erhaltenen Versteinerungen studieren.

Im Eozän, d. h. vor ca. 50 Mio. Jahren, dehnte sich im Südwesten des heutigen Bundesstaates Wyoming eine amphibische Landschaft mit Seen, Zypressenwäldern und Palmen aus, wie man sie heute in Florida und Louisiana antrifft. Vielerlei Süßwasserfische, Schildkröten und Krokodile tummelten sich in den Fluten. Einmal verendet, sanken sie auf den Boden des Sees und wurden von kalkhaltigen Sedimenten überdeckt. Dieser Prozess dauerte einige Hunderttausend Jahre. Dann wurde das Land im Zuge der Heraushebung der Rocky Mountains emporgehoben, die Seen trockneten aus. Im ehemaligen

Ein Blick in die Landschaftsgeschichte

Versteinerungen von Pflanzen und Fischen, die vor rund 50 Mio. Jahren im Bereich der heutigen Fossil Butte gelebt haben

FOSSIL BUTTE ERLEBEN

AUSKUNFT

Fossil Butte National Monument
P. O. Box 592
Kemmerer, WY 83101
Tel. 1-308-877-44 55
www.nps.gov/fobu/

ESSEN

▶ **Preiswert**
The Hams Fork
316 Topaz Street
Kemmerer, WA
Tel. 1-307-877-88 48

Einfaches »Family Restaurant« mit
anspruchsloser Speisekarte, aber
großen Portionen

ÜBERNACHTEN

▶ **Günstig**
Fossil Butte Motel
1424 Central Avenue
Kemmerer, WY
Tel. 1-307-877-39 96
www.fossilbuttemotel.com
15 Z. Die leicht nostalgische Herberge
ist kürzlich renoviert worden.

Fossil Lake blieb eine Erhebung (»butte«) stehen, die sich als wahrhaftige Schatzkammer erwies. Hier wurden bestens erhaltene, in hellbraunen Kalkstein gebettete Fossilien gefunden. Was zu dem regelrechten Massensterben geführt hat, ist bislang nicht geklärt. Vielleicht spielten auch Faulgase oder austretende Kohlensäure eine Rolle.

Die Landschaft heute
Nur noch abgehärtete Überlebenskünstler wie der blassgrüne Salbeistrauch und harte, im Wind knisternde Gräser wachsen auf den gelblich braunen Felsen, die Sedimente der Green-River-Formation, Kalkstein, Dolomit, Ölschiefer und Steinkohle beinhalten. Durch das Gebiet, dessen Kohlevorkommen beim Eisenbahnbau in den 1870er-Jahren abgebaut wurden, streifen heute Koyoten und Antilopen.

Visitor Center
Schönste Fossilien, z. B. von urzeitlichen Barschen, Reptilien und Libellen, sind im Visitor Center zu bestaunen. Hier kann man sich auch umfassend über die Naturgeschichte dieses paläontologischen Fundplatzes informieren (Öffnungszeiten: Juni – Sept. tgl. 8.00 bis 19.00, übrige Zeit 8.00 – 16.30 Uhr).

Historic Quarry Trail
Dieser ca. 2,5 mi/4 km lange Naturlehrpfad windet sich zu einer Fundstätte auf dem Fossil Butte hinauf, wo man gelegentlich Wissenschaftlern bei ihren Grabungen zuschauen kann. Hinweistafeln informieren über die geologischen Formationen sowie über die Pflanzen und Tiere, die in dieser Landschaft heute leben.

Fossil Lake Trail
Dieser knapp 1,5 mi/2,5 km lange Lehrpfad durchmisst ein Stück Sagebrush-Steppe und einen kleinen Bestand an Zitterpappeln. Auch an einem Biberdamm kommt man vorbei.

✶✶ Grand Teton National Park

G/H 17

Region: Northwest Wyoming   **Fläche:** 1255 km²
Höhe: 1901 – 4198 m ü. d. M.

Als herrliche alpine Hochgebirgswelt präsentiert sich der Grand Teton National Park, dessen Herzstück die viel fotografierten gezackten Gipfel der Teton Range bilden. Zu Füßen dieses Hochgebirgszuges blinken zahlreiche größere und kleinere Bergseen im Sonnenlicht. Outdoor-Freaks jeglicher Couleur kommen auf ihre Kosten.

Das Naturschutzgebiet, dessen Herzstück die 64 km lange und bis zu 23 km breite Teton Range bildet, schließt südlich an den ►Yellowstone National Park an. Höchster Berg ist der 4198 m hohe Grand Teton. Gut ein Dutzend weitere Gipfel sind höher als 3600 Meter.

Wahrlich wie im Bilderbuch: Die Zacken des Grand Teton spiegeln sich in einem Bergsee.

Die Bezeichnung dieser Bergwelt stammt von frankokanadischen Fallenstellern. Sie fühlten sie sich beim Anblick der steil himmelwärts ragenden Berggipfel an »grands tétons« (»große Brüste«) erinnert. In den 1950er-Jahren wurde der Nationalpark um das vom Snake River durchflossene Hochtal Jackson Hole erweitert.

Ein Blick in die Erdgeschichte

Die stark zerklüftete Teton Range erhebt sich ziemlich unvermittelt etwa 2000 Meter aus einem eher flachen Umland, in dem sich vor rund 85 Mio. Jahren noch ein Binnensee ausbreitete. Vor etwa 60 Mio. Jahren verschwand der See und die Rocky Mountains wurde allmählich emporgehoben. Vor 15 bis 10 Mio. Jahren entstand entlang der Ostflanke des heutigen Gebirgszuges ein tiefer Riss in der Erdkruste. Starke Erdbeben erschütterten das Land. Dabei wurden auf der einen Seite über 4000 m hohe Berge aufgetürmt, auf der anderen Seite wurde der einstige Talboden des Jackson Hole um mehr als 5000 m abgesenkt.

Mit Beginn des letzten Eiszeitalters vor rund 2 Mio. Jahren setzte die Modellierung der heutigen Landschaft ein. Gletscher hobelten U-förmige Täler aus, schufen Kare und Moränen. Mehrfach flossen gewaltige Eismassen vom Yellowstone Plateau ins damals noch tiefe Tal von Jackson Hole hinunter und verfüllten es mit Sedimenten. Auch von den Höhen der Teton Range schoben sich Gletscher talwärts, formten Trogtäler und Gletscherzungenbecken, die heute von Seen ausgefüllt sind. Ihren Feinschliff erhielt die attraktive Landschaft danach durch die erodierenden Kräfte von Eis, Schnee, Wasser, Wind und Wetter. Gezackte Bergspitzen, tiefe Schluchten und eher weiche Moränenhügel bildeten sich aus. Doch das Land im Bereich der Tetons ist noch nicht zur Ruhe gekommen: Das letzte starke Erdbeben ereignete sich vor 7000 bis 5000 Jahren. Weitere können folgen.

Bergwelt für Aktiv-Urlauber

Der Nationalpark zieht jährlich weit über 2,5 Mio. Besucher an. Wandern, Angeln und Kanufahren auf dem Snake River gehören zu den bevorzugten Aktivitäten. Geübte Bergsteiger können verschiedene attraktive Routen begehen und auch Wintersportler kommen voll auf ihre Kosten.

Besucherzentren, Zufahrten

Der Nationalpark ist ganzjährig geöffnet. Besucherzentren gibt es in Colter Bay, Flagg Ranch, Jenny Lake und Moose. Der Osteingang befindet sich bei Moran Junction am Highway 26/287. Im Süden überquert man die Parkgrenze auf dem Highway 26/89/191 bei Jackson.

Saison

Beste Besuchszeit ist von Juni bis September. Hochsaison ist im Juli und August, dann pflegt es eng zu werden: Unterkünfte sind am teuersten und trotzdem lange im Voraus ausgebucht, Outfitter und andere Dienstleister ebenso. Im Winter haben außer dem Moose Visitor Center, wo sich auch die Parkverwaltung befindet, alle Einrichtungen geschlossen. Hotels stehen in Colter Bay zur Verfügung, zelten kann man auf einigen im Park verstreuten Campingplätzen.

ⓞ GRAND TETON NATIONAL PARK ERLEBEN

AUSKUNFT

Grand Teton National Park
Superintendent, P. O. Drawer 170
Moose, WY 83012
Tel. 1-307-739-33 00
www.nps.gov/grte/

Jackson Hole
Chamber of Commerce
990 W Broadway
P. O. Box 550
Jackson, WY 83001
Tel. 1-307-733-33 16
www.jacksonholechamber.com

AKTIVITÄTEN

Wandern
Im Nationalpark sind mehr als
400 km Wanderwege aller Schwierigkeitsgrade ausgewiesen, die zu
grandiosen Aussichten und beschau-
lichen Idyllen führen. Die beliebtesten Pfade führen um die schönsten
Berg-seen des Gebietes. Einige an-
strengendere Trails führen hinauf in
die Berge. Besonders empfehlens-
werte Wanderpfade sind der **Death
Canyon Trail** (11 km) vom Phelps
Lake hinauf in den Death Canyon und
der **Paintbrush Trail** (30 km) vom
Leigh Lake hinauf in den Paintbrush
Canyon.

Mountainbiking
Teton Mountain Bike Tours
Tel. 1-307-733-07 12
www.wybike.com
Dieser Anbieter in Jackson organisiert
Touren sowohl im Grand Teton als
auch im nördlich benachbarten
Yellowstone National Park.

Wildwasserfahren
Lewis & Clark River Expeditions
335 North Cache St.
Jackson, WY

Tel. 1-307-733-40 22
www.lewisandclarkexpeds.com
Sowohl geruhsames Dahingleiten
auf einem ruhigeren Abschnitt als
auch Wildwasserabenteuer werden
organisiert.

WINTERSPORT

Snow King Ski Area
Der Town Hill von Jackson ist im
Winter der Brennpunkt aller möglichen Aktivitäten. Hier werden Ski-
kurse gegeben, hier kann man auch
abends bei Flutlicht Ski laufen. Es gibt
auch ein Areal, auf dem man per
Schlauchboot den Hang hinunter-
sausen kann.

Jackson Hole Mountain Resort
Diese 11 mi/18 km nordwestlich
oberhalb von Jackson bei Teton
Village angelegte Station für Alpin-
skiläufer umfasst einige der längsten und steilsten Abfahrtsstrecken
Nordamerikas. Es gibt 2 Seilbahnen
und 8 Sessellifte.

Grand Targhee Resort
Eine gute Autostunde von Jackson
erreicht man eine der besten Alpinski-
Stationen der Vereinigten Staaten.
Gleich mehrere Dutzend Skipisten
werden hier präpariert. Tiefschnee-
Fans gelangen per Snowcat zu un-
berührten Skihängen.

ESSEN

► **Fein & teuer/Erschwinglich**
Blue Lion
160 N. Millward Street, Jackson, WY
Tel. 1-307-733-39 12
In kunstsinnigem Ambiente werden
fein zubereitete Speisen serviert, dar-
unter natürlich auch hervorragende
Lammgerichte.

▶ **Erschwinglich**
The Gun Barrel Steak &
Game House
862 W. Broadway
Jackson, WY
Tel. 1-307-733-32 87
Hier gibt es Zünftiges: Steaks, Ribs, Bratwurst und sogar »Bison Carpaccio«. Und an den Wänden hängen alte Flinten sowie diverse Jagdtrophäen.

ÜBERNACHTEN
▶ **Luxus**
Rusty Parrot Lodge & Spa
175 N. Jackson Street
Jackson, WY
Tel. 1-307-733-20 00
www.rustyparrot.com
32 Z. Modernes Western-Hotel mit Spa, Gourmet-Restaurant »Wild Sage« und wunderbarem Blick auf die Grand Tetons.

▶ **Komfortabel**
Painted Buffalo Inn
400 W. Broadway
Jackson, WY
Tel. 1-307-733-43 40
www.paintedbuffaloinn.com
140 Z. Nur drei Blocks vom Town Square entfernt steht dieses moderne Motel mit gut ausgestatteten Gästezimmern

▶ **Günstig**
Antler Inn
43 W. Pearl Street
Jackson, WY
Tel. 1-307-733-25 35
www.townsquareinns.com/antler-inn/
110 Z. Sehr gemütliche Herberge im Zentrum von Jackson (in der Nähe des Town Square); viele Zimmer mit behagliche Wärme ausstrahlenden Kaminen.

Tierwelt   Im Hochtal Jackson Hole leben Elche, Wapiti- und Maultierhirsche. Unweit vom Buffalo Entrance pflegt eine Bisonherde zu weiden. Im Süden grenzt der Park an das National Elk Refuge, wo die größte Wapiti-Herde der USA überwintert. Bären und Berglöwen treten eher selten in Erscheinung. An den Gewässern kann man Trompeterschwäne und weiße Pelikane ebenso beobachten wie Wildgänse und Fischadler. Auch Biber hat man hier schon gesichtet.

Sehenswertes im Grand Teton National Park

Panorama-straßen   Von dem am Ufer des Jackson Lake entlangführenden **Rockefeller Parkway** bieten sich wunderschöne Postkartenblicke auf die Schneegipfel der Teton Range.
Die 22 mi/36 km lange **Teton Park Road** beginnt am Moose Visitor Center im Süden, passiert Jenny Lake und Jackson Lake sowie Signal Mountain und endet bei Jackson Lake Junction im Norden. Fotografieren ist an zahlreichen Stellen (»turnouts«) möglich.
2 mi/3 km nördlich von Moose führt die **Antelope Flats Road** durch eine weitläufige, mit Salbeibüschen bedeckte Ebene, auf der man mit etwas Glück Bisons, Elche und Pronghorn-Antilopen sehen kann. Die verlassenen, »Mormon Rows« genannten Scheunen wurden einst von mormonischen Siedlern aus Utah gebaut und sind, mit der Teton Range im Hintergrund, ein beliebtes Fotomotiv.

Der **Jenny Lake Scenic Drive** beginnt am Nordende des Jenny Lake und führt in südwestlicher Richtung am Ufer entlang zu einigen der schönsten Aussichten auf Grand Teton, Teewinot und Mount Owen. Die 5 mi/8 km lange **Signal Mountain Summit Road** beginnt etwas südlich der Signal Mountain Lodge und führt hinauf zu einem 2353 m hohen Aussichtspunkt, von dem man einen grandiosen Panoramarundblick auf die gesamte Teton Range genießen kann.

Dieses 1925 bei Moose an der Teton Park Road in Blockhütten-Bauweise errichtete Verklärungskirchlein erfreut sich größter Beliebtheit als Hochzeitskapelle. Auch der Blick durch die Fenster auf die majestätische Teton Range macht so manchen Besucher andächtig.

★ **Chapel of the Transfiguration**

Von der Chapel of the Transfiguration führt ein kurzer Weg zu einer Gruppe windschiefer Gebäude, die von einem Pionier namens William Menor in den 1890er-Jahren errichtet worden sind. Hauptattraktion ist eine rekonstruierte Kabelfähre über den Snake River. Von Juni bis August kann man mit ihrer Hilfe den Fluss überqueren.

Menor's Ferry Historic District

6 mi/10 km südlich von Moran Junction, am Jackson Hole Highway, trifft man auf die Fundamente der 1885 gegründeten Bar Flying U Ranch des Pioniersiedlers John Pierce Cunningham. Eine Blockhütte ist wiederhergestellt. Hier wird der Siedleralltag gezeigt.

Cunningham Cabin Historic Site

Im Colter Bay Visitor Center sind Kunsthandwerk, Kleidungsstücke und Werkzeuge der im Bereich der Rocky Mountains und der Plains lebenden Indianer zu sehen (Oxbow Bend, nördlich von Jackson Lake Junction; Öffnungszeiten: Mai – Sept. tgl. 8.00 – 17.00, in der Hochsaison bis 19.00 Uhr).

★ **Indian Arts Museum** ◷

An dieser Flussschlinge namens **Oxbow Bend** östlich von Jackson Lake kann man weiße Pelikane, Kraniche, Trompeterschwäne und Fischadler beobachten. Auch Elche und Biber sind hier öfters zu sehen (östlich von Jackson Lake Junction, Hwy. 89/191/287).

! *Baedeker* TIPP

Fotografen, aufgepasst!
Passionierte Lichtbildner schätzen die stille Wasseroberfläche am Oxbow Bend, in der sich der schneebedeckte Mount Moran höchst malerisch spiegelt.

Das Fernglas gezückt und die sumpfige Ebene bzw. den Feuchtwald dahinter ins Blickfeld gerückt: Die Willow Flats sind ein ideales Elch-Biotop, und tatsächlich lassen sich die Könige des Waldes vor allem frühmorgens und am späten Nachmittag sehen (nördlich von Jackson Lake Junction, Hwy. 89/191/287).

Willow Flats

Vor rund 60 000 Jahren als Gletscherzungenbecken entstanden, trägt dieser tiefblaue Bergsee zu Füßen des Teewinot Mountain den Namen der indianischen Frau eines Trappers namens »Beaver« Dick

★ **Jenny Lake**

*Jackson in Wyoming gehört zu den beliebtesten Wintersport-Destinationen
in den US-amerikanischen Rocky Mountains.*

Leigh. Der malerische, bis zu 79 m tiefe See ist Ausgangspunkt zahlreicher Trails. Ein wunderschöner Wanderweg umrundet den gesamten See. Vom **Jenny Lake Visitor Center** aus gelangt man per Boot zum gegenüber liegenden Ufer. Der dort beginnende Cascade Canyon Trail führt zum **Inspiration Point**, von dem aus man einen wunderbaren Ausblick genießen kann, und weiter zu den 24 m hohen **Hidden Falls** (Teton Park Rd., etwa halbwegs zwischen Moose und Jackson Lake).

Jackson Lake 1911 durch den Bau des **Jackson Lake Dam** erweitert, ist dieser See der größte des Nationalparks. Er ist 25 km lang, bis zu 11 km breit und bis 134 m tief, wird vom Snake River gespeist und ist besonders fischreich: Mehrere Forellenarten, Hechte und Lachse locken Angler an. Marinas sind angelegt.

Jackson Das knapp 9000 Einwohner zählende Wildweststädtchen am Südeingang des Nationalparks ist heute **einer der angesagtesten Wintersportorte der USA**. 1938 wurde hier der Jackson Hole Ski Club gegründet, dem der Ort seine stürmische Entwicklung zu verdanken hat. Zudem ist Jackson Versorgungszentrum der gesamten Region. Rancher und Touristen kaufen in den Geschäften rund um den belebten **Town Square** ein. Außerdem gibt es in dem Städtchen eine Vielzahl von Resorts, Hotels, Restaurants, Lounges, Bars und Wellness-Einrichtungen.

In dieser Sammlung ist die Erforschung der Grand Teton Range ebenso dokumentiert wie der **Alltag der Pioniere**, die im 19. Jh. in die Gegend kamen. Auch erfährt man, dass es hier sogar einmal einen weiblichen Sheriff gab (N. Glenwood & Deloney Sts.; Öffnungszeiten: Mai – Sept. tgl. 10.00 – 17.00 Uhr).

◄ Jackson Hole Museum

⊙

Diese Kunstgalerie füllt eine interessante Nische aus, denn sie zeigt Bildwerke namhafter Künstler, die sich mit der Flora und Fauna der Rocky Mountains beschäftigt haben. Darunter befinden sich auch etliche **Meisterwerke von George Catlin und Albert Bierstadt** (Rungius Rd., ca. 3 mi/5 km nördlich vom Stadtzentrum; Öffnungszeiten: tgl. 9.00 – 17.00 Uhr).

★
◄ Nat.l Museum of Wildlife Art

⊙

Lander

J 19

Region: Fremont County   **Einwohner:** 7000
Höhe: 1633 m ü. d. M.

Früher bekannt als der Ort, »where rails end and trails begin« (wo die Schienen enden und die Wege durch die Wildnis beginnen), konzentriert sich das Städtchen am Südostfuß der Wind River Range seit der Stilllegung der Eisenbahn auf seine landschaftlich reizvolle Umgebung und seine traditionellen Stärken.

Die sieht man dem Ort zunächst nicht an. Der Highway US 287 zerschneidet die Siedlung am Pop Agie River und die Lastwagen mit den ledergesichtigen Cowboys verstärken den Eindruck eines hart arbeitenden Ortes. Von der Vergangenheit ist kaum noch etwas übrig geblieben.

Lander entwickelte sich ab dem Jahre 1869 im Schatten von Camp Auger, das die weißen Siedler schützen sollte. Die Rinderzucht schob das Wachstum an. Anno 1906 wurde Lander Endstation der neuen Chicago & North Western Railway. Die geplante Fortsetzung der Strecke in Richtung Pazifikküste kam allerdings nicht zustande. Den Eisenbahnverkehr hat man im Jahre 1972 wieder eingestellt. Die befürchtete wirtschaftliche Talfahrt verlief jedoch glimpflich, nicht zuletzt dank Landers Lage zu Füßen der bei Abenteuerurlaubern geschätzten Wind River Range. Im Jahre 1965 gründete der Alpinist **Paul Petzold** hier seine **National Outdoor Leadership School**, an der bis heute mehrere Tausend professionelle Outdoor Guides ausgebildet wurden.

Geschichte

Umgebung von Lander

Wind River Indian Reservation
Die Grenzen dieses Indianerreservats nördlich von Lander wurden bereits 1864 festgelegt. In dem von Wind River Range, Absarola Mountains und Owl Creek Mountains eingefassten Gebiet leben rund 25 000 Arapaho und Shoshone. Die größte der neun Siedlungen ist Riverton mit rund 9000 Einwohnern.

Fort Washakie ▶
Der Rat beider Stämme residiert in Fort Washakie. Bedeutendste Arbeitsgeber im Reservat sind die hiesigen Spielkasinos. Das **Shoshone Tribal Cultural Center** informiert über die Kultur und Geschichte dieses Stammes. Hier erfährt man auch, dass die Indianerin **Sacajawea**, die die Lewis-&-Clark-Expedition begleitet hat, nicht schon 1812, sondern erst 1884 in Fort Washakie starb und bis dahin an zahlreichen Verhandlungen als Übersetzerin teilgenommen hat (31 Black Coal St.; Öffnungszeiten: Mo. – Fr. 9.00 – 16.00 Uhr).

Nur ein paar Gehminuten vom Cultural Center entfernt liegt der **Chief Washakie Cemetery**, auf dem der letzte Häuptling der Shoshone im Jahre 1900 mit allen militärischen Ehren beigesetzt worden ist.

 # LANDER ERLEBEN

AUSKUNFT
Lander Area Chamber
160 N. 1st Street
Lander, WY 82520
Tel. 1-307-332-38 92
www.landerchamber.org

EVENTS
Indian Pow Wows
In der Wind River Indian Reservation finden zahlreiche Pow Wows statt. Die beiden größten sind das *Chief Yellow Calf Memorial Pow Wow* (Ende Mai) zum Gedenken an den letzten Arapaho-Häuptling und das *Northern Arapaho Pow Wow* (Anfang August).

ESSEN
▶ **Erschwinglich**
Cowfish
128 Main Street
Tel. 1-307-332-70 09
Weltoffene Cuisine in urbanem »Ziegelwand-meets-Retro-Chic«. Wunderbar schmecken der Wildlachs aus Alaska und die Linguini mit Spinat.

▶ **Preiswert**
Gannett Grill
126 Main Street
Tel. 1-307-332-70 09
In dem beliebten Lokal gibt es knusprige Pizza, knackige Salate sowie schmackhafte Ribs und Burger.

ÜBERNACHTEN
▶ **Komfortabel**
Outlaw Cabins
241 Squaw Creek Road
Tel. 1-307-332-96 55
www.outlawcabins.com
Außerhalb der Stadt gibt es auf einer historischen Ranch zwei urgemütliche Blockhütten, in denen je zwei Personen übernachten können.

▶ **Günstig**
Holiday Lodge
210 McFarlane Drive
Tel. 1-307-332-25 11
www.holidaylodgelander.com
39 Z. Nettes Motel mit hellen und sauberen Zimmern.

Während seiner 60-jährigen Herrschaft war Chief Washakie stets bedacht, ein für beide Seiten erträgliches Einvernehmen mit den in das Indianerland vordringenden Weißen auszuhandeln.

7 mi/11 km östlich von Fort Washakie, in Ethete (Arapaho-Begriff für »gut«), ist das **Northern Arapaho Cultural Museum** in der alten St. Michael's Mission untergebracht. Es vermittelt einen guten Einstieg in das Verständnis der traditionellen Arapaho-Kultur. ◄ Ethete

45 mi/72 km nordöstlich von Lander, bei der Ortschaft **Shoshoni**, beginnt diese 34 mi/54 km lange Panormastraße, die als Teilstück des Hwy 20/789 von den semiariden Plains durch den spektakulären **Wind River Canyon** nach Thermopolis führt. Mit ihren bis zu 600 m hohen Felswänden gehört die enge Schlucht zu den Highlights der Natur in Wyoming. Ein oft fotografiertes Naturdenkmal ist der **Chimney Rock**. ★ **Wind River Canyon Scenic Byway**

Am Nordausgang des Wind River Canyon liegt das altbekannte Thermalbad Thermopolis (3200 Einw.) mit seinem altmodischen **State Bath House** (Öffnungszeiten: tgl. 6.00–22.00 Uhr), in dem man sich von der anstrengenden Fahrt erholen kann. **Thermopolis**

Neueste Attraktion von Thermopolis ist das **Wyoming Dinosaur Center**, in dem über zwei Dutzend in der näheren Umgebung ausgegrabene Saurierskelette aufgebaut sowie Überreste und Abdrücke sonstiger Urwelttiere zu sehen sind (Öffnungszeiten: tgl. 8-00–18.00 Uhr, im Winter kürzer).

! Baedeker TIPP

Dinos ausgraben

Das Wyoming Dinosaur Center hat ein tolles Angebot: eine sog. Dig Site Tour. Per Bus geht es zu Ausgrabungsstätten in der Umgebung, wo man den Paläontologen bei der Arbeit im Gelände zusehen und auch selbst mitanpacken darf. Infos: www.wyodino.org/programs

Ca. 6 mi/10 km südlich von Lander verschwindet der hier durch ein schluchtartiges Tal fließende Popo Agie River in einer Karsthöhle und tritt nach einem knappen Kilometer unterirdischen Laufs in einem hübschen, »the rise« genannten Quelltopf wieder zutage. Da hier das Angeln verboten ist, tummeln sich Prachtexemplare von Regenbogenforellen im Wasser. Spazier-und Wanderwege begleiten den Flusslauf (3079 Sinks Canyon Rd., via Hwy. 131; Öffnungszeiten: Sommer tgl. 9.00–16.00, Winter tgl. 13.00–16.00 Uhr). **Sinks Canyon State Park** ⊙

24 mi/39 km südlich von Lander führt der Highway 28 an den Red Canyon heran, ein bis zu 100 m tiefes Tal mit spärlicher Vegetation und eindrucksvollen, **ziegelrot leuchtenden Eisensandsteinfelsen**, dessen Verlauf vor zirka 60 Mio. Jahren bei der Heraushebung der Wind River Range angelegt worden ist. ★ **Red Canyon**

27 mi/43 km südlich von Lander bietet sich vor allem in der Dämmerung ein schaurig-schönes Bild: Die meisten Häuser dieser Sied- **Atlantic City**

! **Baedeker** TIPP

Dude Ranch

Das Notwendigste in Satteltaschen gepackt und dann hoch zu Ross ab in die Wildnis der zerklüfteten Wind River Range: Die hiesigen Dude bzw. Guest Ranches bieten Trips durch eine herrliche Bergwelt. Eine gute Adresse ist: Louis Lake Lodge, 336 S. 4th 1811 Louis Lake Rd., Lander, WY 82520, Tel. 1-307-330-75 71, www.louislake.com

lung mit klangvollem Namen stehen leer. Zuletzt lebten hier gerade einmal zwei Dutzend Menschen. 1868 fanden Digger im nahen Rock Creek Gold. Im Handumdrehen schoss Atlantic City aus dem Erdboden. Doch der Boom war bald wieder zu Ende, 1920 schloss die letzte Mine. Seither dämmert Atlantic City vor sich hin.

1867 hat man ein paar Meilen weiter südwestlich am Willow Creek Gold gefunden. Schon im Jahr darauf standen hier 250 Häuser. Wenig später war der Boom jedoch schon wieder zu Ende. 1949 verließen die letzten Einwohner **South Pass City**. Heute ist die Geisterstadt eine Touristenattraktion.

✶ Laramie

K 22

Region: Albany County
Höhe: 2185 m ü. d. M.

Einwohner: 27 000

Dafür hat Hollywood gesorgt. Laramie, Wyoming: Bis heute klingt das nach Sheriffs und Banditen und wüsten Ballereien. Dabei ist der Wilde Westen längst nur eine von vielen Facetten im Stadtbild. Eine andere ist die Kunstszene. Denn Laramie ist das kulturelle Zentrum von Wyoming.

Uni-Stadt mit hohem Freizeitwert und Wildwest-Erbe

Auch der dritte für einen hohen Lebensstandard als unentbehrlich geltende Faktor ist unübersehbar: eine alpine Bergwelt, die zu vielerlei Outdoor-Aktivitäten (Wandern und Reiten, Ski und Rodel) einlädt, mit den Laramie Mountains im Osten und der majestätischen Snowy Range bzw. dem Medicine Bow National Forest im Westen. Laramie selbst ist, während es sein Wildwest-Erbe weiterhin pflegt, überaus kunstsinnig. Galerien und Boutiquen mit hochwertigem Angebot säumen die Bürgersteige, über denen der Duft von Espresso und feinem Gebäck hängt. Dieser überraschend urbane Lifestyle ist wohl den beiden Hochschulen zu verdanken. Allein an der **University of Wyoming** sind 10 000 Studierende eingeschrieben. Der nicht allzu teure Lifestyle lockt zukunftsträchtige Unternehmen und junge Familien an.

Stadtgeschichte

Vom Taufpaten der Stadt ist wenig mehr bekannt als der Name. **Jacques La Ramie** war ein frankokanadischer Trapper, der in dieser Gegend zu Beginn des 19. Jh.s umherstreifte. 1821 verschwand er

Lebensgroßes Modell eines Tyrannosaurus Rex vor dem Geologischen Museum in Laramie

spurlos, angeblich von Arapaho-Indianer getötet. Die Stadt selbst erwuchs Mitte der 1860er-Jahre aus einer Zeltsiedlung am sog. **Overland Trail**, jener Planwagen-Route, die von Omaha (Nebraska) nach Fort Hall in Idaho führte. 1868 kam die Eisenbahn, mit ihr Unternehmer, Siedler und Glücks-ritter. Laramie erlebte Schießereien und lynchwütige Bürgerwehren, die Recht und Ordnung in die Hand nahmen. Ruhe kehrte erst mit der Etablierung des Territo-riums Wyoming ein. Bereits 1887 öffnete die University of Wyoming ihre Pforten. Fortan an wuchs La-ramie zu einem wirtschaftlichen und kulturellen Zentrum heran, in dem die Holzindustrie, die Vieh-zucht und das Verkehrsgewerbe wichtige Stützen wurden.

Sehenswertes in Laramie

Hauptverkehrsachse der Stadt ist die Grand Avenue. Die meisten Se-henswürdigkeiten findet man rund um den Campus der University of Wyoming. Alle sind leicht zu Fuß erreichbar.

Stadt-besichtigung

Wie es im Wilden Westen ausgesehen hat, erfährt man im Centennial Complex der University of Wyoming. **Fotografien aus der Pionier-zeit** und vielerlei Exponate lassen das 19. Jh. zwischen Prärie und Rocky Mountains wieder lebendig werden. Auch die Entwicklung der darstellenden Künste wird gezeigt (2111 Willett Dr.; Öffnungs-zeiten: Mo. 8.00 – 21.00, Di. – Fr. 8.00 – 17.00 Uhr).

★
American Heri-tage Center

🕓

Das in der viktorianischen Residenz eines der ersten Siedler von La-ramie untergebrachte Museum entführt mit seinem eleganten zeitge-nössischen Interieur in den **Alltag der damaligen Oberschicht** (603 Ivinson Ave.; Öffnungszeiten: Di. – Sa. 13.00 – 16.00 Uhr).

Laramie Plains Museum

🕓

Die **Saurier-Sammlung** dieses Museums im Nordwesten des Uni-Campus genießt Weltruhm. Ein Highlight der Ausstellung ist ein ver-steinerter flügelloser Riesenvogel namens **Diatryma gigantea**, der vor 55 Mio. Jahren im heutigen Wyoming gelebt hat. Natürlich kann man hier auch einen Allosaurus und einen Tyrannosaurus rex be-staunen und auch einige schöne Mineralien (1000 E. University Ave.; Öffnungszeiten: Mo. – Fr. 8.00 – 17.00, Sa., So. 10.00 – 15.00 Uhr).

★ ★
UW Geological Museum

🕓

Anthropological Museum Die kleine, aber feine Ausstellung des Anthropologischen Instituts der University of Wyoming befasst sich mit der Geschichte und Kultur der Plains-Indianer. Ein Schwerpunkt ist die **soziale Organisation von Stammesgesellschaften**, ein anderer der dramatische Wandel der indianischen Gesellschaften während der vergangenen drei Jahr-

 LARAMIE ERLEBEN

AUSKUNFT

Albany County Tourism Board
210 Custer Street
Laramie, WY 82070
Tel. 1-307-745-41 95
www.visitlaramie.org

SHOPPING

Die nettesten Geschäfte, Galerien und Cafés gibt es rund um den Landmark Square zwischen Ivinson Avenue und Grand Avenue in der Nähe der Universität.

NACHTLEBEN

Buckhorn
114 Ivinson Avenue
Tel. 1-307-742-35 54
Die älteste Bar von Laramie wurde bereits 1890 eröffnet und ist bis heute die erste Adresse der Stadt in Sachen Nachtleben. Auch heute noch tanzt man hier zu Live-Musik.

ESSEN

► **Fein & teuer/Erschwinglich**
The Cavalryman Supper Club
4425 S. 3rd Street
Tel. 1-307-745-55 51
Zweifellos die besten Steaks der Stadt werden im 1925 erbauten Haus des Country Club serviert. Gut abgestimmte Weinkarte.

► **Erschwinglich**
Altitude Chophouse & Brewery
320 S. 2nd Street
Tel. 1-307-721-40 31
Freundlicher Pub im Stadtzentrum

mit Hausbrauerei, der leckere Steaks, frischen Fisch und hausgemachte Pasta bietet.

ÜBERNACHTEN

► **Komfortabel**

Baedeker-Empfehlung

Old Corral Hotel & Steak House
2750 Highway 130, Centennial, WY
Tel. 1-307-745-59 18, www.oldcorral.com
Aus von Hand behauenen Rundhölzern errichtet und wundervoll nach Baumharz duftend verströmt diese rustkal-komfortable Herberge nicht nur angenehme Behaglichkeit, sondern auch noch ein wenig vom »Spirit« des Wilden Westens.

Laramie Comfort Inn
3420 Grand Avenue
Tel. 1-307-721-88 56
www.comfortinn.com
55 Z. Das Haus mit seinen großen und modern eingerichteten Zimmern, Swimming Pool und Fitnessraum steht nicht weit entfernt vom Stadtzentrum.

► **Günstig**
Gas Lite Motel
960 N. 3rd Street
Tel. 1-307-742-66 16
30 Z. Hier gibt es viel Unterkunft für wenig Geld, Wildwest-Kunsthandwerk eingeschlossen.

zehnte (Anthropology Building, 14th & Ivinson Sts; Öffnungszeiten: Sept. – Mai Mo. – Fr. 8.00 – 17.00, übrige Zeit bis 16.30 Uhr).

Das 1872 errichtete Gefängnis hatte seinerzeit wesentlichen Anteil an der »Befriedung« der Stadt. Auf der Tour durch die dunklen Korridore besichtigt man Gefängniszellen und auch den Frauentrakt. Eine besondere Ausstellung informiert über berühmt-berüchtigte Insassen wie den gefürchteten Robert Leroy Parker alias **Butch Cassidy**, Viehdieb, Bank- und Zugräuber sowie Bandenführer (975 Snowy Range Rd.; Öffnungszeiten: Mai – Okt. tgl. 9.00 – 18.00 Uhr).

Wyoming Territorial Prison State Historic Site

Der 30 mi/48 km westlich von Laramie in der Snowy Range (Medecine Bow National Forest) gelegene Erholungsort **Centennial** ist mit Hotels, Restaurants und Dude Ranches ein idealer Ausgangspunkt für Wanderungen, Ausritte und Wintersport in der landschaftlich reizvollen Bergwelt. Entlang des Highway 130 gibt es etliche Parkplätze, an denen lohnende Trails für Bergwanderer beginnen. Ein beliebtes Ziel ist der 3662 m hohe **Medecine Bow Peak**.

? WUSSTEN SIE SCHON …?

■ … dass die Medicine Bow Mountains den Indianern heilig waren? Die aus dem Holz der hier gedeihenden Zedern geschnitzten Bögen und Pfeile genossen besondere Wertschätzung.

Pinedale

J 18

Region: Sublette County
Höhe: 2190 m ü. d. M.

Einwohner: 1440

Die an der Westflanke der Wind River Range bzw. am Osteingang zur Jackson Hole Area gelegene Kleinstadt Pinedale hat alle Annehmlichkeiten der Zivilisation, die ein moderner Abenteuerurlauber so braucht. Ist er doch in einer Wildnis unterwegs, in der mehr Bären und Wölfe als Menschen leben.

Die Trapper von einst hätten gute Chancen, die Gegend wiederzuerkennen. Sublette County, knapp 13 000 km² groß und von gerade einmal 7000 Menschen bewohnt, steht nach wie vor für spektakuläre Natur und tägliche Begegnungen mit anderswo nur noch aus Erzählungen bekannten Wildtieren, gefürchtete Grizzlybären eingeschlossen. Wapitihirsche, Bergziegen und Schwarzbären lassen sich hin und wieder sogar im Stadtgebiet von Pinedale sehen.

Der Ort ist ländlich geprägt. Die Viehwirtschaft der umliegenden Ranches schob seine Entwicklung an, nachdem das Fallenstellen unrentabel geworden war. Das war um 1850. Bis dahin war die Gegend des späteren Sublette County die Domäne der Mountain Men gewe-

Land der Mountain Men

sen, Trappern, die zwischen 1820 und 1840 diesen Abschnitt der Rockies erkundeten und der Besiedlung den Weg bereiteten. Viele von ihnen wurden zu Legenden: Jim Bridger, Kit Carson, Thomas Fitzpatrick und William Sublette. Ihren Namen begegnet der Besucher in Orts- und Straßennamen.

Sehenswertes in Pinedale und Umgebung

Museum of the Mountain Men

An die »Männer der Berge« erinnert dieses Museum. Mit viel Liebe zu historischen Details lassen spannende Ausstellungen die Zeit der großen Begegnungen wieder aufleben, zu denen sich Mountain Men, frankokanadische Trapper und einheimische Indianer einmal im Jahr an bestimmten Stellen in den Rockies trafen, um Handel zu treiben, Neuigkeiten auszutauschen und zu feiern. Besonders interessante Einzelstücke sind das Gewehr von Jim Bridger, Pfeile und Bögen der Shoshone sowie farbenprächtige Gewänder, die die Indianer bei Pow Wows und heiligen Zeremonien getragen haben (700 E. Hennick Rd.; Öffnungszeiten: Mai – Sept. tgl. 9.00 – 17.00, Okt. Mo. – Fr. 9.00 bis 16.00 Uhr).

▶ PINEDALE ERLEBEN

AUSKUNFT

Sublette County Chamber
19 E. Pine Street
P. O. Box 176
Pinedale, WY 82941
Tel. 1-307-367-22 42
www.MountainManCountry.com

EVENT

Green River Rendezvous Days
Am 2. Wochenende im Juli galoppieren in Leder gekleidete Trapper und Indianer die Pine Street auf und ab und stellen als historisch verbürgte Charaktere Schlüsselszenen aus der großen Zeit des Pelzhandels nach.

WILDNISABENTEUER

In der Gegend sind Hunderte Trailkilometer für Hiker, Reiter etc. ausgewiesen. Die Schönsten führen durch die Wind River Range, die Jim Bridger Wilderness, die Gros Ventre Wilderness Area und die Wyoming Range. Hiesige Outfitter helfen weiter.

ESSEN

▶ **Erschwinglich**
Lakeside Lodge Restaurant
Lakeside Lodge
3,5 mi/6 km nördlich von Pinedale
Tel. 1-307-367-22 22
Saftige Steaks und kreativ zubereitete Fischgerichte gibt es mit Blick auf den schönen Fremont Lake.

ÜBERNACHTEN

▶ **Komfortabel/Günstig**
Amerihost Inn & Suites
1624 W. Pine Street
Tel. 1-307-367-83 00
82 Z. Eher nüchterne Unterkunft mit großen Zimmern und Pool

Chambers House B & B
111 W. Magnolia Street
Tel. 1-307-367-21 68
www.chambershouse.com
5 Z. Gemütliches Blockhaus mit Kaminzimmern und Gemeinschaftsraum

Der Hauch des Wilden Westens ist auch heute noch in Pinedale zu spüren.

Father De Smet Monument

Ca. 16 mi/20 km nordwestlich von Pinedale, bei dem Ort Daniel, erinnert ein Denkmal hoch über der Mündung des Horse Creek in den Green River an den belgischen **Jesuitenpater Pierre Jean De Smet**, der am 5. Juli 1840 hier oben die **erste Heilige Messe in Wyoming** gefeiert hat. Damals kamen zahlreiche Indianer, Trapper und Pelzhändler aus einem weiten Umland zusammen. Dabei waren auch Flathead-Indianer, die den Geistlichen in ihre Heimat im heutigen Oregon begleiteten. Die gleich nebenan im Wind flatternde US-Flagge steht für die herausragende Bedeutung dieses Rastplatzes am seinerzeit stark frequentierten **Oregon Trail**. De Smet gilt als der Begründer der Indianermission in Nordwestamerika.

Old Fort Bonneville

5 mi/8 km weiter wurde 1832 das Fort am Westufer des Green River zur Sicherung der Handelsrouten und Siedlertrecks errichtet. Von den hiesigen Trappern geringschätzig als »Fort Nonsense« bezeichnet, wurde es schon wenige Jahre später wieder aufgegeben, da selbst die Indianer diese unwirtliche Gegend im Winter verließen.

Der 17 mi/27 km lange **Skyline Scenic Drive** beginnt in Pinedale am östlichen Ende der Pine Street und führt als gut ausgebaute Straße zu Aussichtspunkten, von denen aus man herrliche Panoramablicke auf die von ewigem Eis und Schnee bedeckte Wind River Range genießen kann. Frühmorgens und kurz vor Sonnenuntergang lassen sich hier auch Wapitis, Elche und andere Wildtiere beobachten.

 Baedeker TIPP

Aktuelles von Meister Isegrim

Pinedale liegt mitten im »Wolfland«. Schutz und Management der Wolfpopulation sind ein Thema, das von Ranchern, Farmern und Naturschützern kontrovers diskutiert wird. Die Wolfexpertin Cat Urbigkit hat alle Fakten über die Wölfe dieser Region ins Internet gestellt unter: www.pinedaleonline.com/wolf

Rock Springs

K 18

Region: Sweetwater County   **Einwohner:** 27 000
Höhe: 1947 m ü. d. M.

Die wie auf links gedreht wirkenden Berge signalisieren bis heute unmissverständlich: Rock Springs wurde auf Kohle gebaut. Die Bevölkerung ist international, die Vergangenheit war dramatisch.

Früher Kohle, heute Öl und Gas: Die natürlichen Ressourcen unter der Stadt waren schon immer deren Antriebskräfte. Die Siedlung wurde 1862 an einer Felsenquelle am Overland Trail gegründet. Mit der Ankunft der Union Pacific Railroad sechs Jahre später beschleunigte sich das Siedlungswachstum enorm, denn hier konnte oberflächennah Kohle geschürft werden, die u. a. zur Befeuerung der Dampfloks benötigt wurde. Siedler aus halb Europa arbeiteten im hiesigen Kohlebergbau. 1885 erlebte die Stadt das folgenschwere **Rock Springs Massacre**. Kohlekumpel europäischer Abstammung zogen – aufgeheizt von lange schwelendem Rassismus und der Angst um Arbeitsplätze – ins Chinesenviertel, brachten 28 chinesische Kon-

 ## ROCK SPRINGS ERLEBEN

AUSKUNFT

Rock Springs Chamber
1897 Dewar Drive
Rock Springs, WY 82902
Tel. 1-307-362-37 71
www.rockspringswyoming.net

Green River Chamber
1155 W. Flaming Gorge Way
Green River, WY 82935
Tel. 1-307-875-57 11
www.grchamber.com

WILDWASSERFAHREN

Die in Green River beheimateten Rafting-Veranstalter organisieren ein- und mehrtägige Wildwasser-Touren auf dem Green River.

ESSEN

► **Erschwinglich**
Ted's Supper Club
9 Purple Sage Road

Tel. 1-307-362-73 23
Mit seiner äußerst beliebten Cocktailbar ist das Lokal seit über 40 Jahren eine Institution. Steaks und Hühnchen werden hier ebenso zubereitet wie Fischgerichte und Salate.

ÜBERNACHTEN

► **Komfortabel**
Rock Springs Homewood Suites by Hilton
60 Winston Drive
Tel. 1-307-382-07 64
www.homewoodsuites1.hilton.com
84 bestens ausgestattete Suiten, Pool und Fitnessraum.

► **Günstig**
Americas Best Value Inn – The Inn
2518 Foothill Blvd.
Tel. 1-307-362-96 00
147 Z. Große und modern ausgestattete Zimmer, freundlicher Service.

In der Umgebung von Rock Springs kann man Gabelantilopen beobachten.

traktarbeiter um und setzten zahlreiche Häuser und Hütten in Brand. Dieser Pogrom beeinträchtigte vorübergehend die Handelsbeziehungen zwischen den USA und China.

Die heutige Bevölkerung der Stadt setzt sich aus über 50 Nationalitäten zusammen. Kulturelle Einrichtungen wie das Community Fine Arts Center nehmen der Stadt die rauen Kanten.

Sehenswertes in Rock Springs und Umgebung

Das im früheren Rathaus, einem repräsentativen Gebäude von 1894, untergebrachte **Rock Springs Historic Museum** beschäftigt sich in erster Linie mit der Geschichte und Bedeutung des hiesigen Kohlebergbaus (201 B St.; Öffnungszeiten: Mo.–Sa. 10.00–17.00 Uhr).

Alles, was im heutigen Wyoming Basin vor 60 bis 180 Mio. Jahren wuchs, kreuchte und fleuchte, ist hier – zumeist in Lebensgröße – ausgestellt. Besonders eindrucksvoll sind die Saurierskelette im Museum und die nachgebauten Saurier im Außenbereich (2500 College Dr., tgl. 9.00–22.00 Uhr).

Western Wyoming Community College Natural History Museum

Die rund 500 Gemälde, Drucke und Fotografien umfassende Kollektion gehört zu den besten ihrer Art im Bereich der Rocky Mountains und der Plains. Hier sind Arbeiten großer Amerikaner zu sehen, unter ihnen Norman Rockwell, Grandma Moses, Loren McGiver, Elliott Orr, Raphael Soyer und Rufino Tamayo. Selbstverständlich sind auch Kunstschaffende aus Wyoming vertreten (400 C Street; Öffnungszeiten: Mo.–Do. 10.00–18.00, Fr.–Sa. 12.00–17.00 Uhr).

★

Community Fine Arts Center

Von den rund 6000 wilden Pferden Wyomings grasen rund 2500 in der Steppe rund um Rock Springs. Die lange Mähne und der lange, bis zum Boden reichende Schweif weisen sie als Nachkommen der einstmals von den Spaniern eingeführten Pferde aus. Auf der rund

Pilot Butte Wild Horse Scenic Loop

80 km langen Rundfahrt (CR 4-14 via I-80; großenteils unbefestigte Piste) bekommt man bestimmt einige dieser Tiere zu sehen.

Killpecker Sand Dunes

Etwa 25 mi/40 km nordöstlich von Rock Springs (erreichbar via US 191) verläuft eine viele Kilometer lange und bis zu 30 m hohe Sanddünenkette. Die Killpecker Sand Dunes sind der Lebensraum des nur hier anzutreffenden, hochspezialisierten Wüsten-Wapitis.

Green River

Das adrette Städtchen (13 000 Einw.) entstand als Etappe auf dem Overland Trail und wurde offiziell 1868 gegründet. Ein Jahr später startete Major **John Wesley Powell**, der Erforscher des Grand Canyon, von hier aus zu seiner Expedition. Heute ist Green River, dessen Westrand von der mächtigen, rötlich-gelben Felsformation namens »Toll Gate and the Palisades« bewacht wird, Ausgangspunkt für Wander-, Boots- und Mountainbike-Touren in die weiter südlich gelegene Flaming Gorge.

Im Ort selbst lohnt die Sammlung historischer Fotografien im **Sweetwater County Historical Museum** einen Besuch (3 E. Flaming Gorge Way; Öffnungszeiten: Mo. – Sa. 10.00 – 18.00 Uhr).

★
Flaming Gorge National Recreation Area

Südlich von Green River hat der gleichnamige Fluss zwei imposante Canyons geschaffen, die **Flaming Gorge** und den **Red Canyon**. 1964 wurde hier ein Staudamm fertiggestellt, der das heute 145 km lange Flaming Gorge Reservoir aufstaut, der auch ein Stück weit in den südlich benachbarten Bundesstaat Utah hineinreicht. Seine Ufer sind als Erholungsgebiet ausgewiesen und mit entsprechender touristischer Infrastruktur (u. a. Campingplätze) ausgestattet. Auf den Highways 191 und 530 kann man vom I-80 aus die Flaming Gorge umrunden. Von ihnen führen Stichstraßen an den Canyon heran. Der 152 m hohe **Flaming Gorge Dam** liegt am Highway 191 bei Dutch John (Utah). Das **Red Canyon Visitor Center** (Öffnungszeiten: Mai – Sept. tgl. 10.00 – 17.00 Uhr) am Highway 44 bei Manila (Utah) bietet spektakuläre Blicke in den hier rund 300 m tiefen Canyon. Die **roten Sandstein-Felswände** der »Flammenden Schlucht« leuchten besonders schön bei tief stehender Morgen- bzw. Abendsonne. An einigen Stellen ragen die Felswände bis zu 450 m auf.

Rawlins

Rawlins (111 mi / 178 km östlich von Rock Springs) war in den 1870er-Jahren ein gesetzloses Ensemble von Häusern, Saloons und Bordellen, bis die Einwohner eine Bürgerwehr aufstellten und eine Reihe Banditen gleich lynchten. Davon und von Lilian Heath, der ersten Ärztin Wyomings, erzählt das **Carbon County Museum** (904 W. Walnut St.; Öffnungszeiten: Juni – Sept. Di. – Fr. 10.00 – 18.00, Sa. 13.00 – 17.00, sonst Di. – Sa. 13.00 – 17.00 Uhr). Eine Führung durch das biis 1981 betriebene **Wyoming Frontier Prison** kann Beklemmungen auslösen: der sog. »Punishment Pole«, an dem Unruhestifter ausgepeitscht wurden, die Dunkelzellen – und die Gaskammer (500 W. Walnut St.; Führungen: Mai – Sept. tgl. 8.30 – 16.30 Uhr).

Ein Lakota-Indianer in den Bighorn Mountains bei Sheridan

Sheridan

Region: Sheridan County   **Einwohner:** 16 000
Höhe: 1140 m ü. d. M.

**Moderne Wildwest-Stadt vor filmreifer Kulisse: Wenn spätnachmit-
tags die Big Horn Mountains ihre Schatten auf die historische Altstadt werfen, paradieren die Boys auf ihren Harleys ein letztes Mal
über die Main Street, die Girls laden ihre Einkäufe in ihre Pickups.
Hier, wo die Prärie vor den Rockies endet, erinnert noch vieles an
die Zeit der echten Kerle und mutigen Frauen.**

Heute ist die nach dem Bürgerkriegsgeneral **Phil Sheridan** benannte
Stadt als Ausgangspunkt für Outdoor-Aktivitäten in den **Bighorn
Mountains** beliebt. Historisch Interessierte können tiefer in die dramatische Geschichte dieser Region eintauchen: Bis Anfang der
1860er-Jahre gehörte dieses Gebiet zu den letzten ungestörten Jagdgründen der Sioux, Cheyenne und Arapaho. Der 1863 von **John Bozeman** ausgekundschaftete Trail änderte das jedoch gründlich. Bis
1866 von fast 4000 Goldsuchern und Einwanderern benutzt, wurde
der Trail in der Folgezeit Schauplatz so vieler Indianerüberfälle und
Kämpfe mit Siedlern und Soldaten, dass er bald als »Bloody Bozeman« verrufen war und die US-Armee davon abriet, die Region mit
weniger als 100 Planwagen zu durchqueren. So erbittert verteidigten
die Indianer ihre Jagdgründe, dass die US-Armee sich 1868 vom Bozeman Trail zurückzog und alle zwischenzeitlich dort errichteten
Forts aufgab. Die Entdeckung von Gold in den Black Hills im be-

nachbarten South Dakota brachte jedoch eine neue Flut weißer Eindringlinge. In den 1870er-Jahren kam es zu zahlreichen weiteren Kämpfen, die in der berühmten Schlacht am Little Bighorn (► S. 232) nördlich von Sheridan in Montana gipfelten.

Sheridan, das 1873 mit einer Trapperhütte zu Füßen der Bighorn Mountains begonnen hatte, erhielt nach dem Ende der Indianerkriege einen Bürgermeister und einen Eisenbahnanschluss. Wohlhabende »Cattle Barons« gründeten riesige Ranches, die bis heute ein wichtiges Standbein der lokalen Wirtschaft sind und oft auch als Touristen am Ranch-Alltag teilnehmen lassen. Im Laufe des 20. Jh.s östlich von hier in Betrieb genommene Kohlebergwerke und Ölquellen sind weitere wichtige Arbeitgeber.

Sehenswertes in Sheridan und Umgebung

Historic Sheridan Inn Beim alten Eisenbahndepot präsentiert dieses historische, mit 69 Giebeln versehene Hotel ein interessantes Kapitel Pioniergeschichte. Zahlreiche Prominente, darunter auch der Literat Ernest Hemingway und US-Präsident Herbert Hoover, stiegen hier ab. Von der Terrasse aus wählte Buffalo Bill Cody Darsteller für seine Wildwest-Show aus. Geführte Touren durch das Hotel liefern zahllose Geschichten und Anekdoten (856 Broadway, Öffnungszeiten: tgl. 10.00 – 17.00 Uhr).

► SHERIDAN ERLEBEN

Sattelmacher Don King, eine lokale Berühmtheit, gründete seinen Laden in den 1940er-Jahren. Hinter dem Laden befindet sich eine schöne, nicht nur für Wildwest-Fans interessante Sammlung kunstvoll gefertigter Sättel und anderer Wildwest-Memorabilia (184 N. Main St.; Öffnungszeiten: Mo. – Sa. 8.00 – 17.00 Uhr).

King's Historic Saddlery Museum

Das Museum widmet sich mit Fotografien und diversen Gegenständen der Geschichte der Rancher, Eisenbahner, Bergleute und Indianer (850 Sibley Circle; Öffnungszeiten: tgl. 9.00 bis 18.00 Uhr).

Sheridan County Museum

Der nördlich von Sheridan nach Westen in die Bighorn Mountains abzweigende Highway 14 erschließt einige wunderschöne Aussichten. Auf den Berg- und Feuchtwiesen kann man morgens und spätnachmittags vielerlei Wild (u. a. Elche) beobachten.

Highway 14

Heute ein Campingplatz an einer Biegung des Tongue River unweit Ranchester am I-90, war dies der Schauplatz der wichtigsten Schlacht des **Red Cloud's War** (1866 – 1868). Am 28. August überfiel ein Kontingent von Soldaten und verbündeter Pawnee unter dem Befehl von General **Patrick E. Connor** am frühen Morgen ein Lager der von **Black Bear** geführten Arapaho. Unter Verlusten gelang diesen der Rückzug und ein Gegenangriff. Wegen ihrer hohen Verluste waren sie gezwungen, sich mit den Sioux und Cheyenne zu verbünden. Heute erinnert ein Steinmonument an die Schlacht.

Connor Battlefield State Historic Site

5 mi/8 km westlich von Fort Phil Kearny wehrte am 2. August 1867, verschanzt hinter alten Planwagen, eine Abteilung der US-Kavallerie unter dem Kommando von Capt. James Powell einen Angriff mehrerer Hundert Sioux und Cheyenne ab. Heute ist das Schlachtfeld eine Wiese unweit von Story am Highway 193. Ein mit Hinweisschildern versehener Trail führt über das Schlachtfeld.

Wagon Box Fight

Torrington · Fort Laramie

J 23

Region: Goshen County
Höhe: 1250 m ü. d. M.

Einwohner: 5500

Standardthemen der Tageszeitung »Torrington Telegram« sind das Wetter, die Preise für Schlachtvieh sowie die Geburts- und Todesanzeigen. Auf Touristen wartet das Städtchen am Highway 26 unweit der Grenze zu Nebraska nicht gerade. Dabei haben die Ereignisse der Vergangenheit zahlreiche interessante Sehenswürdigkeiten in der Umgebung hinterlassen.

Schon lange, bevor Eisenbahner anno 1900 das Gelände für die neue Stadt absteckten, fungierte dieser Abschnitt des North Platte Valley

Geschichte

als Tor zum Westen. Mitte der 1860er-Jahre jagten die Reiter des Pony Express hier durch. Zuvor zogen die Planwagen-Karawanen der Einwanderer auf mehreren Überlandrouten hier vorbei. Etwa zwei Jahrzehnte lang nutzten rund 350 000 Siedler den North Platte River als Wegweiser ins gelobte Land im Westen, wobei sie einige der bedeutendsten historischen Sehenswürdigkeiten jener Ära hinterließen. Wenig später entdeckten Farmer und Rancher auch das wirtschaftliche Potenzial des im Windschatten der Winterstürme verlaufenden Flusstales. Wo Indianer schon seit Jahrhunderten Feldfrüchte angebaut hatten, machte die 1886 begonnene künstliche Bewässerung den Anbau von Kartoffeln, Bohnen, Getreide und Alfalfa zu einem guten Geschäft. Die Ankunft der Chicago, Burlington & Quincy Railroad schob die Entwicklung weiter an. Bis heute lebt man hier von Landwirtschaft und Viehzucht: Rund 200 000 im County gezüchtete Rinder werden jährlich verkauft.

Sehenswertes in Torrington und Umgebung

Homesteaders Museum
Die Erinnerung an die noch gar nicht lange zurückliegende Pionierzeit ist beinahe zwangsläufig lebendig. Das im alten Union Pacific Depot untergebrachte Museum zeigt u. a. die winzige Hütte eines der ersten Siedler, den Planwagen eines Schafzüchters und zahlreiche weitere Gegenstände aus dem Pionieralltag (495 Main St.; Öffnungszeiten: Mai – Sept. Mo. – Mi. 9.30 – 16.00, Do., Fr. 9.30 – 19.00, Sa. 12.00 – 18.00, sonst Mo. – Fr. 9.30 – 16.00 Uhr).

► TORRINGTON/FORT LARAMIE ERLEBEN

AUSKUNFT

Goshen County Chamber
350 W. 21st Avenue
Torrington, WY 82240
Tel. 1-307-532-38 79
www.goshencountychamber.com

ESSEN

► Preiswert
José Paizano's
1918 Main Street
Tel. 1-307-532-48 22
Klassische Tex-Mex-Küche mit Tacos, Burritos und bestem Chili

ÜBERNACHTEN

► Komfortabel/Günstig
Holiday Inn Express Hotel & Suites
1700 E. Valley Road
Torrington, WY
Tel. 1-307-532-76 00
www.ichotelsgroup.com
67 Z. Moderne Standardzimmer und großer Pool gleich neben dem Highway

► Günstig
Americas Best Value Inn
1548 Main Street, Torrington, WY
Tel. 1-307-532-71 18
www.americasbestvalueinn.com
57 Z. Einfache und zeitgemäß ausgestattete Herberge

Fort Laramie Orientierung

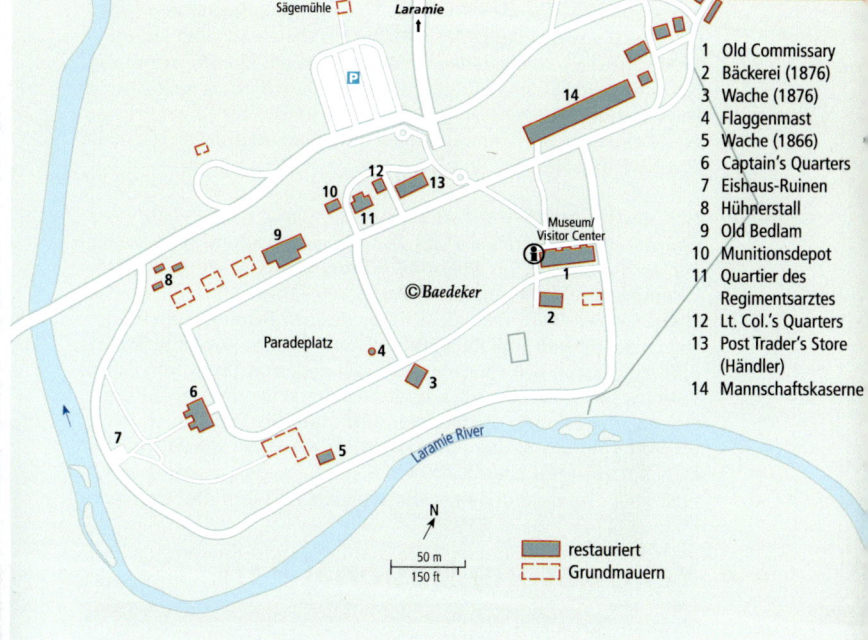

Sägemühle

Laramie

P

14

12

10

13

11

Museum/
Visitor Center

9

©*Baedeker*

1

8

2

Paradeplatz

4

6

3

7

5

Laramie River

N

50 m
150 ft

▨ restauriert
⬚ Grundmauern

1 Old Commissary
2 Bäckerei (1876)
3 Wache (1876)
4 Flaggenmast
5 Wache (1866)
6 Captain's Quarters
7 Eishaus-Ruinen
8 Hühnerstall
9 Old Bedlam
10 Munitionsdepot
11 Quartier des
   Regimentsarztes
12 Lt. Col.'s Quarters
13 Post Trader's Store
   (Händler)
14 Mannschaftskaserne

Unterwegs nach Fort Laramie und Guernsey, sollte man im Western History Center im 500-Seelen-Nest Lingle vorbeischauen. Das moderne Museum beschäftigt sich mit der Natur- und Kulturgeschichte der Region. Ausgestellt sind Fossilien aus der Kreidezeit, Stoßzähne eiszeitlicher Mammuts, altindianische Kulturzeugnisse sowie allerlei Gegenstände aus der Pionierzeit (265 Main St.; Öffnungszeiten: tgl. 9.00 – 19.00 Uhr).

Lingle, Western History Center

🕐

Pelzhandel, Indianerkriege und Wildwest-Mythos: Das gut erhaltene Fort am Zusammenfluss von Laramie River und North Platte River nahm eine **Schlüsselstellung bei der Erschließung des Wilden Westens** ein. Es wurde 1834 zunächst einmal als Pelzhandelsstation gegründet. Angesichts der Indianerüberfälle auf die Planwagen-Kolonnen des Oregon Trails baute die US-Regierung das Fort ab 1849 aus. Fortan konnten sich Reisende hier ausruhen, ihre Vorräte auffüllen und Geleitschutz in Anspruch nehmen. 1851 wurde unweit von hier der 1. Vertrag von Fort Laramie ausgehandelt. Darin legte man die Grenzen und die Integrität der Territorien der Sioux, Shoshone, Arapaho, Cheyenne und anderer Plains-Stämme fest, und zwar »so lange, wie Flüsse fließen und Adler fliegen«. Der 2. Vertrag von Fort La-

★
Fort Laramie National Historic Site

ramie beendete 1868 den zwei Jahre zuvor ausgebrochenen Red Cloud's War, schloss den Bozeman Trail für weiße Siedler und bestätigte den Sioux den Besitz der ►Black Hills (heute in South Dakota). 1890 hatte die Geschichte Fort Laramie überholt. Die US-Armee zog aus und versteigerte viele der Gebäude. Die elf übrig gebliebenen Häuser wurden restauriert und sind heute Kulisse für »Living History«-Darbietungen (Goshen County Rd.; Öffnungszeiten: tgl. 8.00 Uhr bis Sonnenuntergang).

Guernsey Der unweit westlich von Fort Laramie am Eingang zum Platte River Canyon gelegene Ort Guernsey bietet mehrere Sehenswürdigkeiten aus der Pionierzeit. Im **Guernsey Visitors Center & Museum** (90 S. Wyoming Ave.; Öffnungszeiten: tgl. 9.00 – 17.00 Uhr) kann man Habseligkeiten von Einwanderern begutachten. Besonders eindrucksvoll ist die **Oregon Trail Ruts State Historic Site** (S. Wyoming Ave.) 3 mi/5 km südlich von Guernsey. Zehntausende von Planwagen haben 1844 bis 1869 tiefe Spurrillen in den Sandstein gekerbt. Eines kleines Stück weiter erinnert die **Register Cliff State Historic Site** (S. Wyoming Ave.) an die Siedler: Eine Tagesreise von Fort Laramie entfernt, kampierten sie am Ufer des North Platte River und ritzten ihre Namen samt Datum in den Fels. Hinweistafeln erläutern die Situation.

★ ★ Yellowstone National Park

G 17/18

Region: Grenzgebiet von Wyoming, Idaho, Montana
Höhe: 2000 – 2500 m ü. d. M.

Fläche: 8987 km²

Erst nachdem Fotos von der geologischen Wunderwelt des Yellowstone Washington erreichten, war der Kongress überzeugt. Bis dahin hatte man die Berichte der Trapper und Entdeckungsreisenden von Geysiren und dampfenden, nach faulen Eiern riechenden Teichen als Jägerlatein abgetan. 1872 wurde das Gebiet in der Nordwestecke Wyomings zum ersten Nationalpark der USA erklärt.

Ein gefährlicher Supervulkan Heute ist der Yellowstone National Park einer der meistbesuchten des Landes. Er liegt auf einem aus basaltischen Ergüssen bestehenden Hochplateau. Hier kam es zuletzt vor rund 640 000 Jahren zu gewaltigen Vulkanausbrüchen, die die klimatischen Verhältnisse weltweit nachhaltig verändert haben dürften. Nach der letzten Eruption und dem anschließenden Zusammenfallen des Kraters bildete sich eine ca. 350 km² große Caldera. Die tief darunter liegende riesige Magmakammer erzeugt nach wie vor Hitze. Zahllose postvulkanische Erscheinungen, die die Landschaft mit Dampfschwaden und ständigem Brodeln und Zischen überziehen, bestätigen dies. Dass man sich auf unruhigem Boden bewegt, beweisen auch die häufigen Erdbeben.

Manche Wissenschaftler warnen bereits vor einem bevorstehenden weiteren Ausbruch dieses schlummernden Supervulkans.

Die Flora und Fauna des Parks ist außerordentlich vielgestaltig. Die Palette der Pflanzenwelt reicht von wüstenhafter Vegetation am Nordeingang bis zu subalpinen Matten und Wäldern. Außer Bisons, Hirsch- und Rehwild, Dickhornschafen, Bibern und Murmeltieren kann man hier auch Elche, Gabelantilopen, Schwarz- und Grizzlybären sowie Koyoten beobachten. Die Wiederansiedlung von Wölfen scheint erfolgreich zu verlaufen. Am Himmel kreisen vielerlei Greifvögel, auf den Wasserflächen sieht man Trompeterschwäne, zahlreiche Entenarten und Pelikane.

Pflanzen und Tiere

Überall dampft, blubbert und zischt es: unruhige Erdkruste im ältesten Nationalpark der Vereinigten Staaten.

Yellowstone National Park • Grand Teton National Park

North Entrance
Gardiner
MONTANA
WYOMING
Northeast Entrance
Cooke City
Silver Gate

Mammoth Hot Springs
Park Headquarters Visitor Center
Tower Roosevelt ③
Petrified Tree
Tower Falls

Obsidian Cliff
Grizzly Lake

Yellowstone National Park

Norris Geyser Basin
Norris
Information Center
Inspiration Point
Grand Canyon
Mirror Plateau

Lower Falls
Upper Falls
Canyon
Artist Point
Fern Lake

Madison Junction
West Yellowstone
MONTANA
IDAHO
Gibbon Falls
Central Plateau
Mud Volcano
Mary Lake
Natural Bridge
Hayden Valley
White Lake
Fishing Bridge
Visitor Center ①

Fountain Paint Pots
Lower Geyser Basin
Midway G.B.
Upper Geyser Basin
Old Faithful Geyser
Old Faithful
Visitor Center ①
Lone Star Geyser
Steamboat Point
East Entrance
Pahaska Indian Village
Sleeping Giant

West Tumb
Grand Loop Rd.
Yellowstone Lake

Shoshone Lake
Grant Village ②
Yellowstone River

Bechler R.
Lewis Lake
Pitchstone Plateau
Heart Lake
Mt. Sheridan 3142 m

Bechler Ranger Station
South Entrance
John D. Rockefeller Jr. Memorial Pkwy.
Snake River
Grassy Lake
CONTINENTAL DIVIDE
Absaroka Range

Grand Teton National Park
IDAHO
WYOMING
Lamont
Felt
Tetonia
Alta
Driggs

Teton Range
Jackson Lake
Colter Bay
Two Ocean Lake
Visitor Center
Jackson Lake
Moran Junction

Leigh Lake
Grand Teton 4197 m
Jenny Lake
Cunningham Cabin
Spread Creek
Jenny Lake Museum
Jenny Lake
Jenny Lake Visitor Center
Park Headquarters

Victor
Teton Village
Wilson
Jackson
Teton Creek

10 km
10 mi
©Baedeker

▶ YELLOWSTONE NATIONAL PARK ERLEBEN

AUSKUNFT

Yellowstone National Park
Superintendent
P. O. Box 168
Yellowstone, WY 82190
Tel. 1-307-344-73 81
www.nps.gov/yell

West Yellowstone
Visitor Information Center
30 Yellowstone Avenue
West Yellowstone, MT
Tel. 1-406-646-44 03
www.nps.gov/yell

BUSTOUREN

Von Ende Mai bis Ende September
werden Touren in Oldtimer-Bussen
angeboten. Diese beginnen und enden bei den großen Hotels. In der
sommerlichen Hauptreisezeit ist eine
rechtzeitige Reservierung angeraten
(Infos: Tel. 1-866-439-73 75,
www.travelyellowstone.com).

WANDERN

Der Nationalpark ist durch ein eng-
maschiges Plankenwegenetz erschlossen, das die Naturwunder nahe der
Grand Loop Road und das weniger
bekannte Backcountry erschließt. In
letzterem Fall müssen Genehmigun-
gen bei der Parkverwaltung beantragt
werden. Neben Wanderungen zu den
verschiedenen **Geysiren** und in allen
Farben schillernden **Thermalquell-**
teichen wird eine Wanderung auf den
3200 m hohen **Avalanche Peak**
empfohlen (Avalanche Peak Trail,
3 mi/5 km, Ausgangspunkt unweit
östlich vom Sylvan Lake).
Eine Übernachtung im Zelt erfordert
der knapp 25 mi/40 km lange **Heart**
Lake – Mount Sheridan Trail. Dieser
Pfad führt durch das momentan
aktivste Thermalgebiet des National-

parks. Unterwegs kann auch der 3133
m hohe **Mount Sheridan** erklommen
werden.

ESSEN

▶ **Fein & teuer/Erschwinglich**
① **Lake Yellowstone Hotel**
Dining Room
Lake Village Road
Lake Village, WY
Tel. 1-307-344-73 11
Am vornehmsten – und besten –
speist man noch immer im Speisesaal
dieses altehrwürdigen Hotels. Spezialitäten des Hauses sind Wildgerichte
(u.a. Wapiti, Bison). Die Weine sind
bestens auf die Speisen abgestimmt.

Restaurants, Cafés und Schnellimbisse
gibt es in den besser erschlossenen
Gegenden des Parks, v. a. im Old
Faithful Village im Westen, und im
Canyon Village sowie im Lake Village
im Ostteil des Parks. In allen größeren
Hotels gibt es gute »dining rooms«,
meist auch kleine Läden, die Leben-
smittel bzw. Sandwiches, Burger und
Salate feilbieten.

ÜBERNACHTEN

▶ **Luxus/Komfortabel**

Baedeker-Empfehlung

① **Old Faithful Inn**
Old Faithful Village, WY
(Mitte Okt. – Mitte Mai geschlossen)
Tel. 1-307-344-73 11
www.travelyellowstone.com
324 Z. Die noble Herberge mit ihrem
geschichtsträchtigen, aus Rundhölzern ge-
zimmerten und 1904 eröffneten Haupthaus
wurde im Laufe der Jahre um mehrere An-
und Nebenbauten erweitert und zuletzt
2008 renoviert.

▶ Komfortabel/Günstig

② *Grant Village Lodge*
Im Süden des Nationalparks
Tel. 1-307-344-79 01
www.travelyellowstone.com
300 Z. Feriendorf mit 6 Gebäuden in einem Kiefernwäldchen. Die Gästezimmer sind hell und freundlich eingerichtet.

▶ Günstig

③ *Roosevelt Lodge Cabins*
Bereich Tower – Roosevelt
(nur von Juni bis Anfang September geöffnet)
Tel. 1-304-344-73 11
www.travelyellowstone.com
80 einfach ausgestattete Hütten scharen sich um ein rustikales Haupthaus mit Restaurant.

Reisewege und Zugänge
Der Yellowstone National Park hat fünf Eingänge: Gardiner (Montana, Norden), West Yellowstone (Montana, Westen), Jackson (via Grand Teton National Park, Süden), Cody (Wyoming, Osten) und Cooke City (Montana, Nordosten). Die meisten vulkanischen Attraktionen sind bequem auf Plankenwegen erreichbar.

Grand Loop Road ▶
Hauptverkehrsader im Nationalpark ist die 143 mi/229 km lange Grand Loop Road. Sie berührt in Form einer großen Acht die bekanntesten Sehenswürdigkeiten. Alle Parkstraßen sind von Mai bis Oktober für den Autoverkehr geöffnet. Nur die knapp 100 km lange Strecke von Gardiner nach Cook City (Montana) ist ganzjährig befahrbar.

Das Hauptquartier des Parks befindet sich in Mammoth Hots Springs in der Nähe des Nordeingangs. Vor dem Besuch einzelner Geysirfelder sollte man sich unbedingt in einem der Besucherzentren nach den Ausbruchzeiten erkundigen und sich auch über die Begehbarkeit der Plankenwege informieren.

Sehenswertes im Yellowstone National Park

✳ ✳
Mammoth Hot Springs
An der Ostflanke des 2442 m hohen **Terrace Mountain** haben die Mammoth Hot Springs prächtige Terrassen aus bis zu 60 m hohen, stufenweise übereinander gelagerten Sinterbecken geschaffen. Die Temperaturen der rund 60 Thermalquellen schwanken zwischen 18 °C und 74 °C. Ein herrlicher Anblick bietet sich im Licht der tief stehenden Morgen- bzw. Abendsonne, wenn die unterschiedlich mineralisierten Sedimente und die im Wasser lebenden Bakterien die Sinterterrassen in allen Farben leuchten lassen.

✳
Norris Geyser Basin
Das weiter südlich gelegene Norris Geyser Basin ist das erste Geysirfeld am Loop. Heißester Platz in diesem Bereich ist das **Porcelain Basin**. Etwa jede Stunde sprüht der **Echinus Geyser**. Außerdem befindet sich hier der größte Geysir der Erde, der **Steamboat Geyser**. Es vergehen oft Jahre, bis seine Fontänen bis zu 130 m hoch in die Luft schießen. Im Norris Museum wird die Funktionsweise der Geysire erklärt.

Weiter südwestlich erreicht man das Lower Geyser Basin mit dem **Fountain Paint Pot**, in dem heißer rötlicher Schlamm brodelt. Etwas südlich bietet der am Firehole Lake Drive gelegene **Great Fountain Geyser** etwa alle 11 Stunden ein großartiges Naturschauspiel. Auf dem satten Grün der **Fountain Flat** sieht man vornehmlich frühmorgens und in der Abenddämmerung Bisons, Hirsche und Rehe.

✴
Lower Geysir Basin

Im Midway Geyser Basin beeindruckt der gewaltige Krater des **Excelsior Geyser**, aus dem in jeder Sekunde etwa 250 Liter heißes Wasser quellen. Gleich in der Nähe trifft man auf die **Grand Prismatic Spring**, einen imposanten Thermalwasser-Quelltopf mit einem Durchmesser von 110 Metern.

Midway Geyser Basin

Im Upper Geyser Basin sprudeln die meisten Geysire. Deswegen herrscht hier auch ein starkes Besucheraufkommen. Von den gesicherten Plankenwegen kann man Ausbrüche von Old Faithful Geyser, Giantess Geyser, Beehive Geyser, Castle Geyser und Grand Geyser erleben. Man kommt an Quelltöpfen vorbei, die in allen erdenklichen Farben schimmern. Am Nordrand dieses Areals zieht der traumhaft schöne, nach der Blüte der Trichterwinde benannte **Morning Glory Pool** die Besucher in seinen Bann.

✴ ✴
Upper Geyser Basin

Ein viel fotografiertes Naturwunder ist der Morning Glory Pool, ein Quelltopf, aus dem stark mineralisiertes Thermalwasser hochsteigt.

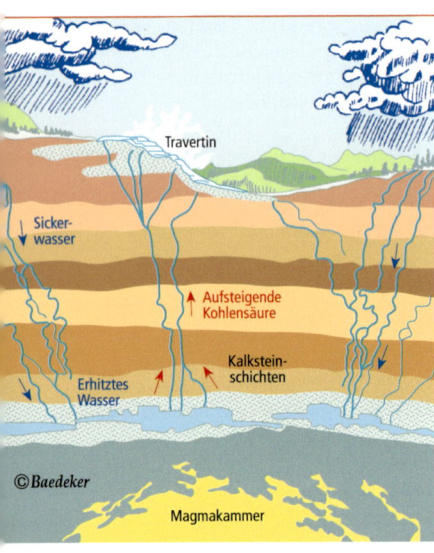

Yellowstone Caldera

Travertin

Sicker-
wasser

Aufsteigende
Kohlensäure

Kalkstein-
schichten

Erhitztes
Wasser

©Baedeker

Magmakammer

Eine der Hauptattraktionen des Nationalparks ist der **Geysir Old Faithful** (s. Bild S. 432), obwohl er nicht der größte und stärkste ist. Aber viele Jahrzehnte lang war er pünktlich wie ein Uhrwerk und ließ seine Fontänen 35 bis 50 m hoch emporschießen. Doch seit den letzten Erdbeben sind die Intervalle zwischen den einzelnen Ausbrüchen recht unregelmäßig geworden. Mitunter muss man schon mal zwei Stunden auf eine spektakuläre Fontäne warten. Die annähernd genauen Termine erfährt man im Visitor Center bzw. im Old Faithful Inn.

In der Südhälfte des Nationalparks breitet sich dieser 355 km² große und bis knapp 100 m tiefe **Yellowstone Lake** aus. Der Seespiegel liegt 2357 Meter über Normalnull. Auf dem Wasser und an den Ufern kann man viele seltene Vogelarten beobachten. Auch ist der fischreiche See ein wahres Anglerparadies.

★
Yellowstone River

Im Norden fließt der Yellowstone River aus dem See. Zunächst mäandriert er durch ein beschauliches Hochtal, auf dessen saftigen Wiesen sich Bisons sichtlich wohlfühlen. Nördlich des Hayden Valley stürzt er über zwei spektakuläre Wasserfälle in einen wildromantischen Canyon: An den gut zugänglichen Upper Falls stürzt der Yellowstone River über eine 33 m hohe Schwelle. Wenige hundert Meter weiter donnert er dann an den Lower Falls mit ohrenbetäubendem Getöse 94 m tief in eine Schlucht.

★
Yellowstone Falls ▶

★
Yellowstone Canyon ▶

Die Wände der Schlucht schimmern in rötlichen bis gelben Farbtönen, die durch chemische Reaktionen im anstehenden Rhyolitgestein hervorgerufen werden. Tolle Blicke auf die Wasserfälle und in den Canyon bieten sich von den Aussichtspunkten **Artist Point, Lookout Point** und **Grandview Point** an der nördlichen Talkante beim Urlauberort **Canyon Village**.
Wandert man flussabwärts, so entdeckt man erkaltete Lavaströme und bislang noch wenig bekannte Zonen geothermischer Aktivität. Zu ihnen zählen die Schlammvulkane des **Mud Vulcano** sowie der Schwefel spuckende **Sulphur Caldron**.

Tower-Roosevelt

Am Nordrand des Nationalparks liegt dieser kleine Touristenort mit der nach US-Präsident Theodore Roosevelt benannten Lodge. Beachtung verdienen hier der 40 m hohe Tower Fall und der Petrified Tree (versteinertes Holz). Südöstlich erstreckt sich die Specimen Ridge mit Resten übereinander abgelagerter fossiler Wälder.

Der bereits in Montana gelegene Ort **West Yellowstone** bewacht den Westeingang zum Yellowstone National Park. Zahlreiche Outfitter bieten von hier aus Touren in den Park an und auch was sehenswert ist, hat unmittelbar mit dem Nationalpark zu tun. Das **Yellowstone Imax Theater** informiert in stünd-

! Baedeker TIPP

Günstig übernachten im Nobelhotel

Im renommierten »Old Faithful Inn« kann man auch für weniger als 100 US-Dollar die Nacht wohnen. Preiswert übernachtet, wer auf ein Bad im Zimmer verzichten und sich mit einem solchen »down the hall« begnügen kann.

lichen Vorstellungen über Geschichte, Fauna und Flora sowie die geothermischen Aktivitäten im Park und das **Yellowstone Historic Center** im Union Pacific Depot von 1909 erzählt alles über die Geschichte des Yellowstone-Tourismus. Im **Grizzly & Wolf Discovery Center** hält man Grizzly- und Kodiak-Bären sowie ein Rudel Wölfe in einem natürlichen Habitat. In Volieren leben die für das Yellowstone Plateau typischen Greifvögel.

In West Yellowstone wird ein Rudel Wölfe in einem naturnah konzipierten Gehege gehalten.

REGISTER

VERZEICHNIS DER KARTEN
& GRAFISCHEN DARSTELLUNGEN

BILDNACHWEIS

IMPRESSUM

Ausstattung:
182 Abbildungen, 37 Karten und grafische Darstellungen, eine große Reisekarte
Text:
Ole Helmhausen; mit Beiträgen von Reinhard Zakrzewski
Bearbeitung:
Baedeker Redaktion
(Rainer Eisenschmid, Helmut Linde, Dieter Luippold, Andreas Raff)
Kartografie:
Christoph Gallus, Hohberg;
Franz Huber, München;
MAIRDUMONT, Ostfildern (Reisekarte)
3D-Illustrationen:
jangled nerves, Stuttgart
Gestalterisches Konzept:
independent Medien-Design, München
(Kathrin Schemel)

Sprachführer in Zusammenarbeit mit Ernst Klett Sprachen GmbH, Stuttgart, Redaktion PONS Wörterbücher

Chefredaktion:
Rainer Eisenschmid,
Baedeker Ostfildern

1. Auflage 2009

Urheberschaft:
Karl Baedeker Verlag, Ostfildern

Nutzungsrecht:
MAIRDUMONT GmbH & Co KG; Ostfildern
Der Name Baedeker ist als Warenzeichen geschützt. Alle Rechte im In- und Ausland sind vorbehalten. Jegliche – auch auszugsweise – Verwertung, Wiedergabe, Vervielfältigung, Übersetzung, Adaption, Mikroverfilmung, Einspeicherung oder Verarbeitung in EDV-Systemen ausnahmslos aller Teile des Werkes bedarf der ausdrücklichen Genehmigung durch den Verlag Karl Baedeker.

Anzeigenvermarktung:
MAIRDUMONT MEDIA
Tel. 0049 711 4502 333
Fax 0049 711 4502 1012
media@mairdumont.com
http://media.mairdumont.com

Printed in China
Gedruckt auf 100% chlorfrei gebleichtem Papier

 atmosfair

nachdenken · klimabewusst reisen

Reisen bereichert und verbindet Menschen und Kulturen. Jedoch, wer reist erzeugt auch CO_2. Dabei trägt der Flugverkehr mit bis zu 10% zur globalen Erwärmung bei. Wer das Klima schützen will, sollte sich somit nach Möglichkeit für die schonendere Reiseform entscheiden (wie z. B. die Bahn). Wenn keine Alternative zum Fliegen besteht, kann man mit atmosfair handeln und klimafördernde Projekte unterstützen.
atmosfair ist eine gemeinnützige Klimaschutzorganisation unter der Schirmherrschaft von Klaus Töpfer. Die Idee: Flugpassagiere spenden einen kilometerabhängigen Beitrag für die von ihnen verursachten Emissionen und finanzieren damit Projekte in Entwicklungsländern, die dort den Ausstoß von Klimagasen verringern helfen. Dazu berechnet man mit dem Emissions-rechner auf **www.atmosfair.de** wieviel CO_2 der Flug produziert und was es kostet, eine vergleichbare Menge Klimagase einzusparen (z.B. Berlin – London – Berlin 13 Euro). atmosfair garantiert die sorgfältige Verwendung Ihres Beitrags. Auch Karl Baedeker Verlag fliegt mit *atmosfair*. Unterstützen auch Sie unser Klima. Alle Informationen dazu auf www.atmosfair.de.

BAEDEKER VERLAGSPROGRAMM

- ▶ Ägypten
- ▶ Algarve
- ▶ Allgäu
- ▶ Amsterdam
- ▶ Andalusien
- ▶ Athen
- ▶ Australien
- ▶ Australien • Osten
- ▶ Bali
- ▶ Baltikum
- ▶ Barcelona
- ▶ Belgien
- ▶ Berlin • Potsdam
- ▶ Bodensee
- ▶ Brasilien
- ▶ Bretagne
- ▶ Brüssel
- ▶ Budapest
- ▶ Bulgarien
- ▶ Burgund
- ▶ Chicago • Große Seen
- ▶ China
- ▶ Costa Blanca
- ▶ Costa Brava
- ▶ Dänemark
- ▶ Deutsche Nordseeküste
- ▶ Deutschland
- ▶ Deutschland • Osten

- ▶ Djerba • Südtunesien
- ▶ Dominik. Republik
- ▶ Dresden
- ▶ Dubai • Vereinigte Arabische Emirate
- ▶ Elba
- ▶ Elsass • Vogesen
- ▶ Finnland
- ▶ Florenz
- ▶ Florida
- ▶ Franken
- ▶ Frankfurt am Main
- ▶ Frankreich
- ▶ Fuerteventura
- ▶ Gardasee
- ▶ Golf von Neapel
- ▶ Gomera
- ▶ Gran Canaria
- ▶ Griechenland
- ▶ Griechische Inseln
- ▶ Großbritannien
- ▶ Hamburg
- ▶ Harz
- ▶ Hongkong • Macao
- ▶ Indien
- ▶ Irland
- ▶ Island
- ▶ Israel
- ▶ Istanbul
- ▶ Istrien • Kvarner Bucht

- ▶ Italien
- ▶ Italien • Norden
- ▶ Italien • Süden
- ▶ Italienische Adria
- ▶ Italienische Riviera
- ▶ Japan
- ▶ Jordanien
- ▶ Kalifornien
- ▶ Kanada • Osten
- ▶ Kanada • Westen
- ▶ Kanalinseln
- ▶ Kapstadt • Garden Route
- ▶ Kenia
- ▶ Köln
- ▶ Kopenhagen
- ▶ Korfu • Ionische Inseln
- ▶ Korsika
- ▶ Kos
- ▶ Kreta
- ▶ Kroatische Adriaküste • Dalmatien
- ▶ Kuba
- ▶ La Palma
- ▶ Lanzarote
- ▶ Lissabon
- ▶ Loire
- ▶ London
- ▶ Madeira
- ▶ Madrid

LIEBE LESERINNEN, LIEBE LESER,

ein herzliches Dankeschön, dass Sie sich für einen Baedeker Allianz Reiseführer entschieden haben. Er wird Sie zuverlässig auf Ihrer Reise begleiten und Sie nicht im Stich lassen.

Natürlich beschreibt er die wichtigen Sehenswürdigkeiten, aber er empfiehlt auch die nettesten Kneipen und Bars, dazu Hotels für den großen und kleinen Geldbeutel, gibt Tipps für Restaurants, Shopping und für vieles mehr, was eine Reise zum Erlebnis macht. Dafür hat unser Autor Ole Helmhausen Sorge getragen. Er ist für Sie regelmäßig in den Nordwesten der USA gereist und hat all seine Erfahrungen und Kenntnisse in diesen Reiseführer gepackt.

Trotzdem: Die Erfahrung zeigt, dass Fehler und Änderungen nach Drucklegung, für die der Verlag keine Haftung übernehmen kann, nicht ausgeschlossen werden können. Für Kritik, Berichtigungen und Verbesserungsvorschläge sind wir Ihnen außerordentlich dankbar. Schreiben Sie uns, mailen Sie uns oder rufen Sie an:

► **Verlag Karl Baedeker GmbH**
Redaktion
Postfach 3162
D-73751 Ostfildern
Tel. (0711) 4502-262, Fax -343
E-Mail: info@baedeker.com

Besuchen Sie uns auch im Internet unter www. baedeker.com. Hier finden Sie jeden Monat den aktuellen Reisetipp der Redaktion und das gesamte Verlagsprogramm. Hier können Sie auch lesen, wer Karl Baedeker war und wie er seinen ersten Reiseführer geschrieben hat. Mit seinen über 180 Jahren ist der Karl Baedeker Verlag der älteste Reiseführer-Verlag der Welt.

www.baedeker.com

⊙ ZU GEWINNEN: STADTREISE NACH LONDON

Unter allen Einsendungen verlost der Verlag am Jahresende – unter Ausschluss des Rechtswegs – eine Städtekurzreise für zwei Personen nach London.
Freuen Sie sich auf ein spannendes Wochenende in London. Natürlich ist ein Baedeker Allianz Reiseführer London auch dabei!